清陽湖孫氏本尚書今古文注疏

第一册

清 孫星衍撰

天津圖書館藏清嘉慶二十年陽湖孫氏冶城山館刻本

東人民出版社·濟南

圖書在版編目（CIP）數據

清陽湖孫氏本尚書今古文注疏 / (清) 孫星衍撰 .— 濟南 : 山東人民出版社 , 2024.3
（儒典）
ISBN 978-7-209-14287-8

Ⅰ. ①清… Ⅱ. ①孫… Ⅲ. ①《尚書》- 注釋 Ⅳ. ① K221.04

中國國家版本館 CIP 數據核字（2024）第 035836 號

項目統籌：胡長青
責任編輯：趙　菲
裝幀設計：武　斌
項目完成：文化藝術編輯室

清陽湖孫氏本尚書今古文注疏

〔清〕孫星衍撰

主管單位　山東出版傳媒股份有限公司
出版發行　山東人民出版社
出 版 人　胡長青
社　　址　濟南市市中區舜耕路517號
郵　　編　250003
電　　話　總編室（0531）82098914
　　　　　市場部（0531）82098027
網　　址　http://www.sd-book.com.cn
印　　裝　山東華立印務有限公司
經　　銷　新華書店

規　　格　16開（160mm×240mm）
印　　張　69.5
字　　數　556千字
版　　次　2024年3月第1版
印　　次　2024年3月第1次
ISBN　978-7-209-14287-8
定　　價　166.00圓（全四册）

《儒典》選刊工作團隊

學術顧問　杜澤遜　李振聚　徐　泳

項目統籌　胡長青

責任編輯　劉　晨　劉嬌嬌　張艷艷
　　　　　呂士遠　趙　菲　劉一星

前言

中國是一個文明古國、文化大國，中華文化源遠流長，博大精深。在中國歷史上影響較大的是孔子創立的儒家思想，因此整理儒家經典、注解儒家經典，爲儒家經典的現代化闡釋提供权威、典范、精粹的典籍文本，是推進中華優秀傳統文化創造性轉化、創新性發展的奠基性工作和重要任務。

中國經學史是中國學術史的核心，歷史上創造的文本方面和經解方面的輝煌成果，大量失傳了。西漢是經學的第一個興盛期，除了當時非主流的《詩經》毛傳以外，其他經師的注釋後來全部失傳了。東漢的經解衹有鄭玄、何休等少數人的著作留存下來，其餘也大都失傳了。南北朝至隋朝興盛的義疏之學，其成果僅有皇侃《論語疏》幸存於日本。五代時期精心校刻的《九經》、北宋時期國子監重刻的《九經》以及校刻的單疏本，也全部失傳。南宋國子監刻的單疏本，我國僅存《周易正義》、《爾雅疏》、《春秋公羊疏》（三十卷殘存七卷）、《春秋穀梁疏》（十二卷殘存七卷），日本保存了《尚書正義》、《毛詩正義》、《禮記正義》（七十卷殘存八卷）、《周禮疏》（日本傳抄本）、《春秋公羊疏》（日本傳抄本）、《春秋正義》（日本傳抄本）。南宋兩浙東路茶鹽司刻八行本，我國保存下來的有《周禮疏》、《禮記正義》、《春秋左傳正義》（紹興府刻）、《論語注疏解經》（二十卷殘存十卷）、《孟子注疏解經》（存臺北『故宫』），日本保存有《周易注疏》《尚書正義》（凡兩部，其中一部被清楊守敬購歸）。南宋福建刻十行本，我國僅存《春秋穀梁注疏》、《春秋左傳注疏》（六十卷，一半在大陸，一半在臺灣），日本保存有《毛詩注疏》《春秋左傳注疏》。從這些情況可以看出，經書代表性的早期注釋和早期版本國内失傳嚴重，有的僅保存在東鄰日本。

鑒於這樣的現實，一百多年來我國學術界、出版界努力搜集影印了多種珍貴版本，但是在系統性、全面性和準確性方面都還存在一定的差距。例如唐代開成石經共十二部經典，石碑在明代嘉靖年間地震中受到損害，明代萬曆初年西安府學等學校師生曾把損失的文字補刻在另外的小石上，立於唐碑之旁。近年影印出版唐石經拓本多次，都是以唐代石刻與明代補刻割裂配補的裱本爲底本。由於明代補刻采用的是唐碑的字形，這種配補本難以區分唐刻與明代補刻，不便使用，亟需單獨影印唐碑拓本。

爲把幸存於世的、具有代表性的早期經解成果以及早期經典文本收集起來，系統地影印出版，我們規劃了《儒典》編纂出版項目。

《儒典》出版後受到文化學術界廣泛關注和好評，爲了滿足廣大讀者的需求，現陸續出版平裝單行本。共收録一百十一種元典，共計三百九十七册，收録底本大體可分爲八個系列：經注本（以開成石經、宋刊本爲主。開成石經僅有經文，無注，但它是用經注本删去注文形成的）、經注附釋文本、纂圖互注本、單疏本、八行本、十行本、宋元人經注系列、明清人經注系列。

《儒典》是王志民、杜澤遜先生主編的。本次出版單行本，特請杜澤遜、李振聚、徐泳先生幫助酌定選目。特此説明。

二〇二四年二月二十八日

目録

第一册

尚書今古文注疏序　一
尚書今古文注疏凡例　九
尚書今古文注疏卷一　一五
尚書今古文注疏卷二　一五一

第二册

尚書今古文注疏卷三　二五五
尚書今古文注疏卷四　三八五
尚書今古文注疏卷五　三九七
尚書今古文注疏卷六　四〇七
尚書今古文注疏卷七　四四七

尚書今古文注疏卷八　四五七
尚書今古文注疏卷九　四六五
尚書今古文注疏卷十　四八五
尚書今古文注疏卷十一　五一七

第三册

尚書今古文注疏卷十二　五三一
尚書今古文注疏卷十三　五九一
尚書今古文注疏卷十四　六二七
尚書今古文注疏卷十五　六四七
尚書今古文注疏卷十六　六七九
尚書今古文注疏卷十七　六九九
尚書今古文注疏卷十八　七〇九
尚書今古文注疏卷十九　七三一
尚書今古文注疏卷廿　七六七
尚書今古文注疏卷廿一　七八五

第四册

尚書今古文注疏卷廿二　八〇七
尚書今古文注疏卷廿三　八二九
尚書今古文注疏卷廿四　八四七
尚書今古文注疏卷廿五　八六五
尚書今古文注疏卷廿六　九一九
尚書今古文注疏卷廿七　九三一
尚書今古文注疏卷廿八　九七七
尚書今古文注疏卷廿九　九八九
尚書今古文注疏卷卅　一〇〇一

尚書今古文注疏序

賜進士及第加授通奉大夫山東督糧道孫星衍撰

書有孔氏穎達正義復又作疏者以孔氏用梅賾書襍于廿九篇析亂書序以冠各篇之首又作偽傳而舍古說欽奉

高宗純皇帝鑒定四庫書採梅鷟閻若璩之議以梅氏書爲非眞古文則書疏之不能已于復作也兼疏今古文者放詩疏之例毛鄭異義各如其說以疏之史遷所說則孔安國故書大傳則夏侯歐陽說馬鄭注則本衛

宏賈逵孔壁古文說皆有師法不可遺也今古文說之不能合一猶三家詩及三傳難以折衷卽鄭注三禮亦引今古文異字及鄭司農杜子春說至晉已後乃用李斯別黑白而定一尊之學獨申已見自杜預之注左傳王弼之注易郭璞之注爾雅濫觴也經廿九篇并序爲卅卷者伏生出自壁藏授之鼂錯敎于齊魯立于學官大小夏侯歐陽爲之句解傳述有本後人疑爲口授經文說爲畧以其意屬讀者誤也孔壁所出古文獻自安國漢人謂之逸十六篇後漢衞宏杜林賈逵許氏慎等

皆爲其學未有注釋而經文并亾于晉永嘉之代不可
復見也書大傳孔子謂顔淵曰堯典可以觀美禹貢可
以觀事咎繇謨可以觀治鴻範可以觀度六誓可以觀
義五誥可以觀仁甫刑可以觀誡凡此七觀之書皆在
廿九篇中故漢儒以尙書爲備又以爲法斗七宿四七
二十八宿其一斗也又云孔子更選二十九篇二十九
篇獨有法也尋此諸説卽非正論可証漢儒之篤守廿
九篇無異辭也廿九篇析爲三十四篇者伏鄭本分合
之不同大誓後得然見于史記書大傳似止上下二篇

至唐已後并失之其詞見于傳記猶可徵也書大傳存本亦爲後人删節馬鄭注至宋散佚王應麟及近代諸儒或從書傳輯存之故可附經而爲之疏也文有今古之分者孔壁書科斗文字安國以今文讀之葢秦已來改篆爲隸或以今文寫書安國據以讀古文其字則異其辭不異也司馬氏用安國故夏侯歐陽用伏生說馬鄭用衞賈說其說與文字雖異而經文不異也古文篆籀之學絕于秦漢聲音訓詁之學絕于魏晉典章制度之學絕于隋唐尙書爲唐虞三代之文字賾奇古詁訓

與後世方言不同制度或在禮經之先後人不考時代
率爲之注解致訓故乖違句讀舛誤謂之佶屈聱牙殊
可歎也孔氏之爲書正義序云据蔡大寶巢猗費甝顧
彪劉焯劉炫等又云覽古人之傳記質近代之異同存
其是而去其非削其煩而增其簡是孔氏之疏不專出
于已今依其例徧採古人傳記之涉書義者自漢魏迄
于隋唐不取宋已來諸人注者以其時文籍散亾較今
代無異聞又無師傳恐滋臆說也又採近代王光祿鳴
盛江徵君聲段大令玉裁諸君書說皆有古書証據而

王氏念孫父子尤精訓詁但王光祿用鄭注兼存僞傳
不載史記大傳異說江氏篆寫經文又依說文改字所
注禹貢僅有古地名不便學者循誦段氏撰異一書亦
僅分別今古文字及惠氏棟宋氏鑒唐氏煥俱能辨証
僞傳莊進士述祖畢孝廉以田解經又多有心得合其
所長亦孔氏云質近代之異同存其是而削煩增簡者
也爲書始自乾隆五十九年迄于嘉慶廿年既有厥逆
之疾不能夕食恐壽命之不長亟以數十年中條記書
義編纂成書必多疏漏謬誤之處然人之精神自有止

境經學淵深亦非一人所能究極聊存梗概以俟後賢或炳燭餘光更有所得倘當改授梓人不至詒譏來哲也嘉慶二十年太歲乙亥二月中旬序于金陵冶城山館

尚書今古文注疏凡例

一此書之作意在綱羅放失舊聞故錄漢魏人佚說爲多其前哲編纂書義具有成書或列在學官或爲時循誦不敢勦說雷同

一尚書古注散佚今刺取書傳升爲注者五家三科之說一司馬氏遷從孔氏安國問故是古文說一書大傳伏生所傳歐陽高大夏侯勝小夏侯建是今文說一馬氏融鄭氏康成雖有異同多本衛氏宏賈氏逵是孔壁古文說皆疏明出典其先秦諸子所引古書

說及緯書白虎通等漢魏諸儒今文說許氏說文所載孔壁古文注中存其異文異字其說則附疏中大傳于章句之外別撰大義故擇取其文不能全錄

一經文相傳既久謹依孔氏穎達正義本參用唐開成石經卽今世列學官循誦之本若改從古文便恐驚俗止注明文字同異疏其出處惟堯典分出舜典皐陶謨分益稷書序一篇分列各篇之首前人俱以爲非不得不改從舊本以符廿九篇之數盤庚等三篇爲一依漢石經每篇空格及泰誓用史記參以書大

傳不敢湊集佚文說俱見疏中

一尚書佚文見于先秦經傳諸子及漢人所引有篇名可考者各附書序並存原注其僅稱書曰書云者或不必盡是尚書或是逸周書及周書六弢不便採入惟孟子所引似是舜典趙注不爲注明亦不敢據增

一同時諸君之說有已刻行世之書亦有未經授梓者有雜載經義札記者故須採附經本以諗來學俱載明姓氏其不載者或因引據書傳爲習見之文或與拙撰舊稿暗合是以略之非敢掠美

一緯書言三百年斗歷改憲古時歷法夏殷周魯已有
不同今旣注經須用考靈燿及淮南天文訓史記歷
書天官書漢書律歷志等引證方與先秦歷法符合
六朝唐人如祖沖之僧一行異說或用梅氏書允征
大甲等篇考証年月殊不可信西法雖密與古不同
亦不足爲經証

一禹貢地理俱用古說見于漢地理志當時據周地圖
桑欽等書說後人以臆見移易山川如以成皋大伾
爲在黎陽以安豐大别爲在漢陽之屬皆不敢濫從

郡縣應釋以今名方便學人檢閱庶補江氏聲所未備

一引用各書其爲本書不具及今世所無之本俱載明出處說文用宋本或載他書引用異文惟家語孔叢小爾雅神異經搜神記等或係僞書或同小說不敢取以說經疑誤後學

一宋本注疏注爲雙行小字明本或以注爲單行疏爲雙行汲古閣本始以注爲中字疏爲雙行小字行世甚廣今依其式如邵氏晉涵之注爾雅或有可採以

便附入經疏

一此書剏始于乾隆甲寅年至嘉慶乙亥年迄功付刊

中閒歷官中外牽于人事雖手不釋卷懼有遺忘多

藉同人之助台州洪明經頤煊文登畢孝廉以田上

元管秀才同助其搜討同里臧上舍鏞堂從弟星海

助其校讎應行附錄

堯典第一上　虞夏書一　　尚書今古文注疏卷一

賜進士及第授通奉大夫山東督糧道加三級孫星衍撰

注 大傳說堯者高也饒也馬融曰堯謚也翼善傳聖曰堯

疏 大傳說見風俗通皇霸篇引書大傳以堯爲高者白虎通號篇云堯猶嶢嶢也至高之貌淸妙高遠優游博衍衆聖之主百王之長也說文云堯高也从垚在兀上高遠也古文作㚧云饒者與高聲相近廣雅釋詁云益也多也饒多之義猶舜之言充俱美詞馬注見釋文云堯謚也翼善傳聖曰堯者士冠禮云死而謚今也古者生無爵死無謚注云古謂殷殷士生不爲爵死不爲謚則鄭以此禮爲大夫士言之不謂天子則古者天子有謚故馬氏以爲謚也白虎通謚篇云帝者天號也以爲堯猶謚顧上世質直死後以其名爲號耳所以謚之爲堯何禮謚法曰翼善傳聖謚曰堯馬氏說本此高誘注戰國策亦引堯舜謚張晏注漢書同今謚法解

無文者後人删之裴駰史記集解亦引謚法與馬同也堯名放勳又以堯爲名者此名即號非君前臣名之名由民稱號之故鄭注中候云重華舜名又注禮記云舜之言充也堯之爲高爲饒亦猶舜之言充春秋繁露三代改制質文篇云軒轅謂之皇帝因存帝顓頊帝嚳帝堯之帝號絀虞而號舜曰帝黃帝之先謚四帝之後謚何也帝號尊而謚卑故四帝後謚也則漢人謂顓頊嚳與堯皆謚也蓋云軒轅黃帝謚在帝之先帝顓頊等謚在帝之後耳此皆上世之以生號爲死謚也典者爾雅釋詁云常也釋言云經也楚語申叔時曰教之訓典韋昭注云訓典五帝之書也是其稱在孔子序書之前說文典从冊在六上尊閣之也一曰典大典也莊都說古文作籅大學篇引作帝典案堯典一篇梅賾所上僞孔傳分慎徽五典己下爲舜典案百篇之書自有舜典至後亡逸不宜以堯典分篇也據孟子萬章篇引堯典曰二十有八載放勳乃徂落云云論衡書虛篇云堯典之篇舜巡狩東至岱宗南至霍山云云皆在今舜典中明古合爲堯典淮南泰族訓云堯治天下七十載四岳舉

舜而薦之堯堯乃妻以二女以觀其內任以百官以觀其外明慎徽五典與今堯典嬪于虞文相連也書疏云鄭王皆以舜典合於此篇今并之以復古題堯典第一者書疏云檢古本并石經直言堯典第一題虞夏書者書疏云馬融鄭元別録題皆曰虞夏書以虞夏同科說文引唐書朞三百有六旬又引唐書五品不愻則古文以堯典爲唐書書大傳亦題曰唐傳今不題唐書者從馬鄭本也書今古文注疏大題在下者古書體例皆然儀禮士冠禮在上儀禮在下毛詩周南關雎在上毛詩國風在下毛詩疏云鄭注三禮周易中候尚書皆大名在下馬季長盧植之徒其所注者莫不盡然案史漢三國亦皆如是故用其例

曰若稽古帝堯曰放勳【注】史遷說帝堯者名放勳馬融曰順考古道放勳堯名鄭康成曰稽古同天言能順天而行與之同功曰一作粵勳一作勛【疏】經將述堯盛德先言稽古者春

秋繁露楚莊王第一云春秋之道奉天而法古故聖者法天賢者法聖後漢書范升傳升奏曰臣聞主不稽古無以承天太平御覽八十一引考河命云若稽古帝舜曰重華欽翼皇象詩殷武疏引契握云若稽古王湯既受命興由七十里起詩譜引擿雒貳云曰若稽古周公旦文選揚雄劇秦美新云故若古者稱堯舜威侮者陷桀紂是聖人爲政必先稽古也堯稱帝故謂之同天論語子曰惟天爲大惟堯則之張載注魯靈光殿賦粤若稽古帝漢祖宗云若順也稽考也言能順天地考行古之道者帝也案本經皐陶謨云曰若稽古不得訓爲同天者白虎通號篇引禮記謚法曰德象天地稱帝詩商頌云古帝命武湯傳云古帝天也周書武穆解云曰若稽古昭天之道上既云古下又云天明古義不得兼天曲禮云措之廟立之主曰帝注云同之天神五帝德盛故生時稱帝至夏殷生稱王入廟稱帝史記殷本紀云周武王爲天子其後世貶帝號號爲王然則自周以來廟主始不復稱帝也史公說見五帝本紀漢書儒林傳云司馬遷從安國問故遷書所載堯典禹貢洪範微子

金縢諸篇多古文說云放勳堯名者大戴禮五帝德宰我問孔子曰請問帝堯曰放勳孟子萬章云放勳乃徂落注云放勳堯名春秋繁露煖燠孰多篇引同孟子滕文公篇引放勳曰勞之來之白虎通爵篇引中候曰天子臣放勛知放勳爲堯名也馬注見三國魏志云順考古道不云同天者魏志云賈馬皆同以若爲順者爾雅釋言文若如音俱近順假借字也稽爲考者見文選張載注楊雄文鄭注見魏志及書疏稽古同天書疏作稽同古天後漢書李固傳注引作稽同也古天也言能同天而行者帝堯以稽爲同者周禮小宰職云稽合也說文云同合會也則稽義近同古爲天者周書周祝解云天爲古樂記云久則天古猶久也或鄭亦以帝號同天起義大誓云正稽古召誥云面稽天若又云其稽我古人之德故鄭推以釋此鄭注虞舜以舜爲名則此注亦當云堯名文不具也堯亦爲名者正如白虎通所云上世質直死後以其名爲號耳此名是時人尊奉之名若成湯生卽號爲武王故死後可以爲謚與姓名之名不同也放釋文徐云鄭如字蓋因僞傳讀爲放依而明鄭

之不從其義也曰作㝵者李賢注後漢書李善注文選多引曰作㝵或今古文異字然說文㝵引周書曰㝵三日丁亥不引虞書則此作曰古文也說文勳古文作勛又引勛乃殂蓋孔壁古文也**欽明文思安安**【注】馬融曰威儀表備謂之欽照臨四方謂之明經緯天地謂之文道德純備謂之思鄭康成曰敬事節用謂之欽照臨四方謂之明經緯天地謂之文慮深通敏謂之思思一作塞安安一作晏晏【疏】馬注見釋文周書謚法解云威儀悉備曰欽照臨四方曰明經緯天地曰文道德純一曰思是馬所本也表疑悉字之誤鄭注見書疏云敬事節用謂之欽者釋詁云欽敬也明與馬同云慮深通敏謂之思者洪範云思曰容漢五行志集注云容古文作睿河間獻王德傳集注叡深也通也思作塞者後漢書郅惲傳云塞晏之化論衡恢國篇云唐之晏晏舜之烝烝魏受禪

表云欽明文塞後漢書馮衍及第五倫陳寵傳注引尚書考靈燿俱作文塞晏晏郅惲傳注引鄭注尚書考靈燿云道德純備謂之塞寬容覆載謂之晏蓉思塞聲相近塞卽寒假借字也爾雅釋訓云晏晏柔也安晏通字左傳安孺子漢古今人表作晏孺子思作塞安安作晏晏皆今文也

允恭克讓【注】史遷說爲富而不驕貴而不舒鄭康成曰不懈于位曰恭推賢尚善曰讓讓一作攘【疏】允者釋詁云信也克者釋言云能也讓本字作攘漢書藝文志云合於堯之克攘說文云攘推也以讓爲相責讓則讓假借字史公說爲富而不驕貴而不舒者中庸篇云富有四海之內舒者釋言云緩也大傳五行傳云視之不明厥咎荼舒與荼通緩義近慢也鄭注見書疏云不懈于位曰恭推賢尚善曰讓者詩韓奕云夙夜匪解虔共爾位共同恭鄭用其義晉語文公曰讓推賢也荀子成相篇云堯讓賢以爲民讓賢推德天下治是也

光被四表格于上下【注】鄭康成

曰言堯德光耀及四海之外至于天地所謂大人與天地合其德與日月齊其明書說云日照四極九光東日日中南日日永西日宵中北日日短光照四十四萬六千里又云日道出於列宿之外萬有餘里正月假上八萬里假下一十萬四千里又云地與星辰四遊升降於三萬里之中春則星辰西遊夏則星辰北遊秋則星辰東遊冬則星辰南遊地有四遊冬至地上北而西三萬里夏至地下南而東復三萬里春秋二分則其中矣又云天從上臨下八萬里天以圓覆地以方載光一作橫

一作廣格一作假疏鄭注見詩噫嘻疏以光爲光燿者
鄭用考靈燿說不從今文廣被也
四表爲四海者据德所被言之云所謂大人云云易乾
卦詞也書說見開元占經引考靈燿又見周禮大司徒
疏及太平御覽三並博物志云四極九光者月令疏引
考靈燿云萬世不失九道謀鄭注引河圖帝覽嬉云黃
道一青道二出黃道東赤道二出黃道南白道二出黃
道西黑道二出黃道北日春東從青道夏南從赤道秋
西從白道冬北從黑道立春星辰西遊日則東遊春分
星辰西遊之極日東遊之極日與星辰相去三萬里夏
則星辰北遊日則南遊夏至星辰北遊之極日南遊之
極日與星辰相去三萬里以此推之秋冬放此可知交
選張茂先勵志詩注引春秋元命苞曰天左旋地右動
河圖曰地有四游冬至地上行北而西三萬里夏至地
下行南而東三萬里春秋二分是其中矣地常動不止
而人不知譬如閉舟而行不覺舟之運也禮記月令疏
引考靈燿云一度二千九百三十二里千四百六十一
分里之三百四十八周天百七萬一千里者是周天

圓周之里數也以圍三徑一言之則直徑三十五萬七千里此爲二十八宿周回直徑之數也然二十八宿之外上下東西各有萬五千里是謂四遊之極謂之四表據四表之內并星宿內總有三十八萬七千里然則天之中央上下正半之處則一十九萬三千五百里地在其中是地去天之數也云日道出於列宿之外萬有餘里者又見周禮馮相氏疏引下有云五星則差在其內五行大義引白虎通云日徑千里圍三千里下於天七千里令本白虎通脫文云四遊升降者周禮大司徒疏引鄭注云春分之時地與星辰復本位至夏至之日地與星辰東南遊萬五千里下降亦然至秋分還復正至冬至地與星辰西北遊亦萬五千里上升亦然至春分還復正進退不過三萬里故云地與星辰四遊升降於三萬里之中是以半之得地之中也月令疏又引鄭注考靈燿云天傍行四表之中冬南夏北春西秋東皆薄四表而止地亦升降於天之中冬至而下夏至而上二至上下蓋極地厚也解同周禮大司徒疏星辰亦隨地升降月令疏引鄭注考靈燿云夏日道上與四表平下

去東井十二度爲三萬里月令疏釋之云計夏至之日日在井星正當嵩高之上以其南遊之極故在嵩高之南萬五千里所以夏至有尺五寸之景也於時日又上極星辰下極故下去東井三萬里也云天從上臨下八萬里者周髀算經云天離地八萬里新序制奢篇許縮曰臣聞天與地相去萬五千里案天離地八萬里故測以八尺之表夏至日在嵩高之南萬五千里故有尺五寸之景許縮据日景測天云與地相去萬五千里皆千里而差一寸也光被卽橫被漢書王莽傳云昔唐堯橫被四表格說文云假至也引虞書此文作假王逸注招䰟亦引作假俱今文也

克明俊德【注】史遷克作能俊作馴鄭康成曰俊德賢才兼人者俊一作峻【疏】史公說見五帝本紀克爲能者釋詁文俊爲馴者集解引徐廣曰馴古訓字言堯自明其德以訓九族周禮土訓注鄭司農讀訓爲馴釋以告道引爾雅訓道也是古文說也漢書儒林傳云司馬遷嘗從安國問故遷書所載堯典禹貢洪範微子金縢諸篇多古文

說故以其文釋經也鄭注見書疏以俊德爲賢才兼人者春秋繁露爵國篇云萬人曰英千人曰俊百人曰傑十人曰豪說文云俊才千人也故以俊爲兼人也鄭意以明爲明揚俊德爲賢才蓋言九族中之賢才如論語所云汎愛衆而親仁也大學篇引帝典俊作峻釋爲皆自明者峻與俊通皆古文自明之義言自明其德則同史公也

以親九族九族既睦【注】夏侯歐陽等說九族者父族四母族三妻族二皆據異姓有服古尚書說九族者從高祖至元孫凡九皆同姓馬融鄭康成皆同鄭曰睦親也【疏】九族今文爲異姓古文爲同姓夏侯歐陽說見書疏引異義古尚書說見春秋左氏桓六年傳疏云今戴禮尚書歐陽說九族乃異姓有屬者父族四五屬之內爲一族父女昆弟適人者與其子爲一族己女昆弟適人者與其子爲一族己之女子子適人者與其子爲一族母族三母之父姓爲一族母之母姓爲一

族母女昆弟適人者與其子爲一族妻族二妻之父姓爲一族妻之母姓爲一族古尚書說九族者從高祖至元孫凡九皆同姓謹案禮緦麻三月以上恩之所及禮爲妻父母有服明在九族中九族不得但施於同姓鄭駁云元之聞也婦人歸宗女子雖適人家猶繫姓明不得與父兄爲異族其子則然婚禮請期辭曰唯是三族之不虞欲及今三族未有不億度之事而迎婦也如此所云三族不當有異姓異姓其服皆緦禮雜記下緦麻之服不禁嫁女取婦是爲異姓不在族中明矣周禮小宗伯掌三族之列名喪服小記說服之義曰親親以三爲五以五爲九以此言之知高祖至元孫昭然察矣据此知許氏從今文鄭氏從古文說也詩葛藟序云周道衰棄其九族傳云九族者據己上至高祖下及元孫漢書高帝紀七年置宗正官以序九族是漢初俱以九族爲同姓夏侯歐陽說爲異姓者恭因堯德光被自家及外族鄭不然者以經文下云百姓可該異姓也馬鄭注見釋文又見後漢書班固傳注以睦爲親者易釋文引蜀才云睦親也與鄭義同

平章百姓百

姓昭明【注】史遷平作便鄭康成作辯曰別也章明也百姓羣臣之父子兄弟【疏】史公作便章者鄭注論語云便便辯也經文作平者詩傳云平平辯治也鄭作辨注見後漢書劉愷傳注及史記集解史記索隱云今文作辨章鄭云百姓羣臣之父子兄弟者周語富辰曰百姓兆民注百姓百官也官有世功受氏姓也楚語觀射父曰民之徹官百王公之子弟之質能言能聽徹其官者而物賜之姓以監其官是爲百姓鄭說所本也白虎通姓名篇云尚書曰平章百姓姓所以有百者何以爲古者聖人吹律定姓以記其族人含五常而生聲有五音宮商角徵羽轉而相雜五五二十五轉生四時異氣殊音悉備故姓有百也云辨別者說文釆辯別也辨音近釆章明者史記伯夷列傳云此其尤大章明校著者也昭者說文曰日明也

協和萬邦黎民於變時雍【注】史遷協作合邦作國協一作叶變一作蕃一作卞【疏】史公說協爲合

者鄭注周禮云協合也下文協時月正日五帝本紀作合時月邦作國者漢書宣帝紀及地理志諸書多作國段君玉裁据白虎通蔡邕石經有國字云漢人詩書不諱不改經字宋書禮志禮部太常寺言漢法邦之字曰國盈之字曰滿止是讀曰邦讀曰滿本字見於經傳者未嘗改易司馬遷史記先王之制邦內畿服邦外侯服又曰盈而不持則傾於邦字盈字皆不改易此說蓋非無見是也後人遇國字即疑漢人避諱因改爲邦耳萬國者地理志云昔黃帝方制萬里畫埜分州得百里之國萬區故易稱先王建萬國親諸侯書云協和萬國此之謂也鄭注王制云春秋傳云禹會諸侯於塗山執玉帛者萬國言執玉帛則是惟謂中國耳中國而言萬國則是諸侯之地有方百里有方七十里有方五十里者禹承堯舜而然矣要服之內地方七千里乃能容之協論衡高世篇引經言叶和萬國說文協或作叶於變漢書成帝紀陽朔元年詔引作於蕃注應劭曰黎衆也時是也雍和也言衆民於是變化用是大和也韋昭曰蕃多也潛夫論考績篇云此堯舜所以養黎民而致時雍

也以養釋蕃云致時雍疑又以時爲時代之時案應氏釋於爲於是則於讀如字於變猶言爰變也釋詁云黎衆也爰於也時是也釋訓云廱廱和也漢孔宙碑云於卞時雍卞卽弁之俗字變與蕃聲相近卞音近變民漢書注師古一引作萌**乃命羲和**【注】馬融曰羲氏掌天官和氏掌地官四子掌四時鄭康成曰高辛氏之世命重爲南正司天犂爲火正司地堯育重犂之後羲氏和氏之子賢者使掌舊職天地之官亦紀於近命以民事其時官名蓋曰稷司徒馬鄭皆曰此命羲和者命爲天地之官下云分命申命爲四時之職天地之與四時於周則冢宰司徒之屬六卿是也【疏】馬注見釋文云羲氏掌天官和氏掌地官者楚語觀射父對昭王曰

少皞氏之衰也九黎亂德顓頊受之乃命南正重司天
以屬神命火正黎司地以屬民注唐尚書云火當爲北
書疏引鄭荅趙商云先師以來皆云火掌爲地當云黎
爲北正揚子法言云羲近重和近黎是鄭所本也云四
子掌四時者卽下經文羲仲羲叔和仲和叔各主一時
是也鄭注見周禮序及書疏云高辛氏之世者重黎當
顓頊之時旣爲句芒祝融之官其後卽以重黎爲號故
至高辛之世再居此職鄭語史伯對桓公曰黎爲高辛
氏火正以淳燿惇大命曰祝融是也黎如此則重可知
鄭据鄭語爲說楚語又云其後三苗復九黎之惡堯復
育重黎之後不忘舊者使復典之以至于夏商故重黎
氏世敘天地而別其分主者也注云育長也堯繼高辛
氏平三苗之亂紹育重黎之後使復典天地之官羲氏
和氏是也云紀於近命以民事者春秋左氏昭十七年
傳云自顓頊以來不能紀遠乃紀於近爲民師而命以
民事謂少昊以前以雲火龍鳥等紀官是紀於遠顓頊
以來若稷與司徒是以民事命官故云亦紀於近云其
時官名葢稷曰司徒者以司徒敬敷五教與周禮地官

司徒掌邦教同韋昭注楚語南正重司天以屬神云周禮則宗伯掌祭祀注火正黎司地以屬民云周禮則司徒掌土地民人者也與鄭義同案西漢諸儒用今文說以羲仲等四人即是羲和不以爲六官與馬鄭異月令云乃命太史司天日月星辰之行是羲和于周爲太史之職也史記天官書云昔之傳天數者於唐虞羲和是不以爲六卿漢書成帝紀陽朔元年詔曰昔在帝堯立羲和之官命以四時之事令不失其序百官公卿表云書載唐虞之際命羲和四子順天文授民時注應劭曰堯命四子分掌四時之教化也張晏曰四子謂羲仲羲叔和仲和叔也食貨志堯命四子吕敬授民時魏相傳云明王謹於尊天愼於養人故立羲和之官以乘四時節授民事論衡是應篇云堯候四時之中命羲和察四星以占時氣是以仲叔等四子爲羲和今文說也

欽若昊天【注】史遷欽若作敬順今文歐陽說春曰昊天夏曰蒼天秋曰旻天冬曰上天總曰皇天古文說天有五

號各用所宜稱之尊而君之則稱皇天元氣廣大則稱昊天仁覆閔下則稱旻天自上監下則稱上天據遠視之蒼蒼然則稱蒼天【疏】史公欽爲敬者釋詁文若爲順者釋言文今歐陽說及古文說見詩黍離疏及周禮大宗伯疏許氏謹案尚書堯命羲和欽若昊天總勅四時知昊天不獨春鄭氏云春氣博施故以廣大言之浩浩昊天求之博施尚書所云者論其義也則堯命羲和欽若昊天無可怪耳亦見詩疏引案爾雅釋天云春爲蒼天夏爲昊天秋爲旻天冬爲上天今文及許鄭春夏互易說文昦春爲昦界天元氣昦昦旻虞書曰仁閔覆下則稱旻天蓋用古文說也昊天旣爲春天之名此舉春以統四時耳歷象日月星辰【注】史遷歷象作數法鄭康成以星辰爲一【疏】漢書李尋傳尋引書曰歷象日月星辰此言仰視天文俯察地理觀日月消息候星辰行伍李尋言俯察地理者蓋謂下

宅嵎夷宅南交等亦以羲和即羲仲等四子也史公說歷爲數者釋詁文象爲法者王逸注懷沙云象法也大戴五帝德篇云帝嚳歷日月而迎送之易繫辭云天垂象見吉凶聖人則之歷書云方士唐都分其天部而巴落下閎運算轉歷落下閎之法即所謂歷如周馮相氏所掌今之推步學也唐都之法即所謂象如周保章氏所掌今之占驗學也白虎通聖人篇云堯歷象日月璇璣玉衡是以星辰爲北極及斗建也鄭說見書疏周禮大宗伯職以實柴祀日月星辰注星謂五緯辰謂日月所會於十二次則辰當作層此云星辰辰爲一是鄭謂中星也魯語展禽曰帝嚳能序三辰以固民注三辰日月星謂能次序三辰以治歷明時教民稼穡以安也亦以星辰爲一

敬授人時注大傳說主春者張昏中可以種稷主夏者火昏中可以種黍主秋者虛昏中可以種麥主冬者昴昏中可以收斂皆云上告天子下賦臣人天子南

面而視四方星之中知人緩急故曰敬授人時疏大傳見書疏又民之緩急下云急則不賦籍不舉力役見太平御覽十一大傳說本尚書考靈耀史記正義引其文略同五行大義引曾子云亦同也所云據昏中星以授民時亦以羲和即四子與馬鄭義異今文說也分命羲仲注鄭康成曰官名蓋春爲秩宗夏爲司馬秋爲士冬爲共工通稷與司徒是六官之名見也仲叔亦羲和之子堯旣分陰陽爲四時命羲仲和仲羲叔和叔等爲之官又主方岳之事是爲四岳掌四時者曰仲叔則掌天地者其曰伯乎疏鄭注見周禮疏序及聖賢羣輔錄云稷與司徒者謂天地官也陰陽即謂天地并四時爲六官鄭以堯時有六官不獨據周制定之管子五行篇云黃帝得蚩尤而明於天道得大

常而察於地利得奢龍而辯於東方得祝融而辯於南
方得大封而辯於西方得后土而辯於北方又云蚩尤
爲當時大常爲廩者奢龍爲土師祝融爲司徒大封爲
司馬后土爲李是黃帝時卽有六官唐虞承其制也知
主方岳之事爲四岳者大傳云惟元祀巡狩四嶽八伯
其下有羲伯和伯等樂與陽伯夏伯秋伯冬伯爲六周
禮敘引鄭注云堯始得羲和命爲六卿其主春夏秋冬
者并掌方嶽之事是爲四嶽出則爲伯後稍死鵰吺共
工等代之乃分置八伯又注大傳儀伯云儀當爲羲羲
仲之後也羲伯羲叔之後也和伯和仲之後也不及和
叔者脫文此鄭据大傳爲說
宅嵎夷曰暘谷[注]史遷宅作居下同嵎
作郁暘作湯馬融曰嵎海隅也夷萊夷也暘谷海嵎夷
之地名居一作度嵎一作堣[疏]宅嵎夷者王制云凡居民量地以制邑度地以
居民然則經言羲仲掌此東方居民之事也下宅義仿
此書疏云使居治東方嵎夷之地又引王肅云皆居京

師而治之亦有時述職俱非也史公說宅爲居者釋言
文嵎爲郁者聲之緩急暘谷爲湯谷者史記索隱云史
記舊本作湯谷今並依尚書字則後人改爲暘谷也鄭
注周禮縫人引宅西爲度西知此宅今文皆作度也方
言云度居也義俱相近嵎夷釋文云尚書考靈燿及史
記作禺銕書疏云夏侯等書爲嵎鐵鐵亦銕字嵎當爲
堣說文云堣夷在冀州陽谷立春日日值之而出暘說
文作崵云崵山在遼西一曰嵎夷暘谷也案史記夏本
紀嵎夷既略索隱云按今文尚書及帝命驗並作禺鐵
在遼西則今文以此禺夷之地在遼西後漢書東夷傳
說夷有九種云昔堯命羲仲宅嵎夷曰暘谷葢日之所
出也亦以爲遼海之地崵谷即首陽山谷今永平府是
其地與馬說青州之嵎夷異也說文又有𣪊字云日出
之赤依周禮注昧谷作柳𣪊之義亦當是今文暘谷異
字馬注見釋文以嵎爲海隅夷爲萊夷者禹貢青州嵎
夷既略萊夷作牧據此爲說爾雅十藪齊有海隅萊夷
見禹貢疏

寅賓出日平秩東作【注】史遷寅賓作敬道平秩作

便程下同馬融曰賓從也苹使也鄭康成曰謂春分朝日作生平一作辨秩一作豑

疏 史公寅爲敬者釋詁文賓爲道者說文及廣雅釋詁云儐道也平秩爲便程者聲俱相近說文戥从戥聲讀若詩戥戥大猷今作秩是也平秩謂使課其事薛綜注西京賦云程謂課其技能也東作者趙岐注孟子引此文云謂治農事也列子楊朱篇云宋有田父暨春東作漢書集注應劭云東作耕也月令孟春之月王命布農事命田舍東郊皆修封疆審端經術注云今尚書分命義仲宅嵎夷即謂此也馬注見釋文云賓從者釋詁云賓服也服義近從云苹使者釋詁云抨使也苹聲近抨鄭注見書疏云謂春分朝日者周語內史過曰古者先王有朝日夕月以教民事若魯語公父文伯母曰天子大采朝日與三公九卿祖識地德注云禮天子以春分朝日示有尊也祖習也識知也地德所以廣生鄭謂義仲敬導天子朝日之事使民習知廣生之事云作生者詩天作傳云作生也樂記云春作夏長秋斂冬藏

平作辨者鄭注周禮馮相氏云辨其序事引此經史記索隱云大傳平爲辨疏云據書傳而言是今文俱作辨也釋言云便便辨也辨亦訓使洛誥云勿辨乃司民湎于酒伻來來示予漢人引作辨來來示予是也風俗通祀典篇引青史子云辨秩東作萬物觸地而出秩作豒者說文引經作豒云爵之次弟也月令天子迎春東郊還反賞公卿諸侯大夫於朝命相布德和令行慶施惠下及兆民疑即謂此事葢依其爵秩次序而賞之也

日中【注】馬融曰日中宵中者日見之漏與不見者齊也古制刻漏晝夜百刻晝長六十刻夜短四十刻晝短四十刻夜長六十刻晝中五十刻夜亦五十刻鄭康成曰日中宵中者日見之漏與不見者齊也【疏】日中者月令仲春之月日夜分開元占經引張衡渾儀注云春分秋分日在黃赤二道之交中去極俱九十一度少強出卯入酉晝行地

上夜行地下俱一百八十二度半强馬注見詩東方未明疏及書疏以漏刻分晝夜者後漢律歷志云孔壺爲漏浮箭爲刻下漏數刻以考中星昏明生焉樂記云百度得數而有常注云百度百刻也言日月晝夜不失正也是漏刻本古制也鄭注見詩東方未明疏月令疏引鄭注尚書云日見之漏五十五刻不見之漏四十五刻與詩疏異者月令疏云馬據日出日入爲限蔡邕以爲星見爲夜日入後三刻日出前三刻皆屬晝晝有五十六刻夜有四十四刻與鄭注日見之漏與不見者齊不同者馬氏又多一刻屬晝是漢歷之不同也

星鳥以殷仲春

注 史遷仲作中下同馬融鄭康成皆曰星鳥星火謂正在南方春分之昏七星中仲夏之昏心星中秋分之昏虛星中冬至之昏昴星中皆舉正中之星不爲一方盡見舉仲月以統一時鄭康成曰星鳥鶉火之

方殷中也春秋言溫涼也【疏】經言星鳥者鳥謂朱雀南方之宿大傳云主春者張昏中又云天子南面而視四星之中故說經者知是昏中于南方也張者天官書云張嗉即鳥之嗉也高誘注淮南主術訓云三月昏張其星中于南方張南方朱鳥之宿也月令季春之月昏七星中七星者天官書云七星頸即鳥之頸經云星鳥昏中爲仲春月令爲季春仲春昏弧中者月令疏云弧星近井如鄭康成之意南方七宿總爲鳥星井星即鳥星之分故云星鳥與此同也按春分之昏斗指卯角亢在卯則井星柳星張正在南方也馬鄭注見書疏知正在南方者以大傳天子南面視四星知之以星鳥爲七星者柳七星即鳥之體在七星之中故曰正中云舉仲月以統一時者周書周月解云凡四時成歲有春夏秋冬各有孟仲季以名十有二月此但舉仲月以統孟季三月爲一時也古無歲差之說故鄭氏以月令舉其月初尚書總舉一月是中星不同鄭氏精于算術故可信也案月令仲春之月日在奎呂氏春秋古樂篇云黃帝鑄十二鐘以和五音以施英

部以仲春之月乙卯之日日在奎始奏之此先秦人說黃帝時日躔與周時無差之證中星亦必同也鄭注見詩七月疏及釋文又見文選陸士衡樂府注云星鳥鶉火之方者南方三次鶉首鶉火鶉尾此言其中云殷中者釋詁文春秋言溫涼者春溫秋涼也按後人疑仲春之月星鳥未中創爲歲差之說豈知經不言昏更不以昏幾刻爲限既舉仲月鄭又以爲總舉一月則昏後數刻鳥星正中無可疑矣**厥民析**【注】史遷厥爲其下同【疏】析者高誘注呂覽仲春紀引經說之云散布在野史記司馬相如傳索隱引如淳云析分也言使民分散耕種史公厥爲其者釋言文**鳥獸孳尾**【注】史遷孳尾爲字微【疏】孳尾者列子黃帝篇云孳尾成羣張湛注云孳尾牝牡相生也殷敬順釋文云乳化曰孳交接曰尾說文云孳汲汲生也是孳義爲生史記集解引說文云尾交接也今說文但云微也史公爲字微者說文云字乳也尾微也字孳聲相近**申命羲叔宅南交**【注】大傳說堯南撫交

趾史遷宅作居鄭康成曰夏不言曰明都三字摩滅也

疏 南交者書疏引書緯言春夏相與交秋冬相與互謂之母成子子助母疏又云春盡之日與立夏之初時相交也東方之南南方之東位相交也四時皆舉仲月之候言其不統季孟於此言交明四時皆然大傳云中祀大交注云中仲也古字通春爲元夏爲仲五月南巡狩仲祭大交氣於霍山也南交稱大交書曰宅南交也大傳說堯南撫交趾者大戴禮少閒篇云昔虞舜以天德嗣堯朔方幽都來服南撫交趾出入日月莫不率俾墨子節用篇云昔者堯治天下南撫交趾北降幽都東西至日所出入莫不賓服似俱用此經文爲說史記索隱云東嵎夷西昧谷北幽都三方皆言地而夏獨不言或古文略舉一字名地南交則是交趾不疑也鄭注見書疏以曰明都三字爲摩滅者未詳其義

平秩南訛

注 史遷訛作譌平一作辨

疏 史公平秩爲平程見前文訛俗字當爲譌周禮馮相氏注引作譌釋詁云訛動也說文云吪動

也訛蓋吪之誤漢書王莽傳云東巡勸東作南巡勸南僞羣經音辨引書平秩南僞僞即爲也淮南天文訓云禾不爲萩麥不爲與稻昌相對成文漢書天文志注孟康曰爲成也**敬致****疏**致者江氏聲以爲致日周禮馮相氏冬夏致日春秋致月以辨四時之敘注云冬至日在牽牛景長三尺夏至日在東井景尺五寸此長短之極極則氣至冬無愆陽夏無伏陰春分日在婁秋分日在角而月弦於牽牛東井亦以其景知氣至不春秋冬夏氣皆至則是四時之敘正矣春秋左氏桓十七年傳云日官居卿以厎日漢律歷志注蘇林曰厎致也厎爲致者釋言文杜注云平也失之**日永****注**馬融曰日長則晝漏六十刻夜漏四十刻鄭康成曰日長者日見之漏五十五刻於四時最長也日不見之漏四十五刻**疏**永者釋詁云長也白虎通日月篇云日所以有長短何陰陽更相用事也故夏節晝長夏日宿在東井出寅入戌凡十二時日見有其八故極

長也月令仲夏之月日長至夏小正五月時有養日馬注見書疏云日長晝漏六十刻者日長出寅入戌鄭注考靈燿云五日增減一刻計春分至夏至九十二日當增十刻春分晝漏五十刻則夏至六十刻矣鄭注見書疏及周禮挈壺氏疏詩東方未明疏與馬異者挈壺氏疏云鄭與馬義異以其馬云春秋分晝夜五十刻據日見之漏若兼日未見日沒後五刻晝五十五刻夜四十五刻若夏至晝六十刻通日未見日沒後五刻則晝六十五刻夜三十五刻一年通閏有三百六十五日四分日之一四時之間九日有餘較一刻爲率云是也高誘注呂覽云夏至之日晝漏水上刻六十五夜漏水上刻三十五各不同者日自長至漸長日增刻數各据一月上中下旬言之也

星火以正仲夏

注 史遷仲作中鄭康成曰星火大火之屬司馬之職治南岳之事得則夏氣和夏至之氣昏火星中

疏 月令仲夏昏亢中仲夏斗指午杓攜龍角角亢在午則氐房心尚在巳經

云星火與月令不同者月令疏引鄭荅孫顥云星火非謂心星也卯之十三度總爲大火其曰大火之次有星者月令舉其月初尚書總舉一月故不同也按月令是月朔登明堂頒政之書故據朔日之昏言之尚書總舉一月通朔至晦而言仲夏之晦與季夏之朔僅差一日火星移巳至午矣後世求其說不得疑爲歲差不察鄭義蓋歲氣有差日躔盈縮使然天體無差二十八宿隨斗杓視而可識也鄭注見詩七月疏云星火大火之屬者夏小正五月初昏大火中傳曰大火者心也是星火即大火亦即鶉火也云司馬之職治南嶽之事者司馬夏官南嶽即霍山大傳云中祀大交霍山貢兩伯之樂焉有夏伯羲伯之樂注云夏伯夏官司馬也弃掌之是南岳即霍山也云夏至之昏火星中者夏至火星未中月令疏引鄭志總舉一月則夏至在五月上旬加十五日小暑又十五日大暑角亢西移火亦正中矣

厥民因【疏】因者釋詁云儴因也說文云漢令解衣耕謂之襄蓋謂民相就而助成耕耨之事

鳥獸希革【注】鄭康成曰夏時鳥

獸毛疏皮見【疏】希卽稀省文說文稀疏也希聲說文無揚粤之地鳥獸希毛其性能暑鄭注見詩斯干疏以希爲疏用說文義革爲皮者說文革獸皮治去其毛革更之

分命和仲宅西【注】史遷分作申西作西土鄭康成曰西者隴西之西今人謂之兌山【疏】史公分命作申命者釋詁云申重也是以和仲卽義和之和承乃命云重命也西作西土集解引徐廣曰一無土字鄭注見史記集解徐廣云今天水之西縣也漢書地理志隴西郡有西縣兌字郡國志引作八充傳寫之誤

曰昧谷【注】史遷昧或作柳夏侯等書同大傳谷作穀【疏】史公作柳者集解引徐廣云一作柳谷書疏二引夏侯等書昧谷爲柳谷是言經之昧谷夏侯等爲柳谷也大傳谷作穀者虞傳云秋祀柳穀注云八月西巡守祭柳穀之氣於華山也柳聚也齊人語鄭注周禮縫人云柳之言聚諸飾之所聚書經作柳穀賈

氏疏云柳者諸色所聚日將沒其色赤兼有餘色故曰柳穀按說文有穀字云日出之赤則穀當是假借字漢書郊祀志云東北神明之舍西方神明之墓也注張晏曰神明日也日出東北舍謂陽谷日沒於西故曰墓墓蒙谷也

寅餞納日【注】史遷寅作敬納作入馬融曰餞滅也滅猶沒也鄭康成曰謂秋分夕月【疏】史公寅爲敬者釋詁文納爲入者公羊傳云納者入辭也馬注見釋文餞爲滅者書敘遂踐奄馬鄭俱訓爲滅鄭注士虞禮云古文餞爲踐是餞踐通也滅爲沒者高誘注淮南亦云鄭注周禮云沒入也鄭注見書疏云秋分夕月者魯語云少采夕月注云夕月以秋分少采黼衣也昭謂朝日以五采則夕月其三采也

平秩西成【疏】西成者白虎通情性篇云西方亦金成萬物也

宵中【注】史遷宵作夜鄭康成曰夜中者日不見之漏與見者齊【疏】史公以宵爲夜者釋言文鄭注見周禮挈壺氏疏注意與日中

同馬義亦如此惜已缺略鄭注周禮司寤氏云宵定昏也書曰宵中星虛

星虛以殷仲秋【注】史遷殷作正仲作中鄭康成曰虛元武中虛宿也【疏】史公殷作正者廣雅釋詁云殷正也鄭注見詩七月疏天官書云北宮元武虛故鄭以爲元武中宿也月令疏云仲秋之月昏牽牛中尚書云宵中星虛其仲冬之月云東壁中尚書云日短星昴不同者亦是月令舉其初朔尚書總舉一月之中理亦不異孔安國注尚書與此則別按牽牛亦北宮七宿經文不限初昏宵分則虛亦移而南矣

厥民夷【注】史遷作其民夷易疑衍夷字【疏】史公夷作易者釋詁文夷讀當如泰誓夷居之夷謚法解云安心好靜曰夷時無農功也

鳥獸毛毨【注】鄭康成曰毨理也毛更生整理【疏】鄭注見周禮司裘疏玉篇云毨毛更生也又整理也與鄭注同說文云毨仲秋鳥獸毛盛可選取以爲器用讀若選與鄭義異賈馬諸君孔壁古文說也

申命和

叔宅朔方曰幽都注史遷朔作北疏史公以朔爲北者釋詁云朔北方也淮南地形訓云西北方曰不周之山曰幽都之門注幽闔也都聚也元冥將始用事順陰而聚故曰幽都之門幽都卽幽州也下文流共工於幽州淮南作幽都平在朔易注史遷作便在伏物平亦作辨疏經言在者釋詁云察也平者使也史公作便在伏物者大傳文見史記索隱索隱引尸子云北方者伏方也太平御覽十一引大傳云傳曰天子以三冬命三公謹蓋藏閉門閭固封境入山澤田獵以順天道以佐冬固藏也漢書王莽傳云北巡以勸蓋藏是伏物之義曰短注馬融曰日短晝漏四十刻夜六十刻鄭康成曰日短者日見之漏四十五刻於時最短疏馬注見史記集解及書疏白虎通日月篇云冬節夜長冬日宿在牽牛出辰入申凡十二時日見有其四故極短也鄭注見周禮挈壺氏疏高誘注呂氏春秋日短至云

冬至之日晝漏水上刻四十五夜漏水上刻五十五同鄭說也星昴以正仲冬**注**史遷仲作中鄭康成曰昴白虎中宿也**疏**鄭注見詩七月疏云昴白虎中宿者天官書西官咸池參爲白虎昴與參連體說俱見前厥民隩鳥獸氄毛**注**史遷作其民燠馬融曰隩煖也氄溫柔貌鄭康成作奧曰內也氄一作毴又作㲝毛一作髦**疏**漢書鼂錯傳云胡貉之地鳥獸毳毛其性能寒注師古曰毳細毛也案氄毛卽毳毛也史公隩作燠者老子釋文奧暖也隩奧通字燠義同煖馬注見釋文云氄溫柔貌者集解引徐廣氄音茸說文茸艸茸茸貌蓋謂艸生之柔細者與馬義近鄭注見文選赭白馬賦注孔安國注論語云奧內也爾雅釋宮云西南隅謂之奧是爲內也氄毛作毴毴髦者說文毴盛也虞書曰鳥獸毴髦玉篇云毴衆也聚也氄同說文氄或作㲝又引虞書曰鳥獸㲝毛者孔壁古文異字帝曰咨汝

義暨和【注】史遷無此文朞三百有六旬有六日以閏月定四時成歲【注】史遷作歲三百六十六日定作正鄭康成曰以閏月推四時使啓閉分至不失其常著之用成歲歷將以授民時且記時事朞一作稘【疏】淮南天文訓云日行十三度七十六分度之二十六二十九日九百四十分日之四百九十九而爲月而以十二月爲歲歲有餘十日九百四十分日之八百二十七故十九歲而七閏白虎通日月篇云月有閏餘何周天三百六十五度四分度之一歲十二月日過十二度故三年一閏五年再閏明陰不足陽有餘也四時篇云歲者遂也三百六十六日一周天萬物畢成故爲一歲也引此經文後漢律歷志引杜預長歷云書稱朞三百有六旬有六日云云是以天子必置日官諸侯必置日御世脩其業以考其術舉全數而言故曰六日其實五日四分之一日日行一度而

月行十三度十九分度之有畸日官常會集此之遲疾以考成晦朔錯綜以設閏月閏月無中氣而斗指兩辰之間所以異於他月也積此以相通四時八節無違乃得成歲其微密至矣得其精微以合天道事序而不悖史公定作正者詩疏引孫炎注爾雅定正也鄭注見公羊隱元年傳疏云分至啟閉者分謂春分秋分至謂夏至冬至啟謂立春立夏閉謂立秋立冬是爲八節推四時以置閏皆當其節不失其正則歲歷成所謂舉正於中也朞說文作稘云復其時也引此經蓋孔壁古文

允釐百工庶績咸熙【注】史遷允釐作信飭工作官庶績咸熙作衆功皆興【疏】史公允釐爲信者釋詁文釐爲飭者鄭注易噬嗑云飭猶理也詩傳云釐理也是釐飭同義工爲官者詩傳文庶衆績功咸皆熙興並釋詁文

帝曰疇咨若時登庸【注】史遷作堯曰誰可順此事馬融曰羲和爲卿官堯之末年皆以老死庶績多闕

故求賢順四時之職欲用以代羲和疇一作𠷎**疏**史公疇爲誰咨爲此者俱釋詁文說文作𠷎云誰也若爲順者釋言文時與事聲相近史公當以時爲事也馬注見書疏其說或本衞賈諸君子故鄭注大傳亦云堯始得羲和命爲六卿後稍死鴅吺共工等代之也疇說文作𠷎云詞也虞書曰𠷎咨據孔壁古文說與史公異按咨若時登庸言此順是升用時是登升釋詁文說文庸用也經文言此事卽謂羲和之職史記正義以下言丹朱而云將登用之嗣位非也

放齊曰允子朱啟明**注**史遷允作嗣朱作丹朱啟作開馬融曰允嗣也鄭康成曰帝堯允嗣之子名曰丹朱開明也朱一作絑啟一作開**疏**史公允爲嗣者釋詁云允嗣繼也是允與嗣同義朱爲丹朱者史記正義引荆州記云丹水縣在丹川堯子朱之所封也啟爲開者非避諱字若云啟明便不詞後人遂經文國字啟字便疑漢人

諱字輒加改正者誤也馬注見釋文鄭注見史記正義云名曰丹朱者以後文毋若丹朱傲謂并所封丹水而名之也朱說文作絑云虞書丹朱如此淮南泰族訓云雖有天下而絑勿能統也注云絑堯子也是古文作絑

帝曰吁嚚訟可乎【注】史遷作頑凶不用訟一作庸【疏】吁者說文云驚也春秋左氏僖二十四年傳云口不道忠信之言爲嚚訟者說文云爭也王逸注楚詞云譊譊爲訟言其妄言而好爭可乎言不可也史公嚚作頑者左傳云心不則德義之經爲頑與嚚連文訟作凶者釋言云詾訟也說文詾或作訩或作說皆同字而云說也說蓋訟之譌凶即詾省文訟釋文引馬本作庸庸可言不可也

帝曰疇咨若予采【注】史遷說爲誰可者馬融曰采官也【疏】史公以疇爲誰者釋詁文若順采事也馬注見釋文采官釋詁文

驩兜曰共工方鳩僝功【注】史遷方作旁鳩作聚僝作布馬融曰僝具也鄭

康成曰共工水官名其人名氏未聞先祖居此官故以官氏也堯末羲和之子皆死庶績多闕當此之時驩兜共工更相爲舉鳩一作救又作逑僝一作孱【疏】都者釋詁云於也史公說方爲旁者皐陶謨方施象刑白虎通聖人篇以方爲旁說文云旁溥也鳩爲聚者釋詁文僝爲布者僝與撰聲相近王逸注楚詞云撰猶博也博義近布馬注見釋文云僝具者孔安國注論語云撰具也僝與撰聲相近用其義鄭注見史記集解及書疏周禮疏序云共工水官名者周語太子晉曰昔共工棄此道也虞于湛樂淫失其身欲壅防百川墮高堙庳以害天下皇天弗福庶民弗助禍亂並興共工用滅注賈侍中云共工諸侯炎帝之後姜姓也顓頊氏衰共工氏侵陵諸侯與高辛爭而王也或云共工堯時諸侯爲高辛所滅昭謂言爲高辛所滅尙得爲堯諸侯又堯時共工與此異也按周語共工賈氏逵以爲姜氏左傳說窮奇爲少皥氏

之不才子少皞已姓又非一人故鄭亦云其人名氏未聞以疑之鳩說文作逑云斂聚也虞書曰旁逑孱功又僝具也讀若汝南潺水虞書曰旁救僝功兼採各家異字意則同也僝漢書楊賜傳引作孱

帝曰吁靜言庸違象恭滔天【注】史遷靜作善庸作用違作僻象作似滔作漫靜一作靖言一作譖違一作回恭一作龔

【疏】史公靜爲善者藝文類聚八十七引韓詩曰靖善也靜與靖同庸爲用者詩傳文違爲僻者文選西征賦注引薛君云回邪僻也周語注違邪也違與回同象爲似者漢書集注亦云滔爲漫者漫與慢同詩蕩云天降滔德傳云天君滔慢也蓋謂其貌似恭敬而慢其天性天者高誘注淮南云性也謂慢天所付五常之性白虎通壽命篇云又欲使民務仁立義無滔天滔天則司命舉過又文選西京賦云天命不謟注滔與謟音義同靜作靖恭作龔者漢書王尊傳作靖言庸違象龔滔天注師古曰靖治也庸用也違僻也滔漫也潛夫論明暗篇

作靖言庸回言作譖者吳志陸抗傳抗曰靖譖庸回唐
書攸戒春秋左氏文十八年傳云靖譖庸回亦是共工
也譖者一切經音義十七引三倉云讒也又王逸注天
問康回馮怒云康回共工名也案康回疑庸回之誤以
爲共工名未知出典 帝曰咨四岳【注】史遷咨作嗟鄭康成曰四岳
四時之官主四岳之事始羲和之時主四岳者謂之四
伯至其死分岳事置八伯皆王官其八伯惟驩兜共工
放齊鯀四人而已其餘四人無文可知【疏】四岳者漢書百官公卿表
云或說四岳爲四方諸侯此古文說與鄭異也史公咨
爲嗟者說文云𧪚咨也鄭注見史記集解及周禮疏序
云四時之官主四岳之事者堯時稱岳殷周則稱伯曲
禮云五官之長曰伯是職方王制云二百一十國以爲
州州有伯八州八伯各以其屬屬於天子之老二人分
天下以爲左右二伯公羊隱五年傳云天子三公者何

天子之相也則何以三自陝而東者周公主之自陝而西者召公主之一相處乎內然則四岳之職堯時四人殷周則二人也周語太子晉以四岳佐禹爲一王四伯則唐虞亦稱伯故鄭又云是爲四岳謂之四伯也云至其死分岳事置入伯者大傳有陽伯儀伯夏伯義伯秋伯和伯冬伯其一人缺文鄭注以陽伯爲伯夷掌之夏伯棄掌之秋伯咎繇掌之冬伯垂掌之餘則羲仲和叔之後此云驩兜共工放齊鯀四人其餘四人無文可知者鄭以大傳所言在舜即眞之年此在堯時當別自有人也周語云共之從孫四岳佐之又云胙四嶽國命爲侯伯賜姓曰姜氏曰有呂鄭不據之爲說以是佐禹治水者此時方薦用鯀事在前也鯀字作骸者玉篇骸公本切引世本顓頊生骸骸生高密是爲禹也則世本作骸集韻又云鯀或作舷亦作骸又云骸細骨蓋骸即骸之誤骸亦鯀字誤也

湯湯洪水方割蕩蕩懷山襄陵浩浩滔天【注】史公作湯湯洪水滔天浩浩懷山襄陵懷一作襄【疏】洪水

者釋詁云洪大也說文云洪洚水也洚水不遵道方與旁通說文云旁溥也割者大誥天降割於我家釋文云割馬本作害廣雅釋言云害割也是方割爲溥害也蕩即潒假借字說文云潒水潒瀁也讀若蕩瀤亦作褱說文云褱俠也漢地理志作褱褱者文選西京賦云褱岸夷塗薛綜注云褱謂高也陵者釋地云大阜曰陵浩者說文云澆也虞書曰洪水浩浩滔者說文云水漫漫大貌詩傳亦云大水貌呂氏春秋審爲篇云昔上古龍門未闢呂梁未發河出孟門大溢逆流無有丘陵沃衍平原高阜盡皆滅之名曰鴻水

下民其咨有能俾乂（注）史遷咨作憂俾乂作使治乂一作𡰯（疏）史公咨爲憂者廣韻云嗞嗟憂聲也俾爲使釋詁文乂爲治者說文作𡰯云治也虞書曰有能俾𡰯

僉曰於鯀哉（注）史遷僉作皆馬融曰鯀臣名禹父鄭康成曰於者烏聲（疏）史公僉爲皆者釋詁文馬注見史記集解鄭注見詩文王疏云於者烏聲者說文烏孔子曰烏

吁呼也取其助氣故以爲烏呼古文烏省作於帝曰吁咈哉方命圮族注史遷

方作負圮作毀馬融曰方放也鄭康成曰方放謂放棄

教命疏咈者說文云違也史公方爲負者方負聲之轉孟子梁惠王方命虐民注方猶逆也逆意近負以圮爲毀者釋詁文馬注見釋文鄭注見書疏馬鄭俱以方爲放者漢書傳喜傳傳太后詔曰放命圮族注應劭曰放棄教令毀其族類又朱博傳曰今傳晏放命圮族皆用此經文是漢時俱讀方爲放也圮族者春秋左氏成四年傳云非我族類是族類同義漢書敘傳集注孟康引此經而說之云言鯀之惡壞其族類韋昭楚語注云類善也是言敗善岳曰异哉試可乃已注史遷作試不可用而

已疏异者說文云舉也引此文已者釋詁云輟已也史公可爲不可者聲之緩急俗字增爲叵即可字也

帝曰往欽哉九載績用勿成注史遷載作歲績作功馬

融曰堯以大聖知時運當然人力所不能治下民其咨
亦當憂勞屈己之是從人之非遂用於鯀【疏】欽者釋詁云敬也史
公載爲歲者釋天云載歲也夏曰歲商曰祀周曰年唐
虞曰載史記正義引孫炎云歲取歲星行一次也載取
萬物始更終也書疏引孫炎作萬物終而復始說文云
歲木星也越歷二十八宿宣徧陰陽十二月一次馬注
見書疏云屈己從人者後漢書鄭興傳興上疏曰帝
堯知鯀不可用而用之者屈己之明因人之心也【帝曰】
咨四岳朕在位七十載汝能庸命巽朕位【注】史遷咨作
嗟巽作踐馬融曰朕我也巽讓也鄭康成曰言汝諸侯
之中有能順事用天命者入處我位就治天子之事【疏】
史公巽爲踐者巽踐聲相近詩崧高釋文引韓詩云踐
任也鄭注曲禮云履也馬注見釋文云朕我者釋詁文

巽讓者論語子罕皇疏云巽恭遜也遜與讓義相近鄭注見史記集解以巽爲入者易說卦文岳曰否德忝帝位**注**史遷否作鄙**疏**忝者釋言云辱也史公否爲鄙者論語予所否者論衛問孔篇作鄙鄙說爲鄙陋則此言鄙德亦謂德鄙陋也曰明明揚側陋**注**史遷說爲悉舉貴戚及疏遠隱匿者揚一作敭側一作仄**疏**史公上明爲悉者釋訓云明明察也說文云悉詳盡也詳盡之義近察下明爲貴戚者周語尊貴明賢注云明顯也孟子謂富貴爲顯者故明亦爲貴戚揚爲舉者文王世子云或以事舉或以言揚是揚亦舉也側陋爲疏遠隱匿者高誘注淮南子云側伏也釋言云陋隱也是側陋爲隱匿疏遠對貴戚言之揚作敭側作仄者李善注文選引作明明敭仄陋師錫帝曰**注**史遷作衆皆言於堯曰鄭康成曰師諸侯之師**疏**史遷師爲衆者釋詁文鄭注見書疏以師爲諸侯之師者鄭注周禮云師長也

言諸侯之長有鯀在下曰虞舜注史遷鯀作矜說下為民間
馬融曰舜謚也舜死後賢臣錄之臣子為諱故變名言
謚鄭康成曰虞氏舜名疏史公鯀作矜者詩何草不黃云何人不矜王制云老而無
妻者謂之矜是矜鰥通字大傳云孔子對子張曰男子
三十而娶女子二十而嫁舜父頑母嚚不見室家之端
故謂之鰥大戴禮本命篇云中古男三十而娶女二十
而嫁太古男五十而室女三十而嫁故鄭注孝經云丈
夫六十無妻曰鰥又見後漢書光武帝紀注舜年三十
謂之鰥者唐虞之世已為中古也馬注見釋文云舜謚
者此下當如前注堯謚下有云仁聖盛明曰舜今脫文
白虎通謚篇引禮記謚法曰仁聖盛明謚曰舜史記集
解引謚法同今謚法脫其文云變名言謚者蓋以舜名
為重華也大戴禮五帝德宰我曰請問帝舜孔子曰曰
重華鄭注見書疏篇首以虞為氏者說文嬀虞舜居嬀
汭因以為姓蓋嬀姓虞氏然無文証之舜為名者太平

御覽七十七引風俗通云自堯以上王者子孫據國而起功德浸盛故造諡諡舜禹本以白衣美砥行顯名升爲天子雖復制諡不如名著故因名焉書疏云鄭注中候云重華舜名則舜不得有二名鄭注禮記云舜之言充是以舜爲號諡之名則下注云舜名亦號諡名也江氏聲引戰國策周訢謂魏王曰宋人有學者三年反而名其母其母曰子學三年反而名我者何也其子曰吾所賢者無過堯舜堯舜名以此爲証恐非莊論**帝曰**

俞予聞如何【注】史遷俞作然予作朕【疏】史公俞爲然者釋言文朕爲予者釋詁云予朕我也**岳曰瞽子父頑母嚚象傲**【注】史遷瞽作盲象作弟【疏】史公瞽爲盲者說文云盲目無牟子瞽目但有朕也是盲即瞽象作弟者趙岐注孟子云象舜異母弟也頑者廣雅釋詁云愚也又鈍也嚚者說文云語聲也蓋多言也傲者說文云倨也**克諧以**

孝烝烝【注】史遷克作能諧作和【疏】克能釋言文諧和釋詁文列女傳云舜父

頑母嚚父號瞽叟弟曰象傲遊於嫚舜能諧柔之承事瞽叟以孝用此文也烝烝者廣雅釋訓云孝也王氏引之云謂之烝烝者言孝德之厚美也大雅文王有聲云文王烝哉韓詩曰烝美也魯頌泮水云烝烝皇皇傳云烝烝厚也陸賈新語道基篇曰虞舜烝烝於父母光燿於天地蔡邕九疑山碑云逮于虞舜聖德克明克諧頑傲以孝烝烝漢魏人多以烝烝屬以孝爲義

乂不格姦注史遷乂作治格作至疏乂治格至皆釋詁文治謂舜能內治列女傳云舜猶內治靡有姦意史公意當亦然也僞傳云使以善自治是謂舜化其父母及弟孟子述象曰以殺舜爲事又有捐階掩井等事知治爲自治之安也

帝曰我其試哉注史遷帝曰作堯曰我作吾馬融鄭康成無帝曰鄭曰試以爲臣之事疏書疏云馬鄭說此經皆無帝曰史公有堯曰吾其試哉則有者孔安國古文也鄭注見書疏云試以爲臣之事指謂愼徽五典等事可見古本不分出舜典也論衡

正說篇云堯曰我其試哉說尚書曰試用也我其用之爲天子也則鄭義本古說也僞傳云試舜行迹非

于時觀厥刑于二女【注】史遷作於是堯妻之二女觀其德于二女鄭康成曰不言妻不告其父不序其正【疏】女者杜預注左傳云以女妻人曰女時者釋詁云是也觀者論衡正說篇云觀者觀爾虞舜於天下不謂堯自觀之也段氏玉裁云觀爾乃觀示之譌尔形近示又誤爲爾也刑者詩思齊云刑於寡妻傳云法也鄭注見書疏知不告其父者據孟子文

釐降二女于嬀汭嬪于虞【注】史遷作舜飭下二女於嬀汭馬融曰水所出入曰汭【疏】釐爲飭見上允釐百工疏降下釋詁文二女長曰娥皇次曰女英見列女傳嬪者爾雅釋親云婦也後漢書荀爽傳爽對策曰降者下也嬪者婦也言雖帝堯之女下嫁於虞猶屈體降下勤修婦道史公作舜飭下者言舜能化之也下云如婦禮堯

善之馬注見水經河水注水經注云河東郡南有歷山舜所耕處也有舜井嬀汭二水出焉南曰嬀水北曰汭水西逕歷山下尚書所謂釐降二女於嬀汭也又駁風土記舜葬上虞之說又河水東過大陽縣南注云軨橋東北有虞原原上道東有虞城堯妻舜以嬪於虞者也按河東郡蒲阪縣今山西蒲州府虞今山西虞城縣書疏云世本堯是黃帝元孫舜是黃帝八代之孫計堯女於舜之曾祖爲四從姊妹以之爲妻於義不可或者世本之言未可據信或者古道質故也案禮大傳云四世而緦服之窮也又云系之以姓而弗別綴之以食而弗殊百世而昏姻不通者周道然也太平御覽五百四十引外傳同夏殷五世之後則通昏姻然則周已前無同姓百世不通昏之制漢書元后傳云黃帝姓姚氏八世生虞舜舜起嬀汭以嬀爲姓則舜與堯姓已別矣爲昏何害孟子萬章篇云帝使其子九男二女以事舜於畎畝之中注云堯典曰釐降二女不見九男孟子時尚書凡百二十篇逸書有舜典之敘亡失其文孟子諸所言舜事皆堯典及逸書所載獨丹朱以允嗣之子距堯求

禪其餘八庶無事
故不見於堯典

堯典第一上終

堯典第一下　虞夏書一　　尚書今古文注疏卷一

賜進士及第授通奉大夫山東督糧道加三級孫星衍撰

帝曰欽哉愼徽五典五典克從【注】史遷徽作和克作能
馬融曰徽善也鄭康成曰五典五教也蓋試以司徒之
職【疏】愼者詩傳云誠也史公徽爲和者徽與綏聲相近
馬注見釋文徽善釋詁文鄭注見史記集解云五
典五教者釋詁云典常也五常之教春秋左氏文十八
年傳云父義母慈兄友弟恭子孝又引此經云無違教
也云司徒之
職見後經文納于百揆百揆時敘【注】史遷作偏入百官
百官時序【疏】史公納爲入者鄭注周禮職納云職內主
入也廣雅釋詁云選入也則偏入爲偏選
也揆者釋言云度也敘作序者釋詁云敘緒也序與敘
同按春秋左氏文十八年傳云使主后土以揆百事說

文云癸冬時水土可揆度也大傳云天子三公三曰司空公鄭既以愼徽五典爲試以司徒之職此試以司空之職司空總領百事又兼冢宰也後漢百官志注引古史考曰舜居百揆總領百事說者以百揆堯初別置於周更名冢宰大戴禮盛德篇云官屬不理分職不明法政不一百事不紀曰亂也亂則飭冢宰時者釋詁云是也是敘者左傳又云無廢事也王氏引之云時敘猶承敘也承敘者承順也時詩聲相近鄭注特牲饋食禮云詩猶承也又注內則云詩之言承也康誥兩言時敘顧命明時朕言皆當訓承敘傳訓時爲是不辭矣

賓于四門四門穆穆【注】史遷說爲諸侯遠方賓客皆敬馬融曰四門四方之門諸侯羣臣朝者舜賓迎之皆有美德也鄭康成曰賓擯舜爲上擯以迎諸侯【疏】史公以穆穆爲敬者釋訓文馬注見史記集解云四門四方之門者謂明堂宮垣四方之門也古者朝諸侯必于明堂太平御覽五

百三十二引明堂東應門南庫門西皐門北雉門周書明堂解及禮記明堂位皆云九夷之國東門之外八蠻之國南門之外六戎之國西門之外五狄之國北門之外是馬氏所謂四門也云有美德者釋詁云穆穆美也鄭注見書疏擯者鄭注儀禮云擯卽儐字重文儀禮聘禮卿爲上擯大夫爲承擯士爲紹擯周禮大宗伯云朝覲會同則爲上相注云出接賓曰相準鄭上云試以司徒之事則此試以司馬之事也鄭注大傳云與宗伯同職者則謂之司馬公劉昭注百官志引明帝詔曰謁者堯之尊官所以試舜下引此經也

納于大麓烈風雷雨弗迷【注】史遷說爲堯使舜入山林川澤暴風雷雨舜行不迷馬融鄭康成曰麓山足也【疏】史公說大麓爲山林川澤者穀梁僖十四年傳云林屬于山爲麓以烈爲暴者詩傳云暴疾也淮南泰族訓云旣入大麓烈風雷雨而不迷注云堯使舜入林麓去遭大風雨不迷也論衡亂龍篇云舜以聖德入大麓之野虎狼不犯龍蛇不害

此俱孔氏安國古文說劉昭注百官志引新論曰昔堯試於大麓者領錄天子事如今尚書官矣此夏侯歐陽等今文說也大傳唐傳曰堯推尊舜而尚之屬諸侯焉納之大麓之野烈風雷雨不迷致之以昭華之玉注云山足曰麓麓者錄也古者天子命大事命諸侯則爲壇國之外堯聚諸侯命舜陟位居攝致天下之事使大錄之漢書于定國傳上報定國曰萬方之事大錄于君論衡正說篇云尚書曰四門穆穆入于大麓烈風雷雨不迷言大麓三公之位也居一公之位大總錄二公之事衆多並吿若疾風大雨此以烈風雷雨爲喻詞亦今文說也風俗通義云堯禪舜納于大麓故漢魏諸儒多以大麓爲禪位之處魏公卿上尊號奏曰欽唐典之明憲遵大麓之遺訓遂於繁昌築靈壇大赦天下改元正始餘不勝載鄭注見釋文麓山足也詩傳文

帝曰格汝舜詢事考言乃言厎可績三載

注 史遷說召舜曰女謀事至而言可績三年矣馬融曰厎定也鄭康成曰

三年者實四門之後三年也【疏】史公云召舜者以格爲來也以詢爲謀者釋詁文言字疑衍文古文丂似乃故重出乃言二字史記文無之宋本北堂書鈔歎美部引詢事考言乃底可績則古本無乃言二字底爲至者釋言云底致也周語注底至也致卽至也乃者鄭注周禮乃猶汝也績者釋詁云功也馬注見釋文云底定者釋詁云底定止也底義同定鄭注見史記集解汝陟帝位舜讓于德弗嗣【注】史遷陟作登不嗣作不懌一作不怡【疏】史公陟爲登者釋詁云陟登升也是陟義同登弗嗣作不懌者史記自敘曰唐堯遜位虞舜不台班固典引云有于德不台淵穆之讓皆作台集解引徐廣曰今文尚書作不怡怡懌也釋詁云怡懌樂也言德不足以悅服人也經文作嗣者李善注文選典引云漢書音義韋昭曰古文台爲嗣魏公卿上尊號奏云光被四表讓德不嗣裴松之引魏王上書云猶執謙讓于德不嗣蓋今文作怡古文作嗣嗣者釋詁云繼也正月上日【注】

馬融曰上日朔日也鄭康成曰帝王易代莫不改正堯正建丑舜正建子此時未改堯正故云正月上日卽位乃改堯正故云月正元日故以異文【疏】馬注見史記集解云上日朔日者太平御覽十四引大傳云上日元日蓋鄭注大傳也鄭注禮記云朔初也唐以十二月爲正當如殷以雞鳴爲朔見大傳鄭注見書疏云帝王易代莫不改正者史記集解引作改正建朔白虎通三正篇云王者受命必改朔何明受之於天不受之于人是以禹舜雖繼太平猶宜改以應天知堯正建丑舜正建子者宋書禮志引詩推度災云軒轅高辛夏后氏漢皆以十三月爲正少昊有唐有殷皆以十二月爲正高陽有虞有周皆以十一月爲正鄭說本此以正月上日與月正元日異文者此言正月猶是堯之正月下云月正明是改月之正且云元日者日之始以别於上日也

受終于文祖【注】史遷說文祖者堯大

祖也又說受終云於是堯老命舜攝行天子之政馬融曰文祖天也天爲文萬物之祖故曰文祖鄭康成曰文祖者五府之大名猶周之明堂

疏 史公說文祖爲堯大祖者堯與舜同始祖故受終于其廟王制疏引禮稽命徵云唐虞五廟親廟四始祖廟一則黃帝爲堯四世祖此太祖不知何人舜祖黃帝則亦同太祖矣馬注見釋文以文祖爲天者荀子禮論云王者天太祖堯之祖黃帝亦必以配天馬說與史公合也鄭注見史記集解云文祖五府之大名者史記索隱引尚書帝命驗曰五府五帝之廟蒼曰靈府赤曰文祖黃曰神斗白曰顯紀黑曰元矩唐虞謂之五府夏謂世室殷謂重屋周謂明堂皆祀五帝之所也史記正義云文祖者赤帝赤熛怒之府名曰文祖火精光明文章之祖故謂之文祖周曰明堂案孝經云宗祀文王於明堂以配上帝上帝卽五府之帝唐時蓋以黃帝配之明堂既爲五府之總稱又爲南向室之尊名也離

火文明故云文祖鄭說與史公馬氏俱同義在璿璣玉衡以齊七政注史遷說北斗七星所謂旋璣玉衡以齊七政又說旋璣玉衡以齊七政卽天地二十八宿十母十二子大傳說琁者還也機者幾也微也其變幾微而所動者大謂之琁機是故琁機謂之北極七政謂春秋冬夏天文地理人道所以爲政也人道正而萬事順成又云七政布位日月時之主五星時之紀日月有薄食五星有錯聚七者得失在人君之政故謂之爲政馬融曰璿美玉也璣渾天儀可轉旋故曰璣衡其中橫筩所以視星宿也以璿爲

璣以玉爲衡蓋貴天象也七政者北斗七星各有所主第一曰主日法天第二曰主月法地第三曰命火謂熒惑也第四曰伐水謂辰星也第五曰煞土謂塡星也第六曰危木謂歲星也第七曰罰金謂太白也日月五星各異故名七政也日月星皆以璿璣玉衡度知其盈縮進退失政所在聖人謙讓猶不自安視璿璣玉衡以驗齊日月五星行度知其政是與否重審己之事也鄭康成曰璿璣玉衡渾天儀也七政日月五星也動運爲機持正爲衡皆以玉爲之視其行度觀受禪是非也璿

璣一作琁機〔疏〕在者釋詁云察也史公說見天官書又見律書以北斗七星爲旋璣玉衡者當本孔安國說蕭吉五行大義引尚書說云琁璣斗魁四星玉衡拘橫三星合七齊四時五威五威者五行也五威在人爲五命七星在人爲七端北斗居天之中當昆侖之上運轉所指隨二十四氣正十二辰建十二月又州國分野年命莫不政之故爲七政此同史公說也漢書律歷志云衡平也其在天也佐助旋機斟酌建指以齊七政此專以玉衡爲北斗也劉昭注續漢天文志引星經云璇璣謂北極星也玉衡謂斗九星也別以玉衡專屬北斗而璇璣用大傳之說見下疏說苑辨物篇引此經說之云璿璣謂北辰勾陳樞星也以其魁杓之所指二十八宿爲吉凶禍福天文列舍盈縮之占各以類爲驗說苑亦以璿璣爲北辰以其魁杓之所指上疑脫玉衡謂斗九星也一句此古文以北斗爲玉衡之說也魏志魏王上書曰堯禪重華舉其克諧之德舜授文命采其齊聖之美猶下咨四岳上觀璿璣蜀志先主傳議郎陽泉侯劉豹等上言時時有景雲祥風從璿璣下來

又管寧傳王基薦寧曰上正琁璣協和皇極是漢魏人多不以璿璣爲渾儀也以七政爲即天地二十八宿者淮南天文訓星分度角十二亢九氐十五房心五尾十八箕十一四分一是爲東方七宿斗二十六牽牛八須女十二虛十危十七營室十六東壁九是爲北方七宿奎十六婁十二胃十四昴十一畢十六觜巂二參九是爲西方七宿東井三十三輿鬼四柳十五星七張翼各十八軫十七是爲南方七宿淮南子又云凡二十八宿也二十八宿在天史公云天地者兼分野言之亦見天文訓云十母十二子者母爲干子爲支天文訓云斗指子則冬至加十五日指癸則小寒加十五日指丑則大寒加十五日指報德之維故曰距冬至四十六日而立春加十五日指寅則雨水加十五日指甲則雷驚蟄加十五日指卯中繩故曰春分加十五日指乙則清明風至加十五日指辰則穀雨加十五日指常羊之維故曰有四十六日而立夏加十五日指巳則小滿加十五日指丙則芒種加十五日指午故曰有四十六日而夏至加十五日指丁則小暑加十五日指未則大暑加十五

日指背陽之維故曰有四十六日而立秋加十五日指申則處暑加十五日指庚則白露降加十五日指酉中繩故曰秋分加十五日指辛則寒露加十五日指戌則霜降加十五日指號通之維故曰有四十六日而立冬加十五日指亥則小雪加十五日指壬則大雪加十五日指子此以十五母十二子配二十四氣也大傳云琁機謂之北極者天官書云中宮天極星釋天云北極謂之北辰公羊疏引孫炎云北極天之中以正四時謂之北辰史記索隱引春秋合誠圖云北辰其星五在紫微中案其說則是太一及後句四星是也此蓋夏侯歐陽之說故與史公又殊也以七政爲四時天地人者名之爲政故以人道言之又云七政布位以爲日月五星者引見玉海天文書此或歐陽之說又與夏侯不同五行大義引尚書考靈燿七政篇曰日月者時之主也五星者時之紀也下引經文與大傳說同馬注見書疏及史記索隱以璿爲美玉璣爲渾天儀衡爲橫簫者簫書疏引作簫說本書緯初學記引尚書考靈燿云觀玉儀之旋昏明主時鄭注云以玉爲渾儀故曰玉儀晉書天文志

引春秋文燿鉤云唐堯即位羲和立渾儀隋書天文志引晉劉智云或問曰顓頊造渾儀黃帝爲蓋天此皆同馬鄭說也璿爲美玉者說文云璿赤玉也衡爲橫簫者史記正義引蔡邕云玉衡長八尺孔徑一寸下端望之以視星宿並懸璣以象天而以衡望之轉璣窺衡以知星宿璣徑八尺圓周二尺五寸而强也云北斗七星各有一所主者開元占經六十七引詩含神霧云七政者斗上一星天位二主地三主火四主水五主土六主木七主金又引石氏曰北斗第一星主日第二星主月第三星主熒惑第四星主辰星第五星主填星第六星主歲星第七星主太白馬氏所本也鄭注見史記集解及宋書天文志以璿璣玉衡爲渾天儀亦本緯書璿璣或作琁機者大傳文云視其行度觀受禪是非者漢書司馬相如傳封禪書云舜在假典顧省厥遺注師古曰在察也假天也典則也言舜察璇璣玉衡恐已政化有所遺失不合天心是鄭所本也

肆類于上帝

注 史遷肆作遂今尚書夏侯歐陽說類祭天名也以事

類祭之柰何天位在南方就南郊祭之是也古尚書說非時祭天謂之類言以事類告也肆類于上帝時舜告攝非常祭馬融曰上帝太乙神在紫微宮天之最尊者鄭康成曰禮祭上帝於圜丘肆一作㣇類一作禷

【疏】史公肆作遂者周禮鐘師職杜子春引呂叔玉國語注云肆遂也釋詁云肆故也鄭注儀禮云遂因也其義亦相近今尚書歐陽說見太平御覽五百二十七引五經異義古尚書說見御覽五百二十五王制疏引許氏謹案周禮郊天無言類者知類非常祭從古尚書說鄭氏無駁案非時祭天謂之類者有二攝位其一也王制云天子將出征類乎上帝詩文王云是類是禡釋天云師祭也其二也馬注見釋文以上帝爲太乙神者卽天官書所云中宮天極星其一明者太一常居也鄭注見史記集解云禮祭上帝於圜丘者鄭注禮經所言周祀天之禮

夏正祀五帝于南郊冬至祀天于圜丘此言圜丘者所祭即天皇大帝北極耀魄寶與馬義合也遂作類者說文引此經文類作禷者說文云禷以事類祭天也倶孔壁古文禋于六宗注今歐陽夏侯說六宗者上不及天下不及地傍不及四時居中央恍惚無有神助陰陽變化有益於人故郊祭之古尚書說六宗天地神之尊者謂天宗三地宗三天宗日月星辰地宗岱山河海日月爲陰陽宗北辰爲星宗岱爲山宗河爲水宗海爲澤宗祀天則天文從祀地則地理從馬融曰禋精意以享也六宗天地四時也萬物非天不覆非地不載非春不生非夏不長非秋不收非冬不藏

此其謂六宗也鄭康成曰禋煙也取其氣達升報于陽

也六宗禋與祭天同名則六者皆天神謂星辰司中司

命風伯雨師也星謂五緯也辰謂日月所會十二次也

司中司命文昌第五第四星也風師箕也雨師畢也禋

一作煙【疏】禋者說文云絜祀也一曰精意以享爲禋今尚書歐陽夏侯說見周禮大宗伯疏引異義

云上不及天下不及地云云者禮記祭法疏引作上及天下及地旁及四方中央漢書郊祀志引歐陽大小夏侯三家說六宗皆曰上不及天下不及墜旁不及四方在六者之間助陰陽變化實一而名六此蓋伏生所傳最古之說也古尚書說亦見大宗伯疏方言天宗而及地宗故鄭駁之此蓋衛賈孔壁古文之說故劉昭注後漢志引賈逵曰六宗謂日宗月宗星宗岱宗河宗海宗也儀禮通解續因事之祭引大傳鄭注云馬氏以爲六

宗謂日月星辰泰山河海也與釋文引馬注天地四時不同疑釋文及書疏以大傳爲馬注月令孟冬之月天子祈來年于天宗注云凡屬天子之神日月星辰皆爲天宗也案此注疑許氏愼說與高誘注呂氏春秋不同馬注見釋文及書疏大傳云萬物非天不生非地不載非春不動非夏不長非秋不收非冬不藏故書曰煙于六宗此之謂也呂氏春秋十月紀天子乃祈來年于天宗高誘注云宗尊也凡天地四時皆爲天宗萬物非天不生非地不載非春不動非夏不長非秋不成非冬不藏書曰禋于六宗此之謂也亦同大傳鄭注見書疏周禮大宗伯疏引異義謹案夏侯歐陽說云宗實一而有六名實不相應春秋魯郊祭三望言郊天日月星河海山凡六宗魯下天子不祭日月星故祭分野星其中山川故言三望六宗與古尙書同元之聞也書曰肆類于上帝禋于六宗望于山川徧于羣神此四物之類也禋也望也徧也所祭之神各異六宗言禋山川言望則六宗無山川明矣周禮大宗伯曰以禋祀祀昊天上帝以實柴祀日月星辰以槱燎祀司中司命風師雨師凡此

所祭皆天神也禮記郊特牲曰郊之祭也迎長日之至也大報天而主日也兆於南郊就陽位也埽地而祭於其質也祭義曰郊之祭大報天而主日配以月則郊祭并祭日月可知其餘星也辰也司中司命風師雨師此之謂六宗亦自明矣此則許氏從古尙書說鄭氏駁之禋大傳作煙今文尙書字鄭注云煙祭也字當爲禋魏公卿上尊號奏曰煙于六宗案六宗史公無說不知孔安國說與今文說同否今文說最古而近理月令祈年于天宗當祈其助陰陽變化有益於人者六宗爲上下四方之宗亦不得如許氏所駁宗一而有六名實不相應鄭氏據周禮定之未知唐虞之制同否要勝于古尙書說漢書郊祀志注孟康曰六宗星辰風伯雨師司中司命一說云乾坤六子又一說天宗三日月星辰地宗三泰山河海或曰天地間游神也其劉歆等以易震巽六子之卦爲六宗王肅依僞家語祭時寒暑日月星水旱僞傳從之自鄶無取

望于山川徧于羣神

注 史遷徧作辯鄭康成曰徧以尊卑次秩祭之羣

神若丘陵墳衍之屬【疏】望于山川江氏聲云穀梁僖卅一年范甯注引鄭氏曰望者祭山川之名未知是尚書注否公羊僖卅一年傳曰三望者何望祭也然則曷祭祭泰山河海史記正義云山川五嶽四瀆也史公偏爲辯者儀禮及禮記偏多作辯鄭注鄉飲酒禮及燕禮云今文辯皆作偏是辯爲古字集解引徐廣云辯音班者揚雄太常箴及後漢祭祀志引光武封泰山刻石皆作班于羣神漢樊毅修華岳廟碑作辯是班爲今文也鄭注見詩時邁疏及殷正義云丘陵墳衍者周禮大司樂云凡六樂者一變而致川澤之示再變而致山林之示三變而致丘陵之示四變而致墳衍之示上言山川則此羣神當爲丘陵墳衍鄭亦據周禮推之也

輯五瑞既月乃日覲四岳羣牧班瑞于羣后【注】史遷輯作揖說既月乃日爲擇吉月日大傳說故圭冒者天子所以與諸侯爲瑞也諸侯執所受圭以朝天子

瑞也者屬也無過行者復其圭以歸其國有過行者留其圭能改過者復其圭三年圭不復少紬以爵六年圭不復少紬以地九年圭不復而地畢馬融曰揖斂也五瑞公侯伯子男所執以爲瑞信也堯將禪舜使羣牧斂之使舜親往班之【疏】史公輯爲揖者漢書郊祀志亦作揖五瑞輯與揖通釋詁云輯合也

旣月乃日爲擇吉月日者曲禮云先聖王所以使民信時日注云日所卜筮之吉日也覲者釋詁云見也大傳見太平御覽五及禮書五十二云圭冒者大傳又云天子執冒以朝諸侯見則覆之說文云瑁諸侯執圭朝天子天子執玉以冒之似犂冠古文作玥經文不言瑁大傳補其義馬注見史記集解云揖斂也者鄭注檀弓云輯斂也云五瑞者周禮典瑞云公執桓圭九寸侯執信圭七寸伯執躬圭五寸子執穀璧男執蒲璧皆五寸云

班之者釋言云班賦也書疏引孫炎曰謂布與也馬氏以堯使羣牧斂瑞僞傳以爲舜斂者誤也　歲二月東巡守至于岱宗柴望秩于山川肆覲東后【注】史遷肆作遂覲作見后作君長馬融曰舜受終後五年之二月柴祭時積柴加牲其上而燔之鄭康成曰歲二月者正歲建卯之月也巡守者行視所守也岱宗者東嶽名也柴者考績燎也望秩于山川者徧以尊卑祭之五嶽視三公四瀆視諸侯其餘小者或視卿大夫或視伯子男矣秩次也東后東方之諸侯也柴一作祡或作禘【疏】史公肆爲遂者見上疏覲爲見后爲君釋詁文馬注見史記集解及釋文知爲受終後五年者據下經文五載

一巡守而言云柴祭時積柴加牲其上燔之者周禮大宗伯禋祀實柴標燎注云標燎積也三祀皆積柴實牲體焉或有玉帛燔燎而升煙所以報陽也鄭司農云實柴實牛柴上也鄭注見公羊隱八年傳疏云歲二月爲正歲建卯之月者堯正建丑則建卯是三月經于二月上特加歲文明其爲正歲之二月故云建卯之月白虎通巡守篇云以夏之仲月者同律度當得其中也二月八月晝夜分五月十一月陰陽終劉昭注祭祀志引范甯曰二月建卯故以東巡守也案建卯謂斗柄昏指正東方云巡守者行視所守者公羊隱八年傳注云王者所以必巡守者天下雖平自不親見猶恐遠方獨有不得其所故三年一使三公絀陟五年親自巡守巡猶循也守猶守也循行守視之辭亦不可國至人見爲煩擾故至四嶽足以知四方之政而已云岱宗東嶽名者爾雅釋山云河東岱又云泰山爲東嶽白虎通巡狩篇云嶽之爲言捔也捔功德也東方爲岱宗何言萬物更相代於東方也云考績燎者禮器注引孝經說曰封乎泰山考績燔燎禪乎梁甫刻石紀號後漢書張純傳純奏曰

歲二月東巡狩至於岱宗柴則封禪之義也云五嶽視三公云云者王制云天子祭天下名山大川五嶽視三公四瀆視諸侯大傳文畧同云秩次者說文有斁云爵之次弟也柴說文作祡云燒祡焚燎以祭天神引此經作祡云古文作禡則孔壁古文有作禡者協時月正日同律度量衡【注】史遷協作合馬融曰律法也鄭康成曰協正四時之月數及日名備有失誤其節氣晦朔恐諸侯有不同故因巡狩而合正之同陰律呂陽律也度丈尺量斗斛衡斤兩也稱上曰衡協一作叶【疏】史公協爲合者經文協和萬邦史記作合和萬國漢書五行志注應邵云叶合也說文云叶叶卽協古字馬注見釋文云律法也釋詁文鄭注見史記集解及通典吉禮巡守又見釋文史記集解文選六代論注云月數謂閏月正四時日名謂甲乙之類也云備有失誤者失閏則四時

乖誤云同陰律呂陽律者史記集解引作同音律蓋有
脫字此據釋文周禮太師掌六律六同以合陰陽之聲
陽聲黃鍾太簇姑洗蕤賓夷則無射陰聲大呂應鍾南
呂函鍾小呂夾鍾又典同掌六律六同之和以辨天地
四方之律以銅爲管竹陽也銅陰也各順其性注云律
述氣者也同助陽宣氣與之同皆以銅爲之是律爲陽
同爲陰也漢書律歷志云律十有二陽六爲律陰六爲
呂是六同又名六呂故云同陰律呂陽律云度丈尺者
律歷志云度者分寸丈尺引也所以度長短也本起黃
鍾之長以子穀秬黍中者一黍之廣度之九十分黃鍾
之長一爲一分十分爲寸十寸爲尺十尺爲丈十丈爲
引而五度審矣云量斗斛者律歷志云量者龠合升斗
斛也所以量多少也本起於黃鍾之龠用度數審其容
以子穀秬黍中者千有二百實其龠以井水準其槩十
龠爲合十合爲升十升爲斗十斗爲斛而五量嘉矣云
衡斤兩者律歷志云衡權者權重也衡所以任權而均
物平輕重也本起於黃鍾之重一龠容千二百黍重十
二銖兩之爲兩二十四銖爲兩十六兩爲斤三十斤爲

鈞四鈞爲石忖爲十八易十有八變之象也漢志前又云虞書曰乃同律度量衡所以齊遠近立民信也協自虎通巡狩篇及漢永和二年詔引經皆作叶**修五禮五玉**【注】大傳五玉作五樂說爲樂正定樂名并論八音四會又說簇以爲八此八伯之事也分定於五此五獄之事也**三帛二生一死贄如五器**【注】史遷贄作爲摯二字馬融曰五禮吉凶軍賓嘉也三帛三孤所執也摯二生羔雁卿大夫所執一死雉士所執五器上五玉鄭康成曰五禮公侯子男朝聘之禮矣五玉瑞節執之曰瑞陳列曰玉也三帛所以薦玉也受瑞玉者以帛薦之帛必三者高陽氏之後用

赤繒高辛氏之後用黑繒其餘諸侯皆用白繒周禮改之爲纁也二生一死贄者羔鴈生也卿大夫所執雉死士所執也如者以物相授與之言授贄之器有五卿大夫上士中士下士也器各異飾飾未聞所用也周禮改之飾羔鴈飾雉執之而已皆去器贄之言至所以自致也贄一作摯

疏　史公贄作爲摯者贄俗字後人所改當爲摯大傳五玉作五樂見虞夏傳云樂正定樂名云元祀代泰山貢兩伯之樂焉陽伯之樂舞侏離其歌聲比余謠名曰晳陽儀伯之樂其歌聲比大謠名曰南陽中祀大交霍山貢兩伯之樂焉夏伯之樂舞謾彧其歌聲比中謠名曰初慮羲伯之樂舞將陽其歌聲比大謠名曰朱于秋祀柳穀華山貢兩伯之樂焉秋伯之樂舞蔡俶其歌聲比小謠名曰苓落和伯之樂

舞元鶴其歌聲比中謡名曰歸來幽都宏山祀貢兩伯
之樂焉冬伯之樂舞齊陽曰縵縵幷論八音四會鄭注
云此上下有脱辭其説未聞大傳又説見虞夏傳云樂
者人性之所自有也故聖王巡十有二州觀其風俗習
其性情因論十有二俗定以六律五聲八音七始箸其
素簇以爲八此八伯之事也分定於五此五嶽之事也
五聲天音也八音天化也七始天統也漢書郊祀志五
玉亦作五樂是今文有五樂在五禮之下或即五玉之
異文二生者古以麑鹿一死者雉也白虎通文質篇云
臣見君所以有贄何贄者質也質己之誠致己之悃愊
也公侯以玉爲贄者玉取其燥不輕濕不重公之德全
卿以羔者取其羣不黨大夫以鴈爲贄者取其飛成行
列士以雉爲贄者取其不可誘之以食懾之以威必死
不可生畜又云卿大夫贄古以麑鹿今以羔鴈何以爲
古者質取其内謂得美草鳴相呼今文取其外謂羔跪
乳鴈有行列也禮相見經曰上大夫相見以羔左顧右
贄執麑明古以麑鹿今以羔也據此知唐虞時二生是
麑鹿非羔鴈也云左顧右贄執麑今儀禮作左頭如麛

馬注見史記集解以五禮爲吉凶軍賓嘉者據周禮大宗伯以說之也云三帛三孤所執者漢書百官公卿表云周官則備矣太師太傅太保是爲三公又立三少爲之副少師少傅少保是爲孤卿考工記外有九室九卿朝焉注云六卿三孤爲九卿周禮典命云公之孤四命以皮帛眡小國之君然則天子之孤卿亦執帛也漢書王莽傳云夏后塗山之會執玉帛者萬國諸侯執玉附庸執帛故云眡小國之君也云摯二生羔鴈卿大夫所執一死雉士所執者周禮大宗伯職以禽作六摯卿執羔大夫執鴈士執雉注云羔取其羣而不失其類鴈取其候時而行雉取其守介而死不失其節是也鄭注見公羊隱八年傳疏及史記正義以五禮爲公侯伯子男朝聘之禮者因唐虞時未有五禮蓋五等諸侯名位不同禮亦異數云執之曰瑞陳列曰玉者以五玉卽五瑞也云三帛所以薦玉并言高陽氏之後用赤繒云云者曲禮疏引禮含文嘉云天子三公諸侯皆以三帛以薦玉宋均注云其殷三帛謂朱白蒼象三正其五帝之禮薦玉用一色之帛通典五十五引何書中候云高陽氏

尙赤薦玉以赤繒高辛氏尙黑薦玉以黑繒陶唐氏尙白薦玉以白繒堯建丑其餘諸侯奉堯正朔故皆用白繒矣云周禮改爲繅者典瑞云王晉大圭執鎭圭繅藉五采五就公執桓圭侯執信圭伯執躬圭繅皆三采三就子執穀璧男執蒲璧繅皆二采再就注云繅有五采文所以薦玉木爲中幹用韋衣而畫之三采朱白蒼二采朱綠也就成也一匝爲一就是周禮改帛用繅也云如者以物相授與之言者釋詁云如往也云授摯之器有五者二生一死禽止三種而器有五蓋上中下士有三等器各異飾并羔雁之器爲五也云周禮改之飾羔雁飾雉執之去器者儀禮士相見禮云摯冬用雉夏用腒左頭奉之下大夫相見以雁飾之以布維之以索如執雉上大夫相見以羔飾之以布四維之結于面左頭如麛執之是不用器也丁度集韻如乃個切若也書曰如五器卒乃復鄭康成讀江氏聲以如鄭讀爲鈠段氏玉裁以下有五器如不可訓鈠去贄之言至所以自致者見白虎通文質篇鄭以三帛爲薦玉之帛五器爲授物之器馬則無玉者執帛五器即五玉以此不同生封

禪書作牲贄亦从女說文云摯至
也一曰虞書雉摯蓋孔壁古文　卒乃復【注】馬融曰五
器上五玉五玉禮終則還之三帛已下不還也鄭康成
曰卒已也復歸也巡守禮畢乃反歸矣每歸用特牛告
于文祖矣【疏】馬注見史記集解云三帛已下不還者謂
三帛及禽摯云終則還之以經文卒爲終
復爲還玉也釋詁云卒終也鄭注見公羊隱八年傳疏
云卒已者釋詁文復者釋言云返也返即歸也鄭以卒
乃復爲巡
守還歸也五月南巡守至于南岳如岱禮【注】史遷說南
嶽衡山也大傳說五嶽謂岱山霍山華山恒山嵩山也
【疏】史公說見封禪書漢書郊祀志用之或孔安國說地
理志長沙國湘南縣衡山在東南今在湖南衡州府
西大傳說見白虎通巡狩篇云南方爲霍山何霍之爲
言護也言太陽用事護養萬物也水經禹貢山水澤地

所在云霍山爲南嶽在廬江灊縣西南案灊今安徽潛山縣論衡書虛篇云舜巡狩東至岱宗南至霍山西至太華北至恒山以爲四嶽者四方之中諸侯之來並會嶽下幽深遠近無不見者聖人舉事求其宜適也此以霍山爲南嶽皆今文說爾雅釋山說五嶽云江南衡用孔安國古文說也又云霍山爲南嶽用今文說也郭璞注云漢武帝以衡山遼曠因讖緯皆以霍山爲南嶽故移其神於此案緯書皆本今文漢武案古圖書復南嶽之舊非以霍山爲南嶽始自漢武也通典引三禮義宗云唐虞以衡山爲南岳周氏以霍山爲南嶽蓋傳寫互誤非崔靈恩之失也周禮以衡山爲南嶽唐虞五嶽即是霍山也竊疑經文言五月南巡守至于南岳則舜都平陽吉行五十里計一月可至霍山若至衡山遼遠且又踰江不便以覲南方諸侯故歐陽夏侯等說爲霍山蓋本之伏生是以大傳又有中祀霍山及奠南方霍山之文也但安徽霍邱縣自有霍山而水經所說以灊山縣天柱山當之未知孰是

八月西巡守至于西岳如初 **注** 史遷說爲

西嶽華山也【疏】此又五年之八月也下放此史公說見封禪書云華山者釋山云河南華又云華山爲西嶽今在陝西華陰縣南白虎通巡狩篇云華之言穫也言萬物成熟可得穫也

十有一月朔巡守至于北岳如西禮【注】如西禮史遷作皆如初上文至于西岳下無初字馬融鄭康成皆作如初鄭康成曰五月不言初者以其文相近八月十一月言初者文相遠故也【疏】史公如西禮作皆如初者兼上至于西岳言之無上如初二字馬作如初者見釋文至于北岳如西禮下注云姚方興本同馬本作如初鄭注見公羊隱八年傳疏云八月十一月皆言初則鄭與馬本同朔者釋訓云北方也釋山云河北恒又云恒山爲北嶽今在直隸曲陽縣西北白虎通巡狩篇云北方爲恒山者何恒者常也萬物伏藏於北方有常也

歸格于藝祖【注】藝祖一作祖

禰用特【注】史遷格作至藝祖作祖禰廟特作用特牛禮馬融曰藝禰也鄭康成曰藝祖文祖猶周之明堂每歸用特者明祭一岳卽歸也如尙書王制之文所以不一岳之後而云歸者因明四岳禮同使其文相次是以終巡守之後乃始云歸耳【疏】史公格作至者釋詁文藝祖爲祖禰廟者白虎通巡守篇云王者出必告廟何孝子出辭反面事死如事生尙書曰歸假于祖禰又三軍篇云獨見禰何辭從卑不敢留尊之命至禰不嫌不至祖也尙書曰歸假于藝祖通典引云獨言禰者辭特先從禰後至祖案經文藝在祖先藝卽禰也藝與禰聲相近故史公與班氏同義也白虎通巡守篇作祖禰疑今古文之異以特爲特牛者鄭注王制云特特牛也馬注見釋文云藝禰者古無禰字說文繫傳云禰秋畋也玉篇禰與獮同秋田祭也則知禰

卽獨俗字蓋借爲眂也鄭注見詩我將疏及通典巡守云藝祖文祖者藝文同義云猶周之明堂者孝經云宗祀文王于明堂以配上帝太平御覽五百三十三引周書明堂云明堂方百一十二尺高四尺階廣六尺三寸室居中方百尺室中方六十尺戶高八尺廣四尺東應門南庫門西皋門北雉門東方曰青陽南方曰明堂西方曰總章北方曰元堂中央曰太廟左爲左介右爲右介藝文類聚三十八引云牖高三尺門方十六尺初學記十三引中央曰太廟亦曰太室白虎通辟雍篇云明堂上圓下方八窗四達布政之宮在國之陽上圓法天下方法地八窗象八風四闥法四時九室法九州十二坐法十二月三十六戶法三十六雨七十二牖法七十二風應邵注漢書帝紀云有虞曰總章是有虞明堂與周同制但異其名也云明祭一嶽卽歸者五帝巡守一嶽卽歸又五年再巡一嶽也云尙書王制之文不一岳之後而言歸者王制亦有五月南巡守至十有一月北巡守之文亦以歸格于祖禰之文在

五載一巡守羣后

後故云終巡守之後乃始云歸也

四朝【注】史遷載作歲馬融曰四面朝于方岳之下鄭康成曰四朝四年朝京師也巡守之年諸侯見于方岳之下其間四年四方諸侯分來朝于京師歲徧是也【疏】史公載爲歲者經文本或作歲後人泥唐虞曰載之說改之白虎巡狩篇云所以不歲巡狩何爲太煩也過五年爲太疏也三歲一閏天道小備五歲再閏天道大備故五年一巡狩馬注見釋文以四面朝于方岳之下者言諸侯因天子巡守四面來見于方岳之下不復來朝京師也鄭注見釋文史記集解及王制疏云四年朝京師者詩韓奕疏引說周禮賈逵以爲一方四分之或朝春或覲秋或宗夏或遇冬藩屏之臣不可虛方俱行故分趣四時助祭也王制諸侯礿則不禘禘則不嘗嘗則不烝烝則不礿注云虞夏之制諸侯歲朝廢一時祭公羊桓元年傳注云王者與諸侯别治勢不得自專朝故即位比年使大夫小聘三年使上卿大聘四年又使大夫小

聘五年一朝王者亦貴得天下之歡心以事其先王因助祭以述其職故分四方諸侯爲五部部有四輩輩主一時引此經文疏又引虞傳云古者諸侯之於天子五年一朝魯語曹劌曰先王制諸侯五年四王一相朝也注唐尚書云先王謂堯也五載一巡守諸侯四朝此與鄭義同也鄭以上經文有肆覲之事故云巡守之年諸侯見于方岳之下云其間四年四方諸侯分來朝于京師歲徧者謂四方諸侯分爲四部每天子巡守之明年東方朝春明年南方朝夏又明年西方朝秋又明年北方朝冬又明年則天子巡守矣歲徧者言凡四歲而徧非一歲也

敷奏以言明試以功車服以庸【注】史遷敷奏作徧告敷一作傳【疏】史公敷爲徧者詩傳云敷猶徧也奏爲告者書大傳注云奏猶白白之義與告相近言使諸侯徧以治術奏告也漢書宣帝紀云傳奏其言考試功能注應邵云傳陳也各自奏陳其言然後試之以官考其功德也說文云試用也虞書曰明試以功白虎通考績篇云禮說九錫車馬衣服樂則朱戶納

陛虎賁鈇鉞弓矢秬鬯皆隨其德可行而賜能安民者賜車馬能富民者賜衣服書曰明試以功車服以庸

肇十有二州【注】馬融曰禹平水土置九州舜以冀州之北廣大分置并州燕齊遼遠分燕置幽州分齊爲營州於是爲十二州也鄭康成曰舜以青州越海而分齊爲營州冀州南北太遠分衛爲并州燕以北爲幽州新置三州并舊爲十二州也封十有二山濬川【注】史遷無封十有二山濬作決大傳說惟元祀巡守四嶽八伯壇四奥沈四海封十有二山兆十有二州濬川鄭康成曰更爲之定界濬水害也【疏】史公濬作決者說文云㕡深通川也或作濬古文作濬周語云

爲川者決之使導經文肇十有二州封十有二山大傳虞傳以爲巡守時事二句互相前後肇作兆蓋今文說也鄭注大傳不與注此經同云祭者必封封亦壇也十有二山十有二州之鎭也兆域也爲營域以祭十有二州之分星也壇沈封兆皆因所宜爲之云十有二山十有二州之鎭者周禮職方氏九州皆有山鎭揚州會稽荆州衡山豫州華山青州沂山兗州岱山雍州嶽山幽州醫無閭冀州霍山并州昭餘祁凡九山唐虞十有二州則山鎭當十有二無文可知云兆域者說文作垗畔也爲四時界祭其中詩商頌云肇域彼四海鄭箋云肇當作兆則此肇亦當爲兆也云爲營域以祭十有二州之分星者淮南天文訓星部地名云角亢鄭氐房心宋尾箕燕斗牽牛越須女吳虛危齊營室東壁衛奎婁魯胃昴畢魏觜巂參趙東井輿鬼秦柳七星張周翼軫楚又鄭注周禮引堪輿十二次星紀屬吳越等星經以五星主九州又有斗九星主九州卽此所謂分星也鄭蓋兼用今文說而未以之注經經文作肇者釋詁云始也漢書谷永傳永奏曰堯遭洪水之災天下分絕爲十二

州言肇者自此始分之馬注見史記集解云舜分十二州不云堯者堯時分絕爲十二州如鄭云舜更爲之定界也云禹置九州者禹貢之九州冀兗青徐揚荆豫梁雍也爾雅則有幽營無青梁諸儒以爲殷制周禮則有幽并無徐梁此三代之制各不同也鄭注見史記集解及爾雅釋地釋文與馬義畧同鄭注大傳用今文說注此經殆用衛賈孔壁古文之說故與馬同也

象以典刑【注】馬融曰言咎繇制五常之刑無犯之者但有其象無其人也【疏】象者畫象典者釋詁云常也漢書武帝紀元光元年詔曰昔在唐虞畫象而民不犯周禮司圜疏引孝緯云三皇無文五帝畫象三王肉刑畫象者上罪墨幪赭衣雜屨中罪赭衣雜屨下罪雜屨而已荀子正義篇云古無肉刑而有象刑漢書刑法志云禹承堯舜之後自以德衰而制肉刑湯武順而行之者以俗薄於唐虞故也是明唐虞無肉刑鄭注周禮司圜云弗使冠飾者著墨幪若古之象刑與知鄭氏亦信象刑之說也馬注見史記集解以典爲常故云

皐陶制五常之刑實則此時皐陶未制刑也疑是皐陶謨方施象刑之注裴氏誤附于此云五常之刑周禮大司徒之職以鄕八刑糾萬民一曰不孝之刑二曰不睦之刑三曰不姻之刑四曰不弟之刑五曰不任之刑注鄭司農云任謂朋友是此八刑之五因五常而設疑卽馬義也白虎通五刑篇云五刑者五常之鞭策也云但有其象無其人者言無犯之惟有畫衣冠之象耳

流宥五刑【注】馬融曰流放宥寬也一曰幼少二曰老耄三曰惷愚五刑墨劓剕宮大辟鄭康成曰五刑墨劓剕宮大辟正刑五加之流宥鞭朴贖刑此之謂九刑其輕者或流放之四罪是也【疏】五刑者少昊時九黎之君苗民所作呂刑謂之五虐之刑劓刵椓黥等是也堯時則畫衣冠以象之存其名目而已荀子正義篇云墨黥慅嬰共艾畢菲對屨殺赭衣而不純楊倞注引愼子其詞未全太平御覽六百四十五引

慎子云有虞氏之誅以幪巾當墨以草纓當劓以菲履當刖以艾韠當宮布衣無領當大辟此有虞之誅也斬人肢體鑿人肌膚謂之刑畫衣冠異章服謂之戮上世用戮而民不犯也當世用刑而民不從此象刑之大畧愼子及文選漢武賢良策注引墨子亦言之晉書刑法志云三皇設言而民不違五帝畫象而民知禁則書所謂象以典刑流宥五刑鞭作官刑扑作教刑者也然則犯黥者皂其巾犯劓者丹其服犯臏者墨其體犯宮者襍其屨大辟之罪殊刑之極布其衣裾而無領緣投之於市與衆弃之此唐已前經說也馬注注見史記集解釋文引宥寛也作三宥也云流放者鄭注王制同宥寛詩傳文云三宥一曰幼少云云者周禮司刺掌三刺三宥三赦之法一宥曰不識再宥曰過失三宥曰遺忘馬氏所云以三赦爲三宥亦見司刺職廣雅釋言云宥赦也是可通云墨劓刵宮大辟者周禮司刑注引書傳云決關梁踰城郭而畧盜者其刑臏男女不以義處者其刑宮觸易君命革輿服制度姦軌盜攘傷人者其刑劓非事而事之出入不以道義而誦不祥之辭者其刑墨降

畔賊劫畧奪攘矯虔者其刑死此則五刑之條目亦飾其象以待犯者而已又以流放及三宥之法宥之故大傳又稱唐虞象刑而民不敢犯苗民用刑而民興犯漸也知此五刑爲畫象者經文列于鞭朴之前見其輕于傷體膚也鄭注見周禮司刑疏鄭說九刑以流宥爲一與鞭朴贖刑而四則五刑爲九春秋左氏文十八年傳云在九刑不忘是也案昭六年傳又云周有亂政而作九刑不應以說唐虞象刑之制鄭氏失之

鞭作官刑【注】馬融曰爲辨治官事者爲刑【疏】馬注見史記集解云爲辨治官事者爲刑者魯語云薄刑用鞭朴注鞭官刑案庶人在官有祿者過則加之鞭笞也

朴作教刑【注】鄭康成曰朴檟楚也朴爲教官爲刑者【疏】鄭注見史記集解云朴檟楚者學記云檟楚二物收其威也注云檟稻也楚荆也二者所以朴撻犯禮者案犯禮是不率教故云爲教官爲刑

金作贖刑【注】馬融曰金黃金也意善功惡使出金也

贖罪坐不戒慎者【疏】金以贖罪古用銅赤金也周禮職金掌受士之金罰貨罰入于司兵案金可用以鑄兵淮南氾論訓云齊桓公將欲征伐甲兵不足令有重罪者出犀角一戟有輕罪者贖以金分訟而不勝者出一束箭是金可鑄兵非黃金矣馬注見史記集解云黃金者本漢法說經也書疏引鄭氏駁異義云贖死罪千鍰鍰六兩大半兩爲四百一十六斤十兩大半兩銅與今贖死罪金三斤爲價相依附是古贖罪皆用銅也云意善功惡者功謂事也如過失殺人之類然贖罪則死刑亦可贖固不止如馬所說

眚災肆赦【注】史遷災作烖肆作過鄭康成曰眚災爲人作患害者也過失雖有害則赦之【疏】眚災者春秋左氏莊廿五年傳云非日月之眚不鼓注眚猶災也是日月之食謂之眚乾象通鑑七引尚書緯曰當赦不赦月爲之食是今文有說此眚災爲月食者開元占經引石氏曰若月行疾則君刑緩行遲則君刑急故人君月有變則省刑書曰眚災肆赦穀梁

莊二十二年經肆大眚傳云肆失也眚災也注云易稱赦過宥罪書稱眚災肆赦經稱肆大眚皆放赦罪人如其說則肆當讀如肆大眚之肆釋文本作佚謂縱佚之也又杜氏注左傳云肆緩也緩卽寬宥之意漢魏諸儒堅持赦非善政之說并此經義刪落之然經之言赦不一而足平法之代自可不赦若遇淫刑之時頗有赦以補救天災人怨未可執偏見也史公災爲裁者說文云裁籒文作災肆作過者古文與字鄭注見史記集解以眚災爲作患害者康誥云乃有大罪非終乃惟眚災時乃不可殺鄭用此義以眚爲患災爲害也云過失雖有害則赦之鄭本肆亦作過故隨文解之也

怙終賊刑【注】鄭康成曰怙其姦邪終身以爲殘賊則用刑之終一作衆【疏】怙者釋言云恃也鄭注見史記集解以終爲終身賊爲殘賊周禮大司寇疏引孝經援神契五刑章云刑者侀也過出罪施者下侀爲著也行刑者所以著人身體過誤者出之實罪者施刑是以尚書云眚災肆赦怙終賊刑案賊者高誘注呂氏春秋云

殺也經云怙終賊刑言有所恃而終不改過者如賊殺人之刑不赦之也鄭以賊字屬怙終解疑非此有虞氏之施刑雖不赦亦衣之畫象而已終史記集解徐廣曰一作衆則言恃衆作亂也 欽哉欽哉惟刑之恤哉【注】史遷說恤作靜恤一作謐【疏】再言欽哉者敬之又敬恤者鄭注周禮云謂災危相憂孫炎注釋詁云救之憂也漢書刑法志元帝初立乃下詔曰書不云乎惟刑之恤哉其審核之是古文作恤也史公恤爲靜者詩周頌云假以溢我春秋傳引作何以恤我釋詁云溢愼也又詩閟宫云閟宫有侐傳云侐靜也故恤亦靜也恤作謐者史記集解引徐廣曰今文作謐爾雅曰謐靜也釋詁作謐

流共工于幽洲【注】史遷洲作陵云以變北狄馬融曰北裔也洲一作州一作都【疏】史公云以變北狄集解引徐曰變一作變蓋放流之欲其變和北狄之風俗不爲困苦其身也何休注公羊云古者刑不上大夫故有罪放之而已也馬注見史記

集解洲俗字孟子作州史記正義曰尚書及大戴禮皆作幽州莊子在宥篇作幽都釋文云尚書作幽州則此洲從人所改史記正義引括地志云故龔城在檀州燕樂縣界故老傳云舜流共工幽州居此城

放驩兜于崇山注史遷云以變南蠻馬融曰南裔也疏馬注見史記集解太平御覽四十九引盛宏之荊州記曰書云放驩兜于崇山崇山在澧陽縣南七十五里

竄三苗于三危注史遷竄作遷云以變西戎馬融曰西裔也三苗國名也縉雲氏之後爲諸侯蓋饕餮也竄一作𢾰疏史公竄爲遷者竄遷聲相近故亦爲遷周語云自竄於戎狄之間馬注見史記集解及釋文云縉雲氏之後者高誘注淮南修務訓云三苗蓋謂帝鴻氏之裔子渾敦少昊氏之裔子窮奇縉雲氏之裔子饕餮三族之苗裔故謂之三苗一名曰放三苗國民於三危此與馬鄭說獨以縉雲氏之後爲三苗者異未知其審後漢書

西羌傳云舜流四凶徙之三危河關之西南羌是也注三危山在今沙州敦煌縣東南山有三峯曰三危也案章懷注與漢書本文不相應河關之西郎鄭注所云三危在岷山之西南非沙州之三危也㝡一作竄者說文云塞也讀若虞書曰竄三苗于三危孟子又作殺者𥻆字之省**殛鯀于羽山**【注】史遷云

以變東夷馬融曰殛誅也羽山東裔也【疏】馬注見史記集解云殛誅者釋言文說文誅作殊蓋誤字誅者責遣之非殺也漢書鮑宣傳云昔堯放四罪而天下服是殛即放也祭法疏引鄭志荅趙商云鯀非誅死鯀放居東裔至死不得反于朝禹乃其子也以有聖功故堯興之若以爲殺人父用其子而舜禹何以忍乎而尚書云鯀則殛死禹乃嗣興者箕子見武王誅紂今與已言懼其意有慙德爲說父不肖其罪子賢則舉之以滿武王意也案舜之殛鯀方將使之變和東夷必非置之死地箕子云殛死亦謂殛之遠方而至死不反故楚辭天問云永遏在羽山夫何三年不施言久遏絶之不施舍也不必謂滿武王

之意而言云羽山東裔者地理志東海祝其禹貢羽山在南鯀所殛山在今山東郯城縣東北七十里江南贛榆縣界

四罪而天下咸服**注**史遷罪作辠鄭康成曰左傳帝鴻氏不才子謂之渾敦少皞氏不才子謂之窮奇顓頊氏不才子謂之檮杌縉雲氏不才子謂之饕餮命驩兜舉共工則驩兜爲渾敦也共工爲窮奇也鯀爲檮杌也而三苗爲饕餮可知禹治水事畢乃流四凶舜不刑此四人者以爲堯臣不忍刑之**疏**史公罪爲辠者說文云辠犯法也秦以辠似皇字改爲罪鄭注見書疏云鄭氏具引左傳之文鄭以驩兜爲渾敦云云者春秋左氏文十八年疏云堯典帝言共工之行云靖言庸違傳說窮奇之惡云靖譖庸回二文正同知窮奇是共工也堯典帝求賢人驩兜舉

共工應帝是與共工相比傳說渾敦之惡云醜類惡物是與比周卽渾敦是驩兜也堯典帝言鯀行云咈哉方命圮族傳說檮杌之罪云告頑舍嚚傲很明德卽是咈戾圮族之狀且鯀是顓頊之後卽檮杌是鯀也尙書無三苗罪狀旣竄去三凶自然饕餮是三苗矣先儒盡然蓋無異說是與鄭義同也

二十有八載帝乃殂落百姓如喪考妣三載四海遏密八音

注 史遷說爲堯立七十年得舜二十年而老令舜攝行天子之政薦之於天堯辟位凡二十八年而崩百姓悲哀如喪父母三年四方莫舉樂以思堯帝 一作放勛遏一作閼

疏 二十唐石經作廿字帝當爲放勛二字或梅氏作僞傳旣不以放勛爲堯名則并改此文爲帝孟子引堯典作放勳春秋繁露煖燠孰多第五太平御覽八十四引五經通義皆作放勳說文殂往死也虞書曰勛乃殂

漢書王莽傳引書曰遏密之義注師古曰虞書放勳乃
徂云云是唐已前本尚有作放勳者則知放勛作帝字
自孔氏穎達正義本用之也徂落者釋詁云死也百姓
羣臣也江氏聲云四海乃謂民間則百姓自是羣臣矣
喪者白虎通崩薨篇云不直言死稱喪者孝子之心不
忍言也釋親云父爲考母爲妣三載當爲三年孟子春
秋繁露等皆引作年僞孔因爾雅唐虞曰載之文改之
也遏者釋詁云止也密者釋詁云靜也春秋繁露遏作
閼八音者白虎通禮樂篇云樂記曰土曰塤竹曰管皮
曰鼓匏曰笙絲曰弦石曰磬金曰鐘木曰柷敔此謂八
音也案塤作于周時唐虞八音蓋鼓兼皮土二音周禮
籥章掌土鼓注杜子春云土鼓以瓦爲匡以革爲兩面
可擊也又周語單穆公言八音以瓦易土知白虎通所
說八音非古也史公云堯立七十年得舜者據經朕在
位七十載之文云二十年而老又八年而崩故集解引
徐廣曰堯在位凡九十八年也史記正義引皇甫謐云
堯即位九十八年通舜攝二十八年也凡年百一十七
歲案皇甫謐之言不足爲據堯本紀集解又引謐曰堯

以甲申歲生甲辰即帝位甲午徵舜甲寅舜代行天子事辛巳崩年百十八在位九十八年僞傳云堯年十六即位皆造言也論衡氣壽篇云堯典曰朕在位七十載求禪得舜舜徵三十歲在位堯退而老八歲而終至殂落九十八歲未在位之時必已成人今計百有餘歲矣案漢人不知堯之年歲至晉何由知之皇甫謐不足信明甚以考妣爲父母者曲禮云生曰父曰母死曰考曰妣是也史記集解引皇覽云堯家在濟陰城陽今山東濮州有堯家

月正元日舜格于文祖注史遷格作至疏月正者舜改建子之月爲正也元者釋詁云始也說見上正月上日鄭注云文祖者明堂祭法云有虞氏祖顓頊而宗堯注云祭五帝五神於明堂曰祖宗祖宗通言耳孝經云宗祀文王於明堂以配上帝太平御覽五百卅三引孝經援神契云明堂有五室天子每於其室聽朔布教祭五帝之神配以有功德之君案此知舜畢堯喪至于文祖是宗祀堯于明堂以赤帝配也史記正義云火精光明文章之祖故謂之文祖史公格爲至者釋詁文江氏

聲云下文命官授職是明堂之事詢于四岳闢四門明四目達四聰注史遷詢作謀闢作辟又說爲明通四方耳目鄭康成曰卿士之職使爲己出政教于天下言四門者亦因卿士之私朝在國門魯有東門襄仲宋有桐門右師是後之取法于前也疏漢書梅福傳福上書云博覽兼聽謀及疏賤令深者不隱遠者不塞所謂辟四門明四目也史公詢爲謀者釋詁文以明目達聰爲明通耳目四爲四方者亦謂明堂之四門也明堂宮垣有四門闢之所以明通覗聽鄭注見詩緇衣疏咨十有二牧注史遷咨作命疏十二牧者曲禮云九州之長入天子之國曰牧注云每一州之中天子選諸侯之賢者以爲之牧也白虎通封公侯篇云州伯何謂也伯長也選擇賢良使長一州故謂之伯也唐虞謂之牧者何尚質使大夫往來牧諸侯

旁立三人凡十二人尚書曰咨十有二牧何知堯時十有二州也以禹貢言九州也漢書薛宣朱博傳何武與丞相方進共奏言古選諸侯賢者以爲州伯書曰咨十有二牧所以廣聰明燭幽隱也

曰食哉【疏】食者方言云勸也廣雅釋詁云食僞也案僞即爲也言勸使有爲魏志華佗傳云佗恃能厭食事言厭爲事也

惟時柔遠能邇【注】鄭曰能恣也【疏】時者釋詁云是也柔遠能邇說苑君道篇云十二牧方之人故牧者所以辟四門明四目達四聰也是以近者親之遠者安之釋詁云柔安也邇近也能讀當爲而而如也言安遠國如其近者漢督郵班碑作渘遠而邇而如通字說苑以親訓能趙岐注孟子親愛也漢書注師古曰能善也義相近鄭注見詩民勞釋文云恣者民勞詩柔遠能邇箋云能猶伽也安遠方之國順伽其近者伽即如字高誘注呂氏春秋云恣從也則此恣當謂順從其意

惇德允元而難任人蠻夷率服【注】史遷說爲論帝德行厚德遠

佞人【疏】史公說爲論帝德者已下皆述堯之德信賢遠佞不以爲已之美事也云行厚德者惇厚釋詁文允者釋詁云信也元者文言云善之長也史公以難爲遠任爲佞者釋詁云阻難也阻有遠意又云任佞也蠻夷率服率者釋詁云循也案舜時卽位于明堂四方諸侯及蠻夷皆來朝與助祭故史公又云於是四門闢言毋凶人也天子耳目不能周徧四方故勉十二牧以助聽明厚德信善屏遠凶人則蠻夷循服皆明堂布政之訓

舜曰咨四岳有能奮庸熙帝之載使宅百揆亮采惠疇

【注】史遷熙作美載作事宅百揆作居官亮采作相事馬融曰奮明庸功也鄭康成曰載行也【疏】史公熙爲美者經文庶績咸熙漢書律歷志作衆功皆美載爲事者周書謚法解文宅爲居者釋言文百揆爲官者經文納于百揆史公百揆亦作百官亮爲相者釋詁云亮相導也是亮相同義采爲事者釋詁文馬注見史記集解云奮明者明勉

也謂奮勉云庸功釋詁云庸勞也勞即功鄭注見書疏云載行者周語韋昭注亦云案經云奮庸者廣雅釋詁云奮進也言進用經云惠疇者釋言云惠順也易九家注云類也言居官相事順其疇類上言厚德信善拒佞人皆堯之美行故思得賢以繼之也詩魯頌閟宫疏云謂舜命羣官使禹宅百揆即天官也天官冢宰六卿之長事無不統舜本由百揆進而居攝今即位命官使禹宅百揆欲其由冬官居此職也

僉曰伯禹作司空注史遷作皆曰又作爲司空說爲可美帝功今尚書夏侯歐陽說天子三公一曰司徒二曰司馬三曰司空九卿二十七大夫八十一元士凡百二十在天爲山川鄭康成曰初堯冬官爲共工舜舉禹治水堯知其有聖德必成功故改命司空以官名寵異之非常官也

至禹登百揆之任捨司空之職爲共工與虞故曰垂作共工益作朕虞是也疏經稱伯禹者蓋是時禹已襲鯀爵爲伯矣史公僉爲皆者釋詁文作訓爲者釋言文說爲可美帝功者蒙上文今尚書夏侯歐陽說見北堂書鈔五十引五經異義云在天爲山川當是在天爲星辰在地爲山川脫文大傳云天子三公一曰司徒公二曰司馬公三曰司空公溝瀆壅遏水爲民害則責之司空注云與司寇司空同職者謂之司空公白虎通封公侯篇云司馬主兵司徒主人司空主地又云司空主土不言土言空者空尚主之何況於寶以微見著鄭注見周禮疏序云初堯冬官爲共工者鄭上文注云共工水官名是卽冬官也云堯改命司空以寵異禹者經文司空之名始見于此北堂書抄五十引尚書刑德放曰益爲司馬禹爲司空淮南齊俗訓及說苑君道篇皆云堯之時舜爲司徒契爲司馬禹爲司空后稷爲大田師奚仲爲工是也云禹登百揆之任捨司空之職爲共工與虞者周禮司空主事故

共工屬司空若山虞澤虞皆屬司徒鄭以虞與共工並言者以禹隨山刊木暨益奏庶鮮食則禹實兼虞而益佐之也案馬氏注前堯典俱以爲謚引謚法文則此當有云禹謚也受禪成功曰禹蓋脫文今本謚法亦爲後人刪落

帝曰俞咨禹汝平水土惟時懋哉【注】史遷俞作然咨作嗟懋作勉馬融曰懋美也【疏】史公俞爲然者釋言文咨爲嗟者釋詁文懋爲勉者釋詁云茂勉也懋音近茂馬注見釋文云懋美者詩傳云茂美也

禹拜稽首讓于稷契暨皋陶【注】史遷暨作與鄭康成曰稷棄也初堯天官爲稷禹登用之年舉棄爲之時天下賴后稷之功故以官名通稱舉八元使布五教契在八元中暨一作泉

【疏】稽者說文作䭫云下首也鄭注周禮云稽首拜頭至地也讓爲攘假借字說文云推也史公暨爲與者釋

詁文說文作臮云衆詞與也鄭注見周禮疏序詩生民疏書疏云初堯天官爲稷者詩閟宮箋云后稷生而名棄長大堯登用之使居稷官民賴其功後雖作司馬天下猶以后稷稱焉疏引尚書刑德放云稷爲司馬案白虎通封公侯篇云别名記云司徒典民司空主地司馬順天是司馬亦名天官也云舉八元使布五教契在八元中者春秋左氏文十八年傳疏云尚書契敷五教此云舉八元使布五教以此故知契在八元中也**帝**

曰俞汝往哉注史遷俞作然鄭康成曰然其舉得其人汝往居此官不聽其所讓疏史公俞爲然者見前疏鄭注見史記集解**帝曰**

棄黎民阻飢汝后稷播時百穀注史遷祖作始馬融曰祖始也鄭康成曰阻讀曰阻阻戹也時讀曰蒔始者洪水時衆民戹于飢汝居稷官種蒔五穀以救活之阻一

作祖【疏】黎者釋詁云衆也后者漢書百官表注應劭曰后主也爲此稷官之主也播者詩箋云猶種也時者是也史公說祖爲始者集解引徐廣曰今文尚書作祖飢祖始也馬注見詩釋文鄭注見詩思文疏云阻戹者釋詁云阻難也廣雅釋邱云阻險也險難是爲戹也云時讀爲蒔者說文蒔更別種漢書食貨志阻作祖蓋今文字詩閟宮疏云舜命棄官使禹宅百揆即天官也契任五教爲司徒即地官也伯夷爲秩官即春官也咎繇爲士即秋官也垂爲共工即冬官也唯夏官不言命而上句禹讓稷契之下帝曰棄黎民阻飢汝后稷播時百穀褒述其爲稷之功不言命而爲官明是稷爲司馬爲夏官也案此以周禮說虞官也

帝曰契百姓不親五品不遜汝作司徒敬敷五教在寬【注】史遷遜作馴一重五教二字馬融曰五品之教鄭康成曰五品父母兄弟子也契一作偰一作禼遜一作愻一作訓

【疏】契說文作偰云高辛氏之子堯司徒殷之先又云离讀與偰同古文作离漢書百官表作离親者一切經音義九引倉頡篇云愛也遜者詩箋云順也史公遜作馴者索隱曰史記馴字徐廣皆讀曰訓訓順也漢書霍光傳云五品以順注師古曰順理也重五教二字見史記殷本紀此五帝本紀不重者蓋古人重字輒于字下加二後人誤刪之後漢書鄧禹傳策曰百姓不親五品不訓汝作司徒敬敷五教五教在寛順帝紀章懷太子賢注及詩商頌譜引書皆重五教二字唐石經五教下疊二字尚可辨是近本始脫之也馬注見史記集解鄭注同云五品父母兄弟子者鄭語史伯曰商契能合和五教以保于百姓者也注云五教謂父義母慈兄友弟恭子孝也遜說文作愻順也引唐書此文

帝曰皐陶蠻夷猾夏寇賊姦宄

【注】史遷宄作軌鄭康成曰猾夏侵亂中國也强取爲寇殺人爲賊由內爲姦起外爲軌皐陶一作咎繇猾一作滑

宄一作軌【疏】史公宄作軌者魯語里革曰毀則爲賊掩寶者爲軌用軌之財者爲姦注亂在內爲軌後漢書李固傳注引經亦作軌是軌爲宄借字也鄭注見史記集解及周禮司刑疏以猾爲侵亂夏爲中國者猾大傳作滑潛夫論志氏姓篇亦引作滑韋昭注周語云滑亂也猾从允蓋借猾字後人譌从犬夏者說文云中國之人也云强取爲寇者鄭注費誓云寇劫取也義同云殺人爲賊者呂氏春秋過理云沮齊見之不忍賊注云賊殺也云由內爲姦起外爲軌者說文云宄姦也外爲盜內爲宄宄古文作𡧍𡩁晉語長魚矯曰亂在內爲軌在外爲姦鄭注蓋互誤引之者外也臯陶爲咎繇見漢書百官志女作士【注】馬融曰獄官之長鄭康成曰士察也主察獄訟之事【疏】大傳云夏寇賊姦宄則責之司馬白虎通封公侯篇云司馬主兵不言兵言馬者馬陽物乾之所爲行兵用焉不以傷害爲文故云馬也則臯陶爲司馬三公之職故鄭釋士爲察不以爲士師之士也馬注見史記集解云獄官之

長與漢書百官表應劭注同周禮士師在小司寇之下而云獄官之長者唐虞三公無司寇之名其刑官名士即當周之司寇故今文以爲司馬主兵說苑修文篇云皐陶爲大理明士非士師也鄭注見書疏云士察者釋詁文

五刑有服五服三就【注】馬融曰五刑墨劓剕宮大辟三就謂大罪陳諸原野次罪于市朝同族適甸師氏既伏五刑當就三處鄭康成曰三就原野也市朝也甸師氏也【疏】五刑有服者服謂畫衣冠五者見上三就者就當讀如繼藉五就之就鄭注云成也大傳云唐虞象刑而民不敢犯苗民用刑而民興犯漸唐虞之象刑上刑赭衣不純中刑雜屨下刑墨幪以居州里而民恥之而反於禮所謂五刑之服有上中下三等故云三就法言云唐虞象刑惟明夏后肉辟三千古說無以五刑爲肉辟者馬注見史記集解鄭注見書疏魯語臧文仲云大刑用甲兵其次用斧鉞中刑用刀鋸其次用鑽

笮薄刑用鞭朴故大者陳之原野小者致之市朝五刑三次注次處也三處野朝市也案馬鄭注三就皆用此文而以市朝爲一增出甸師氏蓋以周法言之不如韋注之當也漢書刑法志說臯陶謨五刑五用亦同魯語太平御覽七百六十四引大傳云古者中刑用鑽鑿而脫其全文是今文有以五刑爲肉辟者江氏聲云蠻夷猾夏寇賊姦宄豈象刑足以威之乎則五刑自當有甲兵斧鉞矣至於刀鋸鑽笮有苗制是刑唐虞有是象其時民之重恥其畏象刑尤甚于畏肉刑罪有犯者然則制固不可廢也

五流有宅五宅三居

注 史遷宅俱作度馬融曰謂在八議君不忍刑宥之以遠五等之差亦有三等之居大罪投四裔次九州之外次中國之外鄭康成曰宅讀曰咤懲刈之器謂五刑之流皆有器懲刈五咤者是五種之器謂桎一梏二拲

三三處者自九州之外至于四海三分其地遠近若周之夷鎮蕃也【疏】史公宅俱爲度者王制云度地以居民五流者謂流宥五刑王制司徒命鄉簡不帥教者以告不變命國之右鄉移之左國之左鄉移之右不變移之郊不變移之遂不變屏之遠方又云屏之遠方西方曰棘東方曰寄注云帥循也不循教謂傲狠不孝弟者遠方九州之外棘當爲僰僰云言偪使之偪寄於夷戎不屏於南北爲其太遠案王制殷禮所本古矣疑可以說此五宅三居又王制云公家不畜刑人屏之四方唯其所之不及以政示弗故生也鄭注引此經五流有宅似謂左右鄉一郊二遂三遠方東西二爲五也三居者郊遂遠方也晉書刑法志云舜命皐陶曰五刑有服五服三就五流有宅五宅三居方乎前古事旣參陪則謂五刑有服即象以典刑五流有宅即流宥五刑增出三就三居故云叅陪前古也馬注見史記集解云在八議者周禮小司寇職議親議故議賢議能議功議貴議勤議賓之八辟以周法推虞制云四裔者若四

罪九州之外者萬里之外中國之外者五千里之外也鄭注見史記集解王制疏及書疏云宅讀曰咤懲刈之器者廣雅釋詁云懲㥧忿也宅與度通㥧卽度字俗加心是宅爲懲刈之義咤卽叱字云桎一梏二拲三者江氏聲云爲數不符案周禮掌囚云上罪梏拲而桎中罪桎梏下罪梏王之同族拲有爵者桎鄭言五種其此之謂與云若周之夷蕃鎮者見周禮職方氏九服之辨惟鄭注大行人職亦云九州之外夷服鎮服蕃服也

明克允**注**史遷作維明能信馬融曰當明其罪能使信服之鄭康成曰此三官是堯時事舜因禹讓述其成功**疏**史公克作能允作信者見上疏馬注見史記集解鄭注見周禮疏序云三官者稷契皐陶也云堯時事者春秋左氏文十八年傳云舜臣堯舉八愷舉八元則此三人皆堯時舉用者

帝曰疇若予工**注**史遷疇作誰若作馴馬融曰謂主百工之官也**疏**史公

疇爲誰者釋詁文說文𠷎誰也馴同順釋言云若順也馬注見史記集解僉曰垂哉【注】史遷僉作皆帝曰俞咨垂汝共工【注】馬融曰爲司空共理百工之事【疏】馬注見史記集解云共理百工之事者漢書百官表應劭注畧同冬官共百工之事禹爲之既升宅百揆此官又當求賢也垂拜稽首讓于殳斨暨伯與帝曰俞往哉汝諧【注】殳一作朱伯與一作柏譽【疏】殳作朱伯與作柏譽者見漢書古今人表或說諧者偕也俞則然其讓矣仍使偕往治事帝曰疇若予上下草木鳥獸【注】史遷若作馴馬融曰上謂原下謂隰草一作屮【疏】馬注見史記集解云上謂原下謂隰者公羊昭元年傳云上平曰原下平曰隰草漢書楊雄傳云昔者禹任益虞而上下和屮木茂又谷永傳引庶屮蕃滋注師古曰屮古草字也案說文屮艸木初生也古文或以爲

艸字讀若徽僉曰益哉注史遷僉作皆馬鄭僉曰作禹曰益一作蕣帝曰俞咨益汝作朕虞疏史公僉爲皆者釋詁文馬鄭作禹曰見書疏漢書百官表益作朕虞注應劭曰虞掌山澤禽獸官名也羽獵賦云昔者禹任益虞亦以僉爲禹益作蕣者見漢書百官表說文云嗌籀文作蕣益拜稽首讓于朱虎熊羆疏朱虎熊羆四臣名春秋左氏文十八年傳高辛氏有才子八人有伯虎仲熊叔豹季貍古今人表作柏虎仲熊叔豹季熊熊當爲羆字師古曰即左傳所謂季貍者也帝曰俞往哉汝諧注史遷說遂以朱虎熊羆爲佐疏史公說以朱虎熊羆爲佐則知諧字當訓作偕審矣帝曰咨四岳有能典朕三禮注馬融曰三禮天神地祇人鬼之禮鄭康成曰天事地事人事之禮也疏典與敷同說文云敷主也鄭注周禮

云典主也馬注見史記集解云天神地祇人鬼之禮者周禮大宗伯之職掌建邦之天神人鬼地祇之禮以佐王建保邦國是也鄭說見史記集解僉曰伯夷帝曰俞咨伯汝作秩宗【注】史遷僉作皆俞作嗟咨伯作伯夷鄭康成曰主次秩尊卑【疏】經文咨伯者白虎通王者不臣篇云王者臣有不名者五先王老臣不名親與先王戮力共治國同功於天下故尊而不名也尚書曰咨爾伯不言名也不名者貴賢者此蓋今文說史公則作嗟伯夷是古文有夷字鄭注見史記集解夙夜惟寅直哉惟清【注】史遷寅作敬清作靜潔【疏】夙早寅敬釋詁文史公清作靜潔者說文瀞無垢穢也伯拜稽首讓于夔龍帝曰俞往欽哉【注】史遷俞作然帝曰夔命汝典樂教胄子【注】史遷胄作穉馬融曰胄長也教長天下之子弟

鄭康成曰國子也胄一作育【疏】經言胄子者詩崧高疏引說文云胄允也禮謂適子爲胄子今本說文脫下七字王制云樂正崇四術立四教注引經文云幼者教之於小學長者教之於大學尚書傳曰年十五始入小學十八入大學王制又云王太子羣后之太子卿大夫元士之適子國之俊選皆造焉是胄子爲適子也漢書禮樂志云國子者卿大夫之子弟也皆學歌九德誦六詩習六舞五聲八音之和故帝舜命夔曰女典樂教胄子云云史公作穉者詩谷風疏引爾雅釋言育穉也今爾雅育作鞠鴟鴞釋文引郭璞音義曰鞠一作毓說文作育子云養子使作善也詩豳風鬻子之閔斯傳云鬻子稚子也是胄子適子爲古文說穉子育子今文說也馬注見釋文以教胄爲教長用今文說鄭注見史記集解以胄子爲國子用古文說也王氏引之云凡未冠者通謂之穉子穉子即育子內則曰十有三年學樂誦詩舞勺成童舞象周書大子晉解云人生而重丈夫謂之胄子胄子成人能治上官謂之士亦謂未冠者爲胄子也孔氏穎達誤以爲適長

子而史記之教穉子更莫有通其義者矣案此亦今古文說不同王氏合而一之亦非也**直而溫寬而栗**注馬融曰正直而色溫和寬大而敬謹戰栗也疏直者東方之行洪範云木曰曲直是也溫者詩傳云和柔貌性行直者勝之以柔寬者西方之行漢書翼奉傳云西方之情喜行寬大栗者聘義云縝密以栗注堅貌性行寬大者勝之以堅栗溫和爲春生堅栗爲秋成此言仁義所本也馬注見史記集解表記云寬而有辯注云辯別也猶寬而栗也是言寬而有分別詩箋云栗析也古者聲栗裂同也則鄭以栗爲分析與辯別義相近也梗直者加以溫和寬厚者加以明辨性以相反者相成也**剛而無虐簡而無傲**注傲一作敖疏虐者高誘注淮南云害也簡者詩傳云大也傲者說文云倨也乾剛坤簡古教學必先治性情法天地四時于虞書爲四德皐陶謨爲九德洪範爲三德此大學之道也傲漢志作敖**詩言志歌永言**注史遷志作意永

作長馬融曰歌所以長言詩之意也歌一作哥永一作
詠【疏】教國子以和平性情乃可與言樂詩序云詩者志之所之也在心爲志發言爲詩樂記云歌之爲言也長言之也說之故言之言之不足故長言之歌一作哥永說文云詠或作咏漢書蓺文志作詠引書曰詩言志哥詠言故哀樂之心感而哥詠之聲發誦其言謂之詩詠其聲謂之哥哥者說文云聲也古文以爲謌字禮樂志作歌咏言聲依咏史公志爲意者鄭注檀弓云志意也永爲長者釋詁文馬注見史記集解

聲依永律和聲【注】鄭康成曰聲之曲折又依長言聲中律乃爲和也【疏】聲者高誘注淮南子時則訓云絲竹金石之聲也律者陽聲六爲律陰聲六爲呂陽統陰故言律以該呂也賈子傳職篇云號呼謌謠音聲不中律燕樂雅訟逆樂序凡此其屬詔工之任也說文云龢調也讀與和同鄭注見史記集解

八音克諧無相奪倫神人以和【注】史

遷克作能鄭康成曰祖考來格羣后德讓其一隅也諧一作䜊【疏】音者詩序云聲成文謂之音箋云聲謂宮商角徵羽也聲成文者宮商上下相應鄭注樂記云雜比曰音單出曰聲記又云審聲以知音審音以知樂則聲音不同也鄭注見史記集解以皐陶謨文說神人也祖考爲神羣后爲人諧說文作䜊云樂和䜊也引此經文又云侖理也**夔曰於予擊石拊石百獸率舞**【注】鄭康成曰石磬也百獸服不氏所養者也率舞言音和也謂聲音之道與政通焉【疏】於釋文曰如字或音烏而絕句者非也史記正義云於音烏不可從石者說文云磬樂石也拊者說文云揗也周禮太師職云令奏擊拊注鄭司農云樂或當擊或當拊率者釋詁云循也鄭注見公羊哀十四年傳疏及史記集解云百獸服不氏所養者周禮夏官服不氏掌養猛獸而教擾之注云服不服不服之獸者猛獸虎豹熊羆之屬云音聲

之道與政通焉樂記文

帝曰：龍，朕堲讒說殄行，震驚朕師。

【注】史遷堲作畏忌，行作僞，震作振，師作衆。馬融曰：殄，絕也。絕君子之行。鄭康成曰：所謂色取仁而行違，是驚動我之衆臣，使之疑惑。

【疏】堲者，說文引此經文云：疾惡也。史公云畏忌，義相近。讒說，史記集解徐廣曰：一云齊說。殄行振驚衆，五帝本紀生而徇齊，索隱引尚書大傳曰：多聞而齊給。鄭注云：齊，疾也。蓋謂有口辨，即讒說也。史公行爲僞者，僞亦爲也。漢景君碑云殘僞易心，殘殄聲相近，疑即用此文，言其說齊給而行貪殘也。震動師衆，皆釋詁文。史公作振者，廣雅釋詁云：動也。馬注見吳志注。云殄絕者，詩傳文。鄭注見史記集解。云色取仁而行違者，論語顏淵篇文。讒說是巧言令色也，殄行是行違也。違者，邪也。史記正義云：言畏惡利口讒說之人，兼殄絕姦僞人黨，恐其驚動我衆。是以殄僞對堲讒說爲文。

命汝作納言，夙夜出納

朕命惟允【注】史遷納作入允作信鄭康成曰納言如今
尚書管王喉舌也【疏】史公出納作出入者漢書百官表云龍作納言出入帝命應劭云納
言如今尚書管王之喉舌也允信釋詁文鄭注見北堂
書鈔設官部云王喉舌者詩蒸民云出內王命王之喉
舌

帝曰咨汝二十有二人欽哉惟時亮天功【注】史遷咨
作嗟欽作敬亮作相功作事馬融曰稷契皐陶皆居官
久有成功但述而美之無所復敕禹及垂已下皆初命
凡六人與上十二牧四嶽凡二十二人鄭康成曰自咨
十有二牧至帝曰龍皆月正元日格於文祖所敕命也
【疏】二十唐石經作廿史公欽爲敬者釋詁文亮爲相者
釋詁云亮相道也詩釋文引韓詩云亮彼武王亮相

也功爲事者釋詁云績事也績功也馬注見史記集解云稷契皋陶皆居官久者棄爲后稷契作司徒皋陶作士皆在堯時上文鄭注亦云此三官是堯時事也鄭注見書疏云鄭以爲二十二人數殳斨伯與朱虎熊羆不數四岳與馬異案此說是鄭亦以朱虎熊羆爲二臣也云格于文祖所敕命者謂敕命於明堂盛德篇云明堂天法也故

三載考績三考黜陟【注】史遷說爲三歲一考云亮天功

功三考黜陟【疏】史公以三考黜陟爲句者白虎通考黜篇云諸侯所以考黜何王者所以勉賢抑惡重民之至也尚書曰三載考績三考黜陟又云所以三歲一考績何三年有成故於是賞有功黜不肖尚書曰三載考績三考黜陟漢書李尋傳尋對災異日經曰三載考績三考黜陟此皆如史公斷句孔安國古文說也春秋繁露考功名云考績之法考其所績也考試之法大者緩小者急貴者舒而賤者促諸侯月試其國州伯時試其部四試而一考天子歲試天下三試而一考前後三考而黜陟命之曰計白虎通又云尚書曰三

考黜陟先削地後黜爵何爵者尊號也地者人所任也今不能治廣土衆民故先削其土地也公羊隱八年疏引書傳云三年一使三公黜陟**幽明庶績咸熙**【注】史遷幽明爲遠近庶作衆績作功熙作興【疏】史公幽明爲遠近讀與庶績咸熙爲句大傳云書曰三載考績三考黜陟幽明其訓曰三歲而小考者正職而行事也九歲而大考者黜無職而賞有功也一之三以至九年天數窮矣陽德終矣積不善至於幽六極以類降故黜之積善至于明五福以類相升故陟之皆所自取聖無容心也是以幽明上屬爲句漢書谷永傳永對曰經曰三載考績三考黜陟幽明是亦以幽明上屬爲句今文說也**分北三苗**【注】鄭康成曰流四凶者卿爲伯子大夫爲男降其位耳猶爲國君故以三苗爲西裔諸侯猶爲惡乃復分析流之謂分北西裔之三苗也北猶別也【疏】此三

苗似非竄三危者韓詩外傳云當舜之時有苗不服其
不服者衡山在南岐山在北左洞庭之陂右彭澤之水
由此險也以其不服禹請伐之而舜不許曰吾喻教猶
未竭也久喻教而有苗民請服案其事見淮南子鹽鐵
論說苑諸書堯時三苗已竄三危此有苗不服在楚荆
州之地是舜時三苗非堯時所竄也故呂氏春秋召類
篇云舜却有苗更易其俗淮南兵畧訓云舜伐有苗修
務訓舜南征三苗道死蒼梧注云三苗之國在彭蠡舜
時不服故往征之檀弓云舜葬於蒼梧之野鄭注云舜
征有苗而死因葬焉書說舜曰陟方乃死蒼梧於周南
越之地今爲郡分北者卽呂氏春秋所爲郝也說文云
八分也从重八鄭注見史記集解書疏及吳志注云卿
爲伯子大夫爲男降其位者孟子萬章篇云天子之卿
受地視侯大夫受地視伯則卿爲伯子大夫爲男是降
其位也云分析流之書疏引析作北當從史記集解作
析檀弓疏引張逸荅焦氏云初竄西裔後分之在南野
江氏聲云蓋三苗爲西裔諸侯其君一人其族類當復
不少其在西裔猶相聚爲惡故復分析流之分析卽分

別也故云北猶別也北蓋重八之穴段君玉裁云說文
云公从八厶八猶背也古北背通用韋昭注吳語云北
古之背字許君云八別也象分別相背之形
又云八猶背也是北北亦可訓背不必穴字舜生三十
徵庸三十在位五十載陟方乃死注史遷說爲舜年二
十以孝聞年三十堯舉之年五十攝行天子事年五十
八堯崩年六十一代堯踐帝位踐帝位三十九年南巡
狩崩於蒼梧之野葬於江南九疑是爲零陵鄭康成讀
此經云舜生三十謂生三十年也登庸二十謂歷試二
十年在位五十載陟方乃死謂攝位至死爲五十年舜
年一百歲也疏史公云年三十堯舉之此生三十而徵
用也年五十攝行天子事此徵庸二十

而在位也年五十八堯崩此所謂二十有八載放勳乃殂落也年六十一代堯踐帝位此三年遏密之後乃踐帝位也踐帝位三十九年南巡狩崩於蒼梧之野此在位五十載陟方乃死也大戴禮五帝德云二十以孝聞乎天下三十在位嗣帝所五十乃死論衡氣壽篇云堯典曰朕在位七十載求禪得舜舜徵三十歲在位堯退而老八歲而終至殂落九十八歲未在位之時必已成人今計數百有餘矣又云舜生三十徵用三十在位五十載陟方乃死適百歲矣段君玉裁云論衡舜徵三十歲在位及徵用二十兩三十字誤當作二十史記集解徐廣引皇甫謐云舜以堯之二十一年甲子生三十一年甲午徵用七十九年壬午卽眞百歲癸卯崩太平御覽八十一引帝王世紀曰舜年八十卽眞八十三而薦禹九十五而使禹攝政攝五年有苗氏叛南征崩于鳴條年百歲此甲子不足信僞傳云舜壽百一十二歲增多一十二歲與史記論衡不同誤計之也陟方者史公說爲巡守案巡狩至五岳而止此至蒼梧者蓋此行分北三苗且行九歲之大考也高誘注淮南云書曰舜陟

方乃死舜死蒼梧葬於九疑之山在蒼梧馮乘縣東北零陵之南千里也史記集解引皇覽云舜冢在零陵營浦縣其山九谿皆相似故曰九疑案馮乘在今廣西賀縣北一百廿里地理志零陵郡營道九疑山在南營道縣在今湖南道州西九疑山在寧遠縣南六十里

堯典第一下終

皐陶謨第二上　虞夏書二　尚書今古文注疏卷二

賜進士及第授通奉大夫山東督糧道加三級孫星衍撰

【注】史遷說帝舜朝禹伯夷皐陶相與語帝前皐陶述其謀

【疏】皐陶顏師古注漢書李賢注後漢書李善注文選俱引作咎繇是唐以前本知此皐陶字後人所改謨者釋詁云謀也說文云議謀也古文作謩梅氏分帝曰來禹汝亦昌言已下爲益稷據書疏云馬鄭王合此篇於皐陶謨謂其別有棄稷之篇又云益稷合於皐陶謨伏生合之是今文古文皆爲一篇後漢輿服志永初二年初詔有司采周官禮記尚書皐陶篇乘輿服從歐陽氏說公卿以下從大小夏侯氏說即謂日月星辰至絺繡之文是今益稷本爲皐陶謨之證詩譜疏引皐陶謨弼成五服至於五千不云益稷者依馬鄭本也今仍爲一篇此夏書題虞夏書者書疏云馬融鄭元別錄題皆曰虞夏書以虞夏同科史公云禹伯夷皐陶相與語

帝前經文無伯夷者大戴禮誥志篇子引虞史伯夷曰
明孟也幽幼也似解幽明庶績咸熙是伯夷爲虞史官
史遷以皋陶方祗厥敘及夔曰戛擊鳴球至庶
尹允諧爲史臣敘事之文則即伯夷所述語也
曰若稽古【疏】白虎通聖人篇云何以言皋陶聖人也以
自篇曰若稽古稽古者泰誓云正稽古立
功立事本經云予欲觀古人之象非稽古不稱聖人堯
之同天以帝號稱之皋陶聖臣稽古不必同天召誥言
稽我古人之德下云稽謀自天周書武穆解云曰若稽
古曰昭天之道熙帝之載上云稽古下又云昭天知單
言稽古非即同天也詩譜疏引擿雒貳云曰若稽古周
公旦周公以有聖德亦云稽古故班氏知皋陶亦聖人
也皋陶曰【注】鄭康成以皋陶下屬爲句允迪厥德謨明
弼諧【注】史遷作信其道德謀明輔和【疏】鄭注見書疏史公皋陶曰爲皋
陶述其謀曰是與鄭氏同以皋陶下屬爲句也允者釋
詁云信也迪者釋詁云迪繇道也釋名云道導也繇即

由道亦導德者淮南齊俗訓云得其天性謂之德天性謂五常之性明者釋詁云成也言信由其德則謀成而輔和矣史公以允迪厥德爲信其道德者釋詁云迪道也易繫詞云立人之道曰仁與義樂記云君子樂得其道鄭注云道謂仁義也管子心術篇云德者道之舍舍謂得於心也允信謨謀弼俌諧和俱釋詁文厥其釋言文

禹曰俞如何臯陶曰都愼厥身修思永惇敘九族庶明勵翼邇可遠在茲【注】史遷俞作然都作於厥作其永作長惇敘作敦序庶作衆勵作厲爲高邇作近茲作巳鄭康成曰惇厚也庶衆也厲作也敘序也次序九族而親之以衆明作羽翼之臣此政由近可以及遠也【疏】愼者釋詁云誠也靜也修者鄭注中庸云治也漢書本紀永光四年詔曰愼身修永注師古曰永上有職字卿愼厥

身爲句修思永言修其職業思可永也職與思斯聲相近皆語詞惇者釋詁云厚也九族謂自高祖至元孫如馬鄭注堯典漢書本紀元始五年詔曰帝王親親以相及也昔堯睦九族舜惇敘之庶明謂衆貴戚堯典明明史公說上明爲悉下明爲貴戚厲翼謂附助文選西都賦注引薛君章句云厲附也鄭注文王世子云翼助也勵當爲厲臯陶爲禹言謹身睦族貴近附助則道德可以自近及遠也史公說俞爲然都爲於皆釋言文厥爲其永爲長皆釋詁文惇作敦者疑訓爲勉敘與序通韋昭注魯語云序次也庶爲衆釋詁文明或如說堯典爲貴戚也以厲爲高者高誘注淮南修務訓云厲高也邇近釋詁文茲爲巳者釋詁云茲巳此也疑今文茲本作巳鄭注見後漢書班固傳注及蜀志注史記集解以惇爲厚厲爲作者皆釋詁文衆明書疏引鄭注作衆賢明明得爲賢明者周語云尊貴明賢是也翼爲羽翼用本字之訓

禹拜昌言曰俞【注】史遷昌作美俞作然昌一作讜【疏】昌者釋詁云當也郭注云書曰禹拜昌言史公說昌

爲美者說文云昌美言也昌或爲讜讜聲相近孟子公孫丑篇云禹聞善言則拜趙注云尚書禹拜讜言讜字說文所無周書祭公解拜手稽首讜言張平子碑讜言允諧皆止作讜知讜即讜字

臯陶曰都在知人在安民【注】史遷都作於【疏】民謂衆民人謂官人也詩假樂云宜民宜人傳云宜安民宜安人也疏云民人散雖義通對宜有别引此經文漢書薛宣傳谷永上疏曰帝王之德莫大於知人知人則百僚任職天工不曠衆職修理姦軌絕息引此文而說之也臯陶旣以修身睦族告禹又云此者宗族貴戚人才不一務在知而器使之民衆在下在徧安之其政乃可及遠也

禹曰吁咸若時惟帝其難之知人則哲能官人安民則惠黎民懷之【注】史遷咸作皆時作是哲作智安民作能安民【疏】言皆若是堯猶難之者左氏文十八年傳魯太史克言十六族四凶堯不能舉不能去論語云博施濟衆堯舜其猶病諸上古

言質直故謂堯猶難之哲漢書五行傳作悊說文哲或作悊惠愛懷思皆釋詁文言知人則能器使安民則衆民思歸之也史公說咸爲皆時爲是皆釋詁文哲爲智釋言文

能哲而惠何憂乎驩兜何遷乎有苗何畏乎巧言令色孔壬

注 史遷哲作智而作能令作善壬作佞鄭康成曰禹爲父隱故言不及鯀

疏 言能聖且仁則不仁者遠淮南泰族訓引作能哲且惠則經文作而可讀如本字孔者釋言云甚也言甚佞江氏聲說巧言即靜言令色即象恭巧言令色孔壬謂共工史公說哲爲知者知同智釋言云哲智也而爲能者呂覽士容篇柔能堅虛能實高誘注云能而也令爲善壬爲佞皆釋詁文鄭注見史記集解云禹爲父隱者白虎通五行篇云父爲子隱何法法水之藏火也子爲父隱何法法水逃金也聖人法天則爲父隱者天道非私也四凶爲三故云不及鯀也

皋陶曰都

注 史遷都作然於

疏 段氏玉裁

說史公作皋陶曰然於者以於說都當以然說俞則今文都上有俞字亦行有九德亦言其人有德乃言曰載采采注史遷有德上無人字載作始采作事疏亦行舊說爲掖行玉篇云亦臂也今作掖書云亦行有九德顧野王晉人或引舊說也行者周禮師氏以三德教國子鄭注云在心爲德施之爲行行謂寬柔愿亂擾直簡剛彊之行九德謂栗立恭敬毅溫廉塞義之德所以扶掖九行始事之者言始試之以事故下云九德咸事論衡荅佞篇云唯聖賢之人以九德檢其行以事效考其言行不合於九德言不驗於事效人非賢則佞矣史公說載爲始者釋詁云哉始也載同哉采爲事亦釋詁文亦言其有德一無人字者唐石經同史記後人旁增人字禹曰何皋陶曰注史遷無此文疏史公無禹曰何及皋陶曰者或是今文本無或史公節省經文未詳也後不更出寬而栗柔而立愿而恭亂而敬擾而毅直而

溫簡而廉剛而塞彊而義【注】史遷葢作共亂作治擾一作柔塞作實鄭康成曰連言之寬謂度量寬宏柔謂性行和柔擾謂事理擾順三者相類卽洪範云柔克也愿謂容貌恭正亂謂剛柔治理直謂身行正直三者相類卽洪範云正直也簡謂器量凝簡剛謂事理剛斷彊謂性行堅强三者相類卽洪範云剛克也而九德之次從寬而至剛也惟擾而毅在愿亂之下耳其洪範三德先人事而後天地與此不同凡人之性有異有其上者不必有下有其下者不必有上上下相協乃成其德塞一

作塞廉一作辨【疏】寬綽近緩而能堅栗柔順近弱而能
而能敬愼馴擾可狎而能果毅梗直不撓而能溫克簡
大似放而能廉約剛者內荏而能充實發彊有爲而能
良善此似相反而實相成五行生克之用聖人法陰陽
以治性情之學也栗爲堅栗者聘義縝密以栗鄭注云
堅貌鄭箋詩生民實栗云栗成就也義與寬似相反立
爲封立者說文封立也義與柔似相反愿爲愨愿者禮
器云不然則已愨鄭注云愨愿貌恭爲謙恭者韋昭注
魯語云恭爲謙義似相反簡爲簡大者釋詁云簡大也
廉爲廉約者釋名云廉斂也說文廉仄也俱義似相反
彊而義者王氏引之案詩傳義善也謂性發彊而又良
善也餘如鄭義凡而字當讀爲能呂覽士容篇云柔而
堅虛而實淮南原道篇云行柔而剛用弱能强高誘注
云而能也史公恭作共者後漢書楊震傳注引經文作
龔共省文俱與恭通詩巧言匪其止共韓詩作恭經典
多通用說亂爲治者釋詁文擾一作柔者集解引徐廣
注經文已有柔則當爲一作揉也詩崧高揉此萬邦鄭

云擾順也是與擾同義釋文本亦作柔說塞爲實者塞與寒惑通說文寒實也引此文鄭注見書疏以寬柔擾爲洪範柔克者柔爲地道漢書翼奉傳云西方之情喜行寬大西方坤兌屬陰爲地道擾字从牛說文牛柔謹也寬擾與柔俱地道故三者爲洪範柔克也云愿亂直爲洪範正直者論語云侗而不愿鄭注云愿善也善爲人性淮南主術訓能多者無不治也高誘注云治作也亂治人所作爲論語云人之生也直愿亂與直俱人道故三者爲洪範正直也簡剛强爲洪範剛克者簡大剛健自彊不息皆天道故三者爲洪範剛克也云器量凝簡蓋謂器量凝成而簡大耳云洪範三德先人事而後天地與此不同者洪範一曰正直二曰剛克三曰柔克人道在天地之前此則先地道而後天道擾爲地道又次在人道之中故云九德之次惟擾而毅在愿亂之下也此注或疑非鄭注案孔氏書疏既引此文云鄭連言之又孔義俱釋僞傳義與傳文多不同故定爲鄭注云性有上下者上謂寬至彊之屬文在上下謂栗至義之屬文在下非謂性之智愚爲上下也鄭所見本廉又作辨

注中庸云簡而文溫而理猶簡而辨直而溫也彰厥有常吉哉【注】史遷彰作章厥作其鄭康成曰人能明其德行所行使有常則成善人矣【疏】章一說爲顯章顯有德之人與之祿秩盤庚云用德彰厥善洪範云俊民用章章彰同義後漢書鄭均傳元和元年詔云書不云乎章厥有常吉哉其賜均義穀各千斛注云章明也吉善也言爲天子當明其有常德者優其廩餼則政之善也疑今文之義釋詁云秩常也鄭注見書疏以彰爲明者高誘注呂覽懷寵篇云彰明也云所行使有常者易象上傳云君子以常德行以吉爲善者說文云吉善也從士口

日宣三德夙夜浚明有家【注】史遷夙作蚤浚作翊馬融曰浚大也鄭康成曰三德六德者皆亂而敬已下之文【疏】宣者釋言云徇也周語劉康公曰宣所以教施也浚者方言云敬也明者釋詁云成也或明與孟通故孟諸即明都

釋詁云孟勉也言早夜旬宣三德以敬勉有家之人家謂有采地之臣鄭注周禮春官家宗人云家謂大夫所食采邑史公以夙爲蚤者釋詁云夙早也浚爲翊者華嚴音義引書大傳云翊輔也翊與翼同亦敬也言敬勉馬注見釋文以浚爲大者釋詁云駿大也浚與駿同大明謂大勉也鄭注見書疏云亂而敬已下之文是以三者爲簡剛彊三德

日嚴祗敬六德亮采有邦【注】史遷祗作振邦作國馬融讀嚴爲儼曰亮信采事也【疏】嚴者說文云教令急也祗者釋詁云敬也祗敬重文者無逸云嚴恭寅畏亦皆敬不嫌重文此六德鄭意以爲亂而敬至彊而義之文亮者釋詁云左右亮助皆轉相訓詩傳云涼佐也上言敬成有家謂卿大夫之佐事者此言助事有邦謂有土者之臣史公以祗爲振者周語震動恪恭振同震說文肅持事振敬也祗振又通內則祗見孺子鄭注云祗或作振馬作儼見釋文引馬魚檢反詩傳云儼矜莊貌注見書疏亮信采事皆釋詁文

翕受敷施九德

咸事【注】史遷敷作普【疏】翕者釋詁云合也敷者詩傳云徧也施者莊子釋文同馬注云用也言合受三六德之人徧用之咸事者皆任職說文云事職也漢書王尊傳三公典五常九德是謂下文俊乂也史公說敷爲普者趙氏注孟子萬章云普徧也普與敷音義同

俊乂在官百僚師師百工惟時【注】史遷說百僚二句爲百吏肅謹馬融鄭康成曰才德過千人爲俊百人爲乂乂一作艾【疏】俊與駿同釋詁云大也乂漢書谷永傳引作艾釋詁云艾長也歷也郭注云艾長者多更歷俊乂言大臣者老也漢書孔光傳詔曰誣愬大臣令俊乂者久失其位又云今年者有疾俊乂大臣惟國之重是俊爲大艾爲老也周語耆艾修之韋昭注云師傳也師師相師法也見漢書敘傳高平師師注引鄧展說西京賦薛綜注荀子致仕篇耆艾而信可以爲師謂師法俊艾也工義或爲功或爲官時者詩傳云善也鹽鐵論刺復篇引此經說之云言官得其

人人任其事故官治而不亂事起而不廢士守其職大夫治其位公卿總要執凡公卿謂俊乂大夫謂百僚士謂百工也史公說百僚百工俱爲百吏者詩傳云工官也師師爲肅肅者釋詁云肅肅敬也師肅聲相近時爲謹者王逸注楚辭云謹善也時亦訓善義同馬鄭注見書疏以俊爲才德過千人者春秋繁露爵國篇云萬人曰英千人曰俊百人曰傑十人曰豪馬鄭以才爲才德者望文生義也百人爲乂之文未見出典**撫于五辰庶績其凝**注馬融曰凝定也鄭康成曰凝成也疏撫者王逸注楚詞云循也辰者詩傳云時也禮運云播五行於四時故五時謂之五辰白虎通五行篇云土王四季各十八日合九十日爲一時後漢書東平王蒼傳有五時衣各一襲是也凝者高誘注淮南兵略訓云正也言循四時以正庶事即明堂月令之政也馬注見釋文以凝爲定者廣雅釋詁文同義鄭注見書疏以爲成者中庸篇至道不凝焉鄭注云成也**無教佚欲**注史遷說爲毋教邪淫奇謀

教一作敖佚欲一作逸遊【疏】佚欲漢書王嘉傳嘉奏封事曰臣聞咎繇戒帝舜曰無教佚遊教敖形聲俱相近漢書韋賢傳諫詩曰邦事是廢逸遊是媟袁宏漢紀陳蕃上書作無敢遊佚後漢書陳蕃傳作無教逸遊太平御覽諫諍部引謝承後漢書曰陳蕃諫桓帝曰故皋陶戒帝無敢遊周公戒成王無般于遊田虞舜成王猶有此戒俱今文並以逸游爲田遊據史記文欲當爲猷史遷說佚爲邪淫者方言云佚淫也故云邪淫欲爲奇謀者知古欲或作猷禮器注引詩匪革其猶詩文王有聲猶作慾猶與欲聲形亦相近釋詁云猷謀也故云奇謀欲又作游與猷通周禮師氏貴遊子弟注杜子春云遊當爲猶 有邦兢兢業業一日二日萬幾【注】馬融曰一日二日猶日日也 幾一作機【疏】言有國者毋教以佚游當戒其危日日事有萬端也釋詁云兢兢戒也業業危也幾漢書王嘉傳作機易繫詞云幾者動之微吉之先見者也本或作吉凶之先見馬注見書疏 無曠庶

官天工人其代之【注】史遷說爲非其人居其官是謂亂天事工一作功【疏】曠者曲禮辯車曠左鄭注云空神位也工漢書律歷志引作功說云天兼地人則天後漢劉元傳李淑曰夫三公上應台宿九卿下括河海故天工人其代之又馬嚴傳嚴上封事引此經說之曰言王者代天官人也王符貴忠篇云書稱天工人其代之王者法天而建官故明主不敢以私授忠臣不敢以虛受論衡藝增篇云尚書曰無曠庶官曠空庶衆也毋空衆官寘非其人與空無異故言空也此皆古義故備載之寘非其人尚謂之曠臣之有作福威而私授者必受違天之咎矣故經以爲戒史公以工爲事者工與功通周禮肆師凡師不工注故書功爲工鄭司農工讀爲功古者工與功同字

天敘有典勑我五典五惇哉【注】馬融有作五下同【疏】敘者釋詁云順敘也郭注云謂次序典者釋詁云常也是五典即五常勑同敕說文云誡也云我五典者詩烝民云天生烝民有物有則

言人各有此五常之性也白虎通性情篇云五常者何謂仁義禮智信也中庸篇云天命之謂性鄭注云木神則仁金神則義火神則禮水神則信土神則知知信疑互舛悖者釋詁云厚也馬注見釋文　天秩有禮自我五禮有庸哉**注**鄭康成曰五禮天子也諸侯也卿大夫也士也庶民也**疏**秩者釋詁云常也說文作𢿢云爵之次弟也自與循轉相訓庸者常也俱見釋詁云自我者禮書云聖人緣人情而制禮又云禮由人起五典據堯典惟言典朕三禮則當爲五等之禮鄭注見書疏以五禮爲自天子至庶人者曲禮云天子穆穆諸侯皇皇大夫濟濟士蹌蹌庶人僬僬又云天子之妃曰后諸侯曰夫人大夫曰孺人士曰婦人庶人曰妻王制殯葬廟祭之禮皆自天子達於庶人江氏聲以禮不下庶人疑鄭說之無本非也　同寅協恭和衷哉**注**鄭康成曰并上典禮共有此事**疏**禮主敬而用貴和行之始得其中和也釋詁寅恭俱敬也

協合也堯典協和萬邦史記作合和和衷爲中和者周語云其君齊明衷正韋昭注云衷中也鄭注見書疏

天命有德五服五章哉【注】大傳說天子衣服其文華蟲作繪宗彝藻火山龍諸侯作繪宗彝藻火山龍子男宗彝藻火山龍大夫藻火山龍士山龍鄭康成曰五服十二也九也七也五也三也【疏】今文說五服爲五章鄭氏說有五等葢秦滅禮學郊祀之服易以袀元伏生猶見先秦制度傳授其義似較可信至漢輿服志稱孝明皇帝永平二年初詔有司采周官禮記尚書皋陶謨篇乘輿服從歐陽說公卿以下從大小夏侯氏說鄭氏據此爲說則漢時章服亦不能證明古義矣大傳引此經文而說之以自天子至士皆有山龍者釋言云袞黻也周禮司服袞冕注鄭司農云袞卷龍衣也袞自天子至士總名之服故爾雅單舉之廣雅云山龍彰也亦舉山龍以該五章則今文家謂自天

子至士皆有之說也論衡語增篇云五服五采之服也
服五采畫日月星辰王充以此釋弼成五服葢誤大傳
亦不云畫日月星辰也鄭注見周禮大宗伯疏以十二
章爲五服者謂日一月二星辰三山四龍五華蟲六宗
彝七藻火九粉米十黼十一黻十二此十二章天子備
有公自山龍而下侯伯自華蟲而下子男自藻火而下
卿大夫自粉米而下則此十二章爲五等之服也 天討有罪五刑五用哉【注】班
固說大刑用甲兵其次用斧鉞中刑用刀鋸其次用鑽
鑿薄刑用鞭朴大者陳諸原野小者致之市朝大傳說
同用或作庸【疏】古文以五刑爲象刑見下文象刑惟明
也周書以爲討疑周字作虞周禮大司馬職以九伐之
灋正邦國是五刑兼有甲兵當如今文說用後漢書梁
統傳統對尚書引作庸班氏刑法志引此經而說之云
聖人因天秩而制五禮因天討而作五刑是本今文說

也太平御覽七百六十四引大傳云古者中刑用鑽鑿今脫其全文故以班氏補其說五刑始於有苗制自夏代唐虞所無古文說是也**政事懋哉懋哉**【注】懋一作茂【疏】政者韋昭注晉語云職也懋同茂釋詁云勉也漢書董仲舒傳仲舒對策曰書云茂哉茂哉彊勉之謂也郭注爾雅引書茂哉茂哉釋文云茂又作懋亦作忞同注茂哉或作茂才是今文爲茂才古文爲懋哉也說文懋作忞**天聰明自我民聰明天明畏自我民明畏**【注】畏一作威【疏】聰明謂視聽孟子萬章篇引泰誓曰天視自我民視天聽自我民聽是也明威言賞罰呂刑云德畏惟威德明惟明是也明者周語尊貴明賢韋昭注云明顯也自者釋詁云從自也自亦爲從又周禮鄉大夫職注引此文疏云自用也疑自即古𦗼字說文𦗼用也讀若庸民者人也統貴賤言之孝經云民之行也釋文云本作人坊記鄭注云先民謂上古之君也春秋左氏成十三年傳民受天地之中以生疏云民謂人也莊廿三年傳所以整民疏民

謂很庶貴賤者皆是也民對天言之自當爲人周禮鄉大夫使民興賢出使長之使民與能入使治之言爲政以順民爲本也引此經文畏作威詩烝民注鄭引書曰天聰明自我民聰明本疏云引書曰者泰誓文也彼注云天之所謂聰明有德者由民也言天所善惡與民同此蓋今文泰誓注也漢書李尋傳云書曰天聰明蓋言紫宮極樞通位帝紀云云孔光傳云日有蝕之變見三朝之會上天聰明苟無其事變不虛生則古說不謂聰明爲有德者鄭有注王氏鳴盛以爲此經之注反言疏誤非也今泰誓缺佚矣

達于上下敬哉有土【疏】達通轉相訓見說文上謂天下謂民言視聽賞罰不可欺天有土卽謂上有邦者重言以爲戒

皋陶曰【注】史遷省【疏】史公省文者以前文俱皋陶之言不必再舉史公惟有天討有罪五刑五用哉之文無天命有德已下諸說者以翕受敷施九德咸事諸文已言官人之義可以略之故單舉討罪疑非今古文之異也

朕言惠可厎行禹曰俞乃言厎可績【注】史遷

說爲吾言厎可行于是無惠字又作禹言女言致可績
疏 惠者釋詁云順也厎者釋言云致也績與迹同亦謂
行也史公以朕爲吾者釋詁朕吾俱我也說績爲績
行者春秋左氏哀元年傳復禹之績釋文云本亦作迹
績迹通楚詞王逸注云迹行也文選顏延年詩注引春
秋合誠圖宋注云迹行迹謂功皋陶曰予未有知思曰
績也是績行猶云履而行之也

贊贊襄哉 注 史遷說爲余未有知思贊道哉馬融曰襄
因也鄭康成曰贊明也襄之言揚言我未有所知所思
徒贊明帝德揚我忠言而已謙也 疏 思曰曰字史記所
無或當爲曰思爰
曰轉訓見釋詁洪範土爰稼穡史記作土曰是爰曰字
通也贊贊爾雅廣雅釋訓俱無釋書正義引王肅云贊
贊猶贊奏也肅義不足取史公以贊爲道者周語內史
贊之韋昭注云贊道也道謂導之張守節正義云贊於

古道非也馬注見釋文以襄爲因者釋詁云儴因也謚法解因事有功曰襄鄭注見書疏以贊爲明者明卽勉贊贊猶明明明明卽勉勉也故云贊明帝德謂贊勉之云揚我忠言者襄揚聲相近得爲揚今本揚作暢誤字云忠言者疑以曰爲言也

皋陶謨卷二上終

皐陶謨第二中　虞夏書二　尚書今古文注疏卷二

賜進士及第授通奉大夫山東督糧道加三級孫星衍撰

帝曰來禹汝亦昌言禹拜曰都帝予何言予思日孜孜【注】史遷都作於孜孜作孳孳【疏】思猶斯也詩泮泮水思樂泮水禮器疏作斯又我行其野言歸思復唐石經作斯復知思語詞也孜孜古文孳孳今文也說文云孜汲汲也引周書曰孳孳無怠又云孳汲汲生也是與孜同彼泰誓文史記亦作孜孜與說文異說文所載壁經也廣雅釋訓云孜孜劇也劇蓋勮字言勞劇古文說也皐陶曰吁如何【注】史遷說爲禹言予此日汲汲不遑耳皐陶難禹曰何謂孳孳禹曰洪水滔天浩浩懷山襄陵

【注】史遷洪作鴻下民昬墊【注】史遷說爲下民皆服於水

鄭康成曰昏没也墊陷也禹言洪水之時人有没溺之害【疏】懷山襄陵說見堯典疏昏字依史記疑當爲皆形相近史公所據本葢亦今文也以墊爲服於水者廣雅釋詁云墊伏藏也李善注文選陸士衡詩伏事云伏與服古字通是伏於水謂陷於水也鄭注見書疏以昏爲没者釋詁云泯盡也詩疏引李巡云没之盡也昏與湣聲相近墊爲陷者方言云墊下也論語集解引孔安國注云墊陷下也是墊陷俱爲下濕之義說文有淊字泥水淊淊也義同禹言所以汲汲者以洪水漫天包駕山谷下民有泥陷之患

予乘四載【注】史遷說爲予陸行乘車水行乘舟泥行乘橇山行乘檋又以舟爲船乘橇爲蹈毳乘檋爲卽橋【疏】四載者一車二舟三欙四輴据說文本字考之欙者說文云山行所乘者夏本紀作檋河渠書作橋溝洫志作梮史記集解徐廣曰檋直轅車也漢書注如淳曰梮謂以鐵如椎頭長半寸施之履

下以上山不蹉跌也韋昭曰梮木器如今輿牀人舉以行也書疏又引應劭云梮或作欙爲人所牽引也說文欙未說其義而有輂云直轅車𨏥也又注𨏥字云車衡三束也直轅𨍭縛是檋即輂假音以革縛轅行以上山合之徐廣說爲直轅車應劭說以爲人牽引者是也如淳因志云則梮史記云即橋故說爲履疑望文生義橋則檋假音字輴者說文云澤行乘輴夏本紀作泥行乘橇又作毳溝洫志同泥即澤也史記集解徐廣曰他書亦作蕝漢書注孟康曰毳形如箕擿行泥上如淳曰毳音茅蕝之蕝謂以板置泥上以通行路也書疏又引愼子云爲毳者患塗之泥也是與說文車約輴之義不同豈毳實爲行泥之板說文假輴字者出自古文與史記集解引尸子山行乘欙行塗以楯行險以樶行沙以軌書疏又引尸子山行乘欙泥行乘蕝呂覽愼勢篇云水用舟陸用車塗用楯沙用鳩山用欙皆異字可依聲近推詳其義此四載之文河渠書溝洫志俱引爲夏書說文引爲虞書今經文所無或今文本有之史遷說兩見夏本紀乘作蹈又作即見河渠書者既云蹈云即疑是

所履之物故如淳注漢書以爲履也隨山刊木【注】史遷隨作行刊作栞亦作栞【疏】刊者說文云栞槎識也夏書曰隨山栞木讀若刊篆文作栞是經作刊爲後人省改也春秋左氏襄五年傳云井堙木刊服虔注云刊削也管子形勢解禹斬高橋下以致民利斬高即刊木也文選東京賦山無槎枿薛綜注云斜斫曰槎邪斫者表記之史記說禹貢爲表木史公隨爲行者廣雅釋詁云隨行也許氏引篆文者以古文別于今文即云篆文蓋孔壁書也曁益奏庶鮮食【注】史遷說爲與益予衆庶稻鮮食又說令益予衆庶稻可種卑濕馬融曰鮮生也鄭康成曰授以水之衆鱻食謂魚鼈也【疏】史記夏本紀兩說此經俱有稻字馬鄭用孔壁古文說無之疑史公據今文說也或古文稱鮮少之食即謂稻與未決川距海之前地卑濕故種稻稻北方所少謂之鮮食或說鮮者釋詁云善也曲禮云稻曰嘉蔬嘉猶善

也史公說暨爲與者釋詁文奏爲予者鄭注云奏爲授授卽予也稻者說文云稌也沛國謂稻曰稬稴稻不黏者秔稻屬是稻有此諸種也云稻鮮食一云稻可種卑濕無鮮食字下又以鮮食爲食少也馬注見釋文說鮮爲生者周禮庖人凡其死生鱻薧之物注鄭司農云鮮謂生肉葢兼六畜六獸六禽言之馬意以益焚山澤禽獸逃匿可以爲民食也鄭注見詩思文疏以鱻爲魚鼈者說文鱻新魚精也从三魚鱻不變與鮮音相近故爲魚之屬也

予決九川距四海【注】史遷予作以距作致【疏】決者說文云行水也九川者五帝本紀云通九澤決九河夏本紀及溝洫志云通九道陂九澤既有九澤又有九河知此九川謂九州之川也通九道亦謂通九州水道距四海謂至于海漢書食貨志注孟康云距至也廣雅釋詁同四海者禹貢靑州濰淄其道海濱廣斥此爲東海在今登州禹貢云導河北播爲九河入于海此卽北海漢爲勃海郡爲今滄州天津之境禹貢云北江入于海中江入于海此爲揚州之海疑亦可爲南海左傳楚子云君

處北海寡人處南海孟子云孫叔敖舉于海似楚之南海即謂揚州之海也史記正義云按南海即揚州東大海岷江下至揚州東入海也禹貢不言西海史記張儀傳張儀曰利盡西海索隱曰西海謂蜀川也又大荒西經云西海之南流沙之濱有大山名曰崑崙之丘海內西經云河水出東北隅以行其北西南又入勃海又出海外即西而北入禹所導積石山是山海經有西海亦名渤海漢時謂之蒲昌海說文云泑澤在昆侖虛下即蒲昌海也亦謂之西海弱水餘波入于流沙通于南海此是也漢于此設西海郡今爲甘肅塞外之地坤鑿度注引萬形經云坎北方無海謂其地但有瀚海也此云決九州至于海當言水道所歸故不得以海晦之義解之史公說距爲致者至致聲相近與孟康張揖同義**濬畎澮距川**注史遷濬作浚說距川爲致之川鄭康成曰畎澮田間溝也澮所以通水於川也濬一作容畎澮一作く巜疏濬者釋言云深也說文作容云

深通川也虞書曰濬畎澮距川古文作濬又作濬又云
く水小流也周禮一耦之伐廣尺深尺謂之く〻古文
作甽篆文作畎又云巜水流澮澮也方百里爲巜廣二
尋深二仞又云川貫穿通流水也虞書曰濬く巜距川
言深く巜之水會爲川也許氏兩引經文作濬く巜者
孔壁古文也作濬畎澮者孔安國以今文讀之也管子
相公問篇云水之出于他水溝流于大水及海者命曰
川水史遷作浚者假音字公羊莊九年傳云浚浚之者何
深之也亦以浚爲濬鄭注見史記集解及文選長笛賦
注以畎澮爲田間溝者考工記云匠人爲溝洫耜廣五
寸二耜爲耦一耦之伐廣尺深尺謂之甽田首倍之廣
二尺深二尺謂之遂九夫爲井井間廣四尺深四尺謂
之溝方十里爲成成間廣八尺深八尺謂之洫方百里
爲同同間廣二尋深二仞謂之澮專達于水各載其名
俱是在田間
通水於川也暨稷播奏庶艱食注史遷說爲與稷予衆
庶難得之食馬融鄭作根曰根生之食謂百穀鄭康成

曰禹復與稷教民種澤物菜蔬艱戹之食【疏】播者鄭語周棄能播殖百穀注云播布也史記不言布疑今文無此字決水致之川則有平土可以布穀不耕之土得食爲難故曰艱食也史公云難得之食者說文云艱土難治也難得之食卽謂百穀馬注見釋文艱作根者釋名艱根也如物根也艱根聲形俱相近鄭注見詩思文疏云復與者以上已與益奏鮮食此復奏艱食云澤物者周禮司徒川澤其植物宜膏物注云膏當爲櫜蓮芡之屬有櫜韜是澤物爲蓮芡之屬也云菜蔬者魯語云柱能播殖百穀百蔬周棄繼之注云草實曰蔬是蔬與穀俱稷所植爾雅釋天疏不熟爲饉郭氏云凡草菜爲食者通名爲蔬是菜蔬亦兼草也云艱戹之食者周禮遺人賙萬民之囏戹注云囏戹卽饑乏也說文作飢云飢也

鮮食懋遷有無化居【注】史遷說爲食少調有餘補不足徙居懋一作貿又作楙【疏】鮮者與寡轉訓見釋言說文文有尟字云是少也據史公說此

鮮食與上不同懋遷者貿易遷徙漢書食貨志作楙注
應劭曰楙勉也蓋非漢書敘傳作茂懋茂楙俱貿假音
字文選永明策秀才文注引此作貿疑今文也釋言云
貿買也說文云貿易財也遷者孟子離婁篇遷於負夏
史記說遷爲就時是此遷亦就時也化卽古貨字古布
以化爲貨居者積貯之名晉語叔向曰假貸居賄韋昭
注云居蓄也史記呂不韋傳云此奇貨可居漢書食貨
志廢居居邑注如淳曰居賤物于邑中以待貴也史公
說懋爲調者廣雅釋詁云調賣也調爲鬻義同貿也云
有餘不足者據經文有爲有餘無爲不足也遷爲徙者
釋詁文居史公讀爲著食貨志子贛廢著鬻財於曹魯
之間集解徐廣曰著讀如貯著字漢書作居知此亦當
讀爲著也

烝民乃粒萬邦作乂 注 史遷說衆民乃定萬國爲
治乂說爲相給以均諸侯鄭康成曰粒米也乂養也衆
民乃復粒米萬國作相養之禮乂一作艾 疏 王氏引之說立定也

周頌思文作立衆民粒食萬國始治作之言作作者始也作與乃相對成文言懋遷有無萬國足食也史公說蒸爲衆者釋詁文立爲定者詩思文作立說文立住也住即定高誘注呂覽孝行篇云定安也作乂云爲治者作爲釋言文乂治釋詁文史公夏本紀說調有餘相給以均諸侯諸侯謂萬邦也周禮大司徒之職大荒則令邦國移民通財廩人若食不能人二鬴則令邦移居就穀恭仿此也鄭注見詩思文疏以粒爲米者一切音義七引通俗文云穀曰粒云粒食者王制云衣羽毛穴居有不粒食者矣墨子非儒篇藜羹不糂說文糂粒也云乂養也釋詁文乂作艾與乂同

臯陶曰俞師汝昌言【注】史遷說爲此而美也【疏】師者法也高誘注淮南修務訓云師所以取法則史遷說師爲此者段君玉裁云師或作斯故有是說汝爲而者中庸篇抑而強與鄭注云而之言汝也臯陶既問禹以何謂孳孳禹荅以洪水爲災下民沒没陷乘四載行山浚川與益稷播種奏鮮少艱得之物食少則資貿易儲蓄衆民乃定萬國始治故臯陶稱之爲

此眞汝之美言也禹曰都帝愼乃在位帝曰俞禹曰安汝止【注】史遷都作於無下帝曰俞禹曰五字汝作爾鄭康成曰安汝之所止無妄動動則擾民【疏】愼者釋詁云靜也大學篇云靜而後能安故以靜乃在位爲戒史公無帝曰已下五字者疑省文非必今文汝爲爾者孟子盡心云人能充無受爾汝之實爾汝聲之轉詩雄雉百爾君子箋云爾汝也鄭注見史記集解云安所止者止即位也大學篇在止于至善注云止猶自處也論語云君子以思不出其位云動則擾民者呂覽任數篇云古之王者其所爲少其所因多因者君術也爲者臣道也爲則擾矣因則靜矣勿躬篇云故用則衰動則暗作則倦衰暗倦三者非君道也史記蕭相國世家云治道貴淸靜而民自定又云愼勿擾也禹既戒帝以愼靜在位帝然之故又陳安其所止毋妄動擾民也惟幾惟康其弼直惟動丕應【注】史遷弼直作輔悳

說惟動丕應爲天下大應【疏】釋詁云惟思也幾殆也康安也弼輔也丕大也直當爲惪壞字說文惪外得於人內得於己也言君能思危以圖其安其輔臣用有德者雖動則天下大應之言無妄動動必依德也

徯志以昭受上帝天其申命用休【注】史遷說爲清意以昭待上帝命申作重鄭康成曰天將重命汝以美應謂符瑞也【疏】徯者釋詁云待也志字說文所無疑當爲意徯志謂如管子九守篇云虛心平意以待須也昭者馬氏注文侯之命云明也上帝下史記有命字疑此脫祭義曰諭其志意以其慌惚以與神明交釋詁云申重也休美也史公以徯爲待者釋詁文無受字以志爲清意者周語有不祭則修意韋昭注云意志意也是志與意同說文精意以享爲禋初學記引作絜意本周語北堂書抄九十引白虎通云齋者言己之意念專一精明也是清意亦潔滌其意則此言禋祀上帝天當重命以美應也鄭注見史記集解

云美應謂符瑞者禮器云升中於天而鳳皇降龜龍假饗帝於郊而風雨節寒暑時是也帝曰臣哉

鄰哉鄰哉臣哉注史遷帝曰下有吁字二句作臣哉臣

哉鄭康成曰臣哉汝當爲我鄰哉鄰哉汝當爲我臣哉

反覆言此欲其志心入禹疏臣謂禹鄰謂下四鄰禹宅百揆故欲其兼助四輔之事下文翼爲明聽是諸臣之事弼違無面從是四鄰之事三國魏志三少帝紀何晏奏曰舜戒禹曰鄰哉鄰哉言愼所近也是言四輔爲近臣史遷說鄰爲臣故下欽四鄰爲欽四輔臣然此單言臣似亦謂禹鄭注見書疏云欲其志心入禹者欲四輔之與禹一德一心也禹曰俞帝曰臣作朕股肱耳

目注史遷無禹曰俞帝曰鄭康成曰動作視聽皆由臣

也疏鄭注見書疏文不備也當云皆由臣助之也予欲左右有民汝翼注史

遷翼作輔馬曰我欲左右助我民汝當翼成我也【疏】左右者釋詁云導也又與助轉訓易泰象曰以左右民鄭注云左右助也有者撫也釋詁有撫轉相訓又作憮同文王世子云君王其終撫諸亦言終有其國也史遷說翼爲輔之者文王世子愼其身以輔翼之是輔翼通訓馬注見史記集解以有爲助者說文云ナナ手也又手也右手口相助也有右聲相近詩大明傳云右助也知馬又爲右以右釋有

予欲宣力四方汝爲【注】史遷省此文【疏】宣力言用力杜注左傳云宣用也江氏聲說以周禮司勳治功曰力爲者詩箋云助也

予欲觀古人之象日月星辰山龍華蟲作會宗彝藻火粉米黼黻絺繡【注】大傳說山龍青也華蟲黃也作繪黑也宗彝白也璪火赤也又說曰天子至士皆有山龍天子服五諸侯

服四次國服三大夫服二士服一史遷說爲日月星辰
文繡又說絺如本字馬融曰上句日月星辰山龍華蟲
尊者在上下句藻火粉米黼黻尊者在下黼黻尊於粉
火粉米尊於藻火故從上以尊卑次之士服藻火大夫
加以粉米并藻火爲四章宗彝虎也鄭康成曰會讀爲
繪宗彝謂宗廟之鬱鬯樽也故虞夏以上蓋取虎彝蜼
彝而已粉米白米也絺讀爲黹黹紩也自日月至黼黻
凡十二章天子以飾祭服凡畫者爲繪刺者爲繡此繡
與繪各有六衣用繪裳用繡至周而變之以三辰爲旂

旗謂龍爲袞宗彝爲毳或損益上下更其等差**疏**古人謂黃帝象者易象也易繫辭云黃帝堯舜垂衣裳而天下治蓋取諸乾坤後漢輿服志云乾巛有文故上衣元下裳黃也周已前冕服之制不可考其見於經者禮器云禮有以文爲貴者天子龍袞諸侯黼大夫黻士元衣纁裳天子之冕朱綠藻十有二旒諸侯九上大夫七下大夫五士三鄭注云朱綠似夏殷之禮也周禮天子五采藻据鄭氏此注則龍袞已下之制亦夏殷禮也書疏云夏殷衣有日月星辰山龍此云龍袞者舉多文爲首耳日月之文不及龍也崔云然也但此經上文云禮有以文爲貴者舜是卑者讓尊者之等差非定制也明堂位云有虞氏服韍夏后氏山殷火周龍章凡四代之服器魯兼用之鄭注以爲韠又云韍或作黻則是蔽前之市非黼黻衣裳也故與此經但不合大戴禮五帝德云黃帝黼黻衣大帶黼裳帝嚳帝堯黃黼黻衣大帶黼裳太平御覽八十引尸子曰君天下者黼衣九種而堯大布九種卽是九章不數日月星辰爲十二此先秦說是黼黻

亦爲衣不必如鄭注專以爲裳其餘旂常服色見於儀
禮禮記左傳者多周制不足証經惟大傳說之頗詳疑
伏生見先秦周末之制而傳其說也又有衛宏古文官
書說略見說文黹部云絺繡文如聚細米文黼白與黑
相次也黻黑與青相次文史記說此亦甚略今依各家
之說證明之大傳說山龍青者龍東方之色故青云華
蟲黃者爾雅釋言云皇華也皇黃聲相近說文引作𦨻
周禮內司服鞠衣注鄭司農云黃衣也云作繪黑者衣
元質合四色爲五故說文繪爲會五采元與黑同也說
文黲沃黑色玉篇沃作淺說文又有嬒云女黑色也是
繪音義當爲黑云宗彝白者馬氏以宗彝爲虎蜼與青
龍相對西方金色白也說文彝字从糸糸綦也綦蒼艾
色艾爲白蒿亦白也云璪火赤者火南方之行赤色今
文家以經文上有五服五章下有五采五色故爲此說
以釋之必有所本大戴禮五帝德帝嚳帝堯俱服黃黼
黻衣合之大傳天子獨服華蟲是天子服黃也今文不
言日月星辰者司馬法云章夏后氏以日月尚明也則
日月星辰畫于旌旂亦夏制也漢東平王南北郊服議

云日月星辰山龍華藻天王衮冕十有二旒以則天數旂有龍章日月以備其文是古說以日月爲旂章也云自天子至士皆有山龍天子服五至士服一者謂山龍差其等級天子備有五色之飾說見經文五服五章下今文不言粉米黼黻絺繡者意以黼黻粉米爲刺繡之文衣裳並用之惟衣有山龍已下五章裳則粉米黼黻絺繡而已知衣亦絺繡爲今文說者白虎通衣裳篇云聖人所以制衣服何以爲絺綌蔽形表德勸善別尊卑也云絺繡蔽形者上古始制衣服以絺蔽形亦如市之蔽前後人因以爲飾云表德勸善別尊卑者卽謂山龍等五章以別尊卑也淮南主術訓云人主好黼黻文章絺綌綺繡注云白與黑爲黼青與赤爲黻絺綌葛也精曰絺麄曰綌五彩具曰繡也是西漢人說絺繡爲絺綌之有文繡也五帝本紀云堯乃賜舜絺衣與琴孟子盡心篇舜被袗衣趙氏注云袗畫也被畫衣黼黻絺繡也袗衣卽絺衣知以絺爲之說文袗元服以元衣加繪繡故大戴禮五帝德稱帝堯純衣言衣之質則爲純言衣有華蟲則爲黄也皆衣裳並用絺繡之明證矣今文云

士服一亦有山龍者周禮節服氏衮冕六人是士服山龍也史遷說有日月星辰自山龍至藻火則謂之文自粉米已下則謂之繡者說文云文錯畫也象交文即是畫繢說文說春秋傳媽馬爲畫馬是文即畫謂畫此山龍已下至藻火之文也粉米黼黻之屬既刺於絺皆謂之繡故以繡該之義與今文同也史遷說絺如本字者與淮南子說同五帝本紀堯賜舜絺衣即孟子袗衣趙氏所謂畫衣也說文絺細葛也刺繡必于絺紈漢書賈誼傳云薄紈之裏是也史公以袗衣爲絺衣即謂畫繡之衣不必破字爲黹也說文云繪會五采繡引虞書山龍華蟲作繪言元衣會青黃白赤四色爲五章也云彝从糸糸綦也者詩出其東門傳云綦巾蒼艾色艾爲白縞綦爲織文宗爲尊言繡文取於尊文荀子楊倞注云騏文如博綦是也云璪玉飾如水藻之文者言璪火象冠玉之藻文謂之璪火亦當如大傳云璪火赤也黺云衮衣山龍華蟲黺畫粉者周禮司几筵紛純注鄭司農紛讀爲豳又讀爲和粉之粉謂白繡也論語云繪事後素蓋以粉分畫界域繡以成文也云絲繡形如聚細米

者說文米本作絲漢書黃霸傳云米鹽靡密注米鹽細
靡也葢謂繡文靡細云黼白與黑相次文黻黑與青相
次文繡五采備者考工記白與黑謂之黼黑與青謂之
黻五采備謂之繡纁裳兼赤黃二色合黼黻白黑青三
色亦成五采故謂之繡裳繡爲五采備之名也爾雅釋
器云斧謂之黼書正義引孫炎注云黼文如斧形葢半
白半黑似斧刃白而身黑此謂斧扆白虎通紼冕篇佚
文見禮書卷二引之云黻譬君臣可否相濟見善改惡
此黻文爲兩已相戾其字作巿一名韠所以蔽前與此
黻不同與許異義也許氏之義以宗彝已下皆爲繡文
是衞宏古文說故附証于此馬氏注見書疏及釋文以
上句日月星辰山龍華蟲尊衣在上云云者書疏云葢
以衣在上爲陽陽統於上故所尊在先裳在下爲陰陰
統於下故所重在後天子諸侯下至黼黻大夫粉米兼
服藻火是上得兼下也士不得服粉米大夫不得服黼
黻是下不得僭上也云宗彝虎者周禮司尊彝有雞彝
鳥彝斝彝黃彝虎彝蜼彝明堂位云夏后氏以雞彝殷
以斝周以黃目則鳥彝與雞同類爲夏物斝是殷黃目

是周推知虎蜼是虞之彝器蜼爲虎類故以虎說之鄭注見書疏會讀爲繢者說文引虞書本作繪是从古文義也考工記畫繢之事以繢爲繪假音字鄭注周禮司服引經文又作繢說文韜韋繡也繢聲近韜周禮巾車勒面繢總注云繢文也鄭注覲禮云衮衣者裨之上也繢之繡之爲九章其龍天子有升龍有降龍知繪而又繡也云虞夏已上取虎彝蜼彝者見上馬氏以宗彝爲虎下疏云粉米白米者說文粉傅面者也粉白色故爲白米僞傳分粉米爲二章誤也云絺讀爲黹黹者鄭注司服引經文作希云希或爲絺或作黹字之誤也蓋言黹誤作絺希說文所無即黹字省也鄭以絺爲黹者釋言云黹紩也說文黹箴縷所紩衣紩縫也云自日月至黼黻凡十二章天子以飾祭服者春秋左氏哀七年傳子服景伯曰制禮上物不過十二以爲天之大數也郊特牲云祭之日王被衮以象天鄭注云謂有日月星辰之章鄭氏蓋据下文云龍章而設日月以象天也論衡語增篇云服五采畫日月星辰莫知篇云繡之未刺恒絲庸帛加五綵之巧施針縷之飾文章炫燿黼黻華蟲山

龍日月御覽七十六引春秋合誠圖曰大帝冠五彩衣青衣黑下裳抱日月日在上月在下黃色正方居日間名曰五光是言日月畫在衣者鄭氏之前鄭說有本也鄭又注王制云虞夏之制天子服有日月星辰是鄭氏以日月星辰爲有虞十二章之說也知衮衣象天亦有日月矣鄭云衣用繪裳用繡者謂日月星辰山龍華蟲六章經文在作繪之上當爲衣宗彝藻火粉米黼黻六章經文在黹繡之上當爲裳上衣下裳適配天數十二又黃帝制衣裳象乾坤乾坤各六爻此正配之也鄭以日月星辰山龍華蟲等在衣不在裳者論衡佚文篇衣裳在身文著於衣不在於裳衣法天也與鄭說同知至周而變之以三辰爲旂旗謂龍爲衮宗彝爲毳者周禮司服享先王則衮冕享先公饗射則鷩冕祀四望山川則毳冕祭社稷五祀則希冕祭羣小祀則元冕注鄭司農云衮卷龍衣也鷩禆衣也毳罽衣也鄭氏謂王者相變至周而以日月星辰畫于旌旗所謂三辰旂旗昭其明也而冕服九章登龍於山登火於宗彝尊其神明也九章初一曰龍次二曰山次三曰華蟲次四曰火次五

曰宗彝皆畫以爲繪次六曰藻次七曰粉米次八曰黼次九曰黻皆希以爲繡鷩畫以雉謂華蟲也毳畫虎蜼謂宗彝也可證此經之注云三辰爲旂旗者春秋左氏桓二年傳臧哀伯之言也又昭二十五年傳九文杜氏注云謂山龍華蟲藻火粉米黼黻也華若草華藻水草火畫火粉米若白米黼若斧黻若兩已相戾以華蟲爲二與鄭說不同僞孔傳及疏引顧氏取先儒等說同之葢不可從

以五采彰施于五色作服汝明【注】鄭康成曰性曰采施曰色未用謂之采已用謂之色作服者此十二章爲五服天子備有焉公自山龍而下侯伯自華蟲而下子男自藻火而下卿大夫自粉米而下【疏】五采謂絲所以繡月令命婦官染采論采是絲色五色考工記畫繢之事雜五色東方謂之青南方謂之赤西方謂之白北方謂之黑天謂之元地謂

之黃元出于黑故六者有黃無元爲五也禮運云五色六章十二衣疏云六章者兼天元也以元黑爲同色則五中通元續以對五方則爲六色爲六章也彰者釋言云黼黻彰也鄭注大傳引經作章章明也施者高誘注淮南修務訓云用也如今文說山龍已下五章先以五色畫之又以五采絲刺繡也日月星爲衣飾疑服兼旂章周禮都宗人正都禮與其服注云謂衣服及宮室車旗是也明者明其等差或訓爲成也鄭注見書疏及月令疏云性曰采未用謂之采者性之言質書疏云以本性施于繒帛是也云公自龍山而下云云者周禮司服公之服自衮冕而下如王之服侯伯之服自鷩冕而下如公之服子男之服自毳冕而下如侯伯之服孤之服自希冕而下如子男之服卿大夫之服自元冕而下如孤之服鄭注上文衮冕云衮之衣五章裳四章凡九也注鷩冕云其衣三章裳四章凡七也注毳冕云其衣三章裳二章凡五也注希冕云希刺粉米無畫也其衣一章裳二章凡三也注元冕云元者衣無文裳刺黻而已是以謂元焉凡冕服皆元衣纁裳是也

予欲聞

六律五聲八音在治忽【注】史遷在治忽作來始滑一作采政忽一作七始詠鄭康成曰六律六呂言六律者舉陰陽從可知也曶者臣見君所秉書思對命者也君亦有焉以出納政教於五官忽一作曶【疏】六律者漢書律曆志云律十有二陽六爲律陰六爲呂律以統氣類物一曰黃鍾二曰太族三曰姑洗四曰蕤賓五曰夷則六曰無射呂以旅陽宣氣一曰林鍾二曰南呂三曰應鍾四曰大呂五曰夾鍾六曰仲呂其傳曰黃帝之所作也五音者白虎通禮樂篇引此經說之云宮商角徵羽土謂宮金謂商木謂角火謂徵水謂羽引月令說之八音者白虎通禮樂篇引樂記曰土曰塤竹曰管皮曰鼓匏曰笙絲曰弦石曰磬金曰鐘木曰柷敔法易八卦也樂記曰壎坎音也管艮音也鼓震音也弦離音也鍾兌音也柷敔乾音也笙者太蔟之氣也磬者夷則之氣也說笙柷鼓簫琴塤

鍾磬也如其次笙在北方柷在東北方鼓在東方簫在
東南方琴在南方塤在西南方鍾在西方磬在西北方
聲五音八何聲爲本出于五行音爲末象八風故樂記
曰聲成文謂之音是也又周語單穆公曰金爲羽石爲
角瓦絲尙宮匏竹尙義革木一聲則以瓦易土爲八音
也案周禮籥章掌土鼓豳籥注杜子春云土鼓以瓦爲
匡以革爲兩面可擊也是古八音鼓爲土塤則周時所
爲非唐虞八音之土也在治忽當爲曶說文水流也
从川曰聲廣雅釋詁注颶疾故汩通忽曶音近滑在近
采治近始故史記作來始滑始與政義又相近滑忽音
相近古字在作才與七形相近曶咏形又相近故今文
爲七始詠曶圖形聲又相近故鄭注爲曶也一作來始
滑者當爲采治滑猶言采治亂也堯典蠻夷猾夏鄭注
云猾亂也潛夫論引作滑滑與曶汩俱通華嚴音義下
引書大傳云汩亂也樂記云治世之音安以樂其政和
亂世之音怨以怒其政乖亡國之音哀以思其民困聲
音之道與政通矣史公作來始滑者來始蓋采治之誤
故索隱云來始滑義無所通依今文爲采政忽三字政

治義相通也史公之意亦以爲采治亂索隱引劉伯莊云聽諸侯能爲政及忽怠者意亦似是其以忽爲忽怠非也一作七始詠者見漢書律歷志引此文作七始詠云予者舜也言以律和五聲施之八音合之成樂七始者天地人之始也大傳云聖王巡十有二州因論十有二俗定以六律五聲八音七始箸其素蔟以爲八此八伯之事也分定於五此五嶽之事也又云七始天統也鄭注云七始謂黃鍾太蔟大呂南呂姑洗應鍾蕤賓也歌聲不應此則去之素猶始也是班氏今文說也禮樂志高祖唐山夫人安世房中歌曰七始華始倡肅和聲注孟康曰七始天地四時人之始華始萬物英華之始敍傳八音七始五聲六律注劉德曰七始天地四方人之始也楚語觀射父曰是以先王之祀也以一純二精三牲四時五色六律七事八種九祭十日十二辰以致之又曰天地民及四時之務爲七事又韋昭注云周語七律云周有七音王問七音之律意謂七律爲音器用黃鍾爲宮大蔟爲商姑洗爲角林鍾爲徵南呂爲羽應鍾爲變宮蕤賓爲變徵也可証今文之有本也鄭注見

書疏及史記集解以忽爲曶者裴氏集解云駰案尚書滑字作曶說文囗出氣詞也籀文作囗一曰佩也經文滑字或作曶與囗相似鄭據古文說之云曶者臣見君所秉君亦有焉者玉藻云笏天子以球玉諸侯以象大夫以魚須文竹士本竹象可也又天子搢珽方正於天下也鄭注云此亦笏也謂之珽珽之言無所屈也或謂之大圭云書思對命者玉藻將適君所史進象笏書思對命注云思所思念所將以告君者也對所以對君者也命所受君命者也

以出納五言汝聽

【注】史遷內爲入書之于笏爲失忘

【疏】律歷志說云順以歌詠五常之言聽之則順乎天地序乎四時應人倫本陰陽原情性風之以德感之以樂莫不同乎一唯聖人爲能同天下之意故帝舜欲聞之也五言者五聲之言律歷志云協之五行則角爲木五常爲仁五事爲貌商爲金爲義爲言徵爲火爲禮爲視羽爲水爲智爲聽宮爲土爲信爲思以君臣民事言之則宮爲君商爲臣角爲民徵爲事羽爲物五言合于五行則聲爲律矣管子地員篇云凡聽徵如負豬豕覺

而駭凡聽羽如鳴馬在野凡聽宮如牛鳴窌中凡聽商如離羣羊凡聽角如雉登木以鳴音疾以清樂記云審聲以知音審音以知樂審樂以知政而治道備矣故云汝聽王制云御瞽幾聲之上下注云察其哀樂是也史遷說納爲入者公羊莊九年傳納者何入也釋名入內也內使遷也鄭氏以言爲政教云出納政教于五官者周語有不祀則修言注云言號令也是言即政教周禮有六官虞時五者無明文鄭注堯典云蓋春爲秩宗夏爲司馬秋爲士冬爲共工通稷與司徒是六官之屬此不數天官故六官爲五也

予違汝弼汝無面從退有後言〔注〕史遷說爲予即辟女匡拂予女無面諛退而謗予〔疏〕違者說文韋相背也違與韋通弼者大戴禮保傅篇云弼者拂天子之過者也從史公讀爲從謂與衡也帝既告禹以助成四輔之事又告以拂君之過是臣又兼鄰之職任爲將薦之于天史公說違爲辟者漢書王尊傳注云違僻也以弼爲拂者說文弼古文作㢸㢸與拂同音以從爲諛者

漢書汲黯傳從諛承意從諛卽慫慂方言云勸也韋昭注楚語云聳獎也是從與諛義相近詬者說文云誹詬也譏誹也

欽四鄰【注】史遷說爲敬四輔臣大傳說古者天子必有四鄰前曰疑後曰丞左曰輔右曰弼鄭康成曰四近爲左輔右弼前疑後丞【疏】大傳說爲前疑後丞左輔右弼者蓋責禹以兼助四弼之事拂君過也文王世子注引大傳又云天子有問無以對責之疑可志而不志責之丞可正而不正責之輔可揚而不揚責之弼其爵視卿其祿視次國之君也大戴禮保傳篇明堂之位謂之前道左充右弼後丞周公太公名公史佚爲之用古制也虞之四弼不知何臣或卽稷契等兼之無文可証

庶頑讒說若不在時侯以明之【注】史遷庶頑作諸衆讒說作讒嬖臣說侯爲君明爲淸云君德誠施皆淸矣【疏】庶者釋詁云衆也頑者廣

雅釋詁云愚也說者韋昭注楚語云媚也讒說謂讒媚之人在察時是見上疏侯者釋詁云君也言如不能察是讒媚之人故設有土之君以明察之謂下記識其過之事史遷說庶爲衆者鄭注周禮夏官庶子云諸子注曲禮諸母云庶母是諸卽庶也頑爲衆者鄭語云非親卽頑謂非親戚卽衆人也頑以元爲聲元元卽衆民也說爲嬖者韋昭注鄭語云以邪嬖所愛曰嬖周語厲王說榮夷公謂嬖之緇衣引葉公之顧命曰毋以嬖御士廢莊士大夫卿士史公云臣君德誠施皆清矣一集解引徐廣曰臣一作吾誤也索隱云諸衆讒嬖臣爲一句君字宜屬下文臣君猶言君臣儀禮喪服傳注云天子諸侯及卿大夫有地者皆曰君故臣亦君也云君德誠施皆清矣者清猶明也施德謂施有德之人卽下舉賢之事論語子夏說舜有天下選于衆舉皋陶不仁者遠矣

撻以記之書用識哉欲並生哉

疏 撻者說文云鄉飲酒罰不敬撻其背古文作違引周書撻以記之是此經文周書疑當爲虞書也周禮閭胥各掌其閭之政令凡事掌其比觵撻罰之事

注𦡶撻者失禮之罰也𦡶用酒其爵兕角爲之撻扑也春秋繁露制度篇說誰敢弗讓之義云朝廷有位鄉黨有序朝廷有位謂侯以明之鄉黨有序謂鄉飲酒罰不敬也記之者謂記其過書者刑書吕刑云明啟刑書胥占周禮司救凡民之有衺惡者三讓而罰之罰而士加明刑注云罰謂撻擊之也加明刑者去其冠飾而書其衺惡之狀著之背也可証此經之義過小則記之大則識其罪欲並生者鄭注周禮云生猶養也

工以納言時而颺之格則承之庸之

疏　工官時是皆見上疏言颺者文王世子或以言揚颺同揚堯典揚側陋史公說揚爲舉格來承同烝進也皆釋詁文庸者詩傳云用也言舉于官者來則進用之文王世子云必取賢斂才焉或以事舉或以言揚曲藝皆誓之以待又語三而有一焉乃進其等可証此經之義

否則威之

疏　否者廣雅釋詁云隔也易否象上傳崔憬注否不通也經言蔽賢則加之罰也後漢紀魯丕對策云古者貢士得其人者有慶不得其人者有讓潛夫論考績篇云

古者諸侯貢士一適謂之好德載適謂之尙賢三適謂之有功則加之賞其不貢士也一則黜爵載則黜地三黜則爵土俱畢附下而罔上者刑與聞國政而無益于民者斥在上位而不能進賢者逐已上言舉賢則襃自遠故史公云君德誠施皆清矣

禹曰俞哉【注】史遷說俞爲然

帝光天之下至于海隅蒼生【疏】光者釋言云桄充也孫作光海隅者釋地云齊有海隅高誘注呂覽有始篇云隅崖也蒼者蒼天釋天云春爲蒼天生者生民詩烝民云天生烝民是也又文選史岑出師頌蒼生更始李善注云蒼生黔首也說文云黔黎也秦謂民爲黔首周謂之黎民是蒼生猶言黎民黔首見禮記亦不始自秦

萬邦黎獻共惟帝臣【注】共一作具【疏】黎者釋詁云衆也獻者釋言云聖也大誥云民獻有十夫張衡東京賦具惟帝臣薛綜注具之言俱也李善引經文作具漢碑以黎獻爲黎儀疑亦今文

惟帝時舉敷納以言明庶以功車服以庸【注】

敷一作傅亦作賦車一作輿庶一作試【疏】時舉猶是舉漢書敘傳時
舉傳納聽斷惟精注李奇曰時是也鴻嘉二年詔曰古
之選賢傅納以言明試以功師古曰傅讀曰敷敷陳也
春秋左氏僖二十七年傳引夏書作賦云君其試之杜
氏注賦猶取也取納以言觀其志也明試以功考其事
也車服以榮報其勞也庸者釋詁云勞也漢書韋元成
傳注孟康引此文云庸功也但此謂舉賢與堯典考績
不同說文試用也引此經敷者詩傳云徧也車服者謂
車馬衣服庸即用也車服以庸謂命爲士大傳云未命
爲士車不得有飛軨又或作不得朱軒注云飛軨如今
窗車也軒輿也士以朱飾之其文見文選注疑是此傳
御覽六百卌七引韓詩傳古者必有命民有能敬長憐
孤取舍好讓者命於其君然後敢飾車駢馬未得命者
不得乘車乘車皆有罰是故其民雖有錢財侈物而無
禮義功德即無所用其錢財故其民皆興仁義而賤不
爭貴强不淩弱衆不暴寡是唐虞之所以象典刑而民
莫敢犯也潛夫論浮侈篇云古者必有命民然後乃得

衣繒綵而乘車馬皆說此經之義也車作輿見下引春秋繁露

誰敢不讓敢不敬應

疏 春秋繁露制度篇云貴賤有等衣服有別朝廷有位鄉黨有序則民有所讓而民不敢爭所以一之也書曰輿服有庸誰敢不讓敢不敬應此之謂也潛夫論考績篇云辭言應對各緣其文以覈其實則奉職不解而陳言者不得誣矣書云賦納以言明試以功車服以庸誰能不讓誰能不敬應此堯舜所以養黎民而致時雍也据王符說則讓爲推賢尚善

帝不時敷同日奏罔功

注 史遷說爲帝卽不時布同善惡則毋功

疏 時敷者是分也禹貢馬注云敷分也奏者說文云進也罔者釋言云無也言帝不以是分別善惡者同日進用則無功狀謂讒說之人與黎獻同日進用無治績也史公說敷爲布者詩小旻傳云敷布也說同日爲同善惡者上云是而颺之否則威之當分明善惡也

皋陶謨第二中終

皋陶謨第二下　虞夏書二　尚書今古文注疏卷二

賜進士及第授通奉大夫山東督糧道加三級孫星衍撰

無若丹朱傲【注】史遷此上有帝曰無作毋傲一作奡一作敖【疏】無若丹朱傲上古文今文俱有帝曰二字僞傳捝之也史公有之葢孔安國故如此漢書楚元王傳劉向上奏曰臣聞帝舜戒伯禹毋若丹朱敖論衡遣告篇云帝戒禹曰毋若丹朱敖毋者禁之也案放當作敖又問孔篇云尚書毋若丹朱敖惟慢遊是好謂帝勑禹毋子不肖子也重天命恐禹私其子故引丹朱以勑戒之後漢書梁冀傳袁箸上書曰昔舜禹相戒無若丹朱敖漢人所用今文亦皆有帝曰僞傳傳之旣久自唐時列于學官不敢據增存之于注以俟後之定石經者朱稱丹朱者漢書律歷志云堯使子朱處于丹淵爲諸侯史記正義引荆州記云丹水縣在丹川堯子朱之所封也括地志云丹朱故城在鄧州内鄉縣西南百二

十里丹朱故爲縣傲說文作奡奡云嫚也虞書曰若丹朱
奡讀若傲說文又有數字云出遊也管子宙合篇云若
傲之在堯
也亦作傲**惟慢遊是好傲虐是作**【注】史遷惟作維慢作
嫚【疏】慢者說文云惰也傲者廣雅釋言云倨也虐與謔
聲相近釋詁云戲謔也作者高誘注呂氏春秋云
爲也史公惟作維者今文及熹平石經惟多作維釋詁
云伊維也維爲綱維惟爲思惟俱假借字也慢作嫚者
說文云
侮易也**罔晝夜頟頟**【注】一作鄂鄂**罔水行舟**【注】史遷作
毋水鄭康成曰丹朱見洪水時人乘舟今水已治猶居
舟中頟頟使人推行之【疏】罔者釋言云無也頟頟者說
文有剘字云船行不安也讀
若兀罔晝夜謂日夜不息罔水言洪水已退行舟謂丹
朱乘舟行水非有治水之役惟好慢遊史公罔水作毋
水者趙岐注孟子引書丹朱慢遊是好無水而行舟罔
作毋鄭注見書疏云丹朱見洪水時人乘舟者夏本紀

云禹水行乘舟治洪水也云今水已退猶居舟中者洪水退釋罔水也居舟中是舟行以爲戲也云頟頟使人推行之者水淺舟滯使人人推舉行之此所謂慢遊也或以爲陸地行舟謬矣潛夫論斷訟篇云晝夜鄂鄂慢遊是好則今文頟又作鄂也　朋淫于家注鄭康成曰朋淫淫門內朋一作堋疏朋讀爲風放也說文引虞書堋淫于家葢壁中古文借堋字後漢書樂成靖王傳安帝詔曰風淫于家風放聲相近也淫者王逸注楚詞云游也鄭注見書疏云朋淫淫門內者白虎通三綱篇引禮記曰同門曰朋朋同志曰友故以朋爲門內經言于家對行舟而言朋者詩傳云比也鄭意言丹朱比游于門內亦謂慢遊也或以淫爲婬亂非也丹朱隱惡舜不應斥言于朝　用殄厥世注史遷殄作絕厥作其疏殄者釋詁云絕也厥者釋言云其也世者韋昭注周語云父子相繼曰世　予創若時注史遷爲舜言說爲予不能順是一作禹言疏創者

說文云傷也若者釋言云順也時者釋詁云是也言予以順是爲傷故不順之史公說不能順是者趙岐注孟子云順愛也義亦同一作禹言者論衡問孔篇云禹曰予娶若時辛壬癸甲開呱呱而泣予弗子陳已行事以往推來以見卜隱效已不敢私不肖子也則以此句屬下文讀疑今文也以創爲娶無文証之䔥創同剏廣雅釋詁云始也逑始娶若時則時如字不訓爲是也

娶于塗山辛壬癸甲啓呱呱而泣予弗子

注　史遷說禹曰予辛壬娶塗山癸甲生啓弗作不鄭康成曰登用之年始娶于塗山氏三宿而爲帝治水塗一作嵞

疏　辛壬癸甲者日干紀日之名史公充論衡則禹曰在予創若時之上僞傳脫之云予辛壬娶塗山者嵞塗山道遠娶之行二日癸甲生啓者在家二宿也廣雅釋詁云腹生也言二日而娠啓卽往治水列女傳母儀篇云啟母者塗山氏長女也夏禹娶以爲

妃既生啓辛壬癸甲啓呱呱而泣禹去而治水似說辛壬癸甲爲生啓後四日亦或可釋爲生啓以辛壬癸甲之四日也楚辭天問云焉得彼塗山女而通之于台桑王逸注云言禹治水道娶塗山之女而通夫婦之道于台桑之地又云以辛酉日娶甲子日去而有啓也吳越春秋云禹因娶塗山謂之女嬌取辛壬癸甲禹行十月女嬌生子啓啓生不見父晝夜呱呱啼泣說文云嵞會稽山也一曰九江當嵞也民以辛壬癸甲之日嫁娶虞書曰予娶嵞山作予娶嵞山者予字通上文言之塗俗字當爲涂或依說文作嵞塗山有二說一在會稽者春秋左氏哀七年傳云禹會諸侯于塗山國語作禹致羣神于會稽之山是塗山卽會稽山也越絕外傳記地傳云塗山者禹所娶之山也去縣五十里是亦以塗山在會稽許氏又以爲九江山者呂氏春秋音初篇云禹行功見塗山之女高誘注云塗山在九迴近當塗也地理志九江當塗侯國注應劭云禹所娶塗山侯國也有禹虛是同許說許氏云民以辛壬癸甲之日嫁娶者言民見禹辛日娶妻至甲日娠子故以此四日爲娶婦生子

之吉辰相沿成俗也水經注云淮水自黃邪山東北逕馬頭城北魏馬頭郡治也故當塗縣之故城也呂氏春秋曰禹娶塗山氏女不以私害公自辛壬至甲四日復往治水故江淮之俗以辛壬癸甲爲嫁娶日也禹墟在山南即其地也呱呱者說文云呱小兒嗁聲子者列子楊朱篇云惟荒度土功子產不字過門不入鄭注樂記子諒云子讀如不子之子

惟荒度土功【注】史遷作以故蓋讀如字鄭注見書疏

能成水土功鄭康成曰荒奄也奄大九州四海之土【疏】荒與芒通荀子富國篇云芒軔僈楛楊倞注云芒或讀爲荒漢書高帝紀注蘇林曰芒音忙遽之忙是荒亦忙遽也度者釋詁云謀也土功謂分土之功史公以爲能成者廣雅釋詁云度就也就亦成也鄭注見詩殷武疏以荒爲奄者釋言文釋詁云奄亦大也詩傳云荒大也

弼成五服至于五千【注】史遷說弼爲輔五千爲五千里今尚書歐陽夏侯說中國

方五千里古文尚書說五服旁五千里相距萬里馬融曰面五千里爲方萬里鄭康成曰五服已五千又弼成爲萬里敷土旣畢廣輔五服而成之至於面方各五千里四面相距爲萬里堯制五服服各五百里要服之內四千里曰九州其外荒服曰四海此禹所受地記書曰崑崙山東南五千里名曰神州者禹弼五服之殘數亦每服者合五百里故有萬里之界萬國之封焉去王城五百里曰甸服其弼當侯服去王城千里其外五百里爲侯服當甸服去王城一千五百里其弼當男服去王

城二千里又其外五百里爲綏服當采服去王城二千五百里其弼當衛服去王城三千里又其外五百里爲要服與周要服相當去王城三千五百里四面相距爲七千里是九州之內也要服之弼當其夷服去王城當四千里又其外五百里爲荒服當鎮服其弼當蕃服去王城五千里四面相距爲方萬里也弼一作弻

疏弼者釋詁云輔也服者釋詁云采服事也反覆相訓即采地之名鄭注職方氏云服服事天子也詩云侯服于周韋昭注周語云服服其職業也五服者禹貢甸服侯服綏服要服荒服至于五千者甸服在千里之內侯服在二千里之內綏服在三千里之內要服在四千里之內荒服在五千里之內史遷之說禹貢亦與今文同中國方五千

里亦有萬國者五五二十五爲方千里者二十五除王
圻千里則方千里者二十四也八州每州方千里者三
依鄭注建國之法差之一州方七十里之國二百方五
十里之國四百方三十里之國八百餘方百里者三十
不在數內州其一千四百國以二百國爲名山大川不
封之地八州其九千六百國四百國在圻內適得爲萬
國也鹽鐵論結和篇伯翳之始封秦地爲七十里書殷
武疏引中候契握曰若稽古王湯旣受命興由七十里
起孟子亦云湯以七十里知虞夏封大不過七十里也
史公以弼爲輔者釋詁文知五千爲方五千里者舜本
紀云禹定九州各以其職來貢不失厥宜方五千里下
云至于荒服今尚書古尚書說見王制疏引異義說中
國方五千里者以五服四面相距爲五千里甸服千里
侯綏要荒各五百里也史記說禹貢五服亦同云天子
之國以外五百里甸服甸服外五百里侯服侯服外五
百里綏服綏服外五百里要服要服外五百里荒服故
詩殷武正義云司馬遷說以爲諸小數者皆是五百里
之別名大界與堯不殊案禹貢甸服之外有百里賦納

總之屬是謂小數史公不爲正數也鹽鐵論地廣篇云古者天子之立于天下之中縣內方不過千里諸侯列國不及不食之地禹貢至于五千里民各供其君諸侯各保其國是以百姓均調而繇役不勞也說苑修文篇云禹定九州各以其職來貢不失厥宜方五千里至于荒服漢書賈捐之傳云以三聖之德地方不過數千里案三聖謂堯舜禹此西漢人之說論衡別通篇殷周之地極五千里荒服要服勤能牧之漢氏廓土牧萬里之外俱同今文也王制疏又引許氏謹案以漢地考之百里外至東海衡山之陽至於朔方經略萬里從古尚書說馬注見釋文鄭注見詩殷武疏書疏王制疏云廣輔五服而成之至于面各五千里者鄭注禹貢云堯之五服服五百里耳禹平水土之後每服更以五百里輔之是五服服別千里故一面而爲差至于五千也云禹所受地記書者河圖括地象也周禮職方氏疏及曲禮疏皆引括地象文與此同以崑崙山在東南地方五千里名曰神州者史記孟子列傳引騶衍之說云中國名曰赤縣神州赤縣神州內有九州禹之序九州也說文曰

从北从一一地也中邦之居在昆侖東南是神州在崑
崙東南云神者釋詁云治也蓋言神農至禹所治之地
云禹弼五服之殘數之內故有萬里之界也云去王城
五百里曰甸服云云者周禮夏官職方氏云乃辨九服
之邦國方千里曰王畿其外方五百里曰侯服又其外
方五百里曰甸服又其外方五百里曰男服又其外方
五百里曰采服又其外方五百里曰衛服又其外方五
百里曰蠻服又其外方五百里曰夷服又其外方五百里
曰鎮服又其外方五百里曰藩服是周之九服爲方萬
里其中方千里爲王畿堯之五服甸侯綏要荒各五百
里爲方五千里禹輔成之至于面各五千里則亦爲方
萬里而其中方千里爲甸服是甸服當周之王畿甸
服之弼當周之侯服由是以推則侯服當周之甸服其
弼當其男服綏服當其采服其弼當其衛服也要服于
周爲蠻服鄭言與周要服相當者周禮大行人職于衛
服之下言又其外方五百里謂之要服注云要服蠻服
也是周之蠻服亦爲要服也云是九州之內者大行人
職云又其外方五百里謂之要服六歲一見其貢貨物

九州之外謂之藩國世一見于要服下特言九州之外明要服在九州之內也王篇云三千五百里曰華夏據一面言之顧野王同鄭說也周禮蠻服之外爲夷鎮藩三服故鄭云要服之彌當其夷服荒服當鎮服其彌當藩服也周書立政云其克詰爾戎兵以陟禹之迹旁行天下至于海表罔有不服是周之幅員與禹彌成九服同故鄭從古尚書說爲廣輔至于萬里也

州十有二師外薄四海咸建五長

注 大傳說古之處師八家而爲鄰三鄰而爲朋三朋而爲里五里而爲邑十邑而爲都十都而爲師州十有二師爲家不盈三口者不朋由命士以上不朋鄭康成曰猶用要服之內爲九州州更方七十里七七四十九得千里者四十九其一以爲圻內餘四十八八州分而各

有六春秋傳曰禹朝羣臣於會稽執玉帛者萬國言執
玉帛者則九州之內諸侯也其制特置牧以諸侯賢者
爲之師蓋百國一師州十有二師則州千二百國也二
千五百人爲師師長也計一州方百里之國二百七十
里之國四百五十里之國八百計一州有一千四百國
以二百國爲名山大川不封之地餘有一千二百國八
州凡九千六百國其餘四百國在圻內擧王制之法準
之八州通率封公侯百里之國者一百七十里之國二
子男五十里之國四方百里者三封國七有畸至于圻

內則子男而已九州州立十二人爲諸侯之師以佐其牧外則五國立長使各守其職薄一作敷州謂九州其一爲王

疏畿餘有八也每州設師十有二者八州當有九十六人薄者廣雅釋詁云至也薄或作敷詩箋云九夷八狄七戎六蠻謂之四海國在九州之外雖有大者爵不過子引此文釋文云諸本作外敷四海敷薄聲相近四海者曲禮正義引爾雅李巡注四海遠于四荒晦冥無形不可教誨故云四海也海者晦也言其晦暗無知咸建五長者王制云千里之內設方伯五國以爲屬屬有長八州三百三十六長此要服內之長外至四海亦建焉曲禮其在東夷北狄西戎南蠻雖大曰子左傳稱驪戎男是四海之外大曰子小曰男也大傳說十都爲師者鄭注云州凡四十三萬三千家此蓋虞夏之數也廣雅釋地文與大傳同云州十有二師則三萬六千家有一師也周禮司徒之屬卿大夫注鄭司農云萬二千五百家爲鄉州長注鄭司農云二千五百家爲州與此不同故

鄭氏知爲虞夏之數也鄭注見書疏及釋文又見詩蓼蕭疏云要服之內爲九州州更方七十里者周之九服與禹輔成五服相等故以周禮推之知要服之內有九州也要服去王城三千五百里四面相距則爲方七千里矣方七千者七七以七乘七則四十九故云七七四十九得方千里者四十九云其一以爲畿內者詩殷頌注曰邦畿千里唐虞稱服夏或稱縣王制云天子之縣內注云縣內夏時天子所居州界名也云餘四十八八州分而各有六者六八四十八故八分之各有六也引春秋傳者哀七年左傳文傳言禹會諸侯于塗山此云會稽兼用魯語文云執玉帛則一九州之內諸侯者大行人職云九州之外謂之藩國世一見各以其所貴寶爲贄鄭注是九州之外諸侯不執玉帛也云其制特置牧者鄭注王制云凡長皆因賢侯爲之殷之州長曰伯虞夏及周皆曰牧云蓋據堯典有十二州又云咨十有二牧是州長曰牧也云以諸侯賢者爲之師者師之言長爲諸侯之長以佐牧者也云百國一爲師者州千二百國當設十二師也云計一州方百里之國二百云云者鄭意以一州有

方千里者六封三等之國各以方千里者二計方千里爲百里者百千里之方二則封方百里之國二百也計方百里爲方十里百以封方七十里之國七七四十九得方百里者四十九兩之則九十八是方百里者截長補短可封方七十里者二國猶餘方十里者二也故方千里者二以封方七十里之國可四百有奇止言四百者約舉其準數耳計方五十里者四當四百里之方一故方千里者二可封方五十里之國八百也總此三等凡有一千里四百國云以二百國爲名山大川不封之地餘有一千二百國者王制云名山大澤不以朌此據州十有二師則當千二百國故計以二百國爲名山大川不封之地也州有十二百國以八乘千則八千以八乘二百則千有六百故八州凡九千六百國計滿萬國之數當更益以四百國故云其餘四百國在圻內鄭志荅趙商云公卿大夫有田祿者其四百國非采地爲何是鄭以采地在四百國之數也王制疏引異義古春秋左氏說禹會諸侯于塗山執玉帛者萬國唐虞之地萬里容百里地萬國其侯伯七十里子男五十里餘爲天

子閒田其說略與鄭同云百里者三封國七有奇者王制疏云所以百里三封國七者以百里之方一爲公侯之國一又以百里之方一爲伯七十里之國二又以百里之方一爲子男五十里之國四是百里之方三封國七也言有奇者謂百里之方封七十里之國二有奇者以百里之方二故云有奇以此計之州有千里之方六以千里之方二爲公侯之國二百又以千里之方三爲子男之國八百總爲一千四百國鄭又云外則五國立長使各守其職鄭以要服之內旣有師有牧此立長當在四海外也王制云五國以爲屬屬有長鄭獨言四海外者以曲禮云九州之長入天子之國曰牧其在東夷北狄西戎南蠻雖大曰子注云謂九州之外長也天子亦選其諸侯之賢者以爲之子子猶牧也

各迪有功苗頑弗卽功帝其念哉

注 史遷迪作道弗作不 疏 迪者釋詁云作也卽者詩傳云就也不就功言各作有功惟苗頑弗就功史公說迪爲道者釋詁文

帝曰迪朕德時乃功惟敘

注 史遷

說爲道吾德乃女功序之也【疏】迪道道者達也晉語夫成子道前志韋昭注云道達也時者是也敘者釋詁與順轉訓言禹功順成之史公說爲序之者序同敘魯語夕序其業韋昭注云序次也皋陶方祗厥敘【注】史遷說爲皋陶于是敬禹之德鄭康成曰歸美于二臣【疏】此下虞史伯夷所述非舜言也史公說伯夷語帝前即此至庶尹允諧經文史公以祗爲敬者釋詁文敘爲德者釋詁云業敘也業猶德也鄭注見書疏云歸美于二臣者大傳云昔舜左禹而右皋陶不下席而天下治即謂此也方施象刑【注】史遷說令民皆則禹不如言刑從之大傳說唐虞象刑而民不敢犯苗民用刑而民興犯漸唐虞之象刑上刑赭衣不純中刑襍屨下刑墨幪以居州里而民恥之而反于禮馬融

日言咎繇制五常之刑無犯之者但有其象無其人也
方一作旁惟明【注】史遷說爲舜德大明【疏】白虎通聖人篇云何以言
臯陶聖人也臯陶聖人而能爲舜陳道朕言惠可厎行
又旁施象刑維明方作旁者說文旁溥也新序節士篇
云書曰象刑旁施惟明及禹不能漢書本紀元光元年
詔曰昔在唐虞畫象而民不犯揚子先知篇云唐虞象
刑惟明夏后肉刑三千俱以象刑爲畫象也大傳說赭
衣不純云云者鄭注云純緣也時人尚德義犯刑者但
易之衣服自爲大恥屨屨也幪巾也使不得冠飾以恥
之也周禮罷民亦然上刑易三中刑易二下刑易一輕
重之差幪音蒙荀子正義篇云古無肉刑而有象刑墨
黥慅嬰共艾畢菲對屨殺赭衣而不純楊倞注引慎子
慅嬰作草纓是墨刑黥俱刑在面故以草爲冠飾也其
艾畢楊倞云共未詳案共當爲宮宮刑別異其蔽前之
飾故以艾色爲韠也菲對屨楊倞云對或爲蒯案菲當
爲剕言剕刑蒯屨也楊倞注引慎子曰有虞氏之誅以

畫跣當黥以草纓當劓以履紨當刖以艾畢當宮御覽
刑法部引慎子曰有虞氏之誅以蒙巾當墨以草屨當
劓以菲履當刖以艾韠當宮布衣無領當大辟此有虞
之誅也斬人肢體鑿其肌膚謂之刑畫衣冠異章服謂
之戮上世用戮而民不犯也中世用刑而民不從周禮
司圜疏引孝經緯云三皇無文五帝畫象三王肉刑畫
象者上罪墨蒙赭衣襍屨中罪赭衣襍屨下罪襍屨而
已是象刑之說自古傳之鄭注周禮司圜云弗使冠飾
者著墨幪若古之象刑與知鄭氏亦同古說也史公說
方施為令民皆則禹云云者詩傳云方則也是說方為
則說象刑以不不如言刑從之者言設此畫象以示民告
以不從教則當加刑而民無犯者故云舜德大明也白
虎通五行篇云刑所以五何法五行也大辟法水之滅
火宮者法土之壅水臏者法金之刻木劓者法木之穿
土墨者法火之勝金五帝畫象者其衣服象五行也犯
墨者蒙巾犯劓者以赭著其衣犯臏者以墨蒙其臏處
而畫之犯宮者履襍扉犯大辟者布衣無領科條三千
者應天地人情也已上文多脫落多見北堂書抄初學

記後漢書注太平御覽所引五刑大義引周書曰因五行相剋而作五刑墨劓剕宮大辟是也火能變金色故墨以變其肉金能剋木故剕以去其骨節木能剋土故劓以去其鼻土能塞水故宮以斷其淫泆水能滅火故大辟以絶其生命又引尚書刑德攷云大辟象天刑罰贖之數三千應天地人此是周書所說非象刑也蓋後又用其意而制肉刑然大辟可贖則肉刑亦可贖矣此今文以象刑爲象天道而作刑也馬注見史記集解引在象以典刑之下案其文當是象刑惟明注故移于此云五常之刑史公所謂令民皆則禹先教以五常不如言而施之刑也云無犯之亦謂舜德明也

夔曰戛擊鳴球搏拊琴瑟以詠 注 史遷說爲於是夔行樂大傳說古者聖王升歌清廟之樂大琴練弦達越大瑟朱弦達越以韋爲鼓謂之搏拊何以也君子有大人聲不以鍾鼓竽瑟之聲亂人聲清

廟升歌者歌先人之功烈德澤也故欲其清也故書曰搏拊琴瑟以詠祖考來格此之謂也又說搏拊鼓振以秉琴瑟練絲徽弦鳴者貴玉聲也馬融曰戛櫟也鄭康成曰戛櫟也戛擊鳴球三者皆總下樂櫟擊此四器也鳴球卽玉磬也磬縣也而以合堂上之樂玉磬和尊之也搏拊以韋爲之裝之以穅所以節樂云以詠者謂歌詩也戛擊一作桔隔

疏 史公說爲於是夔行樂者以夔曰至鳳皇來儀爲虞史之言故說曰爲於是釋詁云爰曰也洪範土爰稼穡史記爰作曰是此曰當訓爰也釋詁又云曰於也曹大家注幽通賦云爰于是也大傳以爲禹之五祀則舜薦禹攝位之後作樂于明堂也鄭氏大司樂注引下夔曰爲夔又曰

則鄭氏亦以爲夔言與史公異也戛擊文選揚雄長揚
賦作桔隔注引韋昭曰古文隔爲擊疑韋本作虩後人
譌爲擊說文虩虎聲也讀若隔敔既象其形又象其聲
明堂位拊搏玉磬揩擊大琴大瑟中琴小瑟四代之樂
器也鄭注云揩擊謂柷敔案拮揩音俱近白虎通禮樂
篇云柷敔者終始之聲萬物之所生也柷始也敔終也
柷敔在堂下而合樂以爲終始之節故先特言戛柷擊
敔而堂上之聲應之也鳴球卽明堂位之玉磬亦先言
之者白虎通鄭氏俱以爲玉聲清故以合堂上之樂故
商頌那亦以鼓管之聲依我磬聲也拊搏卽明堂位之
器亦名拊鼓亦名相周禮大師大祭祀帥瞽登歌令奏
擊拊注云謂拊形如鼓以韋爲之著之以穅樂記會守
拊鼓注云言衆皆待擊鼓乃作樂記又云治亂以相注
云相卽拊也拊搏擊在樂之先故大戴禮三本篇云縣
一磬而尚拊搏又史記禮書作拊膈一作搏膈搏拊在
堂上亦先及之琴瑟卽明堂位之大琴大瑟中琴小瑟
儀禮鄉飲酒禮鄉射禮燕禮記授瑟皆在工升西階之
後是瑟在堂上琴亦從之也以詠者謂工歌周禮太師

大祭祀帥瞽登歌郊特牲歌者在上匏竹在下貴人聲
也大傳說爲升歌清廟之樂升歌者謂工升堂上歌詩
清廟者明堂明堂位云季夏六月以禘禮祀周公于太
廟下云升歌清廟也云大琴練弦達越云云者說文琴
神農所作洞越練朱五絃周加二弦瑟庖犧所作弦樂
也廣雅釋樂云神農氏琴長三尺六寸六分上有五弦
曰商宮角徵羽通典引楊雄淸音云舜彈五弦之琴而
天下化堯加二弦以合君臣之恩廣雅釋樂又云伏羲
氏瑟長七尺二寸上有二十七弦呂覽古樂篇云瞽叟
乃拌以五弦之瑟作以爲十五弦之瑟舜乃拌瞽叟之
所爲瑟益之八弦以爲二十三弦之瑟御覽引白虎通
云大瑟謂之灑長八尺一寸諸家說各不同練者華嚴
音義引珠叢云煮絲令熟曰練越者韋昭注周禮云謂
爲之孔也云以韋爲鼓者周禮正義云白虎通引大傳
云拊革著以穅今見白虎通禮樂篇引云拊搏鼓振以
秉多三字幷下云云今本脫之也釋名云搏拊也以韋
盛穅形如鼓以手拊拍之也葢一手振秉一手拊拍之
云不以鍾鼓竽瑟之聲亂人聲者謂不以堂下之樂亂

工歌也馬注見釋文鄭注見書疏及周禮大司樂疏俱以戛爲櫟者漢書楊雄賦注韋昭曰梏櫟也服虔注漢書轢首勞轢也廣雅釋詁云櫟擊也从木从手者誤櫟即鞅也爾雅釋樂所以鼓敔謂之籈郭注云以木長一尺櫟之籈者其名鄭云戛擊鳴球者三謂柷敔磬三器云揔下者櫟擊此四器者玉磬搏拊琴瑟其四器戛擊總舉櫟擊之名漢書注師古曰拮隔擊考也一曰彈鼓也是磬與拊鼓琴瑟皆得謂之擊經文四者單舉其器名故知戛擊總舉之云鳴球玉磬者說文球玉磬也或作璆晉語蘧蒢蒙璆韋昭注云璆玉磬球璆一物同字云磬縣也而以合堂上之樂云云者鄉飲酒禮云笙人堂下磬南北面立又記云磬階間縮霤北面鼓之又大射儀云樂人樂縣于阼階南笙磬西面又云西階之西頌磬東面是磬縣在堂下商那云依我磬聲鄭箋云磬玉磬也玉磬尊故異言之郊特牲曰擊玉磬諸侯之僭禮也是知玉磬尊異也云搏拊以節樂者釋樂云和樂謂之節亦即拊也云以詠謂歌詩者周語云詩以道之歌以詠之即工歌

祖考來格注史遷

說爲祖考至大傳說舜入唐郊丹朱爲尸馬融曰此是
舜除瞽叟之喪祭宗廟之樂鄭康成曰祖考來格者謂
祖考之神來至也格一作假 疏 祖者顓頊考者堯也祭法云有虞氏禘黃帝而
郊鯀祖顓頊而宗堯此蓋宗祀明堂之祭史公以格爲
至者釋詁文大傳云維有十三祀帝乃稱王而入唐郊
猶以丹朱爲尸注云舜承堯猶子承父雖已改正易樂
猶祭天于唐郊以丹朱爲尸至十三年天下既知已受
堯位之意矣將自止郊而以丹朱爲王者後欲天下昭
然知之然後爲之故稱王也晉祀夏郊以董伯爲尸大
傳說郊有尸者詩君子偕老云胡然而天也胡然而帝
也箋云何由然女見尊敬如天帝乎非由衣服之盛顔
色之莊乎詩鳧鷖云公尸來燕來寧箋云喻祭天地之
尸也曲禮疏引異義公羊說祭天無尸左氏說祭天有
尸許氏引魯郊祀延帝尸從左氏之說也曲禮疏引石
渠論云周公祭天太公爲尸案天既有尸配天亦有尸

晉語云晉祀夏郊董伯爲尸注云董伯晉大夫神不歆非類則董伯其姒姓乎祭統云孫爲王父尸注云必取同姓之嫡曲禮云爲人子者不爲尸然則尸取同姓無父之嫡子此是周禮未知唐虞之禮何如疑丹朱爲顓頊尸也其天尸及帝嚳堯尸無文可知馬注見書疏云舜除喪祭宗廟者以經文稱考是爲瞽瞍已卒之稱王制疏引禮稽命徵云唐虞五廟親廟四始祖廟一是馬氏以爲舜親廟之祭鄭注見周禮大司樂疏云神來至者周禮大司樂六變而致象物及天神九變則人鬼可得而禮矣古文以感神及致鳳凰舞百獸爲樂之效也格大傳引作假今文引經格字俱作假

虞賓在位注大傳說舜爲賓客而禹爲主人樂正進贊曰尚攷大室之儀唐爲虞賓鄭康成曰云虞賓在位者謂舜以爲賓卽二王後丹朱也羣后德讓注史遷說爲羣后相讓鄭康成曰云羣后德讓

者謂諸助祭者以德讓已上皆宗廟堂上之樂所感也

疏白虎通王者不臣篇云尚書曰虞賓在位不臣丹朱也丹朱時來助祭春秋繁露王道篇云立明堂宗祀先帝以祖配天天下諸侯各以其職來祭貢土地所有先以入宗廟故羣后亦在焉德讓猶言陟讓德陟聲相近說文德升也周禮大卜注陟之言得也讀如王德翟人之德德登亦音之轉故公羊傳以得來爲登來此德讓依今文義則是迎尸祭統君迎牲而不迎尸曾子問尸弁冕而出卿大夫士皆讓之諸侯亦讓之大傳說舜賓客至唐爲虞賓者注云舜既使禹攝天子之事于祭祀避之居賓客之位獻酒則爲亞獻也尚攷猶言古攷謂往時也大室明堂之中央室也義當爲儀儀禮儀也謂祭太室之禮堯爲舜賓也漢禮樂志九疑賓夔龍舞注如淳曰言以舜爲賓客也夔典樂龍管納言皆隨舜而來舞以樂神史記于此篇帝拜曰然往欽哉下云于是天下皆宗禹之明度數聲樂爲山川神主帝舜薦禹于天爲嗣十七年集解云劉熙曰若此則舜格于文祖

三年之後攝禹使得祭祀與下文簫韶九成史公說爲禹乃興九招之樂則是以此經爲舜薦禹于天與馬氏說舜除瞽瞍之喪祭宗廟云云異也大傳有云維十有四祀帝乃雍而歌者重篇鍾石磬莞變聲樂未罷疾風發屋天大雷雨帝沈首而笑曰明哉非一人之天下也乃見于鍾石笙管乎下又云乃遷虞而事夏也亦同史公說而脫文甚多不可考矣鄭注見周禮大司樂疏云卽二王後丹朱謂存二代之後者郊特牲云王者存二代之後猶尊賢也尊賢不過二代史記堯本紀云堯子丹朱舜子商均皆有疆土以奉先祀服其服禮樂如之以客見天子天子弗臣示不敢專也詩振鷺疏引鄭駁異義云言所存二王之後者命使郊天以天子禮祭其始祖受命之王自行其正朔服色此之謂通天三統是丹朱稱賓得郊天又以天子禮祭其先舜存二王後更有高辛氏後當是帝摯子孫封于唐者云謂諸侯助祭者以德讓者鄭以德爲讓之美德魯語曹劌曰天子祀上帝諸侯會之受命焉韋昭注云助祭受政命也

下管鞀鼓合止柷敔

注 鄭康

成曰云下管鼗鼓已下謂舜廟堂下之樂故言下云合
止柷敔者合樂用柷柷狀如漆筩中有椎搖之以節
樂合之者投椎於其中而撞之敔狀如伏虎背有刻以
物櫟之所以止樂鼗一作鞀【疏】下謂堂下周禮大師下管注特言管者貴人氣
也鄭司農云下管吹管者在堂下管爲竹樂之總名白
虎通禮樂篇引樂記云竹曰管高誘注淮南原道訓云
管簫也孟子梁惠王聞王管籥之音趙氏注管笙說文
云籥音律管壎之樂也龢管音也是管兼笙鏞壎篪也
或說管者說文云如篪六孔十二月之音物開地牙故
謂之管又作琯云古者玉琯以玉舜之時西王母來獻
其白琯前零陵文學姓奚於伶道舜祠下得笙玉琯夫
以玉作音故神人以和鳳皇來儀也宋書樂志引月令
章句云管形長尺圍寸有六孔無底鄭氏注周禮小師
云管如篴而小併兩而吹之今大予樂官有焉鼗說文

作鞀又作鞉王制疏引漢禮樂器制度云鞀如小鼓長柄旁有耳搖之使自擊詩那傳云鞉鼓樂之成也高誘注呂氏春秋五月紀云鞀鞞所以節樂也釋名云鞉導也所以導作樂也鼓者古以瓦爲質杜子春注周禮籥師土鼓云土鼓以瓦瓦爲匡以革爲面考工記鞼人爲皋陶陶亦瓦器之名周禮單穆公說八音有瓦無土下云節之鼓是以鼓兼革土二音也經文有八音無塤恐有疑其缺土音者故及之止者釋樂云所以鼓柷謂之止郭注云其椎柷敔者一名椌楬樂記聖人作爲椌楬塤篪詩傳云柷木控也圉楬也說文云椌柷樂也柷樂木空也所以止音爲節敔樂器椌楬也形如木虎云椌楬者連柷命之廣雅釋樂云柷象桶方三尺五寸深尺八寸四角有陞鼠釋樂云所以鼓敔謂之籈郭注云敔如伏虎背上有三十七鉏鋙刻以木長尺櫟之籈其名白虎通禮樂篇云歌者在堂上舞在堂下何歌者象德舞者象功君子尚德而下功書曰下管鞀鼓笙鏞以間是今文以爲舞也明堂位升歌淸廟之下即云下管象朱干玉戚冕而舞大武樂記聖人作爲鞉鼓椌楬壎篪此

六者德音之音也然後鍾磬竽瑟以和之干戚旄狄以舞之此所以祭先王之廟也論語樂則韶舞詩簡兮左手執籥右手秉翟鄭箋云籥舞韓詩外傳云韶用干戚是知下管卽有舞鄭注見周禮大司樂疏及詩有瞽疏云合樂用柷敔者書疏引漢初以來學者相傳皆云樂之初擊柷以作之樂之將末戛敔以止之故謂之合柷敔之狀與諸家說同惟釋名云柷敔如伏虎如見柷柷然也故訓爲始以作樂也敔衙也衙止也所以止樂也與鄭注正相反疑劉熙誤也

笙鏞以間【注】鄭康成曰云笙庸以間者東方之樂謂之笙笙生也東方生長之方故名樂爲笙也西方之樂謂之庸庸功也西方物熟有成功亦謂之頌頌亦是頌其成也以間者堂上堂下間代而作庸卽大射頌一也鏞一作庸【疏】釋樂云大鐘謂之鏞郭注云書曰笙鏞以間亦名鑮然周

禮眡瞭掌凡樂事播鼗擊頌磬笙磬故鄭以笙爲東方
之樂庸爲西方之樂皆樂縣也問者釋詁云代也問代
謂如樂記云鍾磬竽瑟以和之鄉飲酒義工入升歌三
終主人獻之笙入三終主人獻之間歌三終合樂三終
工告樂備鄭注見周禮大司樂疏云東方之樂謂之笙
西方之樂謂之庸不以爲樂器笙鏞二物者大射禮云
樂人宿縣于阼階東笙磬西面其南笙鍾其南鑮皆南
陳建鼓在阼階西南鼓應鼙在其東南鼓注云笙猶生
也東爲陽中萬物以生是以東方鍾磬謂之笙皆編而
縣之大射禮又云西階之西頌磬東面其南鍾其南鑮
皆南陳一建鼓在其南東鼓朔鼙在其北一建鼓在西
階之東南面簜在建鼓之間鼗倚于頌磬西紘注云言
成功曰頌西爲陰中萬物之所成是以西方磬鍾謂之
庸古文頌爲庸義與此同鄭以經言笙庸而東西階樂
器畢舉兼有磬鑮諸器縣也宮縣之制大傳云六律者
何黃鍾㽔賓無射大蔟夷則姑洗是也故天子左五鍾
右五鍾天子將出則撞黃鍾右五鍾皆應入則撞㽔賓
左五鍾皆應注云六律爲陽六呂爲陰凡律呂十二名

一鏄天子宮縣黃鍾蕤賓在南北其餘則在東面又云黃鍾在陽陽氣動西五鍾在陰陰氣靜君將出故以動告靜靜者皆和也蕤賓在陰東五鍾在陽君入故靜動動則亦皆知之也周禮小胥正樂縣之位王宮縣注云樂縣謂鍾磬之屬縣於筍虡者鄭司農云宮縣四面縣縣經又云凡縣鍾磬半爲堵全爲肆注云鍾磬者編縣之二十八枚而在一虡謂之堵鍾一堵磬一堵謂之肆西縣鍾東縣磬此樂縣之大概見於經者鏞周禮眡瞭注引作庸

鳥獸蹌蹌【注】史遷說蹌蹌爲翔舞馬融曰鳥獸筍簴也鄭康成曰鳥獸牄牄者謂飛鳥走獸牄牄然而舞也蹌亦作牄【疏】鳥獸今文以爲感樂而馴舞古文以爲象樂形聲也蹌周禮大司樂注引作牄說文云牄鳥獸來食聲也引經文玉篇引作食穀聲此古文說以蹌蹌爲樂聲如鳥獸之來食穀不以爲眞鳥獸也呂氏春秋古樂篇云顓頊效八風之音淒淒鏘鏘是蹌爲樂聲史公云翔舞者與鄭義同大傳云奏鍾石

論人聲及鳥獸咸舞于前是今文同史公說也鳥爲翔獸爲舞說文云翔回飛也馬注見釋文以鳥獸爲筍簴考工記梓人爲筍簴天下之大獸五臝者羽者鱗者以爲筍簴小蟲之屬以爲雕琢擊其所縣而由其虡鳴明堂位夏后之龍簨虡注云簨虡所以縣鍾磬也横曰簨飾之以鱗屬植曰虡飾之以臝屬羽屬簨以大版爲之謂之業說文云業大版也所以飾縣鍾鼓捷業如鋸齒以白畫之象其鉏鋙相承也虡鍾鼓之柎也飾爲猛獸从虍異象其下足或作鐻篆文作虡是筍一名業爲横版虡爲樂縣之柎飾爲猛獸擊之由其虡鳴故馬氏以爲鳥獸蹌蹌卽此也鄭注見周禮大司樂疏

簫韶九成鳳皇來儀【注】史遷說於是禹乃興九招之樂致異物鳳皇來翔天下明德皆自虞帝始鄭康成曰簫韶舜所制樂宋均注樂說云簫之言肅舜時民樂其肅敬其紹堯道故謂之簫韶或云

韶舜樂名舜樂者其秉簫乎樂備作謂之成成猶終也
每曲一終必變更奏云簫韶九成鳳皇來儀者若樂九
變人鬼可得而禮故致得來儀乘匹謂致得雄曰鳳雌
曰皇來儀止巢而乘匹簫一作箾**疏**簫說文作箾云虞舜樂曰箾韶他書
或通作簫則簫非簫管此則謂韶樂也風俗通音聲篇
謹案尚書簫韶九成鳳皇來儀其形參差象鳳之翼十
管長一尺直以爲鳳皇象樂之儀形與馬氏以爲鳥獸
爲箾虞許氏以樂象鳥獸來食聲同皆古文說也鳳皇
今文說爲瑞應論衡引大傳云鳳凰在列樹漢書元康
元年鳳凰集泰山引此經文史公說爲禹興九招者謂
此大室之祭是薦禹于天禹爲主人故云禹作九招也
義見前說苑修文篇云禹乃興九招之樂致異物鳳凰
來翔天下明德也亦同史公說鄭注見公羊哀十四年
疏及書疏周禮大司樂疏以簫韶爲舜所制樂者呂氏

春秋古樂篇云帝嚳歌九招六列六英帝舜乃令質修九招六列六英以明帝德樂記云韶繼也鄭注云舜樂名也韶之言紹也言舜能繼紹堯之德漢禮樂志云舜作招又云招繼堯也史記樂書作韶左傳云舞韶箾周禮大司樂九磬之舞是知舜紹堯作樂名韶以有九成謂之九韶以其肅敬謂之簫韶此不以簫爲樂器之說也云名舜樂者其秉簫者言以簫名舜樂或竟以作樂持簫而言之如應劭說也大戴禮夔作樂歌簫舞和以鍾鼓則鄭云秉籥亦謂樂舞如詩簡兮左手執籥右手秉翟也說文簫作箾云以竿擊人也虞舜樂曰箾韶禮樂志天門十一飾玉梢以舞體招搖若永望師古曰梢竿也舞者所持玉梢以玉飾之也音所交反云樂備作謂之成者周禮樂師凡樂成則告備注云成謂所奏一竟云若樂九變人鬼可得而禮者周禮大司樂文云來儀乘匹者釋詁云儀匹也乘匹謂升合之雌雄成匹釋鳥云鶠鳳其雌皇鄭說鳳皇爲應樂聲來者列子黃帝篇云堯使夔典樂擊石拊石百獸率舞鳳皇來儀簫韶九成此以聲致禽獸者也此鄭說之所本也

夔曰

於予擊石拊石百獸率舞庶尹允諧【注】史遷無夔曰於
予擊石拊石之文簫韶九成鳳皇來儀下云百獸率舞
百官信諧鄭康成曰夔說舜云磬有大小予擊大石磬
拊小石磬則感百獸相率而舞百獸服不氏所養者謂
音聲之道與政通焉庶衆也尹正也允信也言樂之所
感使衆正之官得其諧和【疏】夔曰鄭注周禮大司樂引
夔曰蒙上文故云又也史記并此夔曰俱無者或史公
節其文或今文無之擊石拊石俱擊也周禮大師大祭
祀奏樂拊注鄭司農云樂或作擊或當拊拊論語有擊磬
襄楚詞揚枹兮拊鼓王逸注云拊擊也百獸率舞猶云
順舞釋詁云率循也說文云循行順也春秋繁露王道
篇云毒蟲不螫猛獸不搏抵蟲不觸言順也大傳奏鍾

石論人聲及乃鳥獸咸變于前呂氏春秋古樂篇云質乃拊石擊石以象上帝玉磬之音以致舞百獸高誘注質當爲夔庶尹允諧言樂和神人周禮大司樂以六律六同五聲八音六舞大合樂以致鬼神祇以和邦國以諧萬民以安賓客以說遠人以作動物史公無夔曰者以禹伯夷皋陶相與語帝前時本無夔此文又已見堯典不應重出也說庶爲百者庶衆故爲百尹爲官者廣雅釋詁文用此義允信也諧和也俱釋詁文鄭注見周禮大司樂疏公羊哀四年疏云磬有大小者以經文有二石字知之釋器云大磬謂之毊郭注云毊形似犂錧以玉石爲之云百獸爲服不氏所掌者周禮服不氏掌養猛獸而教擾之注云猛獸虎豹熊羆之屬鄭以舜作樂廟堂不應有野獸率舞故以爲服不氏之獸也庶衆尹正釋詁文

帝庸作歌疏段氏曰句絕目下文

曰勅天之命惟時惟幾注史遷說庸爲用勅爲陟又說時爲維是鄭康成曰戒臣疏敕天之命一作陟天釋詁假陟陞也陟假同義

謂薦禹于天而告之經文作敕同勅敕者釋詁云勤勞也又云勞勤也廣雅釋言云敕謹也樂書太史公曰余每讀虞書至於君臣相敕惟是幾安而股肱不良萬事墮壞知史公用今文作陟又引古文義作相敕義兩通也惟幾者釋詁云惟思也幾危也說文云幾微也殆也荀子解蔽篇引道經曰人心之危道心之微危微之幾惟明君子而後知之以釋舜之治天下也不以事詔而萬物成史公又說惟時惟幾爲維是幾安者時是釋詁文以幾爲危以康爲安安卽下庶事康哉之義鄭注見書疏云戒臣臣謂禹皋陶之屬

乃歌曰股肱喜哉元首起哉百工熙哉【注】大傳說元首君也股肱臣也【疏】漢書魏相丙吉傳贊曰經謂君爲元首臣爲股肱明其一體相待而成也股肱者經文云臣作朕股肱元者釋詁云首也易象云首出庶物萬國咸寧廣雅釋詁云元首君也喜康樂也興起也熙興也俱釋詁文

皋陶拜手稽手颺言曰念哉【注】史遷颺作揚鄭康成

曰使羣臣念帝之戒【注】荀子大略篇云平衡曰拜下衡曰稽首釋詁云揚續也郭氏云未詳揚與颺同鄭注見史記集解敕令念百工興卽率作興事也率作興事愼乃憲屢省乃成欽哉【注】史遷作率爲欽作敬【疏】率循也愼誠也憲法也省察也俱釋詁文作爲也興起也屢本作婁亟也俱釋言文漢書谷永傳婁省無怠注師古曰婁古屢字也此言百工之事信守常法而數察之乃不敗壞也屢葢屢省文當爲婁乃賡載歌曰元首明哉股肱良哉庶事康哉【注】史遷說乃更爲歌鄭康成曰載始【疏】賡者釋詁云續也說文以爲續古文載者孟子滕文公自葛載注云一說言當作再字言續帝歌再爲歌也明者大戴禮誥志篇云明孟也釋詁云孟勉也明孟聲相近明卽勉也良者詩鶉奔傳云善也康者釋詁云安也史公以賡爲更者晉語性利相更注云更續也以載說爲者釋詁云載僞也僞與爲通鄭注周禮大

宗伯云載爲也鄭注見書疏以載爲始者詩載見傳文始歌歌謂帝所作歌又歌曰元首叢脞哉【注】史遷爲舜又歌曰馬融曰叢總也脞小也鄭康成曰叢脞總聚小小之事以亂大政【疏】脞當从說文爲𦝫說文[illegible]聚也𦝫月小也說文又有姓字云訬疾也疑脞亦作姓廣雅釋詁叢湊遽也說文奏古文作𡙁疑脞卽𡙁字叢奏猶言急遽今本廣雅脫湊字以七侯反音叢盬說馬注見釋文鄭注見書疏以叢爲總聚𦝫爲小者說文義鄭云小小者徐仙民𦝫音瑣釋訓云瑣瑣小也易旅瑣瑣鄭注云猶小小瑣瑣聲相近股肱惰哉萬事墮哉【注】惰一作墮墮一作隳【疏】隋者說文云不敬也史記樂書曰萬事墮壞墮說文作陊陊方言陊壞也說文陊篆文作隋敗城𨸏曰陊是亦爲敗也中論審大臣篇引惰作墮墮作隳帝拜曰俞往欽哉【注】史遷說俞爲然又說於是天下皆宗

禹之明度數聲樂爲山川神主【疏】拜者揖也周禮司儀詔王儀南鄉見諸侯土揖庶姓時揖異姓天揖同姓注土揖推手小下之也時揖平推手也天揖推手小舉之又司士孤卿特揖說文引楊雄說拜从兩手下是君于臣亦拜也云往欽哉舜踐帝位二十二年而薦禹攝位又十七年而崩見堯本紀

皋陶謨第二下終

清陽湖孫氏本尚書今古文注疏

第二册

清 孫星衍撰

天津圖書館藏清嘉慶二十年陽湖孫氏治城山館刻本

山東人民出版社·濟南

禹貢弟三上　虞夏書三　　尚書今古文注疏卷三

賜進士及第授通奉大夫山東督糧道加三級孫星衍撰

疏 貢者，廣雅釋詁云上也稅也釋言云獻也楚語觀射父曰天子之田九畡王取經入焉以食萬官注云經常也常入征稅也詩甫田傳云彼太古之時以丈夫稅田也歲取十千於井田之法則一成之數也九夫爲井井稅一夫其田百畝井十爲通通稅十夫其田千畝通十爲成成方十里成稅百夫其田萬畝欲見其數從井通起故言十千上地穀畝一鍾據此則黃帝制井田當有稅夫之法卽貢也史記五帝本紀云軒轅乃習用干戈以征不享索隱云謂征諸侯之不朝享者本或作亭案考工記注鄭司農云奠讀爲亭則亭卽奠顧命所謂一二臣衞敢執壤奠鄭注以爲享禮亦貢也古有稅民之法及諸侯貢法堯時遭洪水不能修其制至禹始更作之夏本紀云禹乃行相地宜所有以貢及山川之便利詩韓奕云維禹甸之箋云禹甸之者決除其災使成平田定貢賦於天子孟子滕文公篇云夏后氏五十而貢殷人七十而助周人百畝而徹其實皆什一也注云民耕五十畝者貢上五畝古以貢當稅即經所言賦凡貢之物不在賦外故孟子云夏貢什一也

禹敷土【注】史遷敷作傅馬融曰敷分也鄭康成曰敷布也布治九州之水土敷一作溥【疏】史公敷作傅者夏本紀云禹乃遂與益后稷奉帝命命諸侯百姓興人徒以傅土傅與敷音相近蓋釋傳爲治也孟子滕文公篇云舉舜而敷治焉注引經云是言治其土也廣雅釋言云傅敷也治水土非一人之力故奉帝命與人徒馬注見史記集解云分者言分爲九州漢書地理志注云敷分也書序云禹別九州馬義所本鄭注見周禮大司樂疏云敷布者山海經海內經云帝乃令禹卒布土以定九州布土即敷土詩傳云敷布也說文云尃布也敷㪃也書傳以敷爲尃音相近假借字又鄭注周禮大司樂云禹治水傅土言其德能大中國也商頌長發云禹敷下土方箋云禹敷下土

正四方廣大其竟界之時始有王天下之萌兆鄭意又以敷爲大者詩傳云溥大詩釋文引韓詩敷敦淮瀆云敷大也荀子成相篇作溥**隨山刊木**注史遷隨作行刊作表鄭康成曰必隨州中之山而登之除木爲道以望觀所當治者則規其形而度其功焉刊一作栞亦作琹**疏**史公說隨爲行者廣雅釋詁云隨行也淮南修務訓隨山栞木高誘注隨循也循義近行刊爲表者周語云道無列樹注云古者列樹以表道刊蓋削而識之鄭注見書疏以刊爲除者春秋左氏襄廿五年傳云井堙木刊注云刊除也刊說文作栞云槎識也引此文讀若刊篆又作栞又云槎衺斫也魯語云山不槎櫱注云槎斫也槎識者斫木爲識卽表道也管子形勢解云禹身決瀆斬高橋下以爲民利蓋古說以刊木爲斬高木以橋下隰也**奠高山大川**注史遷說奠爲定大傳說高山大川五嶽四瀆之

屬馬融曰定其差秩祀禮所視也【疏】史公說奠爲定者周禮司市云平肆展成奠賈注云奠讀爲定杜子春云奠當爲定是奠與定通也大傳說高山大川爲五嶽四瀆者見史記集解今大傳脫文大傳云五嶽謂岱山霍山華山恒山嵩山也江淮河濟爲四瀆五嶽視三公四瀆視諸侯其餘山川視伯小者視子男見白虎通巡守篇五嶽以南嶽爲霍山今文家說也見堯典疏馬氏注見史記集解書疏及王制疏引鄭注大傳云所視者謂其牲幣粢盛籩豆爵獻之數非謂尊卑足證馬義也

冀州既載

【注】史遷說爲禹行自冀州始冀州既載馬融曰載載于書也鄭康成曰兩河間曰冀州不書其界者時帝都之使若廣大然載之言事事謂作徒役也禹知所當治水又知用徒之數則書於策以告帝徵役而治之【疏】說文云冀

北方州也淮南子地形訓云正中冀州曰中土注云冀大也四方之主故曰中土也呂氏春秋有始覽云兩河之間爲冀州晉也注云東至清河西至西河書疏引李巡云兩河間其氣清厥性相近故曰冀冀近也釋名云冀州取地以爲名也其地有險有易帝王所都亂則冀治弱則冀彊荒則冀豐也按鄭注舜肇十有二州云舜於舊九州外分青州爲營州冀州爲并州幽州至夏仍合爲九則禹貢冀州兼幽并二州之地故說文以爲北方州字从北也史公說爲自冀州始者詩傳云載始也則史記下云冀州既載說爲冀州既始耳馬注見釋文云載於書者春秋左氏僖六年傳云載在盟府注云載載書也鄭注見史記集解又見公羊傳莊十年疏及書疏云兩河間曰冀州者用釋地文云不書其界者据下兗州有云濟河惟兗州海岱惟青州已下諸州皆書其界則此亦當以山河爲界而不書之使若廣大也云時帝都之者春秋左氏哀六年傳引夏書曰惟彼陶唐有此冀方注云唐虞及夏同都冀州疏云堯治平陽在冀州也地理志云河東本唐堯所居詩風唐魏之國也又

平陽應卲曰堯都也在平河之陽郡國志太原郡晉陽本唐國注云毛詩譜曰堯始都於此後遷河東平陽平陽故城在今山西臨汾縣西南云使若廣大者高誘注淮南云冀大也義與鄭同云載之言事者周書謚法云載事也漢書載其清靜卽事其清靜云作徒役者因夏本紀有奉帝命命諸侯百姓輿徒以傅土故云然也

壺口治梁及岐【注】馬融曰壺口山名鄭康成曰地理志壺口在河東北屈梁山在左馮翊夏陽岐山在右扶風美陽西北於此言治梁及岐者蓋治水從下起以襄水害易也【疏】馬注見釋文鄭注見史記集解又見詩周南召南譜疏及書疏引地理志者漢志云河東郡北屈禹貢壺口山在東南鄭于北屈下脫東南或省文水經禹貢山水澤地所在同案北屈在今山西吉州西山在州西南七十里又漢志馮翊夏陽禹貢梁山在西北鄭脫西北水經禹貢山水澤地所在云在夏陽縣

西北河上案夏陽縣在今陝西韓城縣西南山在縣西北九十里漢志右扶風美陽禹貢岐山在西北中水鄉周太王所邑案美陽在今陝西扶風縣北山在陝西岐山縣東北十里水經汾水注云汾水南與平水合水出平陽西壺口山尚書所謂壺口治梁及岐也此山在今山西汾陽縣西南與地理志說異云治水從下起者書疏云壺口西至梁山梁山西至岐山從東向西言既修之也按梁岐是雍州山而見于冀州故云從下起

太原至于岳陽【注】鄭康成曰岳陽縣太岳之南于地理志太原今以爲郡名太岳在河東故縣彘東名霍太山

【疏】修者廣雅釋詁云治也陽者說文云山南曰陽鄭注見詩唐風譜疏云太原今以爲郡名者地理志及郡國志云太原郡在晉陽屬并州杜氏春秋釋例云晉大鹵太原大夏參虛晉陽一地六名案今山西太原府太原縣也云太岳在河東故縣彘者漢志河東郡彘霍太山在東冀州山案彘縣在今山西霍州西山在州東南

三十里覃懷厎績至于衡漳【注】史遷說厎績爲致功馬融曰衡漳水名鄭康成曰懷縣屬河內地理志云漳水出上黨沾縣大要谷東北至安平阜城入河行千六百八十里衡漳者漳水橫流入河【疏】覃懷者地里志河內郡有懷縣經云覃懷者史記索隱云蓋覃懷二字或當時共爲一地之名按懷縣故城在今河南武陟縣西卽覃懷也史公說厎爲致者釋言文績爲功者釋詁文也馬注見釋文鄭注見史記集解又見周禮職方氏疏及書疏引地理志云云者漢志上黨長子鹿谷山濁漳水所出東至鄴入清漳沾縣大要谷清漳水所出東北至阜城入大河過郡五行千六百八十里與鄭所引畧同而鄭不引濁漳以其入清漳畧之也案沾縣今山西樂平縣阜城字或譌爲邑城今屬直隸河間府云衡漳漳水橫流入河者經典衡多與橫通水經濁漳水又東北過斥章縣南注云魏太祖

鑿渠引漳水東入清洹以通河漕名曰利漕渠漳津故瀆水斷舊溪東北出涓流瀑注而已尙書所謂覃懷厎績至於衡漳者也又北逕平恩故城西按斥章故城在今直隸曲周縣東平恩故城在今山東邱縣西史記正義引括地志云衡漳水在瀛州東北百二十里平舒縣界也平舒漢之東平舒今直隸大城縣清漳水過郡五者上黨魏郡廣平鉅鹿信都也

厥土惟白壤【注】史遷厥皆作其馬融曰壤天性和美也【疏】史公厥皆爲其下不更出馬注見釋文以壤爲天性和美者說文云壤柔也鄭注周禮云壤亦土也變言耳以萬物自生焉則言土土猶吐也以人所耕而樹藝焉則言壤壤和緩之貌然則鄭于此雖缺注義亦與馬同也

厥賦惟上上錯【注】馬融曰地有上下相錯通率第一鄭康成曰此州人穀不貢賦之差一井上上出九夫稅上中出八夫稅上下出七夫稅中上出

六夫稅中中出五夫稅中下出四夫稅下上出三夫稅下中出二夫稅下下出一夫稅通率九州一井稅五夫

疏　賦者廣雅釋詁云稅也錯者詩傳云雜也馬注見釋文云通率第一者九州之中爲第一也僞傳云雜出第二非馬義鄭注見書疏及王制疏云此州入穀不貢者王制云天子百里之內以共官千里之內以爲御注云謂此州之田稅所給也官謂其文書財用也御謂衣食周禮閭師疏引鄭志云田稅如今租矣王制又云千里之內曰甸注云服治田出穀稅千里之外曰采注云九州之內地取其美物以當穀稅据此知冀州畿內惟入穀稅也詩甫田疏引鄭志云凡所貢篚之物皆以稅物市之隨時物價以當邦賦周禮太宰以九貢致邦國之用疏云諸侯國內得民稅大國貢半次國三之一小國四之一所貢者市取當國所出美物則禹貢所云厥篚厥貢之類是也据此知餘州雖有厥貢之文不入穀準其賦之額買土物以貢此州不言厥貢以帝都所需

令有司市買不煩諸侯貢篚故入穀不貢也云賦之差
一井上上出九夫稅者江氏聲云孟子云夏后氏五十
而貢殷人七十而助周人百畝而徹其實皆什一也又
云井九百畝其中爲公田又云惟助爲有公田是則夏
制什一稅夫田不畫井鄭注周禮匠人備引孟子文而
云周制畿內用夏之貢法稅夫無公田是鄭氏亦謂夏
時無井田也此以井計者以九夫爲井差爲九等甚便
故假以言之爾王制疏云以禹貢九州有上中下三等
故以井田計之是也云一井上上出九夫稅者一井之
中九夫各以所收之什一爲稅上中出八夫稅者謂通
九夫共出八夫所收之什一爲稅以下至出一夫稅皆
謂九夫通出其什一也詩甫田疏節引此注而以爲鄭
欲品其多少無所比況遂以九井擬之以示稅之多少
非其實稅之也是以其賦之輕重懸殊而疑其非實稅
案左氏襄二十五年傳云度山林鳩藪澤辨京陵表淳
鹵數疆潦規偃豬町原防牧隰皋井衍沃疏引賈逵注
以爲賦稅差品云山林之地九夫爲度九度而當一井
也藪澤之地九夫爲鳩八鳩而當一井也京陵之地九

夫爲辨七辨而當一非也淳鹵之地九夫爲表六表而當一井也疆潦之地九夫爲數五數而當一井也偃豬之地九夫爲規四規而當一井也原防之地九夫爲町三町而當一井也隰皋之地九夫爲牧二牧而當一井也衍沃之地畝百爲夫九夫爲井夫曰九度而當一井非卽一井出一夫稅乎其九等之差正與此九等之一稅同何見而疑此非實稅耶雖此是田賦與左傳通計山林等九者不同然周禮授民田有不易一易再易則田之肥磽固有相懸數倍者且如左傳所云九等之地九州皆有苟是州沃衍之地多則統一州而計通一率一井可得八九夫稅設是州山林藪澤之地多則統一州而計通率出一二夫稅況其田有不易一易再易之殊則一井稅五夫者有九夫稅有一夫稅合之共十夫均分之則各五夫其八夫通二夫七夫通三夫六夫通四夫均之則皆然率一井稅五夫也周禮授民田不易者百畝一易者倍之再易者三之通率三家而受六夫其野則六家而受十三夫其賦則惟計見耕之田而稅之通而計之則一夫之地惟稅五十畝故管子幼官篇云田

租百取五卽此制也地力肥磽古今如一推之夏制田賦之法當亦一夫惟稅五十畝故孟子曰夏后氏五十而貢其實什一也熊安生禮疏云夏政實簡一夫之地惟稅五十是也

厥田惟中中【注】馬融曰土地有高下鄭康成曰地當陰陽之中能吐生萬物者曰土據人功作力競得而田之則爲之田田著高下之等者當爲水害備也【疏】田者說文云陳也樹穀曰田象四口十阡陌之制也爾雅釋文引李注云田陳也謂陳列種穀之處馬注見釋文云土地有高下者據地勢言之不論肥瘠也鄭注見書疏云地著高下之等者田之九等以地形高下分之不與賦同漢書敘傳云坤作墬埶高下九則注引劉德曰九則九州土田上中下九等也是鄭本舊說且田之九等上者非肥下者非磽溝洫志賈讓奏言若有渠漑則鹽鹵下濕塡淤加肥故種禾麥更爲秔稻高田五倍下田十倍詩信南山疏引孝經注云高田宜黍稷下

田宜稻麥是田之高下各有宜種之物故鄭云當爲水害備也江氏聲云崑崙高一千里九州在崑崙東南故西北高東南下雍州在西北田上上揚州在東南田下下推之餘州知以高爲上卑爲下也王肅等云土地各有肥瘠不應冀州中中之田反出上上之賦雍州田上上反出中下之賦其說非是云地當陰陽之中者五行木火爲陽王于春夏金水爲陰王于秋冬土位中央王于四者之間是當陰陽之中也云吐生萬物者白虎通五行篇云土主吐含萬物土之爲言吐也云據人功作力競得而田之則謂之田者釋名云田填也五稼填滿其中也已耕者曰田周書多方云畋爾田是也

恒衛既從大陸既作

注 史遷恒作常說既作曰既爲鄭康成曰地里志恒水出恒山衛水在靈壽大陸澤在鉅鹿北爾雅釋地八藪晉有大陸

疏 史公恒作常地理志亦稱恒山爲常山郡鄭注見史記集解及通典又見周禮大司徒疏引地里志

者漢志常山郡上曲陽恒山北谷在西北并州山禹貢恒水所出東入滱靈壽縣禹貢衛水出東北東入虖池水經云滱水東過中山上曲陽縣北恒水從西來南注之注云自下滱水兼納恒川之通稱焉卽禹貢所謂恒衛既從也案上曲陽今直隸曲陽縣恒山在西北恒水合滱水在縣東北靈壽今屬直隸眞定府衛水在縣東北又南流逕縣東入虖池鄭以大陸爲鉅鹿者地里志鉅鹿禹貢大陸澤在北案古澤在今直隸鉅鹿縣北今則在新河寧晉二縣之交此班氏及鄭氏義也呂氏春秋有始覽云晉之大陸注云魏獻子所居又云趙之鉅鹿注云廣阿澤也是則秦時說大陸[illegible]鹿爲二處春秋左氏定元年傳魏獻子田于大陸還卒于甯注云疑此田在汲郡吳澤荒蕪之地甯今修武近吳澤書疏引杜氏春秋說云嫌鉅鹿絕遠以爲汲郡修武縣吳澤也淮南地形訓亦分大陸鉅鹿爲二藪然則爾雅既云晉有大陸注以爲趙之鉅鹿廣河澤非也禹貢大陸亦當以晉之吳澤爲是在今河南修武縣水經淇水注引晉書地道記曰朝歌城本沬邑也紂都在禹貢冀州大陸之

野卽此矣水經濁漳水注云自甯迄於鉅鹿出於東北皆爲大陸則合大陸鉅鹿爲一鄭氏爲調停之說疑非也古說當從修武之大陸島夷皮服【注】史遷島作鳥馬融曰鳥夷國鄭氏曰鳥夷東北之民賦食鳥獸者【疏】史公島作鳥者島當爲鳥集韻三十二皓云島古作鳥馬注見釋文鄭注見史記集解及書疏皆作鳥疏引東北作東方賦作搏夾右碣石入于河【注】史遷河作海鄭康成曰戰國策碣石在九門縣今屬常山郡蓋別有碣石與此名同今驗九門無此山也禹由碣石山西北行盡冀州之境還從山東南行入河治水既畢更復行之觀地肥瘠定貢賦高下【疏】漢書武帝紀詔曰東巡海上至碣石注文穎曰在遼西絫縣絫縣今罷屬臨渝此石著海旁水經禹貢山

水澤地所在云碣石山在遼西臨榆縣南水中注云大禹鑿其石夾右而納河秦始皇漢武帝皆嘗登之海水西侵歲月逾甚而苞其山故云海中矣水經河水注又云河之入海舊在碣石今川流所導非禹瀆也周定王五年河徙故瀆故班固曰商竭周移也又云漢武帝元光二年河又徙東郡更注勃海是以漢司空王橫言曰往者天嘗連雨東北風海水溢西南出侵數百里故張揖云碣石在海中蓋淪於海水也案臨渝今奉天府西境地史公河作海者集解徐廣曰海一作河酈道元既云夾右而納河則入河亦是也鄭注見書疏云戰國策碣石在九門縣云云者地里志常山九門無碣石山郡國志常山國九門劉昭注有碣石山引戰國策云在縣界今戰國策無此文案九門今直隸藁城縣無山可指故鄭云今驗九門無此山也地里志漁陽驪成大揭石山在縣西南案驪成今直隸撫寧縣屬永平府蓋近臨渝然則九門既無山可證鄭云別有碣石或以禹貢碣石在臨渝今注脫文耳

濟河惟兖州注史遷兖作沇鄭康成曰言

沇州之界在此兩水之間濟一作泲兖一作沿【疏】兖卽沇字橫水在上隸之變也經文下作沇濟本字作泲說文泲流也東入于海經作濟假音字此濟出常山房子贊皇山名石濟今在直隸爾雅釋地云濟河間曰沇州注云自河東至濟公羊疏引李巡云濟河間其氣專質厥性信謹故曰兖兖信也釋名云兖州取兖水以爲名也晉書地理志引春秋元命包云兖端也信也呂氏春秋有始覽云河濟之間爲兖州衞也注云河出其北濟經其南沇作沿者說文云沇九州之渥地也故以沇名焉古文作沿又作容鄭注見史記集解云在此兩水之間者亦如高誘注河出其北濟經其南也

九河旣道【注】馬融曰九河名徒駭太史馬頰覆釜胡蘇簡潔鉤盤鬲津鄭康成曰河水自上至此流盛而地平無岸故能分爲九以衺其勢壅塞故通利之也九河之名徒駭

太史馬頰覆釜胡蘇簡潔鉤盤鬲津周時齊桓公塞之
同爲一今河閒弓高以東至平原鬲津往往有其遺處
焉〔疏〕九河之名見爾雅云從釋地已下至九河皆禹所
名也曰徒駭書疏引李巡云徒駭者禹疏九河以
徒衆起故曰徒駭孫炎云徒駭禹疏九河用功雖廣衆
懼不成故曰徒駭郭注云今在成平縣漢地理志勃海
成平虖池河民曰徒駭河太平寰宇記云滄州清池縣
本漢浮陽縣徒駭河九河之一與清池相接棗成平在
今直隸獻縣東南也曰太史書疏引李巡云太史禹大
使徒衆通其水道故曰太史詩疏引孫炎云太史者徒
衆故依名云釋文引或云太史者史官記事之處元于
欽齊乘云太史在東光之北成平之南又云當在清滄
二州之閒明一統志云太史河在南皮縣北曰馬頰爾
雅釋文引李巡孫炎云河勢上高下狹狀如馬頰也通
典云馬頰在平原郡界元和郡縣志云德州安德縣馬
頰河在縣南五十里又云平昌縣馬頰河在縣南十里

安德縣今山東德州也曰覆鬴詩疏引李巡云覆釜者水中多渚往往而處狀如覆釜釋文引孫炎云水中多渚往往而有可居之地狀如覆釜之形通典云覆釜在平原郡界齊乘云在東光之北明一統志云舊志所載有覆釜枯河自慶雲經海豐縣南入海曰胡蘇詩疏引李巡云胡蘇者其水下流故曰胡蘇胡下也蘇流也孫炎云胡蘇者水流多散胡蘇然地理志勃海東光有胡蘇亭水經淇水注云清河東至東光縣西南逕胡蘇亭通典滄州東光縣漢舊縣古胡蘇河在此齊乘云滄州之南有大連澱西踰東光東至海是也今在直隸滄州曰簡詩疏引李巡云簡大也河水深而大也書疏引孫炎云簡者水通易也史記正義云簡在貝州歷亭縣界歷亭今山東恩縣屬東昌府也曰潔書疏引李巡云絜言河水多山石治之苦潔潔苦也釋文引孫炎云水多約潔輿地廣地云簡潔在臨津金史地理志滄州南皮有潔河南皮今直隸縣曰鉤盤書疏引李巡云鉤盤言河水曲如鉤屈折如盤也釋文云李本作股云水曲如鉤折如人股故曰鉤股詩疏引孫炎云水曲如鉤盤

桓不前也釋文引郭氏音義云鬲般今皆爲縣屬平原郡後漢書袁紹傳云公孫瓚還屯槃河注云故河道在今德州冎平縣界入滄州樂陵縣今名枯槃河通典云鉤盤在景城郡水經河水注云大河故瀆東出亦通謂之篤馬河故渠川派東入般縣爲般河亦九河之一道也元和郡縣志云棣州陽信縣鉤盤河經縣北四十里太平寰宇記滄州樂陵縣鉤盤河在縣東南五十里案樂陵今山東縣屬武定府也曰鬲津詩疏引李巡云鬲津者河水狹小可隔曰津故曰鬲津孫炎云鬲津者水多阸狹可隔以爲津而橫渡也地理志平原鬲縣平當以爲鬲津元和郡縣志德州安德縣本漢舊縣鬲津枯河在縣南七十里案鬲縣故城在今山東德州北詩疏云徒駭是九河之最北者鬲津是九河之最南者爾雅之文從北而說也太史馬頰鉤盤文在胡蘇之上則三者在成平之南東光之北也簡潔覆釜文在胡蘇之下則三者在東光之南鬲縣之北也邵氏晉涵云按九河次第詩疏以鉤盤列第四覆釜列第八陸氏釋文以覆鬴列第四鉤盤列第八所見本異也漢書溝洫志云許

商以爲古說九河之名有徒駭胡蘇鬲津今見在成平東光鬲界中自鬲以北至徒駭間相去二百餘里今河雖數移徙不離此域水經漳水注云九河既播八枝代絶遺迹故稱往往時存故鬲盤列於東北徒駭瀆聯漳絳同逆之狀麤分陂障之會猶存是古說九河遺迹也馬注見史記集解鄭注見詩般疏云周時齊桓公塞之同爲一河者公羊疏引尚書中候云齊桓之霸遏八流以自廣書疏引春秋緯寶乾圖云移河爲界在齊呂填遏八流以自廣也是鄭說所本也

雷夏既澤灉沮會同【注】鄭康成曰雍水沮水相觸而入此澤中地理志曰雷澤在濟陰城陽縣西北【疏】雷夏既澤謂雷澤五帝本紀云舜耕歷山漁雷澤集解引鄭氏云雷夏兗州澤今屬濟陰水經禹貢山水澤地所在云雷澤在濟陰成陽縣西北注云瓠子河故瀆自句陽縣西又東逕雷澤北澤在大成陽故城西北十餘里其陂東西二十餘里南北十五里卽舜所漁也按句陽故城在今山東菏澤縣北雍沮水名

爾雅釋水云水自河出爲灉許氏說文云河灉水在宋濮州南則宋地也史記正義引括地志云雷夏澤在濮州雷澤縣郭外西北灉沮二水在雷澤西北平地也按其水故道在今山東濮州河漫變爲平陸矣鄭注見史記集解引地理志與漢志同

桑土既蠶【注】鄭康成曰其地尤宜蠶桑因以名名之今濮水之上地有桑間者【疏】蠶者說文云任絲也任同姙鄭注見詩譜疏云今濮水之上地有桑間者樂記桑間濮上之音注云桑間在濮陽郡國志東郡濮陽劉昭注引博物記曰桑中在其中

是降丘宅土【注】史遷作於是民得下丘居土鄭康成曰此州寡於山而夾川兩大流之間遭洪水其民尤困水害既除於是下丘居土以其免于尼尤喜故記之【疏】史公降作下者爾雅釋詁降下同訓落降亦下也宅作居者釋言文也風俗通山澤

篇引宅作度說之云堯遭洪水萬民皆山棲巢居以避其害禹決江疏河民乃下丘營度爽塏之場而邑落之故丘之字二人立一上一者地也四方高中央下像形也義與鄭同而云丘从二人與說文从北不合鄭注見書疏云夾川兩大流之間者謂河濟也

厥土黑墳厥草惟繇注馬融曰墳有膏肥也繇抽也草一作屮繇一作蘨疏馬注見釋文云墳有膏肥者鄭注周禮草人云墳壤潤解義相近墳肥聲之轉故漢地理志壤墳應邵讀墳爲肥太平御覽引倉頡解詁云膹臛多滓也墳音近膹云繇抽也者繇聲近粤說文粤木生條也玉篇作草木生條也蓋後人因說文引商書顛木粤枿之詞刪其草字生條即抽也草漢地理志作屮說文云屮屮艸木初生也讀若徹漢書借爲艸字也繇一作蘨見說文引此經云草盛貌

厥木惟條疏條者詩傳云長也漢書集注云分也暢也

厥田惟中下厥賦貞作十有三載乃同注史遷載作年馬

融曰禹治水三年八州平故堯以爲功而禪舜是十二年而八州平十三年而兗州平兗州平在舜受終之年也鄭康成曰貞正也治此州正作不休十三年乃有賦與八州同言功難也其賦中下乃一作迺

【疏】史公載爲年者經文本作年後人泥唐虞曰載之文盡改爲載也馬注見書疏云十二年而八州平十三年而兗州平者史記河渠書引夏書曰禹抑鴻水十三年過家不入門今云治水三年八州平蓋并鯀九年數之爲十二年與鄭異也鄭注見史記集解云貞正也者子夏易傳云貞正也云治此州正作不休者讀厥賦貞作爲句以作爲耕作也應邵注漢書云東作耕也蓋兗州被水害最深故成賦最後十三年乃有賦也江氏聲改鄭注中下爲下下云九州之賦當有九等參八州八等獨無下下此州當下下也則史記集解所引或誤作中下也乃一作迺見漢書

地理志厥貢漆絲厥篚織文注鄭康成曰貢者百功之府受而藏之其實于篚者入于女功故以貢篚別之允征云篚厥元黃昭我周王篚一作棐疏漆當爲桼此假漆水字爲之說文桼木汁可以髹物周禮載師漆林之征注鄭司農云故書漆林爲桼林杜子春云當爲桼林絲者說文云蠶所吐也篚當爲匪漢地理志引此作棐假音字說文匪器似竹篋篚車笭也鄭注儀禮云篚竹器如笭者織文者玉藻云士不衣織鄭注云織染絲織之也說文云錦襄邑織文也按襄邑陳留縣水經淮水注引陳留風俗傳曰縣南有渙水故傳曰睢渙之間出文章天子郊廟御服出焉尚書所謂厥篚織文者也詩甫田疏引鄭志云凡所貢篚之物皆以稅物市之隨時物價以當邦賦是夏時以賦爲貢非貢外別有賦也鄭注冀州特言此州入穀不貢明餘州有貢皆無穀稅也鄭注見書疏云貢者百物之府云云者周禮貨賄入于大府王府內府之等

嬪婦之功入典婦功典絲典枲之等夏官雖少于周當亦物各有司所入異處故云其實于篚者入于女功也引允征者史記集解引鄭注云允臣名詩鹿鳴傳引書曰篚厥元黃郭氏注爾雅引逸書曰釗我周王釗音同昭卽此文蓋孔壁逸十六篇鄭氏猶見之非今僞傳允征也云周王者鄭注禮記云忠信爲周猶云平王寧王非三代之周也**浮于濟漯達于河**〔注〕史遷達作通鄭康成曰地理志云漯水出東郡東武陽濟一作泲漯一作濕〔疏〕濟字當爲泲說文泲沇也沇水出河東東垣王屋山東爲泲漯當爲濕說文水出東郡東武陽入海桑欽云出平原高唐地理志云平原郡高唐桑欽言漯水所出東郡東武陽禹治漯水東北至千乘入海過郡三行千二百里濕作漯者假音字兗東武陽今爲山東朝城縣高唐今爲山東高唐州漢志言禹所治者史記河渠書云禹斯二渠以引其河孟康云二渠其出貝丘西南南折者卽河之經流也其一則濕川也河自王莽時空惟用濕耳

故班氏以爲禹所治也經云逹于河者河之通濟在成皋水經河水東過成皋縣北濟水從北來注之注河水東經懷縣南濟水故道之所入是也案懷今河南武陟縣漯之通河在高唐水經河水過高唐縣東注河水於縣漯水注之高唐故城在今山東禹城縣西漯水通河故道也今大清河即故漯小清河即故泲過郡三當爲五五者東郡清河平原濟陰千乘也史公逹爲通者與廣雅釋詁同鄭注見史記集解鄭引地理志漯水出東武陽不引平原高唐桑欽言漯水所出者水經河水注云按穆天子傳天子自五鹿東征釣於漯水尋其沿歷逕趣不得近出高唐也桑氏所言蓋津流所出次於是間也故鄭畧之水經注又引地理風俗記曰漯水東北至千乘入海河盛則通津委注水耗則微涓絶流書浮于濟漯亦是水者也按千乘今山東高苑縣地也

海岱惟青州【注】鄭康成曰東自海西至岱東嶽曰岱山【疏】海者東海春秋左氏僖四年傳云管仲曰召康公賜我先君履東至于海岱者水經禹貢山水澤地所在云岱

山爲東嶽在泰山博縣東北詩疏引風俗通云泰山尊曰岱宗岱者長也萬物之始陰陽交代青州者呂氏春秋有始覽云東方爲青州齊也釋地云齊曰營州公羊疏引李巡云齊其氣清舒受性平均故曰營營平也今爲青州又引孫氏云自岱東至海詩疏引孫炎云此蓋殷制釋文云爾雅營州爲禹貢之青州矣鄭注見史記集解

嵎夷既畧【注】馬融曰嵎夷地名用功少曰畧嵎一作禺又作堣夷一作鐵【疏】嵎夷史記索隱引今文尚書及帝命驗並作禺鐵云在遼西鐵古夷字也說文鐵古文从夷夷蓋緩讀之卽爲夷聲矣說文又云堣夷在冀州陽谷立春日日值之而出尚書曰宅堣夷以嵎爲封嵎山字則古文堣本从土唐虞青州既兼營州則當越海而至遼東與冀州連界故許氏云在冀州也畧者說文云經畧土地也廣雅釋詁云畧治也經言畧者義當爲治馬注見史記集解以畧爲云用功少者漢書集注畧簡也高誘注淮南子云畧約要也簡約是用功少之義以在海外治之不多用功也

濰

淄其道【注】史遷其作既鄭康成曰濰淄兩水名地理志云濰水出瑯邪箕屋山淄水出泰山萊蕪縣原山淄一作甾【疏】淄俗字漢志作甾周禮作菑說文無淄字俗加水也史公其作既者經典通字鄭注見史記集解及詩譜疏引地理志者漢志琅邪郡箕縣禹貢濰水北至都昌入海過郡三行五百二十里兗州寖也說文云濰水出琅邪箕屋山東入海徐州浸夏書曰濰甾其道案箕縣故城在今山東莒州東屋山在州西北過郡三者琅邪高密北海也都昌今山東昌邑縣云淄水出泰山萊蕪者地理志泰山萊蕪原山淄水所出東至博昌入泲萊蕪今山東縣屬泰安府博昌今山東博興縣地理志言入泲鄭不引者漢志言入泲水經云東過利縣東又東北入于海按水經注甾水經琅槐故城南又東北逕馬井城北與時繩之水互受通稱又東北至皮丘沈入于海是甾水下流異名且非禹貢及漢時故道矣厥土白墳海濱廣斥【注】史

遷斥作潟一作澤下又云厥田斥鹵鄭康成曰斥謂地鹹鹵濱一作瀕【疏】濱俗字當爲瀕漢書地理志作瀕說文瀕水厓也史公斥作潟徐廣曰一作澤又作斥地理志亦作潟潟當爲舄史記河渠書云漑澤鹵之地索隱曰澤一作舄本或作斥文選海賦云襄陵廣舄注云斥爲舄古今字也周禮草人鹹舄用貆注云潟鹵也是澤斥舄三字通俗加水作潟鄭注見史記集解云斥謂地鹹鹵者說文云鹵鹹地東方謂之斥西方謂之鹵

厥田惟上下厥賦中上厥貢鹽絺海物惟錯【注】鄭康成曰海物海魚也魚種類尤雜【疏】此州貢鹽者爾雅釋地云中有岱岳與其五穀魚鹽生焉春秋左氏昭廿一年傳云海之鹽蜃祈望守之管子地員篇云齊有渠展之鹽又云責齊水爲鹽史記貨殖傳云太公望封于齊其地潟鹵通魚鹽則人物歸之絺者詩葛覃傳云精曰絺麤曰綌說文云絺細葛也鄭注見史記集解以海物爲海魚者爾

雅岱岳生魚鹽周禮職方兖州其山鎮曰岱山其利蒲魚故據以爲說也**岱畎絲枲鉛松怪石**注畎一作𤰝**疏**說文畎作く云水小流也古文作𤰝篆文作畎釋文引徐本作畎谷言畎作𤰝𤰝郎谷也蓋徐本作作畎釋之爲谷釋名云山下根之受霤處曰𤰝𤰝吮也吮得山之肥潤也枲者釋草云麻也馬氏注喪服傳云麻之有蕡者鉛者說文云青金也怪石顏師古注漢書云石之次玉美好者也**萊夷作牧**注史遷云爲牧**疏**地理志東萊黃縣有萊山春秋宣九年齊侯伐萊服虔注東萊黃縣是春秋左氏定十年傳齊使萊人以兵劫魯侯孔丘曰裔夷之俘亂之注云萊人齊所滅萊夷也云東萊黃縣是者案黃縣今屬山東萊州府作牧者當以鳥獸爲貢周禮太宰職以九職任萬民四曰藪牧養蕃鳥獸据徐州淮夷玭珠暨魚鄭注云獻珠與魚知此亦當貢其所牧也**厥篚檿絲**注史遷檿作酓**疏**檿者爾雅釋木云檿桑山桑注云似桑材中作弓及車轅漢書注師古云食檿之蠶絲可

以絃琴瑟史公作會者與地理志同假音字浮于汶達于濟【注】鄭康成曰地理志汶水出泰山萊蕪原山西南入濟濟一作泲【疏】注鄭見史記集解引地理志者漢志泰山萊蕪原山禹貢汶水出西南入泲汶水桑欽所言萊蕪今山東縣云西南入濟者水經汶水出泰山萊蕪縣原山又云汶水出泰山萊蕪縣原山過壽張縣北又西南至安民亭入于濟案安民亭在今山東東平州安山鎮汶達于濟故道在此海岱及淮惟徐州【注】鄭康成曰徐州界又南至淮水【疏】釋地云濟東曰徐州書疏引李巡云淮海閒其氣寬舒禀姓安徐故曰徐徐舒也釋名云徐州徐舒也土氣舒緩也釋文引太康地記以為取徐丘為名周合其地於青州呂氏春秋有始覽云泗上為徐州魯也鄭注見公羊莊十年傳云南至淮水不言海岱者蒙上青州之注徐州直青州之南故云又南淮沂其乂【注】史遷乂作治鄭康成曰淮

沂二水名地理志沂水出今太山蓋縣疏史公又爲治者說文叟治也又省文鄭注見周禮職方氏疏水經注引鄭注云出沂山引地理志者漢志泰山蓋沂水南至下邳入泗過郡五行六百里今沂山及蓋故城俱在山東沂水縣西北過郡五當爲四泰山成陽琅邪東海也蒙羽其藝注鄭康成曰蒙羽二山名藝一作蓺疏地里志泰山蒙陰禹貢蒙山在西南東海祝其禹貢羽山在南鯀所殛案蒙陰今山東縣屬沂州府故城在新泰縣東南祝其今江南海州藝者廣雅釋詁云治也僞傳云種藝非也漢地理志作蓺此加云俗字鄭注見史記集解大野既豬注史遷豬作都鄭康成曰大野在山陽鉅野北名鉅野澤野一作壄疏地理志山陽鉅野大野澤在北水經禹貢山水澤地所在云在東北野作壄見漢地理志史公豬作都者鄭注檀弓云豬都也南方謂都爲豬周禮稻人以豬畜水鄭注見史記集

解鉅野今山東縣屬曹州府

東原厎平【注】鄭康成曰東原地名今東平郡郇東原【疏】鄭注見史記集解云東平郡郇東原者史記索隱引張華博物志云兗州東平郡郇尚書之東原也釋地云廣平曰原說文云邍廣平之野人所登史記正義云徐州在東故曰東原水已去致平復言可耕種也

厥土赤埴墳【注】鄭康成埴作戠曰戠讀曰熾熾赤也【疏】埴者史記集解徐廣云黏土也考工記注同鄭注見釋文云徐鄭王皆讀曰熾韋昭音試云熾赤也見李善注蜀都賦廣韻戠作戴云赤土也加土俗字釋言云熾盛也說文熾盛也古文作戠火盛色赤故戠爲赤也

草木漸包【注】馬融曰漸包相包裹也漸一作蔪包一作苞【疏】漸者釋文云本作蔪說文蔪草相蔪苞也引此文或作藂包者詩傳云裹也釋詁云苞豐也馬注見釋文云相包裹者文選蜀都賦云柯葉漸苞劉淵林注云漸苞相苞裹而同長也玉篇云蔪蔪草

相蘄包裹也疑用說文今說文蘄包也包下當脫裹字

厥田惟上中厥賦中中厥貢惟土五色【注】鄭康成曰土五色者所以爲大社之封【疏】鄭注見史記集解云所以爲大社之封者周書作雒解云諸受命于周乃建大社于國中其壝東靑土南赤土西白土北驪土中央疊以黃土將建諸侯鑿取其方一面之土以爲土封又見韓詩外傳云天子社廣五丈又云將封諸侯各取方土苴以白茅以爲社釋名云徐州貢土五色青黃赤白黑也史記正義引太康地記云城陽姑幕有五色土封諸侯錫之茅土用爲社此土即禹貢徐州土也今屬密州莒縣也案姑幕今山東莒州

羽畎夏翟【注】鄭康成曰羽山之谷貢夏翟之羽畎一作甽翟一作狄【疏】夏翟者周禮天官有夏采注云夏采夏翟羽色禹貢徐州貢夏翟之羽又染人秋染夏注云染夏者染五色謂之夏者其色以夏狄爲飾禹貢曰羽甽夏狄是其總名其類有六曰翬曰

搖曰鷂曰甾曰希曰蹲其毛羽五色皆備成章染者擬以爲深淺之度是以放而取名焉按其注見爾雅釋鳥文字小異畎翟染人注引作甽狄詩衛風右手秉翟韓詩作狄地理志引此亦作狄鄭注見詩節南山疏及周禮天官疏

嶧陽孤桐【注】鄭康成曰地理志嶧山在下邳今下邳西葛嶧山也【疏】鄭注見史記集解及大平御覽引地理志者漢志東海下邳葛嶧山在西古文以爲嶧陽班氏以嶧陽爲山名與鄭異也說文嶧葛嶧山在東海下邳引此文不以嶧陽爲山名鄭義本此史記正義引括地志云嶧山在兗州鄒縣南二十二里引鄒山記今猶多桐樹此是鄒縣嶧山在兗州非邳州之葛嶧山也案下邳今江南邳州地孤桐桐特生者周禮大司樂云孤竹之管注云孤竹竹特生者是也

泗濱浮磬【注】鄭康成曰泗水出濟陰乘氏也濱一作瀕【疏】鄭注見史記集解云泗水出濟陰乘氏者地理志濟陰乘氏泗水東至睢陵入淮過郡六行一千一百一

十里水經注泗水東南過呂縣南水上有石梁故曰呂梁晉太康地記曰水出磬石書所謂泗濱浮磬也史記正義引括地志云泗水至彭城呂梁出石磬按乘氏今山東鉅野縣地泗水至此分爲二一入菏水一入淮其源實出泗水縣泉林鄭據分流處言之也過郡六者濟陰山陽沛楚東海臨淮也呂梁洪今在江南徐州東南也濱作瀕見地理志

淮夷蠙珠暨魚【注】史遷暨作臮馬卽說文顥字異文融曰淮夷二水出蠙珠與魚鄭康成曰蠙珠珠名淮夷淮水之上夷民獻此蠙珠與美魚也蠙一作玭【疏】淮夷詩傳云東國在淮浦而夷行也蠙說文作玭云珠也宋宏云淮水中出玭珠玭珠珠之有聲史記索隱云蠙一作玭地理志顏注同大戴禮保傳篇云玭珠以納其閒盧氏注云玭亦作蠙書釋文玭引韋昭薄迷反蚌也段氏玉裁云說文玭珠之有聲當作蚌之有聲者脫蚌字引山海經鰲魮之魚音如磬石之聲是生珠玉以証之史公豐

作臬者地理志亦作臬說文云臬與也詩泮水疏引此
又作洎皆古文也周禮籩人朝事之籩有鮑魚鱐注云
鮑者於楅室中糗乾之出於江淮也鱐者析乾之出東
海王者備物近者腥之遠者乾之因其宜也馬注見釋
云二水未詳鄭注見史記集解及書疏云淮水上夷
民者費誓云淮夷徐戎則徐州實有夷民在淮水之上
與詩傳異也云美魚者禮器云
三牲魚腊四海九州之美味也**厥篚元纖縞**注鄭康成
曰纖細也祭服之材尚細疏元者詩傳云黑而有赤也
文云練湅繒也然則縞是湅繒即湅帛也司馬彪注子
虛賦云縞細繒猶鄭氏云纖細也鄭注見史記集解云
纖細者說文訓也云祭服之材者周禮齋服有元端又
有素端是祭服有元縞也鄭注間傳云黑經白緯曰纖
不注此者禮之變
服非祭服之材也**浮于淮泗達于河**注史遷達作通河
一作菏疏說文云菏水在山陽湖陸南禹貢浮于淮泗
達于菏地里志山陽湖陵禹貢浮于淮泗通

于菏水在南注應邵曰尚書菏水一名湖水經濟水又東至乘氏縣西分爲二其一水東南流注云南爲菏水北爲濟瀆經又云其一水東南流者過乘氏縣南注云菏水分濟于定陶東北東南流右合黃溝枝流又東北于乘氏縣西而北注菏水水經又云濟水又東過湖陸縣南東入於泗水注云澤水所鍾也尚書曰浮于淮泗達于菏是也又水經泗水南過方與縣東菏水從西來注之又屈東南流過湖陸縣南又云泗水東南過下邳縣西又東南入淮注云泗水又東逕角城北而東南流注於淮案乘氏縣今山東菏澤縣湖陸縣今山東魚臺縣角城故城在今江南清河縣西然則徐州之貢浮淮入泗故道在今清河縣達于菏故道在今魚臺縣也菏字今誤作河史記夏本紀亦誤作河應從說文等書更正

禹貢第三上終

尚書今古文注疏卷三

賜進士及第授通奉大夫山東督糧道加三級孫星衍撰

禹貢第三中　虞夏書三

淮海惟揚州【注】鄭康成曰揚州界自淮而至海以東也【疏】釋地云江南曰揚州公羊疏引李巡云江南其氣慘勁厥性輕揚故曰揚州又引孫氏曰自江南至海也釋名云揚州州界多水水波揚也釋文引太康地記云以揚州漸太陽位天氣奮揚履正含文明故取名焉呂氏春秋有始覽云東南爲揚州越也鄭注見公羊莊十年傳疏云自淮而南至海以東者此經下云東漸于海則青徐揚之海皆東海也故云至海以東也僞傳云南距海則遠至閩廣非經義　彭蠡既豬陽鳥攸居【注】史遷豬作都攸作所鄭康成曰彭蠡澤在豫章彭澤西南方謂都爲豬陽鳥鴻雁之屬隨陽氣南北

攸一作迺【疏】史公豬爲都者義見鄭注攸爲所者爾雅釋言文鄭注見史記集解及索隱又見詩匏有苦葉疏云彭蠡澤在豫章彭澤西者地理志云豫章彭澤禹貢彭蠡澤在西水經禹貢山水澤地所在云在西北案彭澤故城在今江西都昌縣北澤即鄱陽湖在縣西云陽鳥鴻雁之屬者論衡書虛篇云會稽衆鳥所居引此文王充言衆鳥故鄭以鴻雁之屬統之云隨陽氣南北者淮南時則訓仲秋之月候雁來注云時候雁從北漠中來過周雒南至彭蠡也又季秋之月候雁來注云是月時候之雁從北漠中來南之彭蠡蓋以爲八月者其父母也是月來者蓋其子也羽翼稚弱故在後耳又見高誘注呂氏春秋則漢時有此說鄭用之也攸作迺見地理志

三江既入【注】鄭康成曰三江左合漢爲北江會彭蠡爲南江岷江居其中則爲中江故書稱東爲中江者明岷江至彭蠡與南北合始得稱中也三江分于

彭蠡爲三孔東入海【疏】鄭注見初學記地部及書疏云左合漢爲北江者水經江水東北至江夏沙羨縣西北沔水從北來注之注云江水又東逕魯山南古翼際山也地說曰漢與江合於衡北翼際山旁者也地理志曰夏水過郡入江故曰江夏也又水經云沔水又南至江夏沙羨縣北南入於江沔水與江合流又東過彭蠡澤又東北出居巢縣南又東過牛渚縣南又東至石城縣分爲二其一東北流其一又過毗陵縣北爲北江注云丹徒縣北二百步有故城本毗陵郡治也城北有揚州刺史劉繇墓淪於江郎北江也地里志云會稽毗陵江在北東入海案今江南丹徒鎮郎是也云會彭蠡爲南江者地理志會稽吳縣南江在南東入海水經注云江水自石城東出逕吳國南爲南江東逕石城縣北又東與貴長池水合又東逕宣城之臨城縣南又東合涇水南江又東與桐水合又東逕安吳縣江之北郎宛陵縣界也南江又東逕寧國縣南又東北爲長瀆歷湖口南江東注于具區謂之五湖口尚書謂之震澤爾雅謂之具區地理志丹陽石城分江水

首受江東至餘姚入海過郡二行千二百里過郡二者丹陽會稽也石城今安徽池州府西境餘姚今浙江縣吳國今江南吳縣此鄭所云南江也云岷江居其中則爲中江者地理志丹陽蕪湖中江出西南東至陽羡入海揚州川陽羡今江南宜興縣建康志云中江舊逕溧陽縣今永陽江即其遺跡景福三年作五堰是時中江置堰江流亦既狹矣其後東壩既成中江遂不復東惟永陽江水入荆溪此鄭所云中江今不復至陽羡也

震澤厎定【注】史遷厎作致震一作振【疏】震澤亦名具區縣具區澤在西古文以爲震澤水經禹貢山水澤地所在云在吳縣南五十里鄭注周禮職方氏云具區在吳南則此注亦同也震史記索隱云一作振

篠簜既敷【注】史遷篠簜作竹箭敷作布鄭康成曰篠箭簜大竹也篠一作筱【疏】史公篠簜作竹箭今文異字也說文楷引書曰竹箭如楷言夏書竹箭讀箭如楷也周禮職方氏揚州其利金錫竹箭注故書箭爲

晉杜子春云晉當爲箭書亦或爲箭是榗與箭聲相近敷爲布者經典多通用鄭注見儀禮大射疏及竹譜注云篠箭者爾雅釋草云篠竹箭說文作筱云箭屬小竹也引此文云簜大竹者爾雅釋草文書疏引孫炎云竹闊節者曰簜又引李巡云竹節相去一丈曰簜**厥草惟夭**【注】馬融曰夭長也【疏】馬注見釋文云夭長者詩桃夭傳云夭夭其少壯也鄭注大學云夭夭美盛皃壯盛與長義相近**厥木惟喬**【疏】喬者詩傳云南方之木美喬上竦也**厥土惟塗泥**【注】馬融曰漸洳也【疏】塗當爲涂俗加土論語陽貨遇諸塗釋文塗本作涂考工記引爾雅堂涂謂之陳今爾雅作塗馬注見史記集解云漸洳者詩汾沮洳傳云其漸洳者說文洳漸溼也漢書東方朔傳云塗者漸洳徑也馬義所本**厥田惟下下厥賦下上上錯**【疏】江氏聲云上錯謂襍出上等蓋時或出中下之賦也九等之賦下上爲第七中下爲第六**厥貢惟金三品**【注】鄭康成曰金三

三

品者銅三色也【疏】鄭注見書疏及詩泮水疏云銅三色者詩疏云梁州貢鏐鐵銀鏤釋器云黃金之美者謂之鏐白金謂之銀貢金銀者既以鏐銀爲名則知金三品者其中不得有金銀也又撿禹貢之文厥貢鏐鐵錫鉛銀獨無銅故知金卽銅也春秋左氏僖十八年傳曰鄭伯始朝于楚楚子賜之金既而悔之與之盟曰無以鑄兵故以鑄三鐘考工記云六齊六分其金而錫居一謂之鐘鼎之齊是謂銅爲金也三色者蓋青白赤也案楚賜鄭伯金是荆州之銅揚州亦出銅史記貨殖傳吳有章山之銅是也禮器疏云荆揚二州貢金三品者禹貢文鄭注以爲金銀銅三品者三色也與書及詩疏所引鄭注不同疑禮器疏誤

瑤琨篠簜【注】史遷篠簜作竹箭琨一作瓀【疏】瑤者詩傳云美玉說文云瑤玉之美者琨作瓀者釋文云馬本作瓀說文琨石之美者虞書曰揚州貢瑤琨或作瓀地理志亦作瓀史公篠簜作竹箭者與上篠簜既布同非詁字蓋今文也

齒革羽毛惟木【疏】齒革羽毛四者周禮地官

司徒角人掌以時徵齒角凡骨物於山澤之農以當邦賦之政令羽人掌以時徵羽翮之政于山澤之農以當邦賦之政令天官家宰掌皮掌秋斂皮冬斂革春獻之是也史記夏本記及漢志全引此經俱無惟木二字江氏聲曰衍文

島夷卉服【注】鄭康成曰此州下濕故衣草服貢其服者以給天子之官島一作鳥【疏】島夷漢志作鳥夷顏師古注云東南之夷善搏鳥者後漢書度尚傳云深林遠藪推髻鳥語之人置於縣下注云鳥語謂語聲似鳥也書曰鳥夷卉服則唐時尚作鳥夷鄭注見書疏云下濕衣草服者說文蓑草雨衣秦謂之草越語云譬如蓑笠時雨既至必求之云貢其服給天子之官者郊特牲云黃衣黃冠而祭息田夫也野夫黃冠黃冠草服也大羅氏天子之掌鳥獸者也諸侯貢屬焉草笠而至尊野服也是卉服其給官用也爾雅釋草云卉草

厥篚織貝【注】鄭康成曰貝錦名也詩云成是貝錦凡織者先染其絲

織之卽成矣禮記曰士不衣織疏鄭注見史記集解及詩疏以貝爲貝錦者爲實篚之物且與織連文知非水貝詩巷伯傳云貝錦錦文也箋云錦文者文如餘泉餘蚳之貝文也云士不衣織者玉藻文厥包橘柚疏也者詩木瓜箋云以果實相遺者必苞苴之引此文橘者說文云果出江南又云柚條也似橙而酢夏書曰厥包橘柚釋木云柚條列子湯問篇云吳楚之國有大木焉其名爲櫾碧樹而冬生實丹而味酸食其皮汁已憤厥之疾櫾與柚同錫貢注鄭康成曰此州有錫則貢之或時乏則不貢錫所以柔金也疏鄭注見史記集解及書疏云有錫則貢之或時乏則不貢者江氏聲云此既是貢而不于厥篚之上言之退之在下別出貢文故知非常貢也云錫所以柔金者呂氏春秋物類篇云金柔錫柔合而柔則爲剛考工記云攻金之工掌執金錫之齊又云金有六齊或錫居一或金錫半是也沿于江海達于淮泗注史遷

沿作均馬融作均曰均平一作松鄭康成曰松讀曰沿
沿順水行也【疏】沿釋文云鄭本作松蓋古文又云馬本作均與史公同蓋今文也地理志亦作均經云沿于江海達于淮泗者水經淮水東北至下邳淮陰縣西泗水從西北來注之注云淮泗之會即角城也經又云淮水東至廣陵淮浦縣入于海案角城故城在今江南清河縣西南淮浦縣在今沭陽縣東南蓋其故道由江岸海濱入淮達泗禹時尚未溝通江淮也又地理志丹陽郡陵陽桑欽言淮水出東南入大江此則今五溪河逕安徽青陽縣西北南入江者疑非此淮水史公沿作均者均蓋㳂字一切經音義三引三倉云循古文作㳂則謂循于江海也馬注見釋文云均平者未詳顏師古注漢志云均平也通淮泗而入江海故云平鄭注見史記集解字誤爲均據釋文當爲松云松讀爲沿者以松字古文似沿讀其字爲沿云順水行者吳語云率師沿海泝淮注云沿順也論語先進篇云浴乎沂唐人讀爲沿蓋言傍水陸行不謂順流而下故經文變

言沿不言浮自暴秦元季始有海運之事古昔盛時所必無也荆及衡陽惟荆州 注 鄭康成曰荆州界自荆山南至衡山之南 疏 釋地云漢南曰荆州書疏引李巡云荆州其氣燥剛稟性彊梁故曰荆荆彊也釋名云荆州取名於荆山也必取荆爲名者荆警也南蠻數爲寇逆其民有道後服無道先彊常警備之也呂氏春秋有始覽云南方爲荆州楚也荆即荆山地理志南郡臨沮禹貢南條荆山在東北案臨沮今湖北南漳縣山在縣西鄭注見公羊莊十年傳疏說文云山南曰陽經云衡陽故云在衡山之南也江漢朝宗于海 注 鄭康成曰江水漢水其流遄疾又合爲一共赴海也猶諸侯之同心尊天子而朝事之荆楚之域國有道則後服國無道則先彊故記其水之義以著人臣之禮 疏 朝說文作淖云水朝宗于海御覽引說文淖朝

也疑古文有作淖者說文云潨小水入大水也疑宗之本字論衡書虛篇云夫地之有百川也猶人之有血脉也血脉流行汎揚動靜自有節度百川亦然其朝夕往來猶人之呼吸出入也經曰江漢朝宗于海其發海之時漾馳而已入三江之中殆小淺狹水激沸起故騰爲濤虞翻注易習坎有孚曰水行往來朝宗于海不失其時如月行天則是謂朝宗爲潮水此蓋今文家說鄭注見書疏云江水漢水合爲一者謂沔左合漢水分三江俱入海也云猶諸侯之同心尊天子者詩沔水云沔彼流水朝宗于海傳云沔水流滿也水猶有所朝宗箋云水流而入海小就大也喻諸侯朝天子亦猶是也諸侯春見天子曰朝夏見曰宗毛鄭義同也云荆楚之域國有道則後服云云者呂氏春秋召類篇云堯戰於丹水之浦以服南蠻淮南子兵略訓云舜伐有苗修務訓云舜南征三苗道死蒼梧韓詩外傳云當舜之時有苗不服其不服者衡山在南岐山在北左洞庭之陂右彭澤之水由此險也以其不服禹請伐之故鄭以說此經也公羊僖四年傳云楚有王者則後服無王者則先叛與

鄭義同蓋本古說九江孔殷注史遷孔殷作甚中鄭康成曰地理志九江在尋陽南皆東合爲大江殷猶多也九江從山谿所出其孔衆多言治之難也疏九江者地理志廬江郡尋陽禹貢九江在南皆東合爲大江豫章郡鄱陽縣鄱水西入湖漢餘汗縣餘水在北至鄡陽入湖漢艾縣修水東北至彭澤入湖漢行六百六十里贛縣豫章水出西南北入大江南城縣盱水西北至南昌入湖漢建成縣蜀水東至南昌入湖漢宜春縣南水東至新淦入湖漢雲都縣湖漢水東至彭澤入江行千九百八十里南壄縣彭水東入湖漢史記河渠書云余南登廬山觀禹疏九江書釋文引地記云九江劉歆以爲湖漢九水入彭澤也凡此八水并湖漢水爲九俱入江史公說孔爲甚殷爲中者俱釋言文言九江甚中者九江之水在豫章郡非荆州水而水經云沔至江夏沙羨縣北南入于江沔水與江合流又東過彭蠡澤是九江入此澤而合大江故云甚

中鄭注見書疏引地理志見前文云殷猶多者詩傳云殷衆也衆多同義云九江從山谿所出其孔甚多者即謂地理志入湖漢諸水史記索隱又引尋陽記烏江等九江非古義也

沱潛既道【注】史遷潛作涔既作已馬融曰沱湖也其中泉出而不流者謂之潛鄭康成曰爾雅釋水云水自江出爲沱漢別爲涔今南郡枝江縣有沱水其尾入江耳首不于江出也華容有夏水首出江尾入沔蓋此所謂沱也潛則未聞象類潛一作灊【疏】史公潛爲涔者地理志漢中安陽鬵谷水出西南北入漢水經作涔水云出南鄭縣東南旱山北至安陽縣南入于沔注云即黃水也案即今陝西西鄉縣洋河鄭氏以其入漢非出于漢故云未聞象類又見下疏馬注見釋文鄭注見吳志注及書疏云枝江有沱水者地理志南郡枝江江沱出西南

東入江水經禹貢山水澤地所在云荊州沱水在南郡枝江縣今在湖北枝江縣云首不於江出謂與釋水義不合也云華容有夏水首出江尾入沔者地理志南郡華容夏水首受江東入沔行五百里卽今湖北沔陽州南長夏水也鄭又云蓋此所謂沱者無實証以其出江入沔疑爲沱耳云潛則未聞象類者荊州境內漢水爲潛無首出漢之水以應之也

雲土夢作乂【注】史遷作雲夢土爲治夢一作瞢【疏】雲夢作雲土夢者楚語王孫圉曰有藪曰雲連徒洲注云楚有雲夢徒其名也案徒土音相近地理志南郡華容雲夢澤在南荊州藪案華容故城在今湖北荊州東澤卽洞庭湖在今岳州府西南王逸注楚詞云夢澤中也楚中名澤中謂夢中是雲爲澤名夢非二澤也史公雲土夢作雲夢土者亦見地理志作曰爲乂曰治者見前疏王氏引之云作者詩傳云始也古字爲乍言乍治較舊說爲長夢一作瞢者史記索隱文

厥土惟塗泥厥田惟下中厥賦上下厥貢羽毛齒革

注史遷毛作旄惟金三品杶榦栝柏注馬融曰栝白栝也鄭康成曰櫄榦栝柏四木名榦柘榦柏葉松身曰栝疏杶者說文云木也夏書曰杶榦栝柏或作櫄鄭注考工記引此亦作櫄櫄者郭璞注中山經云櫄木似樗樹材中車轅吳人呼櫄音輴車或曰輴車郭注爾雅引俗語曰櫄樗栲漆相似如一圖經本草云椿木樗木形幹大抵相類但椿木實而葉香可噉樗木疏而氣臭北人呼樗爲山椿是本草以櫄爲椿也幹字當依說文引經作榦釋文本作榦馬注見釋文鄭注見考工記疏及詩竹竿疏云榦柘榦者詩皇矣云其檿其柘考工記云荆之榦材之美者弓人云取榦之道七栝爲上云柏葉松身曰栝者釋木云檜柏葉松身柏者釋木云掬說文字作鞠也

礪砥砮丹注鄭康成曰礪磨刀石也精者曰砥礪礪俗字地理志作厲說文厲旱石也或作蠣一作厲疏旱石當爲悍石韋昭注語悍強也史記集解

引應邵注云礪砥石也說文云厎柔石也或作砥砮石可以爲矢鏃丹巴越之赤石也鄭注見書疏云磨刀石精者曰砥者史記集解引應邵注云厲砥石也郭璞注西山經云砥礪磨石也精爲砥粗爲礪也與鄭義同厲有粗義者詩傳云厲惡也言粗惡之石

惟箘簵楛三邦厎貢厥名

注 史遷作三國致貢其名馬融曰言箘簵楛三國所致貢其名善也楛木名可以爲箭鄭康成曰箘簵聆風也楛木類竹有二名或大小異也箘簵是兩種竹也肅慎氏貢楛矢卽楛中矢幹三物皆出雲夢之澤當時驗之猶然經言三邦厎貢知近澤之國致此貢也簵一作簬楛一作枯

疏 箘簵者說文云箘箘簵也古文作簬引此文又枯夏書曰唯箘輅枯木名也箘者呂氏春秋本味篇

云越駱之箘注云箘竹箭也中山經暴山其木多箔箘注云箘亦篠類中箭簬者廣雅釋草云箭也是與楛三者皆箭材也史公作三國致貢其名者以厥名上屬爲句與鄭說異也集解徐廣曰一作箭足杆箭足以訓箘簬杆當从于杆音近枯也馬注見史記集解及釋文鄭注見史記集解又見考工記疏及書疏云聆風者史記集解聆从竹俗字兹依書疏馬融長笛賦有聆風是竹別名云肅愼氏貢楛矢者考工記疏作周之始肅愼氏貢枯矢石砮魯語云武王克商通道于九夷八蠻使各以其方賄來貢使無忘職業于是肅愼氏貢枯矢石砮其長尺有咫是也

包匭菁茅 注 鄭康成曰厥名包匭匭纏結也菁茅茅有毛刺者給宗廟縮酒重之故包裹又纏結也

疏 書疏云鄭元以厥名下屬與史公馬氏義異也鄭注見史記集解云匭纏結者說文簋古文作匭黍稷方器也江氏聲云鄭讀匭爲糾匭從九得聲與糾音近劉逵注吳都賦云匭猶結也引此文云生桂陽可以縮酒

給宗廟異物也重之故旣包裹而又纏結之一曰匭柙也蓋用鄭義而云一曰柙也又泥匭字之詁云菁茅茅有毛刺者管子輕重丁篇云江淮之間一茆三脊名曰菁茅云給宗廟縮酒者見春秋左氏僖四年傳周禮甸師祭祀共蕭茅注鄭大夫云蕭字或爲莤莤讀爲縮束茅立之祭前沃酒其上酒滲下去若神飲之故謂之縮縮浚也杜子春讀爲蕭蕭香蒿也元謂茅以共祭之苴亦以縮酒苴以藉祭縮酒泲酒也醴齊縮酌說文禮祭束茅加于祼圭而灌鬯酒是爲莤象神歆之也一曰莤榼上塞也先鄭與許說宗廟縮酒雖異皆用茅也劉逵注吳都賦云茅生桂陽史記正義引括地志云辰州盧溪縣西南三百五十里有包茅山武陽記云山際出苞茅有刺而三脊因名苞茅山僞傳以包爲包橘柚菁爲菁菹與管子名菁茅左傳稱包茅之義不合失之矣

厥篚元纁璣組注馬融曰組文也疏元以爲衣纁以爲裳組以佩玉系冠周禮染人夏纁元注云元纁者天地之色以爲祭服詩傳云元黑而有赤色也說文纁淺絳也廣雅釋器云纁

赤也鄭注士冠禮云纁裳淺絳裳此注雖不具鄭義當與注禮同也璣組元纁同爲篚實當非珠璣與組二物証以徐州蠙珠雍州琅玕皆不入篚疑組文似璣故曰璣組猶織貝之爲錦文也少儀車不雕幾注云幾附纏爲沂鄂也璣聲近幾璣或璂字周書王會云王元繚璧綦十二孔晁注云元繚謂以黑組紐之綦玉名有十二也說文組綬屬其小者以爲冕纓應邵注漢書本紀云組者今綬紛絛是也馬注見釋文云組文者當云璣組文也今本脫字耳

九江納錫大龜注史遷納錫爲入賜馬融曰**納入也**疏史公納作入者納入經典通字錫者釋詁云賜也大龜者元龜白虎通蓍龜篇引禮三正記曰天子龜長一尺二寸諸侯一尺大夫八寸士六寸馬注見釋文

浮于江沱潛漢逾于洛至于南河注史遷潛漢作涔于漢潛一作灊逾一作踰疏經以浮于江沱潛漢爲九江納龜之道則此江沱潛漢當在九江已東故鄭注不取蜀郡江沱及巴

郡潛水之說欲以夏水爲江沱而云未聞潛水也經云逾于洛者江漢與洛不通流故云逾詩傳云踰越也逾與踰同史公作浛于漢者讀浮于江沱浛爲句又云于漢釋文云本或作潛于漢非是唐人不善讀史記文反非之也段氏玉裁云無逸篇云無淫于觀于逸于游于田以淫領四于字此以浮領二于字句法正同陸氏誤絶其句故非之南河者顔師古注地理志云在冀州南潛作濳見地理志

荆河惟豫州【注】鄭康成曰豫州界自荆山而北至于河【疏】釋地云河南曰豫州書疏引李巡云河南其氣著密厥性安舒故曰豫豫舒也公羊疏引孫氏云自東河至西河之南曰豫州釋文引春秋元命包云豫之言序也言陽氣分布各得其處故其氣平靜多序也呂氏春秋有始覽云河漢之間爲豫州周也注云河在北漢在南故曰之間鄭注見詩王風譜及公羊莊十年疏云自荆山而北至于河者荆山注在經文至于荆山下云北至于河者即高誘所云河在北也

伊洛瀍澗既入于河【注】洛一

作雒【疏】地理志云宏農郡盧氏伊水出東北入雒行四百五十里上雒禹貢雒水出冢領山東北至鞏入河過郡三行千七百里豫州川河南郡穀城禹貢瀍水出替亭北東入雒宏農郡新安禹貢澗水在東南入雒案瀍字當作廛淮南本經訓云導廛澗不从水水經河水過鞏縣北洛水從縣西北注之伊水東北至洛陽縣南北入于洛瀍水東過偃師縣又東入於洛澗水出新安縣南白石山東南入于洛鞏縣洛陽偃師新安皆今河南縣蓋伊澗瀍會洛入河也伊出盧氏今河南縣洛出上洛今陝西商州過郡二者宏農河南也瀍出穀成在今河南洛陽縣西北洛一作雒見地理志

滎波既豬【注】史遷波作播一作潘豬一作都馬融曰滎播澤名鄭康成曰沇水溢出河爲澤也今塞爲平地滎陽民猶謂其處爲滎播在其縣東春秋魯閔公二年衛侯及狄人戰于滎澤此其地也

史公波作播者書疏云馬鄭皆作滎播史記索隱曰

疏今文是今文與馬鄭書及史記合也說文云潘水名在河南滎陽亦即此水豬作都者周禮職方氏其浸波溠注波讀爲播禹貢曰滎播旣都水經云濟水南當鞏縣北南入於河與河合流又東過成皋縣北又東過滎陽縣北又東至礫谿南東出過滎澤北注引晉地道志曰濟自大伾入河與河水鬬南泆出爲滎注又云濟水又東逕滎澤北故滎水所都也京相璠曰滎澤在滎陽縣東南與濟隧合濟隧上承河水于卷縣北南去新鄭百里蓋滎播河濟往復徑通矣滎陽今爲河南滎澤河陰二縣地馬注見釋文云滎播澤名者水經注引闞駰說同又引呂忱曰播水在滎陽則滎播是一澤僞傳以爲滎澤波水已成遏豬似二水名失之鄭注見詩竹竿疏云沇水溢出河爲澤即下入于河溢爲滎是也云今塞爲平地者水經濟水注云出河之濟即陰溝之上源也濟隧絕焉故世亦或謂其故道爲十字溝自于岑造八激隄於河陰水脉經斷故瀆難尋又南會于滎澤然水旣斷民謂其處爲滎澤春秋衛侯及翟人戰于滎澤

而屠懿公宏演報命納肝處也與鄭義合春秋左導菏
氏宣十二年傳楚潘黨逐晉魏錡及滎澤亦此地
澤被孟豬【注】史遷導作道孟豬一作明都一作盟豬【疏】
地理志濟陰郡禹貢菏澤在定陶東梁國睢陽禹貢盟
諸澤在東北水經禹貢山水澤地所在俱同水經濟水
注云尚書曰導菏澤被孟豬孟豬在睢陽縣之東北闞
駰十三州記曰不言入而言被者明不常入也水盛方
乃覆被矣史記正義引括地志云菏澤在曹州濟陰縣
東北九十里定陶城東今名龍池亦名九卿陂案定陶
今山東縣屬曹州府睢陽今河南商邱縣自河決徙流
孟諸故迹不可考矣史公導作道者周語爲川者決之
使導注云導通也法言問道篇云道也者通也是導與
道俱爲通也孟豬作明都者經典豬都通字周禮職方
作望諸釋地云宋有孟諸地理志作盟豬
孟明盟望豬都諸俱聲相近古假借用之厥土惟壤下
土墳壚【注】馬融曰豫州地有三等下者墳壚也豫州地

青鄭康成曰壚疏也【疏】馬注見史記集解及太平御覽地部云地青者青卽黑也鄭注禮器或素或青云變白黑言素青者秦二世時趙高作亂或以青爲黑黑爲黃民言從之至今語猶存也則言土青者猶言壚也鄭注見禮書卅四卷云壚疏者說文壚黑剛土也釋名云土黑曰壚壚然解散也鄭注周禮草人云埴壚黏疏者以黏訓埴疏訓壚也疏者溝洫志云地形下而土疏惡詩箋云疏麤也厥田惟中上厥賦錯上中厥貢漆枲絺紵厥篚纖纊【注】史遷枲作絲纊作絮【疏】紵者說文云檾屬細者爲絟粗者爲紵纊者說文云絮也一切經音義一引說文纊緜也絮之細者曰纊故此云纖纊也史公枲作絲者蓋今文異字纊爲絮者見說文云絮敝緜也似與纊微異史公取以釋纊但取義于緜耳錫貢磬錯【疏】磬玉磬錯爲厝借字說文云厝厲石也詩鶴鳴云他山之石可以爲錯傳云錯石也可以琢玉顏師古注地理志云亦待錫命而貢案玉磬惟天子得用之郊

特牲云擊玉磬諸侯之僭禮也詩挪箋云玉磬尊故異言之則治磬之石必待錫命而貢示諸侯不敢有治玉磬之器也

浮于洛達于河

疏 唐石經作浮于洛河

華陽黑水惟梁州

注 鄭康成曰梁州界自華山之南至于黑水也

疏 釋地無梁州呂氏春秋有始覽九州亦無梁蓋殷周雍州兼有梁州之地與夏時異也經云黑水者水經沔水東過南鄭縣南注云漢水又東黑水注之水出北山南流入漢庾仲雍曰黑水去高橋三十里諸葛亮牋云朝發南鄭暮宿黑水西五十里即是水也史記正義引括地志云黑水源出梁州城固縣西北太山以注華陽黑水蓋本古說案城固今陝西西縣也鄭注見公羊十年傳疏云至于黑水者地理志益州郡滇池滇池澤在西北有黑水祠或以爲即鄭氏所云黑水然疑其太遠夏時荒服之地禹迹不至也滇池今雲南晉寧州地

岷嶓既藝

注 史遷岷作汶鄭康成曰地理志岷山在蜀郡湔氏道

嶓冢山在漢陽西藝一作蓺 疏 岷史公作汶漢志作崏史記索隱云汶一作岷
又作岐岐卽汶俗字藝史記漢志皆作蓺加云俗字藝
者廣雅釋詁云治也或云種藝失之鄭注見史記集解
引地理志者漢志蜀郡湔氏道禹貢嶓山在西徼外隴
西郡西縣有禹貢嶓冢山水經禹貢山水澤地所在云
嶓冢山在隴西西氏道縣之南郡國志漢陽西有嶓冢山
鄭說嶓冢山在漢陽西者據後漢時天水郡縣名也
沱潛既道 注 史遷潛作涔一作灊鄭康成曰二水亦謂
自江漢出者地理志在今蜀郡郫縣江沱及漢中安陽
皆有沱水潛水其尾入江漢耳首不於此出江原有䢵
江首出江南至犍爲武陽又入江豈沱之類與潛蓋漢
西出嶓冢東南至巴郡江州入江行二千七百六十里

漢別爲潛其穴本小水積成澤流與漢合大禹自導漢疏通即爲西漢水也故書曰沱潛旣道【疏】潛者說文云一曰漢水爲潛史記作涔漢志作灊水經沔水條言涔水注沔正作涔水地理志安陽鬵水又作鬵鄭注見書疏及水經潛水注云二水亦自江漢出者因荊州沱潛注引爾雅言之云蜀郡郫縣江沱者地理志蜀郡郫縣禹貢江沱在西東入大江水經禹貢山水澤地所在云益州沱水在蜀郡汶江縣西南其一在郫縣西南皆還入江案郫縣之沱今名郫江自四川灌縣西南分江至瀘州復合者自李氷鑿離碓穿江以後已變禹迹矣地理志蜀郡汶江江沱在西南東入海水經江水注云江水逕汶江道又有湔水入焉江水又東別爲沱開明之所鑿也渡江有笮橋鄭所云江沱疑郫縣汶江二縣之江沱但汶江縣江沱今無水或以爲四川保縣玉輪江也云漢中安陽皆有沱水潛水者地理志漢中郡南鄭旱山池水所出東北入漢安陽鬵谷水出西南北入漢案南鄭今陝

西縣屬漢中府後漢書注故城在今縣東北安陽今陝西洋縣東北地太平寰宇記洋州眞符縣本安陽地是也云其尾入江漢者水經沔水東過南鄭縣南注云漢水右合池水水出旱山俗謂之獠子水又水經沔水東過魏興安陽縣南涔水出自旱山北注之是沱水涔水尾俱入沔沔卽漢也入沔之處當在今陝西洋縣二水皆出旱山首不從江出與爾雅不合故鄭云首不於此出也云江原有鄙江首出江云云者地理志江原鄙水首受江南至武陽入江太平寰宇記云鄙江一名皁里水自青城縣南流逕溫江縣入江原界今曰南江也案地理志犍爲郡有武陽縣故城在今四川眉州彭城縣東十里鄭以其首受江疑爲沱也又云潛蓋漢西出嶓冢東南至巴郡江州入江者漢水卽漾水見下嶓冢道漾疏地理志巴郡宕渠潛水西南入江水經云潛水出巴郡宕渠縣注云潛水蓋漢水枝分潛出故受其稱今爰有大穴潛水入焉通岡山下西南潛出謂之伏水或以爲古之潛水引鄭氏此注劉逵注蜀都賦云禹貢梁州云沱潛既道有水從漢中沔陽縣南流至梓潼漢壽

縣入穴中通岡山下西南潛出今名復水舊說云禹貢潛水也書疏引郭氏音義云有水從漢中沔陽縣南流至梓潼漢壽入大穴中通岡山下西南潛出一名沔水舊俗云即禹貢潛也史記正義引括地志云潛水一名復水源出利州緜谷縣東龍門山大石穴下元和郡縣志云緜谷縣潛水出東北龍門山書曰沱潛既道是也案宕渠縣故城在今四川渠縣界渠江在縣東即此水也然則鄭注所云潛即漢西出嶓冢者是也**蔡蒙**

旅平【注】鄭康成曰地理志蔡蒙在漢嘉縣【疏】鄭注見史記集解引地理志者漢志蜀郡青衣有禹貢蒙山鄭云在漢嘉者青衣應劭注漢志云順帝更名漢嘉也案青衣今四川雅州府名山縣地鄭以蔡蒙爲一山僞傳誤云二山疏云蔡山不知所在蓋本無此山也旅當讀如論語旅於泰山之旅漢書班固述贊曰大夫臚岱史記六國表曰位在藩臣而臚于郊祀故釋文引韋音盧也**和夷**

厎績【注】馬融曰和夷地名也鄭康成曰和夷和上夷所

居之地也和讀曰桓地志曰桓水出蜀郡蜀山西南行羌中者也【疏】馬注見史記集解鄭注見水經桓水注云和讀爲桓者如淳注漢書云陳留之俗言桓聲如和是也引地志者漢地理志蜀郡禹貢桓水出蜀山西南行羌中入南海或云桓水郎大金河江入蕃地南海厥土青黎【注】史遷黎爲驪馬曰黎小疏也【疏】史公黎爲驪者詩傳云純黑曰驪馬注見釋文云小疏者蓋前釋豫州壚爲疏疏故此云小疏郎小龘也釋名云土青曰黎似黎草色也厥田惟下上厥賦下中三錯【注】鄭康成曰三錯者此州之地有當出下下之賦者少耳又有當出下上中下者差復益少【疏】鄭注見書疏江氏聲云經言三錯是正賦之外襍出三等而正賦下中之下止有下下一等故知并其上二等爲三錯僞傳乃謂賦第八等襍出第七第九則是襍出二等并正賦

爲三等鄭以他州言錯者皆是正賦之外別出一等此
言三錯明是正賦之外別爲三等矣若并正賦爲三等
則當言再錯不言三錯傳說非也云差復益少者正賦
下中間有出下下者但少耳又或有出下上者亦少差
而上之又有出中下者復益少也書
疏作益小當爲益少古小少通字
厥貢璆鐵銀鏤砮
磬注馬融璆作鏐鄭康成曰黃金之美者謂之鏐鏤剛
鐵可以刻鏤也疏釋文璆一作鏐馬同釋器云黃金謂
之璗其美者謂之鏐注云鏐卽紫磨
金鐵者說文云黑金也銀者釋器云白金謂之銀鏤者
說文云剛鐵可以刻鏤夏書曰梁州貢鏤砮者說文云
石可以爲矢鏃夏書曰梁州貢砮丹丹當爲砮也華陽
國志云臺登縣山有砮石火燒成鐵剛利禹貢厥賦砮
是也熊羆狐貍疏熊者釋獸云虎醜說文云獸似豕山居
冬蟄羆者釋獸云如熊黃白文說文同
古文作䍐狐貍者釋獸云貍狐貒貈醜其足蹯其跡厹
說文云狐妖獸也鬼所乘之貍伏獸似貙周禮司裘云

王大射則共熊侯詩云熊羆是裘又云取彼狐貍爲公子裘 織皮西傾因桓是來 注 馬融曰治西傾山因桓水是來言無他道也鄭康成曰織皮謂西戎之國也西傾雍州之山也雍戎二野之間人有事於京師者道常由此州而來桓是隴阪名其道盤桓旋曲而上故名曰桓是今其下民謂是阪曲爲盤也地理志西傾山在隴西臨洮來一作倈 疏 織皮者罽之屬釋言云氂罽也釋文引李巡本氂作毳周書正西昆侖狗國等請令以丹青白旄紕罽龍角神龜爲獻說文罽西胡毳布也紕氐人罽也鄭注周禮巾車云樊與纓皆以五色罽飾之漢書高帝紀八年令賈人毋得衣錦繡綺縠絺紵罽罽禁賈人衣又飾樊纓是以貢之或以爲賤者之服非也經文是爲氏之假音字見下疏馬注見史記

集解云因桓水是來者地理志蜀郡桓水出蜀山西南行羌中入南海水經同注引經文及馬注云余按據書岷山西傾俱有桓水桓水出西傾山更無別流所導者惟斯水爾浮於潛漢而達江沔故晉書地道記曰梁州南至桓水西抵黑水東限扞關今漢中巴郡汶山蜀郡漢嘉江陽朱提涪陵陰平廣漢新都梓潼犍爲武都上庸魏興新城皆古梁州之地自桓水以南爲夷書所謂和夷底績也然所可當者惟斯水與江耳桓水蓋二水之別名爲兩川之通稱矣則酈道元與班氏馬氏以因桓爲桓水來無他道之說同也鄭注見水經桓水注及史記集解酈氏既引其說又駁之云斯乃元之別致恐乖尚書因桓之義非浮潛入渭之文案鄭不從班氏說因桓爲桓水者以桓水入南海道不通漢也云桓是隴阪名者讀是爲氏說文云氏巴蜀名山岸脅之旁箸欲落墒者曰氏楊雄賦響若氏隤段氏玉裁讀鄭注是阪以爲今其下民謂坂爲是曲爲桓也鄭引地理志者漢志隴西郡臨洮洮禹貢西傾山在縣西臨洮

浮于潛逾于

今甘肅洮州衛山在北來作俫見地理志

沔【注】史遷逾作踰鄭康成曰或謂漢爲沔【疏】經云浮于潛此潛水卽郭氏音義所云一名沔水者水經漾水注引劉澄之說同又引庾仲邕言漢水自武遂川南入蔓葛谷越野牛逕至關城合西漢水故諸言漢者多言西漢水至葭萌入漢注又云漢水有二源始源曰沔又云東西兩川俱受沔漢之名沔水注云沔水一名沮水庾仲雍云是水南至關城合西漢水又東北合沮口同爲漢水之源也故如淳曰此方人謂漢水爲沔水案地理志武都郡武都東漢水受氏道水一名沔志所云氏道水卽漾水也志于沮水云至河南入江不云沔然江卽沔也故說文以沮水爲沔水葭萌今四川昭化縣郭氏庾氏所云潛水通西漢者在是卽經所謂浮潛入沔之水也或以水經云漾水至葭萌縣東北與羌水合謂羌水出臨洮一名白水卽指爲桓水水道則通但與班氏所說桓水鄭氏所說桓氏之義俱不合鄭注見史記集解水經桓水注云自西傾至葭萌入于西漢卽鄭元之所謂潛水者也自西漢遡流而屆於晉壽界阻漾枝津南歷岡穴

迆邐而接漢書所謂浮潛而逾沔矣說見前疏入于渭亂于河**疏**沔不通渭故經文言逾水經桓水注云沔歷漢川至南鄭縣屬於褒水遡褒暨於衙嶺之南谿水枝灌於斜川屆於武功而北達於渭水此乃水陸之相關川流之所經復不乖禹貢入渭之字實符尚書亂河之義也是酈氏以斜水入渭褒水入沔謂沔渭相通恐未必是禹迹也亂者釋水云正絶流也水經渭水又東過華陰縣北東入於河注云春秋之渭汭也案華陰今陝西縣

黑水西河惟雍州**注**鄭康成曰雍州界自黑水而東至于西河**疏**釋地云河西曰雍州書疏引李巡云河西其氣蔽雍受性急凶故云雍雍壅也釋名云雍州在四山之內雍翳也釋文引太康地記云雍州兼得梁州之地西北之位陽所不及陰氣雍閼故取名焉呂氏春秋有始覽云西方爲雍州秦也黑水或以爲瀘江或以爲滇池皆失之書疏引水經云黑水出張掖雞山至敦煌過三危山南流入於南海今水經鈌此文此云南海及海皆郎居延海之屬

在張掖之南者案張掖郡治觻得縣今甘肅甘州府城
是也鄭注見公羊莊十年疏及史記索隱引地說云三
危山黑水出其南者
似非張掖之黑水
弱水既西**注**鄭元曰衆水皆東此
獨西流故記其西下也弱一作溺**疏**地理志張掖郡刪
丹桑欽以爲弱水
自此西至酒泉合黎說文作溺水云溺水自張掖刪丹
西至酒泉合黎餘波入于流沙桑欽所說又云屾山溺
水所出此屾山即雜山
刪丹今甘肅山丹縣
涇屬渭汭**注**馬融曰屬入也鄭
康成曰涇水渭水發源皆幾二千里然而涇小渭大屬
于渭而入于河地理志云涇水出今安定涇陽西幵頭
山東南至京兆陽陵行千六百里入渭**疏**渭汭者說文
云汭水相入
也鄭注召誥云汭隈曲中也此渭汭即今陝西高陵縣
地馬注見釋文云屬入者鄭注士冠禮云屬注也注即

入也鄭注見詩谷風疏及史記集解云涇水渭水發源
皆幾二千里者地理志隴西郡首陽渭水所出東至船
司空入河過郡四行千八百七十里雍州𣶒過郡四者
隴西天水右扶風左馮翊也地理志安定郡涇陽幵頭
山在西禹貢涇水所出東南至陽陵入渭過郡三行千
六百里雍州川過郡三者安定右扶風左馮翊也案涇
陽縣在今甘肅平涼府城西陽陵故城在今陝西高陵
縣西南涇水在縣東入渭鄭云屬于渭而入于河者渭
水至船司空入河在今陝西華陰縣東北

漆沮既從

疏 漆沮即滹水也說文滹水出北地直路西
東入洛水經地理志俱作沮水經云東過馮翊祋祤縣
北東入洛地理志北地郡直路沮水出西東入洛左馮
翊懷德洛水東南入渭案漢直路縣在今陝西中部縣
西北二百里懷德縣在今陝西富平縣西水經云渭水
又東過華陰縣北注云洛水入焉闞駰以爲漆沮之水
也水經沮水注云沮水東注鄭渠濁水與沮水合俗謂
之漆水又謂之爲漆沮水絕白渠逕萬年縣故城北其
水又南屈更名石川水又西南與白渠枝渠合又南入

於渭水也案今石川河至富平縣南入渭卽此水是漆沮濾水洛水一也說文又有漆水出右扶風杜陵岐山東入渭一日入洛卽地理志在漆縣西之漆水詩縣所云自土沮漆者但經文于涇屬渭汭下云漆沮旣從似以濾水從洛入渭爲是若此漆入渭又在上流水經云漆水出杜陽縣俞山東北入于渭渭水注云渭水又東逕雍縣南雍水注之雍水東南流與橫水合水出杜陽山其水南流謂之杜陽川東南流左會漆水水出杜陽縣之漆谿謂之漆渠徐廣日漆水出杜陽之岐山者也詩潛云猗與漆沮傳云漆沮岐周之二水也案此漆水在今陝西岐山縣

灃水攸同

注　灃一作酆攸一作逌

疏　地理志右扶風鄠酆水出東南北過上林苑入渭作酆水經渭水東過槐里縣東豐水從南來注之注云豐水出豐谿西北流分爲二水一水東北流爲枝津一水北逕靈臺西又北至石墩注於渭地說云渭水又東與豐水會於短陰山內水會無他高山異巒惟有原阜石激而已案今豐水在陝西咸陽縣東南入渭同者說文云合會也攸作逌

見地理志荊岐既旅疏地理志左馮翊褱德禹貢北條荊山在南下有彊梁原右扶風美陽禹貢岐山在西北案褱德縣今陝西富平縣美陽今扶風縣也終南惇物至于鳥鼠注鄭康成曰地理志終南惇物皆在右扶風武功也疏地理志右扶風武功太壹山古文以爲終南岳山古文以爲敦物案武功今陝西郿縣太壹山今名太白山在縣東南岳山今名武功山在縣東南俗呼敖山敖岳聲之轉今本地理志岳岳或誤作垂鳥鼠見後疏鄭注見史記集解

原隰厎績至于豬野注鄭康成曰詩云度其隰原卽此原隰是也原隰豳地從此致功西至豬野之澤也地理志都野在武威名曰休屠澤野一作埜疏釋地云下溼曰隰廣平曰原又曰可食者曰原下者曰溼鄭注見書疏及史記集解云詩云度其隰原卽此原隰者見詩公劉篇當是豳

地今陝西邠州及三水縣是其處也鄭又引地理志者漢志武威縣休屠澤在東北古文以爲豬壄澤野作埜即壄省文武威縣今甘肅鎮番縣地**三危既宅**【注】史遷宅作度鄭康成曰河圖及地說云三危山在鳥鼠西南與岐山相連當岷山則在積石之東南【疏】三危者禹貢山水澤地所在云在燉煌縣南史記正義引括地志云在沙州燉煌縣西南四十里春秋左氏昭九年傳云允姓之姦居于瓜州注云允姓之祖與三苗俱放于三危地理志燉煌郡引杜林以爲古瓜州地則是燉煌有三危山據古說也燉煌今甘肅燉煌縣鄭注見史記集解及書疏引地說者書疏作地記書三危既不見于地理志故鄭別引地說也太平御覽地部引河圖括地象曰三危山在鳥鼠之西南與汶山相接即鄭所據也郡國志隴西郡首陽縣注地道記曰有三危三苗所處案首陽爲今甘肅渭源縣則此三危與燉煌之三危非一山也鄭又云當岷山則在積石之東南蓋班氏不記

後世失其名也水經江水又東過江陽縣南雒水從三
危山東道廣魏雒縣南東南注之注云山海經不言雒
水所導經曰三危山所未詳案此即地說所云與岷
山相連者雒縣今四川漢州也三危山疑在此近地三
苗丕敘【注】史遷丕作大厥土惟黃壤厥田惟上上厥賦
中下厥貢惟球琳琅玕【注】史遷球作璆琳一作玲鄭康
成曰球美玉也琳美石也琅玕珠也【疏】史遷球作璆者說文球玉磬也
或作璆琳釋文云字亦作玲說文云玪塾石之次玉者
故鄭以爲美石也琅玕釋文云似珠者禹貢雝州球琳
琅玕古文作玾鄭注見詩韓奕疏浮于積石至于龍門西河會于渭汭
【疏】地理志金城郡河關積石山在西南羌中水經禹貢
山水澤地所在同史記正義引括地志云積石山今
名小積石山在河州枹罕縣西七里案河關及枹罕皆
在今甘肅河州山在河州西北七十里也地理志馮翊

夏陽龍門山在北史記正義引括地志云龍門山在同州韓城縣北五十里李奇云禹鑿河水處廣八十步案夏陽今陝西韓城縣山在縣東北八十里西河者史記正義案河在冀州西故云西河**織皮昆侖析支渠搜西戎卽敘**【注】馬融曰崐崘在臨羌西析支在河關西鄭康成曰衣皮之民居此崑崘析支渠搜三山之野者皆西戎也別有昆侖之山非河所出者也搜一作叟【疏】崑崘俗字當爲昆侖析支史記索隱引大戴禮鮮支後漢書西南夷傳作賜支皆音相近渠搜五帝本紀云西戎析支渠廋氏羌搜作廋俗字地理志作叟是也西戎卽序漢書西域傳贊引此云禹就而序之非上威服致其貢物就者詩箋云卽也馬注見釋文云崐崘在臨羌西者戰國趙策蘇秦上書云此代馬胡駒不東而崑山之玉不出也注後志金城臨羌有崑山地理志金城郡臨羌西北至塞外有西王母石室石釜

有弱水昆侖山祠案臨羌在今甘肅西寧府西云析支
在河關西者應邵注漢武紀云禹貢析支渠搜屬雍州
在金城河關之西西戎也馬義同此鄭注見書疏云衣
皮之民以其織皮爲衣以崑崙析支渠搜爲三山者太
平御覽地部引崔鴻十六國春秋云酒泉太守馬岌上
言酒泉南山卽昆侖之體也周穆王見西王母樂而忘
歸卽在此山也山有石室王母堂珠璣鏤飾煥若神宫
是鄭意與馬說同析支亦爲山者後漢書西羌傳云西
羌之本出自三苗羌姓之别也其國近南岳及舜流四
凶徙之三危河關之西南羌地是也濱於賜支至乎河
首緜地千里賜支者禹貢所謂析支者也水經河水又
東入塞過敦煌酒泉張掖郡南注引司馬彪曰西羌者
自析支以西濱於河首左右居也河水屈而東北流逕
析支之地是爲河曲矣是言析支爲河曲之地其地多
山亦爲山名也渠搜爲山者水經河水屈南過五原西
安縣南注云河水自朔方東轉逕渠搜縣故城北地理
志朔方有渠搜縣禮三朝記曰北發渠搜南撫交趾此
舉北對南禹貢之所云析支渠搜矣案渠搜縣在今陝

西懷遠縣北番界中或因山名縣也云別有昆侖之山非河所出者爾雅釋水云河出崑崙墟西山經云東望泑澤河水之所潛也其源泡泡渾渾又云敦薨之水注于泑澤出于崐崘之西北隅實惟河源水經云崑崙墟在西北河水出其東北陬說文丘从北从一一地也人居在丘南故从北中邦之居在昆侖東南虛大丘也昆侖丘謂之昆侖虛是則昆崙山河所出者在中國之西北而此昆侖在正西即周書王會解云正西昆侖等九國孔氏晁注云九者西戎之別名故鄭不以爲河出之山高誘注淮南云鍾山昆崙也是鍾山亦有崑崙之名今陝西塞外陰山也後人于河源所出即名曰崑崙又不與河潛行南出之說合故不引爲經証

禹貢第三中終

尚書今古文注疏卷三

禹貢第三下　虞夏書三

賜進士及第授通奉大夫山東督糧道加三級孫星衍撰

導岍及岐【注】史遷作道九山汧及岐鄭康成曰地理志汧在右扶風也【疏】史公導作道者楊子法言道治也字與導通岍及岐上有九山二字葢孔安國古文也今文亦有之故漢人有三條之說馬鄭本或無岍俗字當從史公爲汧釋水云汧出不流又云水決之澤爲汧葢山以汧得名後人譌作岍也鄭注見史記集解引地理志者漢志右扶風汧縣吳山古文以爲汧山雍州山案汧縣今陝西隴州山在州南七十里至于荊山【注】馬融曰三條導汧北條西傾中條嶓冢南條鄭康成曰四列導汧爲陰列西傾爲次陰列嶓冢爲次陽列岷山爲正陽列【疏】荊山

即前云荆岐既旅之山在漢懷德縣故城在今陜西富平馬鄭注見書疏地理志云懷德禹貢北條荆山馬義所本也

逾于河【注】史遷逾作踰壺口雷首【疏】地理志河東郡蒲反雷首山在南案蒲反即今山西蒲州府雷首山在府南

至于太岳【注】史遷岳作嶽【疏】河東彘縣霍太山稱太岳者因帝都冀州于此确功德也白虎通云嶽之言确也确功德也詩疏引鄭志集問云周都豐鎬故以吳岳爲西岳據此知西周以華岳爲中岳不數嵩高也左氏昭四年傳司馬侯云四岳三塗陽城太室名嵩高爲太室別於四岳之外是周時不以嵩高爲中岳知虞夏時亦然故當以霍太山爲太岳也

砥柱析城至于王屋太行恒山至于碣石入于海【疏】砥柱山名水經禹貢山水澤地所在云砥柱山在河東太陽縣東河中地理志云河東郡濩澤禹貢析城山在西南垣縣禹貢王屋山在東北案濩澤縣在今山西陽城山在縣西南垣縣今山西垣曲山在今河南濟源縣西連

麓至山西垣曲也太行山名地理志河內郡山陽東太
行山在西北水經禹貢山水澤地所在云在野王縣西
北案山陽今河南修武縣山在縣西北野王今河南懷
慶府志云東太行山者錢氏坫云山陽縣在野王之東
也恒山地理志常山郡上曲陽恒山北谷在西北有祠
并州山禹貢恒水所出東入滱水經禹貢山水澤地所
在云恒山爲北岳在常山上曲陽縣西北案上曲陽今
直隸曲陽縣山在縣西北祠內多有漢碑也古恒岳在
此碣石在今奉天臨渝衆縣故城
疑在今昌黎縣界見前冀州疏 西傾朱圉鳥鼠至于
太華注鄭康成曰地理志云朱圉在漢陽南太華山在
宏農華陰南疏地理志天水郡冀縣禹貢朱圉山在縣
南梧中聚隴西郡首陽禹貢鳥鼠同穴
山在西南京兆郡華陰太華山在南有祠豫州山案冀
縣今甘肅伏羌縣朱圉山在縣西南首陽今甘肅渭源
縣鳥鼠山在縣西華陰縣今屬陝西西安府華山在縣
南鄭注見史記集解云朱圉在漢陽者天水郡明帝改

漢陽云太華山在宏農華陰者續志云宏農郡華陰故屬京兆鄭俱據後漢志言之

熊耳外方桐柏至于陪尾【注】史遷陪作負鄭康成曰地理志熊耳在盧氏東外方在潁川嵩高山桐柏山在南陽平氏東南陪尾在江夏安陸東北若橫尾者【疏】地理志宏農郡盧氏熊耳山在東潁川郡嵩高縣武帝置以奉太室山是爲中岳有太室少室山廟古文以爲外方山也南陽郡平氏縣禹貢桐柏太復山在東南淮水出江夏郡安陸橫尾山在東北古文以爲陪尾山案盧氏今屬河南陝州熊耳山在東南嵩高今登封縣中岳卽外方山在縣北平氏今河南唐縣桐柏山在桐柏縣西南安陸今湖北德安府陪尾山在府治東北史公陪作負者史記索隱云負音陪鄭注見史記集解

導嶓冢至于荆山【注】鄭康成曰地理志荆山在南郡臨沮【疏】地理志南郡臨沮禹貢南條荆

山在東北案臨沮今湖北遠安縣荊
山在今南漳縣西鄭注見史記集解

内方至于大别

注 鄭康成曰地理志内方在竟陵名立章山大别在廬江安豐縣

疏 地理志江夏郡竟陵章山在東古文以爲内方山六安國安豐禹貢大别山在西南案竟陵故城在今湖北鍾祥縣南章山在今湖北荊門州南安豐故城在今安徽霍山縣大别山在今霍邱縣西南元和郡縣志云魯山一名大别山在漢陽縣東北一百步此蓋水經注所云古翼際山也唐人謂之大别誤矣鄭注見史記集解以章山爲立章山者續志江夏郡竟陵有立章山本内方鄭據當時山名也又以大别在廬江安豐者續漢志安豐改屬廬江書疏云地理志無大别撿之不密也

岷山之陽至于衡山

注 史遷岷作汶

疏 地理志長沙國湘南禹貢衡山在東南荊州山案湘南今湖南湘鄉縣衡山在今湖南衡山縣西北通典引三禮義宗云唐虞以衡山爲南岳周氏以霍山爲南嶽案崔靈恩說未

是也盎古文尚書以衡山爲南岳今文以霍
山爲南岳耳唐虞周氏恐互誤見堯典疏 過九江至
于敷淺原【注】敷一作傅淺一作滅【疏】地理志豫章郡歷
陵傅易山傅易川
在南古文以爲傅淺原案歷陵今江西德安縣傅易山
在今縣南敷一作傅見史記及漢志史記集解引徐廣
曰淺一作滅疑傅易當
爲傅易與滅聲相近 導弱水【注】鄭康成曰弱水出張
掖弱一作溺至于合黎【注】馬融曰合黎地名鄭康成曰
山名地說云合黎山在酒泉會水縣東北說文𡵨山也
或曰溺水之
所出案郎張掖雞山地理志張掖郡刪丹桑欽以爲道
弱水自此西至酒泉合黎水經禹貢山水澤地所在云
合離山在酒泉會水縣西北案刪丹今甘肅山丹縣弱
水今名山丹河西北流與張掖河合亦曰羌谷水也會
水縣在今甘肅高臺縣西北鄭注弱水云云見史記集
解說本地理志及說文也馬注合黎地名見史記集解

鄭注山名見書疏引地說見史記索隱地理志酒泉會水不載合黎山故馬以爲地名鄭別引地說也地說者卽下地記桑氏欽許氏愼之說所本

餘波入于流沙【注】馬融曰流沙地名鄭康成曰地理志流沙居延縣西北名居延澤地記曰弱水西流入合黎山餘波入于流沙通于南海【疏】馬注見史記集解王逸注楚詞云流沙沙流如水也故馬以爲地名鄭注見史記集解引地理志者漢志張掖郡居延縣居延澤在東北古文以爲流沙案居延縣在今甘肅甘州府治東北一千五百里史記正義引括地志云龍門山一名合黎一名窮石山在甘州刪丹縣西南七里淮南子云弱水源出窮石山又云合黎一名羌谷水一名鮮水一名覆表水今名副投河亦名張掖河南自吐谷渾界流入甘州張掖縣今案合黎水出臨路松山東而北流歷張掖故城下又北流經張掖縣三十三里又北流逕合黎山折而北流逕流砂磧之西入居延海行千

五百里合黎山在張掖縣西北二百里也云通于南海者淮南地形訓云弱水出自窮石至于合黎餘波入于流沙南至南海謂流沙迤南之澤即括地志之居延海也

導黑水至于三危入于南海

【注】鄭康成曰地理志益州滇池有黑水祠而不記此山水所在地記曰三危山在鳥鼠之西南而南當岷山又在積石之西南當黑水祠黑水出其南脇今中國無也

【疏】黑水書疏引酈道元水經黑水出張掖雞山南流至敦煌過三危山南流入于南海太平御覽地部引張掖記曰黑水出縣界雞山亦名元圃有娀氏女簡狄浴于元巨之水即黑水也史記正義引括地志云黑水源出伊吳縣北百二十里又南流二十里而絕三危山在河州燉煌縣東南四十里案地理志有張掖郡又有張掖縣屬武威水經所云張掖及張掖記皆指郡境也即今甘州府治說文屼山溺水所出即雞山黑水亦

出于此山丹縣西南窮石山即岍山也三危山在燉煌即今甘肅敦煌縣黑水經此入南海經云南海者即居延海之屬史記大宛傳索隱引太康地記云河北得水爲河塞外得水爲海也故地理志羌谷水亦云北至武威入海不謂大海也孔氏書疏以爲越河入海張守節以南海爲揚州東大海謂黑水合從黄河而行河得入于南海俱失之矣鄭氏亦謂中國無此河泥地說三危在鳥鼠西南不用燉煌有三危之說也考地理志張掖郡觻得羌谷水出羌中東北至居延入海其水逕甘州府城東北與山丹河合又西北逕高臺縣東北又東北流一千五百餘里入流沙匯爲二澤東北爲居延澤疑羌谷水即水經注張掖記之所稱黑水也括地志所云伊吾縣今爲哈密出美瓜左傳所謂瓜州允姓之戎所居正三苗所竄之三危故楚詞天問云黑水元阯三危安在設詞以問天非竟不知其處也鄭注見史記集解又見通典州郡篇及書疏云益州滇池有黑水祠者地理志益州滇池有黑水祠鄭求黑水之入南海故及之又以三危在鳥鼠之西南者漢書司馬相如傳注引張

揖曰三危山在鳥鼠山之西與岷山相近黑水出其南陂引此經是與鄭說同也云疑中國無此水者甘肅之黑水亦在塞外此黑水鄭亦知絶遠不足當雍梁黑水矣

導河積石

注 馬融曰北條行河中條行渭洛濟淮南條行江漢

疏 釋水云河出崑崙虛經言積石者據禹所導言之且河自蒲昌海潛行地下至是始出不溯其源聖人闕所不見也漢書西域傳云蒲昌海一名鹽澤去玉門陽關三百餘里廣袤三百里其水停居冬夏不增減皆以爲潛行地下南出於積石爲中國河云案鹽澤在今鎮西府闢展巡撿司西南地理志云金城郡河關積石山在西南羌中河水行塞外東北入塞內至章武入海過郡十六行九千四百里案河關在今甘肅河州西北山在州西北七十里河水過郡十六者金城天水武威安定北地朔方五原雲中定襄雁門西河上郡河東馮翊河南河內東郡平原千乘其十九郡也後漢書段熲傳云羌寇隴西金城塞熲追之遂至河首積石山出塞二千餘里此積石之見于史者水經禹

貢山水澤地所在云積石山在隴西河關縣南亦同史
說惟水經河水條云河水南至積石山下有石門又南
入蔥嶺山酈氏道元注云河自蒲昌海潛行地下南出
積石而經文在此似如不比積石宜在蒲昌海下矣唐
人疑積石有二以大積石在吐谷渾界小積石在河州
謂卽禹貢浮于積石至于龍門者見史記正義引括地
志恐誤認段頰傳至河首積石山出塞二千餘里之言
指一山以當積石猶後人尋得河源卽指一山以當崑
侖非古說也段頰傳云出塞二千餘里葢言追羌至積
石又出塞二千餘里非積石在塞外二千餘里也馬氏
注見黃庶書說二卷道
水亦如道山分三條也　至于龍門南至于華陰東至于
砥柱【注】鄭康成曰地說河水東流貫砥柱觸閼流今世
所謂砥柱者葢乃閼流也砥柱當在西河未詳也【疏】水經
山水澤地所在云砥柱在河東太陽縣東河中薛綜注
東京賦云底柱山名也在河東縣東南向居河中猶柱

然也案太陽縣在今山西平陸縣東北砥柱一名三門在河南陝縣東北五十里鄭注見水經河水注以地說貫砥柱當在西河者地理志河東郡大陽不載砥柱故疑其在西河也水經河水東過大陽縣南又東過砥柱間注引鄭氏說而云非是酈氏以三門爲砥柱五戸灘爲闕流恐非西漢已前之說也

又東至于孟津【注】史遷孟作盟【疏】孟津亦作盟津者孟盟聲相近水經云河水東過平縣北注云河南有鈎陳壘河水至斯有盟津之目又曰富平津又謂之爲陶河薛綜注東都賦云孟津四瀆之長引尚書作盟津云地名在洛北都道所湊古今以爲津案平縣在今河南孟津縣西北

東過洛汭至于大伾【注】史遷伾作邳一作坯鄭康成曰山一成曰伾地喉也沇出伾際矣然則大伾在河南修武武德之界濟沇之水與滎播水出入自此【疏】洛汭在今河南鞏縣水經云河水又東過鞏縣

北洛水從縣西北流注之注云洛水於鞏縣東逕洛汭
北對琅邪渚入于河謂之洛口矣案鞏故城在今河南
鞏縣西南三十里伾史公作邳書釋文云一作岯或作
伾者岯俗字伾即邳之譌字也說文作坯云丘再成再
當作一水經河水又東過成皋縣北注云河水又東逕
成皋大伾山下爾雅曰山一成謂之伾許慎呂忱等並
以爲丘一成也孔安國以爲再成曰伾亦或以爲地名
非也又云成皋縣之故城在伾上案成皋故城今在河
南汜水縣西一里大伾山上則虎牢連麓大伾也漢書
集注臣瓚云今修武武德無此山也成皋縣山又不一
成也今黎陽縣山臨河豈是與案大伾在河南薛瓚求
之河北修武武德之界故無此山一成之山最卑瓚又
疑爲高山故以成皋山不一成指黎陽大山當之云豈
是尚是疑詞隋地理志黎陽有大伾山遂承薛氏之誤
案即今河南濬縣東南二里黎陽山山甚高不止一成
唐洪經綸刻石名爲大伾俱不足據鄭注見溝洫志注
及水經河水注云山一成曰伾者見前疏云地喉者後
文引地說大陸爲地腹此爲地喉知亦本地說也云沇

出伾際者水經云濟水當鞏縣北南入於河與河合流又東過成皐縣北又東過滎陽縣北又東至礫谿南東出過滎澤北注云晉地道志曰濟自大伾入河與河水鬭南泆爲滎澤故鄭云流出伾際下又云濟流之水與滎播澤出入自此也云大伾在河內修武武德之界者謂在修武之西武德之東以北岸山言之云在成皐南岸也修武河南縣今屬懷慶府武德縣故城在今河南武陟縣東

北過降水至于大陸

【注】史遷說爲北載之高地過降水至于大陸鄭康成曰地說云大河東北流過降水千里至大陸爲地腹地理志曰大陸在鉅鹿絳水在安平信都南如志之言鉅鹿與信都相去不容此數也水土之名變易世失其處見降水則以爲絳水故依而廢讀或作絳字非也今河內

共北山淇水共水出焉東至魏郡黎陽入河近所謂降
水也降讀當如郕降於齊師之降聲轉爲共葢周時國
有地者惡言降故改云共耳今河所從去大陸遠矣館
陶北屯氏河其故道與【疏】降水鄭以爲共水大陸班氏
固以爲鉅鹿疑俱非也呂氏
春秋有始覽云晉之大陸注云魏獻子所居又云趙之
鉅鹿注云廣阿澤也則周秦已前人皆不以大陸爲鉅
鹿左氏定元年傳魏獻子田于大陸焚焉還卒於甯注
云禹貢大陸在鉅鹿北嫌絶遠疑此田在汲郡吳澤荒
蕪之地水經淇水注引晉書地道記曰朝歌城本沬邑
也殷王武丁始遷居之爲殷都也紂都在冀州大陸之
野即此矣則此大陸即魏獻子所田之處案修武今河
南縣與成皋接界是大陸在河南懷慶府境內去直隸
之鉅鹿絶遠水經濁漳水注爲調停其說云自甯迄於
鉅鹿出於東北皆爲大陸案釋地云高平曰陸大陸曰

皐尋大陸當是高平之土不合以鉅鹿澤當之河渠志云禹以爲河所從來者高水湍悍難以行平地數爲敗乃厮二渠以引其河北載之高地過降水至于大陸是史公以高地釋大陸亦不得以爲鉅鹿澤也且據鄭氏以屯氏河爲大河故道屯氏河不經鉅鹿澤也自大河屢徙故道不可復考姑存古說之在班氏前者以爲經証史公說見上疏鄭注見水經濁漳水注鄭注云云者據地說駁班氏以絳水爲禹貢降水之失也云如志之言大陸在鉅鹿者地理志鉅鹿郡鉅鹿禹貢大鹿澤在北信都國信都縣故章河故虖池皆在東北入海禹貢絳水亦入海案鉅鹿縣在今直隸平鄉境信都縣在今直隸冀州東北相去四百餘里不得如地說之言有千里故云不容此數也云河內北共山淇水出者地理志河內郡共縣北山淇水所出東至黎陽入河說文淇水出河南共北山東入河或曰出隆慮西案黎陽今濬縣淇水故道在此入河漢志無共水疑即淇水以出共山亦名共水也云館陶北屯氏河其故道者地理志魏郡鄴縣故大河在東北入海館陶縣河水別出爲屯氏河

東北至章武入海過郡四行千五百里水經河水注云河之故瀆自沙丘堰南分屯氏河出焉又云一水分大河故瀆北出爲屯氏河逕館陶縣東東北出案館陶今山東縣屬東昌府衛河所經即隋之永濟渠漢之屯氏河也溝洫志云道河北行二渠復禹舊迹又云自塞宣房後河復北決於館陶分爲屯氏河東北逕魏郡清河信都勃海入海是班氏以河故道在鄴東謂屯氏以爲塞宣房後別出之河鄭則以屯氏爲禹河故迹與班說亦異也河至天津入海即漢章武地今濬縣滑縣開州內黃清豐南樂大名元城冠縣館陶堂邑清平清河博平高唐平原德州青縣靜海天津皆大河故瀆所經蓋自周時河徙至漢王莽時絕則今山東海豐入海之河俗稱老黃河衛河在其東北入海故鄭氏以爲禹河故瀆

又北播爲九河【注】鄭康成曰播散也同爲逆河入于海【注】鄭康成曰下尾合名曰逆河言相逆受也【疏】又北者水經河水又東北過黎陽縣南注云河水舊於白馬縣南泆

通濮濟黃溝又云故瀆東逕白馬縣之涼城北又東南逕濮陽縣散入濮水又云河水又東北爲長壽津河之故瀆出焉漢書溝洫志曰河之爲中國害尤甚故導河自積石歷龍門釃二渠以引一則漯川即今所流一則北瀆王莽時空故世俗名是瀆爲王莽河也故瀆東北逕戚城西又逕繁陽縣故城東北逕陰安縣故城西又東北逕昌樂縣故城東又東北逕平邑郭西又東北逕元城縣故城西北而至沙丘堰堰者障水也尚書禹貢曰北過降水不遵其道曰降亦曰潰至於大陸北播爲九河風俗通曰河播也昔禹治洪水播爲九河自此始也案禹河最不可考在沙丘堰已南之地故備載水經注以諗後人涼城今河南滑縣戚城今直隸開州繁陽今河南內黃陰安今直隸清豐昌樂平邑皆今直隸南樂縣元城今直隸大名府沙丘在府治北舊說河自此分爲九河也水經注引經北過絳水云不遵其道曰降亦曰潰則是古文書說亦有不以降水爲水名者與班鄭俱異也逆一作迎者河渠書溝洫志皆作同爲迎河入于勃海地理志勃海郡莽曰迎河南皮縣莽曰迎河

亭初學記云逆迎也言海口有朝夕潮以迎河徐堅初唐人疑亦引鄭說也以不明言鄭注故不附于經入海者地理志金城郡言河至章武入海魏郡屯氏河亦言章武入海章武屬勃海郡今直隷滄州薛瓚則云禹貢夾右碣石入于河則河入海乃在碣石元光三年河徙從東郡更注勃海禹時不注勃海也水經注云河之入海舊在碣石今川流所導非禹瀆也鄭注見詩般正義及史記集解云播散者淮南要略篇云禹剔河以道九岐注云九岐河水播岐爲九以入海也說文云播布也案播聲相近布猶布散也云下尾合名曰逆河者勃海郡及南皮王莽皆有迎河之名是本古說則鄭以禹河入海在勃海勃海距碣石五百餘里鄭不以迎河在碣石也

嶓冢導漾東流爲漢【注】史遷漾作瀁鄭康成曰地理志瀁水出隴西氐道至武都爲漢至江夏謂之夏水漾一作養【疏】史公漾作瀁者地理志作養說文漾古文作瀁養蓋省文鄭注見史記集解引地理志者

漢志隴西氐道禹貢養水所出東至武都爲漢西縣禹貢嶓冢山在西西漢水所出南入廣漢白水南郡華容夏水首受江東入沔行五百里常璩漢中志云漢源有二東源出武都氐道漾山因名漾西源出隴西嶓冢山會白水經葭萌入漢始源曰沔故曰漢沔案氐道在今甘肅上邽下辨北西縣在今甘肅秦州西華容在今湖北荆州府治東南云至武都爲漢過江夏謂之夏水者地理志武都郡武都縣東漢水受氐道水一名沔過江夏謂之夏水水經沔水出武都沮縣東狼谷中注云沔水一名沮水又云沔水又東南逕沮水戍而東南流注漢曰沮口所謂沔漢者也引此文又云庾仲雍云是水南至關城合西漢水又東北合沮口同爲漢水之源也又云漾水至漢中爲漢水案沮縣在今陝西畧陽縣東南又水經夏水云夏水出江津於江陵縣東南東過華容縣南又東至江夏雲杜縣入于沔注云應劭十三州記曰江別入沔爲夏水源夫夏之爲名始於分江東竭夏流故納厥稱今按夏水是江流沔非沔入夏自堵口下沔水通兼夏目而合于江謂之夏汭也案雲杜縣

今在湖北天門縣西北水經注云漾水至漢中爲漢水則漾水至陝西畧陽爲漢至湖北天門縣爲夏水也

又東爲滄浪之水【注】鄭康成曰滄浪之水言今謂夏水來同故世變名焉卽漢河之別流也漁父詞曰滄浪之水清兮可以濯吾纓是此水也【疏】鄭注見水經夏水注史記集解引馬融說同以滄浪爲夏水者水經夏水注引劉澄之永初山川記云夏水古文以爲滄浪水漁父所歌也史記正義引括地志云均州武當縣有滄浪水庾仲雍漢水記云武當縣西四十里漢水中有洲名滄浪洲也地記云水出荆山東南流爲滄浪水案武當今湖北縣

過三澨至于大別【注】馬融曰三澨水名也鄭康成曰三澨在江夏竟陵之界【疏】水經禹貢山水澤地所在云三澨地在南郡邔縣之北沱說文澨埤增水邊土人所止者夏書曰過三澨水經注云服虔或謂之

邑或又謂之地京相璠杜預亦云水際及邊地名也惟鄭元及劉澄之言在竟陵縣界經云郘縣北沱然沱流多矣論者疑焉而不能辨其所在郘縣故城在今湖北宜城縣東北竟陵今天門縣據說文爲水邊土人所止也非地名不必求其所在也馬注見水經山水澤地所在注鄭注見史記集解史記索隱云今竟陵有三參水俗云是三澨水參音去聲大別鄭于導山以爲在安豐此不注者亦必以在安豐漢志續漢志同京相璠亦曰大別漢東名山在安豐縣南杜預酈道元皆不信其說又不能言其所在然酈氏于水經決水出廬江雩婁縣南大別山注云俗名爲檀山峴蓋大別之異名也案雩婁在安豐縣南不信漢所至之大別在安豐何也自元和郡縣志始以漢陽江側之魯山當之唐已前無是說也酈氏沔水注按地說言漢水東行觸大別之阪南與江合則與尚書杜預相符但今不知所在矣据此知酈氏亦不以魯山爲大別或言漢水觸大別之阪阪者山脉之靡迤不盡者耳非直至山下也

南入于江

疏　水經沔水南至江夏沙羨縣北南入于江沙羨

縣在今湖北嘉魚縣東北東匯澤爲彭蠡東爲北江入于海注鄭康
成曰匯回也漢與江鬭轉東成其澤矣疏鄭注見水經沔水注云匯
回者一切經音義三引蒼頡云匯水回也廣雅釋詁云
匯大也足以增足鄭義成澤之說彭蠡見前經云東爲
北江者水經沔水與江合流又東過彭蠡澤又東北出
居巢縣南又東過牛渚縣南又東至石城縣分爲二其
一東北流其一又過毗陵縣北爲北江注云經所謂石
城縣者即宣城郡之石城縣也牛渚在姑孰烏江兩縣
界中於石城東北減五百許里安得逕牛渚而方届石城也葢經之謬誤也北江入海見前三江疏岷山
導江東別爲沱注史遷岷作汶一作醫一作崏疏地理志成
都郡湔氏道禹貢崏山在西徼外江水所出東南至江
都入海過郡七行二千六百六十里說文云醫山在蜀
湔氏西徼外江水出蜀湔氏徼外崏山入海則崏岷即
醫省字也楚詞作汶地理志汶江縣亦作汶借字也案

湔氐道今四川茂州東北地山在今龍安府松潘同知城北邊外江水出山之羊膊領有二源過郡七者蜀郡犍爲巴郡長沙江夏廣陵也東別爲沱者地理志成都郡郫縣禹貢江沱在西東入大江汶江縣江沱在西東入海水經禹貢山水澤地所在云益州沱水在蜀郡汶江縣西南其一在郫縣西南皆還入江案郫今四川縣屬成都府沱即郫江自四川灌縣西南分江至瀘州復合者汶江縣今爲茂州驗無此水保縣東南有玉輪江疑是沱故瀆水經江水注云江水歷氐道縣北又逕汶江道又東別爲沱開明之所鑿也開明七國時人當因禹迹鑿深之酈氏以此爲江沱然不自江出故鄭欲以鄰水當之也詳見前疏

又東至于澧

史遷澧作醴馬融曰澧水名鄭康成曰醴陵名也大阜曰陵長沙有醴陵縣其以陵爲名乎此經自導弱水已下其過言會者皆是水名言至于者或山或澤皆非水

名疏馬注見史記集解云水名者水經澧水東至長沙下雋縣西北東入于江注云澧水流注於洞庭湖又水經云江水又東至長沙下雋縣北澧水沅水資水合東流注之案澧水注湘由湘達江在今洞庭湖北故馬氏以爲水名也鄭注見史記集解及書疏云大皁曰陵者爾雅釋地文云長沙有醴陵縣者郡國志長沙郡有醴陵蓋後漢分地理志臨湘縣之南境所置臨湘今湖南長沙府治下雋今在湖北通城縣西

過九江至于東陵疏地理志廬江金蘭西北有東陵鄉水經禹貢山水澤地所在云東陵在廬江金蘭縣西北水經注江水又西北逕下雉縣江水又東右得蘭溪水口又東左得青林口江水左傷青林湖水出廬江郡之東陵鄉江夏有西陵縣故是言東矣尚書云江水過九江至於東陵者也西南流水積爲湖湖上有青林山案下雉在今湖北興國州東南水經決水注云灌水導源廬江金蘭縣西北東陵鄉大蘇山錢氏坫曰大蘇山卽東陵在今河南固始縣南

東迆北會于匯注馬融曰迆靡也鄭

康成曰東迆者爲南江迆一作池【疏】說文云池袲行也引此文馬注見釋文云迆靡者鄭司農注考工記迆讀爲倚移從風之移文選甘泉賦注云迆靡相連貌也鄭注見史記集解云東迆者爲南江者地理志丹陽郡石城分江水東至餘姚入海會稽郡吳縣南江在南東入海水經沔水注沔水東至石城縣分爲二其一東北流注云地理志曰江水自石城東出逕吳國南爲南江江水自石城東入爲貴口東逕石城縣北又東逕宣城之臨城縣南又東逕安吳縣又東逕寧國縣南又東逕故鄣縣南安吉縣北又東北爲長瀆歷湖口南江東注於具區謂之五湖口據此則鄭以會于匯爲入于具區也迆一作池見地理志及說文

東爲中江入于海【疏】中江水今絕流已見前三江疏

導沇水東流爲濟入于河溢爲滎【注】史遷溢爲泆鄭康成曰地理志沇水出河東東垣王屋山東至河內武德入河泆爲滎

濟一作泲溢一作軼**疏**史公溢爲泆者鄭注周禮引經亦作泆漢志作軼說文云溢器滿也廣雅釋詁云出也義相同泆者說文云水所蕩泆也莊子釋文泆本或作溢是溢泆本通字作軼者文選西都賦注引三蒼云從後出前也亦滿出之義鄭注見史記集解引地理志者漢志河東東垣縣王屋山在東北沇水所出東南至武德入河軼出滎陽北地中又東至琅槐入海過郡九行千八百四十里水經云濟水出河東垣縣東王屋山爲沇水又東至温縣西北爲濟水又云又南當鞏縣北入於河與河合流又東過成皋縣北又東過滎陽縣北又東至礫谿南東出過滎澤北注云釋名曰濟濟也源出河北濟河而南也晉地道志曰濟自大伾入河與河水鬬南泆爲滎澤見上疏東出于陶丘北**注**鄭康成曰地理志陶丘在濟陰定陶西北出一作至**疏**說文云陶丘再成也在濟陰夏書曰東至于陶丘引出字作至鄭注見史記集解引地理志者漢志濟陰郡定陶禹貢陶丘在西南水經

云濟水過定陶縣南又屈從縣北流注云南濟也又東
北合菏水水上承濟水於濟陽縣東世謂之五丈溝又
東逕陶丘北墨子以爲釜丘也尚書所謂道菏
水自陶丘北謂此也案陶丘在今山東定陶縣**又東至**
于菏 **疏** 水經濟水東至乘氏縣西分爲二其一水東南
流一水從縣東北流入鉅野澤又云其一水東
南流者過乘氏縣南又東過方與縣北爲菏水案**又東**
乘氏縣今山東曹州府治方與縣今山東魚臺縣
北會于汶 **疏** 水經濟水至乘氏縣西分爲二其一水從
縣東北流入鉅野澤又東北過壽張縣西
界安民亭南汶水從東來注之注云戴延之所謂清口
也郭緣生述征記曰清河首受洪水北注濟或謂清郎
濟也禹貢濟東北會於汶今枯渠注鉅澤北則清口
水與汶會也桑欽曰汶水出泰山萊蕪縣西南入濟是
也案壽張故城在今山東東平州西**又北東入于海** **注**
南去縣五十里有安山鎮即安民亭
史遷北東作東北 **疏** 合汶之濟入河一水東南流合菏
之濟入淮此云入海謂入汶之濟

也水經云濟水又東過甲下邑入於河注云濟水東北至甲下邑南東歷琅槐縣故城北山海經曰濟水絶鉅野注勃海入齊琅槐東北者也又東北河水枝津注之水經以爲入河非也斯乃河水注濟非濟入河又東北入海郭景純曰濟自滎陽至樂安博昌入海今河竭濟水仍流不絶經言入河二說並失然河水於濟瀨之北別流注海今所輟流者惟濕水耳郭或以爲濟注之即實非也尋經脈水不如山經之爲密矣案濟水即今小清河也北逕山東利津縣城東又東北入于海地理志過郡九者濟水從武德已下過河内河南陳留濟陰山陽太山濟南齊千乘也其入淮之流或在溝通江淮之後非禹迹與

導淮自桐柏

注　鄭康成曰凡言導者發源于上未成流凡言自者亦發源于上未成流

疏　地理志南陽郡平氏禹貢桐柏大復山在東南淮水所出東南至淮浦入海過郡四行三千二百四十里水經云淮水出南陽平氏縣胎簪山東北過桐柏山注云淮水與醴水同源俱導西流爲

醴東流爲淮潛流地下三十許里東出桐柏大復山南
謂之陽口水南即復陽縣也元帝元延二年置在桐柏
大復山之陽故曰復陽也案平氏故城在今河南桐柏
縣西北鄭注見書疏云言自者發源於上未成流葢以
淮伏流地下
道而通之也
東會于泗沂【疏】水經淮水又東至下邳淮
陰縣西泗水從西北來流
注之注云淮泗之會即角城也左右兩川翼夾二水決
入之所所謂泗口也案角城故城在今江南清河縣西
南水經沂水又南過下邳縣西南入於泗案下邳
今江南邳州沂水入泗而達河在今清河縣也
東入
于海【疏】水經淮水又東至廣陵淮浦縣入於海地理志
臨淮郡淮浦游水北入海水經淮水注云淮水
於二縣分北爲游水游水東北逕紀郭故城南杜預曰紀
郭二地名東海贛榆縣東北有故紀城即此城也游水
東北入海案贛榆今江南縣屬
海州淮浦故城在安東縣西也
導渭自鳥鼠同穴【注】鄭
康成曰鳥鼠之山有鳥焉與鼠飛行而處之又有止而

同穴之山焉是二山也鳥名爲鵌似鵽而黄黒色鼠如家鼠而短尾穿地而其處鼠內而鳥外**疏**地理志隴西郡首陽禹貢鳥鼠同穴山在西南渭水所出東至船司空入河過郡四行千八百七十里雍州浸水經云渭水出隴西首陽縣渭谷亭南鳥鼠山注云渭水出首陽縣首陽山渭首亭南谷山在鳥鼠山西北縣北有高城嶺嶺上有城號渭源城渭水出焉三源合注東北流逕首陽縣西與別源合水南出鳥鼠山渭水谷尚書所謂渭出鳥鼠者也地說曰鳥鼠山同穴之枝幹也渭水出其中東北過同穴枝間既言其過明非一山也案首陽今甘肅渭源縣山在縣西二十里鄭注見水經禹貢山水澤地所在注鄭亦以鳥鼠之山與同穴之山爲二者鄭信地說見上疏說文云渭水出隴西首陽渭谷亭南谷東入河杜林說夏書以爲出鳥鼠山鄭氏尚書本于杜林杜氏單名鳥鼠是析同穴而别言之云鳥名爲鵌者釋鳥云鳥鼠同穴其鳥爲鵌其鼠爲鼵書疏引李巡云鵌鼵鳥鼠之

名其處一穴天性也郭氏璞注與鄭畧同云穴入地三四尺宋書云沙州甘谷嶺有雀鼠同穴或在山巔或在平地雀色白鼠色黃地生黃紫花草便有雀鼠穴皆足增足鄭義鄭云似鵽者釋鳥云鵽鳩寇雉一切經音義引爾雅注云今鵽大如鴿亦言如鶉似鵪雉鼠脚無後指岐尾爲鳥憨急羣飛出北方沙漠地肉美俗名突厥雀生蒿萊之間較郭注文多疑孫李舊注也

東會于灃又東會于涇又東過漆沮

疏 經云東會于灃云云見前雍州涇屬渭

入于河

疏 渭水在今陝西華陰縣北入河地理志言過郡四者隴西天水右扶風左馮翊也船司空在今陝西華陰縣東北

導洛自熊耳

注 洛一作雒

疏 地理志宏農郡上雒禹貢雒水出冢領山東北至鞏入河過郡二行千七百里豫州川熊耳獲輿山在東北水經云洛水出京兆上洛縣讙舉山注引山海經曰出上洛西山又曰讙舉之山洛水出焉案上雒縣今陝西商州水出商州洛南縣西冢領山東南流逕

盧氏縣南讙舉卽獲輿之異名也 **東北會于澗瀍又東**
聲相近上洛熊耳卽盧氏山也
會于伊 疏 水經云澗水出新安縣南白石山東南入於
洛瀍水東過偃師縣又東入于洛案水經洛
水不言合于澗瀍惟云東過洛陽縣南伊
水從西來注之者周時開渠失禹故迹也 **又東北入于**
河 疏 水經云洛水過鞏縣東又北入于河案鞏縣故城
在今河南鞏縣西南二十里地理志云過郡二者
宏農河 **九州攸同** 注 攸一作逌 疏 禮運云是謂大同注
南也 云同猶和也平也攸
作逌見
地理志 **四隩旣宅** 注 史遷隩作奧一作墺 疏 說文云墺
四方土可
居也文選西都賦注引說文居作定居宅者釋言云居
也周語云宅居九隩注云隩內也九州之內皆可宅居
也 **九山刊旅** 注 刊一作栞 疏 周語云封崇九山注云言
九者皆謂九州之中山川
藪澤刊作栞 **九川滌源** 疏 河渠書云九川旣疏滌滌同
見地理志 條周禮條狼氏注杜子春云

條當爲滌漢書集注云條達也滌源者謂疏達其水原也史公云疏者說文云滌洒也洒與灑聲相近河渠書云乃斷二渠以引其河索隱曰斷漢書作灑史記舊本亦作灑韋昭云疏決爲灑是灑與洒皆疏決也川者鄭注周禮川衡云流水也引此文源俗字說文作灝經典或作原周語云汩越九原

九澤既陂【疏】九澤謂九州之澤周語陂障九澤注云障防也河渠書云九澤既灑灑義見上疏澤者鄭注周禮澤虞云水所鍾也引此文陂者說文云阪也阪一曰澤障

四海會同【疏】周語云合通四海注云使之同軌也

六府孔修【注】史遷孔作甚【疏】春秋左氏文七年傳云水火金木土穀謂之六府修

庶土交正底慎財賦【注】史遷庶作衆底作致鄭康成曰衆土美惡及高下得其正矣亦致其貢篚慎奉其財物之稅皆法定制而入之也【疏】者高誘注淮南子云治也史公孔作甚者爾雅釋言文

【疏】鄭注見史記集解 咸則三壤成賦【注】鄭康成曰三壤上中下

各三等也【疏】則者釋詁云法也鄭注見史記集解 中邦錫土姓祗台德先

不距朕行【注】史遷邦作國鄭康成曰中即九州也天子

建其國諸侯祚之土賜之姓命之氏其敬悅天子之德

既先又不距違我天子政教所行【疏】史遷邦作國者非避諱字後人遇國

字率改爲邦誤矣鄭注見史記集解云中即九州者周

禮大行人職云九州之外謂之蕃服是中邦在九州之

內也云天子建其國諸侯胙之土云云者春秋左氏隱

八年傳衆仲曰天子建國因生以賜姓胙之土而命之

氏是也白虎通姓名篇引刑德放曰堯知命表稷契賜

姓子姬皐陶典刑不表姓言天任德遠刑禹姓似氏祖

昌意以薏苡生殷姓子氏祖以元鳥子生周姓姬氏祖

以履大人迹生也以祗台爲敬悅者釋詁云祗敬也怡

樂也台與怡聲相近悅即樂也云距違者廣雅釋言云距困也周語注云距去也故鄭以距爲距違也五百里甸服【注】史遷說爲令天子之國以外五百里甸服【疏】里者穀梁宣十五年傳云古者三百步爲里韓詩外傳云廣三步長三百步爲一里王制云天子之甸方千里注云象日月之大亦取晷同也又云千里之內曰甸服注云服治田出穀稅也周語云夫先王之制五百里甸服注云甸王田也服服其職業也白虎通京師篇云法日月之徑千里然則云五百里者去王城外面各五百里也故史公說爲令天子之國以外國者鄭注曲禮云城中也百里賦納總二百里納銍三百里納秸服【注】馬融曰秸去其穎【疏】馬注見釋文詳後疏四百里粟五百里米【注】鄭康成曰甸服者堯制賦其田使入穀禹弼其外百里者賦入總謂入刈禾也二百里

銍銍斷去藁也三百里秸秸又去穎也四百里入粟五百里入米者遠彌輕也甸服之制本是納總禹爲之差使百里從之耳【疏】史公云令天子之國五百里甸服百里賦納總者是以百里爲去王城百里下二百里至五百里皆爲去王城之數也僞傳以百里賦納總爲甸服內之百里近王城者書疏云司馬遷與孔意同是也王制疏引五經異義云今尚書歐陽夏侯說中國方五千里古尚書說五服旁五千里相距萬里太平御覽六百廿六引孫武曰夫帝王處四海之內居五千里之中焉能盡專其利是以分建諸侯以其利而利之使食其土之毛實役其人民之力故賦稅無轉徙之勞徭役無怨曠之歎矣歐陽及孫子說皆同史公是用秦已前書古文說也鄭注見詩甫田疏云禹弼其外者鄭以禹廣輔堯之五服百里是甸服之外百里去王城六百里下二百里至五百里皆去五百里甸服之數與史公及古說異也云賦入總謂入刈禾者禮器

疏引作謂所刈禾說文總聚束也史記索隱引說文作聚束草誤多一字總是聚禾束則并稾秸納之云銍斷去藁者禮器疏引作謂刈穗也說文銍穫禾短鎌也稾稈也故知經言銍是斷稾之名去稈留穗故云刈穗也云秸又去穎者禮器疏引作禾去其實惟藁秸也說文云稭禾稾去其皮玉篇作稭云秸同上則秸是稭俗字云去穎者說文云穎禾末也案禾去其穎所輕無幾鄭說蓋用詩傳云穎垂穎也言斷去其稾惟留穎于穗納之許君以銍爲穫禾連稾者稭爲禾稾去皮者鄭氏以禾連稾則爲總與納總無差以銍爲去稾惟留其莖又以秸爲去莖惟留其穗也入粟入米遠彌輕者論衡量知篇云穀米舂烝曰粟說文云粟嘉穀實也米粟實也米質比粟更輕也云甸服之制本是納總者鄭以甸服之彌在五百里外猶使百里納總則甸服之內自皆納總矣

五百里侯服注史遷說爲甸服外五百里侯服百里采注馬融曰采事也各受王事者二百里男邦注史遷

男邦作任國三百里諸侯【疏】馬注見史記集解云采事者釋詁文史公男作任者大戴禮本命篇云男者任也男子者任天地之道案男任聲相近經典多通　五百里綏服【注】史遷說爲侯服外五百里綏服三百里揆文教二百里奮武衛【疏】綏者釋詁云安也揆者釋言云度也衛者周之衛服義取藩衛鄭云綏服于周爲采服其弼當衛服是也　五百里要服【注】史遷說爲綏服外五百里要服【疏】周書王會云方千里之外爲比服方二千里之內爲要服方三千里之內爲荒服注云此服名因於殷非周制也史公說要服去甸服一千五百里荒服去甸服五百里要服在方三千里之內荒服在方五千里之內也　三百里夷【注】馬融曰夷易也二百里蔡【注】馬融曰蔡法也受王者刑法而已鄭康成曰蔡之言殺減殺其賦

【疏】馬注夷易也見釋文史記五帝本紀以堯典厥民夷作其民夷易是夷即易也馬注蔡法也云云見史記集解云蔡法者漢書宣帝紀云骨肉之親粲而不殊北堂書抄親戚封部引作粲然不殊如淳曰粲或作散殊或作誅也粲即蔡左傳所云蔡蔡叔也言置之于法不令殊死顏氏師古以粲爲明非也馬義同此謂在中國之外但奉王法不共賦役也鄭注見書疏以蔡爲殺者周禮廪人詔王殺邦用注云殺猶減也廣雅釋詁云殺減也蔡聲近殺春秋左氏昭十年傳蔡蔡叔釋文引說文作粲故爲減殺也周禮大行人職侯服以至要服各有朝貢之歲是夷服之貢減殺于中國貢所以當賦故云減殺其賦也

五百里荒服【注】史遷說爲要服外五百里荒服馬融曰政教荒忽因其故俗而治之【疏】馬注見史記集解韋昭注周語戎狄荒服云與戎狄同俗故謂之荒荒荒忽無常之言也義與馬同

三百里蠻二百里流【注】今尚書歐陽夏侯說中

國方五千里古尚書說五服旁五千里相距萬里馬融曰蠻慢也禮簡怠慢來不距去不禁流行無城郭常居甸服之外每百里爲差所納總銍秸粟米者是甸服之外特爲此數其侯服之外每言三百二百里者還就其服之內別爲名耳非是服外更有其地也甸服之外五百里至城千里其侯綏要荒服各五百里是面三千里相距爲方六千里鄭康成曰蠻者聽從其俗羈縻其人耳故云蠻蠻之言緡也每言五百里一服是堯舊服每服之外更言三百里二百里者是禹所弼之殘數也堯

之五服服五百里耳禹平水土之後每服更以五百里輔之是五服服別千里故一面而爲差至於五千也堯之時土廣五千里禹弼成五服土廣萬里甸服比周爲王畿其弼當侯服在千里之內侯服爲甸服其弼當男服在二千里之內綏服於周爲采服其弼當衛服在三千里之內要服於周爲蠻服其弼當夷服在四千里之內荒服於周爲鎭服其弼當蕃服在五千里之內

疏今尚書歐陽夏侯說及古尚書說見王制疏引五經異義御覽六百廿六引孫武曰夫帝王處四海之內居五千里之中焉能盡專其利是以分建諸侯以其利而利之使食其土之毛實役其人民之賦故稅無轉徙之勞徭役

無怨讟之歎矣此與今文書說同也漢書王莽傳注服虔曰唐虞及周要服之内方七千里夏殷方三千里漢地南北萬三千里也馬注見史記集解又見詩殷武疏及書疏云蠻慢者王制疏引風俗通云君臣同川而浴極爲簡慢蠻者慢也義與馬同云流行無城郭常居者王制云千里之外曰采曰流鄭注云流謂夷狄流移或貢或不引此經爲証云甸服之外每百里爲差者馬氏以百里納總至二百里三百里俱在甸服之外與史公說又異史公則以爲在王城之外甸服之內餘服又與史公說同故馬以爲面三千里相距爲方六千里也云其侯服之外每言三百二百里者還就其服之內別爲名耳非是服外更有其地者馬義皆同史公書疏云賈逵馬融以爲甸服之外百里至五百里米特有此數是也賈馬鄭說以甸服之內自皆納總不當有納銍納秸之差故不從史公之說亦或本之歐陽夏侯也鄭注見書疏又見詩殷武及天作疏齊譜疏云蠻之言緡者鄭注周禮大司馬職云蠻者縻也縻緡皆聲近蠻也云每服之外更言三百里二百里是禹所弼之殘數者謂此

百里納總至五百里米之殘數不在甸服正數之內是
禹所輔廣堯封五服皆然則堯之五千里至禹廣爲萬
里矣鄭云土廣萬里者同古尚書說詩殷武疏辨王肅
之非鄭云傳稱禹會諸侯于塗山執玉帛者萬國執玉
帛者惟中國耳若要服之內唯止四千率以下等計之
正容六千餘國況諸侯之大地方百里三等分土纔容
數千安得有萬國之言乎其辨甚當案禹貢山川皆在
漢時郡縣之內漢地廣萬里則知禹時五服亦然不得
謂鄭說異于今文之非也云甸服比周爲王畿其當
侯服云云者文見周禮夏官職方氏詳載皐陶謨弼成
五服疏此不復出

東漸于海西被于流沙朔南暨聲教訖于四海

【注】鄭康成曰朔北方也南北不言所至容踰之暨一作臮

【疏】漸者漢書集注云入也被者廣雅釋詁云加也暨者說文作臮云與也漢地理志作臮爾雅釋詁云暨與也訖者說文云止也爾雅釋詁云迄止也蓺文志引經作迄迄俗字漢書賈捐之傳云以三聖之德

地方不過數千里西被流沙東漸于海朔南暨聲教迄于四海欲與聲教則治之不欲與者不彊治也漢紀引作北盡朔裔南暨聲教欲豫聲教者則治之不欲豫者不彊治也是亦訓暨爲與也與與讀爲豫四海者爾雅釋地云九夷八狄七戎六蠻謂之四海鄭注

禹錫元圭告厥成功【注】史遷說爲帝乃錫禹元圭告成功于天下【疏】見史記集解及書疏云朔北方者釋訓文

禹錫言禹受賜圭者說文云瑞玉也上圜下方公執桓圭九寸侯執信圭伯執躬圭皆七寸子執穀璧男執蒲璧皆五寸以封諸侯从重土古文作珪雜記又云博三寸厚半寸剡上左右各寸半玉也藻三采六等史公以爲帝錫禹者言舜賜禹元圭以酬庸也太平御覽皇王部引尚書旋機鈐曰禹開龍門道積石山元圭出刻曰延喜王受德天錫佩漢武梁祠堂石刻祥瑞圖云元圭水泉疏通四海會同則至則以元圭爲天錫瑞應此今文說也

禹貢第三下終

甘誓第四　虞夏書四　尚書今古文注疏卷四

賜進士及第授通奉大夫山東督糧道加三級孫星衍撰

疏　書序云啓作甘誓史記夏本紀云有扈氏不服啓伐之大戰於甘將戰作甘誓俱以爲啓伐有扈墨子明鬼篇作禹誓引此文莊子內篇人間世云禹攻有扈國爲虛厲呂氏春秋先已篇云夏后相與有扈戰於甘澤而不勝六卿請復之案相當爲柏字又召類篇云禹攻曹魏屈驁有扈以行其教則所云柏者謂伯禹也楚詞天問云伯禹腹鯀說苑正理篇云昔禹與有扈氏戰三陳而不服禹於是修教一年而有扈氏請服凡此諸書或與孔子同時皆未見書序而以甘誓爲禹事當必本古文書說也莊子既云國爲虛厲則有扈滅於禹時不應啓復伐之惟淮南齊俗訓云昔有扈氏爲義而亡注云有扈夏啓之庶兄也以堯舜舉賢禹獨與子故伐啓啓亡之不知高誘所據何書又與禹伐有扈違異至書序以爲啓作者因此篇序在禹貢後故定爲啓事耳亦

不必以書序廢古說也

大戰于甘【注】大傳說戰者憚警之也馬融曰甘有扈南郊地名甘水名今在鄠縣西鄭康成曰天子之兵故曰大【疏】大傳說見白虎通誅伐篇云戰者何謂也尚書大傳曰戰者憚警之也夏本紀云將戰作甘誓乃召六卿申之是未戰也未戰稱大戰者謂天子親征之師故以傳以戰爲憚警之不以爲鬬也馬注見史記集解及釋文云甘有扈南郊地名又云水名者呂氏春秋先已篇云戰于甘澤水經注云渭水東逕槐里縣故城南渭水又東合甘水水出南山甘谷北逕秦文王萯陽宮西又北逕五柞宮東又北逕甘亭西在水東鄠縣昔夏啓伐有扈作誓於是亭甘水又東得澇水口澇水北注甘水而亂流入於渭即上林故地也與馬注合在今陝西鄠縣鄭注見書疏云天子之兵故曰大者白虎通三軍篇說爲天子自出也

乃召六卿【注】史

遷說乃召六卿申之鄭康成曰六卿者六軍之將周禮六軍皆命卿則三代同矣

疏 墨子明鬼篇云王乃命左右六人下聽誓于中軍史公說爲申之者史記孫子列傳云約束不明申令不熟將之罪也既已明而不如法者吏士之罪也六軍吏士多必告六卿使申令也鄭注周禮大司馬云天子六軍三三而居一偏賈誼新書云紂將與武王戰紂陳其卒左臆右臆是天子親征王爲中軍六卿左右之也鄭注見詩棫樸疏及曲禮疏云六卿六軍之將者詩小雅瞻彼洛矣以作六師傳云天子六軍疏云一卿將一軍周禮司馬政官之屬凡制軍萬有二千五百人爲軍王六軍大國三軍次國二軍小國一軍軍將皆命卿注云言軍將皆命卿則凡軍帥不特置選于六官六卿之吏自卿以下德任者使兼官焉魯語云天子作師公帥之以征不德注云師謂六軍之衆也公謂諸侯爲王卿士者也周禮將軍皆命卿曲禮疏又引鄭注大傳夏書云所謂六卿者后稷司徒秩宗司馬作士共工也鄭云三代

同者夏時六卿郎王曰嗟六事之人【注】鄭康成曰變六謂六卿后稷等也

卿言六事之人者言軍吏已下及士卒也【疏】嗟當爲詹此省文釋詁云嗟咨嗟也嗟亦俗字鄭注見書疏云言軍吏下及士卒者周禮司馬政官之屬二千有五百人爲師師帥皆中大夫五百人爲旅旅帥皆下大夫百人爲卒卒長皆上士二十五人爲兩兩司馬皆中士五人爲伍伍皆有長一軍則二府六史胥十人徒百人此周制或夏殷已然也予誓告汝【注】史遷汝作女馬融曰軍旅曰誓會同曰誥鄭康成曰誓戒要之以刑重失禮也【疏】誓者曲禮云約信曰誓注云誓禮亡誓之辭尚書見有六篇謂此誓及湯誓大誓牧誓費誓秦誓也馬注見釋文云軍旅曰誓者軍旅者周禮小司徒云五人爲伍五伍爲兩四兩爲卒五卒爲旅五旅爲師五師爲軍以起軍旅注云兩二十五人卒百人旅五百人師二千五百人軍萬二千五百人也

誓如湯誓大誓等也云會同曰誥者會同諸侯以伐國若大誥等事也大誓諸侯咸會武王乃作大誓告於衆庶不言誥者不期而會非武王誥諸侯以伐商也鄭注見書疏**有扈氏**【注】馬融曰姒姓之國爲無道者鄭康成曰有扈與夏同姓【疏】地理志右扶風鄠古國有扈谷亭扈夏啓所伐說文鄠右扶風縣名扈夏后同姓所封戰于甘者在鄠有扈谷甘亭古文作㠶史記正義引訓纂云戶扈鄠三字一也古今字不同耳又引地理志扈谷亭作戶亭馬注見釋文云姒姓之國者周語帝嘉禹德賜姓曰姒氏曰有夏謂其能以嘉祉殷富生物也注云堯賜禹姓曰姒姒猶祉也楚語觀射父曰堯有丹朱舜有商均夏有觀扈周有管蔡是觀及有扈皆夏同姓高誘注呂氏春秋先巳篇云有扈夏同姓諸侯鄭注見書疏**威侮五行怠棄三正**【注】大傳說正色三而復者也三正之相承若順連環也王者一質一文據天地

之道馬融曰建子建丑建寅三正也鄭康成曰五行四
時盛德所行之政也威侮暴逆之三正天地人之正道
疏威者老子民不畏威威注云害也後漢杜詩傳威侮二
垂注云威虐也侮慢也五行者史記歷書云黃帝建
立五行起消息洪範九疇一五行一曰水二曰火三曰
木四曰金五曰土文子徵明篇引中黃子曰天有五方
地有五行人有五位五行大義第五引詩緯等說云木
神則仁金神則義火神則禮水神則信土神則智又引
毛公傳及京房等說皆以土爲信水爲智五常配五行
虐慢五行則是無五常也威侮謂虐用而輕視之怠者
釋言云懈怠也怠亦爲懈棄者釋言云忘也三正在夏
殷周巳前則公羊疏引鄭注堯典云高陽氏之後用赤
繒高辛氏之後用黑繒其餘諸侯皆用白繒朱均注禮
含文嘉云三帛謂朱白蒼象三正宋書禮志云三而復
者正色也二而復者文質也以前檢後謂軒轅高辛夏
后氏漢皆以十三月爲正少昊有唐有殷皆以十二月

爲正高陽有虞有周皆以十一月爲正又通典引尚書中候亦有其事據此則夏以前有三正懈廢之謂不奉正朔也大傳說見白虎通三正篇云正朔有三何本天有三統謂三微之月也禮三正記曰正朔三而改文質再而復也十一月之時陽氣始養根株黃泉之下萬物皆赤赤者盛陽之氣也故周爲天正色尚赤也十二月之時萬物始牙而白白者陰氣故殷爲地正色尚白也十三月之時萬物始達孚甲而出皆黑人得加功故夏爲人正色尚黑書微子疏引大傳云周人以日至爲正殷人以日至後三十日爲正夏人以日至後六十日爲正略說云夏以平旦爲朔殷以雞鳴爲朔周以夜半爲朔已上注引大傳及此引略說據孔氏廣林集大傳本案以平旦爲朔者平旦值寅時雞鳴值丑時夜半值子時然則夏殷周分日各異不皆以子時分日也馬注見釋文亦同大傳說鄭注見史記集解以爲天地人之正道者據繫辭陰陽柔剛仁義爲說以夏已前三正經無明文故不從大傳也

天用勦絕其命【注】勦一作剿【疏】勦者說文云勞也勞與天

聲相近淮南墬形訓云食穀者智慧而夭千金方引黃帝問伯高對曰食穀者則有智而勞神畀勞即夭也白虎通壽命篇云隨命者隨行爲命若言怠棄三正天用勦絕其命矣勦說文作劋云絕也引此文廣雅釋言云劋夭也言其廢捐五常人道天用天絕其命說文用劋則孔壁古文也漢書外戚傳云命樔絕而不長假音字高誘注淮南云摷勞也樔即摷字之俗音相近

今予惟恭行天之罰

注 史遷惟作維墨翟書作有曰日中今予與有扈氏爭一日之命且爾卿大夫庶人予非爾田野葆士之欲也予共行天之罰也史遷恭爲共一作龔

疏 史公惟作維者凡尚書惟多作維熹平石經同墨翟書見明鬼篇引禹誓云有曰日中今予與有扈氏爭一日之命云云三十字墨子所見古文書與今本異或脫簡或孔子所刪也云日中與有扈氏爭一日之命者與傳記所載義異呂氏春秋先巳篇云夏后相與有

扈戰於甘澤而不勝六卿請復之夏后相曰不可吾地不淺吾民不寡戰而不勝是吾德薄而教不善也於是乎處不重席食不貳味琴瑟不張鐘鼓不修子女不飭親親長長尊賢使能期年而有扈氏服說苑亦云修教一年而有扈請服則不當如墨子所引與有扈氏爭一日之命也云田野葆士者葆同保鄭注月令云小城曰保俗作堡言不貪其土地人民其作恭與史記同高誘注呂氏春秋作龔漢書文選多引作龔說文龔慤也龔給也此恭行天罰當作龔慤謹也言謹行天罰白虎通三軍篇云命予惟恭行天之罰此言開自出伐有扈也

左不攻于左汝不恭命右不攻于右汝不恭命御非其馬之政汝不恭命

注 史遷恭命俱作共命正作政鄭康成曰左車左右車右汝一作若

疏 攻者釋詁云善也恭命恭與龔聲相近說文云龔給也給亦具也義與共通史公作共者釋詁云共具也正作政者墨子亦云御非爾馬之政詩出車箋

云御夫則兹益憔悴憂其馬之政亦用此文是古文作政也鄭注見史記集解云左車左右車右者此左右三人共乘一車謂士卒之車魯頌閟宮箋云兵車之法左人持弓右人持矛中人御是也汝墨子作若者鄭注考工記云若猶女也莊子齊物論注云若而皆汝也俱假音字

用命賞于祖弗用命戮于社予則孥戮汝【注】史遷弗作不戮作僇孥作帑一作奴【疏】墨子明鬼篇引此文說云賞於祖者何也言分命之均也僇于社者何也言聽獄之事也又云賞于祖者何也告分之均也僇于社者何也告聽之中也祖者廟主社者社主太平御覽三百六引摯虞決疑要注曰古者帝王出征伐以齊車載遷廟之主及社主以行故尚書甘誓曰用命賞于祖不用命戮于社秦漢及魏行不載主也路史疏仡紀有虞引尚書大傳云古者巡守以遷廟之主行出以幣帛皮圭告于祖遂奉以載于齊車每舍奠焉然後就舍反必告奠卒斂幣玉藏之兩階之間蓋貴命也說本曾子問社主亦在軍者周禮大

司馬之職涖釁主及軍器注云主謂遷廟之主及社主
在軍者也凡師既受甲迎主于廟及社主祝奉以從殺
牲以血塗主及軍器皆神之然則出載主與釁主是古
禮也奴者漢書注李奇曰男女徒總名爲奴戮者廣雅
釋詁云辱也周禮司厲其奴男子入于罪隸女子入于
舂稾注鄭司農云今之奴婢古之罪人也故書曰予則
奴戮汝論語曰箕子爲之奴罪隸之奴也漢書季布欒
布傳贊云奴僇苟活是亦以奴僇爲奴辱也鄭注周禮
云奴從坐而沒入縣官者男女同名案三代已前父子
兄弟罪不相及至秦始有連坐收帑之法以此說夏書
更不合周禮司厲又云凡有爵者與七十者與未齔者
不爲奴此先王寬政七十與未齔俱不與服戎有爵者
葢別有罰故此言奴戮以誓衆也僞孔既以爲辱及汝
子其于湯誓又云權以脅之使勿犯皆失之史公戮爲
僇者與墨子文同表記云則刑戮之民也釋文戮本作
僇廣雅釋詁云戮辱也是戮僇通字僇葢書古文也孥
俗字當爲奴鄭司農所引葢今文也漢書王莽傳引此
文亦作奴詩常棣樂爾妻孥疏引此文作帑帑亦假借字

說文以帑爲
金幣所藏字

甘誓第四終

尚書今古文注疏卷五

賜進士及第授通奉大夫山東督糧道加三級孫星衍撰

湯誓第五　商書一

注鄭康成曰契始封商遂以商爲天下之號商國在太華之陽疏湯誓者告民伐桀之詞百篇之書湯誓前有帝告釐沃湯征汝鳩汝方夏社疑至臣扈等共七篇僞傳誤以汝鳩汝方一篇爲二失之今唯湯征篇存于殷本紀餘篇俱亡則湯誓爲商書第一篇也鄭注見書疏云契始封商湯遂以商爲天下之號鄭元之說亦然又見殷本紀集解引鄭元云商國在太華之陽殷本紀云殷契佐禹治水有功封于商賜姓子氏此鄭所据云商國在太華之陽者史記正義引括地志云商州東八十里商洛縣本商邑古之商國帝嚳之子禼所封也然則契始封在今陝西商州左傳襄九年疏引服虔云相土居商丘故湯以爲天下號與鄭異者案春秋左氏襄九年傳士弱曰陶唐氏之火正閼伯居商丘相

土因之則商丘是閼伯所居非契所封之商殷本紀云自契至成湯八遷蓋自相土遷居於此此商丘在今河南歸德府爲縣名左傳疏引釋例云宋商商丘二名一地梁國睢陽縣也或以爲漳水之南故殷墟爲商上非也据此則與鄭所稱商國在太華之陽者相去甚遠服說失之湯旣以商爲有天下之號後又稱殷者商頌譜疏云成湯之初以商爲號及盤庚遷于殷以後或呼爲殷故書序云盤庚五遷將治亳殷注云商家改號爲殷元鳥云殷受命咸宜殷武云撻彼殷武是其兼稱殷也雖或稱殷不是全改商號故大明云殷商之旅蕩云咨汝殷商皆取先後二號而雙言之不全改也襄九年疏又云如鄭元意契居上洛之商至相土而遷于宋之商及湯有天下遠取契所封商以爲一代大號說此注最明湯名履殷本紀云契卒子昭明立昭明卒子相土立相土卒子昌若立昌若卒子曹圉立曹圉卒子冥立冥卒子振立振卒子微立微卒子報丁立報丁卒子報乙立報乙卒子報丙立報丙卒子主壬立主壬卒子主癸立主癸卒子天乙立是爲成湯集解引張晏曰禹湯皆

字也二王去唐虞之文從高陽之質故夏殷之王皆以名爲號謚法曰除虐去殘曰湯索隱云稱天乙者譙周云夏殷之禮生稱王死稱廟主皆以帝名配之天亦帝也殷人尊湯故曰天乙從契至湯十四代故國語曰元王勤商十四代興元王契也湯都有二說一在今河南偃師漢書地理志云河南郡偃師尸鄉殷湯所都史記正義引括地志云亳邑故城在洛州偃師縣西十四里本帝嚳之墟商湯之都也一在今山東曹縣詩元鳥疏引漢書音義曰臣瓚案湯居亳今濟陰薄縣是也今薄有湯冢已氏有伊尹冢皆相近疏又引皇甫謐以穀熟爲南亳卽湯都也蒙爲北亳卽景亳是湯所受命也偃師爲西亳卽盤庚所徙者也與班氏及鄭說不合謚言不足爲據也

王曰【疏】此將伐桀而稱王者殷本紀載此誓下云於是湯曰吾甚武號曰武王詩長發云武王載旆有虔秉鉞傳云武王湯也是湯改號在伐桀之前格爾衆庶悉聽朕言【注】史遷格

作來爾作女【疏】史記殷本紀載此文云湯曰格女衆庶來女悉聽朕言比經文多出來女二字者蓋以訓格爾也格來釋言文悉者釋詁云盡也非台小子敢行稱亂【注】史遷非作匪稱作舉馬融曰台我也【疏】台者釋詁云我也稱者釋言云偁舉也說文再再舉也稱與再偁聲相近故史公以稱爲舉馬氏以台爲我也馬注見史記集解有夏多罪天命殛之【注】史遷有夏多罪下作予維聞女衆言夏氏有罪予畏上帝不敢不正今夏多罪天命殛之【疏】經文予惟聞女衆言已下四句在舍我穡事而割政夏之後今夏多罪一句經文所無史公次在此與經文異者或古文如是殛者釋言云誅也今爾有衆汝曰我后不恤我衆舍我穡事而割正夏【注】史遷爾作女后作君穡作嗇正作政無夏

字【疏】后者釋詁云君也我后謂桀也恤者釋詁云憂也舍者釋詁云廢舍也穡者詩傳云斂之曰穡割者廣雅釋言云害割也正與政通言舍我穡事而爲害民之政者桀時重斂民無蓄藏也下文言率割夏邑史記割作奪多方言桀剿割夏邑是言其害政也史公后爲君用釋詁文穡爲嗇說文嗇愛濇也田夫謂之嗇夫古文作嗇方言云嗇積也儀禮特牲饋食禮主人寫嗇于房注云嗇者農力之成功政言政令無夏字者段氏玉裁云僞傳云正政也言奪民農功而爲割剝之政疏云爲割剝之政于夏邑增此三字以暢經意耳今文古文皆無夏字後人據疏妄增之

予惟聞汝衆言夏氏有罪予畏上帝不敢不正【注】史遷惟作維自予維至不正在今夏多罪天命殛之之前【疏】云夏氏者周語稱禹有平水之功皇天嘉之胙以天下賜姓曰姒氏曰有夏則夏雖爲有天下之號實即氏也言女衆俱言夏氏有罪天聽自我民聽予畏天不敢不正夏之罪上帝天也段

氏玉裁云天命殛之今女有衆女曰我君不恤我衆舍我嗇事而割政共廿二字予惟聞女衆言夏氏有罪予畏上帝不敢不正今夏多罪其廿二字適與尚書先後倒易以漢書攷之尚書每簡或廿二字或廿五字此則伏生壁藏之簡甲乙互異之故也劉歆移書太常博士曰得此逸禮逸書已考學官所傳經或脫簡傳或間編湯誓正間編之一證

今汝其曰夏罪其如台【注】史遷夏罪作有罪如台作柰何【疏】史公夏罪爲有罪者今文異字如台爲柰何者薛綜注東京賦云如柰也台何音之轉一切經音義八引蒼頡篇云奚何也台聲近奚故爲何班固典引云作者七十有四人今其如台獨闕也謂如何而不封禪僞傳以台爲我失之

夏王率遏衆力率割夏邑有衆率怠弗協【注】史遷遏作止割作奪協作和馬融曰遏止也衆民相率怠惰不和同【疏】此三率字借爲聿聿者文選江賦注引薛君韓詩章句云

辭也聿蓋欥假借字馬氏以率怠之率爲相率亦失之夏邑者白虎通京師篇云或曰夏曰夏邑殷曰商邑周曰京師尚書曰率割夏邑謂桀也怠者釋言云懈怠也民不得收斂則怠於耕作弗協者言多怨言史公遏爲止者釋詁文止衆力卽上文舍穡事也割爲奪者今文異字言奪其收斂協爲和者釋詁文說文協衆之同和也馬注見史記集解

曰時日曷喪予及汝皆亡

注 史遷時作是曷喪作何時喪及作與鄭康成曰桀見民欲叛乃自比于日曰是日何嘗喪乎日亡我與汝亦皆喪亡引不亡之徵以脅恐下民也

疏 史公時爲是者釋言文曷爲何者詩傳文及爲與者釋詁文鄭注見書疏云桀自比于日云云者尚書大傳云伊尹入告于桀曰大命之亡有日矣桀曰天之有日猶吾之有民也日有亡哉日亡吾亦亡矣鄭注云自比于天言常在也比于日言去復來也又見新序刺奢篇及韓詩外傳今

本大傳脫日有亡哉一句据史記集解增之孟子梁惠王篇引湯誓曷爲害說之云民欲與之偕亡注云時是也日乙卯日也害大也言桀爲無道百姓皆欲與湯共伐之湯臨士衆誓言是日桀當大喪亡我與汝俱往亡之與鄭說異者鄭用大傳今文說孟子蓋古文說也

夏德若兹今朕必往爾尚輔予一人致天之罰【注】史遷輔作及【疏】兹者釋詁云此也輔者釋詁云俌也又云弼輔也予一人者白虎通號篇云尚書曰或稱一人王者自謂一人者謙也欲言巳材能當一人耳論語曰百姓有過在予一人史公輔作及者今古文異字非詁也

予其大賚汝【注】史遷賚作理鄭康成曰賚賜也【疏】史公賚爲理者理與釐通玉篇引蒼頡釐賜也書序帝釐下土方馬注云釐賜也理也鄭注見史記集解云賚賜者釋詁文

爾無不信朕不食言【注】史遷作女毋不信【疏】食者釋詁云僞也

爾不從誓言予則孥

戮汝罔有攸赦【注】史遷爾作女孥作帑戮作僇罔作無鄭康成曰大罪不止其身又孥戮其子孫周禮云其奴男子入于罪隸女子入于舂槀【疏】孥俗字當從史記作帑戮者廣雅釋詁云辱也鄭司農說周禮司厲甚是見甘誓疏漢書季布欒布傳贊云奴僇苟活謂奴隸僇辱之也說文云男有辠曰奴奴曰童也女曰妾古無從坐之法漢法因暴秦之舊未能盡除鄭用漢法說經失之罔有攸赦者軍法無赦令非常法也常刑則有赦史記秦始皇本紀二十六年於是急法久者不赦是不赦者亦秦法也史公孥爲帑者說文無孥字有帑云金幣所藏左傳秦人歸其帑詩樂爾妻帑皆作帑戮爲僇者僇假借字表記云則刑戮之民也釋文亦作僇罔爲無者釋言文鄭注見書疏云大罪不止其身又孥戮其子孫者蓋謂叛軍之法故云大罪然古之用刑父子兄弟罪不相及史記商君傳孝公以衛鞅爲左庶長卒定變法之令令民爲什伍而

相收司連坐事末利及怠而貧者舉以爲收孥索隱云收錄其妻子沒爲官奴婢葢其法特又重於古制也然則鄭云奴戮其子孫又注周禮司厲以爲奴從坐而沒入縣官者皆暴秦商君之法至漢除之未盡不足爲經證也

湯誓苐五終

盤庚第六　商書二　尚書今古文注疏卷六

賜進士及第授通奉大夫山東督糧道加三級孫星衍撰

注 史遷說帝盤庚崩弟小辛立是爲帝小辛帝小辛立殷復衰百姓思盤庚迺作盤庚三篇馬融曰盤庚祖乙曾孫祖丁之子不言盤庚誥何非但錄其誥也取其徙而立功故以盤庚名篇鄭康成曰盤庚湯十世孫祖乙之曾孫以五遷繼湯篇次祖乙故繼之于上累之祖乙爲湯元孫七世也又加祖乙復其祖父通盤庚故十世祖乙居耿後奢侈踰禮土地迫近山川嘗圮焉至陽甲

立盤庚爲之臣乃謀徙居湯舊都上篇是盤庚爲臣時事下篇盤庚爲君時事

疏 盤庚爲第六者百篇之書湯誓後皆爲亡篇惟盤庚在伏生二十九篇中堯典疏云鄭元則於伏生二十九篇之內分出盤庚三篇則知今文盤庚爲一篇也今仍爲一篇史公說見殷本紀云此盤庚三篇是小辛時百姓所作者言小辛時民思盤庚追紀盤庚遷居申戒羣臣之事此孔安國故與馬鄭異也魏志董卓傳注引華嶠漢書曰司徒楊彪日昔盤庚五遷殷民胥怨故作三篇以曉天下之民而海內安穩則謂盤庚自作也馬注見釋文云不言盤庚誥何者春秋左氏哀十一年傳引此篇云盤庚之誥經不言誥直以盤庚名篇者書疏云桓六年左傳云周人以諱事神殷時質未諱君名故以王名名篇也上仲丁祖乙亦是王名馬以爲取其徙而立功是也鄭注俱見書疏云盤庚爲湯十世孫者考殷本紀湯太子太丁未立而卒太丁弟外丙外丙弟仲壬太丁子太甲太甲子沃丁沃丁弟太庚太庚子小甲小甲弟

雍己雍己弟太戊太戊子仲丁仲丁弟外壬外壬弟河亶甲河亶甲子祖乙祖乙子祖辛祖辛弟沃甲沃甲兄子祖丁沃甲子南庚祖丁子陽甲陽甲弟盤庚相繼立者凡十八世不數兄弟相及之外丙中壬太庚雍已小甲太戊外壬河亶甲沃甲南庚則盤庚上數湯爲十世孫也云篇次祖乙者書序之次盤庚在祖乙後祖乙爲湯七世孫亦不數兄弟相及盤庚則祖乙曾孫也故云復其祖父者爲其祖之父也祖乙居耿者殷本紀云祖乙遷于邢索隱曰邢音耿近代本亦作耿今河東皮氏有耿鄉正義曰括地志云絳州龍門縣東南十二里耿城故耿國也案漢書地理志河東皮氏耿鄉故耿國在今山西河津縣云祖乙居耿後奢侈踰禮云云者後漢書文苑傳杜篤奏論都賦曰盤庚去奢行儉于亳書疏引汲冢古文云盤庚自奄遷于殷者蓋祖乙圮於耿遷於奄盤庚自奄遷於亳殷與鄭說不合汲冢書未可據也云從湯舊都者殷本紀云帝盤庚之時殷已都河北盤庚渡河南復居成湯之故居案卽偃師也云上篇是盤庚爲臣時事者篇中有云我王來又云盤庚斅于民

又云王若日是爲臣時所稱也

盤庚遷于殷【注】盤一作般【疏】盤熹平石經作般漢書楊雄傳般庚所遷亦作般遷者廣雅釋詁云徙也言將從於殷**民不適有居**【疏】適者一切經音義引三蒼云悅也言民不悅新邑**率籲衆慼出矢言**【注】慼一作戚【疏】率者借爲聿辭也本字作欥說文云詮詞也籲者說文云呼也引此經慼作戚蓋謂貴戚近臣矢者釋詁云陳也言呼衆近臣聽其陳言又矢言或是正言廣雅釋詁云矢正也史記殷本紀云盤庚乃告諭諸侯大臣曰鄭注周禮云盤庚將遷于殷誥其世臣卿大夫道其先祖之善功是知衆戚爲貴戚近臣也**曰我王來既爰宅于茲重我民無盡劉不能胥匡以生卜稽曰其如台**【疏】我王謂祖乙爰者釋詁云於也宅于茲謂居于耿重我民者言以重違民情劉者釋詁云殺也言我民若爲水所害是我殺之

所謂思天下有溺由已溺之毋令其盡尼于水也胥者釋詁云相也匡者杜氏注左傳匡救其災云匡亦救也稽者廣雅釋言云考也考卜者周禮太卜國大遷則貞龜**先王有服恪謹天命茲猶不常寧不常厥邑于今五邦**注馬融曰五邦謂商丘亳囂相耿也鄭康成曰湯自商徙亳數商亳囂相耿爲五

疏釋詁云服事也恪敬也寧安也邑邦者說文皆云國也言先王有事敬謹順天此猶不敢常安其邑往來遷居凡有五國殷本紀云湯始居亳從先王居正義引括地志云亳邑故城在洛州偃師縣西十四里本帝嚳之墟商湯之都也又云帝仲丁遷于隞索隱云隞亦作囂並音敖字正義曰括地志云滎陽故城在鄭州滎澤縣西南十七里殷時敖地也書疏引李顒云囂在陳留浚儀縣則在今開封府西北殷本紀又云河亶甲居相正義曰括地志云故殷城在相州內黃縣東南十三里即河亶甲所築都之故名殷城也又云祖乙遷于邢正

義曰括地志云絳州龍門縣東南十二里耿城故耿國也亳在今河南偃師縣隞在今河南滎陽縣相在今河南內黃縣耿在今山西河津縣并湯前所都商丘今河南商丘縣共爲五邦也馬注見釋文鄭注見書疏今

不承于古罔知天之斷命【疏】承者詩傳云繼也天之斷命言天命絕于此邑將永其命于新邑當繼古人遷都之事

矧曰其克從先王之烈【疏】矧俗字當爲矤釋言云矧況也克能也釋詁云烈業也

若顛木之有由蘖【注】馬融曰顛木而肆生曰枿天其永我命于茲新邑紹復先王之大業底綏四方【疏】顛者廣雅釋言云倒也由說文作甹云木生條也引此經作甹枿云古文言由枿蘖說文作巘云伐木餘也引此經或作蘖云古文作不梓亦古文釋詁云永長也紹繼也底待也綏安也言我遷于殷如仆木之更生枝條是天將引長我命于此邑繼復先王之大業待安四方馬注見釋文云肆生者詩傳云肆

餘也斬而復生曰肄枿者釋詁云餘也方言云枿餘也陳鄭之間曰枿秦晉之間曰肄

般庚斅于民由乃在位以常舊服正法度【注】史遷說爲告諭諸侯大臣又說爲法則可修曰毋或敢伏小人之攸箴【注】馬融曰箴諫也鄭康成曰奢侈之俗小民咸苦之欲言于王今將屬民而詢焉故敕以無伏之王命衆悉至于廷

【疏】斅者說文云覺悟也在位謂有位諸臣由在位以曉諭衆民周禮小司寇掌外朝之政以致萬民而詢焉是也以者說文云用也舊服謂故事法度法則也說文云度法制也正謂修正之史公說見殷本紀云般庚乃告諭諸侯大臣曰昔高后成湯與爾之先祖俱定天下法則可修卽約此文伏者廣雅釋詁云藏也悉者釋詁云盡也廷者朝中也命衆至于廷則民箴無敢伏矣馬注見釋文云箴諫者周語召公諫厲王云師箴百工諫

庶人傳語注云箴刺王闕鄭注見書疏云屬民而詢者周禮鄉大夫職云國大詢于衆庶則各帥其鄉之衆寡而致之朝小司寇職云一曰詢國遷是遷國必詢衆庶也故云屬民而詢也屬聚詢謀也云教以無伏之者說文云敎誠也

王若曰【疏】史公以爲小辛時百姓思盤庚所作則王卽盤庚也鄭氏云上篇是盤庚爲臣時事則此王謂陽甲也

格汝衆予告汝【疏】格格者釋言云來也予告汝當斷句

訓汝猷【疏】釋詁云訓道也道卽導又云猷道也訓汝猷者言導汝以道也

黜乃心無傲從康【疏】廣雅釋詁云黜去也傲慢傷也康者釋詁云安也言去汝傲慢從安之心下文云汝克黜乃心知黜乃心爲句

古我先后亦惟圖任舊人共政【疏】圖者釋詁云謀也任者廣雅釋詁云使也舊人久于其位者

王播告之【注】播一作譒【疏】播者廣雅釋詁云布也說文作譒云敷也商書曰王譒告之則當斷句

修不匿厥指【疏】修者王逸注楚辭云遠也匿者

廣雅釋詁云隱也指者釋言云示也說文有恉字云意也恉亦同旨言王爲敷告之言行之甚遠無隱其意旨者**王用丕欽罔有逸言民用丕變**疏欽者釋詁云敬也逸者釋言云過也變讀如論語齊一變魯一變之變廣雅釋詁云移變易也變卽移易言王敬其令無有過言民從其令用是變化二丕字詞也**今汝聒聒**注馬融曰聒聒拒善自用之意鄭康成曰聒讀如聒耳之聒聒聒難告之貌疏聒說文作懖云善自用之意也引此經重文作𦕈云古文从耳此聒字卽𦕈省也善疑當作拒善說文脫一字馬注見書疏云拒善自用者孟子云苟不好善則將曰訑訑予既已知之矣訑訑之聲音顏色距人于千里之外是拒善之意鄭注見書疏云讀如聒耳之聒者一切經音義廿一引蒼頡篇云聒擾亂耳孔也杜預注左傳云聒讙語也爲讙語以拒人言故云難告**起信險膚于弗知乃所訟**疏起者高誘注呂氏春秋云興也險者

廣雅釋詁云衺也說文有憸云詖也憸險聲近憸膚者廣雅釋詁云傳也訟者說文云爭也言羣臣讒言拒善而典信邪險膚傳之語或膚浮也郎下浮言我不知其所爭辨何事**非予自荒茲德惟汝含德**注史遷說舍而弗勉何以成德疏荒者賈誼新書道術篇云以巳量人謂之怨反怨爲荒詩箋云荒廢亂也言非我廢前人之德汝自舍其德而弗勉也史公約此文云舍而弗勉則當爲舍德**不惕予一人**注惕一作施疏惕者爾雅郭注引韓詩云惕惕悅也言汝不悅從我也白虎通號篇云天下之大四海之內所共者一人耳故尚書曰不施予一人郎引此文也詩釋文六引韓詩曰施善也施葢惕之緩讀善義亦近悅也釋言云夷悅也惕與施皆聲近夷**予若觀火予亦拙謀作乃逸**注拙一作炪疏觀讀當爲爟周禮司爟注云爟讀如予若觀火之觀今燕俗名湯熱爲觀則鄭以此觀火爲爟火也說文云炪火光也商書曰予亦炪謀讀若巧拙

之拙類篇引說文作火不光也今本說文脫一字言我
如爟火之不用其光謂無赫赫之威也謀作乃逸逸者
高誘注呂氏春秋云安也作者釋言云爲也言謀爲汝
安居耳說文謀字屬上句莊氏述祖云當讀謀作乃逸

若網在綱有條而不紊若農服田力嗇乃亦有秋【疏】者綱
說文云維紘繩也詩棫樸云綱紀四方箋云以罔罟喻
爲政張之爲綱理之爲紀疏引說文云綱網紘也約詞
紊者說文云亂也引此經說文云農耕也艮治也服與
艮通嗇者詩傳云斂之曰嗇言汝當從我教令若網之
有綱綱舉而紀不亂若農之治田用力嗇事乃有秋收
漢書成帝紀詔云書不云乎服田力嗇乃亦有秋注應
劭曰農夫服田屬其嗇力乃有秋收也

汝克黜乃心施實德于民至于婚友丕乃敢大言汝有積德【疏】克者釋言云能也言汝能去其傲慢從康之心施實
惠于衆民至于婚姻僚友乃可大言汝有積德時諸臣
之不欲遷居者方自謂有積德于民于婚友皆虛言也

乃不畏戎毒于遠邇【疏】戎者釋言云相也毒者廣雅釋詁云惡也言其不畏虛言取相惡于遠近

惰農自安不昬作勞不服田畝越其罔有黍稷【注】鄭康成曰昬讀爲敃敃勉也【疏】惰者廣雅釋詁云嬾也昬者釋詁云強也服者說文云艮治也服與艮通畝說文云六尺爲步步百爲畝越者釋詁云粵於也越聲近粵釋文云越本一作粵罔者釋言云無也黍者說文云禾屬而黏者也以大暑而種故謂之黍黍之屬穄也稷也稷者說文云齋也齋或作粢漢人謂之嘉穀亦謂之粟即今俗云小米也言汝畏遷居如惰農之圖安不强力作爲勞苦之事田畝不治無有收穫也鄭注見魏志注及書疏云昬讀爲敃者說文有敃字云彊也以敃爲冒此借字云敃勉者薛綜注西京賦云昬勉也玉篇云敃勉也是敃字之正俗

女不和吉言于百姓惟汝自生毒乃敗禍姦宄以自災于厥身乃既先惡于民乃

奉其恫汝悔身何及【注】身一作命【疏】和者釋詁云諧和也吉者說文云善也毒者說文云㾄毒也或作嫉是嫉爲毒也敗者方言云露敗也敗亦爲露姦宄者魯語里革曰竊寶者爲軌用軌之財者爲姦言以致敗禍發露其姦宄之行災者釋詁云烖危也烖同災奉者說文云承也恫者釋言云痛也言汝不以善言和諭百官惟汝自生嫉惡以致敗露姦宄之行危及其身既導民以惡乃自承其禍痛悔之無及矣熹平石經身作命相時憸民【注】馬融曰相視也憸利小小見事之人也憸一作思一作散【疏】釋詁云相視也時是也憸說文云詖也憸利於上佞人也說文又作思云疾利口也引此經熹平石經憸作散案說文憸與思義相近蓋古文作憸孔壁古文作思今文作散也馬注見釋文云憸利小小見事之人者廣雅釋詁云韱利也方言云纖小也憸音與韱纖相近故馬氏以利及小釋之猶胥顧于箴言其發有逸口矧予制乃

短長之命【疏】言觀此利口少少見事之人尚猶相顧于箴刺之來恐發言有口過況我制汝短長之命令而可輕發乎命者鄭注禮記云謂政令也是命即令也 汝曷弗告朕而胥動以浮言恐沈于衆【疏】曷者釋言云盍也廣雅釋詁云何也沈者莊子釋文引司馬注云深也說文抌讀若告言不正曰抌疑告言不正是沈字書說惟君制令汝不稟承而相動以虛言恐衆惑之深左傳引下文有云惡之易也恐惡衆易字形相似或古文作惡之易三字未敢定之 若火之燎于原不可嚮邇其猶可撲滅【注】嚮一作鄉【疏】春秋左氏隱六年傳云君子曰長惡不悛從自及也雖欲救之其將能乎商書曰惡之易也如火之燎于原不可鄉邇其猶可撲滅注云言惡易長如火焚原野不可鄉近言不可撲滅莊十二年傳引云商書所謂惡之易也亦作鄉字案今經本無惡之易也鄉作嚮俗字當爲鄉燎者說文云放火也 則惟汝衆自作弗靖【注】馬融曰

靖安也【疏】靖者藝文類聚八十七引韓詩曰靖善也堯典靖言史記五帝本紀作善言漢書王莽傳作靖言是靖與善同義言汝自作不善郎上文所云先惡于民也馬注見釋文云靖安者靖與靜通故廣雅釋詁云安靜也義與安通

非予有咎遲任有言曰【注】馬融曰遲任古老成人鄭康成曰遲任古之賢史【疏】馬注見釋文鄭注見書疏

人惟求舊器非求舊惟新【注】人惟求舊一無求字下求一作救【疏】言人惟求舊者明上文言先王圖任舊人用器舊則更新喻國邑圮毀當遷新邑也人惟求舊熹平石經作人惟舊器非救舊求作救者周禮大司徒之職云正日景以求地中注云故書求爲救杜子春云當爲求堯典旁求說文引爲旁救是求救通也

古我先王曁乃祖乃父胥及逸勤

予敢動用非罰【注】敢一作不敢【疏】釋詁云曁及與也勤勞也先王謂湯般本

紀云盤庚乃告諭諸侯大臣曰昔我高后成湯與爾之先祖俱定天下即約此文言相與共勞逸我不敢輒用非罰也非罰謂罰之不當者敢詩文王疏引五經異義作不敢

世選爾勞予不掩爾善

茲予大享于先王爾祖其從與享之

注 大傳說古者諸侯始受封則有采地百里諸侯以三十里七十里諸侯以二十里五十里諸侯以十五里其後子孫雖有罪黜其采地不黜使其子孫賢者守之世世以祠其始受封之人此之謂興滅國繼絕世書曰茲予大享于先王爾祖其從與享之此之謂也鄭康成曰大享謂烝嘗也掩一作絕又作弇

疏 選者漢書注孟康云數也勞者周禮司勳職云事功曰勞不絕其善者即

大傳所云諸侯子孫采地不黜也大享謂禘祭于明堂曲禮云大饗不問卜注云祭五帝於明堂禮器云大饗腥注云大饗祫祭先王也疏引鄭注論語云禘祭之禮自血腥始禮器又云大饗其王事與下言諸侯之貢諸侯之賓是大饗即禘祭也商頌長發大禘之詩云受小球大球爲下國綴旒受小共大共爲下國駿厖惟禘有諸侯助祭公羊文二年傳何休注云禘所以異于祫者功臣皆祭也案經云大享即禮記大饗也云爾祖其從與享之知爲禘也大傳說見路史國名紀四鄭注見周禮司勳疏云大享謂烝嘗者王制云天子諸侯宗廟之祭春曰礿夏曰禘秋曰嘗冬曰烝注云此葢夏殷之祭名周則改之春曰祠夏曰礿以禘爲殷祭祭統云凡祭有四時春祭曰礿夏祭曰禘秋祭曰嘗冬祭曰烝注云謂夏殷時禮也祭統又云礿禘陽義也嘗烝陰義也禘者陽之盛也嘗者陰之盛也故曰莫重於禘嘗案此則大享當是禘嘗而鄭以爲烝嘗者周禮司勳云凡有功者銘書於王之大常祭於大烝司勳詔之注云生則書于王旌以識其人與其功也死則于烝先王祭之詔謂

告其神以祠也般庚告于卿大夫曰茲予大享于先王爾祖其從與享之是也書疏之釋鄭注云知烝嘗有功臣與祭者以周禮此文嘗是烝之類故以嘗配之又云秋冬之祭尚及功臣則禘祫可知又釋大享云若烝嘗對禘祫則禘祫爲大烝嘗爲小若四時自相對則烝嘗爲大礿祠爲小是鄭注雖舉烝嘗爲大享亦未嘗不兼祫禘也爾雅禘爲大祭凡祭之大於餘祭者皆得爲禘故冬至祭昊天上帝于圜丘夏正祭感生帝于南郊及宗廟五年一祭皆爲禘左傳云烝嘗禘于廟是烝嘗亦得名禘也掩詩文王疏引五經異義用此文作絕釋文云掩又作弇

作福作災予亦不敢動用非德 **疏** 言汝之福災皆由自作我亦不敢動用非罰此言不敢動用非德者祭統云古者於禘也發爵賜服順陽義也於嘗也出田邑發秋政順陰義也非德謂發爵賜服之不當者

予告汝于難若射之有志 **注** 鄭康成曰我告汝于我心至難矣夫射者張弓屬矢而志在所

射必中然後發之爲政之道亦如是也以巳心度之可施于彼然後出之【疏】志字古作識論語子張篇賢者識其大者不賢者識其小者熹平石經作志是古文識今文作志也鄭注周禮保章氏云志古文識疑說文爲識重文今脫之志者儀禮既夕記云志矢一乘注云志猶擬也書云若射之有志是志者擬也廣雅釋詁云志識也春秋左氏定八年傳云顔息射人中眉退曰吾志其目也言爲政之難不可輕發鄭注見書疏云張弓屬矢者屬緩讀則爲注杜注左傳云注傳矢也

汝無老侮成人無弱孤有幼【注】鄭康成曰老弱皆輕忽之意也老一作翕弱一作流【疏】侮者廣雅釋詁云傷也老侮孔氏書正義本作侮老據唐開成石經更正鄭注見書疏以老弱爲輕忽之意者漢書趙充國傳云上老之臧氏鏞曰左傳宋華閲卒華臣弱皐比之室杜注云弱侵易之是老弱爲輕侮之詞熹平石經老作翕今文也翕侮猶言

狎侮假音字石經又以流爲弱鄭注鄉飲酒義云流猶失禮也各長于厥居勉出乃力聽予一人之作猷疏釋詁云育長也猷謀也作者釋言云爲也各自愛養其身勉出其力從予之謀段氏玉裁云猷已也以作猷爲作止謂或作或輟也無有遠邇用罪伐厥死用德章厥善疏伐者廣雅釋詁云擊也章同彰廣雅釋詁云明也言遠則諸侯近則臣工一體伐死章善無偏誅邦之臧惟汝衆邦之不臧惟予一人有佚罰疏臧者釋詁云善也佚同逸釋言云過也周語內史過云在殷庚日國之臧則惟汝衆國之不臧則惟予一人有逸罰注云臧善也國俗之善則惟汝衆歸功于下也逸過也罰猶罪也國俗之不善則惟予一人是我有過也言其罪當在我也經文國爲邦者後人疑國爲漢人避諱字改之實當爲國佚經作逸義通凡爾衆其惟致告自今至于後日各恭爾事齊乃位度乃口

罰及爾身弗可悔【注】恭一作共乃卩一作爾卩度一作
渡【疏】恭與共通釋詁云共具也齊者廣雅釋言云整也
卩作爾卩度說文作㡿云閉也此省文熹平石經恭作共乃
具爾事齊一其位杜塞其口不然者罰及其身悔之已
遲也此爲上篇段氏玉裁云熹平石經中篇建乃家之
下下篇盤庚遷之上空一字則上篇中篇交接處石本
亦必空一字
今用其例　盤庚作惟涉河以民遷【注】鄭康成曰作
渡河之具【疏】涉者廣雅釋詁云渡也耿在河北殷在河南鄭注見書疏作謂造作舟檝也鄭以經
云惟涉河則上云作必渡河之具　乃話民之弗率誕告用亶【注】馬融作
單曰話告也言也單誠也其有衆咸造【注】馬融曰造爲
也【疏】話者說文云合會善言也率者釋詁云循也誕大也亶誠也言會合民之不循教遷居者而善言告

乙以誠其有衆咸爲渡河之具也馬注俱見釋文詁告者詩抑云告之話言釋詁云話言也造爲也馬云造爲也當卽鄭注所言作渡河之具詩文王云造舟爲梁箋云天子造舟周制也殷時未有等制釋水李巡曰比其舟而渡曰造說文云古文造从舟字作艁**勿褻在王廷盤庚乃登進厥民**【疏】褻者韋昭注楚語云近也言未近在王廷登者釋詁云升也言升進民于中廷而詢之也鄭云作渡河之具則以此登爲登舟**曰明聽朕言無荒失朕命**【疏】荒者詩傳云虛也失江氏聲讀爲佚說文云佚一曰忽也**嗚呼古我先后罔不惟民之承保后胥感鮮**【注】感一作高**以不浮于天時**【疏】承者文選注廿五引薛章句曰受也保者說文云任保也葢言任使下文承汝俾汝俾使也洛誥云承保乃文祖受命民是承保讀當絕句承保猶易言容保民也后胥感者說文云慽憂也謂后亦與民共憂患鮮者釋詁云罕也浮當讀爲孚言君民親附罕有不孚于

天時者孟子云天時地利不如人和熹平石經感作高
江氏聲云胥高謂相度高山鮮者詩云度其鮮原下篇
所謂適于山也鮮字屬上讀如江氏說以
不浮于天時浮者高誘注淮子云猶罰也**殷降大虐**【注】
鄭康成曰殷者將遷于殷先正其號名**先王不懷厥攸**
作視民利用遷汝曷弗念我古后之聞【疏】云殷降大虐者謂先王時
天降大災也時未遷殷而稱殷者如鄭說先正其號名
先王不懷厥攸作者言先王不安其所始居之地視利
于民則遷之懷者釋詁云安也作者詩傳云始也言汝
何不念我古后之舊聞乎鄭注見書疏云先示其號名
者述降虐之時尚未遷殷而
即以此爲號名是先正之也**承汝俾汝惟喜康共非汝**
有咎比于罰予若籲懷茲新邑亦惟汝故以丕從厥志
【疏】承俾即上文承保也承汝即受汝俾汝者釋詁云使
也喜樂康安共具並釋詁文若順懷來並釋言文丕

詞也言我之遷徙者受汝使汝惟喜安居以供爾事非因汝有過比于放流之罰也予順呼汝來此新邑亦惟承保汝之故汝當從其志勿違之

今予將試以汝遷安定厥邦汝不憂朕心之攸困

注 汝遷一作爾遷邦一作國汝不作今汝

不乃咸大不宣乃心欽念以忱動予一人

疏 試者說文云用也咸者釋詁云皆也宣讀爲和王氏引之云周禮太宰之職正月之吉始和布令于邦國都鄙鄭小司寇職正歲帥其屬而觀刑象乃宣布于四方也檀弓曹桓公卒於會鄭注云曹伯廬謚宣言桓聲之誤也是宣聲近桓禹貢和夷厎績鄭注讀和爲桓則宣乃心謂和乃心也欽者釋詁云敬也忱者詩傳云信也言我用遷居汝者將令安定于新邑汝大不和衷敬思以誠信感動我也

爾惟自鞠自苦若乘舟汝弗濟臭厥載

疏 鞠同鞫釋言云窮也即說文籟字省濟者釋言云渡也臭讀當爲殠說文云腐气也

又云殑腐也或作朽廣雅釋器云殑臭也言爾徒自窮苦譬如登舟不渡坐待其朽敗 爾忱不屬惟胥以沈【注】馬融曰屬獨也不其或稽自怒曷瘳汝不謀長以思乃災汝誕勸憂【注】稽一作迪怒一作怨誕一作永【疏】屬者鄭注士昏禮云注也沈者廣雅釋詁云沒誕者釋詁云大也勸者說文云留止也瘳者說文云疾病愈也汝誠不專注之故既朽敗其載當相與有沉溺之患其或留止不進自恚怒何能愈乎汝無遠謀以思災患大足助憂耳江氏聲說以左傳兆憂杜注云開憂兆熹平石經稽作迪怒作怨誕作永釋詁云迪進也言汝不肎進自怨何益徒長助我憂馬注見釋文未詳王氏鳴盛云當云不獨也 今其有今罔後汝何生在上【疏】罔者釋詁云無也上謂地上有今無後言死亡無日汝何得尚生在地上乎 今予命汝一無起穢以自臭恐

人倚乃身迂乃心【疏】穢當作薉漢書武帝紀注晉灼云薉古穢字說文有薉無穢薉者考工記云敗薉臭同鰃倚同掎說文掎偏引也詩小弁云伐木掎矣傳云伐木者掎其顛疏云掎者倚也迂者說文云避也又云避回也言令予令汝一其心志無以敗薉之物以自鰃喻浮言之不可鄉邇也恐人之掎引汝身迂回汝心言牽掣誘引之使不得自由也予迓續乃命于天予豈汝威用奉畜汝衆【注】迓一作御【疏】釋詁云訝迎也續繼也高誘注淮南子云奉助也鄭氏注易云畜養也言天將永我命于茲新邑我爲汝迎而續之非以威脅汝遷也用助養汝衆民而已顏師古匡謬正俗引經文迓作御云詩鵲巢云百兩御之訓解皆爲迎徐仙民並音訝案說文無迓字當爲訝或爲御初唐人引書作御則迓是衞包所改矣予念我先神后之勞爾先予丕克羞爾【注】丕一作不用懷爾然失于政陳于茲高后丕乃崇

降罪疾【注】祟一作知曰曷虐朕民【疏】神后高后皆謂成湯也神者配天之
稱說文天神曰神克者釋言云能也羞進懷安皆釋詁
文陳者釋詁云延也聲又近塵釋詁云塵久也祟者釋
詁云重也言我念先后成湯之與汝祖共勞我今不克
進爾于樂土以安爾身然則是我失于政令而延久于
此我高后在天之靈將重降罪疾于我曰何爲而虐我
民熹平石經祟作知江氏云今文爲知者言高后毋乃
知之汝萬民乃不生生暨予一人猷同心先后丕降與汝
罪疾曰曷不暨朕幼孫有比【疏】生者詩傳云財業也生生者莊子大宗師云生
生者不生釋文引崔云常營其生爲生生猷謀比俌皆
釋詁文也幼孫盤庚自謂陽甲爲長故曰幼也言汝萬
民乃不知自營其生與我同心共謀遷徙之事先后將
降與汝罪疾曰何不與我幼孫爲輔下篇云不肩好貨
敢共生生又云無總于貨寶生生自庸敕戒君臣不可
營生生之事此責萬民不生生者春秋左氏文七年傳

云正德利用厚生謂之三事文六年傳云時以作事事以厚生孟子云孳孳爲利小人之事王者藏富于民百姓足君孰與不足故責之以不生生下文又云往哉生生謂去舊都奢侈之俗適新邑以營生

故有爽德自上其罰汝汝罔能迪

疏 故者釋詁云今也爽者釋言云差也忒也自上言先后在天之靈迪者馬氏注多方迪作攸攸同䢘說文云長也即下文崇降弗祥石經作不永也言汝今有差忒之行先后自上其罰汝汝無能自久長也

古我先后既勞乃祖乃父汝共作我畜民汝有戕則在乃心

注 戕一作近

疏 作者釋詁云爲也畜音近好祭統云順于道不逆于倫是之謂畜注云畜謂順于道教戕者鄭注易云傷也在者釋詁云察也言我先王既勞汝之祖父汝共爲我順于道教之民有傷及汝則乃祖乃父當察知之下文云救乃死是也熹平石經戕作近云有近則在乃心者釋詁云則法也蓋言汝當近法乃祖父

我先后綏乃祖乃父

乃祖乃父乃斷棄汝不救乃死【疏】綏者釋詁云安也斷者說文云絕斷絲也斷亦爲絕棄者說文云捐也言我先王遷居以安汝祖父今汝不從令汝祖父將絕棄汝不救其死何止有傷乎

茲予有亂政同位具乃貝玉【疏】釋詁云共具也說文云貝海介蟲也古者貨貝而寶龜周而有泉至秦廢貝行錢管子國畜篇云玉起于禺氏金起于汝漢珠起于赤野距周七千八百里先王爲其途之遠至之難故託用于其重以珠玉爲上幣黃金爲中幣刀布爲下幣是貝玉古以代刀布言有亂政之臣在位惟知共具貨幣以致民俗奢侈

乃祖乃父丕乃告我高后【注】乃父一作先父我高后一作乃祖乃父【疏】乃父唐開成石經作先父我高后釋文云本又作乃祖乃父段氏玉裁云當讀乃祖乃父丕乃告絕句乃祖乃父曰作丕刑于朕孫絕句

曰作丕刑于朕孫【注】孫一作子孫【疏】唐石經孫上有子字

迪高后

丕乃崇降弗祥注崇一作興弗祥一作丕丕永疏崇降弗祥熹平石經作興降丕丕永丕丕不同說文云刑罰罪也祥福也迪者釋詁云道也道猶導也崇者釋詁云重也言汝祖父惡子孫之貪婪乃告高后以爲罰于我子孫導我高后重降殃禍于汝漢石經崇作興者馬注君奭云崇充也詩天保箋云興盛也充盛義相近故今文云興降也丕永者不丕永言不長也祥以羊爲聲養漾俱長也今文作不丕永知弗祥嗚呼今予告汝不易注嗚呼一作於戲鄭亦言弗長也

康成曰我所以告汝者不變易言必行之疏鄭注見書疏嗚呼熹平石經作於戲永敬大恤無胥絶遠汝分猷念以相從各設中于乃心注分一作比設一作翕疏恤者釋詁云憂也分云猶異也論語集解引孔氏注云民有異心曰分言遇大憂當長敬其上無相絶遠汝之異謀當思從順以各

設中正于汝心諭令同心遷從無疑貳也熹平石經分作比設作僉翕詩傳云擇善而從曰比廣雅釋詁云猷順也翕者釋詁云合也言汝當比順思以相從各合于中道此今文義**乃有不吉不迪顛越不恭暫遇姦宄我乃劓殄滅之無遺育無俾易種于茲新邑**疏吉者說文云善迪者釋詁云道也顛與瘨通廣雅釋詁云狂也越者漢書集注文穎云踰也恭與龔聲相近說文云慤也暫遇王氏引之云暫讀曰漸漸詐也遇讀偶睦智故謂之偶人不正謂之遇荀子正論篇云上幽險則下漸詐矣呂刑曰民興胥漸大傳云苗民用刑而民興犯漸俱謂詐也淮南原道篇云偶睦智故曲巧僞詐是以偶爲姦邪之稱也說文云齵齒不正也遇音近齵義亦爲不正姦宄者說文云宄姦也外爲盜內爲宄古文作夂[宄/心]劓者說文劓之或字廣雅釋詁云劓斷也殄者釋詁云絕也育者釋詁云長也易者魯語云譬之如疾余恐易焉醫書有陰易陽易言病相延染俾者釋詁云使也言有不善不道顛狂踰法不愿

愬者及詐邪姦宄之行我則斷絕之無使滋長其類于新邑春秋左氏哀十一年傳子胥引盤庚之誥曰其有顛越不共則劓殄無遺育無俾易種于茲邑注云顛越不共從橫不承命者也劓割也殄絕也育長也俾使也易種轉生種類史記伍子胥傳引此經畧同此左傳文多吳世家集解引服虔曰顛殞也越墜也顛越無道則割絕無遺也

無往哉生生今予將試以汝遷永建乃家【疏】建者廣雅釋詁云立也言汝往營生生于新邑今我將用以汝徙長立汝家熹平石經建乃家下空一字段氏玉裁云此歐陽尚書舊式也

盤庚既遷奠厥攸居乃正厥位【注】鄭康成曰從主于民故先定其里宅所處次乃正宗廟朝廷之位【疏】鄭注見書疏以奠爲定者見禹貢疏云徙主于民者王制云司空執度度地居民周禮地官小司徒云經土地而井牧其田野九夫爲井四井爲邑云云是也云正宗廟朝廷之位者鄭注天官辨方正位引召誥

太保乃以庶殷攻位于洛汭越五
日甲寅位成成與此解正厥位畧同　綏爰有衆【注】鄭康成
曰爰于也安隱于其衆也【疏】鄭注見魏志武帝紀注以
隱亦爲安者廣　綏爲安爰爲于皆釋詁文
雅釋詁文也　曰無戲怠懋建大命【注】鄭康成曰勉立
我大命使心識教令常行之無戲怠一作女罔台民懋
一作勖【疏】戲者釋詁云戲謔也怠者釋言云懈怠也鄭
詁同命爲教令者釋詁命令同爲告也鄭注禮記云命
謂政令也無戲怠熹平石經爲女罔台民作勖建大命
以罔代無者釋言文台者方言云失也宋魯之間曰台
懋爲勖者釋訓云懋懋勉也與勖同義言汝無失民勉
立大　今予其敷心腹腎腸歷告爾百姓于朕志【注】夏侯
令也
等書說心腹腎腸爲優賢揚歷【疏】敷同尃說文云布也
志者廣雅釋詁云意

也心腹腎者白虎通情性篇云五藏者何也謂肝心肺腎脾也六腑者何謂也謂大腸小腸胃膀胱三焦膽也然則心腎屬藏腸屬腑釋名云腹複也富也腸胃之屬以自裏盛復於外複之其中多品似富者也春秋左氏宣十二年傳鄭伯云敢布腹心用此經文也夏侯等書爲優賢揚歷者見書卷二疏云夏侯等書心腹腎腸曰憂腎陽疏文舛誤當爲優賢揚三字文選左太沖魏都賦曰優賢著於揚歷張載注云尚書盤庚曰優賢揚歷歷試也魏志管寧傳陶上一等薦寧曰優賢揚歷裴氏注曰今文尚書曰優賢揚歷謂揚其所歷試未知此云歷試也及謂揚其所歷試是鄭注否不敢妄載爲注案心腹二字似優賢字似腎腸字似揚歷字上屬則下告百姓于朕志爲句漢咸陽令唐扶頌優賢颺歷國三老袁良碑優賢之寵皆用今文尚書

罔罪爾衆爾無共怒協比讒言予一人【注】協比者詩正月云洽比其鄰傳云洽者春秋左氏僖廿二年傳引作協比與此同義言我不罪及汝衆民汝無共相恚怒合附爲讒言謗我

古我先

王將多于前功適于山用降我凶德嘉績于朕邦【注】嘉一作綏【疏】先王謂湯釋詁云將大也適往也降者釋言者釋詁云業也契父帝嚳始居亳其後屢遷而不安湯大前人之功以爲多故又往亳從先王居鄭注立政一亳云東成皐南轘轅西降谷故云適于山也降下凶德者依山地高水下則無河圮之患以致墊陷爲凶德也或德者說文云升也用降我凶爲句下云升嘉績于朕邦憙平石經嘉作綏釋詁云綏安也

今我民用蕩析離居罔有定極爾謂朕曷震動萬民以遷【注】爾一作今爾謂一作惠震一作祗【疏】蕩者說文云泆水所蕩泆也析者廣雅釋詁云分也極至震動皆釋詁文言我民爲水蕩泆離析不安其居無有定至之處汝方怪朕之動民遷居言不得已憙平石經爾作今爾謂作惠震作祗惠者釋詁惠順也曷盍也祗敬也今文之意言汝順我盍敬動萬民

徙居避患之爲得也祇震聲之轉堯典震敬史記作振敬內則祇見孺子鄭注祇或作振 **肆上帝將復我高祖之德亂越我家朕及篤敬恭承民命用永地于新邑** 疏 釋詁云肆今也亂治也越同粵釋詁云于也及者公羊隱元年傳云猶汲汲也篤厚也恭敬也皆釋詁文承同抍謂拯也永者釋詁云長也言今天將與復我高祖之德治于我家我汲汲敬恭以抍民于溺以順天命用久長其地于此新邑 **肆予沖人非廢厥謀弔由靈各非敢違卜用宏兹賁** 疏 沖者後漢書沖帝紀引謚法曰幼少在位曰沖弔者釋詁云至也說文作迅解同釋詁云由從皆自也是由亦從也靈者廣雅釋詁云善也龜曰卜宏與洪同釋詁云大也賁者廣雅釋詁云美也言今我幼少之人非不用衆謀但謀之來至當從其善者汝衆各不違卜用大此美績美績卽上嘉績江氏聲以靈爲龜以下云卜知之易頤初九云舍爾靈龜 **嗚呼邦伯師長百執**

事之人尚皆隱哉予其懋簡相爾念敬我衆【注】隱一作

乘懋一作勖【疏】邦伯州伯也師連帥長屬長也王制云千里之內設方伯五國以爲屬屬有長十國以爲連連有帥三十國以爲卒卒有正二百一十國以爲州州有伯注云殷之州長曰伯虞夏及周皆曰牧百執事謂在朝之臣金縢云二公及王乃問諸史與百執事遷都時畿外諸侯各率其屬以衛從王故邦伯師長與百執事之人並在而呼告之也隱者釋言云占也郭注云隱度上言非敢違卜故此言尚皆占哉論語云不占而已矣懋同茂釋詁云勉也簡者虞翻注易云閱也相者說文云視也我其勉閱視汝其思敬我衆民也熹平石經隱作乘懋作勖乘者周禮稾人乘其事鄭司農云乘計也宰夫乘其財用之出入鄭注云乘猶計也言當計度之亦猶云隱度也懋作勖者釋詁云勉也

朕不肩好貨敢共生生【疏】釋詁云肩作也共具也言我不作好貨之事敢具生生之財此明已之去奢卽儉非爲已也江氏聲云生生猶

生息也周禮泉府云凡民之貸者與其有司辨而受之以國服爲之息注鄭司農云貸者謂從官借本賈也故有息使民弗利元謂以國服爲之息以其於國服事之稅爲息也於國事受園廛之田而貸萬泉者則期出息五百

鞠人謀人之保居敘欽【注】鄭康成曰鞠養也言能謀養人安其居者我則次敘而敬之【疏】鹽鐵論本義篇云盤庚萃居疑即此保居也萃者聚也保居謂相保守鄭注見書疏以鞠爲養保爲安皆詩傳文也敘爲次次序者說文云敘次第也欽爲敬釋詁文

今我既羞告爾于朕志若否罔有弗欽【疏】若者釋言云順也言我既告汝以意于汝心順否我無不敬而告之也

無總于貨寶生生自庸【疏】總者說文云聚束也庸者廣雅釋詁云用也戒諸臣無聚于貨寶生殖以自用者上自言不作好貨下敕其臣以生生爲萬民之事不可與之爭利

式敷明德永肩一心【疏】式者釋言云用也敷

者說文云攱也肩者釋詁云克也戒之
以用施明德長能一心不貳其志也

盤庚第六終

尚書今古文注疏卷七

高宗肜日第七　商書三

賜進士及第授通奉大夫山東督糧道加三級孫星衍撰

注　史遷說帝武丁崩子帝祖庚立祖巳嘉武丁之以祥雉爲德立其廟爲高宗遂作高宗肜日及訓**疏**　史公說此爲祖庚時祖巳作古文義也既稱高宗則是立廟後追記其事武丁稱高宗者喪服四制云高宗者武丁武丁者殷之賢主也繼世卽位而慈良于喪當此之時殷衰而復興禮廢而復起故善之善之故載之書中而高之故謂之高宗是也宗者不毀廟之稱也肜者祭名也釋天云繹又祭也周曰繹商曰肜夏曰復胙詩疏引孫炎云肜者亦相尋不絕之意何休注公羊云殷曰肜周曰繹繹者據今日道昨日不敢斥尊言之文意也肜者肜不絕據昨日道今日斥尊言之質意也詩鳧鷖箋云祭天地社稷山川五祀皆有繹祭禘祫與四時之祭明日亦

皆爲肜祭此是祭成湯其何時之祭無文可知案肜即
彤字从舟隸省說文云彤船行也玉篇彤余弓切祭也
又丑林切舟行也是知彤
字从舟與从丹之彤異

高宗肜日越有雊雉【疏】肜日祭成湯之明日史記殷本
紀云帝武丁祭成湯明日有雉
登鼎耳而呴呴漢書郊祀志藝文志皆作雊經作呴者
後世改之當从隹大戴禮夏小正云雉震呴呴也者鳴
也說文云雊雄雌鳴也雷始動雉乃鳴而雊其頸論衡
指瑞篇引尚書大傳云有雉升鼎耳而鳴知雊即鳴也
說文云雉有十四種見爾雅釋鳥文越同粤釋詁云于
也有者說文云不宜有也漢書五行志云劉向以爲雉
雊鳴者雄也以赤色爲主於易離爲雉雉南方近赤祥
也劉歆以爲羽蟲之孽易有鼎卦鼎宗廟之器主器奉
宗廟者長子也野鳥自外來入爲宗廟器主是繼嗣將
易也案通典五十一引賀循議曰殷之盤庚不序陽甲
之廟而上繼先君以弟不繼兄故也疑賀循所議出古
文書說或即馬鄭等典祀無豐于昵之注如其言是雊

雉之祥爲廟祀不序陽甲也陽甲爲祖丁長子劉歆說鼎宗廟之器主器者長子雉聞雷則雊震爲雷亦爲長子是鈌長子之祀故有此異也劉向說以離爲雉雉南方近火祥火爲禮是爲宗廟失禮之應歆又說野鳥自外來入繼嗣將易後不驗者高宗修德興廢則天災消弭也**祖巳曰**【注】史遷說爲祖巳告王鄭康成曰祖巳謂其黨【疏】經文祖巳曰之下又有訓於王曰案大傳云武丁問諸祖巳五行志云武丁恐駭謀於忠賢故史公以爲先告王勿憂乃陳其訓也不如鄭說者人臣無退有後言之義鄭注見書疏云謂其黨者王逸注楚詞云黨朋也祖巳將訓王先告其朋僚知者大傳記高宗之訓桑穀生朝武丁召問其相次問祖巳則知祖巳之黨尚有相也**惟先格王正厥事**【注】史遷說爲王勿憂先修政事格一作假【疏】漢書成帝紀詔引經云羣公孜孜帥先百寮輔朕不逮是以格王爲正王也孔光傳光曰上天聰明苟無其事變不虛生引此經云言事

變之來起事有不正也格漢書多引作假今文也孟子格君心之非趙氏注云正也事當讀如春秋傳有事於太廟李賢後漢書注有事謂祭也漢書杜周傳云高宗遵雊雉之戒飭巳正事飭巳亦以釋告王也史公云王勿憂者疑釋假王爲寬暇王心詩長發云昭假遲遲箋云假暇又以爲寬暇王粲登樓賦云聊暇日以銷憂文選王元長曲水詩序引孫子兵法曰優游暇譽是假與暇通也

乃訓于王曰惟天監下民典厥義【疏】訓道監視皆釋詁文典者鄭注周禮云主也義者詩傳云善也淮南齊俗訓云義者循理而行宜也

降年有永有不永非天夭民民中絕命【注】史遷作非天夭民中絕其命鄭康成曰年命者蠢愚之人尤惕焉故引以諫王也【疏】降者釋言云下也永者釋詁云長也夭者釋名云少壯而死曰夭如取物中夭折也史公作非天夭民中絕其命中絕上無民字是言非天夭民而中道絕其命江氏聲云經

文衍民字是也鄭注見書疏云惷愚之人尤愚者疑上有脫文若聖賢正德以順天命等詞不當專以惷愚之人擬王也惷愚見周禮司刑云三赦曰惷愚注云生而癡騃童昏者也愚者釋詁云貪也案殷自陽甲已來兄弟相及皆不永年竹書紀年陽甲四年小辛三年小乙十年惟盤庚二十八年則此云降年有永有不永者似指兄弟相及不敢斥言王故泛推天命人事也前

民有不若德不聽罪 疏 若者荀氏易注云順也聽者廣雅釋詁云從也言民命之天有不順天德不從引咎者由自取也

天既孚命正厥德 注 史遷孚作付 疏 孚漢熹平石經作付與史記合是今古文皆作付也漢書孔光傳引經亦作付說爲正德以順天也封禪書云高宗欋祖巳曰修德漢書五行傳云武丁謀於忠賢修德而正事釋此文也付者說文云與也德者說文云悳外得於人內得於巳德同悳祖巳以爲天命雖有修短之殊既付於我當修德以待之殷之先王兄弟相及皆不永年有不修德者亦有修德者未可以不永年而謂其

失德缺其常祀禮記祭法疏引孝經援神契云命有三
科有受命以保慶有遭命以謫暴有隨命以督行受命
謂年壽也遭命謂行善而遇惡也隨命謂隨其
善惡而報之案受命保慶即付命正德之謂**乃曰其**
如台【注】史遷說如台爲柰何【疏】祖已陳訓已畢又言王當柰何亟勉王以正德
也正德者當敬民以修常祀史公如台作柰何者据湯
誓及西伯戡黎皆有其如台之文史記俱作柰何薛綜
注東京賦云如柰也台何聲之轉一切經音義八引蒼
頡篇云奚何也皇氏用以疏論語奚其爲爲政鄭注檀
弓云奚若何如也台音近奚故可釋爲何僞傳以台爲我失之**嗚呼王司敬民罔非天**
允【注】史遷司作嗣允作繼【疏】王司者言王嗣位也民者對天之稱謂先王王坊記注
云先民謂上古之君也言嗣位當敬先王以順天允者
釋詁云繼也天允允猶言天之子言陽甲已來先王有不
永年者既嗣天位即爲天允王當修敬也殷本紀云帝
陽甲之時殷衰自仲丁以來廢適而更立諸弟子弟子

或爭相代立比九世亂於是諸侯莫朝帝陽甲崩弟盤庚立則自陽甲已來有兄弟爭立廢適之事或不爲嫡立廟未失禮也陽甲嫡長嗣位盤庚不爲立廟是爲棄其常道故明之曰罔非天允史公司作嗣者詩傳云司主也鐘鼎多司嗣通允作繼者釋詁云允嗣繼也是允訓同嗣

典祀無豐于昵【注】史遷作常祀無禮于棄道馬融曰昵考也謂禰廟也【疏】典者釋詁云常也豐者鄭注周禮云猶厚也韋昭注楚語云盛也昵同暱說文云暱日近也或作昵玉篇云昵親近也案四親廟最近爲父廟故稱之爲昵史公作常祀無禮于棄道者言盤庚尊禰廟而廢嫡長前王之祀高宗以子繼父亦不改其道是爲棄道豐字形近禮或亦當爲豐也穀梁春秋文二年大事於太廟躋僖公傳云先親而後祖也逆祀也何氏注云高宗殷之賢主猶祭豐于禰以致雉雊之變然後率修常禮故史公以豐于昵爲棄道也馬注見釋文以昵爲考云禰廟者禰從示說文所無繫傳新附有禰字云秋畋也則古或借獮爲之玉篇

作祢云秋田祭也與獮同馬氏釋昵爲禰或漢時隷書
巳有禰字或借獮爲之不可知也通典引賀循議以盤
庚不序陽甲之廟是陽甲無廟祀詩殷武箋云高宗之
前王有廢政教不修寢廟者高宗復成湯之道故新路
寢焉疏云其不修者蓋小辛小乙耳案史記殷本紀祖
乙子陽甲陽甲弟盤庚盤庚弟小辛小辛弟小乙小乙
子武丁又云帝小辛立殷復衰是殷自祖丁之後陽甲
至小乙皆兄弟相及盤庚既不爲陽甲立廟小辛繼世
又值殷衰未能修復廟祀高宗繼父小乙居喪盡禮其
于父廟祀亦必豐而世父之廟不序猶承盤庚之失故
于祭成湯廟之明日有雊雉之祥旣感祖巳之言乃修
建寢廟喪服四制云禮廢而復起尚書大傳云武丁思
先王之政繼絶世是殷時至高宗始有與廢之事如殷
武詩所言寢成孔安也知寢卽廟者周禮隷僕掌五寢
之埽除糞洒之事注云五寢五廟之寢也周天子七廟
惟祧無寢殷武疏云經止有寢耳箋言廟者君子將營
宮室宗廟爲先明亦修廟是也殷之廟制据詩烈祖疏
引禮稽命徵云殷五廟至於子孫六注云契爲始祖湯

爲受命王各立其廟與親廟四故六何氏休注公羊云禮天子立五廟受命始封之君立一廟至于子孫過高祖不得復立廟禮器正義引五經異義云兄弟無相後之道則高宗時陽甲廟猶在不毁之列祖巳所以言常祀應修毋得獨豐于近也然則立陽甲之廟禮當如何何氏注公羊云弟無後兄之禮爲亂昭穆之序失父子之親通典引賀循議曰若兄弟相代其是一代昭穆位同不得兼毁二廟禮之常例也又曰殷人六廟只有兄弟四人襲爲君者便當上毁四廟乎如此四代之親盡無復祖禰之神矣又按成湯巳下至于帝乙父子兄弟相繼爲君今十二代而正代惟六易乾鑿度曰殷帝乙六代王也以此言之明不數兄爲正代案此諸議則高宗當爲陽甲立廟而以盤庚小辛小乙共爲四室至祫祭時兄弟不分昭穆昭則同爲昭穆則同爲穆也通典引華恒議以爲兄弟旁及禮之變也則宜爲神主立室不宜以室限神主是知陽甲之廟當一廟四室共爲一代也高宗修寢廟之禮雖無文可知大率宜以父祔陽甲矣尚書大傳云武丁祭成湯有雉飛升鼎耳而雊武

丁問諸祖已祖已曰野鳥也不能升鼎今升鼎者欲爲用也無則遠方將有來朝者乎故武丁內反諸已以思先王之道三年編髮重譯來朝者六國孔子曰吾於高宗肜日見德之報之疾也其說無補經文故附及之

高宗肜日第七終

尚書今古文注疏卷八

西伯戡黎第八　商書四

賜進士及第授通奉大夫山東督糧道加三級孫星衍撰

疏此戡黎史公用孔安國故以爲在文王被囚釋歸之後受命之四年周本紀于散宜生等獻寶而赦西伯之後斷虞芮之訟云諸侯聞之曰西伯蓋受命之君明年伐犬戎明年伐密須明年敗耆國明年伐邘明年伐崇侯虎明年西伯崩是戡黎爲文王五年事其被囚以聞脯鄂侯而歎不因三代皆勝也大傳則以被囚在伐于伐密須伐畎夷之後五年獻寶得免出而伐耆與史記不同又云西伯既戡黎紂囚之牖里又于散宜生等獻寶之後紂曰非子罪也崇侯也遂遣西伯伐崇是戡黎又在被囚之前大傳又云六年伐崇乃稱王又與史記斷虞芮之訟後受命之說異此又夏侯歐陽說之不同者案春秋左氏襄三十一年衞北宮文子云紂囚文王七年則必在斷虞芮之前古文說也戰國趙策魯仲連云拘之牖里之庫百日則可爲四年被囚五年獻寶

得免事但魯仲連說被囚亦以聞牖鄂侯而歎與古文同不以爲三代皆勝紂始惡之也又見書序疏

西伯既戡黎**注**鄭康成曰西伯周文王也時國于岐封爲雍州伯也南兼梁荆國在西故曰西伯戡黎入紂圻內戡一作𢦏黎一作䅗又作耆又作飢阢**疏**西伯者周本紀云公季卒子昌立是爲西伯西伯曰文王是也得戡黎者紂赦西伯賜之弓矢斧鉞使西伯得征伐也黎說文作䅗云殷諸侯國在上黨東北者戡說文作𢦏云殺也葢黎侯無道殺之而不取其國故云𢦏不云滅也鄭注見書疏及詩周南名南譜疏云時國于岐者周本紀古公亶父去豳渡漆沮踰梁山止于岐下古公卒季歷立是爲公季公季卒子昌立說文云郱周文王所封在右扶風美陽中水鄉岐作郊或从山因岐山以名之也地理志右扶風美陽禹貢岐山在西北中水鄉周太王所邑在今陝西扶風縣西北岐山在今岐山縣也云封爲雍州

伯者王制曰二百一十國以爲州州有伯八州八伯鄭注云殷之州長曰伯此言雍州伯則是八州八伯之一矣王制又云分天下以爲左右曰二伯周禮大宗伯職云八命作牧注鄭司農云一州之牧又云九命作伯注云上公有功德者加命爲二伯公羊莊元年疏引含文嘉云禮有九錫一曰車馬二曰衣服三曰樂則四曰朱戸五曰納陛六曰虎賁七曰弓矢八曰鈇鉞九曰秬鬯文王賜弓矢鈇鉞是八命之牧非九命之伯故鄭不以爲二伯也云南兼梁荆者周書大匡解云維周王宅程三年遭天之大荒作大匡以詔牧其方三州之侯咸率是文王雖爲雍州伯實兼牧三州也知三州是兼梁荆者詩序云文王之道被于南國美化行乎江漢之域是荆州之地也梁在荆西雍南兼之可知也云戡黎入紂畿内者地理志上黨郡壺關注應劭曰黎侯國也今黎亭是黎亭今在山西長治縣西南距紂都在千里之内故云入圻内也若呂氏春秋武王封帝堯之後於黎其後黎侯爲狄人所逐棄其國而寄於衛邶風式微序云黎侯寓于衛水經黎陽縣注云式微黎侯寓于衛是也

黎陽爲漢魏郡屬縣有黎陽山故城在今河南濬縣西南此則堯後之黎非戡黎之黎恐後人誤以爲一故附及之黎作耆者周本紀云敗耆國集解徐廣曰一作阢殷本紀云及西伯伐飢國滅之集解徐廣曰飢一作肌又作耆案阢不成字卽肌誤也祖伊恐奔告于王曰天子天旣訖我殷命【注】史遷說紂之臣祖伊【疏】恐者釋詁云懼也奔者說文云走也訖同迄釋詁云止也祖伊懼而走告王不俟駕也止我殷命謂天命終也史公說見周本紀殷高宗時有祖已則知祖姓是殷世臣也格人元龜罔敢知吉非先王不相我後人惟王淫戲用自絕【注】史遷格作假罔作無惟作維戲作虐馬融曰元龜大龜也長尺二寸元一作卜人一作介【疏】格者方言云正也後漢書傅燮傳云朝廷重其方格注方正也格猶標準也罔者釋言云無也相者釋詁云勴也說文勴

助也是相卽助也淫者王逸注楚詞云游也戲者說文云謔戲也言正人大龜無敢知吉非先王之不助後人也惟王游戲自絕于天史公格爲假惟爲維者凡尚書格字皆作假惟作維罔爲無者釋言文戲爲虐者古文也或謔字省馬注見史記集解云元龜大龜長尺二寸者詩泮水元龜象齒傳云元龜尺二寸白虎通蓍龜篇引禮三正記云天子龜長一尺二寸諸侯一尺大夫八寸士六寸史記元龜集解徐廣曰一作卜格人作格尒者潛夫論卜列篇引尚書曰假爾元龜罔敢知吉爾形近人葢今文作尒也曲禮云假爾泰龜有常葢命龜之詞論衡卜筮篇云紂至惡之君也當時災異繁多七十卜而皆凶故祖伊曰格人元龜罔敢知吉賢者不舉大龜不兆案以賢者訓格人則古文尚書自作人與今文異也

故天棄我不有康食不虞天性不迪率典

注 史遷棄作弃康作安虞下有知字

鄭康成曰王暴虐于民使不得安食逆亂陰陽不度天

性傲狠明德不修教法者【疏】說文云棄捐也康者釋詁云安也江氏聲云爲天所棄不得安食鄭氏言民不得安食似不合虞者釋言云度也天性謂天命之性仁義禮智信也迪者漢書揚雄傳集注云由也率者孟子盡心篇云變其㲄率陸注云法也廣雅釋言云律率也律率訓同俱爲法也典者釋詁云常也不有康食謂將不能安食天祿不虞天性謂不度善性不迪率典謂不由法常也史公棄爲弃者說文云棄古文作弃康爲安者釋詁文虞爲虞知者言度知也鄭注見史記集解云暴虐於民使不有安食則謂民之安食暴疾殘虐以使之如微子云用乂讎斂多瘠罔詔也云逆亂陰陽者易繫詞云立天之道曰陰與陽立人之道曰仁與義棄其仁義之性是逆天也云不修教法迪从由亦與逌形相近多方不克終日勸于帝之迪馬融作攸說文攸長也修亦同攸故迪可訓爲修中庸篇云率性之謂道修道之爲教率爲率教釋詁典法俱常故典亦法也

今我民罔弗欲喪曰天曷不降威大命不摯

今王其如台【注】史遷弗作不不摯作胡不至如台作柰何摯一作𢧢【疏】釋言云罔無也曷盍也摯者釋詁云臻也注云臻至也論衡藝增篇云罔無也言我天下民無不欲王亡者是說此文也天曷不降威大命不至民之望天降威與大命之至急欲革命去暴主也史公弗作不者今文尚書字不摯爲胡不摯唐開成石經于命不二字之間旁添胡字如台爲柰何見前疏摯說文引周書大命不𢧢云讀若摯周當爲商

王曰嗚呼我生不有命在天【注】史遷天下有平【疏】言有命在天民無能爲也墨子非命中篇引太誓之言云紂曰我民有命毋僇其務言紂恃天命不去不勠力其事也

祖伊反【注】反一作返【疏】反說文作返云還也引商書曰祖甲返卽此文甲當爲伊

曰嗚呼乃罪多參在上【注】馬融曰參字累在上乃能責命于天【疏】參者論語衞靈公篇云立則見其參於前

也皇氏疏云參猶森也文選思元賦舊注云森衆貌也責者廣雅釋詁云讓責也言紂罪衆多森森列在天豈能責讓天之降罰乎馬注見釋文云參字累在上者似謂參字从厽說文厽云絫坺土爲牆壁絫增也參則從晶馬義未詳豈以隸體言之與玉篇厽力捶切累墼爲牆壁也尚書以爲參字疑尚書本作厽馬氏云厽字累在上也段氏玉裁亦云汗簡古文四聲韻皆云絫字見石經尚書戡黎篇字作厽

殷之卽喪指乃功不無戮于爾邦

疏 指者釋言云示也示與視通釋名云是也功者釋詁云事也言殷之就于喪亡是紂事所致我將被刑戮于此邦也

西伯戡黎第八終

微子第九　商書五　　尚書今古文注疏卷九

賜進士及第授通奉大夫山東督糧道加三級孫星衍撰

注 史遷說帝乙長子曰微子啟啟母賤不得嗣少子辛辛母正后辛爲嗣又說周武王之東伐至盟津乃復歸紂愈淫亂不止微子數諫不聽乃與太師少師謀遂去殷之太師少師乃持其祭樂器奔周又說紂昏亂暴虐滋甚殺王子比干囚箕子太師疵少師彊抱其樂器而犇周鄭康成曰微與箕俱在圻內箕子紂之諸父微子與紂同母當生微子母猶未正及生紂時已得正爲妻

也故微子大而庶紂小而嫡也【疏】史公說見宋微子世家及殷本紀周本紀云啓母賤不得嗣云云者呂氏春秋仲冬紀當務篇云紂之同母弟三人其長曰微子啓其次曰仲衍其次曰受德受德乃紂也甚少矣紂母之生微子啓與中衍也尙爲妾已而爲妻而生紂紂說在史遷之前當有古書所本也鄭注見書疏及論語微子篇皇侃疏云微在圻內者禮記王制疏引鄭志云張逸問殷爵三等公侯伯尚書有微子箕子何荅云微子箕子畿內采地之爵非畿外治民之君故云子論語集解馬曰微箕二國名子爵也水經注濟水又北逕須句城西濟水西有安民亭亭北對安民山濟水又北逕微鄉東春秋莊公二十八年經書冬築郿京相璠曰公羊謂之微東平壽張縣西北三十里有故微鄉魯邑也杜預曰有微子冢此在今山東東平州境疑采地亦在是郡國志薄故屬山陽湯所都注杜預曰蒙縣西北有薄城中有湯冢其西又有微子冢元和郡縣志沛縣微山上有微子冢去縣六十有五里蒙縣西薄城湯冢當在今山東曹縣南沛今江南

縣古宋地魯宋相鄰皆在
殷千里畿內未知孰是

微子若曰父師少師【注】史遷父師作太師說微子數諫紂不聽微子度紂終不可諫欲死之及去未能自決乃問於太師少師馬融曰箕子紂之諸父鄭康成曰父師者三公也時箕子爲之少師者太師之佐孤卿也時比干爲之死也【疏】史公父師少師作太師少師者以爲紂時樂師說見微子世家漢書儒林傳云司馬遷亦從安國問故遷書微子篇多古文說則此卽安國故也太師少師者鄭注儀禮大射儀云工之長也凡國之瞽矇正焉論語微子篇云大師摯適齊少師陽入于海漢書古今人表在伯夷叔齊之下一格是亦以爲紂時樂師也摯卽疵陽卽彊聲皆相近淮南氾論訓云殷之將敗也太史令向藝先歸文王期年而紂乃亡

向聲近陽藝字形近摯漢書禮樂志云書序殷紂斷棄先祖之樂迺作淫聲用變亂正聲以說婦人樂官師瞽抱其器而犇散或適諸侯或入河海董仲舒傳對云殷紂殺戮賢知守職之人皆奔亡逃入河海古今人表又有向摯又有太師疵蓋班氏書兼采尚書論語說史公不言是箕子比干者是時比干死箕子囚故微子世家云紂殺王子比干微子曰父子有骨肉而臣主以義屬故父有過子三諫不聽則隨而號之人臣三諫不聽則其義可以去矣於是太師少師乃勸微子去遂行是時不得有比干箕子也馬注見書疏以箕子爲紂之諸父者史記索隱云司馬彪曰箕子名胥餘馬融王肅以箕子爲紂之諸父服虔杜預以爲紂之庶兄是以父師爲箕子也鄭注見皇侃論語疏云以父師爲三公箕子爲之者漢書五行志禹治洪水賜雒書法而陳之洪範是也降及于殷箕子在父師位而典之是也又云少師一太師之佐孤卿比干爲之者大傳云古者天子三公每一公三卿佐之周禮掌次孤卿有邦事注云孤王之孤三人副三公論道者漢書百官公卿表云大師爲三公少

師爲孤卿與六卿爲九焉鄭不從史公者以論語微子篇云微子去之箕子爲之奴比干諫而死其文似以微子去在箕子殺比干之前馬氏注亦云微子見紂無道早去之是以與史公異說也

殷其弗或亂正四方注史遷作殷不有治政不治四方疏史公或作有者高誘注淮南子云或有也說文以或同域韓詩商頌奄有九域毛詩作九有亂作治者釋詁文正作政者廣雅釋詁云政正也是政與正通四方者詩傳云中國也史公四方上又有不治二字者言殷其不有治政是不治四方也

我祖厎遂陳于上注史遷無厎字馬融曰我祖湯也疏厎者釋言云致也遂者高誘注呂氏春秋云成也陳者漢書注李斐曰道也言我祖致成道于上也馬注見史記集解云我祖爲湯者以史記下文敗厥德作敗湯德知之

我用沈酗于酒用亂敗厥德于下注史遷作紂沈湎於酒婦人是用敗湯

德於下馬融曰下下世也疏經文言我不斥言紂者爲尊親諱用亂上不言婦人
亦諱也酗當爲酌說文云酌醉醬也書疏引說文作酗
俗字史公說爲紂沈湎于酒婦人是用者大戴禮少間
篇云紂不率先王之明德乃上祖夏桀行荒耽於酒淫
泆於樂德昏政亂列女孽嬖傳云妲己者殷紂之妃也
嬖幸於紂紂好酒淫樂不離妲己妲己之所舉貴之妲
己之所憎誅之積糟爲丘流酒爲池懸肉爲林使人裸形
相逐其間爲長夜之飲妲己好之是其事也漢書敘傳
班伯曰沈湎于酒微子所以告去也蓋今文酗作湎鄭
注酒誥云飲酒齊色曰湎初學記廿六引韓詩云齊顏
色均衆寡謂之沈閉門不出者謂之湎文選注六引沈
作流似鄭注誤以沈爲湎皆謂醉之甚也亂者大戴禮
本命篇云亂家子不取盧辯注云亂淫亂也史公以沈
酗爲湎者說文云湎沈於酒也馬注見史記集解云下
爲下世者下世猶言後世則前文云上亦當謂上世也
案大誓云紂乃斷弃其先祖之樂乃爲淫聲以說婦人
則史公言婦人是用敗湯德於下正謂弃其先祖之樂

爲淫聲大師將抱樂
器犇周故先言此也殷罔不小大好草竊姦宄疏小大
者無
逸云至于小大鄭氏注云小大謂萬民上及羣臣也草
竊者廣雅釋詁云寇鈔也釋言云鈔掠也說文云鈔叉
取也鈔抄聲俱與草相近江氏聲以爲莠害苗爲草竊
引吕氏春秋辯土篇凡耕之道無與三盜又云弗除則
蕪除之則虛則草竊之也姦宄者晉語長魚矯曰亂在
內爲軌在外爲姦魯語里革曰竊寶者爲軌用軌之財
者爲姦宄與
軌聲相近卿士師師非度凡有辠辜乃罔恒獲注史
遷凡作皆乃罔恒獲作乃無維獲馬融曰非但小人學
爲姦宄卿士已下轉相師效爲非法度鄭康成曰凡猶
皆也獲得也羣臣皆有是罪其爵祿又無常得之者疏
史遷說凡爲皆者廣雅釋詁云凡皆也罔爲無者釋言
文恒獲作維獲廣雅釋詁云唯獨也維唯同義言此有

罪之人不必獨能得之則所獲者無恒馬注見史記集解以師師爲師效者漢書敘傳高平師師注鄧展云師師相師法也薛綜注東京賦百僚師師亦同非度言非法度者說文云度法制也詩瞻卬云此宜無罪女反收之彼宜有罪女覆說之也案此師師上師言衆下師言長或如梓材云我有師師謂卿士師長不必如馬氏所云也鄭注見書疏及史記集解云獲得也者公羊傳云生得曰獲云羣臣皆有是罪者言羣臣皆有草竊姦宄不法之罪云爵祿又無常得之者鄭以獲爲得爵祿言罰罪既不當則爵人亦可以無常得之也案此經義蓋如牧誓所云乃惟四方之多罪逋逃是崇是長是信是使是以爲大夫卿士俾暴虐于百姓以姦宄于商邑此言有罪逋逃者紂爲之主不能卽獲致使民交相仇怨也

小民方興相爲敵讎 注 史遷方與作乃並興鄭康成曰言屢相攻奪 疏 方者漢書敘傳注晉灼云並也興者釋言云起也罪人不得則民將並起爲讎怨矣周禮調人掌司萬民之難而諧和之過而殺傷

人者以民成之注云難相與爲仇讎夫過殺傷人猶須和難以辟之今殷民有罪不獲則怨家將起而爲難矣鄭注見史記集解 **今殷其淪喪**【注】史遷淪作典【疏】史公淪作典者集解云騶謂典國典也鄭注曲禮典司六典云典法也喪者詩傳云亡也禮記月令云乃命太史守典奉法注云典六典法八法也周語云啓先王之遺訓省其典圖刑法注云典禮也圖象也蓋謂圖法呂氏春秋先識篇云殷內史向摯見紂之愈亂迷惑也於是載其圖法出亡之周此必古文向書典喪之義春秋傳亦云舊章不可亡也前云致成道於上亦即此圖法 **若涉大水其無津涯**【疏】涉者釋水云由膝以上爲涉津者鄭注論語云濟渡處也涯者釋水云滸水涯說文無涯有厓云山邊也則涯當爲厓段氏玉裁云經文當無涯字故僞傳以涯際釋津也又一切經音義十四引向書曰涉水無津今本譌爲池水無涯集解引徐廣曰一作陟水無舟航言危也蓋史記異字涉作陟者陟與涉聲相近字之假借津涯作舟航者方言云自關而東舟

或謂之航高誘注淮南氾論訓云舟相連謂航也說文無航有抗云方舟也又有㶖字云小津也一曰以船渡也言國之有典猶水之有涯渡之有舟航也典喪則國從而亡錢少詹大昕則以典喪爲殄喪云考工記注鄭司農讀典爲殄**殷遂喪越至于今**注馬融曰越於也於是至矣於是到矣疏越者釋詁云粵於也越音同粵馬注見史記集解

曰父師少師注馬融曰重呼告之**我其發出狂**注史遷狂作往鄭康成曰發起也紂禍敗如此我其起作出往也疏發者詩傳云行也鄭注大學云起也史公狂作往者當爲徃說文云徃遠行也言我當出行遠去今書作狂者楚詞抽思云狂顧南行王逸注云狂猶遽也僞傳云發疾生狂失之**吾家耄遜于荒**注史遷耄遜于荒作保于喪一作於是家保馬融曰卿大夫稱家鄭康

成曰耄昏亂也耄一作旄【疏】史公耄遯于荒作保于喪家保者吾今文作於是耄與保喪與荒俱聲相近遯疑衍字保者鄭注周禮云守也大戴記保傅注云謂安守之言殷之圖法將喪我若出往則吾家可以保于喪亡微子志存宗祀故欲去而告太師以抱器歸周也管子宙合篇云微子不與於紂之難而封於宋以爲殷主先祖不滅後世不絶故曰大賢之德長馬注見史記集解云卿大夫稱家者周禮家宗人家司馬謂大夫采地馬意以微子之去欲自保其家故老老而遯于荒野鄭注見書疏以耄爲昏亂者曲禮八十曰耄注耄惛忘也昏亂亦惛忘也謂我年老耄將遁于荒遠以終老微子欲去而問父師也耄釋文云字又作旄

今爾無指告予顛隮若之何其【注】史遷爾作女指作故隮作躋若作如馬融曰躋猶墜也恐顛墜于非義當如之何也鄭康成曰其語助也齊魯之

間聲如姬記曰何居【疏】指者廣雅釋詁云指意也指與恉同顛者詩傳云仆也隮當爲躋說文云躋登也商書曰予顛躋春秋昭十三年傳知擠于溝壑矣注云擠隊也躋隮與擠俱聲相近顛躋言顛仆不得升也史記宋微子世家云微子欲死之及去未能自決故欲太師以已意告之言若不以意告我將仆墜于地史公指作故者高誘注淮南子韋昭注國語俱云故意也馬注見史記集解云躋猶墜者躋登又爲墜如亂之訓治徂之訓存也云恐顛墜于非義者言恐去之非義則當死之鄭注見史記集解引禮記曰何居者檀弓篇檀弓曰何居注云居讀爲姬姓之姬齊魯之間語助也

父師若曰【注】鄭康成曰少師不荅志在必死【疏】鄭注見史記集解及書疏

王子天毒降災荒殷邦方興沈酗于酒乃罔畏畏咈其耇長舊有位人【注】史遷毒作篤降作下荒作亡邦作國罔作無咈其耇

長爲不用老長【疏】王子謂微子帝乙之子也毒者說文厚也降者釋詁云下也荒者詩傳云虛也揚子太元經云荒家及國音與亡相近畏畏當爲畏威禮記表記引甫刑曰德威惟威鄭注云德所威則人皆畏之是以威爲畏鄭注考工記又云故書畏作威咈者說文云違也引此文作周書蓋商書之譌耇者詩傳云老也釋詁云耇壽也詩疏引孫炎曰耇面凍梨色如浮垢江氏聲云史記無方興沈酗于酒六字疑衍文是也史公毒作篤者釋詁云篤厚也降作下云云俱見上疏云不用老長者釋咈字之意無舊有位人蓋即指老長然此所云咈其耇長似謂不聽比干之諫比干紂之諸父故云老長舊有位人似指箕子時比干死而箕子囚矣故史公以爲太師向摯之言也

今殷民乃攘竊神祇之犧牷牲用以容將食無災【注】史遷作乃陋淫神祇之祀馬融曰因來而取曰攘往盜曰竊天曰神地曰祇鄭康成曰犧純

毛牷牲體完具【疏】史公攘竊作陋淫者言祀牲不豐有司攘竊其經費陋者隱也說苑臣道篇云晏子隱君之賜淫者文選演連珠云時累不能淫注淫侵也言有隱匿侵沒其貲者故史記集解引徐廣說曰一云殷民侵神犧又一云陋淫侵神祇也馬注見釋文及史記集解云因來而取曰攘者論語其父攘羊周生烈曰有因而盜孟子攘鷄趙岐注取自來之物也又以竊爲往盜者說文云盜自中出爲竊此對因來而攘則竊是往盜矣天神地祇者說文云神天神引出萬物者也祇地祇提出萬物者也案曲禮了云天神有六祭之一歲有九地神有二歲有二祭此周禮可推之殷也鄭注見周禮犬人疏以犧爲純毛牷爲牲體完具者詩傳云犧純也鄭注周禮云犧牲毛羽完具也周禮牧人注鄭司農云牷純也元謂牷體完具春秋左氏桓六年傳吾牲牷肥腯注云牷純色完全也此以爲體完具者郭注山海經云牷謂體全具也鄭以上犧既言其純色下牷則當言體完周禮用牲物釋文云牷本作全是也以容者容隱也將食無災言盜大祀神御物罪至重

且相容隱則民將食之亦不懼神禍墨子天志中篇引泰誓云紂越厥夷居不肎事上帝棄厥先神祇不祀乃曰吾有命是其事也

降監殷民用乂讎斂召敵讎不怠罪合于一多瘠罔詔【注】馬融曰稠數也斂賦斂也鄭康成曰斂謂賦斂也【疏】監者釋言云覛也乂者釋詁云治也釋言云徵召也懈怠也合說文云讀若集瘠者漢書食貨志注孟康云肉腐曰瘠詔當爲紹禮記禮器注詔或爲紹是詔卽紹俗字鄭注周禮云詔告也言下視殷人所用治國者惟以聚斂爲事以此致怨讎不肎懈怠罪將集于一身多致死亡者無所告馬鄭注俱見釋文

商今其有災我興受其敗【注】敗一作退商其淪喪我罔爲臣僕【注】臣僕一作僕詔王子出迪【疏】敗說文作退引周書此文云敪也蓋商書之誤出者高誘注呂覽云去也迪者行也字从由行也馬氏注多方迪作攸說文云攸行水也言商

其有災患我與國同休慼當起而受其禍敗惟以商之典法將亡無用我爲臣僕矣禮運云仕於公家曰臣仕於私家曰僕一說我無徒爲罪人無救于國也西伯戡黎祖伊曰不無戮于爾邦意與此同詩傳云古者有罪不入於刑則役之圜土以爲臣僕臣僕釋文云一本無臣字詩傳云僕附也言我無所附段氏玉裁云說文云僕古文作䑑書古本作䑑析爲二字論亦如上文作典宋世家云今誠得治國國治身死不恨釋我與受其敗又云爲死終不得治不如去釋商其淪喪至詔王子出迪也

我舊云刻子王子不出我乃顛隮 注 馬融曰云言也刻侵刻也我舊云上一有微子若曰刻一作孩 疏 馬氏注見釋文以云爲言者詩傳文云刻侵刻者莊子釋文引司馬注刻削也義同侵刻大傳云弱而受刑謂之剋剋與刻音相近卽說文勊字云尤極也馬氏以爲太師言我舊時會言紂當刻害于子而王子比干終不肎出是使我亦顛墜也一有微子曰及刻一作孩見論衡本性

篇云微子曰我舊云孩子王子不出紂爲孩子之時微子睹其不善之性性惡不出衆庶長大爲亂不變故云也則今文多微子若曰四字以此爲微子之言刻作孩者聲義皆相近云性惡不出衆者釋名云出推也推而前也言其資質不能在衆庶之前荀子勸學篇云其出人不遠矣是也人性皆善而情或有不善樂記云哀樂喜怒敬愛六者非性也感於物而動又云人生而靜天之性也感於物而動性之欲也則是性無不善情欲亂之荀子王充合言性情故有惡也充時猶見古尚書章句當本歐陽夏侯之義非臆說也

自靖人自獻于先王我不顧行遯

注 馬融靖作清曰潔也

疏 靖者廣雅釋詁云安也周語云安靖神人獻者詩傳云享獻也獻亦爲享國語注云獻致饗也顧者鄭注顧命云回首曰顧遯者釋言云遯遯也孫炎注云遁逃去也微子告太師言居者安靖神人以修享獻我則不能返顧而行遯也宋微子世家云微子曰父子有骨肉而臣主以義屬故父有過子三諫而不聽則隨而號之人臣三諫不聽

則其義可以去矣於是太師少師乃勸微子去遂行卽其事也春秋左氏僖六年傳蔡穆公將許僖公以見楚子許男面縛銜璧楚子問諸逢伯對曰昔武王克殷微子啓如是武王親釋其縛受其璧而祓之焚其櫬禮而命之使復其所微子世家云周武王伐紂克殷微子乃持其祭器造於軍門肉袒面縛左牽羊右把茅膝行而前以告於是武王乃釋微子復其位如故武王封紂子武庚祿父以續殷祀則微子之去爲抱器以存宗祀後世不信史記肉袒牽羊之事又不察其出于左傳逢伯之言所見蓋陋甚不可與論世矣案微子抱祭器奔周太師少師則抱樂器奔周而殷本紀云太師少師持其祭樂器奔周周本紀云太師疵少師彊抱其樂器而犇周蓋祭樂器卽祭時奏樂之器不謂祭器呂氏春秋又云圖法是太師少師樂器之外尚有圖法經言我祖厎遂陳于上及商其典喪者是也馬注見釋文云清潔也者字亦作淸卽瀞之省說文云瀞無垢穢也故云潔釋詁云靖治也言自治者義亦爲潔也

微子第九終

尚書今古文注疏卷第十

賜進士及第授通奉大夫山東督糧道加三級孫星衍撰

泰誓第十　周書一

疏 泰誓當爲大誓。漢書律歷志云：書序曰「惟十有一年，武王伐紂，大誓八百諸侯會」，是泰誓爲大也。据史記，還師歸已上爲太公作，十一年已下爲武王作，此篇在伏生二十九篇中。史記儒林傳、漢書藝文志俱云伏生壁藏書得二十九篇，大誓之文見于尚書大傳及史記周本紀、齊世家、婁敬、董仲舒、終軍等皆引之，則不似武帝末始得于民間者。書序疏引別錄曰：武帝末民有得泰誓書於壁內者，獻之，與博士使讀說之，數月皆起傳以教人。又引後漢史獻帝建安十四年黃門侍郎房宏等說云：宣帝本始元年河內女子有壞老子屋得古文泰誓三篇。論衡正說篇云：孝宣皇帝之時，河內女子發老屋，得逸禮、尚書各一篇，奏之。宣帝下示博士，然后易、禮、尚書各益一篇，而尚書二十九篇始定矣。書疏又云：史、漢書皆云伏生得二十九篇，則司馬遷時已得泰誓以并歸于伏生不得云宣帝時始出也或者爾時重得之故于後亦據而言之案王充既稱宣帝時得泰誓三篇則合二十八篇不止二十九而云二十九篇始定蓋今文以三篇連屬爲一每篇空一字如熹平石經盤庚之式也藝文志云經二十九卷大小夏侯章句各二十九卷大小夏侯解故二十九篇明今文家以泰誓爲一篇不獨今文如是鄭本亦爲一篇鄭注曲禮云誓之辭尚書見有六篇謂泰誓及甘誓湯誓牧誓費誓秦誓也史記以還師已上爲與太公作此泰誓十一年師畢渡盟津已下爲武王作泰誓告于衆庶則似史公所見僅有上下二篇其中篇告諸侯之詞史記約其文云殷有重罪似其時已不見全文故書傳所引太誓不在太誓中也史公所載蓋從孔安國問故得之者既非伏生所藏亦非武帝末壁內所得或後得之泰誓文與之適合耳今以史記合之大傳及唐時所稱今文泰誓又有較多之文蓋史公用經文略有刪定故杖鉞把旄及蒼兕之語互見于齊世家不復載于周本紀也今并唐人所見本亡之近時諸儒剌取書傳連綴其文以附于經未

可徵信今用史記所載其後人所引詞可連屬者升爲經文餘則附見于書序存闕疑愼言之義至百篇之書未失時泰誓自有三篇馬氏所疑書傳所引泰誓不在泰誓者甚多蓋所失中篇之文不足爲怪恐書疏云上篇觀兵時事中下二篇伐紂時事亦未見中篇意度之詞今唐人所引今文泰誓較史記多出之詞亦少又不與傳記所引同則中篇之亡已久宣帝時所得三篇或强分之非本書也故仍爲一篇

唯九年四月【疏】此据周本紀云九年無四月二字大傳引書曰唯四月無九年二字九年者文王受命之九年武王遵父業不改元也周本紀云西伯蓋即位五十年又云西伯陰行善諸侯皆來決平又于虞芮決獄皆讓而去下云諸侯聞之曰西伯蓋受命之君是以虞芮質成爲文王受命之年也大傳亦云文王受命一年斷虞芮之質周本紀下云明年伐犬戎明年伐密須明年敗耆國明年伐邗明年伐崇侯虎明年西伯崩則是文王受命七年而崩周本紀又云西伯蓋受命之年稱王而斷虞芮之訟後十年而崩則此十年當

爲七年之誤大傳正作七年而崩漢書婁敬傳敬曰及
文王爲西伯斷虞芮訟始受命律歷志引三統云文王
受命九年而崩與史公異周書文傳解云文王受命之
九年時維暮春在鄗召太子發似是文王九年猶存之
証案文王賜弓矢得征伐在虞芮質成之前或以此爲
受命之年數之七年可以爲九也律歷志又云再期在
大祥而伐紂故書序云惟十有一年武王伐紂案之史
記七年而崩則此九年觀兵爲文王再期也文王崩不
知何月鄭注大傳云四月者周四月也周四月爲夏二
月以再期言之則是文王崩在七年之二月此史公古
文義也淮南齊俗訓云武王伐紂載尸而行海內未定
故不爲三年之喪始太平御覽三百卌九引桓譚新論
曰維四月太子發上祭于畢下至于孟津之上此武王
已畢三年之喪欲卒父業然則西漢諸儒皆以武王大
祥伐紂東漢始有畢喪之說也

太子發上祭于畢下至于盟津之上

注 史遷作武王上祭于畢東觀兵至于盟津說云爲文王

木主載以車中軍武王自稱太子發言奉文王以伐不
敢自專馬融曰畢文王墓地名也鄭康成曰盟津地名

疏 此据大傳引書曰孟子離婁篇趙氏注引書曰太子發上祭于畢下至于盟津是知經文稱太子發史公改稱武王且說爲東觀兵也齊太公世家云東伐以觀諸侯集否亦說其意史公下云武王自稱太子發則知爲文王木主至不敢自專是釋經之詞故不以爲經文稱太子發者白虎通爵篇云天子之子稱太子尚書曰太子發升于舟也詩文王疏引我應云文王之戒武王曰我終之後但稱太子發河洛復告遵朕稱王太平御覽一百四十六引尚書中候云予稱太子發明慎父以名卒考注予我也父死曰考文王命武王我終之後恒稱太子者明順文王之命也君存稱世子薨稱太子未葬稱太子已葬稱公今踰年猶稱太子發若父業有不成者而將軍此武王之稱太子發遵父命之事也祭于畢者孟子離婁篇云文王卒于畢郢注引此經云畢文

王墓近豐鎬之地是趙氏岐亦以祭畢爲祭文王也史記伯夷列傳夷齊諫武王云父死不葬爰及干戈是時文王未葬者武王亦以紂尚存示文王有未卒之業白虎通○薨篇云稽命徵曰天子舟車殯蓄畢是文王之殯所主未入廟故武王祭之而載主東征也曾子問云曾子問曰古者師行必以遷廟主行乎孔子曰天子巡狩以遷廟主行載于齊車言必有尊也禮卒哭而祔祔而作主天子七月而葬九月而卒哭文王未葬而作主皆變禮也盟津在今河南孟津縣水經注云河水又東逕平縣故城北河南有鉤陳壘世傳武王伐紂八百諸侯所會處河水至斯有盟津之目故曰孟津亦曰盟津又曰富平津書疏云孟者河北地名春秋所謂向盟是也於孟地置津謂之孟津經云上祭又云下至者尊文王故言上祭史公爲東觀兵者說其至盟津之意馬注見史記集解云文王墓地名者與趙氏注孟子義同史記周本紀云所謂周公葬我畢畢在鎬東南杜中正義引括地志云周文王墓在雍州萬年縣西南二十八里畢原上是也今在陝西咸寧縣南或誤以爲在咸陽畢

陌則秦文王所葬書傳辨誤者多不復引也後漢書蘇竟傳竟曰畢爲天綱主綱羅無道之君故武王伐紂上祭於畢求助天也案天官書畢曰罕車亦可謂之天綱但主弋獵以爲綱羅無道之君不知其說何本故知馬義爲長鄭注見詩思文疏

乃告司馬司空司徒諸節【注】馬融曰諸節諸受符節有司也【疏】此据周本紀文吳中本大傳司徒在司馬前誤也藝文類聚十六太平御覽一百四十六引尚書皆作司馬司徒司空同周本紀詩大明疏引泰誓司馬在前郎謂此文月令疏引書傳有司馬公司徒公司空公領三卿可見唐本大傳亦司馬在司徒前也白虎通封公侯篇云司馬主兵司徒主人司空主地王者受命爲天地人之職故八職以置三公各主其一以效其功一公置三卿故九卿也又云司馬主兵言馬者馬陽物乾之所爲行兵用焉不以傷害爲度故言馬也司徒主人不言徒人者徒衆也重民司空主土不言土言空者空尚主之何況於實以微見著諸節者說文云卩瑞信也卩今字作節周禮有掌

節之官。春秋左氏文八年傳云：司馬握節而死。韋昭注周語云：六節，山國用虎節，土國用人節，澤國用龍節，皆以金爲之；道路以旌節，門關用符節，都鄙用管節，皆以竹爲之。案：節爲軍中所執瑞信，故以諸節名其官，謂卿大夫已下百執事也。馬注見史記集解，以諸節爲諸受符節有司者。孟子離婁篇云：若合符節。注云：節，玉節也。周禮有六節，鄭注周禮掌節云：符節者，如今宮中諸官詔符也。釋名云：符，付也。書所敕命于上，付使傳行之也。亦言赴也，執以赴君命也。節者，號令賞罰之節也。皆有司之所受也。

齊栗允哉。注 史遷允作信，大傳引書作亢才。疏 此據周本紀文。大傳無齊栗，史公信哉，蓋允字之詁經文，當爲允。大傳今本作亢者，形近允之誤也。才與哉通。齊者，詩傳云：敬也。栗者，韋昭注魯語云：栗，取敬栗。是亦敬也。孟子萬章篇引書曰：夔夔齊栗。注云：敬慎戰懼貌。此戒六師之詞。呂氏春秋貴信篇引周書允哉允哉，又說之云：以言非信，則百事不滿也。注云：周書，逸書也。滿猶成。疑用此文，而高氏偶未及照。

予無知以

先祖先父之有德之臣左右予小子予受先公【注】史遷作以先祖有德臣小子受先功一作予小子受先公功【疏】此據大傳引書文史記節之先祖先父者中庸云武王纘太王王季文王之緒壹戎衣而有天下先祖謂太王王季先父謂文王不稱考者亦以未卒父業也有德之臣謂祖父所遺有德行之臣如太公周公諸臣也左右釋詁云道也郭注云謂教導之稱予小子者曲禮云天子未除喪曰予小子予受先公者釋詁云公事也史公無先父及左右者省文魏志三少帝紀詔曰庶憑先祖先父有德之臣左右小子蓄用此經文故知史記省之也史記受先功集解引徐廣曰一云予小子受先公功其義同必力賞罰以定厥功明于先祖之遺【注】史遷必力爲畢立厥爲其必一作戮力一作協【疏】此據大傳引書文太平御覽一百四十六引大傳必力作戮力于作明于二字與吳

中本不同今從之白虎通諫諍篇引尚書同必力者管子七臣七主篇云賞罰必則下服度詩箋云力猶勤也白虎通諫諍篇云賞一善而衆臣勸罰一惡而衆臣懼引尚書此文以證定者高誘注淮南云成也明與孟聲相近釋詁云勉也先祖之遺謂先人之緒史公必爲畢者聲相近畢者釋詁云盡也說文作斁畢力御覽引大傳作戮力戮者勠字假借說文云勠併力也說苑正理篇引作畢協鄭注禮運云協合也抱朴子用刑篇云盟津之令畢立賞罰又以立爲力義俱相近厥爲其者釋言文史公無明于先祖之遺句省文也

遂興師

疏 此据周本紀文齊太公世家作師行

師尚父左杖黃鉞右把白旄以誓號曰蒼兕蒼兕

注 馬融曰蒼兕主舟楫官名鄭康成曰師尚父文王于磻谿所得聖人呂尚立以爲太師號曰尚父尊之號令之軍法重者兕一作雉

疏 自師尚父至蒼兕大傳無

文周本紀但作師尙父號曰此此据齊太公世家索隱云
此文上下並今文泰誓周禮伊耆氏疏引今文泰誓此
文以誓號曰作誓曰云師尙父者太公望呂尙也孫子
兵法云呂牙詩大明云維師尙父時惟鷹揚傳云師太
師也尙父可尙可父史記集解引劉向別錄曰師之尙
之父之故曰師尙父父亦男子之美稱也周本紀云武
王卽位太公望爲師周公旦爲輔論衡是應篇云師尙
父爲周司馬將師伐紂到孟津之上杖鉞把旄號其衆
曰倉光倉光倉光者水中之獸也善覆人船因神以化
欲令急渡不急渡倉光害汝又云河中有此異物時出
浮揚一身九頭人畏惡之未必覆人之舟也尙父緣河
有此異物因以威衆杖者說文云持也黃鉞者薛綜注
東京賦云黃鉞以黃金飾之說文引司馬法曰周左杖
黃戉把者說文云握也白旄者牧誓釋文引馬注云旄
牛尾明堂位云夏后氏之綏注云綏爲注旄牛尾於杠
首所謂大麾號者樂記云鏗以立號注云號號令所以
警衆也蒼兕見論衡王充說未知何本史記索隱云本
或作蒼雉馬注見史記集解以蒼兕爲主舟楫官名者

以下文有與爾舟檝之文知之未知何本鄭注見詩大明疏云文王於磻谿得聖人呂望者齊太公世家云西伯獵遇太公於渭之陽與語大說曰自吾先君太公曰當有聖人適周周以興子眞是耶吾太公望子久矣故號之曰太公望載與俱歸立爲太師大傳云周文王至磻谿見呂望釣文王拜之磻谿者水經注渭水條云汧水逕郁夷縣平陽故城南又東流注于渭渭水之右磻谿水注之水出南山兹谷谿中有泉謂之兹泉卽呂氏春秋所謂太公釣兹泉也云號令之軍法**總爾衆庶與**重者以下文有後至者斬故云軍法之重

爾舟檝後至者斬疏 此據周本紀及齊世家索隱曰此文今文泰誓大傳脫之檝者詩傳云所以櫂舟也斬者軍法春秋傳謂之轘古不以爲常刑也

太子發升于舟疏 此據大傳引書文周本紀作武王渡河攺說其文也白虎通爵篇引尚書曰太子發升于舟又見藝文類聚十六引尚書

中流白魚入于舟中王跪取出涘以燎注 馬融曰魚者

介鱗之物兵象也白者殷家之正色言殷之兵衆與周之象也鄭康成曰白魚入舟天之瑞也魚無手足象紂無助白者殷正也天意若曰以殷予武王當待亡助令尚仁人在位未可伐也得白魚之瑞卽變稱王應天命定號也涘涯也王出於岸上燔魚以祭變禮也【疏】此据大傳引書又据藝文類聚十六引尚書作王跪取出涘以燎增王字漢書董仲舒傳引書曰白魚入于王舟周本紀作白魚躍入王舟中武王俯取以祭升者登也大傳又云王升舟入水鼓鐘惡觀臺惡將舟惡宗廟惡鄭注云惡讀爲亞亞次也周禮肆師注引此以証宗廟之爲遷主此皆王出征所隨行疑亦經文以無所据不敢增入白魚入于舟中者漢書董仲舒傳仲舒引書曰白魚入于王舟有火復于王屋流爲烏此葢受命之符也終軍

傳軍曰昔武王中流未濟白魚入于王舟俯取以燎羣公咸曰休哉又曰白魚登舟順也詩思文疏云太誓止云白魚不言魚之大小中候合符后云魚長三尺赤文有字題之目下授右之下有一百二十餘字王維退寫成以二十字魚文消後漢書光武紀引中候合符后云武王伐紂度孟津中流白魚躍入王舟長三尺赤文有字告以伐紂之意王跪取者太子至是稱王所謂河洛復告遵朕稱王見前疏說文云跪拜也涘者說文云水厓也引周書曰王出涘大傳跪取上無王字案說文約爲王出涘則藝文類聚所引尚書有王字是也董仲舒傳舟中作王舟是時未得魚瑞疑非經本字燎說文作尞云柴祭天也公羊僖卅一年傳何休注云燎者取俎上匕體與其珪寶在辦中置于柴上燒之今取魚以燎告天示受命也馬注見史記集解以魚爲兵象者洪範五行傳云聽之不聰時則有魚孽劉歆說爲介蟲孽介爲甲故以爲兵象也鄭注見詩思文疏以魚無手足者儀禮有司徹疏引尚書中候云魚者水精隨流出入得中朕意鄭彼注引春秋璇璣樞曰魚無足翼紂如魚乃

討之是也紂雖有臣無益于殷肱魚雖有翼不能飛亦與此意同也以仁人在位未可伐者太平御覽百四十六引尚書中候曰太子發以紂存三仁附卽父位不稱王注云三仁箕子比干微子稱仁者論語云殷有三仁是也論衡初稟篇云文王得赤雀武王得白魚赤烏儒者論之以爲雀則文王受命魚鳥則武王受命故鄭以爲得瑞稱王應天定號也釋上云涘爲厓說文無涯字當爲厓云變禮者祭天禮用特牲此以魚爲瑞燎以告祭非禮所常有也終軍傳注張晏曰周木德舟木也殷水德魚水物魚躍登舟象諸侯順舟以討畀武王也亦與鄭說相似

羣公咸曰休哉周公曰雖休勿休

疏 此据大傳及楚詞注周本紀無文大傳出涘以燎下有羣公咸曰休哉王遝注天問云白魚入于王舟羣臣咸曰休哉周公曰雖休勿休大傳無周公曰周本紀亦省其詞漢書宣帝紀云書不云乎雖休勿休祇事不怠顏師古誤以其文爲呂刑之詞案當是今文太誓其祇事不怠一語或亦經文周公之言或爲漢人釋勿休之意未敢定之王氏江氏

之集太誓俱無王逷所引周公語休者釋詁云美也既渡疏此据周本紀至于五日疏此据詩思文疏引太誓云至於五日有火自上復于下云云周本紀省此五字有火自上復于
下至于王屋流爲烏其色赤其聲魄五至以穀俱來注
大傳作有火流于王屋化爲赤烏三足烏一作鵰馬融
曰王屋王所居屋流行也魄然安定意也鵰鷙鳥也明
武王能伐紂鄭康成曰五日燎後數日王屋所在之舍
上流猶變也雕當爲鴉鴉烏也燎後五日而有火爲烏
天報武王以此瑞書說曰烏有孝名武王卒父業故烏
瑞臻赤周之正穀記后稷之德又禮記曰武王赤烏穀

芒應周尚赤用兵王命曰爲牟天意若曰須假紂五年乃可誅之武王卽位此時已三年矣穀蓋牟麥也詩云貽我來牟烏一作雕

疏　此經有火自上復于王屋至其聲魄據周本紀文較大傳詳恐大傳有脫字也五至以穀俱來據詩思文疏引太誓在其聲魄之下周本紀及大傳俱無此語五日者燎祭後既渡越五日也漢書董仲舒傳引有火復于王屋注師古云復歸也火本在下今自上而下故云歸也王屋者屋與帷通詩抑云尚不愧于屋漏箋云屋小帳也周禮幕人掌帷幕幄帟綬之事注云王出宮則有是事四合象宮室曰幄流者詩傳云下也烏者史記索隱云今文泰誓流爲雕雕者說文云鷙也堯典疏引賈逵奏尚書云流爲烏周本紀等書作烏蓋古文作烏也魄者白虎通情性篇云魄猶迫然著人也五至以穀俱來者思文疏云泰誓之注不解五至而合符后注云五至猶五來不知爲一日五來爲當異日也言五至以穀則第五至

時乃有穀耳春秋繁露同類相動篇云尚書傳言周將興之時有大赤烏銜穀之種而集王屋之上即謂大傳也大傳烏下有三足二字周本紀及思文疏引太誓俱無不敢從大傳增入經文存于注中馬注見史記集解及索隱以王屋爲居屋者說文云屋居也流行廣雅釋詁文云雕鷙鳥者夏小正云六月鷹始鷙雕亦鷹屬能擊殺鳥獸故以爲能伐紂之象云魄然安定者釋詁魄與虛無同訓爲間鄭注禮運云莫虛無也詩皇矣釋文引韓詩云莫定也魄與莫聲相近故以爲安定意也鄭注見詩思文疏以王屋爲所在之舍上者周禮虎賁氏舍則守王閑注云舍王所止宿處云雕當爲鴉者說文云雅楚烏也鄭意以今文與古文無異義也書說者尚書璇璣鈐文云烏有孝名者論衡指瑞篇云魚水精白者殷之色也烏者孝烏赤者周之應氣也先得白魚後得赤烏殷之統絕色移在周矣講瑞篇云武王之時火流爲烏其色赤赤非烏之色故言其色赤與鄭說同也云天意若曰須假紂五年乃可誅之知者以穀五至每一至爲一年之期必五年然後可伐也多方云天惟五

年須夏之子孫鄭注云夏之言暇天覲紂能改故待暇其終至五年欲使復傳子孫五年者文王七年至十一年數亦適合鄭據古文以爲文王九年崩十一年觀兵與史記異說也引詩者思文云貽我來牟漢書劉向傳引作釐麰趙氏注孟子云麰麥大麥也

武王喜諸大夫皆喜周公曰茂哉茂哉天之見此以勸之也恐恃之【注】茂一作復【疏】此据大傳引書文春秋繁露同類相動篇亦引尚書傳言周之將興有大赤烏銜穀之種而集王屋之上者武王喜諸大夫皆喜周公曰茂哉茂哉天之見此以勸之也恐恃之漢書董仲舒傳仲舒引書曰周公曰復哉復哉注師古日亦見今文泰誓已上周本紀省文茂者釋詁云勉也漢書作復哉復哉復與茂聲相近顏師古云復報也言周有盛德故天報以此瑞也恐者釋詁云懼也恃者河上公老子章句云待也言天之見此正以爲勸勉我君臣當恐懼以待天命

使上附以周公書報誥于王王動色變【疏】此据

周禮太祝疏引今文太誓周本紀省其文大傳亦無檀弓疏引尚書太誓火流爲烏王動色變上附者洪君頤煊以爲四鄰之疏附周初官名也周公書卽上茂哉云云也詁者釋詁云告也動色變者鄭氏以爲振動之拜周禮太祝辨九㩓四曰振動注元謂振動戰栗變動之拜書曰王動色變漢書劉輔傳云昔武王周公承順天地以享魚烏之瑞然猶君臣祗懼動色相戒是說此經也

遂至盟津【疏】此據齊太公世家有此四字周本紀省其文云是時諸侯不期而會盟津故知當有此四字

八百諸侯不召自來不期同時不謀同辭【注】史遷爲是時諸侯不期而會盟津者八百諸侯【疏】此據書疏引馬氏書序所稱太誓史記周本紀齊太公世家俱以不期而會省其文經文不如是故用馬本漢書婁敬傳敬曰武王伐紂不期而會孟津上八百諸侯李善注文選任彥升表引周書又曰武王伐紂渡河中流白魚入于王舟王俯取出涘以祭不謀同辭不期同時一朝會于武王

郊下者八百諸侯又注于令升晉紀總論引周書曰武王將渡河不期同時一朝而會於武王郊祀下者八百諸侯据此則經文當有郊祀下三字或即申燎白魚之意不敢妄增春秋繁露王道篇云周發兵不期會於孟津之上者八百諸侯越絕書云文王死九年天下八百諸侯皆一旦會於孟津之上不言同辭不呼自來盡知武王忠信欲從武王與之伐紂水經河水注云河南有鈎陳壘世傳武王伐紂八百諸侯所會處尚書所謂不期同時也河水至斯有盟津之目論衡云武王伐紂陽侯波起疾風逆流武王操黃鉞而麾之風波畢除中流白魚入於王舟燔以告天與八百諸侯咸同此盟尚書所謂不謀同辭也

皆曰帝紂可伐矣

注 紂一作受

疏 此据周本紀又文選幽通賦舊注引周書曰武王觀兵於孟津諸侯皆曰帝紂可伐矣多帝字紂詩閟宮疏引作受

武王曰女未知天命未可也乃還師歸

疏 此据周本紀詩閟宮疏引太誓說十一年觀兵孟津之時八百諸侯皆曰受可伐王曰爾未知天意

未可伐案云十一年觀兵者用鄭義也越絕書云是時比干箕子微子尚在武王賢之未敢伐也鄭注樂記云武王除喪至盟津之上紂未可伐還歸二年乃遂伐之疏云並出今文太誓後漢書鄭興傳注云八百諸侯不謀同會皆曰紂可伐矣武王以未知天命還兵待時公孫述傳云昔武王伐紂先觀兵孟津八百諸侯不期同辭然猶還師以待天命俱說此經也案史記伯夷列傳云西伯卒武王載木主號爲文王東伐紂伯夷叔齊叩馬而諫曰父死不葬爰及干戈可謂孝乎以臣弒君可謂仁乎左右欲兵之太公曰此義人也扶而去之武王知天命未可伐不獨爲三仁之存必因夷齊之諫也聖人以人心知天命義士非之故知未可伐也已上太誓上篇也

惟丙午王逮師【注】史遷說居二年聞紂昏亂暴虐滋甚殺王子比干囚箕子太師疵少師彊抱其樂器而犇周於是武王徧告諸侯曰殷有重罪不可以不畢伐

乃遵文王遂率戎車三百乘虎賁三千人甲士四萬五千人以東伐紂

【疏】此據大傳及漢書律歷志堯典疏引云劉歆作三統歷引今文泰誓云丙午還師詩閟宮疏引漢歷律志作逮師太平御覽五百七十四引尚書大傳曰惟丙午王建師還與建皆逮字之誤逮者釋言云及也諸侯之師以殷十一月二十八日戊子先發而武王以周正月初三日癸巳始發故至十六日丙午及之也漢書律歷志引三統云師初發以殷十一月戊子日在析木箕七度是夕也月在房五度後三日得周正辛卯朔合辰在斗前一度明日壬辰晨星始見癸巳武王始發丙午逮師戊午度於孟津孟津去周九百里師行三十里故三十一日而度明日己未冬至晨星與婺女伏歷建星及牽牛至於婺女天黿之首荀子儒效篇云武王之誅紂也行之日以兵忌漢書翼奉傳云北方之情好也好行貪狼申子主之東方之情怒也怒行陰賊亥卯主之貪狼必待陰賊而後動陰賊必待貪狼而後用二陰並行故王者忌子卯也春秋

左氏昭九年傳云辰在子卯謂之疾日然則戊子日是兵家所忌也史公說卽周本紀文殷本紀云紂愈淫亂不止微子數諫不聽乃與太師少師謀遂去比干曰爲人臣者不得不以死爭廼强諫紂紂怒曰吾聞聖人心有七竅剖比干觀其心箕子懼乃詳狂爲奴紂又囚之殷之太師少師方持其樂器奔周卽此事也云武王徧告諸侯云云者後漢書袁術傳云武王伐紂曰殷有重罰吳志孫策傳注引張紘云武王伐紂曰殷有罪罰重哉用此文也遵者釋詁云循也循文王之緒以伐紂不敢自專也戎車者兵車周禮戎僕掌凡戎車之儀注云凡戎車衆之兵車也兩者詩鵲巢疏引風俗通以爲車有兩輪馬有四匹故車稱兩馬稱匹甲士者帶甲之士也四萬五千前師乃鼓鼗譟師乃慆前歌後舞格于上人書傳無文

天下地【注】鼓當爲搯慆一作搯格一作假【疏】此據大傳及詩大明疏大傳無格於上天下地大明疏引太誓曰師乃鼓譟前歌後舞格於上天下地咸曰孜孜無怠周禮大司馬

注引書曰前師乃鼓鼖譟說文引周書曰師乃搯巳上周本紀無文鼓鼖譟者周禮大司馬職鼓皆騃車徒皆譟注云吏士鼓譟象攻敵克勝而喜也譟讙也引此經字書無鼖字當爲拊文選馬季長長笛賦云拊譟踴躍卽用此文拊者拊手字同撫釋名云撫敷也敷手以拍之也王逸注天問云言武王三軍人人樂戰並載驅載馳赴敵爭先前歌後舞鳧藻讙呼奮擊其翼鳧藻讙呼一云如鳥喿呼案鳧亦拊假借字也諸侯先發武王後至故曰前師前師聞武王至若已勝敵皆騃鼓讙呼而喜也師乃慆者鄭注大傳云慆喜也衆士喜許氏作搯引周書此文云搯者抽刀以習擊刺也詩曰左旋右搯案詩清人作左旋右抽箋云左謂御者右車右也使其御者習旋車車右抽刃是搯爲抽刃與鄭注大傳異也莊氏述祖云前師是諸侯之師此師則從王之虎賁三千人革車三百兩車右卽虎賁主擊刺故云師乃搯車有步卒七十二人凡二萬一千六百人故稱師也前歌後舞者白虎通禮樂篇云樂所以必歌者何夫歌者口之言之也中心喜樂口欲歌之手欲舞之足欲蹈之故

尙書曰前歌後舞假於上下凡尙書格字書傳 十一年
引俱作假蓋今文也上天下地作上下省文
十二月師畢渡盟津諸侯咸會曰孳孳無怠【注】孳一作
孜【疏】此據周本紀文詩大明疏引太誓云咸曰孜孜無
怠在格於上天下地之後無十一年已下云云或
省文故從史記十一年殷十二月周正月漢書歷律志
引三統說戊午度於孟津蓋二十八日去丙午逮師十
有二日也孳孳大明疏及詩譜序俱引太誓作孜孜說
文孜引周書曰孜孜無怠史記作孳孳者古文白虎通
三綱六紀篇云孳孳無已也漢書谷永傳云夙夜孳孳
婁省無怠作孜孜者今文也說文云孜孜汲汲也漢書成
帝紀云羣公孜孜蓋勤勉之意怠者韋昭注周語云緩
也詩大明云上帝臨女無貳爾心疏云伐紂之事本出
武王之心詩人反言衆人之勸武王見其勸戰
之甚引此經爲證則此爲諸侯勸戰之詞也 天將有
立父母民之有政有居【注】鄭康成曰言將有立聖德者

爲天下父母民之得有善政有安居【疏】此据詩譜序疏引太誓說武王伐紂衆咸曰孜孜無怠天將有立父母民之有政有居知孜孜無怠下有天將有立云云周本紀省之詩鴻雁箋引書曰天將有立父母民之有政有居疏云今太誓文鄭注亦見此疏疏又申之云武王將欲伐紂民喜其有安居立者高誘注淮南云置也漢書谷永傳云天生烝民不能相治爲立王者以統理之父母者謂天子也洪範云天子作民父母以爲天下王政者孔氏注論語云謂法教也居者高誘注呂氏春秋云安也言此者以見紂時國無善政民無安居也

武王乃作太誓告于衆庶【疏】此据周本紀文莊氏述祖曰經文當爲王曰告爾衆庶案前云殷有重罪不可以不畢伐是徧告諸侯之詞疑是太誓中篇既佚其文故史公約其旨爲殷有重罪也其佚文即書傳所引太誓然則太誓中篇之闕久矣此下篇武王以紂罪告於衆庶也

今殷王紂乃用其婦人之言自絕于天毀壞其三

正注馬融曰動逆天地人也離逷其王父母弟注鄭康成曰王父母弟祖父母之族必言母弟舉親者言之也

疏此據周本紀文婦人謂妲巳殷本紀紂嬖於婦人愛妲巳妲巳之言是從列女傳云紂好酒淫樂不離妲巳妲巳所舉者貴之所憎者誅之百姓怨望諸侯有叛者妲己曰罰輕誅薄威不立耳乃重刑辟爲炮烙之刑妲巳乃笑是用其婦人之言也漢書谷永傳引此經注師古曰言紂用妲巳之言自取殄滅非天滅之也毀者說文云缺也壞者說文云敗也三正謂天地人之常祀此篇經文與牧誓同卽牧誓所云昏棄厥肆祀弗荅也離者高誘注淮南云去也逷者釋詁云遠也王父母弟者釋親云父之考爲王父公羊隱元年傳云母弟曰弟謂紂之同祖昆弟至親者皆遠去而不用卽牧誓云昏棄厥遺王父母弟不迪也馬注見史記集解云動逆天地人者甘誓云怠棄三正鄭注云天地人之正道馬義與之同也鄭注見史記集解四方之多罪

逋逃是宗是長是信是使【疏】此據漢書谷永傳引書曰迺用婦人之言自絕於天四方之多罪逋逃是宗是長是信是使注師古曰亦泰誓之辭也知與自絕於天連屬有此經文周本紀省之者因其文見牧誓也漢書五行志谷永引書云乃用其婦人之言四方之逋逃多罪是信是使注師古曰周書太誓也逋逃者說文云亡也春秋左氏文三年傳云凡民逃其上曰潰在上曰逃宗者白虎通宗族篇云尊也牧誓作崇釋詁云高也長者周語云古之長民者注云長猶君也信者高誘注呂覽云從也使者說文云伶也言四方有罪逋逃之人紂反尊重而信用之微子云凡有罪辜乃罔恆獲是也呂覽先識篇云武王告諸侯曰商王大亂沈於酒德辟遠箕子爰近姑與息注云箕子忠臣而疏遠之姑息之臣而與近之

乃斷弃其先祖之樂乃爲淫聲用變亂正聲怡悅婦人【注】怡一作台【疏】此據周本紀文漢書禮樂志云書序殷紂斷弃先祖之樂乃變淫聲用亂變正聲以悅婦人注

師古曰今文泰誓之辭斷者廣雅釋詁云絕斷也弃者說文云棄捐也古文作弃先祖之樂謂大濩周禮大司樂注云大濩湯樂也淫聲者鄭注周禮云淫放濫也大司樂云禁其淫聲注云淫聲若鄭衞也正聲謂雅樂殷本紀云紂好酒淫樂嬖於婦人於是使師涓作新淫之聲北里之舞靡靡之樂即所謂淫聲變正聲也怡者釋詁云樂也集解引徐廣曰怡一作辭說文辭古文作辝怡與辝形聲相近堯典舜讓於德不嗣今文作怡是辝爲怡之古文也漢書禮樂志怡作台亦聲相近

故今予發維共行天罰勉哉夫子

注 鄭康成曰夫子丈夫之稱不可再不可三

疏 此據周本紀共同恭釋詁云敬也甘誓云恭行天之罰勉經文當爲勖史公以訓詁代之今亦不復更正不可再不可三者史記孫子列傳有三令五申軍法也言勉從誓令不可待三令五申漢書文三王傳引書曰至於再三有不用我降爾命注師古曰此周書多方篇之辭也鄭注見史記集解云夫子爲丈夫者說文云夫丈夫也从大一

以象簪也御覽三百八十二引說文作一象簪冠而旣
簪人二十而冠成人也故成人曰丈夫今本說文脫之
鄭注郊特牲云
夫之言丈夫也

泰誓第十終

尚書今古文注疏卷十一

賜進士及第授通奉大夫山東督糧道加三級孫星衍撰

牧誓第十一　周書二

【注】史遷說十一年伐紂至牧野周公佐武王作牧誓【疏】史公說見魯周公世家祭統疏引皇氏云師說書傳云武王伐紂至于商郊停止宿夜士卒皆歡樂歌舞以待旦因名焉武宿夜其樂亡也案此是甲子前夕至牧野事

時甲子昧爽【注】史遷作二月甲子馬融曰昧未旦也鄭康成曰詩曰肆伐大商會朝清明【疏】時甲子史記周本紀爲二月甲子集解引徐廣曰一作正此建丑之月殷之正月周之二月也是今文有二月漢書律歷志云序曰一月戊午師度于孟津至庚申二月朔日也四日癸亥至牧壄夜陳甲子昧爽而合矣故外傳曰王以二月癸亥夜陳武成篇

日粤若來三月既死霸粤五日甲子咸劉商王紂但史公以此二月爲十一年二月甲子律厯志云文王十五而生武王受命九年而崩崩後四年而武王克殷克殷之歲八十六矣是以爲十三年二月葢今文古文各從文王受命數年之異也史公以虞芮質成之年爲文王受命則文王七年崩若以賜斧鉞爲受命則又在虞芮質成之前矣其云二月甲子或不異也昧爽者說文云旦明也葢以昧爲闇爽爲明也馬注見釋文以昧爲未旦者內則云昧爽而朝日出而退是昧爽爲日未出也說文又云昧闇也荀子儒效篇云武王之誅紂也行之日以兵忌東面而迎太歲至汜而汜至懷而懷至共頭而山隧朝食於戚暮宿於百泉厭旦於牧之野楊倞注云厭掩也夜掩於旦謂未明已前此與馬說合馬葢以下有王朝至于商郊牧野下云朝則此是未明已前矣鄭注見詩大明疏引詩肆伐大商會朝清明者箋云肆故也會合也以天期已至故今伐殷合兵以清明引此經王作武王疏云引牧誓證清明之時是昧爽之義牧誓注亦引此詩交相爲證以明其事同也昧爽者爽明

也言其昧之而初明晚則塵昏旦則淸故謂朝旦爲淸明王朝至于商郊牧野乃誓

注史遷王作武王鄭康成曰郊外曰野將戰于郊故至牧野而誓牧一作坶野一作壄

疏史公王作武王者詩大明鄭箋引此經亦作武王閟宮疏亦同疑僞傳刪武字也史臣追加之文如湯誓稱王後人不省耳鄭注見書疏云郊外曰野者釋地云邑外謂之郊郊外謂之牧牧外謂之野詩駉傳云郊外曰野周禮載師注杜子春云五十里爲近郊百里爲遠郊紂都朝歌牧在朝歌南七十里是遠郊之內近郊之外經言至于商郊牧野故鄭云郊外曰野水經淸水注云淸水東與倉水合水出西北方山山在衛縣西俗謂之雹水東南歷坶野自朝歌以南南暨淸水土地平衍據皐跨澤悉坶野矣詩所謂坶野洋洋檀車煌煌者也案朝歌在今河南濬縣西南牧作坶者說文云朝歌南七十里地周書武王與紂戰于坶野此孔壁古文詩大明疏引書序注云牧野紂南郊地名禮記及詩

作坶野古字耳坶又作㴖字迹小異據此則知禮記及詩舊本皆作坶野故水經注引詩亦作坶野今本爲後人改從近字也野作埜者見漢書律歷志

王左杖黃鉞右秉白旄以麾【注】馬融曰白旄旄牛尾杖一作仗鉞一作戉旄一作髦【疏】杖者說文云持也鉞說文作戉云大斧也司馬法曰夏執元戉殷執白戚周左杖黃戉右秉白髦秉者釋詁云執也麾說文作摩云旌旗所以指麾也今省文馬注見釋文云旄旄牛尾者說文作氂云氂牛尾也古字通杖韋昭注周語引作仗鉞釋文云本又作戉旄說文引司馬法作髦亦古字通

曰逖矣西土之人【注】史遷逖作遠逖一作逷【疏】史公逖作遠者釋詁云逷遠也郭注引此經作逷說文云逖遠也古文作逷

王曰嗟我友邦冢君【注】史遷友邦作有國馬融曰冢大也【疏】嗟者釋詁云咨𧪽也說文作𧪽此省文周禮大宗伯職云以賓射之禮親

故舊朋友注云天子亦有友諸侯之義武王誓曰我友
邦家君是也友邦史公作有國者今文不作友字說也
馬注見史記集解家大釋詁文**御事司徒司馬司空**【注】史遷無御事【疏】
御事謂治事鄭箋思齊詩云御治也引書越乃御事大
傳云天子三公司徒公司馬公司空公大誓與大公所
作告于衆則司馬在前此述御事之臣仍循司徒在前
之常白虎通封公侯篇引別名記曰司徒典民司空主
地司馬順天案司徒司馬司空爲天子三公坐而論道
無所職司今在軍中不無所治且司馬主兵乃其專責
也故以御事總目司徒以下也**亞旅師氏千夫長百夫長**【注】鄭康成曰
師帥旅帥也【疏】亞者釋言云次也旅者釋詁云衆也春
秋左氏文十五年傳宋華耦來盟公與
之宴辭請承命于亞旅注云亞旅上大夫也疏引牧誓
爲證又成二年傳魯賜晉三帥三命之服亞旅皆一命
之服注云亞旅大夫也疏云周禮典命公之孤四命其
卿三命其大夫再命其士一命侯伯之卿大夫士亦如

之此三帥皆卿故曾賜以三命之服亞旅大夫故受一命之服周禮大夫再命此一命者春秋時事異于周禮據此則亞旅爲大大夫甚明師氏者周禮地官序官云師氏中大夫一人凡祭祀賓客會同喪紀軍旅王舉則從注云舉猶行也又云使其屬帥四夷之隸各以其兵服守王之門外且蹕朝在野外則守內列注云內則蕃營之在內者也守之如守王宮是師氏亦大夫從王在軍中守內列者鄭注見書疏周禮夏官序官云二千有五百人爲師師帥皆中大夫五百人爲旅旅帥皆下大夫故鄭以千夫長爲師帥百夫長爲旅帥也　**及庸**

蜀羌髳微盧彭濮人【注】史遷盧作纑馬融曰武王所率將來伐紂也【疏】及者春秋左氏宣七年傳云凡師出與謀曰及庸者見文十六年傳云庸人率羣蠻以叛楚又云楚師滅庸杜注云今上庸縣屬楚小國百濮夷也蜀者華陽國志云蜀之爲國肇於人皇與巴同囿至黃帝爲其子昌意娶蜀山氏之女生子高陽是爲帝嚳封其支庶于蜀世爲侯伯歷夏商周武王伐

紂蜀與焉其地東接於巴南接於越北與秦分西奄岷嶓羌者說文云西戎牧羊人也詩殷武自彼氐羌箋云氐羌夷狄國在西方者髳者後漢書西羌傳武王克商羌髳率師會牧野字亦與髦通詩角弓云如蠻如髦傳云髦夷髦也箋云髦西夷別名武王伐紂其等有八國從焉盧者春秋左氏桓十三年傳云屈瑕伐羅羅與盧戎兩軍之大敗之杜注云盧戎南蠻濮者周書王會解正南之國有百濮左傳云巴濮吾南土也鄭語史伯曰叔逃難于濮而蠻又楚蚡冒始啟濮注云濮南陽之國爾雅南至于濮鉛杜預釋例云建寧郡南有濮夷無君長總統各以邑落自聚故稱百濮微又見立政云夷微盧烝微彭不見傳記史記正義引括地志云號州竹山縣及金州古盧國也益州及巴利等州皆古蜀國隴右岷洮叢等州以西羌也姚府以南古髳國之地戎府之南古微盧彭三國之地濮在楚西南有髳州微濮州瀘府彭州焉武王率西南夷諸州伐紂也馬注見史記集解

稱爾戈【注】稱一作偁比爾干立爾矛予其誓【疏】稱者釋言

云偁舉也郭注引書曰偁爾戈稱借字說文又作再云并舉也戈者考工記云戈柲六尺有六寸戈廣二寸內倍之胡三之注云戈今句孑戟也或謂之鷄鳴或謂之擁頸比者說文云相次比也干者釋言云扞也說文作戰云盾也盾所以扞身蔽目矛者說文云酋矛也建于兵車長二丈古文作戎鄭注考工記云酋發聲直爲矛

王曰古人有言曰【注】鄭康成曰以古賢之言爲驗**牝雞無晨牝雞之晨惟家之索**【疏】牝者詩傳云飛曰雄雌走曰牝牡亦爲飛者通稱說文云雞知時畜也史記律書云雞三號卒明晨當爲晨說文云早昧爽也索者釋名云索素也案素之義爲空也漢書外戚傳倢伃賦云悲晨婦之作戒注張晏曰書云牝雞之晨惟家之索鄭注見詩蕩疏

今商王受惟婦言是用【注】史遷作殷王紂【疏】婦謂妲己也妲字己姓見晉語及列女傳用其言爲炮烙之刑見泰誓疏史公受作紂者漢書五行志亦作紂凡今文俱作紂古文或作受也

昏棄厥肆祀弗荅昏棄厥遺王父母弟不迪【注】史遷昏棄厥祀作自弃其先祖祀昏棄厥遺作昏弃其家國道王父母弟不迪作其王父母弟不用鄭康成曰肆祭名荅問也王一作任【疏】昏者王氏引之云蔑也讀曰泯春秋左氏昭廿九年傳云若泯棄之泯棄猶蔑棄也周語曰不共神祇而蔑棄五則泯蔑聲之轉史公棄作弃說文云古文也肆祀爲先祖祀者周禮大祝凡大禋祀肆享注云肆享祭宗廟也又典瑞以肆先王注云元謂肆解牲體以祭因以爲名是肆爲祭先祖也云遺爲家國道與經文異者今文多二字斷句荅者鄭注鄉射禮云對也當讀如對越在天之對郭注釋言云畣者應也義亦或爲不應迪爲用者詩桑柔云維此良人弗求弗迪是也鄭注見史記集解云肆祭名者卽注典瑞所云肆解牲體以祭因以爲名也詩雝云相予肆祀箋以肆爲陳與此不同也云荅問者未詳王

父母弟熹平石經王作任未詳乃惟四方之多罪逋逃是崇是長是信是使是以爲大夫卿士俾暴虐于百姓以姦宄于商邑

注 史遷無是以爲大夫卿士宄作軌邑作國惟一作維

疏 春秋左氏昭七年傳云紂爲天下逋逃主崇者宣十二年傳云師叔楚之崇也漢書谷永傳引大誓作宗鄭注檀弓云宗尊也大夫卿士不云卿大夫士葢以此士卿之屬也姦宄見前大誓疏史公宄爲軌者聲相近借車軌字爲宄邑爲國者說文云邑國也惟作維見熹平石經今予發惟恭行天之罰

注 史遷恭作共罰作罪共一作龔

疏 恭者釋詁云敬也史公恭爲共者漢書翟方進傳兩言共行天罰與史記同恭又作龔者後漢書班固傳兩都賦云龔行天罰注云尚書武王曰龔行天罰說文作龔云慤也葢借字今日之事不愆于六步七步乃止齊

焉【注】史遷𢙟作過鄭康成曰好整好暇用兵之術不𢙟一作弗𠍁下同【疏】𢙟者釋言作𠍁云過也說文以𠍁爲𢙟古文史公𢙟爲過用其義鄭注見詩大明疏春秋左氏成十六年傳欒鍼說晉國之勇云好以衆整又曰好以暇鄭用其說司馬法云軍以舒爲主雖交兵致刃徒不趨車不馳不踰列是以不亂是其義也不𢙟藝文類聚五十九引尚書此文作弗𠍁葢正義已前本

夫子勖哉不𢙟于四伐五伐六伐七伐乃止齊焉【注】史遷勖作勉𢙟作過鄭康成曰伐謂擊刺也一擊一刺曰一伐始前就敵六步七步當止齊正行列及兵相接少者四伐多者五伐又當止齊正行列也【疏】勖勉釋詁文伐者說文云擊也樂記孔子云夭子夾振之而駟伐注云駟當爲四聲之誤也武舞戰象也每奏四伐一擊一

刺爲一伐牧誓曰今日之事不過四伐五伐鄭注見詩
惟清疏及曲禮疏云擊刺者擊用戈刺用矛也江氏聲
云樂記注引此經云不過四伐五伐曲禮疏樂記疏引
此經皆無六伐七伐字此注云多者五伐疑鄭本古文
尚書無六伐七伐但史
記及石經皆有此四字勖哉夫子注史遷勖作勉尚桓
桓注鄭康成曰威武貌桓一作狟疏鄭注見史記集解
云威武者釋訓云
桓桓威也桓說
文作狟引此經如虎如貔如熊如羆注史遷貔作羆熊
作財羆作離歐陽尚書說螭猛獸也離一作螭鄭康成
曰其威當如獸之將攫搏也貔一名曰豹虎類也疏貔者
釋獸云白狐其子豰郭注云一名執夷虎豹屬詩韓奕
疏引陸機疏云貔似虎一名白狐說文云貔豹屬出貉
國或作豼熊者說文獸似豕山居冬蟄羆者釋獸云如
熊黃白文郭注云似熊而長頭高腳猛憨多力能拔樹

太關西呼曰貔羆者說文云古文作䝏史公貔爲羆者
卽羆字熊爲財者卽豺字史記司馬相如傳正義引杜
林云豺似狛白色杜林說古文尚書則知古文尚書財
作豺也羆爲離者集解徐廣曰離與螭同皆离字假借
字說文萬离歐陽喬說离猛獸也喬當爲高案漢書儒林
傳歐陽和伯曾孫名高爲博士由是尚書有歐陽氏學
今文蓋作离文選西都賦注引作螭非本字也鄭注
見曲禮疏云豹虎類者說文云豹似虎圜文貌豹屬　于
商郊【疏】于者釋詁云往也上言商郊牧野乃是
遠郊近郊之間此言往商郊謂近郊也　弗迓克
奔以役西土【注】史遷弗迓作不禦奔作犇馬融曰禦禁
也役爲也鄭康成曰禦彊禦謂彊暴也克殺也不得暴
虐殺紂師之奔走者以爲周之役也迓一作御又作禦
【疏】迓者說文云訝相迎也或作迓克者釋詁云殺克也
公羊隱元年傳云克之者何殺之也役者廣雅釋詁

云助也言弗迎殺其師之來奔者謂不殺降可以其人爲周之助史公迓爲禦者釋言云禦禁也言不禁殺其犇降者馬注見釋文云禦禁者釋言文役爲助者廣雅釋詁文周語云以役上令注同鄭注見史記集解以禦爲彊禦者詩蕩傳云彊禦彊梁禦善也禦善是彊暴衆克殺釋詁文云奔走者說文奔走也爲周之役者周國在西土役者謂使爲兵周禮小宰注鄭司農云役謂發兵起徒役也與語云家人率不膕與國之役注云役兵也役同役迓一作御者顏師古匡謬正俗引此經作御釋文云馬本作御

勖哉夫子爾所不勖其于爾躬有戮【注】史遷勖作勉弗勖作不勉躬作身鄭康成曰所言且也【疏】戮者釋詁云殺也史公躬爲身者釋詁文鄭注見史記集解

牧誓第十一終

清陽湖孫氏本尚書今古文注疏

第四册

清 孫星衍撰

天津圖書館藏清嘉慶二十年陽湖孫氏冶城山館刻本

山東人民出版社·濟南

君奭第廿二　周書十三　尙書今古文注疏卷廿二

賜進士及第授通奉大夫山東督糧道加三級孫星衍撰

注史遷說成王既幼周公攝政當國踐祚召公疑之作君奭君奭不說周公周公乃稱湯時有伊尹云云於是召公乃說疏史公說見燕世家云召公疑之又云君奭不說周公者漢書孫寶傳云周公上聖召公大賢尙猶有不相說著於經典兩不相損王莽傳羣臣奏引書曰我嗣事子孫云云說曰周公服天子之冕南面而朝羣臣發號施令常稱王命召公賢人不知聖人之意故不說也皆用此經之義也後漢書申屠剛傳注云言周公既還政成王宜其自退今復爲相故不說也案史公以召公不說在周公踐祚之時太子賢以爲在還政之後或今古文異說也編篇在多士之後疑非踐阼時矣

周公若曰君奭【疏】君者釋詁云大也君是后辟尊稱奭
者說文云此燕名公名白虎通王者
不臣篇云名公文王子詩甘棠疏引皇甫謐云文王庶
子案史記但云與周同姓穀梁莊十三年傳云燕周之
分子也注云分子謂周之別子孫也禮大傳云別子爲
祖注云別子謂公子然則是文王之從子傳載文王之
子無名奭者史記集解云譙周曰周
之支族食邑於召謂之召公是也
弗弔天降喪于殷
殷既墜厥命我有周既受我不敢知曰厥基永孚于休
若天棐忱我亦不敢知曰其終出于不祥【注】馬融終作
崇曰充也鄭康成曰言與君奭同知舉其殷與亡以爲
戒崇一作道【疏】弔者鄭注費誓云善也墜當依說文爲
隊俱見前疏釋詁云基始也孚付古字
通釋言云休慶也若順也釋詁云棐輔也諶誠也忱同
諶祥善也言不善之天降喪亡之禍于殷殷卒墜失其

命我周受之我不知殷之始長付畀以慶者順天輔誠也亦不敢知其終出于不永也祥與羕俱以羊爲聲祥亦永也盤庚丕乃崇降不祥熹平石經作不永馬注見釋文終作崇者詩傳云崇終也云充者釋詁文樂記云復綴以崇注云崇充也凡六奏以充武樂也注上六成云成奏也每奏一終爲一成是充卽終也鄭注見書疏云與君奭同知舉其殷興亡爲戒者謂此我不敢知云指殷之興亡言也始孚于休興也終出于不祥亡也崇熹平石經作道今文也

嗚呼君已曰時我我亦不敢寧于上帝命弗永遠念天威時者釋詁云是也言君既云是我我亦不敢安于天命弗永遠念天之威罰述名公委任于已已不敢不遠慮而違辭委任也越我民罔尤違惟人在疏尤同鄭釋言云過也說文作訧言于我民無過失無背違惟恃有人在化導之我後嗣子孫大弗克恭上下遏佚前人光在家不知天命不易天難諶乃其

墜命【注】恭一作共佚一作失天難諶一作天應棐諶其墜作亡隊【疏】漢書王莽傳羣臣奏曰臣聞周成王幼少周道未成成王不能共事天地修文武之烈周公權而居攝周道成王室安不居攝則恐隊失天命書曰我嗣子孫大不克共上下遏失前人光在家不知命不易天應棐諶乃亡隊命注師古曰言我恐後嗣子孫大不能恭承天地絶失先王光大之道不知命之難天所應輔唯在有誠所以亡失其命也案漢書釋後嗣子孫爲成王大弗克恭上下爲共事天地白虎通以大誓上天下地爲上下是也釋遏佚前人光爲修文武之烈前人謂文武烈者詩傳云光也遏止也佚同失釋在家爲不居攝言退老也一作皆今文郎上王莽傳所引經以天天應棐諶爲天難諶者釋詁云諶信也詩大明云天難忱斯不易維王傳云忱信也天之意難信矣不可改易者天子也是天命不易爲不可改易師古注不易爲難非也經言在家不知天命有不易之道委之以天難信乃其隊失大命也

弗克經歷嗣

前人恭明德在今予小子旦非克有正迪惟前人光施
于我沖子疏經者釋詁云常也歷者釋詁云艾歷也歷亦爲艾詩傳云艾久也嗣者釋詁云繼也
恭同龔說文云慤也迪者釋詁云道也施者詩箋云延
也言弗能常久繼前王恭慤顯明之德在今我小子旦
非能有以正人也惟道揚前人光美延于我幼君而已又曰天不可信我道惟寧
王德延天不庸釋于文王受命注鄭康成曰又曰人又
云周公稱人之言也言寧王者卽文王也疏天不可信卽謂上天
難諶我道惟文王德延道卽上迪施卽延延釋者說文云
捨釋也言天難信我惟道揚文王之德使之延長天不
用捨其所受之命鄭注見書疏云鄭以又曰爲周公稱
人之言天命靡常不可信也云寧王卽文王見上疏
公曰君奭我聞在昔成湯既受命時則有若伊尹格于

皇天【注】史遷格作假在太甲時則有若保衡【注】鄭康成曰皇天北極大帝也伊尹名摯湯以爲阿衡阿倚衡平也伊尹湯所以倚而取平以尹天下故曰伊尹至太甲改曰保衡保安也言天下所取安所取平阿衡保衡此皆三公之官當時爲之號也【疏】史公格作假者今文格皆爲假格者釋詁云陞也謂湯得伊尹輔佐成功升配于天也下文云陟配天陟亦陞也鄭注見史記集解及詩蕩疏書疏云伊尹名摯者出孫子用間篇云湯以爲阿衡詩長發云實惟阿衡實左右商王傳云阿衡伊尹也箋云阿倚衡平伊尹湯所依倚而取平故以爲官名云以尹天下故曰伊尹者說文伊殷聖人阿衡尹治天下者釋言云尹正也云至太甲改曰保衡者伊尹相太甲有師保之任文王世子云虞夏商周有師保有疑丞設四輔及三公不必備

惟其人語使能也謂之保衡兼其官稱之也云皇天北極大帝者周禮太宗伯云以蒼璧禮天注云此禮天以冬至謂天皇大帝在北極者鄭注月令云皇天北辰耀魄寶也商人祖契而宗湯則湯配五帝于明堂也案呂氏春秋本味篇云有侁氏女子得嬰兒其母居伊水之上故命之曰伊尹則伊爲水名因以爲氏知鄭所云依倚者釋阿衡非伊字詁也

在太戊時則有若伊陟臣扈格于上帝

注 史遷格作假馬融曰格至也道至于上帝謂奉天時也鄭康成曰上帝太微中其所統也伊陟伊尹之子

疏 殷本紀太戊湯五世孫其間兄弟相及有外丙仲壬沃丁小甲雍己等則湯至太戊除太丁未爲君凡九君矣史記三代世表未詳其年竹書紀年湯爲天子至太戊元年凡八十四年恐不足據也臣扈在湯時夏社序云湯既勝夏欲遷其社不可作夏社疑至臣扈不得至太戊時尙在或別一人也言湯則曰格于皇天大戊則曰格于

上帝大戊中宗廟不毀配食五帝於明堂故云格于上
帝馬注見史記集解云格至者釋詁文云道至于上帝
謂奉天時者太微五帝迭相休王以成四時春生夏長
秋收冬藏奉天時者順其氣以出令若月令所紀是也
中宗葢配食之鄭注見史記集解及詩蕩疏云太微中
者何休注公羊傳云上帝五帝在太微之中迭生子孫
更王天下鄭注月令祈穀于上帝云上帝太微之帝也
疏云上帝太微之帝者春秋緯文太微爲天庭中有五
帝座蒼曰靈威仰赤曰赤熛怒黃曰含樞紐白曰白招
拒黑曰汁光紀郊天各祭所感帝殷祭汁光紀周祭靈
威仰以其不定總云太微之帝若迎春前帝後王皆祭
靈威仰秋冬倣此云太微中其所統者是指太微所統
之五
帝也巫咸乂王家**注**史遷乂作治**疏**後漢書張衡傳云
咎單巫咸實守王
家用此在祖乙時則有若巫賢在武丁時則有若甘盤**注**
經也
史遷盤作般**疏**殷本紀云中宗崩子仲丁立崩弟外壬
立崩弟河亶甲立崩子祖乙立則祖乙

是大戊孫也漢書古今人表甘盤與傳說並列史公作般省文率惟茲有陳保乂有殷

疏率同聿文選注引薛章句云聿辭也陳者漢書哀帝紀注李斐云道也言惟此有道之臣安治有殷故

殷禮陟配天多歷年所疏殷禮謂殷之祀禮陟配天者祭法云殷人禘嚳而郊冥祖契而宗湯注云禘郊祖宗謂祭祀以配食也禘謂祭昊天于圜丘也祭上帝于南郊曰郊祭五帝五神于明堂曰祖宗祖宗通言耳多歷年所春秋左氏宣三年傳云商載祀六百也

天惟純佑命則疏釋詁云純大也右勵也佑俗字當為右勵即助也則者釋言云威則也言天大助命于有威儀可則者

商實百姓王人罔不秉德明恤小臣屏侯甸矧咸奔走疏實者釋詁云是也百姓者詩傳云百官族姓也王人江氏聲云王氏族人同姓之臣也恤者漢書韋元成傳注師古曰安也當是舊注小臣舉其臣之微者屏侯甸侯甸之為屏藩者矧者說文作弞云詞也咸者釋詁云皆

也奔走者詩緜云予曰有奔走言是商之異姓百官及王族無不奉德明安者至小臣外而屏藩侯甸其皆效奔走服從王事惟茲惟德稱用乂厥辟故一人有事于四方【注】故一作迪事一作使若卜筮罔不是孚【疏】乂同艾釋詁云艾相也辟君也孚信也言惟此羣臣各稱其德用相其君故天子有事于四方如卜筮無不見信于神人也文選王襃四子講德論引書云迪一人使四方若卜筮或今文作迪作使漢人用之事使篆文相近李善注引此亦作迪一人有事四方又引孔安國曰迪道也孚信也今僞傳無此詁　公曰君奭天壽平格【注】鄭康成曰格謂至于天也專言臣事保乂有殷有殷嗣天滅威今汝永念則有固命厥亂明我新造邦【疏】壽者廣雅釋詁云久也平與抨通釋詁云使也釋詁云格陞也嗣繼也威者釋言云則也則亦爲威固者韋昭注晉語云

定也亂者釋詁云治也公告召公言天久使假天之臣安治有殷有殷繼天之王至紂滅棄威則今汝長念此天威則當有定命命其治以光明我新造之國矣鄭注見書疏云格謂至于天者釋詁云格至也至于天謂格于皇天格于上帝是也故云專言臣事

公曰君奭在昔上帝割申勸寧王之德【注】割申勸寧王一作周田觀文王其集大命于厥躬【疏】緇衣引君奭曰在昔上帝周田觀文王之德其集大命于厥躬注云古文周田觀文王之德爲割申勸寧王之德今博士讀爲厥亂勸寧王之德三者皆異古文似近之割言蓋也案言文王有誠信之德天蓋申勸之集大命于其身謂使之王天下也割爲蓋者釋言云蓋割裂也二字同訓割申勸與周田觀字形相近古割字作害也此今文異字博士讀割申爲厥亂亦今文謂夏侯歐陽尚書也

惟文王尚克修和我有夏亦惟有若虢叔有若閎夭有若散宜生有若

泰顛有若南宮括【注】大傳說文王四年伐畎夷紂乃四之五年四友獻寶乃得免於虎口出而伐耆又說文王以閎天太公望南宮括散宜生爲四友鄭康成曰詩傳說有疏附奔走先後禦侮之人而曰文王有四臣以受命此之謂也不及呂望者太師也教文王以大德周公謙不敢自比焉【疏】有夏謂殷都中夏修和謂修和於紂又說見玉海宮制周本紀云西伯曰文王禮下賢者太顛閎天散宜生鬻子辛甲大夫之徒皆往歸之崇侯虎譖西伯於殷紂曰積善累德諸侯皆嚮之將不利於帝帝乃囚西伯於羑里閎天之徒患之乃求有莘氏美女驪戎之文馬有熊九駟他奇怪物因殷嬖臣費仲而獻之紂紂大說曰此一物足以釋西伯況其多乎乃赦西

伯賜之弓矢斧鉞使西伯得征伐卽其事也亦見大傳及淮南道應訓互有詳畧今以史記正史故載其說虢叔者春秋左氏僖五年傳云虢仲虢叔王季之穆也爲文王卿士勲在王室晉語云文王在傅弗勤處師弗煩敬友二虢其卽位也咨于二虢度于閎夭謀于南宮考地理志右扶風有虢縣此西虢也是虢叔所封河南滎陽縣注應劭曰故虢國今虢亭是此東虢也是虢仲所封此經虢叔爲西虢其後爲晉獻公所滅者也鄭注見詩緜疏及書疏云詩傳說有疏附奔走先後禦侮之人者詩緜云予曰有疏附予曰有先後予曰有奔走予曰有禦侮傳云率下親上曰疏附相道前後曰先後喻德宣譽曰奔奏武臣折衝曰禦侮云呂望太師者詩大明云維師尚父傳云師大師也可尚可父大傳云散宜生閎夭南宮括三子者學乎太公又云大公遂與三子見文王於羑里此獨不及大公故鄭

又曰無能往來【注】無言周公謙不敢以太師自比也

一作亾【疏】漢書朱雲傳雲疏言丞相韋元成容身保位亡能往來注李奇曰不能有所前却案前却

謂進退也是無能往來爲無能進賢退不肖**茲迪彝教文王蔑德降于國人**注鄭康成曰蔑小也疏釋詁云迪道也彝常也蔑纔讀爲㪍㪍說文云㪍眇也眇卽妙字蔑德言妙德也㪍與𢡺通亦美也周書祭公解云追學于文武之蔑言無能進退爲文王道此常教故文王美德不能下于國人周公謙也鄭注見書疏以蔑爲小者廣雅釋詁云㦗小也又云緒㦗末也言無能以文王緒餘之小德教國人明大德非國人所能企及也**亦惟純佑秉德迪知天威乃惟時昭文王迪見冒聞于上帝**注馬融曰勖勉也冒一作**勖惟時受有殷命哉**疏迪者釋詁云進也昭同詔釋詁云勴也又云相勴也迪見之迪用也見牧誓疏見猶顯也冒與懋音相近義得爲勉言惟大助奉德之人進知天之威命乃惟是相文王用顯懋勉發聞于天惟是受有殷之大命也馬注見釋文云勖勉者釋詁文崔瑗侍中箴曰昔在周文創德四鄰勖

聞上帝賴茲四臣亦作勛武王惟茲四人尚迪有祿【注】鄭康成曰至武王時號叔等有死者餘四人也【疏】迪從由得聲亦或同猶言至武王時惟此四人尚猶有祿也鄭注見書疏云號叔等有死者周書克殷解有泰顛閎天又有南宮忽南宮伯達無散宜生忽與括聲相近蓋一人也史記周本紀武王克紂祭社時散宜生太顛閎天皆執劒以衛又言命南宮括散鹿臺之財發鉅橋之粟又言命南宮括史佚展九鼎保玉此展九鼎之南宮括周書謂之南宮伯達則惟號叔未有見故鄭疑其死也論語武王曰予有亂臣十人馬氏注數閎天散宜生太顛南宮括皆列其中亦無號叔

後暨武王誕將天威咸劉厥敵【疏】暨者釋詁云與也威者廣雅釋詁云力也咸與滅通廣雅釋詁云殺滅也釋詁云劉克也殺也說文云鐂殺也劉卽鐂字周書世俘篇漢書律歷志皆引武成篇云咸劉商王紂或解咸爲皆失之春秋左氏文十七年傳云克減侯宣多昭二十六年傳云則有

晉鄭咸黜不端疏云咸諸本或作減此言四人後與武王大將天力殺克其敵也惟茲四人昭武王惟冒注冒一作勖丕單稱德疏昭與詔通釋詁云詔亮相道也冒與懋聲相近又通勖勉也釋詁云丕大也詩箋云單盡周書祭公解云昭王之所勖詩涼彼武王此云昭武王惟冒言相道武王惟懋勉也丕單稱德言大盡稱其德也冒說文作晑云低目視也周書曰武王惟晑蓋孔壁古文冒作晑古文假借字許氏以低目視釋晑此字詁非經義也亦如堯典肆類作緣類臯陶謨朋淫作堋淫或以釋經文失之遠矣今在予小子旦若游大川予往暨汝奭其濟小子同未在位誕無我責收罔勖不及疏游者詩傳云行也濟者釋言云渡也收者韋昭注吳語云還也言今我如行大川我先往與汝其渡我沖子雖卽政與未在王位同大無責我還國但無人勉我以不及前人耳謂不及四人之功也僞傳以收字屬罔勖不及爲句失之耇造

德不降我則鳴鳥不聞【注】鳥一作鳳劉曰其有能格【注】馬融曰鳴鳥謂鳳皇也鄭康成曰耇老也造成也詩曰小子有造老成德之人不降志與我並在位則鳴鳥之聲不得聞乃曰有能格于天者乎言必無也鳴鳥謂鳳也【疏】者耇者釋詁云老壽也造者鄭注王制云成也周語云周之興也鸑鷟鳴于岐山注云三君云鸑鷟鸞鳳之別名也後漢書賈逵傳云武王終父之業鸑鷟在岐言天不降下老成德之人我則猶望鳴鳳之不可聞也況其有德能堅于天乎馬注見釋文云鳳皇者釋鳥云鶠鳳其雌皇鄭注見魏志管寧傳注云耇老釋詁文造成與注王制造士同云不降志與我並在位者論語云不降其志言不事王侯高尚其志也鳥作鳳者釋文云鳴鳥一本作鳴鳳者非

公曰嗚呼君肆其監于茲我受命無疆惟

休亦大惟艱【疏】釋詁云肆今也監者視也言君今其視于此我國家受命無竟惟休慶亦大惟難謂命不于常也

告君乃猷裕我不以後人迷【注】鄭康成曰名公不說似隘急故令謀于寬裕也【疏】猷者釋詁云謀也廣雅釋詁云裕容也迷誤也言告君乃謀容人之道我之心迹不與後人疑誤也鄭注見書疏

公曰前人敷乃心乃悉命汝作汝民極曰汝明勗偶王在亶乘茲大命惟文王德丕承無疆之恤【疏】敷者詩傳云布也悉者釋詁云盡也極者詩傳云中也偶者廣雅釋詁云耦侑也偶與耦通亶者釋詁云誠也乘者詩傳云升也顏氏家訓音辭篇引劉昌宗周官晉讀乘若承言前人布乃心甚盡命汝立民之中謂曰汝其以明德勉侑王惟在誠心江氏聲云周公名公盍並受武王顧命命輔成王四輔偶俱以侑王故曰偶王又言承此大命惟文王之德是承受任大責重無竟之

憂也江氏聲以丕承上屬爲句是也公曰君告汝朕允保奭其汝克敬以予監于殷喪大否肆念我天威疏允者釋詁云誠也保名公官文王世子云保也者愼其身以輔翼之而歸諸道者也克能以與俱見前疏否讀如易卦之否肆者詩傳云長也威力見上疏周公稱名公官而告之言汝能敬與予監視殷之喪亡大否阸長念我受命之由天力予不允惟若茲誥予惟曰襄我二人汝有合哉言曰在時二人天休茲至惟時二人弗戡其汝克敬德明我俊民在讓後人于丕時疏襄者杜注左傳云成也襄我絕句二人者王制云八伯各以其屬屬於天子之老二人分天下以爲左右二伯合者釋詁云對也茲與滋通說文云益也戡與堪通釋詁云勝也明者堯典明明史記上明爲悉俊者說文云才千人也丕者漢書注師古云奉也周公言予不誠而惟若此相告乎言以誠告也

予方思曰汝當成我之美今之二伯惟我與汝二人合對哉言者曰在是二人致天休美益至惟是二人弗敢勝當其汝能敬德明揚才俊之民則我亦可以巽讓後來之人于以奉是天休矣周公謙言巳不敢任太平瑞應欲名公別舉賢以相輔助

嗚呼篤棐時二人我式克至于今日休

疏釋詁云篤厚也棐輔也式者釋言云用也言此時厚輔王業者惟是我二人我用能至于今日有此休慶

我咸成文王功于不怠丕冒海隅出日莫不率俾

注鄭康成曰率循也俾使也四海之隅日出所照無不循度而可使也

疏咸者釋詁云皆也丕大冒與懋聲相近丕冒當絕句俾者釋言云職也言我與汝皆成文王之功于不怠而大懋勉之使我所治東海之隅日出之所莫不循職漢書武帝紀云莫不率俾注師古曰言皆循其職貢而可使也周公名公分陝爲二伯公羊隱五年傳云自陝而東者周公主之自陝而西者召

公主之使東海率職是周公之任也推本文王功者文王亦州伯也鄭注見魏志武帝紀注云率循俾使皆釋詁文以海隅爲四海之隅出日爲日出所照是分海隅日出爲二義言疆界之廣也公曰君予不惠若兹多誥予惟用閔于天越民疏惠與慧通江氏聲云漢書昌邑王傳云清狂不惠注蘇林云心不慧周公謙也穀梁僖二年傳云達心則言略達心卽慧也閔者詩箋云悼傷也越與粤通釋詁云於也言我不智慧故如此煩言多誥我惟用悲閔于天命民心之不易保若篇首所云不敢寧于上帝命弗永遠念天威越我民罔尤違惟人在之義公曰嗚呼君惟乃知民德罔不能厥初惟其終注鄭康成曰名公是時意說周公恐復不說故依違託言民德以剴切之疏呼名公言汝亦知民之行無不能其初惟其終之難乎言我當終成其業不容去國也鄭注見書疏以此爲恐名公意說而復有不說故

託言民德以切告之云剴切之者詩雨無正箋云以事類諷切剴微之言疏云書傳注云剴切說文云剴摩也謂摩切其傷不斥言也**祗若茲往敬用治**〔疏〕祗者馬氏注易復卦云詞也往者謂述職治自陝以西也言我所告祗如此而已君其往敬以爲治哉白虎通巡狩篇云傳云周公入爲三公出爲二伯中分天下出黜陟詩曰周公東征四國是皇言東征述職又曰蔽芾甘棠勿翦勿伐召伯所茇言邵公述職親說舍於野棠之下也僞傳以此經二人爲文王武王失之鄭注以海隅爲四海之隅不據陝東言之亦未爲得也

君奭第廿二終

多方第廿三　周書十四　尚書今古文注疏卷廿三

賜進士及第授通奉大夫山東督糧道加三級孫星衍撰

疏　此篇書序列在無逸君奭之後前尚有成王征將薄姑二佚篇史記周本紀召誥洛誥多士無佚及此多方俱在周公行政七年成王長周公反政之後與伐誅管蔡非一時事大傳則云周公攝政一年救亂二年克殷三年踐奄四年建侯衛五年營成周六年制禮作樂七年致政于成王則此是攝政三年事當在召誥洛誥諸篇之前故書序疏引鄭注云此伐淮夷與踐奄是攝政三年伐管蔡時事其編篇于此未聞案古今文說書本不同史公問故孔安國又與書序編篇之次相合未可非也又考大傳云管叔疑周公流言於國曰公將不利于王奄君薄姑謂祿父曰武王巳死矣成王幼周公見疑矣此世之將亂也請舉事然後祿父及三監叛周公以成王之命殺祿父此時不言誅奄君周本紀亦止云誅武庚管叔放蔡叔蒙恬傳則云成王能治國有賊

臣言周公旦欲爲亂久矣王若不備必有大事王乃大怒周公旦走而奔於楚又云殺言之者而反周公旦此賊臣流言在成王能治國之後是反政後譖周公與管蔡流言俱非一時事蓋即奄君也奄君先導管蔡流言或未聞於朝故爲誅戮所不及此時見周公反政又進讒言成王悟而誅之疑即此時踐奄也蒙恬親見百篇之書說當不謬伏生亦見全書而大傳則夏侯歐陽所記或不必出自伏生耳

惟五月丁亥王來自奄至于宗周【注】鄭康成曰奄國在淮夷之旁周公居攝之時亦叛王與周公征之三年滅之自此而來歸【疏】此五月史公以爲在七年反政之後大傳以爲在攝政三年不能推其甲子也王來自奄据多士云昔朕來自奄此篇應與多士相連在前故鄭疑其編篇於此也宗周者詩正月云赫赫宗周傳云宗周鎬京也周之東遷無復西都亦名東都王城爲宗周此時宗周實鎬京也周官序云還歸在

豐成王是時常居豐去鎬京二十五里然則至鎬誥庶邦後仍歸豐也鄭注見詩豳譜疏云奄國在淮夷之旁者奄在魯見上多士疏云周公居攝之時亦叛者用大傳說詩破斧云周公東征四國是皇傳云管蔡商奄也亦以伐奄爲攝政時事與史記不同

周公曰王若曰猷告爾四國多方

疏 王氏鳴盛引書疏王肅曰周公攝政稱成王命以告及還政稱王曰嫌自成王辭故加周公以明之王肅以多方作在歸政後則僞傳謂再叛再征與王肅今或皇甫謐依仿肅注爲之然再叛之事無據惟此周公曰王若曰之文蓋大誥王若曰鄭謂王即周公今此以周公冠成王之上與攝政前之大誥異與歸政後之多士同謂其周公在軍中故假王自重此凱還作誥當稱王命而多詞實出周公故書法如此案王肅雖亂經之人此說多方在周公反政後實本於史記未爲無據王氏所言在軍中及凱旋書法不同之說亦未必然也猷與繇通釋言云道也猷告猶言告道大誥云猷大誥爾多邦馬氏作大誥繇爾多邦

惟爾殷侯尹民我

惟大降爾命爾罔不知【疏】釋言云殷中也尹正也降下也命者詩箋云猶教令也多士云昔朕來自奄予大降爾四國民命即謂此我惟大降爾命也言汝中夏諸侯之正治民者我惟大下汝教令汝應無不知之矣僞傳以大降爾命謂誅紂失之遠矣洪惟圖天之命弗永寅念于祀【疏】洪惟當如大誥洪惟蓋洪亦爲代也上文言周公曰王若曰是代王出誥寅者釋詁云敬也圖天命謂圖度天命弗永念于祀即下文不克永于多享及不集于享惟我周王克堪用德惟典神天也惟帝降格于夏有夏誕厥逸不肎慼言于民乃大淫昏不克終日勸于帝之迪【注】迪馬融作攸曰所也【疏】降下見上疏格與假通釋詁云陞也言惟帝陞降于中夏之人即洪範云陰隲下民也逸者釋言云過也又與佚通廣雅釋詁云劮戲也釋言云劮豫也慼者詩傳云憂也迪者與𨒪聲相近說文云𨒪長也言有夏大其逸豫不肎有憂慼

之言及于民乃大淫泆昏亂不能有一日勸勉于帝之長言如不終日也馬注見釋文迪作攸者字從由聲與攸相近云所者釋言文乃爾攸聞厥圖帝之命不克開于民之麗乃大降罰崇亂有夏疏厥者釋言云其也其謂夏桀也麗者麗於獄也周禮小司寇職以八辟麗邦法附刑罰注杜子春讀麗爲羅疏云羅則入羅網當在刑書呂刑云越茲麗刑又云苗民匪察于獄之麗是也崇者詩傳云終也言有夏淫昏之事乃汝所聞其君桀圖度帝命不知天之愛民不能開釋于民之麗于罪網者乃大下誅罰終亂夏邑僞傳以麗爲施云施政教失之因甲于內亂注鄭康成曰習爲鳥獸之行于內爲內亂不克靈承于旅疏甲者釋言云狎也內亂者桀嬖有施氏女妹喜靈者詩箋云善也承者詩傳云正也旅者釋詁云衆也言桀因習于好內以亂政不能以善正治此衆民鄭注見書疏云鄭王皆以甲爲狎故鄭釋甲爲習也說文云狎犬可

習也云鳥獸行者周禮大司馬云外內亂鳥獸行則滅之注引王霸記曰悖人倫外內無有異于禽獸是也

罔丕惟進之恭洪舒于民亦惟有夏之民叨懫日欽劓割夏邑【注】懫一作𡐯【疏】罔丕者釋言云罔無也丕與不通進者史記呂不韋傳云進用不饒索隱引小顏云財也漢書高帝紀云蕭何主進注師古曰進字本作賮恭與共通釋詁云具也舒者困學記聞曰古文作荼此宋次道家古文考工記注云荼古文舒叨說文作饕云貪也重文作叨又𡐯忿戾也引周書此文云讀與摯同欽與廞通釋詁云興也割與害通夏邑者夏之京邑見前疏言桀貪無不以財進奉共職大為荼毒于民亦惟夏民貪戾日興謂上有好者下必甚也殘害夏邑如湯誓所云率割夏邑呂氏春秋愼大篇云桀為無道暴戾頑貪天下顫恐而患之是也

天惟時求民主乃大降顯休命于成湯刑殄有夏惟天不畀純乃惟以爾多方之義

民不克永于多享惟夏之恭多士大不克明保享于民乃胥惟虐于民至于百爲大不克開【疏】顯者釋詁云代也刑者說文云罰辠也殄者釋詁云絕也昇者詩傳云與也純者方言云好也也樊毅修華嶽碑云天惟醇佑萬國純與醇聲相近謂天不與以美報也義民者江氏聲云猶民儀謂賢者大誥民獻大傳作民儀是也恭同共明勉保安見上疏胥者釋詁云皆也言天惟是求民之主乃大下代受美命于成湯罰絕夏桀惟天不與夏以美報矣乃惟以汝多方之賢民不克長享祿位惟夏之共職多士大不能勉安其享此當絕句又言桀于民乃皆惟暴虐于民至于所爲百事大不能開釋于麗罪者言桀不能用賢愼罰也乃惟成湯克以爾多方簡代夏作民主愼厥麗乃勸厥民刑用勸【疏】簡同閒釋詁代也言惟成湯能以汝多方代夏爲民之主愼其麗于罪者乃所以勸勉其民刑罰其有罪者亦用勸勉其民也經既

云簡又云代疑後人增代字或簡訓大也以至于帝乙罔不明德愼罰亦克用勸要囚殄戮多罪亦克用勸開釋無辜亦克用勸疏明德愼罰要囚俱見康誥疏勸者廣雅釋詁云教也帝乙謂七世王之王祖乙也今至于爾辟弗克以爾多方享天之命疏言至于汝君紂不能以多方享大命也嗚呼王若曰誥告爾多方非天庸釋有夏非天庸釋有殷乃惟爾辟以爾多方大淫圖天之命屑有辭疏釋者韋昭注晉語云舍也淫者高誘注呂氏春秋云過也屑有辭多士作洪有辭馬氏云屑過也玉篇云屑碎也楊倞注荀子云屑穕碎衆多之貌辭者說文云訟也言王今告汝多方非天之捨夏殷也乃惟汝君以汝多方大過圖度天命謂我生不有命在天有罪狀衆多以致滅亡乃惟有夏圖厥政不集于享天降

時喪有邦間之乃惟爾商後王逸厥逸圖厥政不蠲烝

注 馬融曰蠲明也烝升也天惟降時喪 疏 集者詩傳云就也間者釋詁云代也蠲者詩傳云絜也烝者廣雅釋詁云美也言惟夏王圖度其政不就于享天下是喪亡之咎使有國諸侯代之又惟汝後王紂過其佚豫謀其政不絜不美天惟下是喪亡之咎馬注見釋文云蠲明者釋言文烝升者韋昭注周語同也

惟聖罔念作狂惟狂克念作聖

言無明德升聞于天

疏 中論法象篇云墜其威儀恍其瞻視忽其辭令下引此文大傳云貌之不恭是謂不省厥咎狂又云思之不容是謂不聖鄭注云君貌不恭則是不能敬其事也君臣不敬則倨慢如狂矣又云容當爲睿睿通也心明曰聖孔子說休徵曰聖者通也兼四而明則所謂聖聖者包貌言視聽而載之以思心者通以待之君思心不通則是不能心明其事也言惟通明者無念則慢倨矣慢倨者能念則通明矣

天惟五年須暇

之子孫【注】鄭康成曰夏之言假天覬紂能改故待暇其終至五年欲使復傳子孫五年者文王八年至十三年

假一作夏之子孫一作湯之子孫【疏】須者釋詁云待也說文作須假與夏通大傳云夏者假也釋名云寬假萬物使生長也又與暇通方言云秦晉之間凡物壯大而愛偉之謂之夏周鄭之間謂之暇隸釋成陽靈臺碑曰稷不夏郎日昃不暇也詩武疏引此經作天維五年須暇湯之子孫多湯字思文疏引鄭注大誓云禮說曰天意若曰須紂五年乃可誅之詩皇矣疏引我應云作靈臺綏優假紂此云五年當從文王七年數至武王十一年伐紂也鄭注見詩皇矣疏文王八年詩武疏引鄭注作文王受命八年云夏之言假鄭用大傳義是鄭本作夏也自八年數至十三年是歷五年鄭用十三年伐紂之說與史記十一年異

也誕作民主罔可念聽天惟求爾多方大動以威開

厥顧天惟爾多方罔堪顧之惟我周王靈承于旅克堪用德惟典神天【注】鄭康成曰顧由視念也其意言天下災異之威動天下之心開其能爲天以視念者衆國無堪爲之惟我周能堪之【疏】典同斆說文云斆主也言天須假紂而紂大爲民主無可爲天念聽者天惟求汝衆國大動明威以啟其爲天顧念者衆國無堪之者惟我周王善受衆民能勝用德以主神天之祀鄭注見詩譜序疏以動威爲災異者金縢云今天動威謂天大雷電以風大木斯拔禾盡偃也墨子非攻篇云還至商王紂天不序其德祀用失時兼夜中十日雨土于亳九鼎遷止婦妖宵出有鬼宵吟有女爲男天雨肉棘生乎國道此紂時災異之見于傳記者天惟式教我用休簡畀殷命尹爾多方【疏】式者釋言云用也簡者釋詁云大也尹者說文云治也言天惟用教我以休祥

大付殷命治汝多方也今我曷敢多誥我惟大降爾四國民命爾曷不忱裕之于爾多方爾曷不夾介乂我周王享天之命【注】曷一作害不一作弗【疏】忱者詩傳云信也裕者方言云道也夾者廣雅釋詁云近也介者釋詁云善也乂與艾通釋詁云相也言今我何敢多誥我惟大下汝四方民之教令汝何不以誠道之于爾國汝何不近善相我周王共享天命曷作害不作弗見匡謬正俗引書文段氏玉裁云王莽依大誥多作害是今文皆作害也今爾尚宅爾宅畋爾田爾曷不惠王熙天之命【注】畋一作田【疏】畋者說文云平田也惠者釋言云順也熙者周語晉叔向云廣也言今爾猶居爾居治爾田爾何不順王廣天之命乎爾乃迪屢不靜爾心未愛爾乃不大宅天命爾乃屑播天命爾乃自作不典圖忱于

正【疏】迪者釋詁云作也屢俗字當爲婁釋言云亟也詩箋云數也亟即數也康誥云今惟民不靜未戾厥心愛者說文云㤅惠也釋言云惠順也宅當讀爲度屑者方言云猶也典者釋詁云典法常也忱誠見上疏正者釋詁云長也迪屢猶言屢迪汝數作不靜汝心無愛順之意乃不大圖度天命乃以狄猶播散天命乃自爲不法謀取信於正長

我惟時其教告之我惟時其戰要囚之至于再至于三乃有不用我降爾命我乃其大罰殛之【注】殛一作極

非我有周秉德不康寧乃惟爾自速辜【疏】要囚見康誥疏要者爲其罪法之要辭也殛者釋言云誅也速者鄭注鄉飲酒禮云召也言我惟是教告汝我惟是其俘因汝至于再三有不用我所下之命我其大罰誅汝非我周奉德不安靜乃惟汝自召罪也殛釋文云本又作極春秋左氏昭七年傳云昔堯殛鯀於羽山釋文云殛本又作極詩苑柳疏引釋言作極誅是殛字古多作極

王曰嗚呼猷告爾有方多士暨殷多士今爾奔走臣我
監五祀越惟有胥伯小大多正【注】大傳說古者十稅一
多于十稅一謂之大桀小桀少于十稅一謂之大貊小
貊王者十一而稅而頌聲作矣故書曰越維有胥賦小
大多政【疏】猷與繇同釋言云道也猷告猶言告道監謂
三監五祀五年也釋天云商曰祀周曰年告
殷民故稱祀江氏聲云武王命三叔監殷殷民皆臣服
于兹十年矣言五祀者本其未叛時言也鄭注大射禮
云胥宰官之胥伯者州伯內則云州史獻諸州伯州伯
命藏諸州府詩伯兮疏云彼州伯對閭史閭府亦謂州
里之伯是伯爲州里之伯也鄭注周禮地官序官云正
師胥皆長也越惟有胥伯小大多正言于惟有宰官之
吏及州伯小大多正長俱謂監已下官長言告道汝有
方多士與殷多士今汝奔走臣服我三監曾歷五祀

于惟有史胥州伯小大多正長汝無不能奉法也大傳惟作維伯作賦正作政者今文也胥者周禮天官敘官云胥十有二人徒百有二十人注云此民給繇役者是給繇役者有胥名賦者周禮大司馬云凡令賦以地與民制之上地食者三之二其民可用者家三人中地食者半其民可用者二家五人下地食者三之一其民可用者家二人是繇役亦賦也故漢書景帝紀詔曰省繇賦後漢書第五倫傳云倫後爲鄉嗇夫平繇賦皆繇賦連言即此胥賦也今文言于惟有繇賦之事小大多得中之政令也云什一而稅者公羊宣十五年傳云古者什一而稅藉古者曷爲什一而藉什一者天下之中正也多乎什一大桀小桀寡乎什一大貊小貊什一者天下之中正也什一行而頌聲作矣與大傳說同

爾罔不克臬【注】馬本臬作劓【疏】臬者廣雅釋詁云法也言汝無不能奉法謂奉正長供繇賦也馬作劓見釋文劓亦臬之借字

自作不和爾惟和哉爾室不睦爾惟和哉爾邑克明爾惟克勤

乃事爾尚不忌于凶德【注】尚一作上忌一作惎【疏】睦者說文云敬和也明與孟聲相近釋詁云勉也尚與上通言汝自作不和今惟和哉汝室有不和者亦惟和之汝邑中有能勉者汝惟能勤勸乃事則汝長上不忌嫉汝昔時之惡行矣說文云惎忌也周書曰上不惎于凶德今本上作爾尚按玉篇廣韻集韻引說文皆止作上字上與尚雖通當從古文說文忌作惎孔壁古文也亦則以穆穆在乃位克閱于乃邑謀介爾乃自時洛邑尚永力畋爾田天惟畀矜爾我有周惟其大介賚爾迪簡在王廷尚爾事有服在大僚【疏】穆穆者釋詁云敬也閱與說通詩傳云服也釋詁云介善也畀賚予也迪進也柬擇也服事也寮官也簡與柬通僚即寮俗字言上既不汝忌汝亦則以敬在位能服于乃邑謀善汝從遷之洛邑汝庶幾能永遠用力治汝田天惟予汝矜汝我周惟其大善錫予汝進擇汝在

王之廷加汝所事有事在大官也

王曰嗚呼多士爾不克勸忱我命爾亦則惟不克享凡民惟曰不享

疏 言汝不能勸勉信我之教令汝亦惟不能享天命汝之民亦不能享天命也江氏聲說以曲禮云五官致貢曰享注云貢功也享獻也致其歲終之功于王謂之獻故云致功曰享則謂汝不共王事凡民亦效汝不共也

爾乃惟逸惟頗大遠王命則惟爾多方探天之威我則致天之罰離逖爾土

注 鄭康成曰分離奪汝土也

疏 逸者漢書注臣瓚云放也頗者廣雅釋詁云衺也釋詁云探取也逷遠也逖同逷言汝乃惟放蕩頗邪大不近王命則惟汝多方取天威罰我則致天討離遠汝土謂放流之鄭注見書疏言分離奪汝土者論語云奪伯氏駢邑三百既放而離逖之則故土非其所有也

王曰我不惟多誥我惟祗告爾命又曰時惟爾初不克

敬于和則無我怨疏釋詁云祇敬也初始也言我不徒多誥我惟敬告汝以天命又言是惟始不能敬和故令遝居則無怨我也

多方第廿三終

立政第廿四　周書十五　尚書今古文注疏卷廿四

賜進士及第授通奉大夫山東督糧道加三級孫星衍撰

注 史遷說周之官政未次序於是周公作周官官別其宜作立政以便百姓百姓說 疏 史公說見魯世家云以便百姓者便猶辯也百姓百官也，見堯典疏

周公若曰拜手稽首告嗣天子王矣 疏 史記周本紀云周公行政七年成王長周公反政成王北面就羣臣之位魯世家云成王長能聽政於是周公乃還政於成王成王臨朝又云北面就臣位匔匔如畏然是說此經拜手稽首之義也 用咸戒于王曰王左右常伯 注 伯一作敀常任準人 注 準一作辟綴衣虎賁 疏 咸者

釋詁云皆也史說言周公就羣臣之位故與羣臣皆告戒於王常伯者文選藉田賦注引應劭漢官儀云侍中周成王常伯任侍中殿下稱制則常伯於漢爲侍中百官表侍中中常侍皆加官無員多至數十人得入禁中注應劭曰入侍天子故曰侍中古文苑載胡廣侍中箴云亦惟先正克慎左右常伯常任實爲政首據此則常任亦爲侍中之職準人江氏聲云即下文文武時之準夫所謂宅乃準也準者說文云平也从水又云灋平也平之如水莊子內篇人間世云平者水停之盛也其可以爲法也準字熹平石經作辟辟亦法也下文言勿誤于庶獄又稱司寇蘇公則準人即主治獄之官也綴衣不見於周官顧命云狄設黼扆綴衣則綴衣是主衣服之官楊雄雍州牧箴班固西都賦崔瑗北軍中侯箴皆作贅衣疑以綴衣名官是侍惟幄之臣後漢百官志內者令一人六百石本注曰掌中布張諸衣物疑即此官皆近臣也虎賁者周禮夏官之屬虎賁氏下大夫二人舍則守王閑王在國則守王宮亦近臣僞傳以常伯常任爲常所長事常所委任謂三公六卿非也伯說文作

故云迮也引周書曰常故常任此孔壁古文迮之訓蓋字詁非經義也王氏鳴盛以迮爲迫近之義或然準熹平石經作辟下闕葢作辟人謂法官也 周公曰嗚呼休兹知恤鮮哉【疏】釋詁云休美也恤憂也鮮罕也言美此近臣知憂者少也 古之人迪惟有夏乃有室大競籲俊尊上帝迪知忱恂于九德之行【疏】迪者釋詁云道也有室猶云有家謂卿大夫也競者釋言云彊也詩烈文云無競惟人傳云競彊箋云人君爲政無彊于得賢人者籲者說文云呼也俊者釋言云髦也忱者詩傳云誠也恂者釋詁云信也九德皋陶謨云亦行有九德言古之人有道者惟夏王時其臣室多賢其君招呼賢俊以尊事上帝以道知人誠信于九德之行畢氏以田云二迪字當訓爲遹迪卽由字由遹也亦語詞釋詁遹由皆訓自迪惟有夏猶云遹惟有夏也下迪知同 乃敢告厥后曰拜手稽首后矣曰宅乃事宅乃牧【注】鄭康成

曰殷之州牧曰伯虞夏及周曰牧宅乃準茲惟后矣謀面用丕訓德【注】謀面一作亂謀面則乃宅人茲乃三宅無義民【疏】宅者釋言云居也亦與度通事謂三事大夫詩十月之交擇三有事傳云有事國之三卿謀面者周書官人解有考言觀色訓與順通丕大也義既王氏念孫云邪民說文俄行頃也廣雅釋詁云俄衺也學記蛾子時術之郎蟻子也古字俄義同聲言既誠信所知之人有九德之行乃敢拜手稽首以告其君曰居乃職事之人居乃作牧之人居乃平法之人茲乃在我居后矣察其言觀其色用大順德之人乃以官居人此乃職事作牧平法之人皆無邪民矣鄭注見書疏云殷之州牧曰伯虞夏及周曰牧者曲禮云九州之長曰牧王制云千里之外設方伯八州八伯白虎通封公侯大篇云州伯何謂也伯長也唐虞謂之牧者曰尚質使大夫往來牧諸侯是也謀面熹平石經作亂謀面言臣治其謀猷君面用大訓德也桀德惟乃弗

作往任是惟暴德罔後疏任者韋昭注周語云職也暴說文云疾也罔無也桀之爲德惟乃弗爲往昔先王任人之道是惟暴虐爲德不顧其後亦越成湯陟丕釐上帝之耿命乃用三有宅克即宅曰三有俊克即俊嚴惟丕式克用三宅三俊其在商邑用協于厥邑其在四方用丕式見德疏越同粤釋詁云于也丕語詞陟同勑皋陶謨勑天之命史記作陟釐者詩箋云理也耿者說文引杜林說光也三宅江氏聲云事牧準也即者詩傳云就也三俊即三英詩羔裘云三英粲兮傳云三英之德也箋云三德剛克柔克正直也式者釋言云用也協者釋詁云和也言亦于成湯能勑理天之光命乃用事牧準三宅之官能就其所居之位言稱職舉三德之俊能就其俊德言不失實惟嚴以用人能用三宅三俊其在京邑以和于其邑其在四方以能用人見其德嗚呼其在受德暋注馬融

曰受德受所爲德也敔一作忞【疏】受德者周書克殷解云殷末孫受德孔晁注云紂字受德呂氏春秋當務篇云紂之同母三人長曰微子啓其次曰中衍其次曰受德受德乃紂也敔者釋詁云强也馬注見釋文以受德爲受所爲德者西伯戡黎序云弃告于受是紂亦單稱受上文言桀德則此受德亦可言受之德也敔說文作忞云彊也周書曰在受德忞讀若旻　惟羞刑暴德之人同于厥邦乃惟庶習逸德之人同于厥政【疏】羞者釋詁云進也暴者說文云疾也庶者釋詁云衆也習者釋詁云狎習也習亦爲狎逸者漢書韋賢傳注臣瓚曰放也言惟進用刑殺暴虐爲德之人與之治國乃惟衆狎習放蕩之人與之謀政也　帝欽罰之乃伻我有夏式商受命奄甸萬姓【疏】欽與厥通釋詁云與也伻與抨同釋詁云使也夏者說文云中國之人也式者釋言云用也奄者說文云大有餘也甸者詩傳云治也言天與罰紂罪乃使我有中國之

人用受商之大命大治萬民 亦越文王武王克知三有宅心灼見三有俊心 注 灼一作焯俊一作會 以敬事上帝立民長伯

疏 灼灼者廣雅釋訓云灼灼明也伯者釋詁云長也言亦之心以敬事上天立明長上灼說文作焯云明也引周書焯見三有俊心俊熹平石經作會今文與古文異也釋詁云會合也言明見三宅之合于心者始用之

立政任人準夫牧作三事虎賁綴衣趣馬小尹左右攜僕百司庶府大都小伯藝人表臣百司大史尹伯庶常吉士司徒司馬司空亞旅

疏 立政任人言文武立政以任人也準夫牧作三事卽上文宅乃事宅乃牧宅乃準之倒文三事見詩十月之交云三事大夫箋云三公此似總下衆官大小言之也虎賁綴衣見前疏孟子盡心篇趙注引書云虎賁贅衣趣

馬小尹趣馬見詩雲漢傳云歲凶年穀不登則趣馬不秣江氏聲云虎賁趣馬于周禮爲校人屬馬一十二匹立趣馬一人掌贊正良馬而齊其飲食小尹即圉師之類趣馬即下士馬一匹有圉師一人也左右攜僕蓋若周禮太僕射人也鄭注周禮射人云射人與僕人俱掌王之朝位也檀弓曰扶君卜人師扶右射人師扶左注云卜當爲僕聲之誤也僕人射人皆平生時贊正君服位者然則此文左右攜僕正當彼二官之職也王氏鳴盛云左右攜持器物之僕謂寺人內小臣等也百司庶府江氏云若曲禮云天子之六府曰司土司木司水司草司器司貨是也周禮則官名言司者尤多府則有太府玉府內府外府泉府天府之屬言百言庶皆凡括諸官之詞也王氏云百官有司之下主券契府藏之吏謂其下賤人非百官有司之身也江氏又云百司兩見者蓋內外臣之别與表臣百司表之言外是外百司也太都小伯者大都邑之小長謂公卿都邑之內大夫及邑宰之屬以身有道藝故云藝人太史者周禮太史下大夫二人掌建邦之六典所掌事重故特言其官名尹伯

長官大夫周禮每官皆有長若太史爲史官之長大司樂爲樂官之長如此類皆是也庶常吉士王氏云衆掌常事之善士蓋士爲長官者其大夫及士不爲長官者則前云百司也司徒司馬司空則周禮六卿之三也曲禮云天子之五官曰司徒司馬司空司士司寇鄭注以爲殷制然則殷紂時天子五官文武時爲諸侯降于天子故三官亞旅者亞次也謂其副貳官名異於周禮者蓋稱名之異非設官之名如月令之有太尉大酋緯書之舜爲太尉不必虞周有此官名也夷微盧烝三亳阪尹【注】鄭康成曰三亳者湯舊都之民服文王者分爲三邑其長居險故云阪尹蓋東成皋南轘轅西降谷也【疏】烝者釋詁云君也云此舉夷微盧以見彭濮等諸夷也鄭注見書疏三亳者見詩元鳥疏云湯舊都之民服文王者分爲三邑者亳爲湯都以其時商紂暴虐而服于文王以言三亳故知分爲三邑也云其長居險故曰阪尹者阪是山陂之

名尹是正長之稱既分亳為三邑自必各爲立長其長稱阪尹以居峻險處也云東成皋南轘轅西降谷者地理志云成皋故虎牢或曰制春秋左氏隱元年傳云制巖邑也則成皋險矣國策張儀曰塞轘轅緱氏之口即轘轅亦險水經穀水注云草澗水出新安縣東南流經毋邱興盛墓東又南經函谷關西關高險陝路出廛郭漢元鼎三年樓船將軍楊僕數有大功恥居關外請以家童七百人築塞徙關于新安即此處也然則新安之函谷亦險函降聲相近鄭氏所言降谷必是此也江氏聲云鄭氏以亳邑北臨大河故于其東西南三面推求而以成皋轘轅降谷當三亳阪險之處蓋者以無明文左證故也皇甫謐說三亳以蒙爲北亳穀熟爲南亳偃師爲西亳不可信也

文王惟克厥宅心【注】一無克字宅作度乃克

立茲常事司牧人以克俊有德文王罔攸兼于庶言【疏】常事司牧人最括上文之官任人以下至亞旅也以者說文云用也言文王惟能内度其心乃能立此常事司

牧人以能得俊有德者文王無所兼聽衆言言謂毀譽之言也漢書季布傳布曰陛下以一人譽召臣一人毀去臣臣恐天下有識者聞之有以窺陛下是庶言之不可兼聽也惟克厥宅心熹平石經作維厥度心宅與度經通用詩皇矣云帝度其心傳云心能制義曰度

庶獄庶慎惟有司之牧夫是訓用違庶獄庶慎文王罔敢知于茲【疏】訓與順通庶獄庶慎言諸獄事衆當慎之惟責成于有司及牧民之人是順是違凡諸獄事由衆慎之文王無敢與知于此法者天下之平君欲知之必有承望意旨以爲輕重者康誥云勿庸以即汝封又云未其有若汝封之心亦文王不敢與知之義也庶獄庶慎僞傳以爲衆刑獄衆所當慎之事非也下文稱蘇公式敬爾由獄又云茲式有慎故知慎即慎獄也

亦越武王率惟敉功不敢替厥義德率惟謀從容德以並受此丕丕基【注】此一作茲基一作其【疏】率與欥通語詞毛詩

作聿牧者鄭注周禮云安也功者詩傳云事也從者鄭注禮記云順也容者廣雅釋詁云寬也言亦于武王聿惟安其事不敢廢其義德聿惟謀順

嗚呼【注】一作於戲

文王寬容之德以並受此大業也

孺子王矣繼自今我其立政立事準人牧夫我其克灼知厥若丕乃俾亂相我受民和我庶獄庶慎【疏】若者釋詁云善也丕語詞亂者釋詁云治也言孺子今爲王矣繼自今我其立政當效法文武于立事準人牧夫之三宅我其能明知知其善乃使之治政以助我受民以和我諸獄衆慎之事嗚呼熹平石經作於戲

時則勿有間之【注】勿一作物**自一話一言我則末惟成德之彥以乂我受民**【疏】間者說文云隙也末者孔晁注周書云終彥者釋訓云美士爲彥話者釋詁云言也說文云會合善言也乂與艾通釋詁云相也言是既明知厥善則勿有間之者自一話一言我則終思成德之

美士以相助我受民也論衡用雩篇勿作物云周公爲成王陳立政之言曰時則物有間之自一語一言我則末維成德之彥以乂我受民周公立政可謂得矣知非常之物不賑不至故敕成王自一話一言政事無非毋敢變易然則非常之變無妄之氣間而至也水氣間堯旱氣間湯周宣以賢遭遇久旱政無細非旱猶有氣間之聖主知之不改政行轉穀賑贍損鄷濟耗斯見之審明所以救赴之者得宜也段氏玉裁云此今文尚書也詳仲任意於末字絕句末無也謂無非也不賑不至當作不賑不去謂去非常之災異也嗚呼予旦已受人之徽言注一作旦以前人之徽言咸告孺子王矣疏徽者詩傳云美也受人之徽言熹平石經作前人之徽言者漢書蓺文志云孔子没而微言絕文選注引論語崇爵讖曰子夏等六十四人共撰仲尼微言微與孅聲義相近孅言亦美言也繼自今文子文孫其勿誤于庶獄庶慎惟正是乂之疏正治獄之官周

書嘗麥解云王命大正正刑書言纘自今守文之子孫其勿誤于諸獄衆慎之事惟大正是治之獄者萬民之命故周公以立政告王獨於庶獄庶慎之事反復致戒篇中又呼司寇蘇公而告之仁厚之至也自古商人亦越我周文王立政立事牧夫準人則克宅之克由繹之茲乃俾乂國疏由者釋詁云用也繹與斁通說文云終也言自古商王亦于我周文王其立政也於立政牧夫準人之官則能居得其人能用終其事此乃使之治國也僞孔以國字屬下句非則罔有立政用憸人注馬融曰憸利佞人也不訓于德注一無于字是罔顯在厥世注在一作哉繼自今立政其勿以憸人注憸一作儉一作愢其惟吉士用勱相我國家注國一作邦疏憸者說文云詖也又有愢字云疢利也訓與順通顯者釋詁云

光也勱者說文云勉力也引周書曰用勱相我邦家言商周前人無有立政用譣佞之人者彼不順于德是無能光顯于世繼自今立政其勿用譣佞之人其惟善士用勉助我國家馬注見釋文云憸利佞人者郎說文㤜字疾利口之借義也勿以憸人釋文云憸又作㤜說文又作譣云問也引周書曰勿以譣人問者字義非經詁也蓋壁書假借之文訓于德是罔顯在厥世熹平石經作訓德是罔顯哉厥世

今文子文孫孺子王矣其勿誤于庶獄惟有司之牧夫**疏**言今守文之子孫乃惟孺子王矣其勿誤于庶獄惟有司之牧人慎擇而專任之

其克詰爾戎兵**注**馬融曰詰實也以陟禹之迹方行天下至于海表罔有不服以覲文王之耿光**注**耿一作鮮以揚武王之大烈嗚呼繼自今立政其惟克用常人**疏**詰者鄭注周禮云謹也陟者釋詁云陞也方與旁通說文

云溥也齊語云以方行於天下注云方當作橫覲者釋詁云見也耿者王逸注楚詞云明也烈者釋詁云業也常人皋陶謨曰彰厥有常吉哉言能謹汝戎兵以陟禹之迹溥行天下至于海外無有不服以見文王之明光以揚武王之大業繼自今立政其惟能用有常之人有常猶有恒也此言得人之效周之九服卽禹弼成之五服分爲九者故云禹迹馬注見釋文云詰實者實當爲責形相近字之誤也廣雅釋詁云詰責也

周公若曰太史司寇蘇公式敬爾由獄以長我王國茲式有慎以列用中罰

疏 式者釋詁云用也列者服問云等比也注云上附下附列也中者晉語云平也周公呼太史者以其記言記動嘉蘇公之慎獄平法欲使書之故先呼之也司寇蘇公者春秋左氏成十一年傳云昔周克商使諸侯撫封蘇忿生以溫爲司寇是忿生爲武王司寇也言司寇蘇公之法用敬汝用獄以長我王國之祚此用有慎以其等比用平罰也江氏聲說以周禮刑平國用中典

立政第廿四終

顧命第廿五上　周書十六　尚書今古文注疏卷廿五

賜進士及第授通奉大夫山東督糧道加三級孫星衍撰

注 史遷說成王將崩懼太子釗之不任乃命召公畢公率諸侯以相太子而立之成王旣崩二公率諸侯以太子釗見於先王廟申告以文王武王之所以爲王業之不易務在節儉毋多欲以篤信臨之作顧命馬融曰成王將崩顧念康王命召公畢公率諸侯輔相之鄭康成曰臨終出命故謂之顧命將去之意也迴首曰顧 疏 史公說見周本紀云二公者召公畢公也云見於先王廟者經文有云逆子釗于南門之外南門廟門又云諸侯出

廟門俟也云毋多欲者即經文所云冒貢非幾也馬注見釋文鄭注見史記集解及書疏云臨終出命者緇衣云葉公之顧命曰注云臨死遺書曰顧命云迴首曰顧者詩匪風箋同義

惟四月哉生魄【注】鄭康成曰此成王二十八年居攝六年爲年端魄一作霸【疏】漢書律歷志云三統成王元年正月乙巳朔此命伯禽俾侯于魯之歲也後三十年四月庚戌朔十五日甲子哉生霸故顧命曰惟四月哉生霸云云是謂成王即位三十年而崩也案成王在位年數史記無文劉歆說以哉生霸爲十五日亦不可信鄭注見書疏及詩烈文疏云此成王二十八年者竹書紀年云成王三十七年陟是以武王崩之明年爲成王元年統周公居東二年攝政七年凡九年故三十七年除此九年則爲二十八年與鄭合也竹書後出或即用鄭義云居攝六年爲年端者王氏鳴盛云詩疏引此注不全當讀其下云至此三十年文義乃備也知者鄭於康王之誥注云周公居攝六年制

禮樂至此三十年居攝終於七年加二十八年故三十年也鄭具言此者鄭注金縢據大戴禮武王崩成王年十歲二年喪畢年十三管蔡流言周公避居東二年感風雷迎公歸時成王年十五即居攝元年五年營成周六年制禮七年致政明年成王即政年二十二即政二十八年崩年四十五也案賈誼新書修政篇云周成王年二十歲即位享國親以身見於粥子之家而問焉與此推爲年二十二又不同

王不懌注馬融作不釋曰疾不解也一作不豫疏懌俗字詩傳云懌說詩靜女云說懌女美箋云說懌當作說釋是懌亦當从釆也馬注見釋文云疾不解者說文云釋解也歷律志引顧命曰王有疾不豫是今文作豫不豫見金縢疏

甲子王乃洮頮水注馬融曰洮洮髮也頮頮面也鄭康成讀洮爲濯說瀚衣成事頮一作沬一作頮疏洮頮歷律志引作洮沬案頮俗字當爲頮或沬見說文漢書禮樂志注晉灼曰沬古靧字

司馬遷傳集注云頮古沬字實則頮靧皆頮別字也馬注見釋文云洮洮髮者一切經音義七引通俗文淅米謂之洮汰爾雅釋文引釋訓注洮猶淅也玉藻云日五盥沐稷而靧粱洮是淅米或當爲沐稷故以洮髮爲說也頮類面者說文云沬酒面也又作頮云古文沬从頁鄭注見吳志虞翻傳注以洮爲濯者周禮守祧注古文祧爲濯是兆與翟可通用也云澣衣成事者王旣病困欲顧命羣臣恐有不絜又不便更衣澣濯其汙大被冕服以成事耳虞翻駁之旣非或疑鄭以濯釋洮頮二字尤失之矣段氏玉裁疑說文古文作頮以今本作頮爲誤字

相被冕服憑玉几注鄭康成曰相者正王服位之臣爲太僕冕元冕憑一作凭疏相謂大保芮伯畢公等也周禮司几筵注鄭司農云書顧命曰成王將崩命大保芮伯畢公等被冕服憑玉几是先鄭以相爲大保等也此或今文說與後鄭異憑當作馮俗又加心卽凭假借字說文云凭依几也从任几周書曰凭玉几讀若馮鄭注見書疏云相者正王服

位之臣謂大僕者周禮夏官太僕職云掌正王之服位又檀弓云扶君卜人師扶右注云謂君疾時也卜當爲僕聲之誤也僕人射人皆平生時贊正君服位者故以此相爲相導之相爲太僕也云冕元冕者周禮司服職冕服有六元冕爲下皆祭服也覲禮云天子衮冕者以受諸侯朝覲于廟中故服冕服之尊者比尋常視朝當加一等則是元冕矣中論法象篇云顛沛而不亂者成王其人也將崩體被冕服然後發顧命是說此經之義也

乃同大保奭芮伯彤伯畢公衛侯毛公師氏虎臣百尹御事【注】鄭康成曰公兼官以六卿爲正次芮伯入爲宗伯畢公入爲司馬【疏】同謂同召羣臣受顧命也大保奭卽召公論衡氣壽篇云武王九十三而崩周公武王之弟也兄弟相差不過十年武王崩周公居攝七年復政退老出入百歲矣召公周公之兄也至康王之時尚爲太保出入百有餘歲矣芮伯者詩桑柔序云芮伯畿內諸侯王卿士當卽此芮伯子

孫形伯未有見路史國名紀五云形伯爵成王子唐韻作形云成王支庶書疏引王肅云姒姓之國肅蓋據夏本紀禹後有形城氏言之未必是此形伯也畢公衛侯毛公者鄭注周禮大宰職云都鄙公卿大夫之采邑王子弟所食邑周名毛聃畢原之屬在畿內者則畢毛皆畿內諸侯也春秋左氏僖廿四年傳云管祭郕霍魯衛毛聃郜雍曹滕畢原酆郇文之昭也則畢毛衛皆文王子也師氏見周禮地官有師氏中大夫一人其職云掌以媺詔王是也虎臣即虎賁氏周禮夏官有虎賁氏下大夫二人其職云舍則守王閑王在國則守王宮國有大故則守王門大喪亦如之百尹御事者釋言云尹正也謂衆正之官主事者古今人表第三等有芮伯師伯毛公師氏龍臣師古曰師伯尚書作形伯龍臣尚書作武臣師伯龍臣當是今文尚書也唐人諱虎爲武然則班氏以師氏龍臣爲人名非官名也鄭注見詩淇澳序疏及桑柔疏云公兼官以六卿爲正次者六卿分職法天地四時自虞夏至周皆同此將傳顧命所名六人自是六卿也名公稱太保畢毛稱公自是三公大傳天子

三公司徒公司馬公司空公鄭注云周禮天子六卿與太宰司徒同職者謂之司徒公與宗伯司馬同職者謂之司馬公與司寇司空同職者謂之司空公一公兼二卿舉下以爲稱鄭注君奭序苔趙商問皆謂三公兼師保則得師保之稱今此經六人中有三人爲三公自是以三公兼六卿者故云公兼官而又云以六卿爲正次者三公之次首太師次太傅次太保今乃以太保居首自是依周禮天官冢宰地官司徒春官宗伯夏官司馬秋官司寇冬官司空之次不依王公之次且康叔爲司寇卽此衛侯適居第五司寇之次故云以六卿爲正次也蓋三公官不備有其人則設無則闕惟六卿爲實職故坐而論道之時則首太師次太傅次太保及作而行之之時不妨太保居首太師太傅反居其後然則名公以冢宰兼太保畢毛二人未知誰爲師誰爲傅也太保旣是冢宰以次則芮伯是司徒當若僞傳所說卽鄭亦自言以六卿爲次今乃以芮伯入爲宗伯鄭必別有據也云入者蓋衛是畿外諸侯名芮彤畢毛亦俱是畿內諸侯而皆爲王朝公卿故言入淇澳詩序衛武公入相

于周國語鄭桓公爲周司徒左傳鄭武莊公爲平王卿士自古有此制也　王曰嗚呼疾大漸惟幾病日臻既彌留恐不獲誓言嗣茲予審訓命汝疏漸者列子力命篇云季梁得疾七日大漸殷敬順釋文云漸劇也案劇卽劇字釋詁云幾危也臻至也病者說文云疾加也彌者釋言云終也說文正作镾誓者釋言云謹也審者說文云詳審議也審亦爲詳王自歎疾大劇惟危病至日加既命當終而淹留之　昔君文王際恐不得謹告于後嗣此予詳訓教令汝

武王宣重光注馬融曰重光日月星也大極上元十一月朔旦冬至日月如疊璧五星如連珠故曰重光疏宣者詩淇澳釋文引韓詩云顯也重光者易離卦彖詞云日月麗乎天又曰重明以麗乎中正乃化成天下言文武化成之德比于日月也又文王武王時有此瑞應也周禮大宗伯疏引元命包云文王之時五星以聚房也御

覽三百卅九引桓譚新論云二年甲子日日月若連璧五星若連珠昧爽武王至于商郊牧野是其事也馬注見釋文云日月星者是謂日月及金木水火土五星也云大極上元十一月朔旦冬至云云者律歷志云淳于陵渠復覆太初歷晦朔弦望皆最密日月如合璧五星如聯珠注孟康云謂太初上元甲子夜半朔旦冬至時七曜皆會斗牽牛分度夜盡如合璧聯珠也案大極郎大初此所謂歷元也劉昭注續漢律歷志引韓子曰四千五百六十歲爲一元周髀算經云陰陽之數日月之法十九歲爲一章四章爲一蔀蔀七十六歲二十蔀爲一遂遂千五百二十歲三遂爲一首首四千五百六十歲七首爲一極極三萬一千九百二十歲生數皆終萬物復始天以更元作紀歷馬注殆謂此也

奠麗陳教則肄肄不違用克達殷集大命【注】達一作通集一作就【疏】奠麗者奠定見禹貢疏麗者詩傳云數也說文作瞰周語伶州鳩曰昔武王伐殷歲在鶉火月在天駟日在析木之津辰在斗柄星在天黿星與日辰之

位皆在北維又云王欲合是五位三所而用之又云王以黃鐘之下宮布戎于牧之野故謂之厲所以厲六師是以日月星定七律之數也故云莫麗陳教則肆者言布陳教民習兵卽所謂布戎厲六師也顏氏家訓書證篇引太公六韜有天陳地陳人陳靈鳥之陳是陳爲戰陳也肆者說文云習也正作肄漢書義縱傳注李奇曰閱也霍光傳云光出都肄郎注孟康曰肄習也師古曰謂總閱試習武備也達者鄭注考工記云猶至也言文武旣有日月重光之瑞定律歷之數列陳以教民習武伐商習之者不違教令前歌後舞用能至商以就大命也熹平石經作通殷就大命達作通者說文云達通也集作就者詩傳文

在後之侗**注**馬融作詷曰共也後一作夏后敬迓天威嗣守文武大訓無敢昏逾**疏**說文云詷共也周書曰在夏后之詷則此經文脫夏字後當作后也夏者說文云中國之人也后者說文云繼體君也言在中夏皆後君之共職也徐鉉本說文及玉海藝文志考引俱作夏后徐鍇本

及韻會舉要引在后之詷誤也逆當爲訝釋詁云迎也昏與泯通逾者說文云逾進也引此文是爲越也言敬迎天之威命繼守文武大教無敢泯弃逾越者馬注見釋文云詷共者祭統云設同几注云同之言詷是詷卽同與說文訓共義通也今本作侗假借字

今天降疾殆弗興弗悟爾尚明時朕言用敬保元子釗宏濟于艱難

疏 殆者釋詁云危也興者釋言云起也悟與寤通詩傳云覺也覺猶知方言云知愈也尚者釋言云庶幾尚也明與孟聲相近釋詁云勉也宏大艱難皆釋詁文濟者釋言云成也言今天下危疾弗起弗愈汝庶幾勉我所言以敬安長子釗大成于艱難也

柔遠能邇安勸小大庶邦思夫人自亂于威儀爾無以釗冒貢于非幾

注 馬融貢作贛曰陷也冒一作勖

疏 柔遠能邇而通而如也勸者廣雅釋詁云教也夫者鄭注曲禮云丈夫亂者釋詁云治也威者廣雅釋詁云則也冒者

春秋左氏文十八年傳云冒於貨賄注冒亦貪也貢者廣雅釋言云獻也幾與機通淮南主術訓云治亂之機高誘注云機理言當安遠如邇安教小大衆國思丈夫人人當自治于儀則汝衆國無以釗爲貪而進奉以非法之財賄僞傳以冒貢于非幾爲冒進于非危之事江氏王氏俱無駁今不從之者史記云申告以文王武王之所以爲王業之不易務在節儉毋多欲以篤信臨之此篇惟冒貢非幾爲多欲之義釋文冒一音墨是古說亦有以爲貪墨之義者知史公郎解此文蓋孔安國古文說也馬注見釋文云冒馬鄭作勖貢馬注作贛王氏鳴盛云勖借勖爲冒也贛爲陷者贛从竷省聲贛讀若坎坎之義爲陷凡人爲惡或進而冒觸或退而墜陷故兼言勖贛也江氏聲云說文陷或作䃔則贛舀同聲故云贛陷也

茲既受命還【注】既一作郎**出綴衣于庭**【注】鄭康成曰連綴小斂大斂之衣于庭中【疏】茲既受命還謂羣臣既受顧命而還退也鄭注見周禮幕人疏云連綴大斂小斂之衣者喪大

記小斂衣十九稱大斂君陳衣于庭百稱故鄭以出綴衣爲陳衣也江氏聲以爲鄭君所云豫凶事王氏鳴盛辨之云王制云六十歲制七十時制八十日制九十日修惟絞紟衾冒死而後制疏云歲制謂棺也不易成故歲制時制一時可辨是衣物難得者月制一月可辨衣物易得者日修棺衣皆畢但日修理之此皆謂大夫以下人君卽位爲椑不待六十成王崩年四十九喪具固宜早辨況疾已危殆斂衣尤不可緩故鄭爲此說也

越翼日乙丑【注】翼一作翌王崩【注】馬融本作成王崩曰安民立政曰成【疏】翼與翌通說文昱明日也律歷志引作成王崩白虎通崩薨篇云書曰成王崩天子稱崩何別尊卑異生死也周禮司几筵及天府注鄭司農皆引此作成王崩是今文古文本有成字作僞傳者刪之也成王蓋生有是稱死而因以爲謚也馬云安民立政曰成者周書謚法解文

太保命仲桓南宮毛俾爰齊侯呂伋以二干

戈虎賁百人逆子釗于南門之外【疏】太保即上保奭仲桓南宮毛古今人表第三等有中桓南宮髦當是今文春秋左氏昭廿三年傳有南宮極注云周卿士廿四年傳有南宮嚚注云極之子疑即毛後則世爲卿士也俾者釋詁云使也爰者釋文云引也呂伋者齊世家云太公卒子丁公呂伋立說文云齊太公子伋諡曰玎公春秋左氏昭十二年傳楚靈王曰昔我先王熊繹與呂級王孫牟燮父禽父並事康王釋文云級本亦作伋虎賁氏周禮夏官有虎賁氏下大夫二人虎士八百人注云不言徒曰虎士則虎士徒之選有勇力者又夏官有旅賁氏中士二人其職云喪紀則執戈盾則此言二干戈蓋桓與毛所執即旅賁氏之官也虎賁百人蓋呂伋從八百人中選用百人也周禮虎賁氏之職大喪守王門虎賁氏秩僅下大夫而齊侯伋爲之者蓋以列侯兼領此職備非常也逆者說文云迎也關東曰逆關西曰迎南門者廟門史記所云二公率諸侯以太子釗見於先王廟是也僞傳云南門路寢門又云臣子皆侍左右將正太子之尊故出于

路門外更就逆門外所以殊之江氏聲駁之以爲子釗
以王未疾時奉使而出王之寢疾不過旬日不及召太
子以南門爲外朝之皐門似不如史公廟門之說爲長
也玉藻疏引左氏舊說及賈逵盧植蔡邕服虔等皆以
祖廟與明
堂爲一　延入翼室恤宅宗【注】翼一作翌宅一作度【疏】
延者釋詁云進也翼者詩箋云在旁曰翼釋名云夾室
在堂兩頭故曰夾也翼室者左路寢也說苑修文篇云
諸侯正寢三一曰高寢二曰左路寢三曰右路寢高寢
者始封君之寢也二路寢者繼體君之寢也又云然則
天子之寢柰何曰亦三承明繼體守文之君之寢曰左
右之路寢謂之承明何曰承乎明堂之後者也則翼室
郎左路寢也恤者釋詁云憂也宅宗者後漢書班固傳
典引云正位宗度注云尚書曰延入翼室恤度宗度居
也宗尊也江氏聲云宗者白虎通宗族篇云宗尊也爲
先祖主也是宗猶主也憂居爲喪主翼一作翌後漢書
袁紹傳注引此文宅一作度見後漢書班固傳
注此本蔡邕典引注李賢襲之今文宅爲度也　丁卯命

作冊度**疏**命作冊者以書成王命詞也下文太史秉書由賓階隮御王冊命卽此冊也度者說文云法制也葢謂喪儀

顧命第廿五上終

尚書今古文注疏卷廿五

顧命第廿五下　周書十六

賜進士及第授通奉大夫山東督糧道加三級孫星衍撰

越七日癸酉伯相命士須材注鄭康成曰癸酉蓋大斂之明日也狄設黼扆綴衣注扆一作衣牖間南嚮敷重篾席注敷一作布篾一作蔑黼純華玉仍几注鄭康成曰華玉五色玉也馬融曰篾纖蒻鄭康成曰不用生時席新鬼神之事也篾析竹之次青者疏越七日癸酉者鄭注見書疏云癸酉蓋大斂之明日者曲禮云生與來日死與往日注云與猶數也生數來日謂成服杖以死明日數也死數往日謂殯斂以死日數也此士禮貶于大夫者大夫以上皆以來日數王制云天子七日而殯計王以乙丑崩

辛未爲七日壬申爲八日癸酉爲大斂之明日然則成王以王申大斂矣伯相者召公以西伯入相初時與周公爲二伯周公既歿畢公代之下文太保率西方諸侯畢公率東方諸侯是也須者易歸妹虞注云需也材者椁材也檀弓云天子崩虞人致百祀之木可以爲棺椁者斬之疏云百祀者王畿內諸臣采地之祀檀弓又云既殯旬而布材此則殯之明日即命士須材者天子七日而殯與諸侯以下不同久之欲其乾腊也狄者祭統云翟者樂吏之賤者也喪大記云狄人設階狄與翟通黼扆者釋器云斧謂之黼郭注云黼文畫斧形因名云周禮司几筵職云王位設黼依考工記云白與黑謂之黼扆者說文云戶牖之間謂之扆謂一戶兩牖之間也明堂位云天子負斧依南鄉而立注云斧依爲斧文屏風於戶牖之間扆依通字綴衣葢即中庸所云設其裳衣史公何氏休俱以此爲在宗廟也傳云幄帳無文以証之牖者說文云穿壁以木爲交窗也大戴盛德篇說明堂之制一室而有四戶八牖則是每室皆有二牖夾戶故云設黼扆牖間謂二牖之間正當北戶以屏風也

諸家說戶牖之間以爲一戶一牖之間失之鄉當爲鄉
俗加向周禮司几筵注鄭司農引此作鄉敷者說文引
作布是義爲布也蔑俗从竹當爲蔑即篇假音字說文
云筡也筡析竹筤也筤竹膚也筤與蔑聲亦相近馬注
見釋文云纖蒻者蒻當爲蒻說文蒻蒲本可以爲平席
纖蒻其細者鄭注見禮器疏及書疏云不用生時席新
鬼神之事者周禮司几筵職云王位設黼依依前南鄉
設莞筵紛純加繅席畫純加次席黼純是王生存時牖
間之位設三重席席有異物異純不用篾席今一則重席
惟用篾席黼純上下不異是不用生時席也舉一反三
則下文三席皆非生時席可知此鄭義也云篾析竹之
次青者竹之外皮爲青故竹簡有殺青之說青之內爲
竹膚即次青也說文以筤爲竹膚筤篾聲之緩急義則
一也黼扆熹平石經作黼依蔑說文作莧引周書曰布
重莧席云莧席纖蒻席也讀與蔑同黼純者釋器云緣
謂之純其色白與黑也華玉鄭注見書疏玉五色玉者
說文云璓玉英華相帶如瑟弦瑧玉英華羅列秩秩是
所謂華玉也仍者釋詁云因也仍几者周禮司几筵云

凡吉事變几凶事仍几注鄭司農云變几變更其質謂有飾仍因也因其質謂無飾也引此文西序東嚮注鄭康成曰此旦夕聽事之坐敷重厎席注馬融曰厎青蒲也鄭康成曰厎致也篾纖致席也綴純文貝仍几疏序者釋宮云東西牆謂之序西序東嚮鄭注見書疏云此旦夕聽事之坐鄭王亦以爲然知是鄭注諸家脫之疏云牖間是見羣臣覲諸侯之坐見于周禮東序西嚮養國老饗羣臣之坐者燕禮云坐于阼階上西嚮則養國老及饗與燕禮同其西序之坐在燕饗坐前以其旦夕聽事重于燕飲故西序爲旦夕聽事之坐厎席馬注見釋文云青蒲者玉篇有蓎引此文云孔安國曰蒻平也本作厎書疏云禮注謂蒲席爲蒻平考間傳鄭注云芐今之蒲平也釋名云蒲平以蒲作之其體平也今本釋名芐誤草說文云蒻蒲子可以爲平席也御覽引說文下有云世謂蒲平即馬氏所云青蒲席也說文厎同祇馬氏以其名厎義爲平故以爲蒲平也鄭

注見書疏云厎致者釋詁文致同緻說文云密也云篾纖致席者與馬以爲蒲席義異葢以上文篾席析竹次青此厎席當亦以竹爲之名曰厎者加細致也綴純者江氏聲云以此上下文與周禮參之則綴純者其繢純周禮司几筵有莞繅次蒲熊五席又有葦席萑席凡七席而純則惟紛畫黼繢四者此經上下文有黼純畫純紛純與綴純而四則綴純當司几筵之繢純矣案大戴盛德篇云赤綴戶也盧氏注云綴飾也以爲畫飾則與繢同江氏說是也文貝者釋魚說貝之種類有十有云餘蚳黃白文餘泉白黃文又陸璣疏有紫貝白質如玉紫點爲文皆貝之文者也

東序西嚮敷重豐席畫純【注】鄭康成曰豐席刮涷竹席畫純以雲氣畫之爲緣**彫玉仍几**【疏】東序西嚮者文王世子云始之養也適東序釋奠于先老遂設三老五更之席位焉特牲云視命徹胙俎豆籩設于東序下注云胙俎主人之俎設于東序下將私燕也是東序爲養國老燕羣臣之坐也豐席畫純鄭注見書疏云刮

湅竹席者湅今本誤作凍說文刷刮也湅灡也廣雅釋詁云灡洒也蓋以竹爲席加之洒刷也易豐卦六二云豐其蔀鄭注云菩小席馬融曰蔀小也疑菩當爲箬字隸書艸竹通用故鄭知竹席也云畫純以雲氣者鄭注三禮凡言畫者輒以雲氣爲說鄉射記凡畫者丹質喪大記畫荒注云皆爲畫雲氣彫玉者釋器云玉謂之彫又曰彫謂之琢

西夾南嚮敷重筍席注馬融曰筍箬箬鄭康成曰筍析竹青皮也禮記曰如竹箭之有筠元紛純注鄭康成曰以元組爲之緣漆仍几疏西夾者卽九室之右个西南西北皆有个此蓋在西南筍席馬注見釋文云箬箬者說文云箬竹箬也箬楚謂竹皮曰箬是馬以爲竹皮也鄭注見禮器疏云筍析竹青皮者筍俗作筠字今禮器亦作筠鄭所見本當借筍字爲之筍者說文云竹胎也元紛純鄭注見書疏云元組者鄭注司几筵云紛如綬說文云組綬屬則綬亦可言組也漆說文作桼云木汁可以髤物象

形桼如水滴而下此借用水名漆字也越玉五重【注】馬融曰越玉越地所獻玉也【疏】越玉馬注見釋文云越地所獻玉未詳僞傳讀越爲于陳寶【注】鄭康成曰陳寶者方有大事以華國也寶一作宲赤刀大訓宏璧琬琰在西序【注】鄭康成曰赤刀者武王誅紂時刀赤爲飾周正色也大訓者謂禮法先王德教虞書典謨是也宏大也琬琰皆度尺二寸者【疏】陳寶鄭注見書疏云大事者謂將有朝諸侯之事周禮天府職云凡國之玉鎮大寶器藏焉若有大祭大喪則出而陳之寶說文作宲引周書曰陳宲赤刀赤刀已下鄭注見周禮天府疏及書疏云誅紂時刀者周書克殷解云商辛既自燔于火武王擊之以輕呂斬之以黃鉞史記周本紀云以輕劍擊之則武王誅紂以劍非刀也鄭或別有所本檀弓云周人尚赤是赤爲

周正色也云大訓謂禮法先王德教虞書典謨是者說文云典五帝之書也从冊在丌上尊閣之也云宏大釋詁文云大璧琬琰皆度尺二寸者考工記玉人職云大琮尺有二寸宗后守之則王所世守之大璧自必亦尺二寸琬圭琰圭玉人職皆九寸彼是王使之瑞節此是宗器或較大也　大玉夷玉注大玉

夷玉一作顓頊天球注馬融曰夷玉東夷之美玉球玉

磬鄭康成曰大玉華山之球也夷玉東北之珣玗琪也

天球雍州所貢之玉色如天者皆璞未見琢治故不以

禮器名之河圖注鄭康成曰河圖圖出于河帝王聖者

之所受一有雒書二字在東序注序一作杼疏大玉鄭注見書

疏云大玉華山之球者禹貢雍州貢球琳琅玕不云出

于華山釋地云西南之美者有華山之金石焉不云出

玉鄭說未詳也夷玉天球馬注見釋文云夷玉東夷之
美玉者說與鄭同云球玉磬者說文球玉聲也或作璆
聲字疑當爲磬皐陶謨云鳴球也鄭注見書疏云華山
之珣玗琪者釋地云東方之美者有醫無閭之珣玗琪
焉鄭言東北[illegible]周禮職方氏云東北曰幽州其山曰醫
無閭是可以[illegible]東北也說文云珣醫無閭之珣玗琪周
書所謂夷玉也是許鄭馬同義云天球雍州所貢之玉
色如天者蓋即蒼璧亦未詳云皆璞未見琢治者老子
云樸散則爲器王注云樸者眞也案樸字俗从玉爾雅
釋文云璞字又作樸云故不以禮器名之者上文言璧
言琬琰此無器名故知未琢治也云河圖圖出于河帝
王聖者之所受者漢書五行志云劉歆以爲伏羲氏繼
天而王受河圖則而畫之八卦是也鄭不以河圖爲八
卦云帝王聖者之所受者禮運疏引中候握河紀云堯
時受河圖龍銜赤文綠色廣博物志十四引尸子曰禹
理鴻水觀于河見白面長人魚身出曰吾河精也授禹
河圖而還于淵中是不獨伏羲受之也江氏聲說以墨
子非攻篇云天命文王伐殷有國泰顛來賓河出錄圖

宋書符瑞志云周公旦攝政七年與成王觀于河洮璧
禮畢榮光出河青龍臨壇元甲之圖坐之而去周公援
筆寫之則周家世授河圖宜爲祕寶也班固典引云御
東序之祕寶以流其占蔡邕注曰東序牆也尚書曰顧
項河圖雒書在東序流演也河圖雒書皆存亡之事尚
覽之以演禍福之驗也案蔡氏所引葢今文尚書也序
作杼者文選王儉褚淵碑文餐東杼之祕寶李奇注云
雒書天准聽曰天球河圖在東杼天球寶器也河圖本
紀圖帝王終始存亡之期典引曰御東序之祕寶然野
當爲杼古序字也案尚書大傳天子賁庸諸侯疏杼注
云杼亦牆也是今文尚書序作杼假借字也是大玉
夷玉一作顓頊河圖一作河圖雒書蔡邕今文也

允之舞衣大貝鼖鼓在西房兌之戈和之弓垂之竹矢在東房

注 鄭康成曰允也兌也和也垂也皆古人造此物者之名大貝者書傳曰散宜生之江淮之浦取大貝如

車渠是也鼖鼓大鼓也此鼖非考工記鼖鼓長八尺者若是周物何須獨寶守明前代之物與周鼖鼓同名耳

【疏】允者疑即允征之允鄭注書序云允臣名垂疑即舜其工大貝者殷傳云西伯既戡耆紂囚之牖里散宜生遂之犬戎氏取美馬駮身朱鬛雞目者之西海之濱取白狐青翰之於陸氏取怪獸大不辟虎狼尾倍其身名曰虞之有參氏取美女之江淮之浦取大貝大如車渠陳于紂之庭紂出見之還而觀之遂遣西伯伐崇是其事也貝大如車渠者考工記注鄭司農云渠謂車輮則車渠謂車輪也大貝既入于紂又爲周祕寶者武王克殷仍得之是文王所以免難使子孫守之無忘憂患也房者說文云室在傍也夾室蓋左右个則房即東西室之在明堂大室兩傍者玉藻疏云太廟路寢既如明堂則路寢之制上有五室不得有房而顧命有東房西房鄭荅趙商云成王崩時在西都文王遷豐鎬作靈臺辟雍而已其餘猶諸侯制度焉故知此喪禮設衣物有

夾有房也周公攝政制禮作樂乃立明堂於王城案鄭氏此說亦未然古者明堂靈臺辟雍同處靈臺則明堂臺門辟雍則明堂宮垣外四周之水文王旣作靈臺辟雍卽有明堂矣鄭注見周禮天府疏云鼖鼓長八尺者釋樂云大鼓謂之鼖考工記云韗人爲皐陶鼓長八尺鼓四尺中圍加三之一謂之鼖鼓周禮大司馬云諸侯執賁鼓則賁鼓或作賁也大輅在賓階面注鄭康成曰大輅玉輅輅一作路贅輅在阼階面注鄭康成曰贅次次在玉路後謂玉路之貳也先輅在左塾之前注鄭康成曰先路象路門側之堂謂之塾謂在路門內之西北面與玉路相對也次輅在右塾之前注馬融曰不陳戎路者兵車非常故不陳之鄭康成曰象路之貳與玉路之貳相對在門

內之東北面不陳金輅革輅木輅者主於朝祀而已【疏】塾者禮運疏引白虎通云所以必有塾何欲以飾門因取其名也明臣下當見於君必先熟思其事也大路等鄭注見周禮與路疏云大路玉路者大戴禮朝事篇云乘大路建大常十有二旒樊纓十有再就周禮巾車職云王之五路一曰玉路錫樊纓十有再就建大常十有二旂合証二文大路即玉路也鄭又以贊爲次謂是玉路之貳者巾車于玉路貳車無文大戴禮朝事篇云天子乘大路貳車十有二乘是大路有貳也云先路象路者周禮巾車職王之五路無先路之名其名惟見于此及郊特牲鄭于郊特牲無解而以此爲象路者巾車職云象路以朝此經將有受朝之事當陳象路茲凡四路大路既是玉路贊次又皆是副貳之名故推先路以爲象路但巾車職言象路朱樊纓七就而郊特牲言先路三就不同者蓋郊特牲言大路繁纓一就亦與巾車職玉路十有再就不同彼文所言殷制尚質故也云門側之堂謂之塾者釋宮文考工記匠人有門堂注云門堂

門側之堂引釋宮文以證即此塾矣塾俗字當爲孰隸字譌羊爲土或以埻字當之恐未是鄭又以次路爲象路之貳者次者說文云不前也對先而言則爲副貳之名云不陳金輅革輅木輅者主于朝祀者見書疏金字今本誤作象巾車職王之五路玉路以祀金路以賓象路以朝革路以即戎木路以田玆大路是玉路贅路爲其貳先路是象路次路爲其貳則此四路止五路之二未有金輅革輅木輅蓋此時將祭奠于廟而傳顧命故陳玉路又將受諸侯朝故陳象路是以鄭云主于朝祀而已周禮大宗伯職朝于五禮屬賓禮時諸侯受朝則金路以賓亦宜陳之蓋此時喪中受朝不迎賓無所用金路也書疏引鄭注云綴次是從後之言二者皆爲副貳之車先輅是金輅也綴輅是玉輅之貳次輅是金輅之貳二金輅疑是象輅之誤輅作路者見周禮巾車明堂位禮器郊特牲注所引

二人雀弁執惠注鄭康成曰赤黑曰雀言如爵頭色也雀弁制如冕黑色但無藻耳惠狀蓋斜刃

宜芟刈立于畢門之內四人綦弁【注】馬融曰騏青黑色鄭康成曰青黑曰騏詩曰我馬維騏綦一作騏執戈上刃【注】鄭康成曰戈卽今之鉤戈戟夾兩階戺【疏】雀弁者白虎通紼冕篇云士冠經曰周弁殷冔夏收爵何以知指謂其色周之冠色所以爵何爲周尚赤所以不純赤但如爵頭何以本制冠者法天天色元者不失其質鄭注見書疏云赤黑曰雀言如爵頭色者鄭注士冠禮云雀弁者冕之次其色赤而微黑如雀頭然是也云制如冕黑色但無藻者周禮弁師王之五冕皆元冕朱裏延紐五采藻十有二就皆五采玉十有二玉笄朱紘注云延冕之覆在上是以名焉紐小鼻在武上笄所貫也又云諸公之藻旒九就又云諸侯及孤卿大夫之冕各以其等爲之注云侯伯藻七就子男藻五就孤藻四就三命之卿藻三就再命之大夫藻再就是冕皆有藻也雀弁之制延紐笄紘皆與冕同惟無藻爲異耳然則冕而無藻卽與

雀弁無異而鄭注弁師又云一命之大夫冕而無旒士變冕爲雀弁則似無藻之冕仍與雀弁不同者賈氏士冠禮疏云冕者俛也低前一寸二分故得冕稱雀弁則無前低後高之制故不得冕名說文云弁冕也冕大夫以上冠也云惠狀云云未詳畢門者鄭司農注周禮閽人及朝士皆云路門一曰畢門是也綦當作綥說文帛蒼艾色新修增綦字即綥別體也綦弁馬注見釋文鄭注見詩出其東門疏及書疏云青黑曰騏且引詩者說文云騏馬青驪文如博棊也驪是黑色故鄭云謂騏弁色如馬騏文也所引詩皇皇者華文詩鳴鳩云其弁伊騏傳云騏騏文與鄭義同而詩箋乃云騏當作璂以玉爲之于此又不破騏爲璂者鄭注周禮弁師云韋弁皮弁侯伯璂飾七子男璂飾五孤則璂飾四三命之卿璂飾三再命之大夫璂飾二又云士變冕爲爵弁其韋弁皮弁之會無結飾然則鄭氏之意以大夫以上之弁皆有璂飾士弁則無有彼詩所稱淑人君子是謂諸侯此四人是士其弁不得爲璂飾故以騏爲青黑色也知此四人是士者葢士無位于堂下又弁皆冕而立于堂廉

之上自是大夫此四人立于堂下又弁而不冕與上文
二人爵弁立于畢門內者皆士也云戈即今之句孑戟
者漢時名戈爲句孑戟鄭舉當時之名以況便于曉人
也鄭注周禮序官司戈盾亦云戈今時句孑戟戺者廣
雅釋室云戺砌也說文云戺古文
戺从戶菨堂砌如人之兩頤也一人冕執劉立于東
堂一人冕執鉞立于西堂注鄭康成曰劉蓋今鑱斧鉞
大斧序內半以前曰堂疏劉字說文所無而鎦劉以爲
聲或鎦重文脫之鄭注見書
疏云劉今鑱斧者說文云鑱銳也斧之尖銳者其形未
詳云鉞大斧者說文戉字解也詩公劉疏引太公六韜
云大阿斧重八斤一名大戉則戉大于斧也云序內半
以前曰堂者釋宮云堂東西牆謂之序然則序內皆爲
堂云半已前者對
半以後爲房室也一人冕執戣立于東垂一人冕執瞿
立于西垂注鄭康成曰戣瞿蓋今三鋒矛疏戣者說文
云周制侍

臣執戣兵也垂者釋詁云疆界邊衛圉垂也則垂是邊
荅堂下之邊也鄭注見書疏云戣瞿葢今三鋒矛者詩
小戎云厹矛鋈錞傳云厹三
隅矛也鋒即隅謂三稜也

一人冕執銳立于側階

【注】鄭康成曰銳矛屬凡此七兵或施矜或著柄周禮戈長六尺其餘未聞長短之數側階東下階也銳一作鈗

【疏】銳譌字也當从說文作鈗云侍臣所執兵也周書曰一
人冕執鈗讀若允鄭注見書疏云銳矛屬者案說文編
字以類相从金部鋋下鈗鈗下鈋鈋下鏦鏦下錟云鏦
小矛也鈋短矛也鏦矛也錟長矛也則鈗列其閒亦必
矛屬矣云凡此七兵者最括惠戈劉鉞戣瞿鈗也云或
施矜或施柄者說文云矜矛柄鄭注考工記廬人云凡
矜八觚然則摶圜者柄其手握處圜而握不及處爲八
觚者矜也云側階東下階者鄭注雜記云側階亦旁階
也案考工記匠人職說明堂九階注云南面三三面各
二此云側階葢在中階之側鄭云東下階者即中階之

東也王麻冕黼裳注鄭康成曰麻冕三十升布也黼裳者冕服有文者也疏此稱王者白虎通爵篇云天子大斂之後稱王者明士不可一日無君也故曰尚書王麻冕黼裳此大斂之後也何以知王從死後如王也以尚書言迎子釗不言迎王麻冕者白虎通絻冕篇云絻所以用麻爲之者女功之始亦不忘本也尚書曰王麻冕冕所以前後邃延者何示進賢退不能也垂旒者示不見邪纊塞耳示不聽讒也故禮玉藻曰十有二旒前後邃延禮器曰天子麻冕朱綠藻垂十有二旒者法四時十二月也諸侯九旒大夫七旒士爵弁無旒鄭注見書疏云麻冕三十升布者孔安國注論語子罕云麻冕緇布冠也古者積麻三十升布以爲之故云麻冕三十升麻之布以爲冕也布言升者所以辨精麤也鄭注喪服傳云布八十縷爲升則三十升二千四百縷布之至細者矣凡冠衣之布冠之升數輒倍于衣朝服十五升故冕三十升也云黼裳者冕服有文者周之冕服九章黼當其第八其等衰則自九章以至一

章凡五等天子備有焉據鄭注周禮司服云毳畫虎蜼宗彝也其衣三章裳二章凡五也則此黼裳者是毳冕之裳刺黼黻二章者是有文者也此言有文對下蟻裳形裳皆以色言無文也**由賓階隮**疏賓階者西階坊記云子云升自客階弔於賓位教民追孝也注云謂反哭時也既葬矣猶不由阼階不忍即父位也文王世子云成王幼不能踐阼周公相踐阼而治注云代成王履阼階王位治天下是嗣王乃當踐阼階今升自西階者不忍即父位也隮俗字當爲躋釋詁云陞也詩朝隮于西傳云隮升是隮即躋字**卿士邦君麻冕蟻裳入即位**注鄭康成曰蟻謂色元也即位者卿西面諸侯北面疏蟻說文所無當爲蛾檀弓蟻即于四隅釋文云蟻一作蛾釋蟲云蚍蜉大螘小者螘卿士邦君入畢門以聽傳顧命也鄭注見書疏云蟻謂色元者夏小正云十有二月元駒賁元駒也者蟻也賁者何也走於地中也方言云蚍蜉西南梁益之間謂之元蚼案元者色也云卿西面者謂在中

廷之東諸侯北面者在中廷之南經言入卽位不言升階知皆陪位于中廷也太保太史太宗

皆麻冕彤裳**疏**彤者廣雅釋器云赤也詩彤弓傳云彤弓朱弓也丹赤俱與纁色相近彤裳卽纁裳周禮樂人注鄭司農云纁絳也太保承介圭上宗奉同瑁由阼階隮

注今文同一作銅說爲天子副璽大傳說古者圭必有冒不敢專達也天子執冒以朝諸侯見則覆之故冒圭者天子所與諸侯爲瑞也馬融曰同者大同天下鄭康成曰上宗猶大宗變其文者宗伯之長大宗伯一人與小宗伯二人凡三人使其上二人也一人奉同一人奉瑁同酒柸**疏**承者詩箋云猶奉也介圭者鎮圭考工記玉人職云鎮圭尺有二寸天子守之釋器

云圭大尺二寸謂之玠詩崇高云錫爾介圭郭氏注爾
雅引作玠同者白虎通爵篇作銅吳志注虞翻別傳云
今經益金就作銅字詁訓言天子副璽云今經者今文
也翻又云雖皆不得猶愈於元是謂今文之說勝于鄭
氏也今文以銅爲副璽者說文璽王者印也所以主土
从土籀文从玉大傳云湯放桀而歸於亳三千諸侯大
會湯取天子之璽置之於天子之坐是殷周已來天子
有璽也大傳說古者圭必有冒云云者白虎通文質篇
云合符信者謂天子執瑁以朝諸侯諸侯執珪以覲天
子瑁之爲言冒也上有所覆下有所冒也尚書大傳曰
天子執瑁以朝諸侯又曰諸侯執所受瑁與璧朝于天
子無過者復得其珪以歸其邦有過者留其珪考工記
玉人職云天子執瑁四寸以朝諸侯說文云瑁諸侯執
圭朝天子天子執玉以冒之似犂冠是說此經之義也
馬注見吳志注虞翻別傳云太同天下蓋以同瑁爲一
物瑁者義取覆冒天下故爲大同也鄭注見書疏及吳
志注虞翻傳云上宗猶太宗變其文者宗伯之長大宗
伯一人與小宗伯二人凡三人使其上二人者周禮序

官云乃立春官宗伯使帥其屬而掌邦禮又云禮官之屬大宗伯卿一人小宗伯中大夫二人是宗伯爲春官之長也此則使小宗伯之上一人與大宗伯同事是使其三人之上二人也小宗伯二人爵位同而得差其上下者葢同等之中自有長攷也必知上宗是二人者奉是兩手共奉之以兩手奉一物則同瑁二物必二人奉之矣且下文王三咤上宗曰饗太保授宗人同明是贊王者大宗伯贊太保者小宗伯也云同酒杯者盧辯別傳云鄭元解尚書違失事四以顧命康王執瑁古月字似同從誤作同既不覺定復訓爲杯玉人職天子執瑁以朝諸侯謂之酒杯誤莫大焉盧意欲以同爲月解經云受月瑁謂月圭者瑁以爲一物妄詆鄭氏實非也下文王受同三宿三祭三咤太保受同是同爲酒器俱不可謂之月始知鄭說不可易也江氏聲說同爲圭瓚云以挹鬯祼祭者周禮謂之祼圭王氏鳴盛亦云下文太保以異同秉璋以酢則彼同是璋瓚矣案同今文作銅銅即金也白虎通考黜篇云圭瓚秬鬯宗廟之盛禮玉以象德金以配情芬香條鬯以通神靈玉飾其本君子

之性金飾其中君子之道君子有黃中通理之道美素德金者精和之至也玉者德美之至也鬯者芬芳之至也君子有玉瓚秬鬯者以配通德也其至矣是銅即因玉瓚之飾金爲名也江王說是　太史秉書

由賓階隮御王冊命【注】鄭康成曰御猶嚮也王此時正立賓階上少東太史東面于殯西南而讀策書以命王嗣位之事【疏】秉者釋詁云執也書謂所書顧命之策也鄭注見書疏云御猶嚮者御與訝通訝之言迎迎則向也云王此時正立賓階上少東者以太史隮而升階將由其西讀策王少東避之曾子問云君薨而世子生三日少師奉子以衰祝先子從子升自西階殯前北面祝立于殯東南隅祝聲三曰某之子某從執事敢見此云太史東面于殯西南隅者少儀云詔詞自右曾子問所云是北面而告于殯當在世子之右故立于殯東南隅此則以成王命詔嗣王當立于殯之右故東面于殯西南隅也

曰皇后憑玉几

注馮一作凭道揚末命命汝嗣訓臨君周邦率循大卞燮和天下用荅揚文武之光訓疏皇者釋詁云君也后者說文云繼體君也謂康王也末者方言云緒也馮者一切經音義十七引三蒼云依也說文作凭云依几也周書凭玉几讀若馮卞即弁省文鄭注士冠禮云卞名出於槃槃大也言所以自光大也案槃與般通廣雅釋詁云般任也燮者釋詁云和也此太史傳述成王之命命康王馮玉几以聽道揚緒餘之命即白虎通爵篇云卽繼體之位也言命汝嗣守此訓以臨君周國率循大任以和天下以對揚文武光顯之訓僞傳以王后爲大君成王誤矣王再拜興荅曰眇眇予末小子其能而亂四方以敬忌天威疏興者釋言云起也眇眇曹大家注幽通賦云微也亂者釋詁云治也四方者傳云中國也言我微末小子其何能而治中國以敬畏天命乎乃受同瑁王三宿三祭三咤注馬

融咤作詫鄭康成曰王既對神則一手受同一手受瑁宿肅也却行曰咤王徐行前三祭又三却復本位

疏 白虎通爵篇云王者既殯而即繼體之位何緣臣民之心不可一日無君故先君不可得見則後君繼體矣尚書曰王再拜興對乃受銅瑁也明爲繼體君也宿與肅通鄭注少牢饋食禮前宿一日宿戒尸云宿讀爲肅釋詁云肅進也馬氏作詫見釋文咤俗字說文作詫云奠爵酒也周書曰王三宿三祭三詫是奠酒也玉篇云咤本或作吒則即吒字鄭注見書疏云徐行前曰肅者亦以宿爲肅進也却行曰咤未詳

上宗曰饗

疏 饗者江氏聲云勸彊王飲酒也士虞禮云哀薦祫事適爾皇祖某甫饗注云勸彊之也鄭又注特牲饋食禮云饗勸彊之也

太保受同降盥以異同秉璋以酢

疏 盥說文云澡手也璋者璋瓚祭統云君執圭瓚祼尸大宗伯執璋瓚亞祼郊特牲云灌以圭璋知灌地之璋瓚得單名璋也鄭箋詩

棫樸云祭祀之禮王祼以圭瓚諸臣助之祼以璋瓚以圭璋爲柄杓鬱鬯曰祼璋瓚亞祼既是此太保秉璋則上文王所用以祭之同或即圭瓚二瓚皆同名殆猶弁冕皆名冠與以酢者謂既獻則自酢也周禮司尊彝職春祠夏禴秋嘗冬烝以及追享朝享于六彝六尊各用其二而其下輒云皆有罍諸臣之所昨也注云昨讀爲酢字之誤也諸臣獻者酌罍以自酢異同者臣不敢襲君器王以上宗勸而嚌酒既嚌則以同授太保太保受之以降置于篚盥手而取異同升酌執其柄授宗人同以獻則自酢也酢說文本字作醋此假借字

拜王荅拜太保受同祭嚌宅授宗人同拜王荅拜

疏 宗人小宗伯也江氏聲云上文上宗奉同瑁鄭注以爲春官之長大宗伯一人小宗伯二人凡三人使其上二人一人奉同一人奉瑁然則此時堂上有小宗伯一人與大宗伯同在焉自當大宗伯贊王小宗伯贊太保且上言上宗此變文言宗人則自是小宗伯矣爲將拜故授宗人同也王荅拜者燕義云君舉旅于賓及君所賜爵皆降再

拜稽首升成拜明臣禮也君荅拜之禮無不荅明君上之禮也是其義太保受同受于宗人也嚌者說文云嘗也引此文鄭注雜記云嚌嘗也嚌至口啐至齒宅疑即詫說文奠爵酒也鄭氏以爲却行曰咤則是太保受同祭嘗酒而却退也太保授宗人同以傳顧命畢王受顧命亦畢又荅拜之也

太保降收疏太保降江氏聲云降而出應門不言出者于下言入見之省文也收者蓋太保收策書宗人收同與

諸侯出廟門俟疏諸侯即上文所云卿士邦君入即位者邦君謂畿內諸侯兼有畿外之齊侯卿士中有衛侯是外土諸侯餘皆食采畿內皆畿內諸侯矣王制云天子之縣內諸侯祿也是食采畿內者亦諸侯也廟門者周本紀云二公率諸侯以太子釗見於先王之廟上文逆子釗于南門之外則此廟門即南門也俟者俟王出視朝也下云王出在應門之內何可分篇馬鄭王本自王若曰已下乃爲康王之誥蓋本孔氏古文

王出在應門之內疏應門者釋宮云正門謂之應門禮記疏引李巡云宮中南嚮大門應門也詩傳

云王之正朝曰應門明堂位云雉門天子應門言魯之雉門比于應門也大保率西方諸侯入應門左畢公率東方諸侯入應門右疏名公爲西伯畢公爲東伯是時周公已歿矣皆布乘黃朱注布乘一作黼黻疏布者廣雅釋詁云列也乘四馬也詩叔于田云乘乘黃傳云四馬皆黃案古者車一乘駕四馬故四馬爲乘黃朱者詩干旄疏引鄭駁異義云尚書顧命諸侯入應門皆布乘黃朱言獻四黃馬朱鬣也然則鄭注此文亦云然布乘一作黼黻者白虎通紼冕篇云天子朱紼諸侯赤紼詩云朱紼斯皇室家君王謂天子也又云赤紼金舄會同有繹又曰赤紼在股皆謂諸侯也書曰黼黻衣黃朱紼亦謂諸侯也別於天子謂之黃朱黃朱朱亦赤矣是今文布乘作黼黻解之者以爲衣也布與黼聲相近乘與芾形相近解黃朱以紼者詩傳云朱芾黃朱芾也于斯干又曰芾者天子純朱諸侯黃朱漢書韋孟諷諫詩云黼衣朱黻正用今文說也賓稱奉圭兼幣注鄭

康成曰此幣以馬巹舉王者之後以言耳諸侯當璧以帛亦有庭實【疏】賓者周禮大宗伯職云以賓禮親邦國謂朝覲宗遇會同天子以賓禮賓諸侯也大行人職云掌大賓之禮注云大賓要服以內諸侯武氏億云賓古文通作擯賓稱是擯者之辭圭者考工記玉人云命圭九寸謂之桓圭公守之命圭七寸謂之信圭侯守之命圭七寸謂之躬圭伯守之注云命圭者王所命之圭也朝覲執焉居則守之故書或云命圭五寸謂之躬圭也幣者周禮小行人職云合六幣圭以馬璋以皮璧以帛琮以錦琥以繡璜以黼注云六幣所以享也五等諸侯享天子用璧享后用琮其大各如其瑞皆有庭實以馬若皮皮虎豹皮也是說圭幣之事鄭注見書疏云此幣王者之後以言者二王之後謂杞宋位尊故享用圭璋而特之此經言布乘黃朱又稱奉圭兼幣故鄭云此幣圭以馬巹舉王者之後以言爾云諸侯當璧亦有庭實者覲禮云四享皆束帛加璧庭實惟國所有秋官大行人說朝事云廟中將幣之享彼注既用

覲禮篇文又引大戴朝事篇云奉國地所出重物明臣職也則庭實又在圭馬等物之外故詩韓奕疏備引諸文而申之云三享者初享以馬若皮其餘以國地所有之物分之爲二以備三享今此經文不具故鄭補言之僞傳以圭馬即庭實非也

曰一二臣衛敢執壤奠皆再拜稽首王義嗣德荅拜

【注】鄭康成曰此朝兼享禮也與常禮不同釋辭者一人其餘奠幣拜者稽首而已

【疏】臣衛謂蕃衛壤謂壤地所生之物禮器云天不生地不養君子不以爲禮覲禮云庭實惟國所有則此此諸侯所執以奠者自是其國土所生之物陳之以爲庭實也奠者鄭注禮記云猶獻也堯典云舜讓于德弗嗣白虎通性情篇云義者宜也義嗣言宜嗣德也春秋文八年秋八月庚戌天王崩九年春毛伯來求金公羊傳曰何以不稱使當喪未君也踰年矣何以謂之未君即位矣而未稱王也未稱王何以知其即位以諸侯之踰年即位亦知天子之踰年即位也是時

成王崩未踰年康王實未嗣位若眞言王荅拜無以異
于正卽位者言其宜嗣則未嗣位之意自明鄭注見書
疏云釋辭者一人者此時諸侯雖衆但其長一人釋辭
不必人人皆釋下文言皆再拜稽首拜言皆則釋辭不
皆可知也云此朝兼享禮者覲禮侯氏旣朝而出乃後
云四享皆束帛加璧又鄭注曲禮云諸侯春見曰朝受
贄于朝受享于廟是常禮皆朝而後享不同時並行二
事今則入門而朝奉圭兼幣庭實俱設是于常禮不同
也　**大保暨芮伯咸進相揖皆再拜稽首曰敢敬告天子**
皇天改大邦殷之命惟周文武誕受羑若【注】馬融曰羑
道也克恤西土【疏】羑者說文云進善也羑或作誘或作詣古文作羑若者釋言云順也言天
改殷之命惟文武大受而善順之能撫恤西土也馬注見釋文云羑道者詩傳文　**惟新陟王畢**
協賞罰戡定厥功用敷遺後人休【疏】陟者釋詁云假陟登陞也曲禮云告

喪曰天王登假是赴告之詞稱天子崩爲登假也釋詁
云協服也戡克也戡者說文云敳也引此文言惟新登
假之成王盡服其賞罰克定
其功用施于後人以休也　今王敬之哉張皇六師無
壞我高祖寡命疏皇者詩傳云大也六師六軍也詩常
武云整我六師周禮夏官序官云萬
有二千五百人爲軍王六軍高祖謂文王寡命如康誥
乃寡兄勖謂寡有之命言今王敬之哉張大其六軍無
毀敗我文王寡有之命魯語展禽曰周人祖文王而宗
武王故稱文王爲高祖書疏云馬鄭本此篇自高祖寡
命以上內于顧命王若曰以下始爲康王之誥釋文云
庶邦侯甸男衛馬本從此以下爲康王之誥又云與顧
命差異序歐陽大
小夏侯同爲顧命　王若曰庶邦侯甸男衛注史遷說
太子釗遂立是爲康王康王卽位徧告諸侯宣告以文
武之業以申之作康誥歐陽大小夏侯同爲顧命鄭康

成曰獨舉侯甸男衛四服者周公居攝六年制禮班度量至此積三十年再巡守餘六年侯甸男要服正朝要服國遠旣事遣之衛服前冬來以王有疾留之**疏**史公說見周本紀云作康誥與上文云作顧命非一篇同書序是古文本與顧命異篇也歐陽大小夏侯同爲顧命者見書釋文以此合于顧命乃符二十九篇之數馬鄭雖分之今用蓺文志之目爲注疏并取今古文故不分也依熹平石經般庚三篇爲一之式空格以别之鄭注見詩周頌譜疏云周公居攝六年制禮頒度量者明堂位云周公踐天子之位以治天下六年朝諸侯於明堂制禮作樂頒度量而天下大服是鄭氏所本也云至此積三十年再巡守餘六年者鄭于顧命篇首注云此成王二十八年則自制禮以來至此積三十年矣周禮大行人職云十有二歲王巡守殷國然則二十四年王再巡守三十年則再巡守而餘六年矣云侯甸男要服正朝者

據大行人職侯服歲一見甸服二歲一見男服三歲一見采服四歲一見衛服五歲一見要服六歲一見然則侯服年年朝甸服二歲見者至此六年當三朝要服三歲見者六年則再朝要服六歲見者適當其正朝之期也此時朝者當是侯甸男要四服之諸侯經乃言侯甸男衛不見要服鄭氏推求其故以爲要服國遠旣事遭之衛服前冬來以王有疾留之江氏聲謂當周之四月正歲爲春仲要服國遠葢未至也衛服諸侯應以往年來朝容有往年國中多故不得以時至而于是來與說詳合注音疏

惟予一人釗報告

疏 曲禮疏云顧命成王殯未踰年稱予一人者熊氏云天下不可一日無王故也今謂予一人者以麻冕黼裳卽位受顧命從古故暫稱一人也報者鄭注周禮云復之言報也旣稱予一人又稱名亦以未除喪故

昔君文武丕平富不務咎厎至齊

注 馬融讀絶句

疏 釋詁云丕大也平成也富者鄭注禮記云備也務與殺聲相近大傳云王之不極是謂不建厥咎殺鄭注作霿云冒也則此云

冒咎者干冒災咎也底者釋詁云止也脊者釋言云中也言文武之道大成成備故不干災咎止于至中也信

用昭明于天下則亦有熊羆之士不二心之臣保乂王

家用端命于上帝【疏】保保安乂治俱見上疏端者說文云直也直卽正也言周家以信顯明于天下有如熊羆之勇士純一其心之臣安治王室用正命于天也皇天用訓厥道付畀

四方乃命建侯樹屏在我後之人【疏】訓與順通畀者釋詁云予也屏者釋言云蔽也在者王氏念孫云謂相顧在春秋左氏襄廿六年傳云衛獻公使讓大叔文子曰吾子獨不在寡人吳語云昔吳伯父不失春秋必率諸侯以顧在余一人卽此在字之義也下文云今予一二伯父尚須暨顧亦謂相顧在也言天用順其道付與中國乃命立侯樹藩顧在我後人今予一二伯父尚胥

暨顧綏爾先公之臣服于先王雖爾身在外乃心罔不

在王室【注】乃一作迺罔一作無用奉恤厥若無遺鞠子羞【疏】稱伯父者覲禮云天子呼諸侯之禮同姓大國曰伯父異姓曰伯舅同姓小邦曰叔父異姓曰叔舅尚者釋言云庶幾尚也胥者釋詁云相也綏字說文本作緌周官夏采以乘車建綏注云綏當爲緌釋詁云緌繼也綏爾先公之臣服于先王當爲一句言繼爾先公之臣服于先王也僞傳讀綏爾先公之臣絕句失之恤者說文云收也若者釋言云善也鞠者釋言云穉也言今予一二同姓庶幾相與顧在我繼爾前人之臣服于先王卽爾身在外爾心無不在王家以奉收其善無遺我穉子羞愧也漢書谷永傳永災異對引此經乃作迺罔作無羣公既皆聽命相揖趨出王釋冕反喪服【注】鄭康成曰羣公主謂諸侯與王之三公諸臣亦在焉王釋冕反喪服朝臣諸侯亦反喪服禮喪服臣爲君諸侯爲天

子皆斬衰反喪服一作喪服【疏】白虎通爵篇云緣始終之義一年不可有二君也故尚書曰王釋冕喪服吉冕受銅稱王以接諸侯明已繼體爲君也釋冕藏銅反喪明未稱王以統事也何休注公羊桓元年傳云先謁宗廟明繼祖也還之朝正君臣之位也事畢而反凶服焉鄭注見書疏云羣公主謂諸侯與王之三公者三公稱公諸侯亦得通稱公是時王朝之臣皆在故又云諸臣亦在焉也云朝臣諸侯亦反喪服者經止言王反喪服故鄭補言之又引喪服證之者喪服篇云斬衰裳苴絰杖絞帶冠繩纓菅屨者其目首列父其次諸侯爲天子其次君是也

顧命弟廿五下終

費誓第廿六　周書十七　尚書今古文注疏卷廿六

賜進士及第授通奉大夫山東督糧道加三級孫星衍撰

注　史遷說伯禽卽位之後有管蔡等反也淮夷徐戎亦並興反於是伯禽率師伐之於肹作肹誓遂平徐戎定魯費一作肹一作鮮一作獮一作粊

疏　史公說見魯世家云伯禽卽位之後有管蔡等反也淮夷徐戎亦並興反者是以淮夷徐戎反爲在與管蔡同時魯世家前文亦云於是卒相成王而使其子伯禽代就封於魯管蔡武庚等果率淮夷而反周公乃奉成王命興師東伐作大誥周本紀云召公爲保周公爲師東伐淮夷殘奄又云旣絀殷命襲淮夷在豐作周官是伯禽先伐淮夷在管蔡以殷畔之時周公伐淮夷在歸政踐奄之後也但伯禽封魯據洛誥經文命公後及惟告周公其後則在七年歸政之時

此云即位之後有管蔡淮夷等反殊不可解史公從安國問故又用伏生所傳今文故說有岐異後漢書東夷傳云康王之時肅愼復至後徐戎僭號乃率九夷以伐宗周西至河上穆王畏其方熾乃分東方諸侯命徐偃王征之此疑今文說則魯公征徐戎在穆王時故編篇于顧命後呂刑前也曾子問云子夏問曰三年之喪卒哭金革之事無辟也者禮與初有司與孔子曰吾聞諸老聃昔者魯公伯禽有爲爲之也注云伯禽周公子封于魯有徐戎作難喪卒哭而征之急王事也征之作費誓疏云伯禽所遭是母喪則在周公未歿之時云伐之於盻者盻與費聲相近即今山東費縣地也春秋左氏隱元年傳云費伯率師城郎後爲季氏邑僖元年傳公賜季氏汶陽之田及費是也亦即南武城孟子云曾子居武城有越寇㳟費地在曲阜東南又通沂州府與淮沂連界故淮徐之國時爲魯難魯公出師至此作誓也史記集解云徐廣曰一作鮮一作獮索隱云尚書大傳作鮮誓說文棐云惡米也周書有棐誓惡米之訓與此無涉鄭注周禮雍氏及曾子問皆引作棐今曾子問注

作費案釋文可證爲後人改也許氏葢存孔壁古文耳
書堯典疏云孔以費誓在文侯之命後第九十九鄭以
爲在呂刑前第九
十七今從鄭本

公曰嗟人無譁【注】鄭康成曰人謂軍之士衆及費地之
民聽命徂茲【疏】嗟者釋詁云咨嗟也嗟即說文謍字譁
者一切經音義四引三蒼云言語讙譊
也釋詁云徂往也茲此也魯公咨告軍民以淮夷徐戎
無嚻譁聽我教命往此費地鄭注見書疏
並興【疏】淮夷者詩傳云東國在淮浦而夷行也徐者說
文作䣄云邾下邑也魯東有䣄城魯世家頃公
十九年楚伐我取徐州集解引徐廣曰徐州在魯東今
薛縣郡國志云魯國薛縣六國時曰徐州案淮夷毛氏
以爲東國之有夷行者則此徐戎亦徐人之好興戎者
故名之非必戎夷也後漢書東夷傳則云徐戎率九夷
以伐宗周西至河上段氏玉裁
善敹乃甲冑【注】史遷敹
云魯東近䣄故曰東郊不關

作陳敿乃干無敢不弔【注】史遷弔作善鄭康成曰敹謂穿徹之敿猶繫也弔至猶善也【疏】周書曰敹乃甲冑甲者書疏引世本云杼作甲宋仲子云少康子杼也冑者說文云兜鍪也兜鍪首鎧也敿者說文云繫連也引周書曰敿乃干讀若矯弔者說文作迅云至也史公敹作陳者說文訓敹爲擇夏小正云陳筋革者省兵甲也省亦擇也弔作善者與鄭同鄭注見書疏云敹謂穿徹之者考工記函人職云犀甲七屬兕甲六屬合甲五屬注云屬謂上旅下旅札續之數又鞄人職云察其線欲其臧也注杜子春云線謂縫革之縷說文司馬法韋从革是甲冑之革必以線縷縫綴之鄭云穿徹卽謂是也云敿猶繫者與說文繫連之訓同云弔至釋詁文云猶善者以下文無敢不善知之案經云弔亦可訓至下云善不必同訓作善說文以簡爲擇言簡擇其甲冑繫連其干盾無敢不至軍所

備乃弓矢鍛乃戈矛礪乃鋒刃無敢不善【疏】

備與葡同說文云具也鍛者廣雅釋詁云椎也礪俗字當爲厲詩公劉云取厲取鍛傳云鍛石也箋云鍛石所以爲鍛質也取厲鍛斤斧之石可以利器用鋒者鏠省字說文鏠兵耑也春秋左氏昭十二年傳云磨厲以須

今惟淫舍牿牛馬注鄭康成曰牿爲梏牿之梏施牿于牛馬之腳使不得走失杜乃擭注鄭康成曰山林之田春始穿地爲穽或設擭其中以遮獸擭柞鄂也杜一作斁斂乃穽無敢傷牿牿之傷汝則有常刑疏淫者釋詁云大也舍者郭注釋詁云放置也牿者說文云牿牛馬牢也引周書曰今惟牿牛馬無淫舍二字杜說文作𢾾云閉也讀若杜擭一曰布擭也穽說文爲阱重文云阱陷也斂說文云塞也引此文周禮冥氏掌爲阱擭以攻猛獸檻以捕虎豹穽以捕小獸言今大放舍牢中牛馬宜杜塞穽擭以放牧之亦無久牿以傷其牲畜傷之則有常法鄭

注見書疏云牿爲梏梏之牿施梏于牛馬之腳使不得走失者易大畜六四童牛之牿鄭注云巽爲木互體震震爲牛之足足在艮體之中艮爲手持木以就足是施梏又鄭志泠剛問大畜六四注云云蒙初六注云云不審桎梏手足定有別否荅曰牛無手以前足當之牛既如此馬亦可知故云施梏于牛馬之腳使不得走失與佚通也案軍行以牛載輜重馬駕兵車常駕不舍力不能任故放置之而以橫木閑之說文云告牛觸人角箸橫木所以告人也又云衡牛觸橫大木其角詩曰設其楅衡據此則牿謂閑之以木鄭云梏其腳亦此意也云山林之田春始穿地爲穽或設擭其中以遮獸擭柞鄂者周禮雍氏云春令爲阱擭溝瀆之利于民者秋令塞阱擭注云阱穿地爲塹所以禦禽獸其或超踰則陷焉世謂之陷阱擭柞鄂也堅地阱淺則設柞鄂于其中秋而杜塞阱擭收刈之時爲其陷害人也書棐誓曰敜乃擭敜乃阱時秋也魯語云鳥獸成設穽鄂注云鄂柞格所以誤獸是也

馬牛其風臣妾逋逃【注】鄭康成曰風走逸臣

妾厮役之屬也【疏】風者春秋左氏僖四年傳云惟是風馬牛不相及也服注云風放也牝牡相誘謂之風臣妾者古軍中有丁女壘子備城門篇云守法五十步丈夫十人丁女二十人老小十人計之五十步四十人周禮太宰九職八日臣妾聚斂疏材書疏云古人或以婦女從軍是也逋者說文云亡也鄭注見史記集解云風走逸者春秋左氏僖廿八年傳晉中軍風于澤杜注云牛馬因風而走皆失之是也云臣妾廝役之屬者公羊宣十二年傳云楚伐鄭廝役扈養死者數百人何氏注云艾草爲防者曰廝汲水漿者曰役養馬者曰扈炊烹者曰養古者兵車一乘甲士三人步卒七十二人外有餘子二十五人即廝役也　勿敢越逐祗復之【注】史遷祗作敬一作振我商賚汝乃越逐不復汝則有常刑【疏】說文云越逾也逐追也祗者釋詁云敬也商釋文云徐音章鄭注士冠禮云章明也賚者釋詁云賜也言馬牛臣妾有逸逃者勿逾次追之以致失律有得之者能敬復其主我明

賜汝汝逾次追逐及得之不返者皆有罪罰史公祇作敬者釋詁文集解引徐廣曰敬一作振祇振聲之輕重皐陶謨祇敬六德史記作振敬無敢寇攘注鄭康成曰寇劫取也因其亡失曰攘踰垣牆竊馬牛誘臣妾汝則有常刑疏寇者鄭注舜典云强取爲寇攘者論語其父攘羊周氏注云有因而盜曰攘釋詁云儴因也儴俗字誘者鄭注樂記云引也廣雅釋言云羑致也鄭注見史記集解甲戌我惟征徐戎峙乃糗糧注史遷乃作爾糗糧一作餱糧無敢不逮汝則有大刑注馬融曰大刑死刑疏峙从止俗誤从山釋詁云峙具也糗者說文云熬米麥也逮者釋詁云逮及與也糗一作餱者說文云餱乾食也周書曰峙乃餱粻案說文無粻字疑當爲糧以糗爲餱者說文云饋餱也陳楚之閒相謁食麥飯曰饋是糗爲熬米麥乾而食之義得通也詩伐木云乾餱以愆史公汝作爾者爾

汝通字馬注見史記集解以大刑爲死刑者死刑大辟是也 魯人三郊三遂**注**史遷遂作隧大傳說古者百里之國三十里之遂二十里之郊七十里之國二十里之遂九里之郊五十里之國九里之遂三里之郊**疏**三郊三遂王肅謂東郊留守故不言西江氏聲用其說非也郊者釋地云邑外謂之郊鄭注王制云郊鄉界之外者也遂者鄭注王制云遠郊之外曰遂周禮夏官大司馬云凡制軍大國三軍魯是大國宜爲三軍小司徒疏云凡出軍之法先六鄉賦不止次出六遂賦猶不止徵兵于公邑及三等采賦猶不止乃徵兵于諸侯大國三軍次國二軍小國一軍此軍等皆出于鄉遂賦猶不止則諸侯有偏境之洪則千乘之賦是也春秋左氏成元年疏云天子六軍出自六鄉大國三軍出自三鄉其餘公邑采地之民不在三軍之數古者用兵天子先用鄉鄉不足取遂遂不足取公卿采邑及諸侯邦國若諸侯出兵先盡

三鄉三遂鄉遂不足然後總徵境內之兵今此淮夷徐戎兩寇並發其勢甚急故悉起鄉遂之兵應之然猶不至總徵境內也史公遂作隧者隧即隊省文大傳說見王制疏引尚書傳云多士傳周禮典疏云毋逸傳皆誤引也魯國百里則郊當在二十里之外遂又在其外也

峙乃楨榦【注】馬融曰楨榦皆築具楨在前榦在兩旁

甲戌我惟築無敢不供【疏】楨者釋詁云榦也舍人注云楨正也築牆所立兩木也榦所以當牆兩邊障土者說文云榦築牆耑木也築擣也馬注見史記集解云楨在前榦在兩旁者凡築牆及城必立木兩旁以繩束板又置木于其兩首乃取土實築之是楨爲兩首之木榦則兩旁之木也說文云築牆耑木義亦同

汝則有無餘刑非殺【注】鄭康成曰無餘刑非殺者謂盡奴其妻子不遺其種類在軍使給廝役反則入于罪隸舂稾不殺之【疏】鄭注見書疏云

盡奴其妻子不遺其種類者以無餘刑故言盡奴不遺
也云在軍使給廝役反則入于罪隸舂槀者周禮司厲
職云其奴男子入于罪隸女子入于舂槀注鄭司農云
謂坐爲盜賊而爲奴者輸于罪隸舂人槀人之官也周
禮又云凡七十者與未齔者不爲奴則此無餘刑亦有
不爲奴之人言其大畧耳云不殺之者不供楨榦法無
死刑

魯人三郊三遂峙乃芻茭無敢不多【注】史遷多作及

鄭康成曰茭乾芻也汝則有大刑【疏】芻茭者說文云芻刈艸也茭乾芻史
公作峙乃芻茭糗糧楨榦無敢不逮我甲戌築而征徐
戎無敢不及有大刑則此不及蓋不多之異文也芻茭
不至牛馬不得食不可以戰故有大刑若及而不多不
應云大刑也當從史記多字與及相似而誤鄭注見書
疏

賚誓第廿六終

呂刑第廿七上　周書十八　尚書今古文注疏卷廿七

賜進士及第授通奉大夫山東督糧道加三級孫星衍撰

【注】史遷說甫侯言於王作修刑辟又說命曰甫刑鄭康成曰周穆王以甫侯爲相【疏】史公呂作甫者禮記引此經俱作甫刑孝經引同也詩崧高云生甫及申傳云堯之時姜氏爲四伯掌嶽之祀述諸侯之職於周則有甫有申有齊有許也俱以呂爲甫惟墨子引呂刑韋昭注周語云謂周穆王之相甫侯所作呂刑也則自漢魏已前書文俱作呂刑書疏云揚之水平王之詩云不與我戍甫明子孫改封爲甫侯穆王時未有甫名稱甫刑者後人以子孫國號名之猶叔虞初封唐子孫封晉而史記稱晉世家其呂之所在則齊太公世家集解徐廣曰呂在南陽宛縣西鄭云言於王者見下呂命王疏鄭注見史記集解書疏云引書說謂書緯刑德放篇有此言也

惟呂命王【注】史遷作甫侯言于王鄭康成曰呂侯受王命入爲三公【疏】史公以命王爲言于王者鄭注緇衣云傳說作書以命高宗同此語意讀王字上屬也鄭注見書疏云呂侯入爲三公者史記集解又引鄭注云爲相大傳云天子三公司徒公司馬公司空公鄭注云一公兼二卿舉下以爲稱是呂侯于六卿爲司寇于三公爲司空公也以諸侯而爲王朝之卿故言入爲三公是輔相之臣故引書說呂侯爲相也享國百年耄荒【注】耄一作秏【疏】享國百年者論衡氣壽篇云周穆王享國百年并未享國之時皆出百三十四十歲矣此今文說也周本紀云穆王即位春秋已五十矣又云穆王立五十五年崩是百年兼數未即位之年古文說也列子周穆王篇云穆王幾神人哉能窮當身之樂猶百年乃徂俱從生年數之不知王充說何據老者曲禮曰九十曰耄注云老惛忘也似非也老是九十之名猶百年曰期頤不必引春秋傳謂老將知老又及之荒者詩傳云治也言老而治

事此古文以爲告王之詞耄釋文云本亦作薹薹卽說文薹之譌字漢書刑法志作眊荒鄭注周禮大司寇職引書曰王旄荒周禮釋文作旄孔氏正義本作耄羣經音辨引書王秏荒云鄭康成讀秏卽旄字

度作刑以詰四方注大傳度作鮮度馬融曰度法度也刑一作詳刑詰一作誥疏大傳度作鮮度者釋詁云鮮善也時善也則今文鮮度度時俱言度善也或以度時爲相度時宜非非也史記以命王爲言於王則享國二語是告王之詞呂侯告王言王享國日久老而治事當度善作刑以謹四方也刑作詳刑者周禮大司寇引有詳字疏云謂周穆王年老耄亂荒忽猶能用賢量度詳審之刑以詰謹四方案以荒爲荒忽亦似非也詰作誥今文尙書也馬注見釋文云度法度者說文云度法制也詰者周禮太宰職云刑典以詰邦國注以詰爲禁大司寇云佐王刑邦國詰四方注以詰爲謹俱引此經以證又布憲職云憲邦國之刑禁以詰四方注云詰謹也使四方

謹行之則此誥四方鄭義與之同也王曰若古有訓蚩尤惟始作亂延及于平民罔不寇賊注馬融曰蚩尤少昊之末九黎君名鄭康成曰蚩尤霸天下黃帝所伐者學蚩尤爲此者九黎之君在少昊之代也疏蚩尤者周書嘗麥解云昔天之初命赤帝分正二卿命蚩尤于宇少昊以臨四方蚩尤乃逐帝爭于涿鹿之阿九隅無遺赤帝大懾乃說于黃帝執蚩尤殺之于中冀用名之曰絶轡之野史記五帝本紀云神農氏世衰諸侯相侵伐蚩尤最爲暴莫能伐又云蚩尤作亂不用帝命黃帝乃徵師諸侯與蚩尤戰于涿鹿之野遂禽殺蚩尤而諸侯咸尊軒轅爲天子代神農氏是爲黃帝大戴禮用兵篇子曰蚩尤庶人之貪者也案孔子三朝記以蚩尤爲庶人者葢上古或諸侯相侵伐惟蚩尤以庶人作亂犯上史記正義引龍魚河圖云黃帝攝政有蚩尤兄弟八十一人並獸身人語銅鐵額食沙造五兵仗刀戟

大弩威振天下誅殺無道萬民欽命云云夫云兄弟八十一人必非天子諸侯是庶人之作亂者始于蚩尤民效之以爲寇盜故云延及平民延者釋詁云引也平者詩箋云齊等也則平民謂齊民也然則史記集解引應劭曰蚩尤古天子傳記或言諸侯或言霸天下皆由庶人僭位言之孔子說不誤也馬注見釋文云蚩尤九黎君名者高誘注國策同韋昭注楚語云九黎氏九人書疏引韋注下云蚩尤之徒也是後民之效蚩尤爲亂者鄭注見書疏云霸天下蓋言其竊霸號也云學蚩尤爲此者九黎之君在少昊之代據楚語及少皞之衰也九黎亂德而言也然則九黎九人亦黎民之作亂者寇鈔賊害見前疏

鴟義姦宄〔注〕馬融曰鴟輕也鄭康成曰盜賊狀如鴟梟鈔掠良善劫奪人

鴟一作消宄一作軌〔疏〕鴟義舊解均失之王氏念孫曰馬注云鴟輕也鴟者冒沒輕儳義者傾衺反側也說文云俄行頃也詩箋云俄頃貌廣雅釋詁云俄衺也古者俄義同聲或訓義爲仁義字非

也姦宄見堯典疏馬注見釋文云鴟輕者廣雅釋詁云蚩輕也鴟與蚩聲相近鄭注見書疏云狀如鴟梟者御覽引馬融周禮注云鴟鴞惡聲之鳥也王逸注楚詞云鴟梟惡鳥廣雅釋鳥云鴟鵂怪鳥也云鈔掠良善者鄭以善訓義也潛夫論述赦篇云古者唯始受命之君承大亂之後被前王之惡其民乃並爲敵讎罔不寇賊消義姦宄奪攘是說此經之義或今文鴟義爲消義廣雅釋詁云消滅也則消義姦軌或爲滅義善而干軌法也宄周禮司刑疏引作軌或鄭本如此既訓鴟義爲鈔掠良善則鄭于姦軌亦爲干犯軌法也

奪攘矯虔【注】鄭康成曰有因而盜曰攘矯虔謂撓擾春秋傳虔劉我邊陲謂劫奪人物以相撓擾也奪一作敚矯一作橋【疏】奪攘見前疏矯虔者漢書注孟康曰虔固也橋稱上命以貨賄爲固引此文作敚作橋韋昭曰詐稱爲矯强取爲虔一切經音義十二云橋擅也假詐也案擅也出說文方言云秦晉之北鄙燕之北郊翟縣之郊

謂賊爲虔杜注左傳云虔劉皆殺也鄭注見周禮司刑疏云有因而盜曰攘者釋詁云儴因也云矯虔謂撓擾者矯與撓聲相近引春秋傳者成十二年傳文奪說文作敓云彊取也引周書此文矯周禮司刑注作橋苗民弗用靈制以刑惟作五虐之刑曰法殺戮無辜注鄭康成曰苗民謂九黎之君也九黎之君於少昊氏衰而棄善道上效蚩尤重刑必變九黎言苗民者有苗九黎之後顓頊代少昊誅九黎分流其子孫居于西裔者爲三苗至高辛之衰又復九黎之惡堯興又誅之堯末又在朝舜臣堯又竄之禹攝位又在洞庭逆命禹又誅之穆王惡此族三生凶惡故著其氏而謂之民民者冥也

言未見仁道弗一作匪一作否靈一作命一作練虐一作殺【疏】緇衣引甫刑弗作匪靈作命注云匪非也命謂政令也高辛氏之末諸侯有三苗者作亂其治民不用政令專制御之以嚴刑乃作五虐蚩尤之刑以是爲法案詩箋云靈善也與令通義弗用靈當是弗用善以治姦民卽下文云報虐以威也墨子尚同中篇云昔者聖王制爲五刑以治天下逮至有苗之制五刑以亂天下則此豈刑不善哉用刑則不善也是以先王之書呂刑道之曰苗民否用練折以刑惟作五殺之刑曰法則此言善用刑者以治民不善用刑者以五殺靈字緇衣作命墨子作練聲俱相近制折匪否不亦聲相近虐殺義相同也鄭義具緇衣注不復釋之鄭注見書疏云苗民謂九黎之君者謂當顓頊之時三苗之先世九黎之君也云九黎之君于少昊氏衰而棄善道者楚語云少昊之衰也九黎亂德是也云有苗九黎之後者楚語云其後三苗復九黎之德注云三苗九黎之後者高辛氏衰苗爲亂行其凶德如九黎之爲也云顓頊代少

昊誅九黎分流其子孫者楚語云顓頊受之是代少昊也下云遏絶苗民無世在下是分流其子孫也云高辛氏衰又復九黎之君堯典又誅之者楚語注亦云堯典而誅之云堯末又在朝舜承堯又竄之者堯典云竄三苗于三危是也云後禹攝位又在洞庭逆命禹又誅之者檀弓云舜葬蒼梧之野注云舜征三苗而死因留葬焉墨子兼愛篇引禹誓曰蠢茲有苗用天之罰若予既率爾羣對諸羣以征有苗此禹誅有苗之證也云民者冥也者孝經援神契文賈誼新書大政篇云民之言暝也萌之言盲也云故著其惡緇衣疏引鄭注作後王作故著其氏

爰始淫爲劓刵椓黥【注】夏侯等書劓刵劅剠爲髕宮劓割頭庶黥鄭康成作刵劓曰刵斷耳劓截鼻椓謂椓破陰黥謂羈黥人面苗民大爲此四刑者言其特深刻異于皐陶之爲【疏】劓刵椓黥夏侯等書爲臏宮劓割頭庶黥見書堯典疏劓刵者說文

云劓刑鼻也重文作劓刵斷耳也椓者詩召旻云昏椓靡共箋云椓椓毁陰也黥者說文云墨刑在面也重文作黥四者并大辟爲五刑也椓即㪉假借字說文云㪉去陰之刑也引周書刖劓㪉黥案五刑本有刖無刵則刖刵字之誤也夏侯等書是今文以臏當刖宫當椓割頭即大辟庶鯨之庶未詳案庶煑也鄭注周禮敘官庶氏云庶讀如藥煑之煑司刑注云墨黥先刻其面以墨窒之墨須煑故云庶刻也鄭注見詩正月疏以劓刵爲刵劓者疑說文之刖劓云大爲此四刑者釋詁云淫大也云其特刻深異于臯陶之爲者唐虞象刑臯陶明之如周禮所云加明刑非必刑之也 苗

越兹麗刑并制罔民深文苛刻實用之是異于古制

差有辭注鄭康成曰越于也兹此也麗施也于此施刑并制其無罪者疏越與粤同釋詁云于也兹此也麗者王制云郵罰麗於事周禮小司寇云以八辟麗邦灋又鄉士云各麗其灋以議獄訟鄭注皆云麗附也辭者說文云訟也言于此附于刑并制作五

虐之法無有差減亦無罪狀讞其可輕可緩刻深之至鄭注見詩正月疏云麗施者鄭注士喪禮同文亦見廣雅釋詁**民興胥漸**注大傳云唐虞象刑而民不敢犯苗民**用刑而民興犯漸**疏胥者釋詁云相也漸猶詐也荀子不苟篇云小人知則攫盜而漸正論篇云上幽險則下漸詐矣王氏引之云楊氏注漸爲進又爲浸皆非也盤庚中云暫遇姦宄暫讀曰漸漸詐欺也莊子胠篋篇云知詐漸毒此云民興胥漸言小民方興相爲詐漸故下文罔中于信以覆詛盟也大傳說見唐傳云犯漸者亦言興詐以犯上也**泯泯棼棼罔中于信以覆詛盟虐威庶戮方告無辜于上上帝監民罔有馨香德刑發聞惟腥**注泯泯一作湎湎戮一作僇方一作旁疏泯或作湎周禮小宗伯注杜子春讀湎爲泯周書祭公解云汝無泯泯芬芬孔晁云泯芬亂也紛與芬通王充論衡寒溫篇云

前世用刑者蚩尤亡秦甚矣蚩尤之民湎湎紛紛亡秦
之路赤衣比肩作湎湎蓋今文尙書也王氏多用今文
覆者詩傳云反也鄭注王制云敗也方與旁通說文云
溥也監者釋詁云視也德者說文云升也腥當爲胜說
文云胜犬膏臭也論衡變動篇云甫刑曰庶僇旁告無
辜于天帝此言蚩尤之民被冤旁告無罪于上天也桀
言蚩尤時民多昏亂以敗詛祝盟誓用其虐威使衆被
戮之民溥告無罪于上天天帝視民無有馨香升聞惟
刑之發聞腥薉爾**皇帝哀矜庶戮之不辜報虐以威**【注】戮一作
僇以一作用**遏絕苗民無世在下**【疏】皇者釋詁云君也此皇帝鄭以爲顓
頊也論衡譴告篇云甫刑篇曰報虐用威威虐皆惡也
用惡報惡亂莫甚焉蓋言民罔不寇賊民興胥漸旣已
惡矣苗民用威報之也戮作僇以作用蓋今文遏者一
切經音義一引蒼頡篇云遮也言顓頊哀憐衆民被戮
之無罪疾苗民之以暴易暴因遮絕竄逐之無令嗣世在下土也**乃命重黎絕地天通**

罔有降格羣后之逮在下明明棐常鰥寡無蓋【注】墨翟

書引羣后之逮在下十四字在有辭有苗之下德威維

威之上逮作肆棐作不無蓋作不蓋【疏】重黎顓頊時司天地官名楚語

昭王問於觀射父曰周書所謂重黎實使天地不通者何也若無然民將能登天乎對曰非此之謂也少皥之衰也九黎亂德民神雜糅不可方物夫人作享家爲巫史無有要質民匱于祀而不知其福烝享無度民神同位民瀆齊盟無有嚴威神狎民則不蠲其爲嘉生不降無物以享禍災薦臻莫盡其氣顓頊受之乃命南正重司天以屬神命火正黎司地以屬民使復舊常無相侵瀆是謂絶地天通其後三苗復九黎之德堯復育重黎之後不忘舊者使復典之以至于夏商故重黎氏世敘天地而别其分土也釋詁云降下也格陞也逮者釋言云遏也謂遏訟周禮禁殺戮掌遏訟者以告而誅之注鄭司農云遏訟者遏止獄訟者也明明者釋訓云察也

長言釋詁云傭也蓋者高誘注淮南子云蔽也言顓頊
重司天黎司地使神民不同位上下分絕以禮烝享
而通之祭則受福無有升降雜糅于羣后之過訟在下
者能明揚明哲之人以輔天常使鰥寡無壅蔽之情也
墨子說見尙賢中篇文具後疏逮作肆者說文云肆極
陳也棐常作不常者言非常明察無蓋作不蓋義同

皇帝清問下民鰥寡有辭于苗【注】馬融曰清問清訊也
鄭康成以皇帝哀矜庶戮之不辜至罔有降格皆說顓
頊之事乃命重黎卽是命重黎之身非羲和也皇帝清
問下民以下乃說堯事顓頊與堯再誅苗民故上言遏
絕苗民云有辭于苗異代別時非一事也皇帝一作帝
于一作有【疏】皇帝今文以爲堯則皇者釋詁云君也魏
志鍾繇傳繇上疏引此經說之云此言堯

當除蚩尤有苗之刑先審問於下民之有辭者也若今
廢獄之時訊問三槐九棘羣吏萬民淸者鄭注玉藻云
明察於事也荀子楊倞注云明審也鄭說見書疏與鍾
繇說同者今文義也趙岐注孟子引甫刑皇帝作帝云
謂帝爲天云天不能問民此今文歐陽
夏侯異說也于苗墨子作有苗古文也**德威惟畏德明**
惟明【注】惟一作維畏一作威【疏】表記引甫刑曰德威惟
威德刑惟明非虞帝其
孰能知此乎注云德所威則人皆畏之言服罪也德所
明則人皆尊之言得人也案得人謂下文三后惟作維
畏作威俱**乃命三后恤功于民伯夷降典折民惟刑**【注】
見墨子
大傳說伯夷降典禮折民以刑謂有禮然後有刑也馬
融曰折智也禹平水土主名山川稷降播種農殖嘉穀
三后成功惟殷于民【注】命一作名折一作哲一作制惟

一作維般一作假

疏墨子尚賢中篇云先王之書呂刑道之曰皇帝清問下民有辭有苗曰羣后之肆在下明明不常鰥寡不蓋德威維威德明維明乃名三后恤功於民伯夷降典哲民維刑禹平水土主名山川稷降播種農殖嘉穀三后成功維假於民則此言三聖人者謹其言愼其行精其思慮索天下之隱事遺利以上事天故天鄉其德下施之萬民萬民被其利後漢書楊賜傳賜曰三后成功維殷于民皐陶不與焉蓋吝之也注云吝恥也殷盛也引此云云言皐陶不預其數者蓋恥之釋詁云后君也恤憂也功者詩傳云事也折與制聲相近陶潛四八目引折亦作制農者廣雅釋詁云勉也殖者文選藉田賦注引倉頡篇云種也嘉穀者謂稷今之小米也漢書本紀云嘉穀元稷言堯之得人乃命三君憂民之事伯夷先降下典禮使民明習而止其刑禹平水土主名山川釋水云從釋地以下至九河皆禹所名也稷下布種勉民種禾大戴五帝德云使后稷播種務勤嘉穀管子大匡云耕者用力不農有罪無赦皆以農爲勉也三后成功惟民享其盛矣

舉伯夷不舉皋陶者漢書刑法志云書云伯夷降典悊民惟刑言制禮以止刑猶隄之防溢水也大傳說引孔子曰古之刑省之今之刑者繁之其敎古者有禮然後有刑是以刑省也今反是無禮而齊之以刑是以繁也書曰伯夷降典禮云云與刑法志義同馬注見釋文云馬鄭皆音悊智也者見釋文刑法志亦作悊注師古曰悊知也言伯夷下禮法以道民民習知禮然後用刑也墨子殷作假者正也言三后正民以成功也命作名者史記張耳傳亡命索隱引晉灼漢書注云命者名名也是名亦命也折制聲相近墨子所用蓋古文士制

百姓于刑之中 注 士一作爰中一作衷 疏 士者堯典云皋陶作士言三后成功而後士師制止百姓于刑之中也後漢書梁統傳統曰經又曰爰制百姓于刑之衷孔子曰刑罰不衷則人無所措手足衷之爲言不輕不重之謂也王氏鳴盛云此經無皋陶下文命諸侯監伯夷播刑亦專舉伯夷不及皋陶僞孔以此篇言刑事而皋陶不見遂妄改爰爲士以就其說也案士但舉刑官亦不必指皋陶

也以教祗德穆穆在上明明在下灼于四方罔不惟德之勤故乃明于刑之中率乂于民棐彝【疏】祗者釋詁云敬也穆穆者釋訓云美也灼者廣雅釋訓云灼灼明也率與昳同語詞也釋詁云乂治也棐俌也彝常也言刑得中則民服教而敬德堯有穆穆之美在上三后明明之察在下灼見于四方無不思德之勤故乃明于刑之中正聿治于民以輔彝常也典獄非訖于威惟訖于富敬忌罔有擇言在躬【注】罔有上一有而字【疏】典即敷省說文云主也訖者釋詁云迄止也富者詩瞻仰云何神不富傳云富福也郊特牲云富也者福也言主獄之不當終于立威惟終于作福即下文一人有慶兆民賴之也表記云甫刑曰敬忌而罔有擇言在躬多而字注云忌之言戒也言已外敬而心戒慎則無有可擇之言加于身也案擇爲殬假借字說文云殬敗也孝經云口無擇言身無擇行法言吾子篇云君子言也無擇聽也無

淫擇則亂淫則辟是擇與淫對下文云邪哆是也則此言敬忌而無有敗言出于身也 惟克天德自作元命【注】鄭康成曰大命謂延期長久也配享在下【疏】克者說文云肩也天德謂五常之德元者易文言云善之長也命者白虎通壽命篇云人之壽也天命已使生者也配謂配天享謂享其祿言惟能肩任天德自作善命則配天命而享天祿于下矣鄭注見書疏以元爲大者易曰大哉乾元九家易曰陽稱大是也云大命謂延期長久者洪範建其有極斂時五福一曰壽五曰考終命也

呂刑第廿七上終

呂刑第廿七下　周書六　尚書今古文注疏卷廿七

賜進士及第授通奉大夫山東督糧道加三級孫星衍撰

王曰嗟四方司政典獄非爾惟作天牧今爾何監非時伯夷播刑之迪【注】迪一作不迪【疏】司政典獄謂諸侯也春秋左氏襄十四年傳云天生民而立之君以司牧之言惟汝非爲天牧民乎今汝何所視法非是伯夷施刑之道乎緇衣引甫刑曰播刑之不迪注云播猶施也不衍字耳迪道也言施刑之道其今爾何懲惟時苗民匪察于獄之麗罔擇吉人觀于五刑之中惟時庶威奪貨斷制五刑以亂無辜上帝不蠲降咎于苗【注】鄭康成曰天以苗民所行腥臊不潔故下禍誅之苗民無辭于

罰乃絶厥世【疏】懲者鄭注表記云謂創艾𠍏者詩傳云潔也周語云明神不蠲注同咎者鄭注大傳云極也極即誅也言汝今何所懲戒惟是苗民不審察于獄之施不擇善人察于五刑之適中惟是衆恃威奪貨之人任之使斷制五刑亂罰無罪天帝不潔之下誅有苗苗民無辭以解于天罰乃絶其世嗣也鄭注見書疏云下禍誅之者降下釋詁文極與殛通釋言云誅也

王曰嗚呼念之哉伯父伯兄仲叔季弟幼子童孫皆聽朕言庶有格命【注】鄭康成曰格登也登命謂壽考者【疏】王呼親戚長幼使聽我言者深戒之穆王壽考孫行甚多故下文亦呼嗣孫此云幼子童孫也格者方言云正也正命謂不夭折鄭注見書疏云格登者釋詁格登陞也格登轉相注

今爾罔不由慰曰勤爾罔或戒不勤【注】曰一作日【疏】詩傳云由用也慰安也勤者釋詁云勞也或者詩箋云或之言有也言今汝無不用安以

謂勞汝無有戒其不勞者言貪逸以失時故下文曰俾
我一日也曰字釋文人實反音日或說慰者說文云恚
怒也今汝治獄無不用恚怒
爲勤無哀敬折獄之心也　天齊于民俾我一日【注】馬
融俾作矜曰齊中也矜哀也于一作乎俾一作假【疏】後漢
書楊賜傳賜上封事曰夫善不妄來災不空發王者心
有所惟意有所想雖未形顏色而五星已之推移陰陽
爲其變度已此而觀天之與人豈不符哉尚書曰天齊
乎人假我一日是其明徵也注云我君也天意欲整齊
乎人必假于君也今尚書文假作俾俾使者義亦通案
楊賜通尚書桓君章句即歐陽尚書則今文乎作乎俾
作假也馬注見釋文云齊中者釋言文俾作矜訓
爲哀者謂人受天地之中天必矜哀其一日之命　非終
惟終在人【疏】終謂考終命也言天同此視人其使有一
日之命非考終與惟考終與實在乎人言
敬刑成德則邀天之眷而永年
也上文云庶有格命此終其說　爾尚敬逆天命以奉我

一人雖畏勿畏雖休勿休惟敬五刑以成三德【疏】逆者釋言云迎也奉者說文云承也三德者洪範之正直剛克柔克也言汝庶幾敬迎天命以承我一人之戒雖可畏勿畏之雖可休勿休之惟敬慎五刑之中以成此三德之美漢書宣帝詔曰雖休勿休祇事不怠以不怠訓勿休也外戚傳引書曰雖休勿休惟敬五刑以成三德或以祇事不怠爲經文非也僞傳以休爲美亦非王氏引之以休爲喜云與畏正相反引周語云爲晉休慼韋注云休喜也一人有慶兆民賴之其寧惟永【疏】一人天子也慶者詩傳云善也兆者鄭注內則云萬億曰兆春秋左氏閔元年傳云天子曰兆民賴者漢書高帝紀注晉灼曰利也寧者釋詁云靜也言天子有善兆民享其利寧靜可致久長也王曰吁【注】馬融作于曰於也來有邦有土告爾祥刑【注】鄭康成作詳曰審察之也邦一作國詳一作訟在今爾安.

百姓何擇非人何敬非刑何度非及【注】史遷度作居及作宜馬融曰度造謀也爾一作而非一作不何擇非人上一有女字【疏】有國者畿外諸侯有土者畿內有采地之臣呼而告之墨子尚賢下篇云於先王之書呂刑之書然王曰於來有國有土告女訟刑在今而安百姓女何擇言人何敬不刑何度不及能擇人而敬爲刑堯舜禹湯文武之道可及也于作於者於說文同烏歎詞爾作而者鄭注聘禮云而猶女也而與爾通何擇言人言當爲吉字何度非及言及前王此墨子用古文書說也潛夫論本政篇引此經而說之云將致太平者先調陰陽調陰陽者先順天心順天心者先安其人安其人者先審擇其人故國家存亡之本治亂之機在明選而已矣史公作何擇非其人何敬非其刑何居非其宜乎古宅通度義又爲居見上疏及作宜者言何所處之非其義乎亦與墨子法前王之說相近馬注見釋文以吁作于說爲於者與墨子同云度造謀者釋

詁云度謀也言何謀不可及人鄭注見後漢書劉愷傳以祥爲詳云審察之者說文云詳審議也周禮太宰注大司寇注皆引度作詳刑疏俱云詳審後漢書孝明帝紀詔曰詳刑慎罰明察單辭俱同鄭作詳也墨子作訟者或詳之誤段氏玉裁云訟公古通用謂公刑也兩造具備注造一作遭師聽五辭疏兩造者周禮大司寇職云以兩造禁民訟注云造至也使訟者兩至具者詩傳云俱師士師周禮刑官之屬士師下大夫四人注云士察也主察獄訟之事刑者聽者鄭注小宗伯云平治也五辭即五聽也周禮小司寇職以五聲聽獄訟求民情一曰辭聽二曰色聽三曰氣聽四曰耳聽五曰目聽注云觀其出言不直則煩觀其顏色不直則赧然觀其氣息不直則喘觀其聽聆不直則惑觀其眸子不直則眊然五辭簡孚注史遷孚作信正于五刑五刑不簡正于五罰五罰不服正于五過疏簡者王制云無簡不聽注云簡誠也孚者釋詁云信也正者鄭注周禮云

治也服者高誘注呂氏春秋云從也不簡謂所犯非方
其誠無惡意也罰者罰鍰罰之不從則是聽獄者之過
也故下文五過之疵惟官惟反惟內惟貨惟來【注】史遷
究其疵
惟官已下十字作惟官惟內馬融來作求曰求有求請
賕也其罪惟鈞【注】史遷說爲閱實其罪惟鈞其過馬融
曰以此五過出入人罪與犯法者等【疏】疵者釋詁云病
也官謂挾威勢
反者孟子云惡聲至必反之謂報恩怨內謂從中制貨
謂行賄賂來謂請謁請惠氏棟云漢律有受賕之條即此
經惟貨也有聽請即此經惟求也案作惟來亦通史公
作官獄內獄者舉其重也官獄謂貴官之獄內獄謂中
貴之獄或畏高明或投鼠忌器也閱實其罪惟鈞其過
者罪實則過與犯者等虛則赦之馬注見釋文云請賕
者說文云以財物枉法相謝也案上文有貨此又云求
蓋貨爲勒索貨賄賕則以財干請也馬注又見史記集

解云以此五過出入人罪者謂枉法故出入之云罪與犯法者等者鄭注投壺云鈞等也

其審克之五刑之疑有赦五罰之疑有赦

注 鄭康成曰不言五過之疑有赦者過不赦也禮記曰凡執禁以齊衆者不赦過

疏 審者釋詁云察審也轉相訓克與核聲相近漢書刑法志元帝詔曰書不云乎其審核之即用此文或今文克作核也核又通覈說文云覈實也考事襾笮邀遮其辭得實曰覈王制云疑獄汜與衆共之衆疑赦之鄭注見書疏引禮記者王制文執禁齊衆謂有司所以禁民爲非五過之疵枉法亂政不可赦之

其審克之簡孚有衆惟貌有稽

注 史遷孚作信貌作訊貌一作緢

疏 簡孚有衆者即王制所云疑獄汜與衆共也言必衆誠信之貌者廣雅釋詁云治也故史記作訊周禮小司寇以三刺斷庶民獄訟之中一曰訊羣臣二曰訊羣吏三曰訊萬民蓋欲其誠信有衆必用三訊

之法與官民其治之也稽者鄭注周禮云考合也史公貌作訊者詩傳云訊問也貌爲治與訊義通說文作緢云旄絲也周書云惟緢有稽說文緢字以類相從緢次細字纖字後則爲細微必加考察之義葢孔壁古文是經文之貌或藐省文也

無簡不聽具嚴天威【注】史遷聽作疑具作其【疏】無簡不聽與王制文同鄭注云簡誠也有其意而無其誠者不論以爲罪具嚴天威言俱當嚴敬天威也史公聽作疑者言無誠則非疑獄也亦不可輕出入罪當具嚴敬天威也具作其者釋詁云其具也

墨辟疑赦其罰百鍰閱實其罪【注】史遷墨作黥鍰作率大傳說非事而事之出入不以道義而誦不詳之辭者其刑墨夏侯歐陽說墨罰疑赦而罰百率古以六兩爲率古尚書說百鍰鍰者率也一率十一銖二十五分銖之

十三也百鍰爲三斤馬融曰鍰鋝也鋝十一銖二十五
分銖之十三也賈逵說俗儒以鋝重六兩周官劒重九
鋝俗儒近是鄭康成曰鍰六兩也【疏】史公墨作黥者鄭
注周禮云墨黥也
先刻其面以墨窒之鍰作率者鍰當爲鋝率假借字也
見下疏閱實者簡閱當其實也其罰古用銅周禮職金
云掌受士之金罰貨罰入于司兵古以銅爲兵器今所
傳戈劒皆銅也大傳說見周禮注及華嚴音義五五刑
注引大傳同不更載出典云非事而事之云云者鄭注
云非所事而事之令所不當爲也案孝經云非先王之
法言不敢言非先王之法服不敢服然則今之浮居當
古之墨罪也夏侯歐陽說及古尚書說見周禮職金疏
夏侯歐陽說古以六兩爲率者百率則六百兩也率卽
鋝同音假借字古尚書說鍰亦爲率者說文云鍰鋝也
書曰罰百鍰又云鍰十銖二十五分之十三也案說文
有脫字同古尚書說銖者淮南天文訓云秋分而禾𥞤定

蔈定而禾熟律之以數十二故十二蔈而當一粟十二
粟而當一寸日之數十故十寸而爲尺十尺而爲丈其
以爲量十二粟而當一分十二分而當一銖十二銖而
當半兩是銖之重也云百鍰爲三斤者鋝三斤也馬注
見釋文云鍰鋝也云云者與古尚書説及説文同云俗
儒以鋝重六兩者馬以説今文者爲俗儒云近是者以
六兩當云六兩太半兩也引周書爲証者考工記桃氏
爲劒重九鋝謂之上制重七鋝謂之中制重五鋝謂之
下制注云上制重三斤十二兩中制重二斤十四兩下
制重二斤一兩案三分兩之二五鋝爲二斤一兩三分
兩之一十六兩爲一斤則鄭意以一鋝爲六兩大半兩
馬氏據此而以俗儒言一鋝六兩爲近是與鄭合也
考工記又有冶氏戈戟重三鋝注云許叔重説文解字
云鋝鍰也今東萊稱或以太半兩爲鈞十鈞爲環環重
六兩太半兩鍰鋝似同矣則三鋝爲一斤四兩疏云大
半兩爲鈞者凡數言太者皆三分之二爲太三分之一
爲少以一兩二十四銖十六銖爲太半兩也云十鈞爲
環者環則百六十銖用百四十四銖爲六兩餘十六銖

爲太半兩是鍰有六兩太半兩也鄭注見釋文云鄭及爾雅同鄭注大傳云死罪出鐵三百七十五斤亦即六兩之說釋文云爾雅謂小爾雅也案鍰今文作率或作選或作饌史記周本紀作率集解引徐廣曰率音刷索隱曰舊本率亦作選漢書蕭望之傳曰甫刑之罰小過赦薄罪有金選之品書大傳云一饌六兩今大傳作鐉誤也

剕辟疑赦其罰惟倍閱實其罪【注】史遷惟倍作倍灑大傳說觸易君命革輿服制度姦軌盜攘傷人者其刑剕【疏】惟倍據下文馬注云倍二百爲四百鍰則此倍百爲二百兩也史公作倍灑者灑與差聲相近謂倍之有差也集解引徐廣曰灑一作蓰五倍曰蓰蓰引趙注孟子之文實非也大傳說同上

剕辟疑赦其罰倍差閱實其罪【注】史遷剕作臏大傳說決關梁踰城郭而略盜者其刑臏馬融曰倍二百爲四百鍰也差

者文加四百之三分一凡五百二十三三分之一也剕一作𨁈【疏】剕者釋詁云刖也剕當作𨁈說文云跀也跀斷足也差者廣雅釋詁云欠也史公剕作髕與漢刑法志及大傳同蓋今文公羊襄二十九年傳疏引鄭駁異義云皐陶改髕爲剕呂刑有剕周改剕爲刖司刑注亦云刖斷足也周改髕作刖疏云髕本苗民虐刑咎繇改髕作𨁈至周改剕爲刖書傳云髕者舉本名案髕者說文云厀耑也云髕當鑽傷其厀耑之骨剕及刖蓋斷足趾漢書刑法志注孟康曰刖左右趾是也同使不能行而剕輕于髕戰國時用刑深刻左傳晏子云踊貴屨賤是傷足趾也史記孫子傳云以法刑斷其兩足太史公自序云孫子臏腳又復用苗民之刑也則今文稱臏實即古文之剕也王氏鳴盛云剕既起皐陶則肉刑虞已有非也刑起于三王時唐虞有髕名以菲屨象之而已大傳云夏后氏不殺不刑亦準令贖罪至殷時始實用之故漢董仲舒對策云殷人執五刑以督姦傷肌膚以懲惡玉篇𨁈引書曰𨁈罰疑赦則唐已前本

作䟣馬注見史記集解云倍差倍二百爲四百鍰又加云云者史記正義云倍中之差二百去三分一合三百三十鍰二兩也案于倍之外又加太半倍也宮辟疑赦其罰六百鍰閱實其罪【注】大傳說男女不以義處者其刑宮六一作五【疏】宮者周禮司刑注云丈夫則割其勢女子閉于宮中漢書鼂錯傳錯對策云除去陰刑注張晏曰宮刑也大傳說見上云男女不以義處後世謂之爲姦也史記正義本一作五百鍰集解引徐廣云一作六大辟疑赦其罰千鍰閱實其罪【注】大傳說降畔賊劫略奪攘撟虔者其刑死又說夏后氏不殺不刑死罪二千饌【疏】大辟者文王世子云共死罪則曰某之罪在大辟是即大傳之死刑也大傳說見上又云夏后不殺不刑死罪二千饌者下云禹之君民也罰弗及強而天下治一饌六兩鄭注云所出金鐵死罪出三百七十五斤用財少爾此鄭從

今文說也墨罰之屬千劓罰之屬千剕罰之屬五百宮罰之屬三百大辟之罰其屬二百五刑之屬三千【注】刑一作型【疏】周禮司刑職云掌五刑之灋以麗萬民之罪墨罪五百劓罪五百宮罪五百刖罪五百殺罪五百五二十五合爲一千五百也穆王去周公時已百餘年又有增損條目孝經孔子曰五刑之屬三千蓋據周律言之江氏聲云墨則倍于其初宮與大辟皆減焉以是差之輕于周禮矣此穆王詳刑之意也案罪之條目必有定數者恐後世妄加之故律所無輒比附以定罪今例猶云比照某律也律則古今不易例則繁輒刪除之今令甲猶然刑作型者見隸釋引三體石經

上下比罪無僭亂辭【疏】上下者郎下文之適輕適重也比者王制云凡聽五刑必察小大之比以成之注云小大猶輕重已行故事曰比周禮大司寇凡庶民之獄訟以邦成比之注云邦成謂若今時決事比也疏云邦成是舊法成事品式若今律其斷事皆依

舊事斷之其無條取比類以決之僣者詩傳云差也辭者說文云訟也漢書路溫舒傳溫舒上書曰囚人不勝痛則飾辭以視之吏治者利其然則指道以明之上奏畏却則鍛鍊而周內之又刑法志云姦吏因緣爲市所欲活則傳生議所欲陷則予死比是差亂囚辭及決獄之辭也言上下之罪律有成事及條目所無比附而行之勿增其條于三千之外囚之訟辭及決獄之辭勿有差亂以失其實也

勿用不行惟察惟法【疏】不行者謂蠲除之法晉書刑法志引春秋保乾圖曰王者三百年一蠲法已蠲罰又行之則刑罰不信民無所措手足惟察惟法謂惟以明察惟用今時之法也

其審克之上刑適輕下服下刑適重上服輕重諸罰有權【注】適俱作挾【疏】適者詩傳云過也過謂罪過服與艮通說文云治也權者公羊桓十一年傳云反于經然後有善者也言當服上刑者其過輕當以下刑治之下刑過重以上刑治之下服減等也上服加等也輕重諸罰有權宜也後漢書劉般傳劉

愷引尚書曰上刑挾輕下刑挾重說之云如今使臧吏禁錮子孫以輕從重懼及善人非先王詳刑之義也注云今尚書呂刑篇曰上刑適輕下服下刑適重上服謂二罪俱發原其本情須有虧減故言適輕適重此言挾輕挾重意亦不殊與今尚書不同耳書疏云劉君以上刑適輕下刑適重皆爲一人有二罪上刑適重者若今律重罪應贖輕罪應居作官當者以居作官當爲重是爲上刑適輕下刑適重者若二者俱是贓罪罪從重科輕贓亦備是爲輕重並數也疏稱劉君即是劉愷王氏鳴盛云不知是焯是炫葢偶有不照耳劉愷葢今文說也

刑罰世輕世重【注】世一作時【疏】世輕謂平世世重謂亂世鄭注周禮大司寇職云掌建邦之三典一曰刑新國用輕典二曰刑平國用中典三曰刑亂國用重典注云新國者新辟地立君之國用輕法者謂其民未習于教平國承平守成之國也用中典者常行之法亂國篡弒叛逆之國用重典者以其化惡伐滅之又注司刑云夏刑大辟二百臏辟三百宮辟五百劓墨各千周則變焉所謂刑罰世輕世重者

也鄭意以周公制禮時殷民化紂凶德故變夏刑從重穆王改就夏刑鄭意必以爲輕周本紀云成康之際天下安寧刑錯四十餘年不用是平國宜用中典也荀子正論篇云故治則刑重亂則刑輕犯治之罪固重犯亂之罪固輕書曰刑罰世輕世重此之謂也楊倞注云治世刑必行則不敢犯故重亂世刑不行則人易犯故輕又云治世家給人足犯法者少有犯則衆惡之罪固當重亂世人迫于飢寒犯法者多不可盡用重典當輕也案荀子所說就犯法者言之非此經義世作時者後漢書應劭傳劭議引書曰刑罰時輕時重**惟齊非齊有倫有要**注惟一作維疏倫者鄭注學記云理也要者鄭司農注周禮云簿書也又注小宰要會云謂計最之簿書月計曰要歲計曰會江氏聲云上刑適輕下刑適重非齊也輕重有權隨世制宜齊非齊也齊其非齊有倫理有要會荀子王制篇云先王制禮義以分之使有貧富貴賤之等是以相兼臨者是養天下之本也書曰維齊非齊此之謂也惟作維者今文凡惟皆从糸與思惟有別後人亂之以貧

富貴賤爲非齊者斷章取義非說此經也**罰懲非死人極于病**【疏】懲者鄭注表記云謂創乂極與勵聲相近文選北征賦注引說文勵一曰甚也言罰者謂五刑之四及罰鍰也罰所以懲創之非欲其死而人已苦于病矣言當深慎斷者不可以復續也王應麟蓺文志考云漢世諸儒所引尚書異字曰罰懲非死佞極于病或今文尚書今未檢得所出書故不以爲注**非佞折獄惟良折獄罔**

非在中察辭于差非從惟從【注】**大傳說君子之於人也有其語也無不聽者皇于獄訟乎必盡其辭矣聽獄者或從其情或從其辭**【疏】佞者孔安國注論語云口才也良者詩傳云善也差者杜預注左傳云差池不齊一言折獄者口才辯給之人能使囚窮于辭容有辭屈而枉入刑者故非口才可以折獄惟善人折獄公正不偏無不得中也折獄者又當察囚辭之有參差不齊者以求其情既得其情非從其辭惟從

其辭不失其情故謂之爰書爰者易也易其文不易其辭大傳云皇于獄訟皇與況通今文皇多作況見無逸疏云或從其情或從其辭卽釋非從惟從也徐幹中論賞罰篇云賞罰不可以疎亦不可以數不可以重亦不可以輕先王思中以平之而不失其節書曰罔非在中察辭於差

哀敬折獄 注 大傳說子曰古之聽民者察貧窮哀孤獨矜寬宥老幼不肖無告有過必赦小罪勿增大罪勿纍老弱不受刑有過不受罰故老而受刑謂之悖弱而受刑謂之尅不赦有過謂之賊逆率過以小謂之枳故與其殺不辜寧失有罪與其增以有罪寧失過以有赦又說子曰聽訟雖得其指必哀矜之死者不可復生斷者不可復續也書曰哀

矜哲獄【疏】敬與矜聲相近今文作矜哲即折假音字漢書于定國傳贊曰于定國父子哀鰥哲獄是亦今文注應劭曰哲知也哀矜者傷上之失教使囚羅于罪罰也大傳說哀矜爲察貧窮哀孤獨矜寬宥老幼不肖無告洪範無虐煢獨之指也縣者鄭注云延罪無辜曰縣剋即劾字說文云劇也劇者甚也大傳又說雖得其指必哀矜之即論語曾子云上失其道民散久矣雖得其情則哀矜而勿喜**明啓刑書胥占咸庶中正其刑其罰其審克之**【疏】啟與啟通說文云省視也胥者釋詁云相也占者史記平準書索隱引郭璞云自隱度也即釋言隱占注今脫自字克當爲覈假借字言當明視刑書相與占度比附之皆庶幾合**獄成而孚輸而孚其刑**于中正其刑其罰其詳覈之**上備有并兩刑**【疏】輸者廣雅釋言云寫也秦策云常以國情輸楚輸猶達也上而猶能也下而猶汝也備同葡說文云具也獄成而信乃輸寫汝信于上文王世子云獄成有司讞于公注云讞之言白也

則成獄當奏白于上也其刑上備者具列爰書上之勿增減其罪狀也有并兩刑者鄭注大傳云二人俱罪呂侯之說刑也犯數罪猶以上一罪刑之言犯二罪以上止科一罪也鄭注此條雖佚亦必云然大傳注見御覽刑法部一云犯數罪猶以上一罪刑之當作犯數罪以上猶以一罪刑之待決于王也**王曰嗚呼敬之哉官伯族姓朕言多懼朕敬于刑有德惟刑**疏官伯謂司政典獄也族姓謂伯父伯兄仲叔季弟幼子童孫也言我言詳刑多畏懼之辭者我甚敬于刑不敢妄用也有德者當思此詳刑**今天相民**注馬融曰相助也作配在下明**清于單辭民之亂罔不中聽獄之兩辭**疏相者釋詁云相助勴也單辭者後漢書光武本紀永平三年詔曰明察單辭注云單辭猶偏聽也又朱浮傳有人單辭告浮事者注云單辭謂無証據也亂者釋詁云治也言今天助民立之君使能配在下地則承天以治民聽獄可不中乎能明察

一偏之辭片言折獄其聽于獄之兩造之訟更無不中矣馬注見釋文無或私家于獄之兩辭獄貨非寶惟府辜功報以庶尤【注】大傳說獄貨非可寶也然後寶之者未能行其法者也貧人之寶受人之財未有不受命以矯其上者也親下以矯其上者未有能其功者也【疏】私者說文云自營謂之厶家讀如檟弓君子不家于喪之家府者春秋左氏昭十二年傳云吾不爲怨府注云怨禍之聚釋詁云辜罪也功者詩傳云事也庶衆也尤與訧同說文云罪也引周書此文言無或自營而成家于獄也以獄聚貨不足寶也惟聚罪事天將報以衆罪也大傳云未有不受命以矯其上者今文讀府爲誣聲相近也字亦或作誣周語云其刑矯誣注云以詐用法曰矯加誣無罪曰誣受人之財則親下以矯誣其上也以辜功爲未有能其功者漢書律歷志注孟康曰辜必也一切經音義引

漢書音義云辜固也謂規固販鬻以求利也則辜功謂取必規固以求功也永畏惟罰【注】大傳說是故聽民之術怒必畏畏思意小罪勿兼【疏】大傳說怒必畏鄭注云怒責也責囚之罪必思意兼謂思其辭思其主思重大罪求可以出之罪也非天不中惟人在命【疏】言非天之降罰不中正也惟人受天命以生遊天則自取其咎耳天罰不極庶民罔有令政在于天下【疏】天罰者猶皐陶謨云天討王者代天行罰故云天罰極者詩傳云中也令者釋詁云善也洪範云王建其有極謂王者承天建中又云庶民于汝極馬氏注云衆民于汝取中正以歸心也王罰不中則衆民無有善政在天下矣王曰嗚呼嗣孫今往何監非德于民之中尙明聽之哉【疏】言嗣孫者謂諸侯永戒其後嗣言自今以往何所監視非當立德于民之中乎庶幾免聽之哉哲人惟刑【疏】吳志步騭傳騭曰明德慎

罰哲人維刑書傳所美自今蔽獄都下則宜顧雍武昌則陸遜潘濬平心專意務在得情言當擇哲人任之以刑也

無疆之辭屬于五極咸中有慶【疏】疆者詩傳云竟也屬者鄭注周禮云猶合也辭者說文云訟也五極謂五刑之中慶者詩傳云善也言惟此哲人于無竟之訟能審詳反復使合于五刑之中皆中則有善慶矣

受王嘉師監于茲詳刑【疏】釋詁云嘉善也師衆也言受王之善衆而治之常視此哲人之詳刑也

呂刑第廿七下終

文侯之命第廿八　周書十九　尚書今古文注疏卷廿八

賜進士及第授通奉大夫山東督糧道加三級孫星衍撰

注 史遷說晉文公五年五月丁未獻楚俘于周駟介百乘徒兵千天子使王子虎命晉侯為伯賜大輅彤弓矢百旅弓矢千秬鬯一卣珪瓚晉侯三辭然後稽首受之因作晉文侯命

疏 史公說見晉世家節載此經文孔安國故也案十二諸侯年表晉文公五年周襄王之二十年也歲在乙丑又周本紀云十七年襄王告急于晉晉文公納王而誅叔帶襄王乃賜晉文公珪鬯弓矢為伯以河內地與晉本紀因晉文公納王而終述二十年錫命之事也新序善謀篇云晉文公時周襄王有弟太叔之難出亡居鄭晉侯以師逆王王入于王城取太叔于溫殺之晉侯朝王王享醴命之侑其

後三年文公再會諸侯以朝天子天子錫之弓矢秬鬯以爲方伯晉文公之命是也案書序平王錫晉文侯命釋文云馬無平字則書序不以文侯爲仇王或是襄王也劉向所引書多今文則今文說亦以爲文公重耳也馬氏不以義爲文侯名亦同古說据釋文云義本亦作誼故馬氏不以爲文侯仇字也

王若曰父義和【注】馬融曰王順曰父能以義和我諸侯鄭康成曰義讀爲儀儀仇皆匹也故名仇字儀義一作誼【疏】馬注見史記集解以若爲順者釋言文稱父者說文云父家長率教者也諸侯之長故以父稱之義和者釋詁云和會也言以義會合諸侯馬氏不同鄭說亦以文侯爲晉文公重耳也鄭注見書疏云義讀爲儀者周禮肆師治其禮儀以佐宗伯注云故書儀爲義鄭司農云義讀儀是也云儀仇皆訓匹者俱釋詁文釋詁仇作逑云名仇字儀者晉世家穆侯四年取齊女姜氏爲夫人七年伐條生太子仇十年伐千畝有功生少子

名曰成師晉人師服曰異哉君之命子也太子曰仇仇者讎也少子曰成師成師大號成之者也名自命也物自定也今適庶名反逆此後晉其能毋亂乎三十七年穆侯卒弟殤叔自立太子仇出奔殤叔四年太子仇率其徒襲殤叔而立是爲文侯文侯十年周幽王無道犬戎殺幽王周東徙鄭以文侯侯爲文侯仇王爲平王故以義爲仇之字但文侯名仇見春秋左氏桓二年傳及晉世家其字儀則未見所出也春秋左氏僖廿八年傳敘晉文公城濮之捷獻俘錫命之事曰用平禮也杜注云以周平王享晉文侯仇之禮享晉侯則鄭說杜注所本也此葢衛賈之義馬不從之義釋文云本亦作誼

丕顯文武克愼明德昭升于上

注 史遷克作能升作登昭一作卲

敷聞在下

注 馬融曰昭明也上謂天下謂人

疏 丕與不通語詞詩文王云有周不顯傳云不顯顯也顯光也克者釋言云能也愼者釋詁云誠也明與孟通釋詁云孟勉也昭升于上者詩文王云文王在上於昭

于天傳云在上在民上也昭見也箋云其德著見于天敷者詩傳云布也聞者詩文王云令聞不已箋云聲聞言光顯之文武能誠勉其德著見于上布聞于下也史公克作能者釋言文升作登者典引云昭登之績匪堯不與鋪聞遺策在下之訓匪漢不宏蔡邕注云尚書曰昭登於上是今文尚書升爲登與史記同敷又作鋪也班氏訓上爲堯下爲漢則今文以文武爲上今時爲下如微子云底遂陳于上敗厥德于下今文書說也馬注見史記集解云昭明者說文昭日明也云上爲天下爲人者詩文王云文王陟降在帝左右傳云言文王升接于天下接人也昭三體石經作卲

惟時上帝集厥命于文王【注】史遷惟作維王作武【疏】時者釋詁云是也集者詩傳云就也詩文王云周雖舊邦其命維新傳云乃新在文王也史公惟作維者今文惟皆作維文王作文亦武者詩大明序云文王有明德故天復命武王也

惟先正【注】鄭康成曰先正先臣謂公卿大夫也克左右

昭事厥辟【疏】正者釋詁云長也釋言云尹正也左右者釋詁云導也勴也詩傳云助也昭與釗聲相近釋詁云釗勉也厥者釋言云其也辟者釋詁云君也言亦惟先世之臣能導助勉事其君也漢書谷永傳永引經曰亦惟先正克左右說之云未有左右正而百官枉者也注師古曰周書君牙之辭也案永時未有僞古文當用此經顔氏誤也鄭注見魏志武帝紀注云先正先臣者緇衣云昔吾有先正注云先正先君長也君長兼公卿大夫而言故鄭云然

越小大謀猷罔不率從肆先祖懷在位【注】越一作粤【疏】越三體石經作粤於也猷者鄭注緇衣記云道也率者釋詁云循也從者鄭注樂記云順也釋詁云肆故也懷安止也懷安同意相受詩箋亦云懷安也言於小大謀道無不循順故先祖安在位也

嗚呼閔予小子嗣【注】閔一作愍嗣一作孠造天丕愆

殄資澤于下民侵戎我國家純【疏】閔者詩箋云悼傷之言也嗣者釋詁云繼

也造同遭周本紀兩造集解引徐廣曰造一作遭惢說文同僣釋言云過也殄者釋詁云絕也資者詩傳云財也澤者趙岐注孟子云祿也侵者廣雅釋言云淩也戎者說文云兵也侵戎猶戎侵純者釋詁云大也歎言傷悼予小子嗣位遭天大過咎絕財祿于下民寇兵大侵犯我國家謂王子帶以翟人入周也閔作愍嗣作嗣俱見三體石經愍卽憨字从毋从民心閔字古文也見說文云閔弔者在門亦悲閔之義也嗣作孠者說文孠古文嗣字純爲大不詞古屯純通字蓋言兵侵者爲我國家屯難也

卽我御事罔或耆壽俊在厥服【注】或一作克俊下一有咎字服一作躬【疏】卽者詩傳云就也或有通字御事主事之官俱見上疏俊者釋言云髦俊也服者釋詁云事也言就今我主事之臣無有老成俊髦任其事者漢書成帝紀鴻嘉元年詔曰書不云乎卽我御事罔克耆壽咎在厥躬注文穎曰此尚書文侯之命篇中辭也言我周家用事者無能有耆壽賢者使國之危亡罪咎在其用事者也師古曰咎在

厥躬乎王自謂故帝引之以自責耳是今文或一作克俊在厥服作咎在厥躬也文穎又云賢者葢釋俊字則今文耆壽俊下云咎在厥躬**予則罔克曰惟祖惟父其伊恤朕躬**疏克者釋詁云勝也惟祖惟父江氏聲以爲祖行父行之諸侯或即謂祖禰在天之靈也伊者釋詁云維也恤者說文云憂也收也言老成賢俊既少我則不能勝任謂我祖禰有靈當收恤我身也**嗚呼有績予一人永綏在位**注史遷績作繼疏績者釋詁云繼也功也永者詩傳云久也綏者釋詁云安也歎言予遭叔帶出奔失位有繼令予一人久安在位者文公之功也史公訓績爲繼釋詁文綏俗字當從說文爲綏**父義和汝克紹乃顯祖**注紹一作昭**汝肇刑文武用會紹乃辟追孝于前文人**注汝一作女紹一作昭疏紹者釋詁云繼也顯祖謂文侯仇受平王錫命釋詁云肇敏也刑法也敏者亟也會謂會合諸

侯文人者詩傳云文德之人也言汝能繼乃光顯之祖文侯仇汝能亟法文武以合諸侯安王室繼乃君之王業是能追孝于前文德之人汝作女縚作昭見三體石經

汝多修扞我于艱 注 扞一作戰

若汝予嘉 疏 多者司馬法云上多前虜鄭注周禮云戰功曰多修者詩傳云長也捍者杜預注左傳云衛也說文作戰云止也引周書此文一切經音義九云古文戰戰捍扞仟四形今作扞同艱者詩傳云亦難也嘉者釋詁云美也言汝戰功甚長衛我于艱難如汝者予嘉美之扞說文作戰一切經音義引說文捍止也又引說文扞止也今說文扞忮也莊子釋文引說文扞抵也

王曰父義和其歸視爾師 注 爾一作介視一作眂

寧爾邦用賚爾秬鬯一卣彤弓一彤矢百盧弓一盧矢百馬四匹 注 盧一作旅

疏 釋詁云師衆也賚賜也說文賚引周書此文爾作介秬鬯者說文云鬯黑黍也一稃二米以釀也或作秠

鬯以秬釀鬱艸芬芳攸服以降神也彤者說文云丹飾也詩傳云彤弓朱弓也盧者黸省文說文云齊謂黑爲黸何休注公羊傳云禮天子雕弓諸侯彤弓大夫嬰弓士盧弓釋文云出司馬法荀子大略篇云天子雕弓諸侯彤弓大夫黑弓禮也則賜用彤弓諸侯之制兼以大夫士盧弓備用也馬四匹者一乘也周禮夏官敘官云圉師乘一人圉人良馬匹一人注云四馬爲乘曲禮疏引含文嘉九賜一曰車馬二曰衣服三曰樂則四曰朱戶五曰納陛六曰虎賁七曰斧鉞八曰弓矢九曰秬鬯宋均注云進退有節行步有度賜以車馬以代其勞言成文章行成法則賜以衣服以表其德動則有禮賜之納陛以安其體長于教誨內懷至仁賜之樂則以化其民居處修理房內不泄賜之朱戶以明其別勇猛勁疾執議堅彊賜之虎賁以備非常抗揚威武志在宿衛賜之斧鉞使得專殺內懷仁德執義不傾賜之弓矢使得專征慈孝父母賜之秬鬯以歸祭祀是其文也王制疏云尚書大傳云以兵屬于得專征伐者賜弓矢則尚書彤弓一彤矢百盧弓十盧矢千於周禮則當盧弓大弓

合七成規者故司弓矢云唐弓大弓以授使者勞者注云若晉文侯文公受王弓矢之賜者是盧弓一又作盧弓十案九賜有車馬春秋左傳廿八年襄王賜晉文公大路之服戎路之服卽此云馬四匹是也三體石經視作眡盧作旅旅說文云眡眡貌盧作旅旅者假音字春秋左氏僖廿八年傳云旅弓矢千注云旅旅黑弓釋文云旅本或作玈陸氏誤也旅字俗从元周禮司儀職旅儐注云旅旅讀爲鴻臚之臚是旅卽盧之假借字也父往

哉柔遠能邇惠康小民無荒寧簡恤爾都**注**鄭康成曰都國都也鄙邊邑也言都不言鄙由近以及遠也簡一作柬用成爾顯德**疏**能與而而與如古字俱通柔遠能邇邇者卽安遠如邇也釋詁云柔安也惠愛也康靜也寧安也簡大也荒者周書諡法云好樂怠政曰荒恤者說文云憂也收也言父其往哉安遠如近愛靜小民無荒怠貪寧大收恤汝國都以成汝顯著之德也鄭注見書疏云都國都鄙邊邑者說文云都

有先君之舊家廟曰都詩箋云城都之域曰都鄙者杜注左傳云邊邑也釋名云鄙否也小邑不能遠通也簡三體石經作㯳

文侯之命第廿八終

秦誓第廿九　周書廿　尚書今古文注疏卷廿九

賜進士及第授通奉大夫山東督糧道加三級孫星衍撰

注 史遷說三十六年繆公復益厚孟明等使將兵伐晉渡河焚船大敗晉人取王官及鄗以報殽之役晉人皆城守不敢出於是繆公乃自茅津渡河封殽中尸為發喪哭之三日乃誓於軍中曰 疏 史記說見秦本紀封者案左傳作誓在晉襄公釋歸三帥之時書序則云還歸之後史公以為在敗晉人報怨之後者白虎通號篇以邦之榮懷知秦穆公之霸是今文說也

公曰嗟我士 注 史遷士作士卒鄭康成曰誓其羣臣下

及萬民獨云士者舉中言之**聽無譁予誓告汝羣言之**
首【疏】秦伯稱公者白虎通號篇云伯子男臣子於其國
之道或稱公而尊或稱伯子男而卑爲交接之時不私
其臣子之義心俱欲尊其君父故皆會臣子得稱其君
爲公也何以知諸侯稱公尙書曰公曰嗟秦伯也嗟字
當爲鑾隸省文譁者說文讙譁轉注首者釋詁云始也
鄭注曾子問云本也史公士作士卒者以此時誓于軍
中也鄭注見書疏云誓其羣臣下及萬民者周禮小司
寇掌外朝之政以致萬民而詢焉一曰詢國
危敗殺即是國危故當爲告羣臣及萬民也**古人有言**
曰民訖自若是多盤責人斯無難惟受責俾如流是惟
艱哉【疏】民者詩靈臺疏引孝經援神契云冥也鄭注呂
刑亦同訖者釋詁云止也若者釋言云順也盤
者釋詁云樂也俾者釋詁云使也此述古訓言民冥無
知止以自順是爲多樂耳然責人此無難惟受責于人

如流之順是惟艱也我心之憂日月逾邁若弗云來注云一作員疏逾者高誘注呂氏春秋云益也邁者釋言云行也云云者江氏聲引詩傳云旋旋也又引詩釋文云云本又作員言我心之所憂日月益行如弗旋來言悔過如不及也云一作員者書疏云員即云也則今經作云後人所改困學紀聞云周益公曰唐賦多用員來讀秦誓正義如今之云字乃員之省文益公名必大惟古之謀人則曰未就予忌惟今之謀人姑將以爲親疏古者詩傳云故也廣雅釋詁云始也忌者說文云憎惡也姑者詩傳云且也言惟始之謀謀人則以未肎就予而憎惡之惟近之謀人且將以爲親附悔不聽故舊之言也說文有惎云毒也周書曰來就惎惎蓋即此文未就予忌未來形相近忌惎聲相近春秋左氏定四年傳云惎間王室注云惎毒也釋文惎音忌詳其義或謂來就予而反毒之廣雅釋詁云諆毒也義與忌相近惎惎衍一重字或脫予字古之謀人謂蹇叔等今之謀人謂杞子也据春

秋左氏僖卅十二年傳諫穆公襲鄭以爲勞師襲遠者爲蹇叔公羊穀梁則蹇叔與百里奚同諫秦本紀同左傳言蹇叔之子與師哭而送之公穀史記皆云蹇叔百里奚同送其子而哭之左傳載三帥之名爲百里孟明視西乞術白乙丙史記以孟明視爲百里傒子西乞術白乙丙蹇叔子左傳疏引世族譜云姓百里名視字孟明百里奚之子譜又云或以西乞術白乙丙爲蹇叔子則此經古之謀人下文詢茲黃髮番番良士一个臣皆兼指蹇叔百里奚二人言也又左傳杞子自鄭使告于秦曰鄭人使我掌其北門之管若潛師以來國可得也

雖則云然尚猷詢茲黃髮則罔所愆【注】史遷說爲古之人謀黃髮番番則無所過云一作員愆一作僁【疏】尚者釋詁云庶幾也詢俗字當爲恂釋詁云謀也黃髮者詩南山有臺云遐不黃耇傳云黃黃髮也疏引舍人注釋詁云黃髮老人髮白復黃也愆同僁釋詁云過也言雖則言親个之謀人庶幾猶謀諸黃耇則無所過也史公詢作

諆罔作無愆作過皆釋詁文漢書韋賢傳李尋傳注䣊古引秦誓俱作雖則員然李尋傳注愆作𠎝从籀文新序䄂事篇引書曰黃髮之言則無所愆北堂書抄諫諍部引作㥶

番番良士旅力既愆我尚有之

疏 番音近皤說文云皤老人髮白貌也江氏聲云秦本紀說此文云古之人謀黃髮番番則無所過以番番屬于黃髮則番番為老人狀貌僞傳以番番為勇武非也史記正義云番音婆字當作皤皤白頭貌良者詩傳云善也旅即膂省文說文云呂脊骨也或作膂廣雅釋詁云膂力也王氏念孫云膂力一聲之轉尚者詩箋云猶也下尚不欲同義與上文尚猷詢茲黃髮下文亦尚一人之慶三尚字不同詁也言番番然白頭之善士旅力既過我猶有之

仡仡勇夫射御不違我尚不欲

注 仡馬融作訖曰訖訖無所省錄之貌

疏 仡者說文云勇壯也引周書此文漢書李尋傳云秦穆公任仡仡之勇公羊宣六年傳云祁彌明力士也仡然從趙盾而入何氏注云仡然壯

勇貌俱與此經義同言壯勇之夫射御不違失我尚不欲其如是江氏聲云春秋左氏僖三十三年傳云秦師過周北門左右免冑而下超乘者三百乘王孫滿觀之言于王曰秦師輕而無禮必敗輕則寡謀無禮則脫入險而脫又不能謀能無敗乎此誓追悔戍鄭之事則勇夫即謂超乘者違者後漢書注云失也廣雅釋詁云離也馬注見釋文云無所省錄者漢書董仲舒傳集注云錄謂存視也蓋言其恃勇無知不能有所省察存視也

惟截截善諞言【注】馬融諞作偏曰截截辭語截削省要也偏要也辭約指明大辨佞之人截一作諓諞一作竫

又作諛俾君子易辭我皇多有之【注】辭一作怠皇一作況【疏】截截者說文有諓云善言也又云諞巧言也引周書曰截截善諞言論語曰諞佞今論語諞作便鄭注云便辨也謂佞而辨是截截善諞言爲便巧辯佞之言也說文又有戔云戔賊也引周書曰戔戔巧言蓋說

文用孔氏古文亦兼取今文故兩引之也公羊文十二
年傳作諓諓注云諓諓淺薄之貌越語范蠡曰又安知
是諓諓者乎注云諓諓巧辯之言李尋傳亦云穆公說
諓諓之言截與戔諓俱聲相近廣雅釋訓云諓諓善言
也公羊傳諞作竫注云竫猶撰也楚辭劉向九歎云譊
人諓諓注云諓諓讒言貌引尚書諓諓靖言偏釋文云
又作諞聲與戔諓亦相近靖善亦巧也易辭公羊作易
怠皇公羊作況云俾君子易怠而況乎我多有之注云
俾使也易怠猶輕惰也易者廣雅釋言云輕也說文辭
从台籥文與怠聲相近史記三王世家齊王策云義之
不圖俾君子怠與公羊同無逸云無皇曰又云則皇自
敬德漢石經皆作兄詩桑柔倉兄塡兮義作況則此言
淺薄巧言之人使君子輕忽惰廢我況多有之況益也
馬注見釋文云截截辭語截削省要偏要也辭約指明
者就偏字望文生義然則馬所據古文又作偏也云大
辯佞之人亦與諸備義同此多有之及上尚有之王氏
念孫云有之謂親之也春秋左氏昭二十年傳云是昧
不有寡君也杜注云有相親有也自悔其親佞人也

昧我思之如有一介臣【注】馬融曰一介耿介一心端慤者如一作若斷斷猗【注】斷一作𢇍猗一作兮無他技【注】他一作它其心休休焉【注】鄭康成曰休休寬容也其如有容【疏】昧昧者廣雅釋訓云晤也思者公羊傳云惟一介斷斷焉無他技其心休休能有容釋詁云惟思也能而通字而即如也江氏聲云秦本紀云以申思不用蹇叔百里奚之謀故作此誓則昧昧我思者自謂思此一介臣僞孔以此文屬上讀云我前多有之以我昧昧思之不明故也詳玩經文實不然大學引此經如作若者釋言云若如也介釋文云字又作个大學引此經釋文作个正義本作介个即介字別體也說文云斷古文作𢇍引周書云𢇍𢇍猗無它技又曰𢇍亦古文廣雅釋訓云斷斷誠也猗作兮見大學他作它見後漢書謝弼傳注引此文大學釋文亦作它何氏注公羊云一介猶一概斷斷猶專也他技奇巧異端也休休美大貌

能含容賢者逆耳之言則此言如有一概臣其心專一無他技巧其心休休美寬大如有所容納也馬注見釋文云一介耿介者楚辭離騷云彼堯舜之耿介注云耿光也介大也是耿介爲光大也云端慤者端直慤愿俱見前疏鄭注見大學釋文以休休爲寬容貌者何氏注公羊云休休美大貌大即寬容之義

人之有技若已有之人之彥聖【注】彥一作盤**其心好之**【疏】彥者釋訓云美士爲彥詩疏引舍人注云國有美士爲人所言道也大學注云彥一作盤盤大也聖者洪範云睿作聖

不啻如自其口出是能容之【注】是一作寔**以保我子孫**【疏】不啻不但也見前無逸疏鄭注大學云若已有不啻口出皆樂人有善之甚也是大學作寔釋詁云寔是也保者釋詁云安也言人之有技藝如已有之人之有美譽通明者其心好之語時不但如自其口出言語不盡好之之意也寔是能容納之以能安我子孫

黎民亦職有利哉【注】職一作尚【疏】

黎者鄭注大學云衆也釋詁文職者釋詁云主也大學引作尙高誘注淮南云尙主也論衡刺孟篇云尙書曰黎民亦尙有利哉此今文尙書　人之有技冒疾以惡之讀也僞傳以子孫黎民連讀

人之彥聖而違之俾不達【注】冒一作娼達一作通【疏】冒者鄭注大學云娼妒也說文云娼夫妒婦也疾與嫉通說文云姈也或作嫉又云姈妒也鄭注大學云違猶戾也俾使也佛戾賢人所爲使功不通于君也俾使殆危皆釋詁文大學達作通通達說文義也違者曹大家注幽通賦云恨也　是不能容以不能保我子孫黎民亦曰殆義亦相近

哉【疏】殆者鄭注大學云危也釋詁文　邦之杌隉【注】杌一作阢曰由一人

邦之榮懷亦尙一人之慶【疏】杌俗字說文作阢阢引見隉下云隉危也班固說不安也周書曰邦之阢隉讀若虹蜺之蜺又云阢石山戴土也榮者韋昭注晉語云樂也懷者釋詁云安也慶者詩

傳云善也尚者高誘注淮南及廣雅釋詁皆云主也言
邦之不安爰自一人爲之邦之樂安亦主一人之善俱
自責也白虎通號篇云尚書曰邦之榮懷亦尚一人之
慶知秦穆公之霸也班氏据此經文知秦穆公之霸是
謂榮懷之言當在敗晉報怨之後則是今文說與史記
同義也

繇辭第廿九終

尚書今古文注疏卷卅

書序第卅上

賜進士及第授通奉大夫山東督糧道加三級孫星衍撰

注 史遷說孔子因史文次春秋紀元年正時日月蓋其詳哉至於序尚書則畧無年月或頗有然多闕不可錄故疑則傳疑蓋其愼也又說孔子序書上紀唐虞之際下至秦繆編次其事馬融鄭康成皆曰書序孔子所作

疏 史公說見三代世表又說見孔子世家以序爲孔子作者漢書藝文志云書之所起遠矣至孔子纂焉上斷于堯下訖于秦凡百篇而爲之序言其作意儒林傳云孔子奸七十餘君自衞反魯究觀古今篇籍于是敘書則斷堯典劉歆移博士書說亦同是兩漢諸儒皆以書序爲孔子所作也史公云序尚書則畧無年月者虞

夏書無年月云或頗有者商書有成湯既没太甲元年周書有惟十有一年武王伐殷二條是有年月也云然多闕者謂其餘皆闕文不可錄也漢書歷律志引三統或有年月與史記不同至竹書紀年及皇甫謐帝王世紀所載甚詳不知何據故史記三代世表自共和以來始有甲子也云上紀唐虞之際下至秦穆者即今書起堯典訖秦誓也云編次其事者今書序之次今古文或不同馬鄭又異鄭于成王征序注云此伐淮夷與踐奄是攝政三年伐管蔡時事其編篇此未聞則書序非孔子舊編之次也史記所載書序有大戊篇目今本脫之而僞傳以女鳩女方爲二篇以就白篇之數非也當并二篇爲一增大戊馬鄭說見書疏知孔子所作者疏以爲依緯文而知之釋文云馬鄭之徒百篇之序總爲一卷書序云作序者不敢廁于正經故謙而聚于下今僞孔傳以此序散入經中各冠諸篇非舊式也

虞夏書

昔在帝堯【注】鄭康成曰書以堯爲始獨云昔在使若無先之典然也聰明文思光宅天下將遜于位讓于虞舜【注】鄭康成曰堯尊如故舜攝其事作堯典【注】鄭康成曰舜之美事在于堯時【疏】鄭注俱見書疏云書以堯爲始者史記五帝本紀云學者多稱五帝尙矣然尙書獨載堯以來史公意與鄭合也云使若無先之典然者楚語申叔時曰教之訓典注云訓典五帝之書是堯已前書有名典者此始自堯故云無先也云堯尊如故舜攝其事者嫌堯得舜卽避位不爲天子故釋之孟子萬章篇云堯老而舜攝也又云堯崩三年之喪畢舜避堯之子于南河之南是則堯在時舜未卽眞則堯爲天子如故也故云堯尊如故堯典文自曰若稽古至陟方乃死今古文同今正義本以愼徽已下爲舜典始自僞孔傳也

虞舜側微【疏】敚玉篇作微引此文云微賤也微即說文敚字公羊定八年傳云季氏之宰則微者也是微爲賤也　堯聞之聰明將使嗣位歷試諸難【注】鄭康成曰入麓伐木【疏】歷者釋詁云數也鄭注見書大題疏　作舜典【疏】趙岐注孟子萬章篇云孟子時尚書凡百二十篇逸書有舜典之序亡失其文孟子諸所言舜事皆舜典及逸書所載案趙氏雖有此言而孟子所載諸舜事不稱舜典未敢據增今以各書所引佚文有篇名者附于序後

帝釐下土方【注】馬融曰釐賜也理也設居方別生分類作汨作九共九篇【注】馬融曰共法也鄭康成曰汨作九共已逸稾飫【疏】帝釐下土釋文云下土絕句一讀至方字絕句今書亡難以定之馬注俱見釋文云釐賜者詩傳文詩既醉疏引釋詁釐予賜也今爾雅作賚予又云理者理與釐聲相近云共法者詩傳文

鄭注見書疏云其汨作典寶一十三篇見亡而云已逸案逸者不立學官逸在秘府也亡者竟亡其文故漢人所云逸十六篇亡于晉永嘉之時也書疏云鄭注書序舜典一汨作二九共九篇十一大禹謨十二云云不數槀飫以其亡也汨依僞傳訓治當作汨从曰槀依僞傳訓勞當作槀从木飫即餘省文

經 予辯下土使民平平使民無敖 疏 大傳虞夏傳引書曰路史後紀十一引作民以無敖辯者說文云治也詩采菽云平平左右亦是率從傳云平平辯治也敖者說文云出游也

皋陶矢厥謨禹成厥功帝舜申之作大禹皋陶謨棄稷

注 鄭康成曰大禹謨已逸 疏 釋文云矢本作天謨字又作謩鄭注見書疏即上所云一十三篇已逸也下同不更出益稷疏云馬鄭所據書序此篇名爲棄稷又合此篇于皋陶謨皆由不見古文案僞傳割分皋陶謨來禹已下爲益稷因暨益暨稷之文易棄爲益也見皋陶謨疏

禹別九州隨山濬川任土作貢【注】鄭康成曰任土謂定其肥磽之所生【疏】釋文云貢字或作贛鄭注見書疏云任土謂定其肥磽之所生者鄭以經厥田上上等爲地形高下下卽肥高卽磽也肥磽者孟子告子篇云則地有肥磽趙注云磽薄也鄭注周禮載師云任土者任其力勢所能生育且以制貢賦段氏玉裁云疑當有作禹貢三字

啟與有扈戰于甘之野作甘誓

太康失邦兄弟五人須于洛汭作五子之歌【注】史遷說夏后帝啟崩子帝太康立帝太康失國昆帝五人須于洛汭作五子之歌馬融曰須止也鄭康成曰避亂于洛汭五子之歌已逸邦一作國【疏】楚語士亹曰堯有丹朱舜有商均啟有五觀注

云五觀啟子太康昆弟也觀洛汭之地書曰太康失國
昆弟五人須于洛汭傳曰夏有觀扈案春秋左氏昭元
年傳云夏有觀扈商有姺邳周有徐奄周書嘗麥解云
其在殷之五子忘伯禹之命假國無正用胥興作亂遂
凶厥國皇天哀禹賜以彭壽思正夏畧案殷字當作夏
楚辭離騷云啟九辨與九歌兮夏康娛以自縱不顧難
以圖後兮五子用失乎家巷注云言太康不遵禹啟之
樂更作淫聲放縱情慾以自娛樂不顧患難不謀後世
卒以失國兄弟五人家居閭巷失尊位也墨子非樂篇
云于武觀曰云云竹書紀年云帝啟十一年放王季子
武觀于西河十五年武觀以西河叛彭伯壽帥師征西
河武觀來歸注云武觀五觀也國在今頓丘縣潛夫論
五德志篇云夏后啟子太康仲康更立兄弟五人皆有
昏德不堪帝事降須洛汭是謂五觀段氏玉裁云墨子
作武觀楚語作五觀武即五也以左傳斟灌夏本紀作
斟氏戈氏若干或言若柯桓表讀如和表例之歌即觀
也五子之歌即五觀也之歌蓋謂往觀也觀地即雒汭
韋注最明然則觀地不在西河漢東郡畔觀縣非洛汭

觀地也觀之爲歌猶甫之爲呂費之爲盻作僞者泥于歌字造爲五章尙書不當以詩歌名篇固不待辨而自明者案段氏說誠有識之言蓋啟子五人兄弟五人更立必是兄終弟及安得同時作歌據竹書紀年云王季子則五觀者其第五子也馬注見釋文云須止釋詁文鄭注見書疏

經 啟乃淫溢康樂野于飲食將將銘莧磬以力湛濁于酒渝食于野萬舞翼翼章聞于天天用弗式

疏 墨子非樂篇引武觀曰云云惠氏棟云乃當作子是也淫溢溢與佚通言淫蕩也野于當作于野于往也將將上疑有脫文作樂聲也莧當作筦形相近字之譌卽管磬也湛與媅通渝與輸通言啟子淫泆安樂往野飲食樂聲鎗鎗銘力于磬管媅樂昏濁于酒委輸其食于野萬舞之盛顯聞于天天弗用之

羲和湎淫廢時亂日允往征之作允征 注 鄭康成曰允

臣名允征已逸【疏】羲氏和氏世爲日官春秋左氏桓十七年傳云天子有日官諸侯有日御服虔注云日官日御典歷數者也夏本紀云帝中康時羲和湎淫是羲和歷世爲日官至中康時湎淫廢職也鄭注見史記集解云允臣名者顧命云允之舞衣鄭注云古人造此物者之名僞傳以爲國名非也

【經】篚厥元黄昭我周王【疏】堯典疏云鄭注禹貢引允征云郭氏注爾雅釋詁引書云釗我周王即允征也昭者釋詁云詔導勴也釗者釋詁云勉也義與昭相近周王者鄭注禮記云忠信爲周非殷周之周也

商書

自契至于成湯八遷湯始居亳從先王居【注】鄭康成曰亳今河南偃師縣有湯亭地理志河南郡偃師尸鄉成

湯所都【疏】契至湯凡十四世周語單穆公曰元王勤商十有四世而興注云元王契也自契至湯十四世殷本紀云契生昭明卒子相土立卒子昌若立卒子曹圉立卒子冥立卒子振立卒子微立卒子報丁立卒子報乙立卒子報丙立卒子主壬立卒子主癸立卒子天乙立是爲成湯亳者薄假借字大傳云夏人歌曰盍歸于薄薄亦大矣俱作薄說文云亳京兆杜陵亭也史記秦本紀寧公三年與亳王戰亳王奔戎正義引括地志云其國在三原始平之界案在今陝西非湯薄都也

作帝告【注】史遷告作誥一作俈

釐沃【注】史遷無此二字鄭康成曰帝告釐沃亡【疏】告與嚳通史記五帝本紀集解引皇覽曰帝嚳冢在東郡濮陽頓丘城南亳陰野中地理志東郡濮陽故帝丘顓頊墟案在今河南濬縣西北湯遷偃師云從先王居者史記正義引括地志云亳邑故城在洛州偃師縣西十四里本帝嚳之墟商湯之都也又云盤庚所從都之案偃師今河南縣與濬縣相近史公告作誥者鄭注緇

衣云告古文誥一作告者索隱云古今人表亦作告史
公無釐沃者疑帝告釐沃本一篇釐來聲相近言帝嚳
來沃土耳僞傳既云告來居
治沃土又云二篇未可據也

【經】施章乃服明上下【疏】困學紀聞二云尚書大傳帝告
曰殷傳帝告書曰施章乃服明
上下豈伏生亦見古文逸篇邪案王氏應麟說非也伏
生以秦時藏百篇于山中親見其文故記其剩語若孔
壁逸書無
帝告也

湯征諸侯葛伯不祀湯始征之作湯征【注】鄭康成曰湯
征亡【疏】考孟子滕文公篇云湯居亳與葛爲鄰葛伯放
而不祀湯使人問曰何爲不祀曰無以共犧牲
也湯使遺之牛羊葛伯食之又不以祀湯又使人問之
曰何爲不祀曰無以供粢盛也湯使亳衆往爲之耕老
弱饋食葛伯率其民要其有酒食黍稻者奪之不授者
殺之有童子以黍肉餉殺而奪之書曰葛伯仇餉此之

謂也趙注云葛夏諸侯嬴姓之國又注葛伯仇餉云尙書逸篇文仇怨也言湯伐葛伯怨其害此餉也孟子又云湯始征自葛載十一征而無敵於天下東面而征西夷怨南面而征北狄怨曰奚爲後我又云書曰徯我后后來其無罰注云載始也言湯初征自葛始也十一征而服天下一說言當作再字再十一征而言湯再征十一國再十一凡征二十二國也書逸篇也案此疑亦湯征文但趙氏止云逸篇故存其文于疏段氏玉裁云書曰葛伯仇餉徯我后后來其無罰此湯征文作僞者誤系之仲虺之誥趙氏不云亡書而云逸書者趙不見中古文于亡與逸不能如鄭之區分也

經 湯曰予有言視水見形視民知治不伊尹曰明哉言能聽道乃進君國子民爲善者皆在王官勉哉勉哉湯曰汝不能敬命予大罰殛之無有攸赦 **疏** 史記殷本紀云湯征諸侯

葛伯不祀湯始伐之湯曰予有言云云作湯征王氏鳴盛曰此乃殘章零句不能成篇馬遷受諸安國而載之

伊尹去亳適夏既醜有夏復歸于亳【注】大傳亳作薄【疏】釋詁云適往也伊尹適夏者趙注孟子云伊尹爲湯見貢于桀不用而歸湯案射義古者諸侯有貢士于天子之制蓋伊尹爲湯貢士而適夏也鄭注大傳云是時伊尹仕桀醜者說文云可惡也春秋左氏昭廿八年傳云惡直醜正是醜亦惡也

入自北門乃遇汝鳩汝方【注】史遷無乃字汝俱作女方往云云【疏】史公無乃字江氏聲以乃爲衍文也遇者穀梁隱八年傳云不期而會曰遇方房古通字詩大田云既方既皁箋云方房也謂孚甲始生而未合時也伊尹既入亳之北門遇汝鳩汝方則知是湯之二臣名矣

作汝鳩汝方【注】鄭康成曰女鳩女方亡【疏】大傳云夏人飲酒醉者持不醉者不醉者持醉者相和而歌曰盍歸乎薄薄亦大矣伊尹退而閒居深聽

樂聲更曰覺兮覺兮吾大命格兮去不善而就善何樂兮見路史疏佚紀夏后紀新序刺奢篇云桀作瑤臺罷民力殫民財爲酒池糟隄縱靡靡之樂一鼓而牛飲者三千人羣臣相持歌曰江水沛沛兮舟楫敗兮我王廢兮趣歸薄兮薄亦大兮又曰樂兮樂兮四牡蹻兮六轡沃兮去不善而從善何不樂兮伊尹知天命之至舉觴而告桀曰君王不聽臣之言亡無日矣桀拍然而作啞然而笑曰子何妖言吾有天下如天之有日也日有亡乎日亡吾亦亡矣於是接履而趨遂適湯湯立爲相此亦用大傳文也大傳今多缺佚韓詩外傳二亦于此有脫文故載新序于疏釋文云帝告釐沃湯征汝鳩汝方此五亡篇舊解是夏書馬鄭之徒以爲商書書疏云鄭序以爲虞夏書二十篇商書四十篇周書四十篇帝告釐沃湯征汝鳩汝方於鄭元爲商書案汝鳩汝方僞傳云二篇亡似非也伊尹同時遇汝鳩汝方安得作書二篇蓋一篇耳

湯旣勝夏欲遷其社不可作夏社【注】史遷此序在湯誓

典寶後鄭康成曰犧牲旣成粢盛旣潔祭祀以其時然
而旱暵水溢則變置社稷當湯伐桀之時旱致災明法
以薦而猶旱至七年故湯遷社而以周棄代之欲遷句
龍以無可繼之者于是故止疑至臣扈【注】馬融曰疑至
臣扈二臣名聖人不可自專復用二臣自明也鄭康成
曰疑至臣扈亡【疏】遷漢書郊祀志作遷云湯伐桀欲遷
夏社不可作夏社迺遷烈山子柱而
以周棄代爲稷祠注應劭曰連大旱七年明德以薦而
旱不止故遷社以棄代爲稷欲遷句龍德莫能繼故作
夏社案說文迻遷徙也與或作罨鄭注見周禮大宗伯
疏又書疏引明法以薦作旣置其禮祀明德以薦云犧
牲旣成至變置社稷孟子盡心篇文也云湯當伐桀之
時旱致災者呂氏春秋順民篇云昔者湯克夏而正天

下天大旱五年不收湯乃以身禱于桑林據言五年不收鄭氏云七年年者大傳云湯伐桀之後大旱七年史卜曰當以人爲禱湯乃翦髮斷爪自以爲牲而禱于桑林之社而雨大至方數千里漢書鼂錯傳云湯有七年之旱然則五年者據不收而言七年中有禱而得雨之年也云故湯遷柱而以周棄代之欲遷句龍以無可繼之者于是故止者春秋左氏昭廿九年傳云共工氏有子曰句龍爲后土后土爲社稷田正也有烈山氏之子曰柱爲稷自夏以上祀之周棄亦爲稷自商以來祀之祭法曰厲山氏之有天下也其子曰農能殖百穀夏之衰也周棄繼之故祀以爲稷共工氏之霸九州也其子曰后土能平九州故祀以爲社考國語則厲山氏之子曰農者即有烈山氏之子曰柱也書疏云孝經說社爲土神稷爲穀神句龍柱棄是配食者僞傳云革命創制改正易服變置社稷以稷代而後世莫及句龍者故不可而止王氏鳴盛駁之云郊特牲云喪國之社屋之不受天陽也蓋王者革命必别建大社而亡國之社則掩其上棧其下使無所通周于殷之亳社然也其所建社必

別立壇墠易其所樹之木而不易其神故曰夏后氏以
松殷人以柏此序所云遷社則非此之謂故鄭引孟子
以爲大旱而欲變置稷則有代而遷社則無代故不可
遷然則此事固與革命無涉僞孔必欲立異然則殷之
亳社其卽仍夏之亳社乎必不然矣史公無疑至臣扈
未知是一篇名或二篇卽是二臣名因遷夏社而作亦
未必二篇也馬注見書疏云疑至臣扈二人名
者君奭篇言大戊時有臣扈不審卽是其人否

伊尹相湯伐桀升自陑遂與桀戰于鳴條之野 注 鄭康
成曰鳴條南夷地名 疏 陑字說文所無未知何字之誤
亦未詳其地所在也史記殷本
紀云桀敗于有娀之墟桀犇於鳴條正義曰括地志云
高涯原在蒲州安邑縣北三十里南坂口卽古鳴條陌
也鳴條戰地在安邑西書疏云或云陳留平丘縣今有
鳴條亭是也後漢書隱逸傳云昔湯卽桀于鳴條而大
城于亳注或言陳留平邱今有鳴條亭也案括地志以
鳴條爲在安邑本皇甫謐之言亦見書疏殊不可信鄭

注見書疏及夏本紀集解云鳴條南夷地名者呂氏春
秋簡選篇云殷湯登自鳴條乃入巢門遂有夏桀奔走
淮南主術訓云湯困桀鳴條擒之焦門修務訓云湯整
兵鳴條困夏南巢以其過放之歷山觀下文伐三朡三
朡在今山東定陶南巢在今安徽巢縣則桀所奔地皆
在東南故鄭以鳴條爲南夷周書殷祝解云湯將放桀
于中野桀與其屬五百人南徙千里下又再徙方至南
巢又舜征三苗而崩葬于蒼梧之野是南夷地孟子言
舜卒于鳴條條亦鳴條爲南夷之證也

作湯誓

疏書疏云孔以湯誓在夏社前於百篇爲第二十六鄭
以爲在臣扈後第二十九案湯誓今文古文俱有非亡
篇而論語堯曰篇云予小子履敢用元牡敢昭告于皇
皇后帝有罪不敢赦帝臣不蔽簡在帝心朕躬有罪無
以萬方萬方有罪罪在朕躬注孔安國曰此伐桀告天
之文墨子引湯誓其辭若此周語湯誓曰余一人有辠
無以萬夫萬夫有辠在余一人注云湯誓尚書伐桀之
誓也今湯誓無此言則已散亡矣墨子兼愛篇引湯說
湯曰惟予小子履敢用元牡告於上天后曰今天大旱

卽當朕身履未知得罪于上下有善不敢
赦簡在帝心萬方有罪卽當朕身朕身有罪無以萬方
呂氏春秋順民篇云昔者湯克夏而正天下天大旱五
年不收湯乃以身禱于桑林曰余一人有罪無及萬夫
萬夫有罪在余一人無以一人之不敏使上帝鬼神傷
民之命案諸書所引合證其文知此是桑林禱雨之辭
非伐桀誓師之文也方與夫聲相近當爲萬夫蓋爲民
請命之詞趙岐謂是今湯誓散亡者非也或此篇卽是
夏社佚文所謂旣致其禱祀明德以薦而猶旱至七年
故告天以遷社也周語旣引作湯誓姑附爲疏于此

夏師敗績湯遂從之遂伐三朡【注】史遷朡作嵏鄭康成
曰伊訓曰載孚在亳又曰征是三朡【疏】敗績者春秋左
氏莊十一年傳云大崩曰敗績郡國志濟陰定陶有三朡亭定陶今山
東縣屬曹州府鄭注見堯典疏引伊訓者孔壁古文有
伊訓今則亡之鄭氏猶及見也征卽伐也孚與俘通

俘厥寶玉【疏】俘者釋詁云取也

誼伯

仲伯作典寶【注】史遷誼作義仲一作中鄭康成云典寶已逸【疏】史公誼作義者古今人表亦作義伯中伯是仲亦作中也釋文云誼本或作義案書疏舉鄭注書序云湯誥十六咸有一德十七典寶十八伊訓十九據此則典寶在咸有一德之後伊訓之前而疏說百篇次第孔鄭不同但舉湯誓咸有一德蔡仲之命周官棐誓五篇不舉典寶用此知疏所舉次第不同者尚未備也但據二十四篇次第知典寶在咸有一德後伊訓前而百篇次第伊訓之後尚有明居未知鄭本典寶在明居後抑或在前姑從孔本

湯歸自夏至于大坰【注】史遷大坰作泰卷陶一無陶字卷一作餇又作洞【疏】史公大作泰坰作卷陶者俱聲相近集解引徐廣曰一無此陶字索隱曰鄒誕生卷作餇又作洞又云其下陶字是衍耳舊本或傍記其地名後人轉寫遂衍斯字也

中虺

作誥【注】史遷虺作𤳳一作蘬鄭康成曰仲虺之誥亡【疏】史公虺作𤳳者𤳳當爲𤳳省文見說文荀子堯問篇云其在中蘬之言也又作蘬春秋左氏定元年傳云仲虺居薛以爲湯左相孟子盡心篇云若伊尹萊朱則見而知之注云萊朱亦湯賢臣也一曰仲虺是也是仲虺即萊朱也

【經】亂者取之亡者侮之【疏】春秋左氏襄三十年鄭子皮曰仲虺之志云又哀十四年傳中行獻子曰仲虺有言曰同又宣十二年傳隨武子曰仲虺有言曰取亂侮亡我聞于夏人矯天命布命于下帝伐之惡龔喪厥師【疏】墨子非命篇上云仲虺之告曰中篇云于先王之書仲虺之告曰我聞有夏人矯天命布命于下帝式是惡用闕師下篇云仲虺之告曰我聞有夏人矯天命于下帝式是增用爽厥師江氏聲云式用也爽當爲喪案用爲龔聲相近式爲伐厥爲闕

形相近諸侯自爲得師者王得友者霸自爲謀而莫若已者亡【疏】荀子堯問篇吳起引楚莊王之言曰其在中蘬之言也曰云云呂氏春秋驕恣篇李悝曰楚莊王曰仲虺有言不穀說之曰諸侯之德能自爲取師者王能自取友者存其所擇而莫如已者亡

湯既黜夏命復歸于亳作湯誥【注】史遷黜作絀鄭康成云湯誥已逸【疏】黜者說文云貶下也史公作絀通

【經】維三月王自至於東郊告諸侯羣后毋不有功於民勤力迺事予乃大罰殛女毋予怨曰古禹皋陶久勞于外其有功乎民民乃有安東爲江北爲濟西爲河南爲淮四瀆已修萬民乃有居后稷降播農殖百穀三公咸

有功于民故后有立【注】立一作土昔蚩尤與其大夫作亂百姓帝乃弗予有狀先王言不可不勉曰不道毋之【注】之一作政在國女毋我怨【疏】殷本紀云湯既絀夏命還亳作湯誥曰云云以令諸侯此篇似是全文卽從孔安國問故得之者馬鄭諸儒不據以編入廿九篇中以爲逸文漢人家法如此案殷本紀載此文至於東郊有功於民皆作於久勞于外下文有功于民又作于蓋傳寫誤作於也尚書皆作于立一作土之一作政皆集解引徐廣曰

伊尹作咸有一德【注】鄭康成曰伊陟臣扈曰下闕咸有一德已逸【疏】堯典云孔以咸有一德次太甲後第四十鄭以爲在湯誥後第三十二案殷本紀亦在湯誥後僞傳系之太甲時誤也鄭注見堯典疏

經 惟尹躬及湯咸有壹德 疏 緇衣引尹吉曰注云吉當爲告古文誥字之誤也尹告伊尹之誥也書以爲咸有壹德今亡咸皆也君臣皆有壹德不貳則無疑惑也 尹躬天見于西邑夏自周有終相亦惟終 疏 緇衣引尹吉曰注云尹吉亦尹誥也天當爲先字之誤忠信爲周相助也謂臣也伊尹言尹之先祖見夏之先君臣皆忠信以自終今天絕桀者以其自作孽伊尹始仕於夏此時就湯矣夏之邑在亳西見或爲敗邑或爲予案鄭注緇衣云今亡錢氏大昕云或今逸之譌段氏玉裁云是篇本逸而亡今亡者逸篇十六至康成時亡之如武成逸篇建武之際亡然則馬鄭亦未全見十六篇也

咎單作明居 注 馬融曰咎單湯司空也明居明居人之法也鄭康成曰咎單亡 疏 馬注見史記集解云咎單湯司空者王制鄭氏以爲殷制

其文云司空執度度地居民山川沮澤時四時則居民是司空之事此以明居名篇是明居民之法王制又云凡居民量地以制邑度地以居民地邑民居必參相得也無曠土無游民食節事時民咸安其居此居民之法也

成湯既沒太甲元年伊尹作伊訓肆命徂后**注**史遷說湯崩太子太丁未立而卒於是迺立太丁之弟外丙是爲帝外丙帝外丙即位三年崩立外丙之弟中壬是爲帝中壬帝中壬即位四年崩伊尹迺立太丁之子太甲太甲成湯適長孫也是爲帝太甲太甲元年伊尹作伊訓作肆命作徂后鄭康成曰肆命者陳政教所當爲也

徂后者言湯之法度也伊訓逸肆命逸徂后亡【疏】史公說太子太丁云云史記正義云太史公採世本有外丙仲壬鄭注見史記集解以肆爲陳者周禮注同云言湯之法度者徂往也后君也巳往之君卽湯之法度也

【經】天誅造攻自牧宮朕載自亳【疏】孟子萬章篇引伊訓曰注云伊訓尚書逸篇名牧宮桀宮朕我也謂湯也載始也亳殷都也言意欲誅伐桀造作可攻討之罪者從牧宮桀起自取之也湯曰我始與伊尹謀之於亳遂順天而誅之也從諫不拂微諫而不倦爲上則明爲下則遜【疏】荀子臣道篇引書曰注云書伊訓也案揚倞時伊訓巳亡此注或據舊說惟太甲元年十有二月乙丑伊尹祀于先王誕資有牧方明【疏】漢書律歷志引伊訓篇曰說云商十二月乙丑朔冬至言雖有成湯太丁外丙之服以冬至越茀記

先王于方明㠯配上帝是朔日冬至之歲也注如淳曰覲禮諸侯覲天子爲壇十有二尋加方明于其上孟康曰方明者神明之象也㠯木爲之方四尺畫六采東青西白南赤北黑上元下黃案誕者釋詁云大也資爲咨假借字資有牧卽堯典咨十有二牧也太平御覽四百八十引三禮圖曰方盟木方四尺設六色東青西白南赤北黑上元下黃設六玉上圭下璧南方璋西方琥北方璜東方圭方明者上下四方之神明天之司盟載

予在亳征自三朡**疏**堯典疏云鄭注典寶引伊訓云

太甲旣立不明伊尹放諸桐**注**史遷說帝太甲旣立三年不明暴虐不遵湯法亂德於是伊尹放之於桐宮鄭康成曰桐地名也有王離宮焉**疏**桐宮者史記正義引晉太康地記云尸鄉南有亳坂東有城太甲所放處也按尸鄉在洛州偃師縣西南五里也案偃師今河南縣屬河南府鄭注見史

記集解三年復歸于亳思庸伊尹作太甲三篇【注】史遷說三年伊尹攝行政當國以朝諸侯帝太甲居桐宮三年悔過自責反善於是伊尹迺迎帝太甲而授之政帝太甲修德諸侯咸歸殷百姓以寧伊尹嘉之迺作太甲訓三篇褒帝太甲稱太宗鄭康成曰太甲三篇亡【疏】釋詁云思念也庸常也謂思五常之德

【經】民非后無能胥以寧后非民無以辟四方【疏】表記篇引太甲曰注云太甲湯孫也書以名篇胥相也民非君不能以相安毋越厥命以自覆也若虞機張往省括于度則釋【疏】緇衣篇引太甲曰注越之言蹷也厥其也覆敗也言

無自顛覆女之政教以自毀敗虞主田獵之地者也機弩牙也度謂所擬射也虞人之射禽弩已張從機閒視括與所射參相得乃後釋弦發矢爲政亦當以已心參於羣臣及萬民可乃後施也顧諟天之明

命【疏】大學篇引太甲曰注云顧念也諟猶正也諟或爲題天作孽猶可違自作孽

不可活【疏】孟子公孫丑篇引太甲曰注云殷王太甲言天之妖孽尚可違避若高宗雊雉宋景守心之變皆可以德消去也自已作孽者若帝乙慢神震死是爲不可活故若此之謂也緇衣篇引太甲猶可違作可違也不可活作不可以逭

沃丁既葬伊尹于亳【疏】史記集解云皇覽曰伊尹冢在濟陰已氏平利鄉亳近已氏正義引括地志云伊尹墓在洛州偃師縣西北八里又云宋州楚丘縣西北十五里有伊尹墓恐非也咎單

遂訓伊尹事作沃丁【注】鄭康成曰沃丁亡

伊陟相大戊【注】馬融曰大戊太甲子亳有祥桑穀共生

于朝【注】史遷說帝大戊立伊陟爲相亳有祥桑穀共生於朝一暮大拱大戊懼問伊陟伊陟曰臣聞妖不勝德帝之政其有闕與帝其修德大戊從之而祥桑枯死而去鄭康成曰兩手搤之曰拱【疏】馬注見釋文云大戊太甲子者史記述商世系殷本紀與三代世表不同本紀大戊爲小甲弟大庚子世表則以大戊爲沃丁之弟是亦太甲子也馬氏據世表史公說大戊立亳有祥桑穀共生於朝者呂氏春秋制樂篇云成湯之時有穀生於庭昏而生比旦而大拱其吏請卜其故湯退卜者曰吾聞祥者福之先者也見祥而爲不善則福不至妖者禍之先者也見妖而爲善則禍不至於是早朝晏退問疾弔喪務鎮撫百姓三日而穀亡韓詩外傳三云有殷之時穀生湯之廷三日而

大拱湯問伊尹曰何物也對曰穀樹也湯問何爲而生
於此伊尹曰穀之出澤野物也今生天子之庭殆不吉
也湯曰柰何伊尹曰臣聞妖者禍之先祥者福之先見
妖而爲善則禍不至見祥而爲不善則福不臻湯乃齋
戒靜處夙興夜寐弔死問疾赦過賑窮七日而穀亡大
傳云湯之後武丁之時王道不振桑穀俱生于朝七日
而大拱武丁召其相而問焉其相曰吾雖知之吾不能
言也問諸祖已曰桑穀野草也野草生于朝亡乎武丁
側身修行思先王之政興滅國繼絶世舉逸民明養老
之禮諸侯重譯來朝者六國說苑君道篇云殷大戊時
有桑穀生於庭昏而生比旦而拱史請卜之湯廟大戊
從之卜者曰吾聞之祥者福之先者也見祥而爲不善
則福不生殃者禍之先見者也見殃而能爲善則禍不
至於是乃早朝而晏退問疾弔喪三日而桑穀亡漢五
行志引劉向說亦同以爲高宗武丁時事蓋大戊卜于
湯廟故譌爲湯時事大戊爲中宗武丁爲高宗今古文
以三宗傳聞異辭故各從其師說然則孔安國古文說
爲大戊時伏生今文說爲武丁時呂氏春秋以爲湯時

者誤也鄭注見史記集解云兩手搤之曰
拱者高誘注呂氏春秋云滿兩手曰拱

伊陟贊于巫咸注馬融曰巫男巫也名咸殷之巫也鄭康成曰巫咸巫官疏贊者漢郊祀志注孟康曰說也案巫咸咸爲巫官伊陟爲說桑穀之祥使禳除之馬注見釋文鄭注見書疏俱以爲巫官者楚語云古者民神不雜民之精爽不攜貳者而又能齊肅衷正其智能上下比義其聖能光遠宣朗其明能光照之其聰能聽徹之如是則明神降之在男曰覡在女曰巫是使制神之處位次主而爲之牲器時服是古之巫必有智聖聰明者爲之馬氏以經稱巫爲在女之名故特云男巫也周禮春官有司巫掌羣巫之政令其屬有男巫女巫

作咸乂四篇注史遷乂作治說爲巫咸治王家有成作咸乂作大戊馬融曰乂治也鄭康成曰咸乂四篇亡疏乂與嬖同說文云治也史公乂作治與說

文同云作大戊今書序作咸乂四篇下無此三字江氏
聲云據史記則此當有大戊篇目也書序下云大戊贊
于伊陟承此序之下大戊下當有二畫作重
文俗儒疏忽誤作單文遂闕大戊篇目矣

大戊贊于伊陟作伊陟原命【注】史遷說帝大戊贊伊陟
于廟言弗臣伊陟讓作原命馬融曰原臣名也命原以
禹湯之道我所修也鄭康成曰伊陟亡原命已逸【疏】史公
說爲贊伊陟于廟者君冊命其臣必于廟中云伊陟讓
作原命則伊陟非篇名也江氏聲云釋言云原再也命
伊陟而伊陟讓乃作原命以是知原命爲再命也又云
俗儒誤闕太戊一篇因而增伊陟之目以足百篇之數
耳段氏玉裁云史記伊陟讓作原命脫作伊陟三字不
得緣誤立說堯典疏云鄭注書序肆命二十原命二十
一山井鼎考文曰宋板作伊陟二十馬注見史記集解
以原爲臣名者說命畢命冏命等皆以臣名命篇故依

以爲說也

仲丁遷于囂作仲丁【注】史遷囂作隞說爲仲丁書闕不具鄭康成曰仲丁亡【疏】仲丁據殷本紀爲大戊子史公囂作隞者二聲相近詩車攻傳云敖地名箋云敖鄭地今近滎陽水經濟水注云濟水又東經敖山北詩所謂搏狩于敖者也其山上有城卽殷帝仲丁之所遷也史記正義引括地志云滎陽故城在鄭州滎陽縣西南十七里殷時敖地也

河亶甲居相作河亶甲【注】鄭康成曰河亶甲亡【疏】河亶甲殷本紀云帝仲丁崩弟外壬立帝外壬崩弟河亶甲立是河亶甲爲仲丁之弟也相者地理志相縣屬沛郡史記正義引括地志云故殷城在相州內黃縣東南三十里卽河亶甲所築都之所名殷城也

祖乙圮于耿【注】史遷圮作遷耿作邢馬融曰圮毀也鄭

康成曰祖乙又去相居耿而國爲水所毀于是修德以禦之不復徙也錄此篇者善其國圮毀改政而不徙鄭康成云祖乙亡【疏】祖乙殷本紀云河亶甲崩子帝祖乙立帝祖乙立殷復興巫咸任職圮者釋言云毀也耿者地理志云宏農郡皮氏耿鄉史記正義引括地志云絳州龍門縣東南十一里耿城故耿國也索隱曰邢音耿近代本亦作耿今河東皮氏縣有耿鄉案在今山西河津縣西一里段氏玉裁云說文邢鄭地有邢亭也祖乙所遷當是此地馬注見釋文鄭注見書疏

盤庚五遷將治亳殷【注】鄭康成曰治于亳之殷地商家自徙此而改號曰殷亳治一作始亳一作宅【疏】五遷見盤庚疏治作始亳作宅者書疏云汲冢古文云盤庚自奄遷于殷殷在鄴南二十里束皙云尚書序盤庚五遷將治亳

殷舊說以爲居亳亳殷在河南孔子壁中尚書云將始宅殷是與古文同也漢書項羽傳洹水南殷墟上今安陽西有殷史記項羽本紀集解云駰案應劭曰洹水在湯陰界殷墟故殷都也瓚曰此殷墟非朝歌也汲冢古文曰盤庚遷于此汲冢曰殷虛南去鄴三十里是舊殷乎然則朝歌非盤庚所遷者案書疏與古文同今本注疏誤衍作不同自奄遷於殷今本紀年作自奄遷於蒙北曰殷鄭注見史記集解說見盤庚疏民咨胥怨【注】鄭康成曰民居耿久奢淫成俗故不樂徙作盤庚三篇【疏】鄭注見書疏

高宗夢得說使百工營求諸野得諸傅巖【注】史遷說武丁夜夢得聖人名曰說以夢所見視羣臣百吏皆非也於是使百工營求之野得說於傅險中是時說爲胥靡

築於傅險見於武丁武丁曰是也得而與之語果聖人舉以爲相殷國大治故遂以傅險姓之號曰傅說馬融曰高宗始命爲傅氏鄭康成曰得諸傅巖高宗因以傅命說爲氏得一作导說一作兌【疏】說文敻營求也商書曰高宗夢得說使百工營求得之傅巖巖穴也一切經音義一引衛宏詔定古文官書导得二字同體云說文导取也尚書高宗夢导說是也史公說使百工營求之野者百工百官也云得說於傅險中者索隱曰舊本作險亦作巖也墨子尚賢下篇云昔者傅說居北海之洲圜土之上衣褐帶索庸築於傅巖之城武丁得而舉之立爲三公史記正義引地理志云傅巖即傅說版築之處所隱之處窟名聖人窟在今陝州河北縣北七里即虞國虢國之界又有傅說祠注水經云沙澗水北虞山南經傅巖傅說隱室前俗名聖人窟案所引地理志當爲括地志字誤也云

胥靡者漢書注晉灼云胥相也靡隨也古者相隨坐輕刑之名也馬鄭注俱見書疏說與史記同也說釋文云本又作兑音悅作說命三篇注鄭康成曰說命三篇亡疏王逸注楚詞云說命是佚篇也

經高宗梁闇三年不言疏禮大傳說命引書曰注云闇讀如鶕鶕謂廬也傳曰高宗居凶廬三年不言曰以余正四方余恐德之不類茲故不言曰若金用女作礪若津水用女作舟若天旱用女作霖雨啟乃心沃朕心若藥不瞑眩厥疾不瘳若跣不視地厥足用傷必交修余無余棄也疏楚語曰公曰昔武丁能聳其德至於神明以入於河自河徂亳於是乎三年默以思道卿士患之曰王言以出令也若不言是無所稟令也武丁於是作書曰

以余正四方云云如是而又使以象夢求四方之賢聖得傳說以來升爲三公而使朝夕規諫曰云云注云類善也茲此也又云使靡礪已也又云喻遭津水又云天旱自比苗稼也三日以上爲霖啟開也以賢者之心比霖雨也又云以藥喻忠言也瞑眩頓瞀攻已急也瘳愈也又云以失道比徒跣而不視地必傷也孟子滕文公篇引書曰若藥不瞑眩厥疾不瘳注云書逸篇也說文宵讀若周書若藥不眄眩案周字誤潛夫論五德志引此文與楚語畧同若津水作若濟巨川舟作舟楫天旱作時旱必交修余無余棄也作爾交修余無棄**念**

終始典于學 疏 文王世子篇引兌命曰注云兌當爲說說命書篇名殷高宗之臣傅說之所作學記篇引同注云兌當爲說字之誤也高宗夢傳說求而得之作說命三篇在尚書今亡**學學半** 疏 學記篇引兌命曰注云已之學半

敬孫務時敏厥修乃來 疏 學記篇引兌命曰注云敬孫敬道孫業也敏疾也厥其也學者務及時而疾其所修之業乃來

惟口起羞惟甲胄

起兵惟衣裳在笥惟干戈省厥躬【疏】緇衣篇引兌命曰注云兌當爲說謂殷高宗之臣傅說也作書以命高宗尙書篇名也羞猶辱也衣裳朝祭之服也惟口起羞當愼言語也惟甲冑起兵當愼軍旅之事也惟衣裳在笥當服以爲禮也惟干戈省厥躬當恕已不尙害人也爵無及惡德民立而正事純而祭祀是爲不敬事煩則亂事神則難【疏】緇衣篇引兌命曰注云惡德無恆之德純猶皆也言君祭祀賜諸臣爵毋與惡德之人也民將立以爲正言放效之疾事皆如是而以祭祀是不敬鬼神也惡德之人使事煩事煩則亂使事鬼神又難以得福也純或作煩

高宗祭成湯有飛雉升鼎耳而雊【注】史遷祭成湯下有明日雊作呴鄭康成曰鼎三公象也又用耳行雉升鼎

耳而鳴象視不明天意若云當任三公之謀以爲政飛一作蜚升一作登【疏】史公云明日者以經文云高宗肜日知之雊作呴者呴俗字漢書五行志引書序曰高宗祭成湯有蜚雉登鼎耳而雊疑今文作蜚作登也鄭注見書疏云鼎三公象者易鼎象曰鼎象也李鼎祚引九家易曰卦是鼎鑊亨飪之象亦象三公之位上則調和陰陽下則撫育百姓鼎能熟物養人故云象也又九四鼎折足九家易曰鼎者三足一體猶三公承天子是也云又用耳行者九三鼎耳革虞翻曰鼎以耳行是也又六五鼎黃耳金鉉虞翻曰鉉謂三貫鼎兩耳鄭注士昏禮云扃所以扛鼎今文扃作鉉然則扃鉉同物所以貫鼎耳舉行者是鼎用耳行也云視不明故有羽蟲之痾與劉歆合

祖已訓諸王作高宗肜日高宗之訓【注】鄭康成曰高宗之訓亡

【經】三年其惟不言言乃讙【疏】坊記引高宗云注云高宗殷王武丁也名篇在

尚書三年不言有父小乙喪之時也讙當爲歡聲之誤也其既言天下皆歡喜樂其政教也疏云尚書序有高宗之訓此經有高宗云謂是高宗之訓篇有此語故云名篇在尚書

殷始咎周周人乘黎注史遷說紂以西伯昌九侯鄂侯爲三公醢九侯并脯鄂侯西伯聞之竊歎崇侯虎知之以告紂紂囚西伯羑里西伯之臣閎天之徒求美女奇物善馬以獻紂紂乃赦西伯又說西伯決虞芮之獄諸侯聞之曰西伯蓋受命之君明年伐犬戎明年伐密須明年敗耆國明年伐崇侯虎明年西伯崩大傳說文王受命一年斷虞芮之質二年伐于三年伐密須四年伐

畎夷紂乃四之五年四友獻寶乃得免虎口出而伐耆六年伐崇七年而崩馬融曰咎周者爲周所咎鄭康成曰咎惡也紂聞文王斷虞芮之訟後又三伐皆勝始畏而惡之拘于羑里又云乘勝也紂得散宜生所獻寶而釋文王文王釋而伐黎明年伐崇

疏 史公說紂以西伯昌九侯鄂侯爲三公云云見殷本紀紂囚西伯羑里以其爲九侯鄂侯死竊歎非因三伐皆勝此古文說也又說西伯決虞芮之訟云云見周本紀以敗耆國爲受命四年事非出則克黎亦古文說也戰國趙策魯仲連云文王紂之三公也鬼侯有子而好故入之於紂紂以爲惡醢鬼侯鄂侯爭之急辨之疾故脯鄂侯文王聞之喟然而歎故拘之牖里之庫百日而欲令之死賈誼新書君道篇云紂作梏數千睨諸侯之不諂已者杖而梏之文王桎梏于羑里

七年而後得免此皆古文說亦見春秋左氏襄卅年傳夫云喟然而歎拘之羑里與殷本紀同云七年而後得免則非四年伐昳夷紂乃囚之五年出而伐耆也大傳說伐于伐密須伐昳夷在囚羑里及伐耆之前與周本紀伐犬戎密須在敗耆之前伐邘在後不合此今文說異于古文者馬注見釋文云咎周者爲周所咎謂紂爲周所惡也鄭注俱見詩文王疏云咎惡惡者韓非子難二云昔者文王侵盂克莒舉豐三事舉而紂惡之卽此序咎周之謂故云咎惡也云紂聞文王斷虞芮之訟者大傳畧說云虞人與芮人質其成於文王入文王之境則見其人萌讓爲士大夫入其國則見士大夫讓爲公卿二國相謂曰此其君亦讓以天下而不居也讓其所爭爲閒田見文選西征賦注云又三伐皆勝而始畏惡周者據韓非子則三伐謂侵盂克莒舉豐也韓子所言伐盂則與邘聲相近云伐密須考詩皇矣說文王伐密之事云爰整其旅以按徂旅孟子梁惠王篇引作以遏徂莒則伐密須卽克莒也惟舉豐則在伐黎之後又案周本紀惟伐犬戎密須在敗耆之前伐邘伐崇作豐皆在

伐者之後鄭云三伐皆勝蓋用大傳及韓非說也子傳參差今古文各異不能畫一也云拘于羑里者地理志云河內湯陰有羑里城西伯所拘也史記正義曰牖一作羑音酉羑城在相州湯陰縣北九里紂囚西伯城也案羑里在今河南蕩陰縣北七里云乘勝者高誘注呂氏春秋義同云紂得散宜生等所獻寶而釋文王者亦見大傳云文王釋而伐黎明年伐崇皆大傳文也

祖伊恐奔告于受【注】馬融曰受讀曰紂或曰受婦人之言故號曰受也鄭康成曰紂帝乙之少子名辛帝乙愛而欲立焉號曰受德時人傳聲轉作紂也史掌書知其本故曰受【疏】馬注見釋文云受讀曰紂者聲相近云或曰受婦人之言故號曰受者未詳所據鄭注見書疏云帝乙之少子名辛帝乙愛而欲立焉者周書克殷解云殷末孫受德呂氏春秋當務篇云紂之同母三人其長曰微子啟其次曰仲衍其次曰受德受德卽

紂也甚少矣紂母之生微子啟與仲衍也尚爲妾既而爲妻而生紂紂之父紂之母欲置微子啟以爲太子太史據法而爭之曰有妻之子不可置妾之子紂故爲後是紂號曰受德也鄭云帝乙愛而欲立焉者或因終立之遂謂帝乙愛之也云時人傳聲轉作紂者受紂聲相近稱受德者或單言受殷本紀云天下謂之紂也云史掌書知其本故曰受者世子生既命名必書其生年月日與名而藏之則受德之號史必知之孔子作序時猶作春秋本魯之舊史不改其文也案馬鄭本百篇之序别爲一篇則受字始見于泰誓僞孔散序冠之篇首則受字始見于此序故疏所引鄭注云云在此此是大誓之注今姑仍之

作西伯戡黎

殷既錯天命【注】馬融曰錯廢也**微子作誥父師少師**【注】鄭康成曰微子啟紂同母庶兄紂之母本帝乙之妾生啟及衍後立爲后生受德【疏】馬注見釋文云錯廢者論語爲政篇云舉直錯諸枉

包咸云廢置邪枉是錯爲廢也鄭注見詩大明疏說本
呂氏春秋見上弃告于受疏此注亦應在微子篇中復
存于
此

書序第卅上終

尚書今古文注疏卷卅

書序第卅下

賜進士及第授通奉大夫山東督糧道加三級孫星衍撰

周書

惟十有一年武王伐殷【注】史遷說九年東觀兵至于孟津乃還師歸居二年乃遵文王以東伐紂十一年十二月戊午師畢渡孟津武王乃作大誓鄭康成曰十有一年本文王受命而數之是年入戊午蔀四十歲矣【疏】史公說九年東觀兵居二年伐紂十一年渡孟津作大誓與今文十三年伐紂不合葢問故孔安國者與書序亦無不合此序云十有一年武王伐紂一月戊午師渡孟津一月者卽史記之十二月據終其事而言不述觀

兵還師也呂氏春秋首時篇云武王不忘玉門之辱立十二年而成甲子之事十一年云十二年者以一月戊午爲明年正月數之也是書序史記呂氏春秋說皆不異蓋古文說也鄭注見詩文王疏云十有一年本文王受命而數之者江氏聲云受命謂受天命康誥云天乃大命文王詩文王序云文王受命作周箋云受天命是也多方云天惟五年須夏之子孫鄭注云五年者文王受命八年至十三年也然則武王自卽位至伐紂時才匝五年爾則此言十一年自是本文王受命之年數也云是年入戊午部四十一歲者易緯乾鑿度云今入天元二百七十五萬九千二百八十歲昌以西伯受命入戊午部二十九年又云亡殷者紂黑期火戊倉精授命汝正昌鄭注云火戊戊午部也午爲火必言火戊者木精將王火爲之將相戊土也又當爲火子又火使其子爲己塞水是明倉精絕殷之象此說文王受命在戊午部之意也案二十九歲受命至四十歲則十二年矣序云十一年而鄭云入戊午部四十歲者蓋據中候我應文王受命在季秋三月踰年爲元年故十一年當戊午部

四十歲也鄭必知然者以武王伐紂在十三年周語泠州鳩曰昔武王伐殷歲在鶉火鶉火午次也當周初之時歲星在午則太歲在未然則十三年太歲在未也却而推之此十一年太歲在巳矣詩文王疏引三統歷云七十六歲爲一部二十部爲一紀積一千五百二十歲凡紀首者皆歲甲寅日甲子卽以甲子之日爲初部名甲子部一也滿七十六歲其後年初日次癸卯卽以癸卯爲部首二也從此以後壬午爲部三也辛酉部四也庚子部五也己卯部六也戊午部七也丁酉部八也丙子部九也乙卯部十也甲午部十一也癸酉部十二也壬子部十三也辛卯部十四也庚午部十五也己酉部十六也戊子部十七也丁卯部十八也丙午部十九也乙酉部二十也是一紀之數終而復始後紀還然準此以推則戊午部之前凡六部爲歲四百五十六以六十歲除之凡七終而餘三十六初歲甲寅則三十六歲己丑然則戊午部之初年庚寅歲也其二十九年歲在戊午文王受命以三十年己未歲爲一年則十三年武王伐殷歲在辛未當戊午部之四十歲也依鄭氏說此十

一年爲戊午部之四十歲則已巳歲案三統歷云凡紀首者皆歲甲寅日甲子計之一部七十六歲爲日二萬七千七百五十九以六十除之凡匝四百六十日二萬七千七百五十六以六十除之凡匝四百六十二甲子爲二萬七千七百二十日更從甲子數至壬寅又得三十九日乃滿二萬七千七百五十九日適符一部七十六歲之日數故後年初日得癸卯爲癸卯部推此法以數之以後壬午辛酉等各部之初日皆如三統歷之所推至其末乙酉部之終日正直癸亥故後紀之初日仍得甲子是紀首日必甲子信不爽矣惟言皆歲甲寅則未然試推之一紀之歲千五百二十以六甲除之凡二十五匝而餘二十歲更從甲寅數至癸酉乃終一紀則初紀之首歲甲寅次紀當皆甲戌又次紀首甲午又次紀乃首甲寅凡歷三紀乃復甲寅也惟是文王受命之戊午部若以甲戌紀甲子紀推之則十三年武王伐紂皆不與周語歲在鶉火之言相應則此序十有一年固是甲寅紀之戊午部四十歲也

一月戊午師渡孟津作大誓三篇

注 史

遷作十一年十二月戊午師畢渡孟津【疏】史公說此爲十一年十二月戊午者商之十二月即周之一月一月即系十一年書序本無脫誤不必信劉歆鄭氏之說而疑古文也漢書律歷志云書序曰惟十有一年武王伐紂大誓八百諸侯會還歸二年乃遂伐紂克殷以箕子歸十三年也志又云序曰一月戊午師度孟津按志以伐殷觀兵爲十一年事一月戊午師度于孟津爲十三年事似書序一月上當有十三年三字也江氏聲云諸家以爲十三年之一月一月者國語曰昔武王伐殷歲在鶉火月在天駟日在析木之津辰在斗柄星在天黿此謂十三年誅紂時也律歷志引三統云戊午度于孟津明日己未冬至晨星與婺女伏歷建星及牽牛至于婺女天黿之首故傳曰星在天黿周書武城篇惟一月壬辰旁死霸若翌日癸巳武王乃朝步自周于征伐紂序曰一月戊午師度于孟津是以此序與國語武城所言皆一時事則是十三年事矣韋昭注云星辰星也天黿次名一曰元枵從須女八度至危十五度爲天黿謂周正月辛卯朔二

日壬辰辰星始見三日癸巳武王發行二十八日戊午度孟津距戊子三十一日二十九日己未晦冬至辰星與須女伏天黿之首也是說本諸劉歆亦以爲十三年事又云經文三篇上篇是十一年事中下二篇則十三年事序兼總兩時于十一年不月者以經言四月文自明矣不言十三年者以一月戊午旣别異于四月明非一年內事可知故省也且經文殘缺安知中篇不具有年月而序因此略其年乎王氏鳴盛云詩大明疏歷引國語律歷志而又云歲月日辰星五位所在星宿度數非用算無以推之鄭注尚書文王受命武王伐紂時日皆用殷歷劉向五紀論載殷歷之法惟有氣朔而已其推星在天黿則無術焉孔穎達唐人所言已如此今殷歷久失據漢志考伐紂月日已具至其甲子雖就乾鑿度推爲辛未但史記年表斷自共和庚申始以前皆不詳伐紂月日可考而年之甲子究當闕疑也

經　周公曰都懋哉予聞古先哲王之格言以下太子發拜

手稽首【疏】周禮太祝疏引太誓曰案上文稱太子發當在白魚入舟未稱王之前以無所据未知連屬之處故不附本篇疏有以下二字疏約之詞故改爲芻注字

正稽古立功立事可以永年丕天之大律【疏】漢書郊祀志引泰誓曰注師古曰今文泰誓周書也稽考也永長也丕奉也律法也言正考古道而立事則可長年享有天下是則奉天之大法也又刑法志引書曰立功立事可以永年說之云言爲政而宜於民者功成事立則受天祿而永年命此或鄭注顏所本也

傳于亡窮【疏】漢書平當傳當引書云正稽古建功立事可以永年傳于亡窮注師古曰今文泰誓之辭言能正考古道已立功立事則可長生享國案此文或以爲郎周公所陳古先哲王之格言亦無明文可據不知連屬何文故不附本篇

附下而罔上者死附上而罔下者刑與聞國政而無益于民者退在上位而不能進賢者逐【疏】說苑臣術篇引泰誓

又見潛夫論書積篇及漢書武帝紀有司議予克紂非
曰用其文既不云泰誓文字有異同不具辨
予武惟朕文考無罪紂克予非朕文考有罪惟予小子
無良疏緇衣篇引太誓曰注云太誓尚書篇名也克勝
也非予武非我武功者文者文王也無罪則言
有德也無良無功善也此武王誓衆以民之所欲天必
伐紂之辭也今太誓無此章則其篇亡
從之疏春秋左氏襄三十一年傳穆叔引泰誓曰注云
今尚書泰誓無此文故諸儒疑之昭元年子羽
引太誓同注云逸書周語單襄公引太誓同注云今
周書太誓無此言其散亡乎鄭語史伯引太誓同紂
有億兆夷人亦有離德余有亂十人同心同德疏春秋左氏
昭二十四年傳萇宏引太誓注云紂衆億兆兼有四夷
不能同德終敗亡武王言我有治臣十人雖少同心也
今太誓無此語成二年傳君子曰太誓所謂商兆民離
周十八同者又管子法禁篇引泰誓曰紂有臣億萬人

亦有億萬之心武王有臣三千而一心朕夢協朕卜襲于休祥戎商必克

疏周語單襄公曰吾聞之泰誓故曰注云泰誓伐紂之誓也故故事也朕武王自謂也協亦合也休美也祥福之先見者也戎兵也言武王夢與卜合又合美善之祥以兵伐殷當必克之文王若日若月

乍照光于四方于西土疏墨子兼愛下引泰誓曰作古與作通紂夷處不

肎事上帝鬼神禍厥先神禔不祀乃曰吾有民有命無

廖排扁天亦縱之棄而弗葆疏墨子非命篇上引泰誓又非命篇中引泰誓之言然曰紂夷之居而不肎事上帝棄闕其先神而不祀也曰我民有命毋僇其務天亦棄縱而不葆天志篇中引泰誓之道之曰紂越厥夷居不肎事上帝棄厥先神祇不祀乃曰吾有命無僇僨務天下天亦縱棄紂而不葆於去發曰惡乎君子天有顯德其行甚章爲鑑不遠

在彼殷王謂人有命謂敬不可行謂祭無益謂暴無傷上帝不常九有以亡上帝不順祝降其喪惟我有周受之大帝疏墨子非命篇下云太誓之言也於去發曰案去發未詳或太子發三字之誤小人見姦巧乃聞不言也發罪鈞疏墨子尚同篇引泰誓之言然曰案此葢言紂苛政也郎漢書見知之法先王所無我武維揚侵于之疆則取于殘殺伐用張于湯有光疏孟子滕文公篇引泰誓曰注云泰誓古尚書百二十篇之時泰誓也我武王用事之時惟鷹揚也侵紂之疆界則取于殘賊者以張殺伐之功也民有簞食壺漿之歡比于湯伐桀爲有光寵美武王德優前代也今之尚書泰誓篇後得以充學不與古泰誓同諸傳記引泰誓皆古泰誓也天視自我民視天聽自我民聽疏孟子萬章篇引泰誓曰注云泰誓尚書篇名自

從也言天之視聽從人所欲也**天聰明自我民聰明**【疏】詩烝民箋引書曰疏云大誓文

也**獨夫紂**【疏】荀子議兵篇引泰誓曰

武王戎車三百兩虎賁三百人【疏】孟子盡心篇云武王之伐殷也革車三百兩虎賁三千人周本紀云遂率戎車三百乘虎賁三千人甲士四萬五千人則此三百人當是三千人之誤也司馬法云革車一乘士十人徒二十人樂記云虎賁之士說劍則虎賁卽士也一乘十人三百兩則三千人矣周禮虎賁氏下大夫官樂記言虎賁之士者周公制禮用二人爲虎賁之官爵爲下大夫屬之司馬其次中士十有二人當文武時則是守衛之士非必下大夫也樂記所言是武王伐紂時事虎賁故是士也墨子明鬼篇下云武王以擇車百兩虎賁之卒四百人與殷人戰乎牧之野風俗通三王篇引尙書武王戎車三百兩虎賁八百人禽紂於牧之野後漢書順帝紀注引漢官儀曰書稱虎賁三百人言其猛如虎之奔赴也則三百人亦

作四百八百人未肆與受戰于牧野【注】鄭康成曰牧野紂南郊地名受一作紂牧一作坶【疏】牧說文作坶云朝歌南七十里地引周書武王與紂戰于坶野即此文鄭注見詩大明疏作牧誓

武王伐殷往伐歸獸識其政事【注】史遷說乃罷兵西歸行狩記政事【疏】史公說見周本紀獸作狩者詩車攻云搏獸于敖後漢書安帝紀注引作薄狩於敖又漢張遷碑云帝遊上林問禽狩所有以狩為獸古字通用識作記者廣雅釋詁云記識也文選魏都賦云武人歸獸而去戰張載注云尚書曰往伐歸獸樂記云濟河而西馬散之華山之陽而弗復乘牛散之桃林之野而弗復服呂氏春秋慎大覽云然後濟於河西歸報於廟乃稅馬於華山稅牛於桃林馬弗復乘牛弗復服釁鼓旗甲兵藏之府庫終身不復疑皆武成逸文正此序所云歸獸也作武成【注】鄭康成

曰著武道至此而成武成逸書建武之際亡【疏】鄭注見書疏云武成逸書者孔壁所得古文本有武成以其不列學官藏在祕府故謂之逸書云建武之際亡者建武是光武紀年武成至此又亡其殘文僅存八十二字見漢書律歷志古文尚書本五十一篇爲四十六卷蓺文志載之而注云五十七篇者班氏當武成亡後記見存實數也

【經】惟一月壬辰旁死霸若翌日癸巳武王迺朝步自周于征伐紂【疏】漢書律歷志引武成篇曰說云序曰一月戊午師度于孟津至庚申二月朔日也四日癸亥至牧壄夜陳甲子昧爽而合矣故外傳曰王以二月癸亥夜陳注孟康曰月二日以往月朏死故言死魄魄月質也

粤若來三月既死霸粤五日甲子咸劉商王紂【疏】同上志又說云是歲也閏數餘十八正大寒中在周二月己丑朔明日閏月庚申朔三月二日庚申驚蟄

四月己丑朔死霸死霸朔也生霸望也是月甲辰望乙巳旁之故武成篇曰惟四月既旁生霸云云注師古曰今文尚書之辭劉殺也㦰咸與㦰通說文㦰絕也讀若咸**惟四月既旁生霸粵六日庚戌武王燎于周廟翌日辛亥祀于天位粵五日乙卯乃以庶國祀馘于周廟** **疏** 同上注師古曰亦今文尚書也祀馘獻于廟而告祀也截耳曰馘

武王勝殷殺受立武庚以箕子歸 **疏** 殷本紀云封紂子武庚祿父以續殷祀

作洪範 **疏** 周本紀武王九年東觀兵十一年伐紂作大誓牧誓武成分器後二年問箕子以天道則洪範編篇宜在作分器後但左傳三引洪範說文五引洪範皆曰商書漢書儒林傳云遷書載堯典禹貢洪範微子金縢諸篇多古文說且以洪範先于微子或古本次第與今不同

武王既勝殷邦諸侯班宗彝作分器【注】史遷作封諸侯班賜宗彝作分殷之器物鄭康成曰宗彝宗廟尊也作分器著王之命及所受物班一作般分器亡【疏】史公班作封者古借邦爲封漢書嚴助傳淮南王安上書稱古者封內甸服封外侯服即周語之邦內甸服邦外侯服也康誥序云邦康叔疏云古字邦封同封諸侯者呂氏春秋愼大覽云武王勝殷入殷未下轝封黃帝之後於鑄封帝堯之後於黎封帝舜之後於陳下轝命夏后之後於杞立成湯之後於宋以奉桑林周本紀云武王追思先聖王乃褒封神農之後於焦黃帝之後於祝帝堯之後於薊帝舜之後於陳大禹之後於杞於是封功臣謀士而師尚父爲首封封尚父於營丘曰齊封弟周公旦於曲阜曰魯封召公奭於燕封弟叔鮮于管弟叔度於蔡其餘各以次受封案呂氏春秋云鑄即祝黎即薊聲相近也彝者周禮司尊彝職掌六彝六尊之位謂鷄彝鳥

彝斝彝黃彝虎彝蜼彝釋器云彝卣罍器也說文云彝宗廟常器也史公云分殷之器物蓋克殷所得器物也鄭注見史記集解以宗彝爲宗廟尊者鄭注周禮鬯人云卣中尊尊者彝爲上罍爲下又注周禮序官云彝亦尊也鬱鬯曰彝彝法也言爲尊之法也班釋文云一作般

西旅獻獒【注】馬融作豪曰酋豪也鄭康成曰獒讀若豪西戎無君名強大有政者爲酋豪國人遣其酋豪之長來獻見于周旅獒已逸【疏】旅者廣雅釋詁云客也晉語云禮賓旅遠國以客禮待之故稱曰旅獒當爲敖或爲勢經文必不从犬說文云獒犬知人心可使者春秋傳曰公嗾夫獒若尚書有此字許氏必不引後出之書馬鄭亦必不以爲酋豪矣此僞孔所改字馬注見釋文云獒作豪者馬氏見孔壁書如此也云酋豪者漢書宣帝紀神爵二年羌盧降服斬其首惡大豪楊玉酋非首注文穎曰羌胡名大帥爲酋如

中國言魁趙充國傳先零豪注孟康曰帥長也鄭注見書疏云西戎無君云云者吕氏春秋恃君覽云氏羌呼唐離水之西僰人野人篇笮之川舟人送龍突人之鄉多無君注云西方之戎無君者後漢書西羌傳云不立君臣無相長一彊則分種爲酋長

太保作旅獒 **疏** 太保僞傳以爲召公非也周書史記並稱武王克殷有召公奭不言太保自成王幼在襁褓中召公爲太保始見賈誼新書作僞者以此太保爲召公疏謬甚矣

巢伯來朝 **注** 鄭康成曰巢伯殷之諸侯伯爵也南方之國世一見者聞武王克商慕義而來朝 **疏** 巢伯者魯語云桀奔南巢注云南巢巢揚州地巢伯之國也今廬江居巢縣是也案巢卽今安徽巢縣鄭注見周禮象胥疏及王制疏書仲虺之誥疏云巢伯殷之諸侯伯爵者鄭注王制云殷爵三等公侯伯也云世一見者周禮大行人職九州之外

謂之蕃國世一見是也

芮伯作旅巢命【注】鄭康成曰芮伯周同姓國在畿內【疏】旅巢命之旅亦與西旅同訓廣雅釋詁云客也鄭注見詩桑柔疏云芮伯周同姓者書疏引世本云芮姬姓地理志左馮翊臨晉縣芮鄉故芮國在今陝西朝邑縣南

武王有疾周公作金縢【注】有疾下馬融有不豫【疏】有疾釋文云馬本作有疾不豫書序云周公作金縢者管子七臣七主篇云武王伐殷克之七年而崩周書明堂解云旣克紂六年而武王崩則經文有云王旣喪之事在五年之後旣非周公所作又有秋大熟天動威之文今文以爲周公死後之事可見孔子序書時必非一篇故以爲周公作金縢也說詳金縢疏尚書大傳大誥在金縢之前今文如是

武王崩三監及淮夷叛【注】鄭康成曰三監管叔蔡叔霍

叔三人爲武庚監于殷國者也前流言于國公將不利
于成王周公還攝政懼誅因遂其惡開導淮夷與之俱
叛此以居攝二年之時繫之武王崩者其惡之初自崩
始也疏序言武王崩三監及淮夷叛是在周公攝政元年也周本紀云武王崩太子誦代立是爲成王
成王少周初定天下周公恐諸侯畔周公乃攝行政當
國管叔蔡叔羣弟疑周公與武庚作亂畔周是三監之
叛卽在武王崩後孔安國古文說也白虎通崩薨篇云
喪者亡人死謂之喪言其亡不可復得見也不直言喪
何爲孝子心不忍言尚書曰武王既喪是今文亦以武
王既喪卽是武王崩也鄭氏則以金縢既喪爲終喪故
此注亦言居攝二年之時蓋衛賈孔壁古文之說既之
義得爲終亦爲卒也此則與今古文不同者鄭以周公
避居亦與史記說異未可定其是非鄭注見詩東山疏
云三監管叔蔡叔霍叔三人云云者周書作雒解云武

王克殷乃立王子祿父俾守商祀建管叔于東建蔡叔霍叔于殷俾監殷臣是管蔡霍爲三監之明文僞傳不及霍叔非也

周公相成王將黜殷 注 鄭康成曰誅之者周公意也而言相成王者自迎周公而來薇已解矣黜貶退也 疏 周本紀云周公奉成王命伐誅武庚管叔放蔡叔又云初管蔡畔周周公討之三年而畢定故初作大誥則古文不以周公爲有避居之事也鄭注見詩東山疏書疏云自迎周公而來者詩九罭云我覯之子袞衣繡裳傳云所以見周公也袞衣袞龍也箋云王迎周公當以上公之服往見之是毛氏亦以周公爲有避居之事也云薇已解者詩鴟鴞序云成王未知周公之志伐柯序云伐柯美周公也周大夫刺朝廷之不知也九罭序同是謂薇也啟金縢迎歸周公而始解矣云黜貶退者說文云黜貶下也

作大誥 注 誥一釋文誥本亦作⿱告廾案汗簡集韻皆有⿱告廾字據作⿱告廾 疏 汗簡四聲韻其字下从丌說文所無未詳也

成王既黜殷命殺武庚命微子啓代殷後作微子之命注鄭康成曰黜殷命謂殺武庚也微采地名微子啓紂同母庶兄也武王投之于宋因命之封爲宋公代殷後承湯祀微子之命亡疏周本紀云初管叔畔周周公討之三年而畢定故初作大誥次作微子之命次歸禾次嘉禾次康誥酒誥梓材宋微子世家云周公既承成王命誅武庚殺管叔放蔡叔乃命微子開代殷後奉先祀作微子之命以申之國于宋鄭注見詩有客疏云微采地名微子紂同母庶兄者見微子篇疏云武王投之于宋云云者樂記云武王克殷下車而投殷之後于宋注云投舉徙之辭時武王封紂子武庚于殷墟所徙者微子後周公更封而大之疏引發墨守云六年制禮樂封殷之後稱公于宋是也

唐叔得禾注史遷禾作嘉穀異畝同穎注史遷畝作母

鄭康成曰二苗同爲一穗疏史公禾作嘉穀見周本紀說文云禾嘉穀也二月始生八月而孰得時之中故謂之禾詩生民云種之黃茂傳云黃嘉穀也疏云穀之黃色者爲黍稷耳則禾即今之小米也畝作母者母與拇通易咸其拇虞翻注云拇是大指也王逸注招魂云拇手拇指也是手足指皆爲母異母如枝指也其上合穎經文作畝假借字僞傳以畝爲壟非也穎者詩傳云垂穎也少儀疏云禾之秀穗亦謂之爲穎穇說文穎禾末也并粟言之亦爲穗也鄭注見史記集解以畝爲苗亦知畝即母也以穎爲穗者說文采禾成秀也或作穗

獻諸天子王命唐叔歸周公于東注史遷東作兵所疏史記周本紀云晉唐叔得嘉穀獻之成王成王以歸周公于兵所古文以周公居東爲東征管蔡故云兵所也

作歸禾注史遷歸作餽鄭康成曰歸禾亡疏史公歸俱作餽見魯世家歸作餽者檀弓云餽祥肉鄭注上虞禮作歸祥肉論語先進云詠而歸鄭注云

魯讀餽爲歸今從古一切經音義七
饋古文餽同是歸饋俱與餽通也
周公既得命禾【注】鄭康成曰受王歸己禾之命與其禾
旅天子之命【注】史遷旅作魯一作嘉作嘉禾【注】鄭康成
曰嘉禾亡【疏】旅者釋詁云陳也鄭注見書疏史公旅作
魯者見周本紀說文旅古文作㫃古文以
爲魯衛之魯是魯與旅通也旅一作嘉見魯世家集解
引徐廣曰上嘉字一作魯大傳云成王之時有三苗貫
桑葉而生同爲一穗其大盈車長幾充箱民得而上諸
成王王召周公而問之公曰三苗爲一穗抑天下其和
爲一乎果有越裳氏重譯而來韓詩外傳五云成王之
時有三苗貫桑而生同爲一秀大幾滿車長幾充箱成
王問周公曰此何物也周公曰三苗同一秀意者天下
殆同一也比期三年果有越裳氏重九譯而至獻白雉
於周公道路攸遠山川幽深恐使人之未達也故重譯
而來周公曰吾子何以見賜也譯曰吾受命國之黃髮

曰久矣天之不迅風疾雨也海之不波溢也三年於茲矣意者中國殆有聖人盍往朝之於是來也周公乃敬求其所以來又見說苑辨物篇敬求作敬受此或經之佚文姑附于後

經 周公奉鬯立于阼階延登贊曰假王莅政勤和天下

疏 漢書王莽傳羣臣上奏引書逸嘉禾篇曰說之云此周公攝政贊者所稱案嘉禾不在逸十六篇之內是七書之殘語僅存者

成王既伐管叔蔡叔以殷餘民封康叔 注 鄭康成曰言伐管蔡者爲因其國也不言霍叔者蓋赦之也康爲號謚初封于衛至子孫而并邶鄘也封一作邦 疏 鄭注見詩邶鄘衛譜疏及書疏云言伐管蔡爲因其國者居前人之故國曰因王制云天子諸侯祭因國之在其地而無主後

者云康爲號諡者周書諡法解云安樂撫民曰康是也
云初封于衛至子孫而并邶鄘者鄭詩譜云邶鄘衛者
商紂畿內方千里之地武王伐紂以其京師封紂子武
庚爲殷後乃三分其地置三監自紂城而北謂之邶南
謂之鄘東謂之衛成王既黜殷命殺武庚復伐三監更
于此三國建諸侯以殷餘民封康叔于衛使爲之長後
世子孫稍并彼二國混而名之是也

作康誥酒誥梓材【疏】段氏玉裁云楊子法言問神篇云昔之說書者序以百而酒誥之篇俄空焉今亡夫謂書序存而酒誥則無序非謂商書闕酒誥也

成王在豐欲宅洛邑使召公先相宅作召誥【注】鄭康成曰欲擇土中建王國使召公在前視所居者王與周公將自後往也【疏】周本紀以作召誥洛誥在反政成王後見本篇疏書疏云周公攝政至此已七年將歸政成王故經營洛邑待此邑成使王即政召公恐王惰于政事故因相宅以作誥周公洛誥爲反政成

王召公陳戒爲卽政後事也鄭注見詩王風譜疏云相視者釋詁文

召公旣相宅周公往營成周【注】鄭康成曰居攝七年天下太平而此邑成乃名曰成周也【疏】鄭注見公羊宣十六年傳疏云天下太平者詩周頌譜云周頌者周室致太平之詩其作在周公攝政成王卽位之初是也

使來告卜

作洛誥

成周旣成遷殷頑民【注】鄭康成曰此皆士也周謂之民民無知之稱【疏】頑有衆義皋陶謨云庶頑讒說史記釋頑不當以頑嚚之義爲訓周書作雒解云獻民遷于九畢孔鼂注云賢民士大夫也周本紀云成王旣遷殷遺民亦不云頑民鄭注見詩王風譜疏云此皆士者以篇名多士春秋左氏桓二年傳云武王克商遷九鼎于雒邑

邑義士猶或非之卽此民也云民無知之稱周公以王
者鄭注周禮遂人云變民言甿甿無知貌
命誥作多士注史遷誥作告疏史公作告見周本紀魯世家無逸在多士前
周公作無逸注史遷逸作佚
召公爲保周公爲師注馬融曰師氏保氏皆大夫官鄭
康成曰師氏保氏大夫之職聖賢兼此官相成王爲左
右注馬融曰分陝爲二伯東爲左西爲右召公不說注
馬融曰召公以周公既攝政致太平功配文武不宜復
列在臣位故不說以爲周公苟貪寵也鄭康成曰周公
既攝王政不宜復列于臣職故不說疏馬注見釋文鄭注見書疏俱以

師氏保氏爲大夫者周禮地官序官云師氏中大夫一人保氏下大夫一人是也周公居三公之位非中下大夫之爵故鄭又云聖賢兼此官周公爲聖召公爲賢也馬注見釋文云分陝爲二伯見公羊隱五年傳又注見史記燕世家集解云不宜復列臣位以爲苟貪寵者不說周公之歸政而不去位之魯也鄭注見書疏意同馬氏中論智行篇云召公見周公之旣反政而猶不知疑其貪位周公爲之作君奭然後說知當作去周公

作君奭

成王東伐淮夷遂踐奄【注】史遷踐作殘鄭康成曰奄國在淮夷之北此伐淮夷與踐奄是攝政三年伐管蔡時事其編篇于此未聞踐讀曰翦翦滅也凡此伐諸叛國皆周公謀之成王臨事乃往事畢則歸【疏】史公踐作殘見周本紀云

周公行政七年成王長周公反政成王作召誥洛誥多
士無佚下云召公爲保周公爲師東伐淮夷殘奄遷其
君薄姑則是以此東伐淮夷在七年反政後葢古文說
也書疏云案洛誥成王即政始封伯禽伯禽既爲魯侯
乃居曲阜費誓稱魯侯伯禽宅曲阜淮夷徐戎並興魯
侯征之作費誓彼言淮夷並興即此伐淮夷王伐淮夷
魯伐徐戎是同時伐明是成王即政之年復重叛也鄭
注見史記集解及書疏云奄國在淮夷之北者漢書王
莽傳云成王之與周公也開七百里之宇兼商奄之民
是奄在魯南淮北也詩破斧疏云此伐淮夷與踐奄是
攝政三年伐管蔡時事者魯世家云伯禽即位之後有
管蔡等反也淮夷徐戎亦並興反又與周本紀不同大
傳云周公攝政一年救亂二年克殷三年踐奄鄭用今
文說也據此則編篇當在康誥之前且多方篇云昔朕
來自奄今列于多士無佚之後故鄭云編篇于此未聞
謂未聞孔子編次之意也云踐讀爲翦翦滅者玉藻云
凡有血氣之類弗身踐也注云當爲翦翦殺也案呂氏
春秋古樂篇云成王立殷民反王命周公踐伐之注云

踐往則漢人亦說踐爲往不必如大傳也呂氏春秋下文云商人服象爲虐于東夷周公遂以師逐之至于江南乃爲三象以嘉其德似伐奄直至于楚未詳其事

作成王征【注】馬融曰征正也鄭康成曰成王征亡【疏】馬注見釋文云征正者說文云征正行也大傳書序有揜誥云遂踐奄踐之者籍之也籍之謂殺其身執其家豬其宮案今文說踐爲籍籍之謂殺其身云云書序云遷其君薄姑說與大傳異也揜同奄揜誥疑即成王征故附其說于此

成王既踐奄將遷其君于蒲姑【注】史遷蒲作薄馬融曰齊地名鄭康成曰奄既滅矣其君佞人不可復故欲徙之于齊地使報于大國【疏】史公蒲作薄者蒲薄聲之緩急字形又相近釋文云馬本作薄馬注見史記集解鄭注見詩破斧疏皆以蒲姑爲齊地者春秋左氏昭九年傳云王使詹伯辭于晉曰蒲

姑商奄吾東土也昭二十年傳晏子對景公曰昔爽鳩氏始居此地季萴因之有逢伯陵因之蒲姑氏因之而後太公因之漢書地理志云齊地殷末有薄姑氏至周成王時薄姑與四國共作亂成王滅之以封師尚父蒲姑之地蓋以蒲姑氏居之而得名故服虔注昭九年左傳亦謂蒲姑齊也云其君佞人者大傳奄君蒲姑謂祿父曰武王己死矣成王幼周公見疑矣此世之將亂者請舉事然後祿父及三監反是也不可復故言不可使復國江氏聲云據大傳蒲姑爲奄君名此序當言將遷其君蒲姑于乃衍字也成王遷奄君其地遂爲齊有故左傳云蒲姑氏因之而後太公因之蒲姑氏卽奄君也

周公告召公作將蒲姑【注】鄭康成曰將蒲姑亡

成王歸自奄在宗周誥庶邦作多方【注】史遷作成王自奄歸在宗周作多方【疏】史公說見周本紀

成王既黜殷命滅淮夷【注】史遷黜作絀滅作襲還歸在豐作周官【注】鄭康成曰周官亡【疏】堯典疏云孔以周官在立政後第八十八鄭以爲在立政前第八十六案周本紀作多士後即作周官魯世家云周之官政未次序於是周公作周官官別其宜作立政以便百姓百姓說是古文周官亦或在立政後

周公作立政

成王既伐東夷肅慎來賀【注】史遷肅作息馬融曰息慎北夷也鄭康成曰息慎或謂之肅慎東北夷慎一作昚【疏】史公肅作息者釋文云馬本作息慎息肅聲相近周書王會篇北有稷慎稷聲亦近肅也馬注見釋文鄭注見五帝本紀集解云北夷者春秋左氏昭九年傳王使詹伯辭于晉曰肅慎燕亳吾北土也魯語武王克商

通道九夷八蠻肅愼氏來貢楛矢砮石晉灼注漢書云東夷傳今挹婁是也在夫餘之東北千餘里大海之濱顏師古注漢書帝紀引周書序云肅眘來賀字作眘

王俾榮伯注史遷俾作賜馬融作辨曰榮伯周同姓畿內諸侯爲卿大夫也疏史公俾作賜者俾疑當作畀釋詁云畀賜也馬注見釋文云本作辨鄭注士虞禮云古文班或爲辨鄭司農注周禮匪頒云頒讀爲班布之班謂班賜也則辨亦賜也王以肅愼分賜榮伯也魯語云古者分同姓以珍玉展親也分異姓以遠方之職貢使無忘服也故分陳以肅愼氏之貢云榮伯周同姓云云者周語有榮夷公注云榮榮伯當是其祖故知是諸侯論語亂十人鄭注有榮公榮伯故知世爲卿大夫也

周公在豐將沒欲葬成周薨成王葬于畢告周公作亳姑注史遷說周公在豐病將沒曰必葬我成周以明吾

不敢離成王周公既卒成王亦讓葬周公于畢從文王
以明予小子不敢臣周公也周公卒後秋未穫暴風雷
雨禾盡偃大木盡拔周國大恐成王與大夫朝服以開
金縢書王乃得周公所自以為功代武王之說二公及
王乃問史百執事史百執事曰信有昔周公命我勿敢
言成王執書以泣曰自今後其無繆卜乎昔周公勤勞
王家惟予幼人弗及知今天動威以彰周公之德惟朕
小子其迎我國家禮亦宜之王出郊天乃雨反風禾盡
起二公命國人凡大木所偃盡起而築之歲則大熟於

是成王乃命魯得郊祭文王魯有天子禮樂者以襃周公之德也大傳說三年之後周公老于豐心不敢遠成王而欲事文武之廟然後周公疾曰吾死必葬于成周示天下臣于成王周公死天乃雷雨以風禾盡偃大木斯拔國恐王與大夫開金縢之書執書以泣曰周公勤勞王家予幼人弗及知又說成王曰周公生欲事宗廟死欲聚骨于畢畢者文王之墓故周公死成王不葬于周而葬之于畢示天下不敢臣也所以明有功尊有德故忠孝之道咸在成王周公之間故魯郊成王所以禮

周公也鄭康成曰亳姑亡【疏】史公說見魯世家秋未穫已下至歲則大熟今以爲金縢文也据史記當是亳姑之篇後人以其辭有云開金縢書故連屬于金縢耳傳之既久不敢改易故附注于此大傳三年之後至示天下臣于成王成王曰周公生欲事宗廟至所以禮周公也見吳中本三年之後據路史高辛紀下有周公致政封魯是當作致政封魯三年之後也周公死已下至予幼人弗及知見梅福傳注師古注引尚書大傳云周公薨成王欲葬之于成周云云與史記云成王亦讓葬周公於畢殊異蓋古文說此序成王葬于畢後因天變而改葬以王禮今文以爲將葬于成周因天變而葬于畢也云王與大夫開金縢之書云云者是今文古文俱有秋大熟未穫已下之辭蓋宋人因其見于金縢而刪尚書大傳顏師古唐人猶及見完本也云魯郊成王者與史記郊文王殊異或成當作文字之誤也案序稱成王葬于畢告周公蓋以天變告之而以王禮葬于畢也云作亳姑者亳姑二字未詳其義僞傳云斥及奄君已定亳姑言所遷之功成非也

周公既沒命君陳分正東郊成周【注】鄭康成曰天子之國五十里爲近郊今河南洛陽相去則然東郊周之近郊也半遠郊【疏】鄭注見周禮載師疏及王制郊特牲疏 作君陳【注】鄭康成曰君陳亡

【經】爾有嘉謀嘉猷入告爾君於內女乃順之於外曰此謀此猷惟我君之德於乎是惟良顯哉【疏】坊記引君陳曰注云君陳蓋周公之子伯禽弟也名篇在尚書今亡嘉尚也猷道也於是乎惟良顯哉美君之德 未見聖若己弗克見既見聖亦不克由聖【疏】緇衣篇引君陳曰注云克能也由用也 出入自爾師虞庶言同【疏】緇衣篇引君陳曰注云自由也師庶皆衆也虞度也言出

內政教當由女衆之所謀度衆言同乃行之政教當由一也

成王將崩命召公畢公率諸侯相康王作顧命【注】馬融曰成王將崩顧念康王命召公畢公率諸侯輔相之【疏】馬注見釋文

康王既尸天子【注】馬融康王上有成王崩【疏】釋文云馬本康王上更有成王崩三字尸者釋詁云主也云主天子者主其事而未即位也遂誥諸侯作康王之誥【注】史遷作康誥【疏】史公作康誥見周本紀

康王命作冊畢分居里成周郊作畢命【注】史遷畢作畢公鄭康成曰今其逸篇有冊命霍侯之事不同與此序

相應畢命亡【疏】史公畢作畢公者周本紀云康王命作策畢公分居里成周郊作畢命則此序畢下脫公字鄭注見書疏云今其逸篇有冊命霍侯之事者漢書律歷志引三統有畢命豐刑之文葢漢世則有畢命篇鄭氏猶及見之故據以爲言也云不同與此序相應者江氏聲云當云不與此序相應疏引誤多同字抑或不同承冊命言謂冊命事不同下別言與此序不相應引少一不字爾逸篇是冊命霍侯此序言作冊畢公是不相應也云非也者旣不相應則逸篇非此篇書文段氏玉裁云畢命亡當作畢命逸

【經】惟十有二年六月庚午朏王命作策豐刑【疏】書疏引策下有書字漢書律歷志云康王十二年六月戊辰朔三日庚午故畢命豐刑曰云云注孟康曰逸書篇名惠氏棟曰逸書二十四篇有囧命囧當爲畢字之誤也劉歆三統歷引畢命豐刑十六字鄭康成漢書序云今其逸篇有冊命霍侯之事不同與此序相應葢亦據孔氏逸篇爲說

穆王命君牙為周大司徒【疏】大司徒者周禮序官云乃立地官司徒又云大司徒卿一人則是地官卿也作君牙【注】牙一作雅鄭康成云君牙亡

【經】夏暑雨小民惟曰怨資冬祈寒小民亦惟曰怨【疏】緇衣篇引君雅曰注云雅書序作牙假借字也君雅周穆王司徒作尚書篇名也資當為至齊魯之語聲之誤也祈之言是也齊西偏之語也夏日暑雨小民怨天至冬是寒小民又怨天言民恒多怨為其君難

穆王命伯冏為周大僕正作冏命【注】史遷說穆王閔文武之道缺乃命伯臩申誡太僕之政作臩命復寧冏一作臩鄭康成曰冏命逸【疏】史公云文武之道缺云云者冏命亡篇葢問之孔安國得其說也史記正義引應劭曰太僕周穆王所置葢太御衆僕之長中大夫也考周禮夏官序官太僕下大夫二

人注云僕侍御于君之名太僕其長也說文臩引周書曰伯臩古文䀠古文冏字古今人表作臩臩蓋今文囧古文也今漢書作煛尚書釋文作煛皆別字申誠集解引徐廣曰誠一作部

蔡叔既沒王命蔡仲踐諸侯位作蔡仲之命【注】鄭康成曰蔡仲之命亡【疏】堯典疏云孔以蔡仲之命次君奭第八十三鄭以爲在費誓前第九十六又云鄭於賈氏所奏別錄爲次

【經】王曰胡毋若爾考之違王命也【疏】春秋左氏定四年傳祝鮀曰管蔡啓商惎間王室王於是乎殺管叔而蔡蔡叔以車七乘徒七十人其子蔡仲改行率德周公舉之以爲己卿士見諸王而命之以蔡其命書云注云胡蔡仲名

魯侯伯禽宅曲阜徐夷並興東郊不開【注】馬融開作闢

作費誓【疏】開作闢者釋文云舊讀皆作開馬本作闢闢蓋闢字故與開形相近顏氏匡謬正俗云棐誓序東郊不闢案說文及古今字詁闢古闢字堯典疏云孔以棐誓在文侯之命後第九十九鄭以爲在呂刑前第九十七尚書大傳鮮誓亦在甫刑前

呂命穆王訓夏贖刑作呂刑【注】史遷說甫侯言於王作修刑辟【疏】命告也案鄭注周禮太卜云命龜告龜以所卜之事是命爲告段氏玉裁云詩崧高箋云甫侯相穆王訓夏贖刑則此序八字當作一句讀告王得爲命王者鄭注緇衣云傳說作書以命高宗鄭釋呂命以爲呂侯受王命者見呂刑經注洛誥云伻來毖殷乃命寧亦是受命于寧王也訓夏贖刑者申訓夏時贖刑之法漢書刑法志引經文而說之曰蓋多於平邦中典五百章所謂刑亂邦用重典者也書疏云周禮五刑皆五百此則墨劓皆千剕刑五百宮刑三百大辟二百輕刑多重刑少是改從輕也案刑法志所說疑今文史

公說爲甫侯言於王
是亦以命爲言也

平王錫晉文侯秬鬯圭瓚【注】馬融平王作王錫作賜作平王釋文云馬本無平字是也若是平王

文侯之命【疏】史公劉向等必不以爲晉文侯事是今文古文俱無平字也僞孔因鄭注加此字秬鬯圭瓚者白虎通考黜篇云圭瓚秬鬯宗廟之盛禮故孝道備而賜之秬鬯所以極著孝道孝道純備故內和外榮玉以象德金以配情芬香𩰪鬯以通神靈玉飾其本君子之性金飾其中君子之道君子有黃中通理之道美素德金者精和之至也玉者德美之至也鬯者芬香之至也周禮典瑞云祼圭有瓚以肆先王以祼賓客注云肆解牲體以祭因以爲名爵行曰祼漢禮瓚槃大五升口徑八寸下有槃口徑一寸詩旱麓云瑟彼玉瓚黃流在中傳云玉瓚圭瓚也黃金所以飾流鬯也九命然後錫以秬鬯圭瓚箋云黃流秬鬯也珪瓚之狀以圭爲柄黃金爲勺青金爲外朱中央

秦穆公伐鄭晉襄公帥師敗諸崤【注】史遷穆作繆崤作殽【疏】秦本紀秦繆公伐鄭在三十二年晉襄公追秦兵於崤擊之大破秦秦軍無一人得脫者虜秦三將以歸在三十三年史公穆作繆者史記蒙恬傳云秦繆公殺三良而死罪百里奚而非其罪也故立號曰繆史記漢書多作繆繆穆聲之緩急穆爲假借字崤俗字當從左傳作殽

還歸作秦誓【疏】春秋左氏僖三十三年夏四月晉襄公敗秦師于殽獲百里孟明視西乞術白乙丙以歸晉文公夫人文嬴秦女也請三帥使歸公許之秦伯素服郊次鄉師而哭于是悔過作秦誓則秦誓作于三帥歸時也秦本紀三十六年繆公大敗晉人取王官及鄗乃自茅津濟渡河封殽中尸爲發喪哭之三日乃誓于軍曰云云則是三十六年敗晉渡河始作此誓與左傳不合或孔氏古文說也序云還歸作秦誓與左傳同

書序第卅下終

清陽湖孫氏本尚書今古文注疏

第三册

清 孫星衍撰

天津圖書館藏清嘉慶二十年陽湖孫氏冶城山館刻本

山東人民出版社·濟南

洪範第十二上　周書三　尚書今古文注疏卷十二

賜進士及第授通奉大夫山東督糧道加三級孫星衍撰

疏 洪範者釋詁云大也法也禹得洛書傳于箕子爲武王陳之也史記宋微子世家云箕子者紂親戚也紂爲淫泆箕子諫不聽乃被髮佯狂而爲奴武王既克殷訪問箕子殷本紀云箕子佯狂爲奴紂又囚之周武王伐紂釋箕子之囚案訪洪範時十有三祀古文說在克殷釋囚之後二年箕子既告武王以洪範乃封于朝鮮故史公宋世家述洪範畢云於是武王乃封箕子於朝鮮而不臣也漢書五行志云劉歆以爲禹治洪水賜雒書法而陳之洪範是也聖人行其道而寶其眞降及於殷箕子在父師位而典之周既克殷以箕子歸武王親虛己而問焉案此俱以武王訪問洪範爲在箕子釋囚未封朝鮮之前孔安國故也書疏引書傳云武王釋箕子之囚箕子不忍周之釋走之朝鮮武王聞之因以朝鮮封之箕子既受周之封不得無臣禮故於十三祀

來朝武王因其朝而問洪範此今文說也書序亦云武王勝殷殺受立武庚以箕子歸作洪範書疏云朝鮮去周路將萬里聞其所在然後封之受封乃朝必歷年矣不得仍在十三祀也宋世家得其實也案周本紀云武王巳克殷後二年問箕子殷所以亡箕子不忍言殷惡以存亡國宜告武王亦醜故問以天道又考周本紀武王十一年十二月師渡孟津二月朝至於商郊牧野是十二年也巳而命召公釋箕子之囚乃罷兵西歸封諸侯箕子之去朝鮮因而封之疑在此時又云武王徵九牧之君箕子宜亦以此時來朝故在武王巳克殷後二年是十三年也大傳所說校之周本紀未可非故今文與古文並存可也孔氏穎達所駁未盡然左傳說文引此經皆云商書經文亦稱歲爲祀或武王命箕子陳言示不臣之義或此篇舊次在微子之前如漢書儒林傳云堯典禹貢微子金縢諸篇不可知矣僞傳以箕子稱祀不忘本書疏云必是箕子自爲之經傳亦無明文

惟十有三祀王訪于箕子**注**馬融曰箕國名也子爵也

箕子紂之諸父【疏】經稱十有三祀者周本紀云克殷後
二年也稱祀者釋天云載歲也商曰
祀釋名云祀巳也新氣升故氣巳也書疏引孫炎云祀
取四時祭祀一訖也訪者釋詁云謀也馬注見史記集
解云箕國名子爵者王制疏引鄭志張逸問殷爵三等
公侯伯尚書有微子箕子何荅云微子箕子實是畿內
采地之爵非畿外治民之君故云子也水經汳水注云
汳水又東逕大蒙城北所謂景亳爲北亳矣闞駰曰湯
都也杜預曰梁國蒙縣北有薄伐城城中有成湯冢其
西有箕子冢案蒙縣故城在今河南歸德府城北湯都
在偃師是畿內地也云箕子紂之諸父者史記索隱云
馬融以箕子爲紂之諸父者服虔杜預以爲紂之庶兄
又引司馬彪曰箕子
名胥餘案莊子注也王乃言曰嗚呼箕子惟天陰隲下
民相協厥居我不知其彝倫攸敘【注】史遷惟作維隲作
定協作和厥作其彝作常攸作所馬融曰陰覆也隲升

也升猶舉也舉猶生也攸一作逌【疏】呂氏春秋君守篇云洪範曰惟天陰
隲下民陰之者所以發之也注云陰陽升陟也言天覆
生下民王者助天舉發明之以仁義也呂覽引鴻範者
先秦人書說也云陰之所以發之者隲爲升其義爲舉
發也注以陰爲陰陽者春秋繁露天辨在人云陰者陽
之助也賈子六術云陰陽天地之動也故注兼陰陽言
之隲陞釋詁文言天覆生下民者釋名云陰蔭也蔭義
近覆云王者助天舉發者釋詁云相助勴也相與助同
訓經云相故云王者助天云明之以仁義言當居仁由
義所謂協厥居也漢書五行志注應邵曰陰覆也隲升
也相助也協和也倫理也言天覆下民王者當助天居
我不知居天常理所次序也義亦相同史公惟作維者
今文經字俱作維以陰隲爲陰定者釋詁隲格同訓格
者趙岐注孟子云正也齊語云正卒伍漢書刑法志作
定卒伍堯典以閏月定四時史記作正四時論語云就
有道而正焉正定通字故隲爲定也言天陰覆下民而
定其居視其合于善惡以定之史公故明白于高誘馬

應諸人也協爲和彝爲常釋詁文厥爲其攸爲所釋言文馬注見釋文云陰覆隲升升猶舉義亦同吕覽也攸五行志俱作逌箕子乃言曰我聞在昔鯀陻洪水汨陳其五行注史遷洪作鴻陻一作垔汨一作曰疏五行志引此文注應劭曰陻塞也汨亂也水性流行而鯀陻塞之失其本性其餘所陳列皆亂故曰亂陳五行陻說文作垔云塞也引此經古文作㙴或作陻汨爲亂者江氏聲引司馬相如上林賦云汨乎混流又云說文汨治水也反其義則爲亂汨與滑聲相近故爲亂熹平石經陻爲伊者陻伊聲之轉石經洪爲鴻聲相近汨爲曰省文帝乃震怒不畀洪範九疇彝倫攸斁注史遷畀作從洪作鴻疇作等彝作常鄭康成曰帝天也天以鯀如是乃震動其威怒不與天道大法九類言王所問所由敗也斁一作燡

一作釋疏畀者釋詁云賜也史公畀爲從者今文尚書字也釋詁云俾從也俾與畀聲相近疇爲等者漢書宣帝紀張晏注亦云彝爲常見上鄭注見史記集解云帝天者以下文又云天錫知之也洪大範法皆釋詁文疇爲類者九家易注斁爲敗者詩箋亦云說文作殬云敗也商書曰彝倫攸殬斁史記集解徐廣曰一作殬案說文斁解也與殬義相近鯀則殛死禹乃嗣興注鄭康成曰春秋傳曰舜之誅也殛鯀其舉也興禹殛一作極疏殛釋文云本又作極裴松之注魏志云詩曰致天之届鄭元云届極也鴻範曰鯀則極死段氏玉裁云裴據古文尚書也釋言云届極也案言極之遠方至死不反嗣與者釋詁云嗣繼也釋言云興起也鄭注見史記集解引春秋傳者左氏僖三十三年文也天乃錫禹洪範九疇彝倫攸敘注史遷說天乃錫禹洪範九疇者太平御覽八百七十二同上疏引尚書中候云堯率羣臣東沈於洛退候至於

下稷赤光起元龜負書中背有赤文朱字宋均曰稷讀曰側此即禹所受洛書云堯率羣臣禹時預焉鄭注大傳云初禹治水得神龜負文於洛以盡得天人陰陽之用至是奉帝命而陳之也漢書五行志云此武王問雒書於箕子箕子對禹得雒書之意也又于初一曰五行至畏用六極云凡此六十五字皆雒書本文所謂天廼錫禹大法九章常事所次者也**初一曰五行**【注】馬融曰從五行已下至六極洛書文也鄭康成曰行者順天行氣【疏】馬注見釋文以五行巳下至六極爲洛書文與劉歆說同鄭注見永樂大典鑒字部云順天行氣者白虎通五行篇云五行者謂金木水火土也言行者欲言爲天行氣之義也**次二曰敬用五事**【注】敬一作羞【疏】敬用者詩小旻箋云欲王敬用五事俱古文尚書字也漢書五行志及孔光傳蓺文志敬俱作羞蓺文志云言敬用五事以順五行也貌言視聽思心失而五行之序亂羞蓋苟字**次三曰農用八政**

【注】馬融曰食爲八政之首故以農名之鄭康成曰農讀爲醲【疏】馬注見釋文五行志注張晏曰農食之本食爲八政首故以農爲名與馬義同也鄭注見書疏讀農爲醲者說文云醲厚酒也廣雅釋詁云醲厚也後漢書馬援傳朱勃上書曰明主醲於用賞約於用刑皆與鄭義同也

次四曰協用五紀【注】協一作叶【疏】五行志協爲叶注應劭曰叶合也合成五行爲之條紀也說文叶叶俱協字古文

次五曰建用皇極【疏】五行志注應劭曰皇大極中也漢書孔光傳對日蝕引書曰羞用五事建用皇極如貌言視聽思失大中之道不立則咎徵薦臻六極屢降皇之不極是爲大中不立尚書大傳鴻範五行傳爰用五事建用王極鄭注云王極或皆爲皇極

次六曰乂用三德【注】乂一作艾【疏】五行志作艾注應劭曰艾治也治大中之道用三德也熹平石經亦作艾

次七曰明用稽疑【疏】五行志注應劭曰疑事明考之

於蓍龜說文云𠰾卜以問疑也讀與稽同次八曰念用庶徵【注】鄭康成曰庶衆也徵驗也謂衆行得失之驗【疏】鄭注見禮器疏云庶衆釋詁文云徵驗者服虔注左傳亦云次九曰嚮用五福威用六極【注】史遷威作畏說為初一曰五行二曰五事三曰八政四曰五紀五曰皇極六曰三德七曰稽疑八曰庶徵九曰嚮用五福畏用六極馬融曰言天所以畏懼人用六極【疏】五行志注應劭曰天所以嚮樂人用五福所以畏懼人用六極案嚮俗字當為饗漢書谷永傳永對曰經曰饗用五福畏用六極史公威作畏者釋名云威畏也可畏懼也六十五字作四十三字者今古文不同也馬注見史記集解與應氏說同脫其一五行【注】史遷五行上無一字【疏】史公無一字上句古今文尚書

熹平石經爲天下王三德相連則令文皆無一二三四五六七八九可知古文尚書葢有之釋文及疏皆不言馬鄭本異於孔本也

一曰水二曰火三曰木四曰金五曰土【注】鄭康成曰此數本諸陰陽所生之次也【疏】白虎通五行篇云水位在北方北方者陰氣在黃泉之下任養萬物水之爲言準也養物平均有準則也木在東方東方者陰陽氣始動萬物始生木之爲言觸也陽氣動躍觸地而出也火在南方南方者陽在上萬物垂枝火之爲言委隨也言萬物布施火之爲言化也陽氣用事萬物變化也金在西方西方者陰始起萬物禁止金之爲言禁也土在中央中央者土土主吐含萬物土之爲言吐也鄭注見史記集解云此數本諸陰陽所生之次者陰陽謂天地易繫辭云天一地二天三地四天五地六天七地八天九地十月令疏引鄭注云天一生水于北地二生火于南天三生木于東地四生金于西天五生土于中陽无耦陰无配未得相成地六成水于北與天一并天七成火于南與

地二并地八成木於東與天三并天九成金于西與地四并地十成土於中與天五并也故其次如此若四時之次則春德在木夏火中央土秋金冬水五音之次則宮土商金角木徵火羽水皆與此次不同故鄭明之

水曰潤下火曰炎上木曰曲直金曰從革【注】馬融曰金之性從人而更可銷鑠土爰稼穡【注】史遷爰作曰【疏】白虎通五行篇云五行之性或上或下何火者陽也尊故上水者陰也卑故下木者少陽金者少陰有中和之性故可曲可直從革土者最大苞含物將生者出將歸者入不嫌清濁爲萬物母引此經文又云五行所以二陽二陰何土尊尊者配天金木水火陰陽自偶潤者廣雅釋詁云濕也炎者說文云火光上也易文言云水流濕火就燥曲直者言木可揉曲亦可從繩正直從革者言金可從順又可變革稼穡者詩傳云種之曰稼斂之曰穡史公爰爲曰者釋詁云爰曰也馬注見史記集解云金之性從人而更者說文金從革不違西方之行亦以從

革爲從人而更但曲直似有二義則從與革亦當分訓潤下作鹹炎上作苦曲直作酸從革作辛稼穡作甘【疏】白虎通五行篇云水味所以鹹何是其性也所以北方鹹者萬物鹹與所以堅之也猶五味得鹹乃堅也木味所以酸何東方萬物之生也酸者以達生也猶五味得酸乃達也火味所以苦何南方主長養苦者所以長養也猶五味須苦可以養也金味所以辛何西方煞傷成物辛所以煞傷之也猶五味得辛乃委煞也土味所以甘何中央者中和也故甘猶五味以甘爲主也引此經文二五事一曰貌二曰言三曰視四曰聽五曰思【注】史遷無二字今文尚書歐陽說肝木也心火也脾土也肺金也腎水也古尚書說脾木也肺火也心土也肝金也腎水也鄭康成曰此數本諸陰陽昭明人相見之次也

五行傳曰貌屬木言屬金視屬火聽屬水思屬土【疏】史公無二字者說苑修文篇云書曰五事一曰貌貌者男子之所以恭敬婦人之所以姣好行步中矩折旋中規立則磬折拱則抱鼓五事上亦無二字與史公同今古文說見月令疏引異義云許與古尚書同鄭駁之五行大義引孝經援神契云肝仁故目視肺義故鼻候心禮故耳司腎智故竅寫脾信故口誨案肝仁肺義心禮腎智脾信是肝爲木肺爲金心爲火腎爲水脾爲土同今文說白虎通情性篇云五藏肝仁肺義心禮腎智脾信也古文以心爲土者鄭注大傳云心明曰聖又云兼四而明則所謂聖者包貌言視聽是土之位也心爲思則脾爲貌肺爲視肝爲言腎爲聽也鄭注見書疏云此數本諸陰陽昭明人相見之次者江氏聲云人相見則先見其貌既見則必有言因其言則可以知其所視所聽且可以知其所思是人相見之次也引五行傳者五行傳伏生所作劉向又作五行傳論俱見漢書五行志

貌曰恭言曰從視曰明聽曰

聰思曰睿〔注〕馬融曰發言當使可從睿通也鄭康成曰此恭明聰睿行之於我身其從則是彼人從我以與上下違者我是而彼從亦我所爲不乖剌也睿通於政事五行傳思爲思心睿爲容〔疏〕春秋繁露五行五事篇云王者貌曰恭恭者敬也言曰從從者可從視曰明明者知賢不肖者分明黑白也聽曰聽聽者能聞事而審其意也思曰容容者言無不容漢書五行志云言之不從從順也春秋左氏文十四年傳宣子曰其詞順禮記冠義云順詞令是言取其順自我言之也馬注見史記集解及釋文云發言當使可從自人從言之云睿通者說文云睿深通川也鄭注見書疏及詩凱風疏江氏聲云馬鄭皆解從爲聽從則從是就人說與恭明聰睿就已身說者不同鄭欲明其不異故反復以決之云此恭明聰睿行之于我身其從則是彼人從我似與上下違者此特設難詞也乃後解之

云我是而彼從亦我所爲不乖刺也竊以爲貫詞解爲從順則差勝也今用江說云睿通于政事者韋昭注楚語云睿明也書曰睿作聖馬鄭皆用古文尚書說孔壁本亦作睿而今文尚書作思曰容尚書大傳云次五事曰思心思心之不容是謂不聖高誘注戰國策引五行傳曰思心之不容是謂不聖春秋繁露五行五事篇云五曰思思曰容容者言無不容容作聖聖者設也王者心寬大無不容則聖能施設事各得其宜也說苑君道篇齊宣王謂尹文曰人君之事何如尹文對曰人君之事無爲而能容下夫事寡易從法省易因故民不以政獲罪也大道容衆大德容下聖人寡爲而天下理矣書曰容作聖宣王曰善可見先秦古書俱如今文說也漢書五行志曰經曰五事五事五曰思心思心曰容容作聖傳曰思心之不容是謂不聖思心者心思慮也容寬也孔子曰居上不寬吾何以觀之哉言上不寬大寬容臣下則不能居聖位此容字今本誤作㝥注應劭曰㝥通也古文作㝥言古文尚書與此異也詩小旻鄭箋云書曰睿作聖明作哲聰作謀恭作肅從作艾詩人之意

欲王敬用五事以明天道又鄭注大傳云容當爲睿睿通也心明曰聖孔子說休徵曰聖通也兼四而明則所謂聖者包貌言視聽而載之以思心者通以待之君思心不通則是不能心明其事也此鄭引古文尚書不從今文說也

恭作肅從作乂明作哲聰作謀睿作聖【注】史遷乂作治哲作智馬融曰出令而從所以爲治也上聽則下進其謀鄭康成曰皆謂其政所致也君貌恭則臣禮肅君言從則臣職治君視明則臣照晢君聽聰則臣進謀君思睿則臣賢智乂一作艾睿一作容【疏】春秋繁露五行五事篇云恭作肅言王誠能內有恭敬之姿而天下莫不肅矣從作乂言王者言可從明正從行而天下治矣明作哲哲者知也王者明則賢者進不肖者退天下知善而勸之知惡而恥之矣聰作謀謀者謀事也王者聽則聞事與

臣下謀之故事無失謀矣容作聖聖者設也王者心寬大無不容則聖能施設事各得其宜也史公乂作治者說文嬖治也此省文漢書五行志云乂治也哲爲智旹說文哲知也或作悊古文作嚞馬注見史記集解鄭注見書疏及詩小旻疏云皆謂政所致者謂君致其臣鄭注大傳五行傳云乂治也君言不從則是不能治其事也君臣不治則僭差矣哲視瞭也君視不明則是不能瞭其事也荼緩也君臣不瞭則荼緩矣君聽不聰則是不能謀其事也君臣不謀則急矣容當爲睿睿通也君思心不通則是不能心明其事也霿瞀冒也君臣心有不明則相霿冒矣此鄭以肅乂哲謀聖不專屬之君爲三說也乂五行傳作艾睿一作容者今文家說見上疏

八政一曰食二曰貨三曰祀四曰司空五曰司徒六曰司寇七曰賓八曰師【注】史遷八政上無三字馬融曰司空掌營城郭主空土以居民司寇主誅寇害鄭康成曰

此數本諸其職先後之宜也食謂掌民食之官若后稷者也貨掌金帛之官若周禮司貨賄是也祀掌祭祀之官若宗伯者也司空掌居民之官司徒掌教民之官也司寇掌詰盜賊之官賓掌諸侯朝覲之官周禮大行人是也師掌軍旅之官若司馬也

疏 八政一曰食二曰貨食謂農殖嘉穀可食之物貨謂布帛可衣及金刀龜貝所以分財布利通有無者也二者生民之本郊祀志云洪範八政三曰祀祀者所以昭孝事祖通神明也此西漢人書說也馬注見史記集解鄭注見書疏云此數本諸其職先後之宜者江氏聲云大傳云八政何以先食傳曰食者萬物之始人事之所本也故八政先食是也貨所以通有無利民用故次之聖王成民而後致力於神故祀又次之王制云食節事時民咸安其居樂事勸

功尊君親上然後興學故司空在司徒之先先教而後
誅故司寇在司徒之後後德立刑行遠方賓服故次之以
賓其有暴虐無道不率化者則出六師以征之故又次
以師是其職先後之次也云食謂掌民之官若后稷者
案周語云昔我先王世后稷又云夏之衰也棄稷弗務
我先王不窋用失其官則稷是官名堯典曰汝后稷播
時百穀是掌民食之官也云貨掌金帛之官若周禮司
貨賄者周禮秋官有掌貨賄之官職闕無考王制冢宰
以三十年之通制國用量入以爲出葢自古食貨皆掌
於天官天官有太府等職皆其屬也云祀掌祭祀之官
若宗伯者周禮大宗伯之職掌建邦之天神人鬼地祇
之禮是也云司空掌居民之官者王制云司空執度度
地居民是也云司徒教民之官者王制司徒明七教以
興民德上賢以崇德簡不肖以絀惡是也云司寇掌誥
盜賊之官者王制司寇正刑明辟以聽獄訟周禮司寇
爲刑官小宰職云五日刑職以詰邦國以糾萬民以除
盜賊是也云賓掌諸侯朝覲之官者周禮大行人掌大
賓之禮及大客之儀以親諸侯春朝諸侯而圖天下之

事秋觀以比邦國之功是也云師掌軍旅之官若司馬者周禮大司馬卿一人小司馬中大夫二人軍司馬下大夫四人輿司馬上士八人行司馬中士十有六人凡制軍萬有二千五百人爲軍王六軍軍將皆命卿二千五百人爲師師帥皆中大夫五百人爲旅旅帥皆下大夫是司馬掌軍旅也爲

四五紀一曰歲二曰月三曰日四曰星辰五曰歷數【注】史遷五紀上無四字馬融曰星二十八宿辰日月之所會也鄭康成曰星五星也【疏】紀者廣雅釋詁云識也歲者白虎通四時云遂也三百六十六日一周天萬物畢成故爲一歲也說文云歲木星也越歷二十八宿宣徧陰陽十二月一次漢書天文志注晉灼云太歲在四仲則歲行三宿太歲在四孟四季則歲行二宿二八十六三四十二而行二十八宿十二歲而周天其歲陽歲名見爾雅釋天月者釋天有月陽月名書疏云月從朔至晦大月三十日小月二十九日是也日者高誘注呂氏春

秋云從甲至癸也淮南天文訓云禹以爲朝晝昏夜晝者陽之分夜者陰之分是以陽氣勝則日脩而夜短陰氣勝則日短而夜脩又案大傳云夏以十三月爲正色尚黑以平旦爲朔殷以十二月爲正色尚白以鷄鳴爲朔周以十一月爲正色尚赤以夜半爲朔然則三代分日夜各從其正書疏云從夜半以至明日夜半周十二辰爲一日非古義也星辰者星謂二十八宿辰當爲曆謂十二曆說文日月合宿爲曆周書周月解云日月俱起於牽牛之初右回而行月周天進一次而與日合宿日行月一次而周天歷舍十有二辰終而復始春秋左氏昭七年傳士文伯曰日月之會是謂辰是也歷數者歷如五帝本紀歷日月而迎送之釋詁云歷相也相與象通數如算經云黃帝爲法數有十等漢書律歷志云迺定東西立晷儀下漏刻以追二十八宿相距于四方舉終以定晦朔分至躔離弦望注臣瓚曰案離歷也日月之所歷也志又云方士唐都分天部而落下閎運算轉歷則知歷象日月爲天部占驗之法數爲算法也馬鄭注俱見史記集解云星五星者謂金木水火土五緯

也案周禮大宗伯疏謂鄭于堯
典洪範皆星辰合釋與此注異

洪範第十二上終

洪範第十二下　周書三

賜進士及第授通奉大夫山東督糧道加三級孫星衍撰

五皇極皇建其有極【注】史遷無五字【疏】漢書五行志傳謂不建皇君也極中建立也人君貌言視聽思心五事皆失不得其中則不能立萬事是皇極爲君道之中皇建有極爲君立其中也　斂時五福用敷錫厥庶民【注】史遷敷作傅厥作其馬融曰當斂是五福之道用布予衆民【疏】釋詁云斂聚也時是也五福謂五者皆備下文鄭注云福之言備也史公敷作傅者廣雅釋言云傅敷也厥爲其者釋言文馬注見史記集解以敷爲布者說文尃布也錫爲予者釋詁云錫予賜也庶爲衆者釋詁文　惟時厥庶民于汝極【注】史遷惟作維厥作其馬融曰以其能斂

是五福故衆民于汝取中正以歸心也【疏】馬注見史記集解以于爲取者詩傳文錫汝保極【注】鄭康成曰又賜汝以守中之道【疏】錫者詩傳云錫予賜也是錫與同義言君與汝守中之道也鄭注見史記集解以保爲守者詩崧高云南土是保箋云守也安也凡厥庶民無有淫朋【疏】淫者王逸注楚詞云遊也大傳引九共云使民無敖敖亦游也人無有比德【疏】比者說文云密也反从爲比論語爲政篇云君子周而不比集解引孔注云阿黨爲比惟皇作極【注】史遷惟作維凡厥庶民有猷有爲有守汝則念之【注】馬融曰凡其衆民有謀有爲有所執守當思念其行有所趣舍也【疏】馬注見史記集解以猷爲謀者釋詁文云行有所趣舍者有謀有爲是有所趣有守則不爲不義是有所舍也不協于極不罹

于咎皇則受之【注】史遷罹作離【疏】史公罹爲離者罹俗字當爲離詩兎爰云雉罹於羅釋文云羅本又作離文選思元賦循法度而離殃注離罹也漢書集注云罹遭也言臣民之行有不合于中亦不至獲咎于汝爲君者當寬容以受之

而康而色曰予攸好德汝則錫之福時人斯其惟皇之極【注】史遷康作安攸作所惟作維【疏】而者鄭注中庸云而之言汝也史公康爲安者釋詁文言當和顔以告臣民示之好德乃錫之福是人當以此得大中也

無虐煢獨而畏高明【注】史遷作毋侮鰥寡馬融亦作毋侮曰高明顯寵者不枉法畏之【疏】史公作毋侮鰥寡者今文尚書與古文異也困學記聞引尚書大傳云毋侮矜寡而畏高明列女傳楚野辯女引周書毋侮鰥寡而畏高明後漢書肅宗紀元和二年詔曰經曰毋侮鰥寡釋文云馬本作毋侮皆今文也煢獨者詩正月云

哀此惸獨傳云獨單也釋文云惸本又作煢王逸注楚詞云煢孤也煢葢惸假借字馬注見史記集解以高明爲顯寵者楊雄解嘲云高明之家鬼瞰其室是謂顯寵之家也不枉法畏之言不曲法以縱之案此言臣有不侮鰥寡不畏强禦者及下有能有爲之人皆當進用**人之有能有爲使羞其行而邦其昌**注史遷邦作國疏能者鄭注周禮云多才藝者羞者釋詁云進也潛夫論思賢篇引書曰人之有能使循其行國乃其昌說云是故先王爲官擇人必得其材功加於人德稱其位循修古字多通**凡厥正人既富方穀汝弗能使有好于而家時人斯其辜**疏正人謂在位之正長富謂重其祿穀者詩傳云善也中庸云重祿所以待士好于而家謂善于國家詩鹿鳴人之好我示我周行箋云好猶善也言凡其正長當重其祿使之作善汝不能使賢者善於家國是人以此爲其罪也**于其無好德汝雖錫之福其作汝用咎**注

史遷無作毋無德字鄭康成曰無好于汝家之人雖錫
之以爵祿其動作爲汝用惡謂爲天子結怨于民【疏】史公
無德字者好與咎爲韻鄭本亦無是後人妄增德字也
鄭注見史記集解亦無德字云無好于汝家之人言不
爲國家作善也福爲爵祿者周禮太宰職云祿以馭其
富咎作爲動作咎爲惡者釋言云作爲也爲卽動作廣雅
釋詁云咎惡也云爲天子結怨于民者言
非善人雖厚其祿猶賊民以爲汝斂怨也　無偏無陂遵
王之義無有作好遵王之道無有作惡遵王之路【注】史
遷無偏作毋陂作頗馬融曰好私好也有一作或好一
作政【疏】史公陂爲頗者經文本作頗釋文云舊本作頗
熹平石經亦作頗唐元宗改爲陂今本承其誤
荀子修身篇引此文說之云此言以公義勝私欲也馬
注見史記集解云好私好者謂好惡之私非大中之道

呂氏春秋貴公篇引陂作頗二有字作或注云義法也或有也好私好鬻公平于曲惠也惡擅作威也韓非亦引有作或說文玻引此經葢孔壁古文

無偏無黨王道蕩蕩無黨無偏王道平平無反無側王道正直【注】史遷無皆作毋馬融曰反反道也側傾側也鄭康成曰黨朋黨平平一作便便

【疏】呂氏春秋貴公篇引鴻範曰無偏無黨王道蕩蕩注云蕩蕩平易也詩云魯道有蕩平平者詩采菽云平平左右傳云平平辯治也釋文云平平韓詩作便便史記張釋之馮唐傳贊引作王道便便徐廣曰便一作辯馬注見史記集解云反反道側傾側者詩何人斯以極反側傳云反側不正直也鄭注周禮云反側猶背違法度也與馬義相近鄭注見史記集解云黨朋黨者說文作攩云朋羣也孔安國注論語以黨爲相助匿非又以爲助私

會其有極【注】鄭康成曰謂君也當會聚有中之人

以爲臣也歸其有極【注】鄭康成曰謂臣也當就有中之君而事之【疏】鄭注俱見史記集解 曰皇極之敷言【注】史遷皇作王敷作傅馬融曰王者當極行之使臣下布陳其言【疏】史公此皇極作王者葢以爲大中之敷言傅同敷見上疏馬注見史記集解以極爲盡也以下極之敷言屬庶民言之故變其義高誘注淮南云極盡也 是彝是訓于帝其訓【注】史遷彝作夷訓作順馬融曰是大中之道而常行之用是教訓天下于天爲順也【疏】史公彝爲夷者詩傳云夷常也訓爲順者聲相近馬注見史記集解云于天爲順者易曰天且不違而況於人乎 凡厥庶民極之敷言【注】史遷敷作傅馬融曰亦盡極敷陳其言於上也是訓是行以近天子

之光【注】史遷訓作順【疏】周禮詢萬民詩詢芻蕘周語邵公曰庶人傳語故古者庶民得近天子也曰天子作民父母以爲天下王【注】大傳說聖人者民之父母也母能生之能食之父能教之能誨之聖王曲備之者也能生之能食之能教之能誨之也故書曰作民父母以爲天下王此之謂也【疏】王者呂氏春秋下賢篇云王也者天下之往也六三德【注】史遷無六字一曰正直【注】鄭康成曰中平之人二曰剛克三曰柔克【注】鄭康成曰克能也剛而能柔柔而能剛寬猛相濟以成治立功【疏】此言人有三德當自治其性也漢書匡衡傳衡上疏曰傳曰審好惡理情性而王道畢矣又云治性之道必審己之所餘而彊其所不足

又云齊之以義然後中和之化應經言三德者說文云
悳外得於人內得於己似如皋陶謨言九德據德行言
之不及政治僞傳所說未是馬鄭亦未爲得之此三德
謂天地人之道正直者論語云人之生也直人道也剛
克天道柔克地道克者釋詁云勝也皋陶謨疏以九德
配三德云其洪範三德先人事而後天地是也鄭注見
史記集解云中平之人者言不剛不柔中正和平之人
詩羔裘云彼其之子邦之司直又云三英粲兮傳云三
英三德也箋云三德謂剛克柔克正直也疏引鄭注申
之云剛則彊柔則弱此陷於滅亡之道非能也然則正
直者謂不剛不柔每事得中也史公三　平康正直彊弗
德上無六字熹平石經同蓋今文也
友剛克燮友柔克【注】史遷弗作不燮作內鄭康成曰人
臣各有一德天子擇使之安平之國使中平守一之人
治之使不失舊職而已國有不順孝敬之行者則使剛

能之人誅治之其有中和之行者則使柔能之人治之
差正之【疏】此又申言三德之性行正直者平康是得其
中正不須克制也彊弗友者廣雅釋詁云友
親也言其性彊毅不可親剛克之人有是性燮友者釋
詁云燮和也言柔克之人有此性二者君德之偏故下
言自克之道史公燮作內者內與燮聲相近假借字鄭
注見書疏以此三德爲人臣各有一德云安平之國使
中平守一之人治之者上文云乂用三德馬鄭皆以乂
爲政治也安平之國謂其國平康無事紛更使中平守
一之人循其舊職可矣云不順孝敬之行者爾雅云善
兄弟爲友彊弗友是不順孝敬之行當使剛能之人治
之云中和之行者釋詁訓燮爲和和而友當使柔能之
人治之馬鄭俱以下文有惟辟作福作威之言故爲此
說也　沈潛剛克高明柔克【注】史遷潛作漸馬融曰沈陰也
潛伏也陰伏之謀謂賊臣亂子非一朝夕之漸君親無

將將而誅高明君子亦以德懷也**疏**經言三德葢謂君德有中正者有偏于剛柔者須先自治其德至於中和乃可作福作威故云乂用三德乂言自治也春秋左氏文五年傳甯嬴之說陽處父曰以剛商書沈潛剛克高明柔克夫子壹之其不沒乎天爲剛德猶不干時況在人乎杜注云沈潛猶滯弱也高明猶亢爽也言各當以剛柔勝巳本性乃能成全也此周人引書卽言治性不言治人葢書古文說杜氏所云亦不同馬鄭之說意以沈漸地道近弱當以剛勝之高明天道近剛當以柔勝之乃成德也此言君德之明證谷永傳永說王音曰意豈將軍忘湛漸之義委曲從順所執不彊此亦用洪範沈漸剛克班氏谷永皆用今文書說亦不與馬鄭同也馬注見史記集解云沈陰潛伏者月令云天多沈陰詩潛雖伏矣故沈陰潛伏同義云賊臣亂子非一朝一夕之漸者易文言傳曰積不善之家必有餘殃臣弒其君子弒其父非一朝一夕之故其所由來者漸矣馬說本此云君親無將將而誅者公羊莊三十二年傳文案如馬鄭所云君無自

治之德亦必不能用人專作威福似非洪範垂教之惟
道此衞賈諸君孔壁古文之說未必合古經義也
辟作福惟辟作威惟辟玉食【注】史遷惟皆作維馬融曰
辟君也玉食美食不言王者關諸侯也鄭康成曰此凡
君抑臣之言也作福專慶賞也作威專刑罰也玉食備
珍美也【疏】此言爲君者自治其性行至於中和則喜怒
猶言好食史記封禪書索隱引三輔決錄云杜陵有玉
氏音肅說文以爲從玉音畜牧之畜案玉讀爲畜畜好
聲之緩急孟子梁惠王篇云畜君者好君也高誘注呂
覽云畜好凡經言玉女玉色義皆爲好後人忽之并刪
說文音讀馬注見史記集解云辟君者釋詁文云不言
王者關諸侯者謂諸侯於其國亦君也得專威福者王
制云次國三卿二卿命於天子一卿命於其君小國二
君皆命於其君是諸侯得爵命大夫也康誥是周公誥

康叔之書而云敬明乃罰文王世子云獄成有司讞於公是諸侯得專刑罰也玉藻云諸侯朝服以食特牲三俎祭肺夕深衣祭牢肉朔月少牢五俎四簋是諸侯亦得備美食也鄭注見公羊傳成元年疏及史記集解案齊策高誘注引書曰無有作威作福後漢書荀爽傳引洪範曰惟辟作威惟辟作福惟辟玉食皆先威後福段氏玉裁云今文尚書如是

臣無有作福作威玉食臣之有作福作威玉食其害于而家凶于而國【注】鄭康成曰害于汝家福去室凶于汝國亂下民一作而凶于而國【疏】熹平石經凶上有而字

人用側頗僻民用僭忒【注】馬遷僻作辟馬融曰忒惡也【疏】漢書王嘉傳嘉奏封事曰箕子戒武王曰臣無有作威作福亡有玉食臣之有作威作福玉食害于而家凶于而國人用側頗僻民用僭慝言如此則逆尊卑之序亂陰陽之統而害及王者其國極危國人傾仄

不正民用僭差不壹是說此經之義也亦先威後福楚元王傳劉向上封事引書曰臣之有作威作福及後漢書張衡傳所引皆先威後福葢今文尚書惟漢書武五子傳策曰書曰臣不作福臣不作威師古注引洪範云臣無有作威作福似唐初所據古文尚書亦有先威後福者王嘉以側爲傾仄者馬注無反無側亦云傾側也以頗僻爲不正者文選思元賦注云邪佞也鄭注見公羊傳成元年疏馬注見釋文云忒惡者詩傳云慝惡也馬以慝訓忒江氏聲不以爲然詩傳云僭差也忒疑也疑是疑貳卽王嘉傳所云不壹此優於馬說權歸于臣則吏民諂附有貳心也七稽疑【注】史遷無七字擇建立卜筮人【注】鄭康成曰言將攷疑事選擇可立者立爲卜人筮人【疏】鄭注見書疏以稽爲攷者廣雅釋言亦云建者鄭注周禮云立也經言建復言立故云選擇可立者立爲卜人筮人白虎通著龜篇云龜曰卜蓍曰筮何卜赴也爆見兆也筮也者信也見其卦也乃命卜筮曰

雨曰霽曰蒙曰驛曰克曰貞曰悔凡七卜五占用二衍忒

【注】史遷霽爲濟曰蒙曰驛作曰涕曰霧占用二作占之用忒爲貣馬融曰占筮也鄭康成曰卜五占之用謂雨霽圛霧克也二衍貣謂貞悔也將立卜筮人乃先命兆卦而分別之兆卦之名凡七龜用五易用二審此道者乃立之也雨者兆之體氣如雨然也濟者如雨止之雲氣在上者也圛者色澤而光明也霧蟊者氣不釋鬱冥冥也克者如祲氣之色相犯也內卦曰貞貞正也外卦曰悔悔之言晦也晦猶終也卦象多變故言衍貣悔一

作斛【疏】史公霽爲濟者釋天云濟謂之霽曰驛爲曰涕在曰蒙上者史記集解及書疏等引鄭注皆先圛後雺也驛爲涕者詩載驅齊子豈弟鄭箋云弟古文尚書以弟爲圛圛明也疏引古文作悌悌弟即涕今文尚書字也蒙爲霧者蒙霧聲之轉說文霿籀文作雺周禮太卜注引書作曰蟊字之假借也占用二爲占之用者謂雨濟蒙驛克卜之兆象有此五者爲占者之用也江氏聲云鄭本與史記同僞孔脫之字非也忒爲貣者詩傳云忒變也緇衣其儀不忒釋文云忒本作貳易豫釋文云忒京本作貸皆即貣字馬注見釋文云占筮者是以占屬貞悔則占之用二爲句與鄭異也鄭注見史記集解云雨霽圛霧克者書疏引作謂雨霽蒙驛克也云雨者兆之體氣如雨然也周禮太卜疏引作兆之體如雨氣云濟者如雨止之雲氣在上者也太卜疏引作兆之光明如雨之雲氣在上云圛者色澤而光明者也案說文圛回行也引商書此文云圛升雲半有半無讀若驛鄭不用其說而于載驅詩箋云圛明也又注周禮占人云凡卜象吉色尙墨大坼明則逢吉此言色澤而

光明則是吉兆矣許氏云升雲半有半無雲氣在上亦開明之義云霧者氣不釋鬱冥冥冥也書疏引作氣澤鬱鬱冥冥也說文云雺地氣發天不應也則霧是氣不揚越兆氣如之故云氣不釋云克者如祲氣之色相犯也書疏引作如雨氣色相侵入周禮眡祲掌十煇之法一曰祲注鄭司農云祲陰陽氣相侵也兆名爲克如彼陰陽之氣相侵犯也云內卦曰貞外卦曰悔者易蠱卦巽下坤上巽爲風艮爲山春秋左氏僖十五年傳云蠱之貞風也其悔山也是內卦曰貞外卦曰悔卦以下爲內上爲外也說文作𠭁云易卦之上體也引此經云商書貞正者子夏易傳文云卦象多變故言衍貣者書疏引貣俱作忒易繫辭云爻者言乎變者也說卦云觀變於陰陽而立卦是卦象多變也繫辭又云大衍之數五十也鄭注云衍演也王廙蜀才皆云衍廣也貣與忒通詩傳云變也

立時人作卜筮【注】史遷作爲卜筮鄭康成曰立是能分別兆卦之名者以爲卜筮人三人占則從二人之

言【注】鄭康成曰卜筮各三人太卜掌三兆三易從其多者蓍龜之道幽微難明慎之深【疏】白虎通蓍龜篇云或曰天子占卜九人諸侯七人大夫五人士三人又尚書曰三人占則從二人之言鄭注見史記集解又見士喪禮疏從其多者巳下亦見史記集解云卜筮各三人太卜掌三兆三易者士喪禮筮宅卒筮執卦以示命筮者受視反之東面旅占注云旅衆也反與其屬共占之謂掌連山歸藏周易者又卜葬日占者三人注云占者三人掌玉兆瓦兆原兆者也然則此言卜筮各三人亦謂卜則掌三兆者各一人筮則掌三易者各一人也周禮云太卜掌三兆之法一曰玉兆二曰瓦兆三曰原兆注云兆者灼龜發於火其形可占者其象似玉瓦原之亹罅是用名之焉杜子春以玉瓦原三兆爲帝顓頊堯周之兆又云掌三易之法一曰連山二曰歸藏三曰周易注云連山似山出內氣也歸藏萬物莫不歸而藏於其中杜子春云連山宓羲歸藏黃帝是鄭說三兆三易既用子春說矣易贊乃

云夏曰連山殷曰歸藏與周禮注違者鄭志趙商據子春三兆三易之注而問云子春何由知之鄭荅之曰此數者非有明文改之無據故著子春說而以近師皆以爲夏殷周然則三兆三易其說難定鄭氏不敢專從兩存可也云從其多者春秋左氏成六年傳云欒武子曰善鈞從衆商書曰三人占從二人衆故也

汝則有大疑謀及乃心謀及卿士謀及庶人謀及卜筮【注】史遷乃作汝鄭康成曰卿士六卿掌事者人一作民【疏】白虎通蓍龜篇云所以先謀及卿士何先盡人事念而不能得思而不能知然後問於蓍龜聖人獨見先睹必問蓍龜何示不自專也或曰清微無端緒非聖人所及聖人亦疑之尚書曰汝則有疑謂武王也鄭注見書疏人作民見熹平石經

汝則從龜從筮從卿士從庶民從是之謂大同身其康強子孫其逢【注】史遷身作而身子孫作而子孫

馬融曰逢大也吉汝則從龜從筮從卿士逆庶民逆吉卿士從龜從筮從汝則逆庶民逆吉庶民從龜從筮從汝則逆卿士逆吉【注】鄭康成曰此三者皆從多故爲吉汝則從龜從筮逆卿士逆庶民逆作內吉作外凶【注】鄭康成曰此逆者多以故舉事於境內則吉境外則凶龜筮共違於人用靜吉用作凶【注】鄭康成曰龜筮皆與人謀相違人雖三從猶不可以舉事【疏】馬注見釋文云逢大者鄭注儒行逢掖之衣云逢猶大也鄭注俱見史記集解八庶徵【注】史遷無八字曰雨曰暘曰燠曰寒曰風【注】史遷暘作陽燠作奧鄭康成曰雨木

氣也春始施生故木氣爲雨暘金氣也秋物成而堅故
金氣爲暘燠火氣也寒水氣也風土氣也凡氣非風不
行猶金木水火非土不處故土氣爲風【疏】史公暘爲陽者祭義云殷
人祭其陽注云陽讀爲曰雨曰暘之暘燠作奧者五行
志何休注公羊皆作奧堯典厥民奧馬氏云煖也是陽
與暘燠與奧通鄭注見書疏以雨暘等配五行者大傳
五行傳云貌之不恭是謂不肅厥罰恒雨言之不從是
謂不乂厥罰恒暘視之不明是謂不悊厥罰恒燠聽之
不聰是謂不謀厥罰恒寒思之不容是謂不聖厥罰恒
風鄭據此爲說也

曰時五者來備各以其敘庶草蕃廡【疏】後漢書李

雲傳雲上書曰得其人則五氏來備注引史記五者來
備荀爽傳爽對策曰嘉瑞降天吉符出地五韙咸備各
以其敘矣注云韙是也史記曰休徵曰肅時雨若曰乂
時暘若曰哲時燠若曰謀時寒若曰聖時風若五者來

備各以其敘也經作時者釋詁云是也繁廡說文作緐緐云緐豐也引商書此文釋詁云蕪豐也晉語云黍不爲黍不能蕃廡注云蕃滋也廡豐也蕃爲緐無爲蕪皆假借字一極備凶一極無凶注史遷無作亡疏江氏聲曰極備即所謂恒也五者之中一者極備或一者極無皆凶史公無作亡者詩谷風何有何亡以亡爲無也曰休徵疏漢書五行志引此文注曰孟康曰善行之驗也

肅時雨若曰乂注史遷乂作治時暘若曰晢時燠若曰謀時寒若曰聖時風若疏大傳鄭注云孔子說休徵曰聖者通也兼四而明所謂聖聖者包貌言視聽而載之以思心者通以待之君思心不通則是不能心明其事也曰咎徵曰狂恒雨若注史遷恒皆作常鄭康成曰狂倨慢若順也五事不得則咎氣而順之疏史公恒皆爲常者訓詁改字也鄭注見書疏及詩正月疏

云狂偒慢者漢書五行志云肅敬也內曰恭外曰敬人
君行已禮貌不恭怠慢驕蹇則不能敬萬事失在狂易
故其咎狂也上嫚下暴則陰氣
勝故其罰常雨也鄭據之爲說**曰僭恒暘若**疏漢書五
行志云
言上號令不順民心虛譁憒亂則不能治海內失在過
差故其咎僭僭差也刑罰妄加羣陰不附則陽氣勝故
其罰常陽也後漢書楊震傳震上疏曰書曰僭恒
陽若注僭差也若順也君行僭差刑常暘順之也**曰豫**
恒燠若注史遷燠作奧鄭康成豫作舒曰舉遲也若順也言
人君舉事太舒則有常燠之咎氣來順之舒一作荼疏
鄭注見書疏及公羊成元年傳疏漢書五行志云言上
不明暗昧蔽惑則不能知善惡親近習長同類亡功者
受賞有罪者不殺百官廢亂失在舒緩故其咎舒也盛
夏日長暑以養物政弛緩故其罰常奧也言舒緩卽鄭
舉遲之義舒尚
書大傳作荼**曰急恒寒若**注鄭康成曰急促自用也

言由君急促太酷致恒寒之氣來應之【疏】鄭注見書疏及詩正月疏漢書五行志云言上偏聽不聽下情隔塞則不能謀慮利害失在嚴急故其咎急也盛冬日短寒以殺物正促迫故其罰常寒也荀悅高帝紀云人君急則日晷進而疾舒則日晷退而緩故曰急恒寒若舒恒燠若論衡寒溫篇引經文云若順燠溫恒常也人君急則常寒順之舒則常溫順之又云旦雨氣溫旦暘氣寒夫雨者陰暘者陽也

曰蒙恒風若【注】史遷蒙作霧鄭康成曰蒙見冒亂也蒙一作雺【疏】史公蒙作霧者卽說文霚大傳作雺亦霚之籀文也鄭注見書疏漢書五行志作霿云言上不寬大包容臣下則不能居聖位貌言視聽以心爲主四者皆失則區霿無識故其咎霿也雨旱寒奧亦以風爲本四氣皆亂故其罰常風也鄭云冒亂者鄭注大傳五行傳云雺冒也君臣心有不明則相蒙冒矣

曰王省惟歲【注】史遷省作眚惟皆作維馬融曰言王

者所眚職如歲兼四時也【疏】史公省爲眚者古省眚通字公羊春秋莊二十二年肆大省左氏穀梁春秋皆作眚康誥人有小罪非眚潛夫論引作省是眚亦省也馬注見史記集解云眚職者如魯語夕省其典刑之省云歲卿士惟月師尹惟日歲兼四時者謂一歲有春夏秋冬

月日時無易百穀用成乂用明俊民用章家用平康日月歲時既易百穀用不成乂用昏不明俊民用違家用不寧【注】史遷無作毋乂作治俊作畯鄭康成曰所以承休徵咎徵言之者休咎五事得失之應其所致尙微故大陳君臣之象成皇極之事其道得則其美應如此其道失則敗德如彼非徒風雨寒燠而已【疏】史公惟皆爲維者匡謬正

俗云古文尚書作惟今文尚書作維也然尚書多有思惟之字亦不盡作維俊爲畯者李善注文選陸韓卿詩俊民引尚書畯民用康云畯與俊同太甲說命釋文皆云俊本亦作畯北堂書鈔引書俱作畯是畯古字俊爲唐巳後攺字也鄭注見書疏云大陳君臣之象成皇極之事者王眚惟歲云云言君之統臣如歲之統月日是陳君臣之象也歲月日時無易承王眚云云而言則是喻君臣位正成皇極之事也日月歲時旣易則所謂王之不極是謂不建也王極配五事爲六故承庶徵而言之也案馬義以王所眚職如歲兼四時則卿士惟月當謂統於王如月統於歲師尹統於卿士如日統於月師者釋詁云衆也尹者釋言云正也易者賈子道術篇云緣法循理謂之軌反軌爲易俊者說文云俊材過千人章者鄭注考工記云明也微者釋詁云隱也寧者詩傳云安

庶民惟星星有好風星有好雨【注】史遷惟作維馬融曰箕星好風畢星好雨鄭康成曰風土也爲木妃雨

木也爲金妃故星好焉中央土氣爲風東方木氣爲雨箕屬東方木木克土土爲妃尙妃之所好故箕星好風也西方金氣爲陰克東方木木爲妃畢屬西方尙妻之所好故好雨也是土十爲木八妻木八爲金九妻故月離於箕風揚沙月離于畢俾滂沱推此而往南宮好暘北宮好燠中宮四季好寒也是由已所克而得其妃從其妃之所好故也

【疏】馬注見史記集解云箕星好風畢星好雨者詩漸漸之石云月離于箕風揚沙周禮大宗伯注鄭司農云風師箕也雨師畢也是馬說所本鄭注見詩漸漸之石疏月令疏周禮大宗伯大司徒疏書疏云風土也爲木妃雨木也爲金妃故星好焉云云者五行大義說干支各象天地自相配

合有夫婦之道干合者巳爲甲妻故甲與巳合辛爲丙妻故丙與辛合癸爲戊妻故癸與戊合乙爲庚妻故乙與庚合丁爲壬妻故壬與丁合季氏陰陽說曰木八畏庚九故以妹乙妻庚火七畏壬六故以妹丁妻壬金九畏丙七故以妹辛妻丙土五畏甲八故以妹己妻甲春秋左氏昭九年傳云火水妃也又十七年傳云水火之牡也是五行以受克者爲妃也云推此則南宮好暘北宮好燠中宮四季好寒者五行以所克者爲好可類推也經言庶民所好無常當示之以大中之道

日月之行則有冬有夏【注】鄭康成曰四時之間合于黃道也【疏】開元占經六十引黃帝占曰兩角之間三光之道也南三度大陽道北三度大陰道日月五星出入中道天下太平出陽多旱出陰多雨漢書天文志云月爲風雨日爲寒溫冬至日南極晷長南不極則溫爲害夏至日北極晷短北不極則寒爲害故書曰日月之行則有冬有夏也荀悅高后紀引洪範曰日月之行則有冬有夏有寒有暑段氏玉裁疑今文尚書多此四字漢書

天文志云日行不可指而知也故以二至二分之星爲候至月行則以晦朔決之日冬則南夏則北冬至於牽牛夏至於東井日之所行爲中道月五星皆隨之也後漢律歷志云晦明合離斗建移辰謂之日月之行則有冬有夏冬夏之間則有春有秋是故日行北陸謂之冬日行西陸謂之春南陸謂之夏東陸謂之秋案此言日月不當亂行也太平御覽三十四引春秋運斗樞云日失行則當燠反寒鄭注見月令正義云四時之間合于黃道者廣雅月行九道云四季之月還從黃道漢志紀月之行止言其四時從靑赤白黑之間而不及黃道故鄭補其未備

月之從星則以風雨

【注】鄭康成曰不言日者日之從星不可見故也

【疏】漢書天文志云箕星爲風東北之星也及巽在東南爲風風其星軫也月去中道移而東北入箕若東南入軫則多風西方爲雨雨少陰之位也月失中道移而西入畢則多雨書曰星有好風星有好雨月之從星則以風雨言失中道而東西也漢書云月有九行黑道二出黃道北赤道

二出黃道南白道二出黃道西靑道二出黃道東立春春分從靑道立夏夏至從赤道立秋秋分從白道立冬冬至從黑道然一決之於房中道若月失道而妄行出陽道則旱風出陰道則陰雨箕軫之星爲風畢星爲雨故月失度入箕軫則多風入畢星則多雨天官書云月行中道安寧和平論衡明雩篇云月之行天三十日而周一月之中一過畢星開元占經十三引河圖帝覽嬉云月行中道是謂安寧天下和平又占經十一引石氏云明王在上用行依道若主不明臣執勢則月行失道則月行乍南乍北女主外戚擅權則或進退朓朒皆君臣刑德不正之咎也鄭注見書疏云不言日者日之從星不可見者即天文志所云日行不可指而知也月令孟春之月日在營室所以知日在星分者注云日月之行一歲十二會聖王因其會而分之以爲大數焉觀斗所建命其四時此云孟春者日月會於諏訾而斗建寅之辰也然則欲知日行以月行與日會于十二次測之欲知會于何次以斗建知之日光盛則星微而不見也

九五福一曰壽〔注〕史遷無

九字一曰壽一作一曰富【疏】説苑建本篇云河間獻王
曰夫穀者國家所以昌熾
士女所以姣好禮義所以行而人心所以安也尚書五
福以富爲始據此則今文尚書爲一曰富也一曰富則
當云二曰壽矣江王
段三君均未及指出二曰富【注】富一作壽三曰康寧四
曰攸好德五曰考終命【注】鄭曰此數本諸其尤者福是
人之所欲以尤欲者爲先極是人之所惡以尤所不欲
者爲先以下緣人意輕重爲次耳康寧人平安也攸好
德人皆好有德也考終命考成也終性命謂皆生佼好
以至老也此五者皆是善事自天受之故謂之福福者
備也備者大順之總名【疏】漢書五行志云視之不明其
極疾順之其福曰壽聽之不

聽其極貧順之其福曰富言之不從其極憂順之其福曰康寧貌之不恭其極惡順之其福曰攸好德思心之不容其極凶短折順之其福曰考終命此蓋劉向今文說也與鄭氏異壽者詩傳云考也廣雅釋詁云久也鄭注大傳云視曰火火主夏夏氣長長氣失故於人爲疾案反疾爲壽者夏氣得遂其長也富者郊特牲云富也者福也鄭注曲禮云富之言備也富無所不備故今文以爲五福之始中庸言舜富有四海之內孟子謂豐年謂富歲鄭注大傳云聽曰水水主冬冬氣藏藏氣失故於人爲貧案反貧爲富者冬主固藏藏富於民則用不竭也康者釋詁云樂也寧者詩傳云安也說文云不至西方戰慄釋言云慄慼也鄭注大傳云言曰金金主秋案大傳云秋者愁也秋氣主愁愁者憂也反憂爲康寧鄭云秋氣殺殺氣失故於人爲憂似非也故易之攸者釋言云攸所也所好德言好善鄭注大傳云貌屬木木主春春氣生生氣失故於人則爲惡案東方德西方刑失其氣則惡順之則好德也考者說文云老也終命謂終其正命鄭注大傳云思心曰土土主四時四時主消息生殺

長藏之氣風亦出內雨暘寒燠之徵皆所以殖萬物之性命者也殖氣失則於人爲凶短折案反凶短折爲考終命者五行大義云土其時季夏季老也萬物於此成就方老王于四時之季故曰老也萬物老而成就是考終命也詩傳云考成也檀弓子張曰君子曰終注云事卒爲終鄭注見書疏及詩旣醉疏云緣人意輕重爲次者以不循五行五事之次也云終性命謂皆生佼好以至老者鄭以考終命與惡反對故爲此說也孝經云身體髮膚受之父母不敢毀傷謂不爲五刑所傷鄭說生佼好以至老謂此矣

六極一曰凶短折二曰疾三曰憂四曰貧五曰惡六曰弱

【注】馬融曰凶終也鄭康成曰未齔曰凶未冠曰短未婚曰折愚懦不壯毅曰弱凶短折皆是天枉之名凶短折思不睿之罰疾視不明之罰憂言不從之罰貧聽不聰之罰惡貌不

恭之罰弱皇不極之罰反此而云王者思睿則致壽聽聰則致富視明則致康寧言從則致攸好德貌恭則致考終命所以然者不但行運氣性相感以義言之以思睿則無擁神安而保命故壽若蒙則不通𥧑神天性所以短折也聽聰則謀當所求而會故致富違而失計故貧也視明照了性得而安寧不明以擾神而疾也言從由於德故好者德也不從而無德所以憂耳貌恭則容儼形美而成性以終其命容毀故致惡也不能爲大中故所以弱也【疏】六極之極詩菀柳後予極焉箋云極誅也釋詁作殛誅也言不順天降之罪罰漢書

五行志云思心之不容是謂不聖貌言視聽以心爲主四者皆失則區霿無識故其咎霿也雨旱寒奧亦以風爲本四氣皆亂故其罰常風也常風傷物故其極凶短折也傷人曰凶禽獸曰短草木曰折一曰凶夭也兄喪弟曰凶父喪子曰折此今文說也今文以爲君行失中則有人物夭折之咎故以禽獸草木及兄喪弟父喪子爲說言其咎延于民物也志又云視之不明言上不明則不能知善惡亡功者受賞有罪者不殺百官廢亂失在舒緩故其咎舒也盛夏日長暑以養物政弛緩故其罰常奧也奧則冬溫春夏不和傷病民人故其極疾也又云言之不從言上號令不順故其咎僭也僭差也刑罰妄加羣陰不附則陽氣勝故其罰常陽也旱傷百穀則有寇難上下俱憂故其極憂也又云聽之不聰言上偏聽不聰下情隔塞則不能謀慮利害失在嚴急故其咎急也盛冬日短寒以殺物政促迫故其罰常寒也寒則不生百穀上下俱貧故其極貧也又云貌之不恭人君失在狂易故其咎狂也上嫚下暴則陰氣勝故其罰常雨也水傷百穀衣食不足則姦軌並作故其極惡也

一曰民多被刑或形貌醜惡亦是也又云皇之不極是謂不建皇君也極中建立也大君貌言視聽思心五事皆失不得其中則不能立萬事失在眊悖故其咎眊也王者自下承天理物雲起於山而彌於天天氣亂故其罰常陰也一曰上失中則下彊盛而蔽君明也易曰亢龍有悔貴而亡位高而亡民賢人在下位而亡輔如此則君有南面之尊而亡一人之助故其極弱也此皆今文說不以爲注者以是向歆之言今之大傳佚其文也後漢書鄭崇傳崇諫曰臣聞師曰逆陽者厥極弱逆陰者厥極凶短折犯人者有亂亡之患犯神者有疾夭之禍亦書說也馬注見釋文云凶終者謂凶短折不以天年終也鄭注見史記集解及書疏云未齔曰凶者說文云齔毁齒也男八月生齒八歲而齔女七月生齒七歲而齔則未齔謂七歲以下喪服傳所謂無服之殤也中古男子二十而冠三十而娶未冠曰短謂不及二十未昏曰折謂不及三十也以思不睿則凶短折爲壽之反與五行志爲考終命之反異義者鄭既以凶短折爲未齔未冠未昏之屬不以爲凶終及人物夭折故反之則

爲壽也以聽不聽則貧爲富之反與五行說同云聽聰則謀當所求而會故致富違而失計故貧鄭五行志所謂偏聽不聰下情隔塞也以視不明則疾爲康寧之反與五行志言不從則疾爲憂之反異義及以貌不恭則惡爲考終命之反與五行志思心不容則凶短折爲考終命之反異義似鄭說俱遜于今文說也以以不能爲大中所以弱與五行志同

洪範第十二下終

賜進士及第授通奉大夫山東督糧道加三級孫星衍撰

金縢第十三　周書四

疏書序云周公作金縢史記魯周公世家載其文又云周公奉王命興師東伐作大誥又云寧淮夷東土二年而畢定是以周公居東二年爲伐叛非避居也又云唐叔得禾成王命唐叔以餽周公于東土作餽禾周公既受命禾嘉天子之命作嘉禾不下云東土以集周公歸報成王乃爲詩貽王命之曰鴟鴞王亦未敢訓周公案金縢篇中有公乃爲詩以貽王命之曰鴟鴞等詞是金縢作于大誥歸禾嘉禾之後今篇次在前者以禱疾事在二年也史記又載成王病周公祝神藏策成王用事周公被譖奔楚成王發府見禱書反周公是非因天變開金縢又載周公卒後乃有暴風雷雨命魯郊祭之事是經文秋大熟已下必非金縢之文孔子見百篇之書而序稱周公作金縢周公不應自言死後之事此篇經文當止于王翼日乃瘳或史臣附記其事亦止于王亦

未敢誚公也其秋大熟已下考之書序有成王告周公作薄姑則是其逸文後人見其詞有以啓金縢之書乃以屬于金縢耳說詳後疏但馬鄭曾見孔壁古文不爲別白者馬鄭所守衞宏賈逵古文說又與史公之問故孔氏安國者不同經文傳之既久不可改易仍爲一篇分行以別之通經碩儒以爲然否

既克商二年【疏】二年者史記周本紀云十一年伐紂則武王于文王崩後六年伐紂後二年有疾則此爲武王之十五年也史記集解引皇甫謐曰武王元年歲在乙酉則此年歲在丙戌也

【疏】此爲武王十三年詩豳譜疏引鄭注云蓋帝王世紀之說尤不足信

王有疾弗豫【注】史遷弗作不豫一作悆【疏】曲禮疏引白虎通曰天子病曰不豫言不豫復豫政也今本白虎通脫文史公爲不豫者書序武王有疾釋文云馬本作有疾不豫論衡死僞篇後漢禮儀志皆引作不豫與史公同也豫說文作悆云喜也引此經釋文云豫本又作忬案忬非古字

二公曰我其爲王穆卜周公

曰未可以戚我先王【注】史遷說太公召公乃繆卜穆一作睦鄭康成曰二公欲就文王廟卜戚憂也未可憂怖我先王也周公既內知武王有九齡之命又有文王曰吾與爾三之期今必瘳不以此終故止二公之卜【疏】穆者釋詁云穆穆敬也單言亦爲敬一切經音義引作睦並引孔傳云睦敬也睦音近穆蓋正義已前本說文睦一曰敬和也史記司馬相如傳旼旼睦睦漢書作穆穆史公穆作繆者集解引徐廣曰古書穆字多作繆鄭注見史記集解及書疏云二公欲就文王廟卜者尚書多士云乃穆考文王周家世次文王爲穆武王爲昭也戚爲憂者詩傳云戚憂也怖者說文悑惶也或作怖言未可憂怖我先王者入廟當行吉禮未可以疾病請禱當於壇也云周公既內知文王有九齡之命云云者見文王世子載其事云今必瘳不以此終者書疏引鄭志云弟

子趙商問曰若武王未終疾固當瘳信命之終雖請不得自古以來何患不爲鄭荅曰君父疾病方困忠臣孝子不忍默爾視其歔欷歸其命于天中心惻然爲之請命周公達于此義著在尚書若君父之病不爲請命豈忠孝之志也案周公欲自禱請代故止二公之卜疑戚爲近未可以戚我先王謂此大事未可僅禱於考廟當并禱太王王季于壇耳不應如鄭說也

公乃自以爲功【注】史遷功作質爲

三壇同墠爲壇于南方北面周公立焉【注】馬融曰壇土堂鄭康成曰時爲壇墠於豐壇墠之處猶存焉【疏】功者釋詁云功質成也功與質同訓壇者說文云祭場也墠者詩傳云除地町町者葢既除地爲墠又加三壇其上鄭注祭法云封土曰壇除地曰墠引此文史公功爲質者晉語云沈璧以質注云質信也沈璧以自誓爲信自以爲質者以身爲質也馬注見釋文云壇土堂者公羊莊十三年傳莊公升壇注土基三尺土階三等曰壇鄭注見

書疏云時爲壇墠於豐地理志鄠豐水出縣東南今爲陝西長安縣地

植璧秉珪【注】史遷植作戴珪作圭鄭康成曰植古置字【疏】周禮大宗伯以玉作六器以禮天地四方注云謂始告神時薦於神坐書曰周公植璧秉珪是也秉者釋詁云執也言植璧於神前秉珪於手史公植作戴者戴亦植也鄭注喪大記云戴之言值植與值通易林需之死妄又作載月令釋文戴本作載是戴亦通載圭爲珪者說文圭古文作珪鄭注見書疏云植爲古置字者熹平石經論語置其杖而芸今作植說文植重文作櫃故知櫃置爲古字

乃告太王王季文王史乃冊祝曰惟爾元孫某遘厲虐疾【注】史遷冊作策某作王發遘厲虐疾作勤勞阻疾阻一作淹鄭康成曰策周公所作謂簡書也祝者讀此簡書以告三王諱之者由成王諱之也

疏史史佚也洛誥云作冊逸誥逸卽史佚冊說文有冊字云告也疑孔壁古文冊作冊與下納冊之冊異祝者說文云祭主贊詞者武王于太王爲曾孫此稱元孫者猶召誥云元子遘者易象傳云遇也厲者釋名云疾氣也中人如磨厲傷物也虐者廣雅釋詁云惡也言遇厲氣致惡疾史公冊作策者策與冊經典通字聘禮云百名以上書於策不及百名書於方注云名書文今謂之字策簡也方板也疏云簡者未編之稱策是衆簡相連之名案說文云冊象其札一長一短中有二編之形古文作笧知冊卽策也某爲王發者發武王名禮臨文不諱又父前子名古文本作王發與鄭康成所見本異也云勤勞阻疾者遘厲爲勤勞蓋古今文之異非史公詁訓言武王勤勞以致險疾也說文云阻險也集解引徐廣曰阻一作淹淹與險聲相近疑經文本作淹疾史公易爲阻也淹久也見廣雅釋詁鄭注見史記集解及書疏

若爾三王是有丕子之責于天注史遷丕作負馬讀如字鄭康成曰丕讀曰不

愛子孫曰子元孫遇疾若汝不救是將有不愛子孫之過爲天所責欲使爲之請命也【疏】史公丕作負者曲禮疏引白虎通曰諸侯疾曰負子子民也言憂民不復子之也後漢書隗囂傳囂告州牧部監等曰申命百姓各安其所庶無負子之職蓋謂民安其所乃無背棄子民之咎以負爲背也段氏玉裁云此文是有負子之責于天言武王有背棄子民之咎而將死也馬融讀如字見釋文云丕普悲反馬同馬氏蓋訓丕爲大與史公鄭康成俱異義者言天與三王以大慈愛其子孫之責任也鄭注見書疏丕讀曰不樂記云易直子諒之心注云子讀如不子之子用此經文史記索隱引作讀曰負恐誤也云愛子孫曰子者中庸子庶民注云子猶愛也以旦代某之身【注】史遷某作王發予仁若考能多材多藝能事鬼神【注】史遷予仁若考能作旦巧能乃元孫不若旦多材多

藝不能事鬼神【注】史遷元孫作王發若作如【疏】史公某及元孫皆作王發者古文如是于作曰考能作巧能知考字當爲巧仁若考能言仁順巧能也丕若不能兩不字當讀爲丕語詞中庸引詩曰不顯惟德鄭注云不顯言顯也則此言我多材藝能事鬼神乃元孫武王豈不多材藝能事鬼神乎事鬼神者謂生而主其祀事非謂死而事之僞傳孔疏說皆非也乃命于帝庭敷佑四方【注】馬融曰武王受命于天帝之庭布其道以佑助四方【疏】帝庭者詩文王云文王陟降在帝左右傳云帝天是也敷者詩傳云布也佑同祐說文祐助也馬注見史記集解用能定爾子孫于下地四方之民罔不祗畏嗚呼無墜天之降寶命我先王亦永有依歸【注】史遷爾作汝祗作敬寶作葆鄭康成曰降下也寶猶神也有

所依歸爲宗廟之主也【疏】祇者釋詁云敬也墜當爲隊説文云從高隊也詩禮釋文俱云墜本作隊國語注墜失也史公寶作葆者易繫辭聖人之大寶曰位釋文引孟喜本作保留侯世家集解引徐廣曰史記珍寶字皆作葆是也鄭注見史記集解云寶猶神也者後漢皇甫嵩傳注云寶器猶神器也故云寶猶神也

今我即命于元龜【注】馬融曰元龜大龜也爾之許我我其以璧與珪歸俟爾命【注】馬融曰待汝命武王當愈我當死也爾不許我我乃屏璧與珪【注】史遷珪俱作圭【疏】即者釋詁云就也命謂命龜已下至屏璧與珪皆命龜詞也馬注俱見史記集解云元龜大龜者馬注西伯戡黎云長尺二寸白虎通蓍龜篇引禮三正記云天子龜長一尺二寸諸侯一尺大夫八寸士六寸許者廣雅釋詁云聽也俟者釋詁云待也屏同屏廣雅釋詁云藏也詩傳云屏蔽也義亦近藏藏之者禮記

曾子問云天子諸侯將出以幣帛皮圭告于神明奉以出必告設奠卒斂幣玉藏兩階之間是藏幣玉之事曲禮正義云金縢告太王王季文王云爾之許我乃卜三龜一襲吉是能傳神命也又云假爾泰龜有常假爾泰筮有常爾謂指蓍龜也是爾之許我已下爲命龜之詞

乃卜三龜一習吉啟籥見書乃并是吉【注】史遷說周公已令史策告太王王季文王欲代武王發於是乃卽三王而卜卜人皆曰吉發書視之信吉周公喜開籥乃見書遇吉馬融曰籥藏卜兆書管鄭康成曰籥開藏之管也開兆書藏之室以管乃復見三龜占書亦合於是吉啟一作開【疏】三龜者史公以以爲卽三王而卜是太王王季文王前各置一龜以占祖考之意也習者易象上傳云習坎重險也是習爲重籥者說文云

書僮竹笘也又云潁川人名小兒所書寫爲笘廣雅釋器云籥籥也一切經音義引纂文云關西以書篇爲書籥然則籥者竹籥非管籥也說文所用古文書義也并者漢書集注云合也史公云發書視之信吉又云開籥乃見書遇吉則亦以籥爲管籥也云遇吉者論衡卜筮篇云周武王不豫周公卜三龜公曰乃逢是吉逢者釋詁云遇也故史公作遇逢之與并亦聲相轉也馬注見釋文鄭注見書疏云籥卜兆書管者周禮卜師掌開龜之四兆注云開謂出其占書也書金縢曰開籥見書是謂與又地官司門掌管鍵以啟閉國門注鄭司農云管謂籥鍵謂牡說文關下牡也据先後鄭以籥爲管鍵爲牝者方言云戶鑰自關而東謂之鍵自關而西謂之鑰文選注引鄭氏易注云齊魯之間名門戶及藏器之管曰籥蓋籥與鑰同鍵亦通稱內有牡鍵以牝管開之也

公曰體王其罔害注史遷無體字說爲入賀武王曰罔作無疏體謂龜之四體中庸云見乎蓍龜動乎四體鄭注云四體謂龜之四足春占後左夏占前

左秋占前右冬占後右周禮占人凡卜簭君占體大夫占色史占墨卜人占坼注云體兆象也引此文周作無云凡卜象吉色善墨大坼明則逢吉玉藻卜人定龜史定墨君定體彼注云視兆所得也引周公曰體王其無害亦作無是與史記同也**予小子新命于三王惟永終是圖茲攸俟能念予一人**注史遷以此爲賀武王之詞予小子作旦新命作新受命永作長茲攸俟作茲道馬融曰一人天子也鄭康成曰茲此也疏予小子周公自稱新命者絜新以受三王之命卽周本紀所云祓齋自爲質也釋詁云永長也圖謀也茲此也攸者釋言云所也念者方言云常思也予一人謂武王也言我小子絜新以受命於三王惟長終是謀此所俟者祖宗能念武王耳周公自稱予小子則予一人必謂武王白虎通號篇云尚書曰王者自謂一人者謙也言已材能當一人耳臣下謂之一人何亦所以尊王者也以

天下之大四海之內所共尊者一人耳史公攸作道者攸與猷聲相近方言云猷道也故說爲道馬鄭注俱見史記集解

公歸乃納冊于金縢之匱中王翼日乃瘳

注 史遷翼作明納作藏鄭康成曰縢束也凡藏秘書藏之于匱必以金緘其表翼一作翌

疏 縢者詩傳云繩也又約也匱者王逸注楚詞云匣也周禮占人凡卜簭既事則繫幣而此其命歲終則計其占之中否注杜子春云繫幣者以帛書其占繫之於龜也元謂既卜簭史必書其命龜之事及兆繫于策繫其禮神之幣而合藏焉引此經王與大夫盡弁之文云是命龜者據此是納冊爲卜簭之常事非公欲爲此以待後日之發視也翼者釋言云明也郭注引此作翌唐顏師古李善等注書引此俱作翌說文作昱云明日也翼蓋假借字瘳者詩傳云愈也史公納冊作藏策者漢書集注云納藏也鄭康成注見書疏云金緘其表者一切經音義引字林云緘束篋也魯語云得之金櫝注云櫝匱也金以金帶

其外也帶其外即鄭所謂緎其表武王既喪注史遷作其後武王既崩鄭康成曰文王十五生武王九十七而終終時武王八十三矣於文王受命爲七年後六年伐紂後二年有疾疾瘳後二年崩崩時年九十三矣疏喪者白虎通崩薨篇云喪者亡也人死謂之喪何言其喪亡不可復得見也不直言死稱喪者何爲孝子之心不忍言也尚書曰武王既喪鄭注見詩豳譜疏云文王九十七而終武王崩時九十三矣據文王世子之文鄭以既喪爲免喪喪釋詁云卒既也既喪謂終三年喪之後見下疏管叔及其羣弟乃流言于國曰公將不利于孺子注史遷孺子作成王鄭康成曰管國名叔字周公兄武王弟封于管羣弟蔡叔霍叔武王崩周公免喪

欲居攝小人不知天命而非之故流公將不利於孺子之言於京師孺子謂成王也【疏】管叔名鮮史記周本紀云封弟叔鮮于管管蔡世家云文王長子曰伯邑考次曰武王發次曰管叔鮮次曰周公旦次曰蔡叔度次曰曹叔振鐸次曰成叔武次曰霍叔處次曰康叔封次曰冉季載是管叔爲周公兄武王弟周書作洛解云武王立王子祿父俾守商祀建管叔於東建蔡叔霍叔於殷俾監臣是羣弟即謂蔡叔霍叔也管蔡世家云管叔蔡叔疑周公之爲不利于成王不言霍叔霍叔旣與蔡叔同監殷則羣弟兼及霍叔矣流言者荀子致仕篇云凡流言流說楊倞注云流者無根源之謂呂覽知度篇云不好淫學流說高誘注云邪說謂之流說詩破斧疏引書傳曰武王殺紂繼子祿父及管蔡流言奄君薄姑謂祿父曰武王已死成王幼周公見疑矣此百世之時也請舉事然後祿父及商奄畔此即流言之事也孺子者說文云乳子也史記魯周公世家云武王旣崩成王少在強葆之中周公恐天

下聞武王崩而畔周公乃踐阼代成王攝行政當國管叔及其羣弟流言於國曰周公將不利於成王此史公從孔安國問故而爲之說是武王崩時成王在葆抱中文選魏都賦注襁負引博物志織縷爲之以約小兒於背上是成王年止一二齡也淮南要略篇云武王立三年而崩成王在襁褓之中未能用事蒙恬列傳恬曰昔成王初立未離襁褓周公旦負王以朝是亦以成王在襁褓恬親見百篇未毀之書當可信也琴操云武王崩太子誦年七歲周易集解引干寶云武王之崩年九十三矣而成王八歲古尚書說云武王崩時成王年十三說俱乖異古尚書說蓋衛賈所說孔壁古文又與史公所問之故異也文王世子云成王幼不能涖阼周公相踐阼而治抗世子法於伯禽欲令成王之知父子君臣長幼之道也成王有過則撻伯禽所以示成王世子之道也案周公踐阼時欲令成王知父子君臣長幼之道則非强葆中矣故鄭不從史公說也鄭注見詩譜疏云周公免喪居攝者鄭注詩鴟鴞亦云時周公竟武王之喪欲攝政成周道致太平之功是以周公爲免喪居攝

則以既喪爲終喪也既與終語之轉詩伐木曰終和且平即那曰既和且平與史公說異檀弓云古者天子崩王世子聽於冢宰三年春秋定四年傳云周公爲太宰据此則太宰禮當攝政至免喪猶攝政故管蔡疑之也

周公乃告二公曰我之弗辟我無以告我先王周公居東二年

注 史公說爲周公告太公望召公奭曰我之所以弗辟而攝行政者恐天下畔周無以告我先王於是卒相成王管蔡武庚等果率淮夷而反周公乃奉成王命興師東伐遂誅管叔殺武庚放蔡叔又云寧淮夷東土二年而畢定馬融曰辟謂辟居東都鄭康成曰我今不辟孺子而去我先王以謙讓爲德我反有欲位之謗

無以告于先王言媿無辭也居東者出處東國待罪以須君之察己【疏】辟者說文作擘云法也周書曰我之不擘今本說文法作治釋文引治作法許氏言我之不法謂我不以法治管蔡則天下畔周無以告我先王字與史公異而意同蓋古文說也史公以居東爲興師東伐以二年爲寧淮夷東土二年而畢定者周書作雒解云武王克殷旣歸乃歲十二月崩鎬肂于岐周二公立相天子三叔及殷東徐奄及熊盈以畔周公名公內弭父兄外撫諸侯元年夏六月葬武王于畢二年又作師旅臨衛政殷殷大震潰降辟三叔王子祿父北奔管叔經而卒乃囚蔡叔于郭凌是亦以居東爲東伐也詩豳譜疏引書傳周公居攝一年救亂二年克殷三年踐奄是歐陽夏侯等亦不以居東爲辟居也馬注見釋文鄭注見豳譜疏馬鄭俱讀辟爲避者墨子耕柱篇云周公旦非關叔辭三公東處于商蓋蓋卽奄也越絕書云周公傅相成王管叔蔡叔不知周公而讒之成王周公乃辭位出巡狩于邊論衡感類篇云古文家

以武王崩周公居攝管蔡流言王意狐疑周公奔楚故天大雷以悟成王皆與鄭合周頌雝疏引鄭以武王十二月崩成王三年二月禫周公避流言而出明年春禘是鄭以周公居東在成王禫後也此說與史公說又異蓋今文說如此王氏充以爲古文者今文亦古說也

則罪人斯得【注】史遷說管蔡武庚等果率淮夷而反周公乃奉成王命興師東伐作大誥遂誅管叔殺武庚放蔡叔鄭康成曰罪人周公之屬黨與知居攝者周公出皆奔今二年盡爲成王所得謂之罪人史書成王意也罪其屬黨言將罪之【疏】罪人史公以爲管蔡白虎通誅罰篇云尚書曰肆朕誕以爾東征誅弟也又云尚書曰誕以爾東征誅祿甫也此古文家說詩鴟鴞云既取我子無毁我室傳云寧亡二子不可以毁我周室詩豳譜疏云二子謂管蔡然則毛解金縢

之文其意皆異於鄭又云毛以罪人斯得爲得管蔡周公居東爲東征也是毛公與史公同以罪人爲管蔡蓋古文說也鄭注見詩鴟鴞疏以罪人爲周公之屬黨者鄭以詩鴟鴞云旣取我子無毁我室箋云時周公竟武王之喪欲攝政成周道致太平之功管叔蔡叔等流言云公將不利於孺子成王不知其意而多罪其屬黨興者喻此諸臣乃世臣之子孫其父祖以勤勞有此官位土地今若誅殺之無絶其位奪其土地是鄭繹詩之言而爲此說周易集解蒙初六用說桎梏干寶云此成王始覺周公至誠之象將正四國之罪宜釋周公之黨則與鄭說同也鄭以成王迎周公歸攝政後東伐四國則居東之時所言罪人非管蔡也

于後【注】鄭康成曰于二年後也

公乃爲詩以貽王名之曰鴟鴞【注】史遷名作命鄭康成貽作怡曰怡悅也周公傷其黨屬無罪將死恐其刑濫又破其家而不敢正言故作鴟鴞

之詩以貽王今豳風鴟鴞也譖子斥成王【疏】貽當爲詒詩國風自詒伊阻詒我彤管釋文皆作貽云本又作詒貽俗字豳風鴟鴞詩序云鴟鴞周公救亂也成王未知周公之志公乃爲詩以遺王名之曰鴟鴞焉詒作遺者爾雅釋言云詒遺也鴟鴞者釋鳥云鸋鴂方言云自關而東謂桑飛曰鸋鴂詩疏引陸機疏云鸋鴂似黃雀而小其喙尖如錐取茅莠爲窠豳州人謂之鸋鴂或曰巧婦或曰女匠關東謂之工雀或謂之過鸁關西謂之桑飛或謂之襪雀或曰巧女鄭注見詩豳譜疏及鴟鴞疏云怡悅者釋詁云怡樂也內則注怡悅也樂即悅云傷其屬黨無罪將死恐其刑濫又破其家者因詩有既取我子無毀我室而繹其意鴟鴞疏云馬昭云公黨已誅請之無及故但言請子孫土地斯不然矣鄭意以屬臣雖爲王得罪猶未加刑焉馬昭之言非鄭旨也云譖子斥成王亦見鴟鴞疏疏云經解喻尊猶言昊天斥王也王亦未敢誚公【注】史遷誚作訓鄭康成曰成王非周公意未

解今又爲罪人言欲讓之推其恩親故未敢【疏】誚者方言云讓也說文誚云古文譙从言肖周書曰王亦未敢誚公史公作訓者廣雅釋詁云訓順也洪範于帝其訓是訓是行宋微子世家皆作順蓋言王意亦不從周公之言也段氏玉裁以訓爲訛字从立心古文信字言王亦未敢信公也訛見玉篇云信古文作訫蓋今文尚書誚作信亦或然也經文自武王既喪至此蓋史臣所記以終周公作金縢之事其秋大熟已下今文以爲周公死後之事史記亦云周公卒後秋大熟考是亳姑逸文故別行以別
之

秋大熟未穫【注】史遷說爲周公在豐病將没曰必葬我成周以明吾不敢離成王周公既卒成王亦讓葬周公於畢從文王以明予小子不敢臣周公也周公卒後秋

未穫云云鄭康成曰秋謂周公出二年之後明年秋也

疏 此秋大熟已下有脫簡不知何年秋也穫者說文云刈穀也史公說爲周公卒後秋未穫並言周公在豐病將没欲葬成周之事合之書序云周公在豐將没欲葬成周公薨成王葬于畢告周公作亳姑則此是亳姑逸文成王所作與周公所作金縢別是一篇亳姑篇今亡猶可以此考見其云告周公者葢以天變祝告改葬之則所云惟朕小子其迎我國家禮亦宜之謂惟我小子其逆于國家應有之禮亦宜有此天變也必後人因其文有以啟金縢之詞誤合于金縢耳又案大傳云周公致政封魯三年之後周公老於豐心不敢遠成王而欲事文武之廟然後周公疾曰吾死必葬于成周示天下臣于成王及周公薨成王欲葬之于成周天乃雷電以風禾卽盡偃大木斯拔國人大恐成王曰周公生欲事宗廟死欲聚骨于畢畢此文王之墓地故周公死成王不葬于國而葬之于畢示天下不敢臣也所以明有功尊有德故周公封于魯身未嘗居魯也忠孝之道咸

在成王周公之間故魯郊成王所以禮周公也已上大傳據孔氏廣林集本又史記魯世家云初成王少時病周公乃自揃其蚤沈之河以祝於神曰王少未有識奸神命者乃旦也亦藏其策於府成王病有瘳及成王用事人或譖周公周公奔楚成王發府見周公禱書乃泣反周公又徵之蒙恬傳恬曰昔周成王初立未離襁褓周公旦負王以朝卒定天下及成王有病甚殆公旦自揃其爪以沈于河曰王未有識是旦執事有罪殃旦受其不祥乃書而藏之記府及王能治國有賊臣言周公旦欲爲亂久矣王若不備必有大事王乃大怒周公旦走而奔于楚成王觀于記府得周公旦沈書乃流涕曰孰謂周公旦欲爲亂乎殺言之者而反周公旦恬時百篇之書未焚當親見之而爲此說史公用其言以作魯世家是周公尚有爲成王禱疾之事避居後成王發府得書迎周公其暴風雷雨之事在周公卒後也琴操云周金縢者周公作也書曰武王薨太子誦襲武王之業年七歲不能統理海内周公爲攝政是時周公囚誅管蔡之後有讁公於王者言公專國大權詐謀將危社稷

成王聞之欲囚周公周公乃奔于魯而死成王以公禮葬之天乃大暴風疾雨禾稼皆偃木折傷成王懼而發金縢之書見周公所爲武王禱命以身贖之書成王執書而泣曰誰言周公欲危社稷者取所譏公者而誅之天乃反風霽雨禾稼復起此言周公被譖奔魯在誅管蔡之後與史記同而不言爲成王禱疾易林需之旡妄云載璧秉珪請命于河周公兙敏沖人瘳愈亦言爲成王請命蓋古文書說然則墨子亦見百篇之文以爲非管叔東處于商蓋者或周公辟居兩次或諸子誤以誅管蔡後避居爲東征與

天大雷電以風禾盡偃大木斯拔邦人大恐王與大夫盡弁

注 史遷說大雷電以風爲暴風雷雨斯爲盡弁爲朝服古尚書說云武王崩時成王年十三後一年管蔡作亂周公東辟之王與大夫盡弁以開金縢之書成王年十四言弁明

知已冠矣鄭康成曰弁爵弁天子諸侯十二而冠成王此時年十五于禮已冠而爵弁者承天變故降服也以啟金縢之書【注】鄭康成曰開金縢之書者省察變異所由故事也乃得周公所自以爲功代武王之說【注】說史遷一作簡【疏】大雷電以風電當爲雨偃者孔氏安國注舉傳注應邵引洪範五行傳作大雷雨論衡感類篇亦作雷雨則電爲誤字斯爲盡者高誘注呂氏春秋云斯猶盡也弁弁爲朝服者周禮司服云視朝皮弁玉藻云皮弁以日視朝故史公以朝服釋弁也古尚書說見公羊傳隱元年疏許君謹案武王崩成王年十三若十四而已冠是喪冠也不從古尚書說云成王年十四者譙周五經然否論引此異義云武王崩後管蔡作亂周公出居東是歲大風王與大夫冠弁開金縢之書成王年十

四是喪冠也葢不以秋大熟爲二年後與鄭異也鄭注
見書疏詩芄蘭疏云弁爵弁者穀梁文十二年傳疏云
爵弁者儀禮士冠禮三加爵弁注云爵弁尊江氏聲云
此以爵弁爲降服者爵弁非天子之服蔡邕獨斷云冕
冠周用爵弁又云以三十升布爲殼廣八寸長尺二寸
加爵冕其上周黑而赤如爵頭色前小後大周書曰王
與大夫盡弁是同鄭說鄭以不加爵冕故曰降服也云
天子諸侯十二而冠者左傳襄九年晉侯問公年季武
子曰會于沙隨之歲寡君生晉侯曰十二年矣國君十
五而生子冠而生子禮也君可以冠矣淮南氾論訓歲
星十二歲而周天天道十二而備故國君十二歲而冠
冠而娶十五生子重國嗣也鄭說本此云成王年十五
於禮已冠者穀梁傳文十二年注引譙周曰書稱成王
十五而冠著在金縢亦與鄭說同也鄭注見書疏又云
開金縢書省察變異所由故事者金縢之匱藏先王舊
章必有可以考驗災異所由者即可知消伏之術成王
不知有周公代武王之簡亦在內也說史二公及王乃
公作簡者徐廣曰說一作簡或今文字也

問諸史與百執事【注】鄭康成曰問者問審然否也對曰信懿【注】史遷懿作有馬融曰懿猶億也【疏】史公懿作有者言信有之魯世家藏其策金縢匱中上有云誠守者勿敢言故云信有也馬注見釋文云懿猶億者詩大雅懿厥哲婦箋云懿者有所傷痛之辭也疏引此經爲說易億喪貝釋文云本作噫干寶注億歎辭也又大雅抑篇楚語作懿韋昭云懿讀曰抑

公命我勿敢言王執書以泣【注】鄭康成曰泣者傷周公忠孝如是而無知之者曰其勿穆卜【注】史遷作自今後其無繆卜乎昔公勤勞王家惟予沖人弗及知【注】史遷沖作幼今天動威以彰周公之德惟朕小子其新迎【注】史遷無新馬融新作親鄭康成曰新迎改先

時之心變自新以迎周公於東與之歸尊任之【疏】史遷沖作幼者漢書翟義傳注沖稚也稚亦幼也迎之義亦爲逆禹貢同爲逆河河渠書溝洫志皆爲迎河史公無新字則惟朕小子其迎言有逆禮致天變也馬注見釋文新作親者言成王親迎周公毛詩東山序云東山周公東征也周公東征三年而歸詩九罭我覯之子衮衣繡裳傳云所以見周公也箋云王見周公當以上公之服往見之是毛氏亦同馬說也越絶書三云周公辭位出巡狩於邊一年天暴風雨又云王乃夜迎周公流涕而行周公反國亦與此說同鄭注見詩東山

我國家禮亦宜

疏云自新者成王悔不知周公之過

之【疏】白虎通喪葬篇云周公以王禮葬何以爲周公踐祚理政與天同志展興周道顯天度數萬物咸得休氣充塞原天之意予愛周公與文武無異故以王禮葬使得郊祭尚書曰今天動威以彰周公之德下言禮亦宜之今文說皆如是則上云惟朕小子其逆者言遭天變有逆禮之處逆非迎周公也又見後疏

王出

郊天乃雨反風禾則盡起【注】馬融曰反風還反也鄭康成曰易傳云陽感天不旋日陽謂天子也天子行善以感天不迴旋經日【疏】郊者郊祭也因郊祭而止天變遂賜魯以郊魯世家云於是成王乃命魯得郊祭文王白虎通喪葬篇亦云以王禮葬使得郊祭後漢書和帝紀詔曰成王出郊而反風注云王乃出郊祭天事見尚書禮運云魯之郊禘非禮也周公其衰矣注言子孫不能奉行興之禮器云故魯人將有事于上帝必先有事于頖宮注云上帝周所郊祀之帝謂蒼帝靈威仰也魯以周公之故得郊祀上帝與周同郊特牲云祭之日王被衮以象天注云謂有日月星辰之章此魯禮也魯侯之服自衮冕而下也公羊僖卅一年傳曰卜郊何以非禮魯郊非禮也何氏注云以魯郊非禮故卜爾昔武王既沒成王幼少周公居攝行天子事制禮作樂致太平有王功周公薨成王以王禮葬之命魯使郊以彰周公之德非正故卜據此諸文是魯郊明

矣王氏充以出郊爲王出郊觀變論衡感類篇云開匱得書覺悟泣過決以天子禮葬公出郊觀變天止雨反風禾盡起馬注見史記集解云風還反者若風從東來還反從西鄭注見書疏引易傳者後漢書郎顗傳云易中孚傳曰陽感天不旋日注云易中孚傳曰陽感天不旋日諸侯不旋時大夫不過朞并引鄭注云陽者天子爲善一日天立應以善爲惡一日天立應以惡諸侯爲善一時天立應以善爲惡一時天立應以惡大夫爲善一歲天亦立應以善爲惡一歲天亦立應以惡一說不旋日立應之不旋時三辰間不過期從今旦至明日旦也陽即指天子也又周舉傳舉對策引易

二公命邦人

傳同注以爲易稽覽圖文與此注同也

凡大木所偃盡起而築之歲則大熟【注】史遷邦作國馬融曰築拾也禾爲木所偃者起其木拾其下禾乃無所失亡也鄭康成曰文王崩後明年生成王則武王崩時

成王年十歲服喪三年畢成王年十二明年將踐祚周公欲代之攝政羣叔流言周公辟之居東都時成王年十三也居東二年成王收捕周公之屬黨時成王年十四也明年秋大熟遭雷風之變時周公居東三年成王年十五迎周公反而居攝之元年也居攝四年封康叔作康誥是成王年十八也故書傳云天子太子十八稱孟侯五年作召誥七年作洛誥伐紂至此十六年也作康誥時成王年十八洛誥時年二十一也即政時年二十二也然則成王以文王終明年生也【疏】築者釋言云拾也釋文云

築本亦作箷馬注見釋文及史記集解書疏引作鄭注
鄭注見詩豳譜疏明堂位疏云鄭用衞宏之說漢書律
歷志云文王十五而生武王受命九年而崩崩後四年
而武王克殷克殷之歲八十六矣後七歲而崩故禮記
文王世子曰文王九十七而終武王九十三而終凡武
王即位十一年周公攝政五年正月丁巳朔旦冬至殷
歷以爲六年戊午距煬公七十六歲入孟統二十九章
首也後二歲得周公七年復子明辟之歲是歲二月乙
亥朔庚寅望後六日得乙未故召誥曰惟二月既望粤
六日乙未又其三月甲辰朔三日丙午召誥曰惟三月
丙午朏古文月采篇曰三日曰朏是歲十二月戊辰晦
周公以反政故洛誥曰戊辰王在新邑烝祭歲命作策
惟周公誕保文武受命惟七年成王元年正月乙巳朔
此命伯禽俾侯于魯之歲也此據三統歷所推與鄭說
大同小異漢書梅福傳云昔成王以諸侯禮葬周公而
皇天動威雷風著災儒林傳谷永上疏曰昔周公薨成
王葬以變禮而當天心後漢書周舉傳語問曰言事者
多云昔周公攝天子事及薨成王欲以公禮葬之天爲

動變及更葬以天子之禮卽有反風之應舉對曰昔周公有請命之應隆太平之功故皇天動威以彰聖德注尚書洪範五行傳曰周公死成王不圖大禮故天大雷雨禾偃木拔乃成王蓄金縢之策改周公之葬尊以王禮申命魯郊而天立復風雨禾稼盡起張奐傳奐上疏曰昔周公葬不如禮天乃動威注尚書大傳周公薨成王欲葬之成周天乃雷電以風禾卽盡偃大木斯拔國人大恐王葬周公於畢示不敢臣也漢紀張奐上書曰昔周公旣薨成王葬不具禮天乃大風偃禾折樹成王發書感悟備禮改葬天乃立反風樹木盡起論衡感類篇金縢曰秋大熟未穫天大雷電以風禾盡偃大木斯拔邦人大恐當此之時周公死儒者說之以爲成王狐疑於周公欲以天子禮葬公公人臣也欲以人臣禮葬公公有王功狐疑於葬周公之閒天大雷雨動怒示變以彰聖功又曰開匱得書覺悟泣過決以天子禮葬公出郊觀變天止雨反風禾盡起路史及張奐傳注引尚書大傳見前疏何休注公羊曰昔武王旣沒成王幼少周公居攝行天子事制禮作樂致太平有王功周公薨

成王以王禮葬之命魯使郊以彰周公之德按此諸說皆今文尚書則知秋大熟已上自有脫文鄭氏王充所見本已在金縢篇孔子作書序時自是亳姑文也

金縢第十三終

大誥第十四　周書五　尚書今古文注疏卷十四

賜進士及第授通奉大夫山東督糧道加三級孫星衍撰

【注】史遷說初管蔡畔周周公討之三年而畢定故初作

大誥又說管蔡武庚等果率淮夷而反周公奉成王命

興師東伐作大誥【疏】史公說見周本紀又見魯周公世家古文以周公東征爲征管蔡非辟居東土又以周公奔楚在七年還政之後故此大誥爲周公作也鄭氏以周公避流言而居東成王迎歸乃伐管蔡詩東山箋云成王既得金縢之書親迎周公周公歸攝政三監及淮夷畔周公乃東伐之三年而後歸耳與史公所問孔安國故不同

王若曰【注】鄭康成曰王謂攝也周公居攝命大事則權

代王也【疏】鄭注見書疏云王謂攝者明堂位云昔周公朝諸侯于明堂之位天子負斧依南鄉而立注云天子周公也明堂位又云周公踐天子之位以治天下史記魯周公世家云武王旣崩成王少在強葆之中周公恐天下聞武王崩而畔周公乃踐祚代成王攝行政當國周公旣踐天子之位則稱王作誥鄭以王爲周公是也若謂是周公述王命以誥則當如多方言周公曰王若曰或如多士先言周公告乃復言王若曰今此文不然則是王卽周公矣云命大事則權代王者見周公不欲終爲王權者公羊桓十一年傳云反于經然後有善者也漢書翟方進傳莽依周書作大誥作攝皇帝若曰是劉歆等所爲多用今文說亦以王爲攝也

猷大誥爾多方越爾御事【注】猷一作繇在大誥下【疏】釋文云馬本作大誥繇爾多邦書疏云鄭本猷在誥下漢書翟方進傳云大誥道諸侯王三公列侯于汝卿大夫元士御事注應邵曰言以大道告于諸侯已下也御事主事也案釋詁云繇道也方言云猷道也是繇與猷通越

漢書作於越聲近粵釋詁云粤于曰也是越可爲于御者詩箋云治也引此經以證**弗弔天降割于我家不少延** 注 馬融割作害鄭康成曰言害不少乃延長之 疏 弔者鄭注費誓無敢不弔云弔至也至猶善也則弔善也漢書五行志引左傳旻天不弔注應劭曰旻天不善於魯家春秋左氏襄十四年傳云若之何不弔即雜記云如何不淑襄十三年君子以吳爲不弔越語云助天爲虐者不祥弗弔天當連讀言此不祥善之天降害于我家也降者釋詁云下也割者廣雅釋詁云害也降害于我家謂武王旣喪不少延謂遭喪後又値三監之畔故云延釋詁云延長也僞傳訓弔爲至顏師古注翟義傳云不弔不爲天所弔閔皆于文義不協割馬本作害見釋文鄭注見書疏以割爲害者與馬同**洪惟我幼沖人嗣無疆大歷服** 注 歷一作鬲 疏 洪與鴻聲相近釋詁云鴻代也鄭氏注康誥乃洪大誥治云周公代成王誥則此亦代成王之詞漢書作洪惟我幼

沖孺子注師古曰洪大也惟思也沖稚也僞傳以洪字屬上句非嗣無疆大歷服漢書作承繼嗣無疆大歷服事嗣者釋詁云繼也疆者詩傳云竟也歷者釋詁云數也郭注云歷歷數也服事也周公言代我沖人繼無竟歷數之事歷魏三體石經作鬲說文鬲或作䰛歷形近歷也**弗造哲迪民康矧曰其有能格知天命**疏漢書作予未遭其明悊能道民于安況其能往知天命注師古曰言不遭遇明智之人以自輔佐而道百姓於安道讀曰導案造爲遭者呂刑兩造具備史記造作遭哲者釋言云智也釋詁云迪道也康安也矧況也格至也格爲至故可爲來亦爲往漢書作往也言不能前知天命釋詁云迪進也康安也格陞也陞之義爲上言弗遭哲進民安者不遇賢人進用使民安樂況能上知天命乎下文云亦惟茲十人迪知上帝命漢書以迪下屬爲道民於安或今文說也**已予惟小子若涉淵水予惟往求朕攸濟敷賁**疏漢書作熙我念孺子若涉淵水予惟往求朕所濟渡奔走

以已爲熙聲相近惟爲念攸爲所濟爲渡賁爲奔走案已者釋詁云咨已此也咨嗟也是已與咨同訓惟者釋詁云思也與念同義攸爲所者釋言文濟者釋言云渡也數疑衍文賁者風俗通云虎賁猶言虎之奔是賁與奔同言我思小子如涉淡水我惟往求所渡之人任奔走之事漢書武帝紀詔曰若涉淵水未知所濟用此文也江氏聲說敷爲傅以爲疏附奔走之臣

敷前人受命茲不忘大功予不敢閉

疏 漢書敷爲傅近奉承閉爲比云予豈敢自比於前人乎敷爲傅者廣雅釋言云傅敷也又云近者鄭注考工記云傅近也又以爲奉承者漢詁求其通俗重疊訓釋之比與閉聲相近言我依附祖考受此天命不忘大功豈敢比於前人乎此今文說經作閉者韋昭注晉語云閉壅也若君奭云遏佚前人光

于天降威用寧王遺我大寶龜紹天明卽命

注 鄭康成曰受命曰寧王承平曰平王時旣卜乃後出誥故先云然寶一

作僳【疏】于者釋詁云粤于也天降威用寧王漢書作天
降威明用寧帝室注師古曰威明猶言明威也
案釋詁云威則也則者法也言天降明法于靈龜以寧
王室前漢人用今文之義如此紹天明漢書作廼紹天
明意注師古曰紹承也案下又云詔予詔卽紹字鄭注
禮器云詔或爲紹釋詁云紹導也命者大命漢書作卽
命居攝踐祚則此言周公攝王以卽大命也鄭注見書
疏云受命曰寧王者君奭云惟寧王德鄭注云寧王者
文王也又注洛誥云周公謂文王爲寧王成王亦謂武
王爲寧王此一名二人兼之云承平曰平王者詩何彼
穠矣平王之孫傳云平正也文王孫
是與漢書說異也寶魏石經作僳
曰有大艱于西土
西土人亦不靜越茲蠢【注】鄭康成曰周民亦不定其心
騷動言以兵應之曰一作粤蠢一作載【疏】曰者漢書作
反虜擅興師
動衆曰則有大艱云云卽指管蔡流言也靜漢書作靖
越茲蠢漢書作於是動艱者釋詁云難也靖者說文云

亭安也越同粵釋詁云於也蠢者釋詁云動也說文云
蟲動也古文作𢧵周書曰我有𢧵於西節用此文也𢧵
旣爲孔壁古文故魏石經用之曰作粵亦魏石經也鄭
注見書疏云周民亦不定其心者以靜爲寧釋詁云寧
靜也殷小腆【注】馬融曰腆至也鄭康成曰腆謂小國也【疏】
馬注見釋文段氏玉裁云至也當爲主也說文云敟主
也鄭注見書疏云腆小國者方言云腆厚也說文云腆
多也左傳謙詞多言不腆
小腆猶不腆故云小國誕敢紀其緒【疏】漢書作誕敢
犯祖亂宗之
序注師古曰誕大也紀蓋今文作犯形相近緒與序通
古文作紀者廣雅釋言云統紀也漢書注如淳云統繼
也則紀
言繼也天降威知我國有疵民不康【注】馬融曰疵瑕也
鄭康成曰知我國有疵病之瑕【疏】漢書作天降威遺我
寶龜固知國有告災
使民不安注師古曰告病也案疵病康安釋詁文依漢
書當言天下法則以命龜先告我以國有疵病使民不

安卽上文所云遺我寳龜下文云卜并吉得吉卜也馬注見釋文鄭注見書疏曰予復反鄙我周邦疏漢書作是天反復右我注師古曰右讀曰祐則今文當言天命反復助我復反猶云反復也古文咼爲鄙與圖字形近釋詁云猷圖也或今文作猷聲近祐故漢書作祐今蠢今翼日民獻有十夫注大傳獻作儀予翼以于敉寧武圖功疏今蠢今翼日漢書作粵其聞日注孟康曰反書上聞日也則此言今武庚蠢動之日及明日也翼說文作昱云明日也民獻漢書作民獻儀注孟康曰民之表儀謂賢者獻者釋詁云聖也儀者廣雅釋言云賢也予翼以于敉寧武圖功漢書作予敬以終於此謀繼嗣圖功翼爲敬武爲繼圖爲謀皆釋詁文此今文說也經作于者詩箋云往也敉者釋詁云撫也言予敬以之往撫寧民心以繼所謀功績也我有大事休朕卜并吉注鄭康成曰卜并吉者謂三龜皆從也疏大事者戎事也周禮太宰

云作大事則戒百官休者釋詁云美也鄭注見書疏云三龜皆從者古人卜用三龜而以玉兆瓦兆原兆三兆各占一龜也肆予告我友邦君越尹氏庶士御事曰予得吉卜予惟以爾庶邦于伐殷逋播臣疏肆漢書作故釋詁文尹氏者書疏云卽顧命云百尹氏也尹正也諸官之正謂卿大夫于者詩箋云往也逋者說文云亡也播者李登聲類云散也殷亡散臣謂祿父爾庶邦君越庶士御事罔不反曰艱大注艱一作囏民不靜注鄭康成曰汝國君及下羣臣不與我同志者無不反我之意云三監叛其爲難大亦惟在王宮邦君室疏漢書罔作無艱作難注師古曰言爾等國君或有亦曰禍難旣大衆庶不安鄭注見書疏艱魏石經作囏說文艱或作囏越予小子考翼不可征王害不違卜

疏漢書作於小子族父敬不可征注師古曰於孺子爲族父當加禮敬不可征討則此言三監於小子爲父行當敬之不可討也王何不違卜乎廣雅釋詁云害曷何也

肆予沖人永思艱曰嗚呼允蠢鰥寡哀哉疏漢書作故予爲沖人長思厥難肆故永長艱難皆釋詁文允蠢鰥寡漢書作所犯誠動鰥寡注師古曰無妻無夫之人亦同受其害允誠蠢動釋詁文此言故予爲幼君長思其難三監之叛誠擾動鰥寡可哀之甚

予造天役遺注馬融曰造遺也大投

艱于朕身越予沖人不卬自恤疏漢書作予遭天役遺大解難於予身以爲孺子不身自卹注師古曰言天以漢家役事遺我而令身解其難故我征伐以爲孺子除亂非自憂已身也造者遭也見上疏役者廣雅釋詁云使也遺者釋言云貽遺也投者說文云擿也漢書作解疑投本挩字說文挩解挩也艱難朕我卬我恤憂皆釋詁文馬注見釋文云遺也疑遭也之誤恤魏石經作卹

義爾邦君

越爾多士尹氏御事綏予曰無毖于恤【注】恤一作卹不可不成乃寧考圖功【疏】義爾漢書作義彼釋詁云儀善也綏安也毖愼也恤憂也圖謀也言善爾國君于爾羣臣安我曰愼無困于憂不可不成就武王之謀續恤說文引作卹已予惟小子不敢替上帝命【注】替一作朁【疏】不敢替漢書作不敢僭注師古曰僭不信也言順天命而征討魏石經作曆隷作朁說文僭擬也擬一日相疑是僭爲疑不信也作僭者今文替古文也釋言云替廢也天休于寧王興我小邦周寧王惟卜用克綏受玆命今天其相民矧亦惟卜用【疏】天休于寧王漢書作天休於安帝室矧作況寧王惟卜用無寧王二字注師古曰言天美於興復漢國故我惟用吉卜能安受此命又曰言天道當思助人況更卜用可知矣是今文寧王惟卜用止作惟卜用天休于寧王此寧王當爲安王室也嗚呼天

明畏弼我丕丕基【疏】漢書作烏虖天明威輔漢始而大大矣注師古曰因此難更以彊大畏威廣雅釋言文弼輔見說文丕大基始釋詁文今文基訓爲始古文基或爲基基業也王曰爾惟舊人爾丕克遠省爾知寧王若勤哉【疏】漢書惟作思丕作不注師古曰言爾當思久舊之人爾不能遠省識古事惟思釋詁文丕爲不經典多通用天閟毖我成功所予不敢不極卒寧王圖事【疏】毖漢書作勞注孟康曰天愼勞我國家成功之所在寧漢書作安注師古曰卒終也言我不敢不終祖宗之業安帝室所謀之事案閟同毖釋詁云毖愼也書疏引作閟毖同祕廣雅釋詁云祕勞也肆予大化誘我友邦君天棐忱辭【注】忱一作諶其考我民予曷其不于前寧人圖功攸終【注】曷一作害【疏】漢書化誘作告棐忱作輔誠其考我民作天其累我以民曷作害寧作安攸作所注

師古曰言有至誠之辭則爲天所輔累託也言天以百
姓託我我曷敢不謀終祖宗安人之功也害讀曰曷下
皆類此案肆予之肆當爲今釋詁文漢書注師古曰肆
陳也陳其理而告之非也大化誘猶云大化道馬融顧
命云誘道也詩傳云牖道也疏云牖與誘古字通用漢
書孔光傳光引書曰天棐諶辭說之云言有誠道天輔
之也釋詁云棐俌也諶誠也其考我民今文作天其累
我以民古文作其考者釋名云考成也亦言槁也案槁
爲槁勞之古字下文云天亦惟用勤毖我民孟康亦釋
毖爲勞考勞聲相近又與累聲相轉則考我民謂勞我
以民也曷作害者廣雅釋詁云害曷何也寧人漢書多
作安人是今文以寧王寧人爲安王室安民不如鄭說
以寧王爲文武也

天亦惟用勤毖我民若有疾予曷敢不于前寧人攸受休畢

疏漢書勤毖作勞無用字曷作害前寧人作祖宗攸作所畢作輔注師古曰言天欲撫勞我衆衆若有疾苦我曷敢不順祖宗之意休息而輔助之毖與祕同故爲勞見上疏古文休畢今

文作休輔畢與弼聲相近同在韻書四質疑古文本作弼經作畢者據上文云圖功攸終則此言畢者廣雅釋詁云終也王曰若昔朕其逝朕言艱日思【疏】周穆王篇云昔昔夢爲國君張湛注云夜夜也若者言如前夕逝者釋詁云往也言我前夕東征所言作室菑田之不易當日思之郎下若考云云也又案墨子越絕論衡俱以爲周公避居東土馬鄭義同蓋今文說則此云若昔朕其逝謂昔時往居東也若考作室既厎法厥子乃弗肎堂矧肎構【注】肎一作克矧肎構一作矧弗肎構厥考翼其肎曰予有後弗棄基【注】鄭康成曰其父敬職之人其肎曰我有後子孫不廢棄我基業乎予一作我【疏】漢書云予聞孝子善成人之事在若考作室之上則此周公以勉成王也善繼人之意忠臣郎所謂朕言艱矣釋詁云厎定止也肎可也構者說文

云葢也杜林以爲椽桷字言如父作室既厎定于法矣
其子弗肎爲堂基況肎葢屋乎言不肎也後漢書肅宗
紀云不克堂桓注引尚書乃不肎堂矧肎桓疑桓是桓
楹今文構作桓也陳壽三國志用克構字則今文肎爲
克也矧肎構一作矧弗肎構者書疏引定本云鄭注厥
見詩文王有聲疏予鄭箋引書作我翼爲敬釋詁文
父菑厥子乃弗肎播矧肎穫注一作矧弗肎穫厥考翼
其肎曰予有後弗棄基疏漢書作子思若考作室厥子
室之意則子當築堂而構棼橑以成之漢書又云厥父
菑厥子播而穫之反土爲菑一曰田一歲曰菑案菑者
郭注爾雅云今江東呼初耕地反草爲菑詩采芑疏引
孫炎云菑始災殺其草木也說文云菑不耕田也不當
爲才字之誤也說文云播種也穫刈穀肆予曷敢不越
也一作矧弗肎穫見書疏引定本云
印敉寧王大命疏漢書作予害敢不於身撫祖宗之所
受大命曷作害越作於印作身敉作

撫俱兒上疏

若兄考乃有友伐厥子民養其勸弗救漢書作若

疏祖宗過有效湯武伐厥子民長其勸弗救注師古曰譬有人來伐其子而長養彼心反勸助之弗救其子正以子惡故也言湯武疾惡其心亦然今所征討不得避親當以公義案漢書用今文說而云效湯武伐厥子則湯武周公自比厥子謂武庚也若兄考考者父也泛譬之父兄有弗肎成父業之子顏氏以民養爲長養彼心非也民長葢長民者勸弗救謂相戒弗救其子民長指謂國君羣臣言當從王討殷勿救之伐者白虎通誅伐篇云擊也疑今文義如此故漢書依仿之段氏玉裁云友作效效者友與爻形相近今文友葢作爻說今文家或云爻者效也效湯武也故漢書用其說案養爲長者夏小正云孰養宮事傳曰養長也段君又云考成也謂若兄有成業而有同志之友忽伐其子叔父其長也其可相戒勿救乎兄者周公謂武王也厥子成王也伐其子謂武庚等民之長如周公及國君羣臣其可相勸勿救乎江氏聲說亦略同但此篇既依今文解經漢書有效湯

武之言則伐厥子不得謂武庚之伐成王矣王曰嗚呼肆哉爾庶邦君越爾御事爽邦由哲亦惟十人迪知上帝命**疏**漢書嗚呼作烏虖爽邦由哲作其勉助國道明肆者釋詁云力也爽者方言及廣雅釋詁皆云猛也猛與孟聲相近釋詁孟勉也說文云爽明也明都卽孟諸明孟通字是明亦勉也哲者釋言云智也智卽明也故漢書以爽爲勉助以哲爲明也迪者釋詁云進也十人卽論語予有亂臣十人書僞泰誓疏引先儒鄭元等皆以十人爲文母周公太公召公畢公榮公太顛閎夭散宜生南宮括也言爾邦君羣臣各出爾力哉勉于邦事者由明智之人亦惟茲十人進用則知天命所在也漢書讀爲迪知上帝命則如前文迪民康以迪爲道今文說也漢書注師古曰迪亦道也言當遵道而知天命越天棐忱爾時罔敢易法矧今天降戾于周邦**疏**漢書作粤天輔誠爾不得易定注師古曰粤辭也天道輔誠爾不得改易天子之定命漢書又云況

今天降定于漢國案越爲粵聲相近棐俌忱誠俱見上疏時者釋言云是也法字古作仚與定相似故今文爲定矧況釋詁文戾定釋詁皆訓爲止詩傳云戾定也言天方輔我之忱汝是無敢易法況我周邦有定命乎

惟大艱人誕鄰胥伐于厥室爾亦不知天命不易【疏】此言大發難之人大近相伐于其家謂三監之近伐王家不顧同室也天命不易即上文所云降定于周邦詩傳云鄰近也漢書作惟大囏人大逆欲相伐于厥室豈亦知命之不易乎注師古曰言不知天命不可改易乃大爲艱難以干國紀是自相謀誅伐其室也囏古艱字案鄰聲近遴說文遴行難也或作僯故誕鄰即大難漢書以大逆訓之今文義也

予永念曰天惟喪殷若穡夫予曷敢不終朕畝【疏】漢書穡作嗇曷作害朕畝作予晦注師古曰嗇夫治田志除草穢天之欲喪義信事亦如之我當順天以終竟田晦之事案穡作嗇者說文云嗇愛濇也从來从㐭來者㐭而藏之故田夫謂之嗇夫古文作嗇又

解穡云穀可收曰穡二字假借通用曷作害朕作予見上疏畝作晦說文晦或作畝此言我長念曰天思喪殷矣我如嗇夫主藏穀之事當終治我田畝方有收穫以順天心也

天亦惟休于前寧人予曷其極卜敢弗于從

疏漢書作天亦惟休于祖宗予害其極卜害敢不于從注師古曰言天美祖宗之事我何其極卜法敢不往從言必從也案此言天亦思美于祖父安人之業我何爲究極之于卜事哉卜之以安衆心何敢不往從征于往見上疏

率寧人有指疆土矧今卜并吉肆朕誕以爾東征天命不僭卜陳惟若茲

疏漢書指作旨矧作況肆作故誕作大天命不僭作命不僭差卜作兆茲作此注師古曰言循祖之業務在安人而美疆土況今卜并吉也言不可不從也案率者釋詁云循也指書疏三云旨意皆作旨知經文之指是後人所改說文云旨美也矧況肆故誕大皆見上疏僭者廣雅釋詁云差也詩箋云僭不信也卜作兆者說文兆灼龜坼也卜

灼剝龜也象灸龜之形一曰象龜兆之從横也兹此釋詁文白虎通誅罰篇云誅不避親戚尚書肆朕誕以爾東征誅弟也又云征猶正也尚書曰誕以爾東征誅祿父也

大誥第十四終

尚書今古文注疏卷十五

康誥第十五　周書六

賜進士及第授通奉大夫山東督糧道加三級孫星衍撰

注　馬融曰：康，圻內國名。鄭康成曰：康，謚號。疏　馬注見書疏。以康爲國名者，史記衛康叔世家索隱云康畿內國名，宋忠曰康叔從康徙封衛，畿內之康不知所在。案司馬氏貞引宋忠之言，是康之爲國出世本也。衛世家云康叔卒，子康伯代立。索隱曰系本康伯名髡，宋忠曰即王孫牟也，事周康王爲大夫。案康叔子又稱康伯，則康非謚甚明，舊說以爲國名是也。路史國名紀云姓書康叔故城在潁川，宋衷以爲畿內國。姓書蓋何氏姓苑，今亡。云在潁川者，說文邟，潁川縣。漢書地理志潁川有周承休侯國，元始二年更名邟。集韻邟，縣名，在潁川。又有鄘，同音地名，則邟即康也。元始二年復古稱邟，今河南汝州是。鄭注見書疏。以康爲謚號者，衛世家云康叔卒，子康伯代立。索隱曰譙周古史考無康伯，而云子牟伯立，蓋以不宜父子俱謚康故因其名云牟伯也則譙周亦以康爲謚也書疏云康康亦國名而在圻内馬王亦然惟鄭元以康爲謚號故知當有此馬鄭注諸家脫之誥者周公所作以告康叔春秋左氏定四年傳子魚曰昔武王克商成王定之選建明德以藩屏周分康叔以大路少帛綪茷旃旌大呂殷民七族陶氏施氏繁氏錡氏樊氏饑氏終葵氏封畛土略自武父以南及圃田之北竟取於有閻之土以共王職取於相土之東都以會王之東蒐聃季授土陶叔授民命以康誥而封於殷虛皆啓以商政疆以周索杜注云康誥周書殷虛朝歌也衛世家云衛康叔名封周武王同母少弟也周公旦以成王命興師伐殷殺武庚祿父以武庚殷餘民封康叔爲衛君居河淇間故商墟周公旦懼康叔齒少乃申告康叔曰必求殷之賢人君子長者問其先殷所以興所以亡而務愛民故謂之康誥以命之康叔之國既以此命能和集其民民大說成王長用事舉康叔爲周司寇賜衛寶祭器以章有德地理志云河内本殷之舊都周既滅殷分其畿内爲三國詩風邶鄘衛國是也邶以封紂子武庚鄘管

叔尹之衞蔡叔尹之邑監殷民謂之三監故書序曰武王崩三監畔周公誅之盡以其地封康叔號曰孟侯以夾輔周室遷邶庸之民於洛邑

惟三月哉生魄【注】馬融曰魄朏也謂月三日始生兆朏名魄一作霸【疏】大傳云周公攝政四年建侯衞則三月爲四年之三月也哉者釋詁云始也魄說文作霸云月始生霸然也承大月二日小月三日引此經古文作𦣻鄉飲酒義云月三日則成魄白虎通日月篇云月之爲言闕也有滿有闕也所以有闕何歸功於日也三日成魄八日成光二八十六轉而歸功晦至朔旦受符復行故援神契日月三日而成魄詩天保疏云日月在朔交會俱右行於天日遲月疾從朔而分至三日月去日已當二次始死魄而出漸漸遠日而月光稍長八日九日月體正半昏而中似弓之張而弦直謂上弦也漸進至十五十六日月體滿與日正相當謂之望從此漸虧至二十三日二十四日亦正半在謂之下

弦漸虧至晦而盡諸家皆言三日爲魄以二日有時不見也蓋前月有三十日則是月合朔早二日初昏月去日差遠已有微明見於西方前月二十九日小盡則是月合朔晚二日初昏月去日未遠未可得見必三日初昏始見西方也漢書律歷志三統云死霸朔也生霸望也又云周書武成篇惟一月壬辰旁死魄注孟康曰魄月質也月二日已往月魄死故言死魄與劉歆三統說同蓋以霸爲月質無光之處生則無光之處漸長故云望未知其何以與禮記白虎通說文異說馬注見釋文說文云朏月未盛之明从月出律歷志引古文月采曰三日曰朏召誥疏引作周書月令云三日粤朏法言五百篇云月未望則載魄於西既望則終魄於東宋咸曰載魄當作朏其實魄即朏也云三日始生兆朏名曰魄與說文二日三日異者馬據其見於西方言之二日有時不見也

周公初基作新大邑于東國洛四方民大和會 注

大傳說周公營洛以觀天下之心於是四方諸侯率其

羣黨各攻位於其庭周公曰示之以力役且猶至況導之以禮樂乎然後敢作禮樂鄭康成曰此時未作新邑基謀岐鎬之域處五嶽之外周公爲其于政不均故東行于洛邑合諸侯謀作天子之居四方民聞之同心來會樂即功作効其力焉是時周公居攝四年也隆平已至新大邑一作新邑

疏 大傳說作禮樂者大傳云周公將作禮樂優游之三年不能作然後營洛書曰作新邑於東國洛四方民大和會此之謂也是此經之傳也云各攻位於其庭則今文以基爲基址與鄭說異矣鄭注見書疏及周禮大司徒疏詩芣苢疏基謀釋詁文云岐鎬之域處五嶽之外者白虎通巡狩篇云嶽之言捔也捔功德也故尙書大傳曰五嶽謂岱山霍山華山嵩山也堯典曰羣后四朝王者巡狩

所至諸侯四面朝於方嶽之下岐鎬西土遠在雍州故云五嶽之外也云爲其於政不均故東行於洛邑合諸侯謀作天子之居者漢書婁敬傳敬曰成王即位周公之屬傳相焉乃營成周都雒邑爲此天下中諸侯四方納貢職道里鈞矣有德則易以王無德則易以亡凡居此者欲令務以德致人不欲阻險令後世驕奢以虐民也呂氏春秋長利篇南宮括曰君獨不聞成王之定成周之說乎其辭曰惟余一人營居於成周惟余一人有善易得而見也有不善易得而誅也可以證婁敬之言是周公作洛之意於政不均爲道里不均且不欲阻險虐民也云四方民同心來會即功作者釋詁云協和也會合也說文云協衆之和同也協同心之和是也云居攝四年者據大傳言四年建侯衞也云隆平已至者言致太平也詩維天之命序云太平告文王也箋云告大平者居攝五年之末也文王受命不卒而崩今天下太平故承其意而告之明年制禮作樂是也新大邑大傳引作新邑無大字

侯甸男邦采衞【注】鄭康成曰不見要服者以

遠于役事而恒闕焉【疏】侯甸男邦采衛九服之五也見周禮職方氏其外則蠻服夷服
鎮服藩服也蠻服已內謂之中國蠻服亦謂之要服去
王城三千五百里周語云侯衛賓服注云此總言之也
侯侯圻也衛衛圻也言自侯圻至衛圻其間凡五圻五
百里五五二千五百里中國之界也五圻者侯圻之外
曰甸圻甸圻之外曰男圻男圻之外曰采圻采圻之外
曰衛圻周書康誥曰侯甸男邦采衛是也案職方氏之
九服於大司馬爲九畿韋氏注國語畿爲圻古字通也
周禮注云故書又爲近鄭注見書疏云不見要服者周
禮九服經舉其五要服即蠻服也云遠于役事者大傳
云諸侯率其羣黨各攻位於其庭周公曰示之以力役
且猶至是作洛爲役事不
宜勞民於中國以外也
百工播民和見士于周【疏】工者
釋詁云官也播者說文云布也見者天官書以星見爲
效正義曰效見也士者詩傳云事也言百官布列民皆
和悅效事於
周謂攻位也
周公咸勤【疏】釋詁云咸皆也勤勞也勀
事於周者周公皆勞之
乃

洪大誥治注鄭康成曰洪代言周公代成王誥王若曰
注鄭康成曰總告諸侯疏鄭注見書疏云洪代者釋詁
文爾雅作鴻古字通也云周
公代成王誥者下稱王若曰居攝則稱
王然仍是周公之言故又曰朕其弟也孟侯注大傳說
天子太子年十八曰孟侯孟侯者於四方諸侯來朝迎
於郊者問其所不知也問之人民之所好惡地上所生
美珍怪異山川之所有無父在時皆知之鄭康成曰依
略說太子十八爲孟侯而呼成王疏稱孟侯者古文說
志云周公封弟康叔號曰孟侯以夾輔周室注師古曰
孟長也言爲諸侯之長依史記言成王在繈褓周公攝
政則非年十八不得稱孟侯且迎諸侯於郊故古文以
爲稱康叔也大傳說蓋今文也且略說以爲太子之稱

者鄭注云孟迎也太子稱侯者袁宏後漢紀云靈帝皇子辯養於史道人家故號爲史侯皇子協養於董太后宮號爲董侯俱用尚書說稱之也釋詁云侯君也故太子稱孟侯猶云長君也鄭注見書疏鄭雖爲古文學兼用今文說此類是也朕其弟小子封【疏】朕者釋詁云我也封康叔名史記管蔡世家云武王同母兄弟十人母曰太姒文王正妃也其長子曰伯邑考次曰武王發次曰管叔鮮次曰周公旦次曰蔡叔度次曰曹叔振鐸次曰成叔武次曰霍叔處次曰康叔封次曰冉季載是康叔爲周公同母弟故曰朕其弟稱小子者猶云少子以下文述文王故謂之小子也惟乃丕顯考文王克明德愼罰【注】大傳說子夏曰昔者三王慤然欲錯刑遂罰遂罰平心而應之和然後行之然且曰吾意者以不平慮之乎吾意者以不和平之乎如此者三然後行之此之謂愼

罰【疏】釋詁云丕大也顯光也克者釋言云能也明聲近孟故明都郎孟諸釋詁云孟勉也大學引此經說之云皆自明也亦謂自勉大傳引作克明俊德楚語申說公巫臣曰周書曰明德慎罰文王所以造周也明德務崇之之謂也慎罰務去之之謂也荀子正論篇引經克明明德說之以主道宣明不當以元而難知者使人疑此非經本旨也慎者釋詁云靜也堯典所謂惟刑之謐言文王尚德緩刑也大傳說引子夏之言蓋今文夏侯引前賢之義以解經也鄭注云錯處也遂行也此解愼爲謹愼說文愼謹也古文作昚

不敢侮鰥寡庸庸祗祗威威顯民用肇造我區夏越我一二邦以修我西土【疏】傳者說文云傷也傷輕也春秋左氏成八年傳韓厥引周書曰不敢侮鰥寡所以明德也釋訓云庸庸勞也釋詁云祗敬也廣雅釋訓云祗祗畏畏敬也威威與畏經典通用春秋左氏宣十五年傳云周書所謂庸庸祗祗者杜注云用可用敬可敬案杜義本古書說則威威當爲畏可畏也顯者釋詁云見也

酒誥云厥命罔顯於民則此顯民言顯於民也言文王不侮傷鰥寡既勞且敬以見我民肇者釋詁云始也夏者說文云夏中國之人也區夏者薛綜注東京賦云區區域也越同粵釋詁云於也修者鄭注中庸云治也西上謂岐鎬言文王始造我區域於中夏於我一二友邦以修治我西土王氏引之以此絕句云猶言修和我有夏是也徐幹中論法象篇云文王祗畏造區夏**惟時怙冒聞於上帝帝休**疏惟時怙冒王氏引之云當爲句怙與祜聲相近釋詁云祜厚也賈子容經云祜大福也冒懋勉也君奭云乃惟文王迪見冒馬本作勖云勉也盤庚懋建相爾懋建大命漢石經俱作勖惟時怙冒言惟是大懋勉也怙冒與丕冒同意君奭又云我咸成文王功于不怠丕冒又云惟兹四人昭武王惟冒皆爲懋勉也周書祭公解云昭王之之所勖勖與冒通傳釋冒爲覆冒失之且斷句不詞王氏引之云趙岐注孟子論衡初稟篇並引康誥曰冒聞于上帝疑今文如此讀說文云卯冒也二月萬物冒地而出是冒有上進之義論衡初稟篇引而說之云言文

王行道上聞於天天乃大命之也則惟時怙上屬言西土惟是恃也釋詁云怙恃也休者釋言云慶也易繫詞云積善之家必有餘慶

天乃大命文王注大傳說天之命文王非諄諄然有聲音也文王在位而天下大服施政而物皆聽令則行禁則止動搖而不逆天之道故曰天乃大命文王疏大傳云云者論衡初稟篇云所謂大命者非天乃命文王也聖人動作天命之意也與天合同若天使之矣是今文義同大傳也

殪戎殷誕受天命越厥邦厥民惟時敘疏殪者說文云死也古文作壹戎者釋詁云大也春秋左氏宣六年傳中行桓子引周書曰殪戎殷杜注云殪盡也康誥言武王以兵伐殷盡滅之中庸云壹戎衣鄭云戎兵也衣讀如殷聲之誤也壹戎殷者一用伐殷也誕者釋詁云大也時者詩傳云善也敘者釋詁云豫敘也敘亦為豫言武王承文王之志殺伐大殷大

受天命于其國其民惟善而悅豫也乃寡兄勖【疏】詩文王刑于寡妻箋云寡妻寡有之妻言賢也書曰乃寡兄勖言殪殷受命承文王之志者是乃寡有之兄武王勉爲之肆汝小子封在茲

東土王曰嗚呼封女念哉今民將在祗遹乃文考紹聞

衣德言【注】馬融曰遹述也【疏】釋詁云肆故今也祗敬也遹述也紹繼也聞謂舊聞衣同依學記不學博依依或爲衣言今之人將在敬述文王繼其舊聞依其德言馬注見釋文遹述釋詁文

往敷求于殷先哲王用保乂民汝丕遠惟商耇成人宅

心知訓【注】史遷說必求殷之賢人君子長者問其先殷所以興所以亾而務愛民【疏】敷者鄭箋詩賚篇云偏也敷求偏求也詩抑篇云罔敷求于先王箋訓敷求爲廣索是其義也釋詁云保安也乂治也惟思也耇壽也丕遠猶言不遠宅與度通訓

者釋詁云道也言徧求殷先哲王用安治民之道並求商之遺老賢人亦不遠汝心度量可以知道矣謂東土本商邑故告以求商先王善政賢人也史公說見衛世家云賢人君子謂成人長者謂耇云務愛民謂保乂民云問其先所以興亡卽上所云紹聞依德言也**別求聞由古先哲王**【注】鄭康成曰古先哲王虞夏也**用康保民**【疏】別古與辨通周禮小宰注云故書別作辨辨又通徧鄉飲酒禮注今文辨皆作徧則別求猶上文敷求也由者詩箋云於也言旣徧求殷先王保民之道又徧求古先哲王致民安樂之道康樂保安俱釋詁文鄭注見書疏**宏于天若德裕乃身不廢在王命**【注】宏一作宏覆于一作乎【疏】宏者釋詁云大也若者釋詁云順也裕者廣雅釋詁云寬也荀子富國篇云康誥曰宏覆乎天若德裕乃身楊倞注云宏覆如天又順于德乃所以寬裕汝身言百姓足君孰不足也宋本荀子裕乃身下有不廢在王庭五字元刻近刻皆脫之案此

則言康樂安保民之君宏大如天而順于德安民即所以裕身若是則不廢王命矣宏下有覆于作乎見荀子經脫覆字

王曰嗚呼小子封恫瘝乃身【注】鄭康成曰刑罰及已爲痛病【疏】後漢書和帝紀詔曰朕寤寐恫矜注引尚書曰恫矜乃身恫者釋言云痛也鰥者釋詁云病也言民之痛病如在汝身戒其愼刑罰經文瘝當爲矜或爲鰥瘝俗字鄭注見書疏

敬哉天畏棐忱民情大可見小人難保往盡乃心無康好逸豫乃其乂民【注】畏一作威【疏】畏與威通棐者說文云輔也忱者釋詁云誠也皋陶謨云天明威自我民明威釋詁云保康安也豫樂也乂治也廣雅釋詁云佚樂也言敬之哉天威之明惟誠是輔驗之民情大可見矣小民不易安也汝往盡心毋苟安而好佚樂乃治民之道漢書武五子傳云毋桐好逸注張晏曰桐音同師古曰桐音通輕䆴之貌也史記作恫褚先生釋以馳騁弋獵淫康疑用今文書義則康或作桐

聲之轉也畏郭注釋詁引作威忱文選幽通賦云實棐諶而相訓李善注引尚書曰天威棐忱諶與忱古字通

也**我聞曰怨不在大亦不在小惠不惠懋不懋**【疏】晉語知伯國曰周書有之曰怨不在大亦不在小夫君子能勤小物故無大怨注云或大而不為怨禍難或起小怨春秋左氏昭八年傳子旗曰周書曰惠不惠茂不茂康叔所以服宏大也惠者釋言云順也懋者說文作忞云勉也釋詁云茂勉也此申小人難保之義言民之怨不在大亦不在小惟起不意當順擾其不順者懋勉其不勉者

已汝惟小子乃服惟宏王應保殷民亦惟助王宅天命作新民【疏】服同𠬝說文云治也宏者釋詁云大也乃服惟宏即左傳子旗所云服宏大也言其所治宏大段氏玉裁据以絕句應者韋昭注周語云受也王氏引之云應保猶云受保士冠禮字辭曰永受保之應與容承俱聲相近易臨象傳曰容保民無疆容亦受也洛誥曰承保乃文祖受命民承亦受也宅通作度大學

曰康誥曰作新民言惟王受殷民而安之王方受保殷民汝亦當思助王圖度天命與殷民更始也衞民被紂化日久故戒以作新之**王曰嗚呼封敬明乃罰**注嗚呼一作於戲

明一作民疏春秋左氏定四年傳云武王之母弟八人周公為太宰康叔為司寇冉季為司空五叔無官豈尚年哉衞世家云成王長用事舉康叔為司寇今此告以司寇之事在攝政之時者蓋周公知康叔仁厚可為司寇故先教以慎刑後乃命以官也嗚呼潛夫論述赦篇引作於戲今文俱如是敬明乃罰緇衣引經明作民**人有小罪非眚**注非一作匪眚一作省**乃惟終自作不典式爾**注式一作戒**有厥罪小乃不可不殺乃有大罪非終乃惟眚災**注眚災一作省哉**適爾既道極厥辜時乃不可殺**疏潛夫論述赦篇云尚書康誥王曰於戲敬明乃罰人有小罪匪省乃惟終

自作不典戒爾有厥罪小乃不可不殺言恐人有罪雖小然非以過差爲之也乃欲終身行之故雖小不可不殺也何則是本頑凶思惡而爲之者也大罪匪終乃惟告災適爾既道極厥罪時亦不可殺言殺人雖有大罪非欲以此終身爲惡乃過誤耳是不殺也若此者雖曰赦之可也金作贖刑赦過宥罪皆謂良人吉士時有過誤不幸陷離者爾是說此經之義也眚作省者洪範王省惟歲史記亦作眚典者釋詁云典法常也式者釋言云用也言其自用有意爲之也潛夫論眚哉當爲眚哉適者詩傳云過也既道極厥辜言既以正道盡其罪又當原情不可殺之也嗚呼作於戲非作匪 **王曰嗚呼封**式作戒辜作罪皆潛夫論異字葢今文也

有敘時乃大明服惟民其勑懋和若有疾 注 勑一作力若一作而 疏 釋詁云順敘也時是也有敘時蒙上文言服也時字讀當上屬荀子富國篇云誠乎上則下應如響雖欲無明達得乎哉書曰乃大明服惟民其力懋和

而有疾此之謂也楊倞注云懋勉也言君大明以服下則民勉力爲和調而疾速以明效上之急也經作勑者釋詁云勤也又云速疾也若如而俱聲相近經作若亦順也見釋言**惟民其畢棄咎若保赤子**【注】若一作如**惟民其康乂**【疏】畢者釋詁云盡也棄者說文云捐也咎者廣雅釋詁云惡也康乂者釋詁云康安也乂治也大學篇引康誥曰如保赤子若如聲之轉王氏鳴盛云孟子引若保赤子釋之云赤子匍匐將入井非赤子之罪也注云以赤子無知故救之此言用刑則謂保民如保赤子毋令無知陷于罪如入井也**非汝封刑人殺人無或刑人殺人非汝封又曰劓刵人無或劓刵人**【注】鄭康成曰刵臣從君坐之刑【疏】刑人之刑說文作刑云到也字與刑不同劓說文作劓云刑鼻也或作劓刵者說文云斷耳也言刑殺皆由天討非汝所得專毋或擅刑殺人又告之以雖輕刑如劓刵毋或專之鄭注見書疏云臣從君坐

之刑者春秋左氏僖二十八年傳衞侯與元咺訟鍼莊子爲坐衞侯不勝刖鍼莊子是臣從君坐之刑但彼用刖鄭以解刖未詳也古者刑不上大夫春秋時淫刑似未可爲經証鄭氏律學据漢法故以沒官從坐解經非三代仁厚之政學者審之**王曰外事汝陳時臬司師茲殷罰有倫**外事江氏聲云聽獄之事也聽獄在外朝故云外事周禮朝事掌建邦外朝之法左九棘孤卿大夫位焉羣士在其後右九棘公侯伯子男位焉羣吏在其後面三槐三公位焉州長衆庶在其後左嘉石平罷民焉右肺石達窮民焉鄭注地官稾人云外朝司寇聽獄蔽訟之朝也臬者廣雅釋詁云法也師者釋詁云衆也倫同侖說文云理也殷罰者荀子正名篇云後王之成名刑名從商爵名從周注云後之王者有數定成就之名謂舊名可法效者商之刑法未聞康誥曰殷罰有倫是言殷刑之允當也則此言外朝聽獄之事汝陳列是法以司察其衆此商家刑罰有倫理可從也**又曰要囚服念五六日至于旬時丕**

蔽要囚【疏】又曰書疏引顧氏云周公重言之也要者要辭周禮卿士云異其死刑之罪而要之注云要之爲其罪法之要辭服同伏易繫詞釋文引孟京云伏服也旬十日時一時謂三月也丕者釋詁云大也蔽者鄭注周禮云斷也春秋左氏昭十年傳云叔魚蔽罪邢侯至于旬時者周禮小司寇云以五刑聽萬民之獄訟附于刑用情訊之至于旬乃蔽之鄉士云辨其獄訟異其死刑之罪而要之旬而職聽于朝遂士云二旬而職聽于朝縣士三旬而職聽于朝皆司寇聽之方士三月而上獄訟于國司寇聽其成于朝言斷獄者據囚要辭以論罪恐不詳愼而誤入人于刑當伏而思念五六日或十日至三月乃大斷之爲求其生可以出之且恐囚虛承其罪容其自反覆也死者不可復生斷者不可復續三木之下何求不得故君子盡心焉

王曰汝陳時臬事罰蔽殷彝用其義刑義殺勿庸以次汝封乃汝盡遜曰時敘惟曰未有遜事【注】次一作即遜事一作

順事【疏】荀子宥坐篇云孔子曰書曰義刑義殺勿庸以即予維曰未有順事言先教也致仕篇引書同
予作汝楊氏注云言周公命康叔使以義刑義殺勿用
以就汝之心不使任其喜怒也惟刑殺義義猶自謂未有
使人可順守之事故有抵犯者自責其教之不至也案
釋詁云時是也彝法常也義者中庸云宜也詩傳云庸
用也即就也詩箋云遜順也時善也釋詁云敘緒也惟
思也言汝既陳是臬事罰斷用殷法矣當用其刑殺之
合義者勿用以就汝之意乃汝盡其順道言當以善敘
之又自思曰未有順事以先教民也下車泣罪得情勿
喜古人責躬不以罪當其罰而惡于民也經文亦荀子
爲即者即亦聲之緩急義皆得爲就也亦汝封猶言恣
汝封謂順如其其心鄭注堯典柔遠能邇云能恣也高誘
注呂氏春秋云恣從也鄭箋詩柔遠能邇云能猶伽也
又云順伽則此言順如其其心也下文云未其有若汝封之心若亦順也已汝惟小子未其
有若汝封之心朕心朕德惟乃知【疏】若者釋言云順也咨汝惟文考之少

子用茲義刑義殺勿以順汝
之心我心我德亦惟汝知之凡民自得罪寇攘姦宄殺
越人于貨敵不畏死罔弗憝【注】敵一作閔弗憝一作不
譈【疏】荀子君子篇云刑罰綦省而威行如流治世曉然
莫不服罪而請書曰凡人自得罪此之謂也注云人之
自得其罪不敢隱也孟子萬章篇云康誥曰殺越人於
貨閔不畏死凡民罔不譈是不待教而誅者也趙注云
越于者於也殺於人取於貨閔然不知畏死者譈殺也
凡民無不得殺之者也若此之惡不待君之教命遭人
得討之案敵者說文云冒也周書曰敵不畏死憝者說
文云怨也周書曰凡民罔不憝言民有自罹于罪者寇
賊攘奪內爲姦外爲宄殺于人取于貨強冒不畏死無
不怨之者當順民怨以行罰則罪人亦自服其罪也孟
子敵作閔者聲相近憝作譈譈非古字云殺未詳也趙
氏注云遭人得討之若
今律登時殺死勿論矣王曰封元惡大憝矧惟不孝不

友子弗祗服厥父事大傷厥考心于父不能字厥子乃疾厥子于弟弗念天顯乃弗克恭厥兄兄亦不念鞠子哀大不友于弟惟弔兹不于我政人得罪天惟與我民彝大泯亂曰乃其速由【疏】元者釋詁云首也謂惡人之魁首大憝者大爲怨于人剢說文作𢎜云詞也祗者釋詁云敬也服同艮說文云治也字者愛也疾與諔同義廣雅釋詁云憎諔也顯者釋詁云代也也天顯謂兄于天倫有代父之道釋詁云恭敬也鞠生也弔者鄭注費誓云善也泯說文作湎周禮小宗伯注云杜子春讀爲泯釋詁云盡也詩傳云滅也速者釋言云徵也徵義同召由同訦廣雅釋詁云臯也言此首惡爲民大怨者其惟不孝不友之人父子兄弟不相和睦不可謂之同惡惟其中有善者此不當爲我政人所連坐政人爲政之人卽下文惟厥正人春秋左氏僖三十三年傳晉臼季引康誥曰父子兄弟罪不相及

又昭二十年傳後漢書肅宗本紀元和元年詔潛夫論論榮篇俱引經文同曰季郎用此義罪不及郎不于我政人得罪也或以爲書之佚句失之天惟與我民彝大泯亂曰乃其速由者言此父子兄弟不睦之人滅亂天常乃其自名罪訧不可旁及親屬酒誥曰惟民自速辜多方云乃惟爾自速辜語意正同或以乃其速由下屬文王作罰爲句案之後漢書王符傳不然也文王作罰刑茲無赦【疏】後漢書王符傳云夫養稂莠者傷禾稼惠姦軌者賊良民書曰文王作罰刑茲無赦風俗通皇霸篇潛夫論述赦篇引同後漢書則知乃其速由不相屬也不率大戛矧惟外庶子訓人【注】鄭康成曰訓人師長惟厥正人越小臣諸節乃別播敷造【注】歐陽說造爲造獄民大譽弗念弗庸瘝厥君時乃引惡惟朕憝【疏】率者釋詁云循也戛者釋詁云常也矧者說文云詞也外庶子燕義云古者周天子之官有庶

子官職諸侯卿大夫士之庶子之卒掌其戒令與其教治鄭氏注周禮敘官云諸子主公卿大夫士之子者或日庶子是也訓人者若天官太宰師以賢得民儒以道得民注云師諸侯師氏儒諸侯保氏是也正人者釋詁云正長也即上文政人小臣諸節謂小臣之受符節者播者說文云布也敷者說文云敷也瘝當爲鰥釋詁云病也言不循用常法其惟在外之庶子及師長不能行其教令致使長民之官與小臣之受節治民者乃別布施造獄之條于民有大譽之人弗肎念而用之於病其君之人是引爲同惡惟我其怨之鄭注見書疏歐陽說見漢書王尊傳尊曰律無妻母之法聖人所不忍書此經所謂造獄者也注晉灼曰歐陽尚書有此造獄事也造獄者不循常法遇非常之事不得已而用之今或別爲傳播以陷有名之人同惡相引是可誅也歐陽造獄別無可附疑今文說此條之義也

已汝乃其速由茲義率殺〔疏〕已同咨歎詞言此諸臣爲汝名誅當循其義刑誅罰之

亦惟君惟長不能厥家人越厥小

臣外正惟威惟虐大放王命乃非德用乂【疏】能者漢書注師古曰善也言又惟國君及長民者有不以善化導其家人者于其小臣外正惟爲威虐于民放棄王命乃非德教可治

汝亦罔不克敬典乃由裕民惟文王之敬忌乃裕民

【注】鄭康成曰敬忌祗祗威威是也曰我惟有及則予一人以懌【注】一無予字懌作擇【疏】釋詁云典法常也由裕者由同猷廣雅釋詁云猷順也裕容也惟者釋言云思也敬忌者謂上明德敬也愼罰忌也釋詁云則法也懌樂也詩傳云懌悅也荀子君道篇曰明主急得其人得其人則身佚而國治功大而名美故君人者勞于索之而休于使之書曰惟文王之敬忌一人以擇此之謂也案荀子以爲用賢之義則所謂敬忌者謂祗祗威威用賢謂庸庸也懌非古字段氏玉裁云擇卽懌也上文所謂身佚而國治也敬忌上文所謂急得其人也此秦以前古文書說說苑君道

篇孔子曰大哉文王之道敬慎恭已而虞芮自平故書曰文王之敬忌此之謂也又說爲虞芮自平則正謂平獄之事但以敬慎恭已化導之此與荀子異者今文說也言當思文王之敬忌以容民曰我思及之而法則之也經云云者言汝亦無不能敬法乃以道導民思文王之敬德忌刑乃道民曰我思逮及法則文王天子當悅懌汝矣詩板釋文云繹本作懌又靜女釋文云說懌當作說釋則懌非古字與擇音相近亦可通故荀子爲擇也鄭注見書疏

王曰封爽惟民迪吉康【注】鄭康成曰迪下讀**我時其惟殷先哲王德用康乂民作求矧今民罔迪不適不迪則罔政在厥邦**【疏】爽者大誥爽邦由哲漢書翟義傳以爽爲勉爽爲明明亦勉也見前疏惟者思也迪者釋詁云道也吉者詩傳云善也康者釋詁云安也時者釋詁云是也哲者釋言云智也乂者釋詁云治也作者釋言云爲也求者詩箋云終也矧者釋詁云況也適者廣雅釋言云善也在者釋詁云

存也言汝勉思道民于善以安之我是以思殷先哲王之德以安治民爲終成殷先王之道況今民無道之者則不能向善不有以道民則無政以存其國矣鄭注見書疏

王曰封予惟不可不監告汝德之說于罰之行今惟民不靜未戾厥心迪屢未同爽惟天其罰殛我我其不怨惟厥罪無在大亦無在多矧曰其尚顯聞于天

疏 釋詁曰監視也戾止也屢者釋言云亟也郭注云亟太數也爽者說文云明明亦勉也見上疏惟者釋詁云思也殛者釋言云誅也尚者鄭氏書贊云上也又告之曰我思不可不視法文王故告汝以明德之說愼罰之行今惟殷民不安靜未定止其心道之以道屢未和同勉思天其罰誅我我其不敢怨天怨民祗自思惟其罪罪無在大亦無在多不可不責躬也況曰其上能明達于天乎

王曰嗚呼封敬哉無作怨勿用非謀非彝蔽時忱不

則敏德用康乃心顧乃德遠乃猷裕乃以民寧不汝瑕殄【疏】蔽者文選辨命論引鄭注論語云塞也忱者說文云誠也敏德周禮師氏職以三德教國子二曰敏德以爲行本注云敏德仁順時者也猷裕者方言云道也瑕者詩傳云遠也殄者釋詁云絕也言汝共敬之哉無作怨於民勿用非道之謀非典之法以蔽是誠心則法敏德以安汝心顧省汝謀遠慮乃道乃以安民則國祚不以汝世遠而殄絕也言當世享僞傳以猷字絕句裕字下屬則不詞矣上文云乃猷裕民君奭云告君乃猷裕

王曰嗚呼肆汝小子封惟命不于常【疏】大學篇引康誥曰惟命不于常說之云道善則得之不善則失之矣春秋左氏成十六年傳范文子引周書說之曰有德之謂襄二十三年傳君子謂慶氏不義不可肆也引書皆同

汝念哉無我殄享明乃服命高乃聽用康乂民【疏】享者說文云獻也凡封諸侯必命之祭其封內之山川社稷所謂命祀春

秋左氏僖二十一年傳衛遷于帝邱成公夢康叔曰相奪予享公命祀相甯武子曰不可以閒成王周公之命祀服命謂服七章之服命七命也周禮典命云侯伯七命其國家宮室車旗衣服禮儀皆以七爲節又大行人職云諸侯之禮冕服七章高乃聽者廣雅釋詁云高敬也言敬聽我訓則安治民之道也**王若曰往哉封勿替敬典聽朕誥汝乃以殷民世享**

疏 釋詁云替廢也典常言往就國勿替其敬常聽我誥則汝用是殷民世享其國矣典字下屬爲句酒誥典聽朕教又云汝典聽朕毖正與此同誥今作告從唐石經作誥

康誥卷第十五終

酒誥第十六　周書七　尚書今古文注疏卷十六

賜進士及第授通奉大夫山東督糧道加三級孫星衍撰

注史遷說周公旦懼康叔齒少告以紂之所以亡者以淫於酒酒之失婦人是用故紂之亂自此始故謂之酒誥以命之疏史公說見衛世家云告以紂之所以亡者以淫於酒者書疏引鄭注云妹邦者紂之都所處也其民尤化紂嗜酒是也周公作此篇在東征之後周本紀云初管蔡畔周周公討之三年而畢定故初作大誥次作微子之命次歸禾次嘉禾次康誥次酒誥梓材其事在周公之篇

王若曰注王一作成王三家云王年長骨節成立馬融曰言成王者未聞也俗儒以爲成王骨節始成故曰成

王或曰以成王爲少成二聖之功生號曰成王沒因爲謚衛賈以爲戒成康叔以慎酒成就人之道也故曰成此三者吾無取焉吾以爲後錄書者加之未敢專從故曰未聞也鄭康成曰成王言成道之王

疏三家者歐陽大小夏侯也引見書疏据釋文引馬注則衛賈亦有成字呂氏春秋下賢篇云文王造之而未遂武王遂之而未成周公旦抱少主而成之故曰成成王是泰巳前書說亦同或說少成二聖之功也馬注見釋文云慎酒成就人之道者說文云酒就也所以就人性之善惡也云後錄書者加之者江氏聲云馬言是也葢此篇之誥成王親之史氏從後加成成字以別異於康誥之周公代誥也段氏玉裁云魯世家曰管叔及羣弟流言於國曰周公將不利於成王周公乃告太公召公曰武王蚤終成王少誠伯禽曰我文王之子武王之弟成王之叔又曰必葬我成周以

明旨不敢離成王詳玩此等皆實生稱成王如湯生稱武王之比三家之說固可信也僞孔刪去成字大非馬氏云後錄書者加之亦非也顧命云成王崩馬注曰安民立政曰成蓋謂死謚非生稱不知初崩未有謚春秋之例曰公薨至葬而後曰葬我君某公

明大命于妹邦【注】馬融曰妹邦即牧養之地鄭康成曰妹邦紂之都所處也于詩國屬鄘故其風言有沬之鄉則沬之北沬之東朝歌也其民尤化紂嗜酒今祿父見誅康叔爲其連屬之監【疏】馬注見釋文云妹邦即牧養之地者段氏玉裁云謂妹邦即牧野也以妹同鉥鄭注見詩桑中疏及衞風譜疏云妹邦紂之都所處者水經注淇水又南合泉源水水有二源一水出朝歌城西北東南流其水南流東屈逕朝歌城南晉書地道記曰本沬邑也殷王武丁始居之爲殷都也紂都在禹貢冀州大陸之野即此矣有糟丘酒池之事焉有

新聲靡樂號邑朝歌是也云于詩國屬鄘者春秋左氏定四年傳子魚曰康叔取於有閻之土以共王職閻與鄘聲近書毋若火始庸庸一作燄燄是有閻即鄘國也說文邶故商邑在河內朝歌以北則沬北爲邶邶也對北則妹鄉爲鄘在南妹東爲衛矣故鄭言妹之北妹之東朝歌也云化紂嗜酒者紂都有糟丘酒池民染其習以爲俗云康叔爲連屬之監者王制云五國以爲屬屬有長十國以爲連連有帥是連屬皆諸侯之長兼統數國者也鄭詩譜云自紂城而北謂之邶南謂之鄘東謂之衛又言更于此二國建諸侯以殷餘民封康叔于衛使爲之長後世子孫稍并彼二國是鄭以康叔未有邶鄘妹旣屬鄘非康叔之邑而明大命于其處故說其得統之由以爲其連屬之監故也

乃穆考文王肇國在西土

疏穆考者周語太子晉曰后稷始基靖民十五王而文始平之注云十五王謂后稷不窋鞠公劉慶節皇僕差弗毀隃公非高圉亞圉公叔祖類太王王季文王案自始祖后稷計之文王次當穆詩載見云率見昭考傳云昭考武王也武王爲昭

是文王爲穆考也肇者釋詁云始也國在西土謂豐邑詩文王有聲云作邑于豐今陜西咸寧縣地**厥誥**

毖庶邦庶士越少正御事朝夕曰祀茲酒【疏】毖同必廣雅釋詁云必敕也王氏念孫云此毖當釋爲敕誥庶邦者文王爲雍州伯南兼梁荆故得總告衆國也庶士者士之言事總謂朝臣少正者正人之副鄭有少正公孫僑會有少正卯周書有大正正刑書御事凡朝臣皆御治事者論衡語增篇云酒誥之篇朝夕曰祀祀茲酒此言文王戒慎酒也朝夕戒慎則民化之祀茲酒謂文王不飲而敬祭此酒曲禮云祭食祭所先進注祭祭先也君子有事不忘本也公食大夫禮云祭飲酒于上豆之閒是古有祭飲酒之禮文王但祭之不崇飲也或爲誥敕**惟天降命**衆邦羣臣朝夕戒之言惟祭祀可用此酒耳

肇我民惟元祀【疏】惟者釋詁云思也命者廣雅釋詁云名也釋詁云肇元始也言思天降下酒名之始我民當思祀祀其始作酒者書疏引世本云儀狄造酒夏禹之臣又云杜康造酒或此云惟天下教命

始命我民知作酒者惟爲大祀元大也　天降威我民用大亂喪德亦罔非酒惟行越小大邦用喪亦罔非酒惟辜疏辜者釋詁云辠也言天降威罰者我民以大亂喪其德惟無非以酒亂行也于小大之國所以喪亡者亦無非以酒爲辜也　文王誥教小子有正有事無彝酒注正一作政疏彝者釋詁云常也小子謂康叔韓非子說林紹續昧對宋君曰康誥曰無彝酒彝酒常酒也常酒者天子失天下匹夫失其身鄭注周禮萍氏引此文正作政疏云有政之大臣有事之小臣彝常也不得常飲　越庶國飲惟祀德將無醉注大傳說天子有事諸侯皆侍尊卑之義宗室有事族人皆侍終日大宗已侍於賓奠然後燕私燕私者何也已而與族人飲也又說故曰飲而醉者宗室

之意也德將無醉族人之志也是故祀禮有讓德施有復義之至也【疏】將者廣雅釋言云扶也大傳宗室已下見儀禮特牲注引尚書傳詩湛露疏引書傳畧同有脫字鄭注云事謂祭祀大宗謂卿大夫以下宗室大宗之家也言衆邦惟祀事侍于天子或飲于大宗得飲又當以德相扶持不至于醉

惟曰我民迪小子惟土物愛厥心臧聰聽祖考之彝訓【疏】迪者方言云正也土物者土所生之物謂黍稷洪範云土爰稼穡禮器云故天不生地不養君子不以爲禮注地不養謂非此地所生臧者釋詁云善也言非祀無敢遊飲惟欲正我民汝封當愛惜土地所生之物以善其心聰聽祖考之常訓謂酒以糜穀當愛惜也

越小大德小子惟一【疏】言大德不踰閑小德亦無出入思其純一

妹土嗣爾股肱純其藝黍稷奔走事厥考厥長【疏】嗣者韋昭注魯語云世也純者賈逵注晉語云

專也藝當爲埶見說文黍者說文云禾屬而黏者也以大暑而種故謂之黍稷者說文云𪎊也五穀之長𪎊或作秶秫稷之黏者或作朮案漢人謂稷爲粟米今俗謂之小米越絕書云甲貨之戶曰秶爲上物乙貨之戶曰黍爲中物古者貴黍稷喪大記疏云案公食大夫禮黍稷爲正饌稻粱爲加是稻粱卑於黍稷故舉五穀以黍稷言之也言妹土之人世爲爾股肱當專務種其黍稷奔走事其父兄也**肇牽車牛遠服賈用孝養厥父母厥父母慶自洗腆致用酒**【注】馬融曰洗盡也【疏】肇者釋言云敏也注引此廣雅釋詁云肇亟也服者釋詁云事也慶者詩傳云善也洗者韋注周語云濯也洗音近洒說文洗滌也腆者說文云設膳腆腆多也古文作㬪白虎通商賈篇云商之言商其遠近度其有亡通四方之物故謂之商也賈之言固固有其物以待民來以求利也書曰肇牽車牛遠服賈用遠行可知也方言欽厥父母欲畱供養之也王氏鳴盛云據商賈之義本不同今以牽車遠行之商謂之賈者欲

見畱養父母之義也經言亟牽車牛遠爲商賈之事以孝養父母及父母善慶自滌器設膳致用此酒馬注見釋文云洗盡者盡蓋盪字之誤說文云盪滌器也庶士有正越庶伯君子其爾典聽朕教【疏】庶士見上有正庶伯正伯皆長也君子者釋詁云君大也子者馬氏注論語云男子通稱也典者釋詁云常也欲令衆士正長大德之人常聽朕教爾大克羞耇惟君爾乃飲食醉飽【注】大傳說古者聖帝之治天下也五十巳下非烝社不敢遊飲六十巳上遊飲也【疏】釋詁云克能也羞進也耇者方言云老也飲食鄭注周禮云燕饗也周禮酒正凡饗耆老孤子皆共其酒無酌數注云要以醉爲度古者天子諸侯皆有養老之禮言爾大以賢能進爲耇老惟君使爾飲食醉飽大傳說見大戴禮立事篇注云六十巳上遊飲者王制云六十養於國又云六十不與服戎六十不親學故可遊飲也不惟曰爾克永

觀省作稽中德【疏】不辭也稽者鄭衆注周禮小宰云合皆老人更知三德五事者也言爾能久觀看省察于事理將於爾所爲稽合於中道內則云凡養老五帝憲三王有乞言注云憲法也養之爲法其德行爾尚克羞饋祀【注】鄭康成曰饋祀助祭于君爾乃自介用逸茲乃允惟王正事之臣茲亦惟天若元德永不忘在王家【疏】尚者釋言云庶幾尚也饋者文選祭顔光祿文注引蒼頡云祭名也高誘注國策云吳謂食爲饋祭鬼亦爲饋古文通用讀與餽同鄭注籩人云饋食薦孰也介者釋詁云右也逸者薛綜注東京賦云樂也若者釋言云順也元者韋昭注晉語云善之長也言爾庶幾以賢能進與於饋食祭祀之列爾乃自右助用爲燕樂之賓此乃信惟王有政有事之臣此亦惟天順善德長不遺忘爾在王家矣

王曰封我西土棐徂邦君御事小子尚克用

文王教不腆于酒故我至于今克受殷之命【疏】釋詁云棐俌也徂存也腆者廣雅釋詁云美也言汝封當念我西土輔臣惟在邦君治事爾小子庶幾能用文王之教不美于酒故我至今能受殷大命王曰封我聞惟曰在昔殷先哲王迪畏天顯小民經德秉哲自成湯咸至于帝乙成王畏相【注】易說書之帝乙六世王先儒皆以爲紂父【疏】在者釋詁云察也哲者說文云知也迪同攸見上疏顯者廣雅釋詁云明也經德者孟子盡心云經德不回注云經行也秉者釋詁云執也哲者說文作悊云敬也咸者釋詁云皆也王告康叔以察昔殷先賢知王所畏天明命下及小民惟行其德執其敬自成湯至於帝乙咸成就王道敬畏輔相也周語叔向曰詩曰成王不敢康注云謂修巳自勸以成其王功亦以成王爲成王功易說見乾鑿度鄭注檀弓云易說帝乙曰易之帝乙爲成湯書之帝乙六世王考殷

本紀湯子太丁太丁子太甲太甲子沃丁沃丁弟子小甲小甲弟子仲丁仲丁弟子帝祖乙帝祖乙立殷復興不數兄弟相及則祖乙爲湯巳後六世孫也先儒注見檀弓疏云先儒皆以酒誥帝乙紂父者此先儒卽是賈馬鄭與易說異殷本紀湯至帝乙十六世帝乙無道爲偶人謂之天神與之博令人爲行天神不勝乃僇辱之爲革囊盛血仰而射之命曰射天武乙獵於河渭之閒暴雷武乙震死則帝乙非令主故易說以爲祖乙也

惟御事厥棐有恭不敢自暇自逸矧曰其敢崇飲【疏】暇者釋詁云偟暇也逸者詩箋云豫也矧者釋詁云況也說文正作弞崇者薛綜注東京賦云興也言殷先王時於治事之臣其輔臣皆有恭敬不敢寬暇逸豫況復興飲酒之事

越在外服侯甸男衞邦伯【疏】注周語云先王之制邦內甸服邦外侯服侯衞賓服爲五服邦外邦畿之外也方五百里之地謂之侯服侯服侯圻也衞衞圻也言自侯圻至衞圻其閒凡五圻圻

五百里五五二千五百里中國之界也五圻者侯圻之外曰甸圻甸圻之外曰男圻男圻之外曰采圻采圻之外曰衞圻據此是衞上有采康誥曰侯甸男采衞經文葢省采字邦伯者王制云千里之外設方伯五國以爲屬屬有長十國以爲連……

屬百一十國以爲州州有伯八州八伯注云伯帥殷之州長曰伯虞夏及周皆曰牧又云八伯各以其屬屬於天子之老二人分天下以爲左右二伯此邦伯未必是二伯葢卽方伯也白虎通爵篇云尚書曰侯甸任衞作國伯今文尚書男作任邦作國又多作字**越在內服百僚庶尹惟亞惟服宗工越百姓里居**【疏】釋詁云僚官也師衆也釋言云尹正也亞次也服事也惟亞謂正官之倅惟服謂任事者其士與宗工謂宗人百姓里居謂百官致仕家居者**罔敢湎于酒**【注】鄭康成曰飲酒齊色曰湎**不惟不敢亦不暇惟助成王德顯越尹人祇辟**【疏】湎者說文沈於酒也引此文沈與酖聲相近說文酖樂酒也釋詁云祇敬也辟

法也言內外諸侯臣工皆無敢媅樂于酒不惟不敢亦有正事無暇及飲惟助君成就王德使之顯著至於正人敬法無敢侵者鄭注見詩蕩疏云飲酒齊色者詩蕩云天不湎爾以酒箋云天不同汝顏色以酒齊同義相近

我聞亦惟曰在今後嗣王酣身【疏】後嗣王謂紂也酣者說文云酒樂也太平御覽四百九十七引作樂酒也

厥命罔顯于民祗保越怨不易【疏】保者釋詁云安也不易不改也言紂之命令無可顯著為民所敬如先王之德顯使尹人祗辟徒安於怨不改其所為祗字屬上句讀偽傳云所敬所安不詞也論衡譴告篇云紂為長夜之飲文王朝夕曰祀茲酒非疾之者宜有以改易之是說此經不易之意也

誕惟厥縱淫泆于非彝用燕喪威儀民罔不盡傷心【疏】淫者王逸注楚詞云游也泆者同佚廣雅釋詁云樂也燕者詩傳云安也威者釋言云則也盡者說文云傷痛也引此文殷本紀云紂大冣樂戲於沙丘以酒為池縣肉為林使男女裸

相逐其閒爲長夜之飲故言大惟其縱遊佚於非法用安樂喪其威儀民無不痛傷心者惟荒腆于酒不惟自息乃逸厥心疾很不克畏死辜在商邑越殷國滅無罹疏荒者詩傳云大也腆者廣雅釋詁云美也息者詩傳云止也逸者釋言云過也疾者詩箋云疾害很者說文云很盭也罹即離俗字易九家注云離附也鄭注月令云離讀如儷偶之儷言紂惟大美於酒不思自止其過其心疾害乖戾恃有命在天不能畏死罪在商邑於殷邦喪滅無附麗之者白虎通京師篇云京大師衆也天子所居故大衆言之夏曰夏邑殷曰商邑周曰京師尚書曰在商邑謂殷也是說此經之義弗惟德馨香祀登聞于天誕惟民怨庶羣自酒腥聞在上故天降喪于殷罔愛于殷惟逸天非虐惟民自速辜疏馨者說文云香之遠聞者庶者釋詁云衆也逸者釋言云過也速者詩傳云召也周語云國之將興

其德足以昭其馨香國之將亡其政腥臊馨香不登注云馨香芳馨之升聞者也腥臊臭惡也登上也芳馨不上聞於天神不饗也傳曰黍稷非馨明德惟馨正同此義也言無德馨升聞於天大惟民怨及衆羣臣用酒臭達於上故天下喪亡之禍於殷而勿愛之惟紂之過天非暴虐惟人自召罪耳

王曰封予不惟若兹多誥古人有言曰人無于水監當于民監今惟殷墜厥命我其可不大監撫于時

疏 監者釋詁云視也墜俗字當爲隊說文云隊從高隊也撫者鄭注曲禮云猶據也時者釋詁云是也告康叔言我不徒如此多誥欲其有所法式引古人言視水不如視民也史記殷本紀引湯征湯曰人視水見形視民知治否又告以今惟殷隕喪其大命我其可不據此以大爲鑒戒乎

予惟曰汝劼毖殷獻臣

疏 劼者說文云愼也引此文讀若覃毖同必廣雅釋詁云必敕也獻者釋詁云聖也

侯甸男衛矧太史友內史友

注鄭康成曰太史內史掌記言記行越獻臣百宗工矧惟爾事服休服采注鄭康成曰服休燕息之近臣服采朝祭之近臣疏太史友內史友友俱讀爲右覲禮太史釋詁云右比也言左右史尤比近於王故曰友宗工謂尊官詩傳云宗尊也工官也事者詩傳云士事也鄭注太史內史云云見王制疏云太史內史掌記言記行者玉藻云動則左史書之言則右史書之疏引熊安期疏云太史記動作之事在君左廂記事則太史爲左史也內史所掌在君之右故爲右史鄭注服休服采云云見書疏云服休燕息之臣者說文休息止也服采爲朝祭之臣者魯語云天子大采朝日少采夕月注云虞說曰大采袞職也少采黼衣也蓋掌朝祭之服矧惟若疇圻父注鄭康成曰順壽萬民之圻父圻父謂主封畿之事疇一作𠷎疏鄭注見詩祈父

疏云若順者釋言文云圻父主封畿之事者詩傳云圻父司馬也職掌封圻之兵甲疇聲近壽圻音近畿春秋穀梁隱元年傳云天子畿內釋文云畿本作圻故鄭以圻爲封畿詩祈父箋引此文疇作曷釋文云曷此古疇字或作壽**薄違農父**注馬融曰違行也疏馬注見釋文云違行者謂邪行也違與回聲相近薄者方言云勉也秦晉或曰薄故其鄙語曰薄努猶勉努也言勉去其邪行謂司徒之職**若保宏父定辟矧汝剛制於酒**疏保者詩傳云安也宏父疑即司空釋詁云宏大也詩傳云空大也宏與空俱訓大故宏即空也辟者說文云法也剛者廣雅釋詁云强也制者鄭注王制云斷也言汝愼勑殷之賢聖臣在侯甸男衛之服者其惟太史內史於賢聖臣百尊官其惟爾之士有事休息采服之臣其惟順壽衆民之司馬勉行衆民之司徒順保衆民之司空俱有定法汝其剛斷於酒矧詞也僞傳俱說爲況非**厥或誥曰羣飲汝勿佚盡執拘以歸於周予其殺**

注拘一作抲疏佚與失聲相近說文失縱也殺同蔡方言云散殺也後漢書樊儵傳注引左傳曰周公殺管叔而蔡蔡叔杜注云蔡放也拘作抲者說文云抲撝也周書曰盡執抲繫傳作抲獻多一字言其告者云有羣飲者汝勿縱舍盡執而指撝之以歸於周予其放散之又惟殷之迪諸臣惟工乃湎於酒勿庸殺之姑惟敎之有斯明享注鄭康成曰斯析也疏迪者釋詁云進也詩傳云工官也庸用也姑且也鄭注見詩墓門釋文以斯爲析者詩傳文享者易隨云享于西山釋文引陸注云祭也言告者雖欲誅羣飲者又當思惟殷進用之臣工俱沈於酒民俗染之我勿用爲罪且先敎之又分析其羣飲之故或由享祀則勿罪原之乃不用我敎辭惟我一人弗恤弗蠲乃事時同于殺疏恤者說文云收也蠲者詩傳云潔也言汝不用我教令我不能收恤汝汝又弗潔乃政事是同於放殺之罪王曰封汝典

聽朕毖勿辯乃司民湎于酒疏典者釋詁云常也毖同必廣雅釋詁云敕也辯者廣雅釋詁云使也誥康叔言當常聽我敕勿使汝司民之人沈於酒也楊子法言問神篇云昔之說書者序以百而酒誥之篇俄空焉今亡夫困學記聞引蓺文志云劉向以中古文校歐陽大小夏侯之家經文酒誥脫簡一謂俄空卽脫簡之謂而大傳引酒誥王曰封惟曰若圭璧今無此句疑所脫卽此等句

酒誥第十六卷終

尚書今古文注疏卷十七

賜進士及第授通奉大夫山東督糧道加三級孫星衍撰

梓材第十七　周書八

【注】史遷說周公旦懼康叔齒少爲梓材示康叔可法則

【疏】梓者梓人史記正義曰若梓人爲材君子觀爲法則也梓匠人也大傳云伯禽與康叔見周公三見而三笞康叔有駭色謂伯禽曰有商子者賢人也與子見之乃見商子而問焉商子曰南山之陽有木焉名曰橋二三子往觀之見橋實高高然而上反以告商子商子曰橋者父道也南山之陰有木焉名曰梓二三子復往觀焉見梓實晉晉然而俯反以告商子商子曰梓者子道也二三子明日見周公入門而趨登堂而跪周公拂其首勞而食之曰爾安見君子乎二子以實對周公曰君子哉商子也此事亦見說苑建本篇論衡譴告篇大傳所云卽史公說示康叔可法則者與

經義絕不同或今古文異說附存之

王曰封以厥庶民暨厥臣達大家以厥臣達王惟邦君

注 鄭康成曰于邑言達大家于國言達王與邦君王謂二王之後 疏 暨者釋詁云與也達者說文云通也家者鄭注周禮載師云家邑大夫之采地小都卿之采地又注周禮家司馬敘官云家卿大夫采地葢大夫稱家卿稱都對文則然散文則可總言家大家如孟子離婁言巨室也鄭注見書疏云于邑言達大家者大家皆有采邑故曰于邑謂國中之邑也云于國言達王與邦君者王與邦君各君其國故云于國是通他國言也云王謂二王之後者以王與邦君並言則王非謂天子故以爲二王後江氏聲云惟邦君惟當爲暨康叔所治當有卿大夫采地又其所職乃當州之牧故得統領二王之後與列邦之君通達者言當通達上下之情

汝若恒越曰我有師師司徒司馬司空尹旅

疏 若者釋言云順也恒者釋詁云常也越同粤釋詁云於也師師者上

師釋詁云衆也下師鄭注周禮云猶長也尹正旅衆俱釋詁文言汝當順常於以告其衆長三卿大夫士江氏聲云尹謂大夫旅謂衆士也鄭注內則云諸侯并六卿爲三或兼職焉案兼職者王制疏引崔靈恩疏云三卿者依周制而言謂立司徒兼冢宰之事立司馬兼宗伯之事立司空兼司寇之事故春秋左傳云季孫爲司徒叔孫爲司馬孟孫爲司空所告謂下無虐殺人及先敬勞之言

曰予罔厲殺人亦厥君先敬勞肆徂厥敬勞

疏 厲者周書謚法解云殺戮無辜曰厲肆今徂往皆釋詁文言當告其臣以予無敢虐殺人亦當自其君先之以敬勞民今汝往其敬勞之

肆往姦宄殺人歷人宥肆亦見厥君事戕敗人宥

注 馬融云戕殘也戕敗人宥一作彊人有

疏 歷者廣雅釋詁云過也見猶效也效羊注云效猶呈見言汝今往有姦宄及殺人者其所過歷之人不當同罪汝今亦效其君敬勞之事殘壞人

不至死者不當坐以殺人之罪俱原情寬宥之若律容止逃亡罪止徒知情藏匿罪人減罪人罪一等漢法殺人者死傷人及盜抵罪也墨子尚同篇引泰誓云小人見姦巧乃聞不言也發罪鈞均也葢紂法見姦不言事發同罪故周公以姦宄殺人歷人宥誥康叔革紂法也馬注見釋文周禮大司馬疏引作鄭注云宄殘者詩十月之交箋同牧敗人宥論衡効力篇引梓材曰王啓彊人有王開賢厥率化民葢今文也義見下疏

監厥亂爲民【注】一作王開賢厥率化民【疏】啓者說文云教也亂者釋詁云治也監者周禮太宰立其監注云監謂公侯伯子男各監一國引此文言王教諸侯使監視其治皆爲民也啓作開監作賢亂作率爲作化者論衡効力篇云梓材曰彊人有王開賢厥率化民說之云此言賢人亦壯彊於禮義故能開賢其率化民化民須禮義禮義須文章行有餘力則以學文能學文有力之驗也此今文說以狀爲彊宥爲有者說文云能獸堅中故稱賢能而彊壯稱能傑也是知彊人爲彊壯人謂賢傑也中庸子路

問強又云發強剛毅足以有執是强爲美德也開者韋
昭注晉語云通率義同帥王開賢厥率化民者言𢌿能
者有爲王所通達之賢任其督帥化民之事漢舊儀丞
相御史大夫初拜策曰往悉乃心和裕開賢用此經文
和裕當爲宏裕和與從弓從厶之字形
相近用康誥宏于天若德裕乃身也　曰無胥戕無胥
虐【注】鄭康成曰無胥戕無相殘賊無胥虐無相暴虐【疏】
鄭注見周禮大司馬疏胥爲相釋詁
文戕爲殘與詩十月之交箋同也　至于敬寡至于屬
婦【注】大傳說老而無妻謂之鰥老而無夫謂之寡屬一
作嫣【疏】敬寡即矜寡呂刑哀敬折獄大傳作哀矜漢書
屬與嫣聲之緩急假借字又說文有嫣云弱也一曰下
妻也屬嫣聲亦相近疑亦弱也大傳說即杍材傳下文
又有幼而無父謂之孤老而無子謂之獨行而無資謂
之乏居而無食謂之困此皆天下之至悲哀而無告者

故聖人在上君子在位能者任職必先施此使無失職推經義言之也云老而無妻者鄭注孝經云六十無妻曰鰥鰥亦作矜王制老而無妻謂之矜大戴禮云上古男子五十而娶故六十曰鰥也屬說文作媰云婦人妊身也文選崔子玉清河王誄云惠於媰孀孀即寡也此孔壁古文**合由以容**疏合者鄭注周禮云同也由者詩傳云用也容者廣雅釋詁云寬也言窮民無告有罪寬之**王其效邦君越御事厥命曷以引養引恬自古王若茲監罔攸辟**疏效者廣雅釋言云考也以者詩傳云用也引者釋詁云長也恬者說文云安也辟者說文云法也言王之課邦君于治事之人其命何用哉惟長養民長安民自古王如此監視其國無所任刑辟也**惟曰若稽田既勤敷菑惟其陳修爲厥疆畎**疏惟者釋詁云思也稽者鄭注周禮云計也菑者說文云才耕田也或作甾釋地云田一歲曰菑注云今江東呼初耕地反草田菑陳者詩信南山維禹甸之周

禮稍人注引作畎云甸治是陳亦治也疆者說文云界
也畎說文作〈以此爲篆文云六畎爲一畝〈水小流
也周禮匠人爲溝洫相廣五寸二相爲耦一耦之伐廣
尺深尺謂之〈倍〈謂之遂倍遂曰溝倍溝曰洫倍洫
曰巜又云方百里爲巜廣二尋深二仞巜讀若澮同益
用考工記文言爲國如計田旣勤力以布耕其土當思
修治其疆界畎澮

若作室家旣勤垣墉惟其塗塈茨注馬融曰卑曰垣高曰墉塈堊色疏塗俗字當爲涂塈者說文云仰涂也漢書楊雄傳云獿人

亡則匠石輟斤而不敢妄斲注服虔曰獿古之善塗塈
者也施廣領大袖以仰塗而領袖不汚茨者說文云以
茅葦蓋屋也言如作室家旣勤力爲牆當思涂塞孔穴
又蓋之以茅葦也喻政事修舉乃有成焉注見釋文云
卑曰垣者吳語云君有短垣而自踰之短卽卑也詩良
耜云其崇如墉崇卽高也說文云垣牆也釋宮云牆謂
之墉是皆牆也塈爲堊色者說文云堊白涂也釋宮云
牆謂之堊考工記匠人爲世室用白盛注盛之言成以

蜃灰堊牆所以飾宮室然則若作梓材既勤樸斲惟其
古涂牆以蜃灰今以石灰也
塗丹雘【注】馬融曰梓古作杍字治木器曰梓治土器曰
陶治金器曰冶樸未成器也雘善丹也鄭康成曰山海
經云青丘之山多有青雘塗一作斁【疏】梓者釋木云椅梓韋昭注楚語
云杞梓良材也說文云樸木素也斲斫也塗作斁見雘
字解云善丹也引周書曰惟其斁丹雘讀若隺斁閉也
集韻云斁同都切塗也周書曰斁丹雘羣經音辨云斁
音徒書惟其斁塈茨則古文本又作斁也斁亦斁之假
音字言加作梓材既勤力治其素質當思加以采色喻
國既治理更須修明制度典章使粲然可觀也馬注見
釋文云梓古作杍字者說文以杍爲李字之古文馬以
爲梓字葢本大傳古字以子爲聲云治木器曰梓者考
工記有梓人爲筍虡爲飲器爲侯因梓材美以名工也
陶人冶氏俱見考工記云樸未成器者釋木云樸枹者

樸亦同朴說文朴皮也云雘善丹者說文丹巴越之赤石也雘解與馬同鄭注見書疏引山海經者南山經云青丘之山其陰多青雘是也古者犧尊以木爲之飾以青黄**今王惟曰先王既勤用明德懷爲夾庶邦享作兄弟方來亦既用明德**疏懷者釋詁云來也夾者一切經音義十二引倉頡云輔也享者釋詁云獻也作者詩傳云始也享作猶言作享方者鄭注儀禮云猶併也言今王爰思先王勤勞用明德之臣來爲夾輔是以衆邦始來享兄弟之國並來賓服亦巳奉用明德矣**后式典集庶邦丕享**疏后者說文云繼體君也式者釋言云用也典者釋詁云常也言繼體之君當用先王之常法安集之衆邦乃來享也丕語詞也**皇天既付中國民**

注付馬融作附**越厥疆土于先王肆王惟德用和懌先後迷民用懌先王受命**疏付馬作附者見釋文高宗肜日天既付命正厥德史記作

附是付附通說文云付與也肆者釋詁云今也懌者釋詁云服也先後江氏聲說爲教道之引詩緜傳云相道前後曰先後迷者釋言云惑也懌俗字當爲斁說文云斁終也言天旣付中國民與其疆土于先王今王思用德和服先道此迷惑之民用終先王所受大命**已若茲監惟曰欲至于萬年惟王子子孫孫永保民**疏已者釋詁云咨已此也是已猶咨也監者說文云臨下也言如此臨民惟子孫長保斯民矣王氏鳴盛曰今王惟曰先王旣勤用明德已下周公因誥康叔而并戒成王之詞通上康誥酒誥三篇總結之也

梓材第十七終

召誥第十八　周書九　尚書今古文注疏卷十八

賜進士及第授通奉大夫山東督糧道加三級孫星衍撰

注 史遷說周公行政七年成王長周公反政成王北面就羣臣之位成王在豐使召公復營洛邑如武王之意周公復卜申視卒營築居九鼎焉曰此天下之中四方入貢道里均作召誥洛誥大傳說周公攝政五年營成周七年致政

疏 史公說見周本紀以營洛邑作召誥爲自周下文云周公朝至於洛周公至是不稱王經文又云錫周公曰又有旦曰故知在反政之後也此蓋孔安國古文說周書作雒解亦云及將致政乃作大邑成周於土中漢書律歷志亦云周公七年復子明辟之歲是

歲二月乙亥朔庚寅望後六日得乙未故召誥曰云云見下丙午朏疏大傳以爲在攝政五年者今文異說也鄭氏從大傳

惟二月既望越六日乙未【注】史遷說成王七年二月乙未鄭康成曰是時周公居攝五年二月三月當爲一月二月不云正月者蓋待治定制禮乃正言正月故也【疏】望假借字說文作朢云月滿與日相朢以朝君也从月从臣从壬壬朝廷也古文作𦣠釋名云望月滿之名也月大十六日小十五日日在東月在西遙相望也越者漢書注文穎云踰也既望是十六日踰六日則二十一日也史公說見魯世家云二月乙未者不破經文二字爲一與鄭異也書疏云是月朔是乙亥望是己丑既望是庚寅鄭注見周禮大司徒疏及詩文王疏云是時周公居攝五年者據大傳說周公攝政五年營成周也與

史記魯世家以爲在七年歸政之時不同云二月三月
當爲一月二月者謂此經當爲一月既望下文爲二月
丙午朏也江氏聲云既望十六日也乙未二十一日鄭
知然者以洛誥戊辰烝是居攝七年十二月日此是居
攝五年事計五年三月至七年十二月凡三十四月其
間餘分積至二萬八千九百七十六有奇以九百四十
分之日法除之則三十日有餘矣則五年六年之終必
置一閏則五年三月朔至七年十一月晦已匝三十四
月若三月丙午朏則甲辰朔也推之五月當癸卯朔七
月當壬寅朔率兩月而退一日則七年十二月應丁亥
朔不得有戊辰若此二月爲一月下文丙午朏是二月
則七年十二月丁巳朔戊辰乃其十二日鄭說誠是也
云不言正月云云者鄭自解已注當爲一月不言當爲
正月之意也武王初有天下以建子月爲年首而稱一
月不云正月武成篇一月壬辰是也時未遑制禮故改
月而不稱正周公攝政非正爲王遵而不改至六年周
禮成而洛誥當七年時猶詔王稱殷禮明必待七年反
政之明年爲成王元年乃稱正月故云待治定制禮乃

正言正月也王朝步自周則至于豐【注】馬融曰周鎬京也豐文王廟所在朝者舉事上朝將即土中易都大事故告文王武王廟鄭康成曰步行也堂下謂之步豐鎬異邑而言步者告武王廟即行出廟入廟不以遠爲父恭也於此從鎬京行至於豐就告文王廟告文王則武王可知【疏】馬注見史記集解云周鎬京者周自后稷居邰公劉遷豳大王遷岐文王遷豐武王遷鎬說文鎬武王所都在長安西上林苑中鎬言鎬京者詩文王有聲云宅是鎬京也白虎通號篇引詩云命此文王于周于京云此改號爲周易邑爲京也據此則文王已稱周京故武王遷鎬亦曰京也云豐文王廟所在者說文作酆云周文王所都在京兆杜陵西南史記索隱云豐文王所作邑後武王都鎬於豐立文王廟按豐在鄠縣東臨

豐水東去鎬二十五里也云告武王廟者考親於祖既告祖廟必及禰也鄭注見史記集解及詩王風譜疏曲禮疏父恭曲禮疏作文恭云步行者說文義也云堂下謂之步者釋宮文云告父廟則武王可知與馬義同也

惟太保先周公相宅【注】史遷說使太保召公先之雒相土鄭康成曰相視也【疏】史公相宅作相土者相度其土地可以作宅也鄭注見史記集解云相視釋詁文

越若來三月惟丙午朏【疏】越同粵釋詁云於也若者鄭注周禮云而讀爲若聲之誤也則若與而聲相近來者釋詁云至也越若來言於是而至三月也漢書律歷志引武成篇粵若來三月周書世俘解越若來二月義並同朏者說文云月未盛之明引此文月三日也漢書律歷志云後二歲得周公七年復子明辟之歲是歲二月乙亥朔庚寅望後六日得乙未故召誥曰惟二月既望粵六日乙未又其三月甲辰朔三日丙午召誥曰惟三月丙午朏

越三日戊申太保朝至于

洛卜宅厥既得卜則經營【注】史遷說其三月周公往營成周雒邑卜居焉曰吉遂國之【疏】越三日戊申者三月丙午朏又踰三日則戊申月五日也丁未至戊申自豐至洛行十四日吉行日五十里豐至洛七百里也周官太卜云國大遷則貞龜故須得卜言得吉兆也經營者詩靈臺云經之營之傳云經度之也箋云度始靈臺之基趾營表其位越三日庚戌太保乃以庶殷攻位于洛汭【注】鄭康成曰汭隈曲中也【疏】庚戌月七日庶者釋詁云衆也攻者詩傳云作也位者鄭注周禮天官辨方正位謂定官位周書作雒解云乃作大邑成周于土中城方千七百二十丈郛方七十里南繫于洛水北因于郟山以爲天下之大湊又云乃位五宮大廟宗宮考宮路寢明堂注云五宮宮府寺也大廟后稷廟二宮祖考廟考廟也路寢王所居也明堂在國南者也案古者六尺四寸爲步三百步爲里則一里之長百九十二丈依考工記

匠人營國方九里則當云方千七百二十八丈周書云千七百二十丈畧其餘數也言庶殷者謂衆殷民洛汭在洛入河之處史記周本紀云武王曰自洛汭延于伊汭說文云汭水相入也鄭注見書疏以汭爲隈曲中者說文云隈水曲隩也杜氏注左傳云水曲流爲汭

越五日甲寅位成若翼日乙卯周公朝至於洛則達觀于新邑營【注】鄭康成曰史不書王往者王於相宅無事也【疏】甲寅月十一日翼同昱說文云明日也達者鄭注樂記云具也達觀言具觀之營謂營域鄭注周禮云兆爲壇之營域是也鄭注見書疏

越三日丁巳用牲于郊牛二【疏】越三日說文粵于也審慎之詞周書曰粵三日丁亥案郎此文亥當爲巳自甲寅翼日數之月十四日也郊者易乾鑿度云三王之郊一用夏正據上云三月正夏正建寅之月王郊是正祭當以上旬行禮于鎬京此因始立郊兆而特祭天配以后稷也周書作雒解云乃設丘兆于南郊以

祀上帝配以后稷日月星辰先王皆與食用牲牛二者帝牛一稷牛一也郊特牲云郊特牲而社稷大牢貴誠也郊惟用特牛禮以少爲貴無羊豕也公羊宣三年傳云養牲養二卜帝牲不吉則取稷牲而卜之帝牲在于滌三月于稷者惟具是視郊特牲亦云帝牛不吉以爲稷牛帝牛必在滌三月稷牛惟具所以兆事天神與人鬼也又云于郊故謂之郊牲用騂尙赤也用犢貴誠也案洛誥云騂牛此不言其色者時尙稱殷禮用白牡也

越翼日戊午乃社于新邑牛一羊一豕一 疏 戊午月十五日社者立社祭后土以句龍配郊特牲云社祭土而主陰氣是社祭爲土神也春秋左氏昭二十九年傳云共工氏有子曰句龍爲后土后土爲社謂句龍生爲后土之官死則配食于社故鄭注周禮云共工氏之子曰句龍食于社是也周書作雒解云乃建大社于國中其壝東青土南赤土西白土北驪土中央亹以黃土白虎通社稷篇云王者所以有社稷何爲天下求福報功人非土不立非穀不食土地廣博不可徧敬也五穀衆多不可一一

祭也故封土立社示有土尊稷五穀之長故封稷而祭之也尙書曰乃社于新邑又云社稷以三牲何重功故也尙書曰乃社于新邑羊一牛一豕一案稷爲封稷而祭以后稷配經不言稷舉社以該之也云牛一羊一豕一者王制云天子社稷皆太牢鄭注周禮云三牲牛羊豕具爲一牢案句龍配社后稷配稷蓋以人鬼配土穀之神猶郊之以稷配天也僞孔云句龍后稷祀爲社稷與王肅謬說同又以社稷共牢皆誤

越七日甲子周公乃朝用書命庶殷侯甸男邦伯厥旣命殷庶庶殷丕作【疏】甲子月二十日朝用書者春秋左氏昭三十三年傳云士彌牟營成周計丈數揣高卑度厚薄仞溝洫物土方議遠邇量事期計徒庸慮材用書餱糧以令役于諸侯蓋周公以此等書于冊以命于侯甸男之邦伯也丕者釋詁云大也作者釋言云爲也

太保乃以庶邦冢君出取幣乃復入錫周公【注】鄭康成曰所賜之幣蓋璋以皮及

寶玉大弓此時所賜召公見衆殷之民大作周公德隆功成有反政之期而欲顯之因大戒天下故與諸侯出取幣使戒成王立于位以其命賜周公【疏】以同與鄉飲酒禮云主人與賓三揖鄉射禮作主人以賓三揖是也錫者釋詁云賜也鄭注見書疏云蓋璋以皮及寶玉大弓者公羊春秋定八年云盜竊寶玉大弓傳云寶者何璋判白弓繡質龜青純是魯有此璋及寶玉大弓也定四年左傳云分魯公以大路大旂夏后氏之璜封父之繁弱則璋與寶玉大弓非封魯公之分器邪是此時所賜于周公者傳無正文故言蓋以疑之云以皮者周禮小行人合六幣璋以皮是璋必薦以皮也案公羊傳璋即寶玉鄭以璋與寶玉大弓殊言之者何氏注公羊云半圭曰璋白藏天子青藏諸侯魯得郊天故錫以白不言璋言玉者起圭璧琮璜璋五玉盡亡之也傳獨言璋者所以郊事天尤重也

曰拜手稽首旅王若

公【疏】旅者釋詁云陳也言旅王若公則王在矣洛誥云公既定宅伻來視予卜休恒吉則相宅時王留西都未來當于使來告卜之後來洛也故上誥告庶殷越文鄭注云不書王往王于相宅無事也

自乃御事嗚呼皇天上帝改厥元子【注】鄭康成曰言首子者凡人皆云天子之子天子爲之首耳【疏】鄭注見書疏以元爲首釋詁文

茲大國殷之命惟王受命無疆惟休亦無疆惟恤嗚呼曷其奈何弗敬【疏】疆者詩傳云竟也釋詁云休慶也恤憂也曷者廣雅釋詁云何也

天既遐終大邦殷之命茲殷多先哲王在天【疏】遐俗字當爲假釋詁云假已也哲者釋言云智也言天既已終殷之大命此殷之先哲王猶多在天

越厥後王後民茲服厥命【疏】服者詩傳云服政事也後王謂紂也

厥終智藏瘝在【注】

鄭康成曰瘝病也瘝一作鰥【疏】藏俗字當爲臧易繫詞知以藏往釋文云藏劉作臧高誘注呂氏春秋云藏潛也瘝俗字當爲鰥釋詁云鰥病也其終謂後王之終即紂時也紂政不善智者知幾而藏匿在者困于行役詩何草不黃云何人不矜箋云無妻曰矜從役者皆過時不得歸故謂之矜書堯典疏引書傳孔子對子張曰詩云何草不元何人不鰥暫離室家尙謂之鰥此書傳即大傳是鰥爲離家行役之人僞傳以瘝在爲在位之臣或又以爲病民者在位俱非也瘝郭氏注爾雅引此文作鰥

夫知保抱攜持厥婦子以哀籲天徂厥亡出執【疏】夫者鄭注曲禮若夫云丈夫知者釋詁云匹也保同緥說文云小兒衣也籲者說文云呼也徂者釋詁云在也執者廣雅釋言云脅也言丈夫之有匹偶者繈負其子攜持其妻屬以哀號呼天在者喪亡出被迫脅

嗚呼天亦哀于四方民其眷命用懋王其疾敬德【疏】眷者說文云顧也懋者釋訓云懋懋

勉也疾者釋詁云速疾也言天亦哀此四方窮民其眷
顧大命用勉于敬德者以爲民主王其速敬德以著天
意

相古先民有夏天迪從子保面稽天若【注】鄭康成曰

面猶回向也今時既墜厥命今相有殷天迪格保面稽

天若今時既墜厥命【疏】相者釋詁云視也迪與攸通見
前疏子當讀如字亦見上疏釋
詁云格陞也保安也面者鄭注周禮云猶鄉也稽者鄭
注周禮云猶考也若者釋言云順也墜俗字當爲隊說
文云從高隊也格者釋言云來也言視古先人有夏天
所從字愛保安之夏王亦鄉考天心而順之今時既殞
其大命矣今視有殷天所陞保殷王亦鄉考天心而順
之今時既殞其大命矣謂後王不能承天受命也鄭注
見書疏云面猶回向者漢書項籍傳云馬童面之注今
面謂背之不向也鄭云回向回猶背也言背而向之

沖子嗣則無遺壽耇【注】壽耇亦作耇老**曰其稽我古人**

之德矧曰其有能稽謀自天【疏】沖子謂成王也耇者釋詁云耇老壽也言今沖幼繼位則無遺棄耇老者謂其能考我古人之德以其或能考謀以從天郎上所云面稽天若也漢書孔光傳云今年耇者有疾俊艾大臣惟國之重其猶不可㠯闕焉引書文作無遺耇老**嗚呼有王雖小元子哉其丕能諴于小民**【疏】元者釋詁云首也丕語詞丕作不言王雖幼沖亦天之首子其能和于小民也諴者說文云和也引此文**今休王不敢後用顧畏于民碞**【疏】休者釋詁云美也顧謂眷顧碞者說文云礜碞也引周書曰畏于民碞讀與巖同民巖猶民險也康誥曰小人難保言今之美王不敢後用天之眷顧下畏于民情之險江氏聲云說文引此文不連顧字漢儒以顧字屬上讀是也王應麟困學記聞蓺文志考皆以說文碞多言也爲此碞字段氏玉裁駁之案碞說文讀與聶同緩讀則同碞許氏訓以爲多言或卽碞字本義亦未可定**王來紹上帝自服于土**

中【注】鄭康成曰自用【疏】紹者釋詁云繼也自者詩傳云
用也服同艮說文云治也土中
謂王城于天下爲中也論衡難歲篇云儒者論天下九
州以爲東西南北盡地廣長九州之內五千里竟三河
土中周公卜宅經曰王來紹上帝自服于土中雒則土
之中也水經河水注引孝經援神契曰八方之廣周洛
爲中謂之洛邑周禮大司徒職以土圭之法測土深正
日景以求地中日南則景短多暑日北則景長多寒日
東則景夕多風日西則景朝多陰日至之景尺有五寸
謂之地中天地之所合也四時之所交也風雨之所會
也陰陽之所和也然則百物阜安乃建王國焉白虎通
京師篇云尙書王者必卽土中何所以均教道平往來
使善易以聞惡易以聞明當
懼愼此說自服土中之義也

旦曰其作大邑其自時配皇天毖祀于上下其自時中乂王厥有成命治民今休

【疏】稱旦者曲禮云君前臣名召公述周公之言曰其作
大邑其從是配天愼祀于上下神祇其從是致治于

中土王其有天之成命治民今獲休慶釋詁云從自也時是也毖慎也乂同嬖說文云治也休者釋言云慶也

王先服殷御事比介于我有周御事【注】介一本作尒節性惟日其邁王敬作所不可不敬德【疏】此召公自述已意節性者呂氏春秋重已篇云節乎性也注云節猶和也性者天命五常之性說文云人之陽氣性善者也所者一切經音義二引三蒼云處也邁者釋言云行也言王先治殷治事之臣及比近于我周治事之臣節和其性思日行之甚速勉之以疾敬德也王之治羣臣以敬自處不可不敬德介日本人山井鼎云足利古本作迩僞孔傳釋爲比近則亦作迩字介文與尒相似故後又增爲邇也

我不可不監于有夏亦不可不監于有殷我不敢知曰有夏服天命惟有歷年我不敢知曰不其延惟不敬厥德乃早墜厥命我不敢知曰

有殷受天命惟有歷年我不敢知曰不其延惟不敬厥德乃早墜厥命今王嗣受厥命我亦惟茲二國命嗣若功【疏】歷者釋詁云艾歷也詩傳云艾久也是歷亦爲久也釋詁云延長也嗣繼也惟思也言夏殷歷年修短我皆不敢知惟知其皆以不敬德故早失天命今王繼受其命我亦思此二國命之所以墜以爲監戒而繼其功王乃初服嗚呼若生子罔不在厥初生【注】嗚呼一作於戲【疏】生者鄭注周禮云猶養也說文云育養子使作善也論衡率性篇云召公戒成王曰今王初服厥命於戲若生子罔不在厥初生生子謂十五子初生意于善終以善初生意于惡終以惡其有所漸化爲善惡猶藍丹之染練絲使之爲青赤也青赤一成眞色無異案云十五子者學記云大學之法禁於未發之謂豫注云未發情慾未生謂年十五時白虎通辟雍篇云古者所以年十五入大學何以爲八歲毁齒始有識知入

學學書計七八十五陰陽備故十五成童志明入大學學經術案十五爲太子入學之年故王氏以釋經若生子謂若養子教之初生謂情欲初生也王乃初服論衡作今王初服厥命者疑并上今王嗣受厥命變其詞非經文異字嗚呼作於戲者今文皆如是

自貽哲命今天其命哲命吉凶命歷年知今我初服宅新邑肆惟王其疾敬德王其德之用祈天永命

疏 貽俗字釋文貽多云本作詒詩箋云詒循傳也肆者釋詁云故也祈者說文云求福也永者釋詁云長也言王初服如教子之初自傳之以明哲之命今天其命明哲命吉命凶與命年歲之永短均未可知所可知者今我王初服厥命宅茲新邑今惟王其速敬德耳言王其敬德以祈求天命之永長用以也屬祈天永命讀爲句僞孔以用字斷句上屬非知或語詞說文云知詞也案說文弞亦詞也俗矧字與知字形相近或當爲矧今我初服

其惟王勿以小民淫用非彝亦敢殄

戮用乂民若有功【疏】淫者高誘注呂氏春秋云過也釋詁云肆法常也殄盡也戮者廣雅釋詁云罪也乂者釋詁云治也若者釋言云順也言王勿以小民有過爲非法者因敢盡罪以治民惟順敘則有功也

其惟王位在德元小民乃惟刑用于天下越王顯【疏】釋詁云元首也刑法也顯光也言王位居天德之首小民乃法之以用于天下于王光顯矣

上下勤恤其曰我受天命丕若有夏歷年式勿替有殷歷年欲王以小民受天永命【疏】恤者說文云憂也丕詞也釋言云式用也替廢也言君臣相與勤勞憂恤共期于有夏歷年之久用勿廢有殷歷年之久欲王以小民受天長命也潛夫論正列篇云人君身修正賞罰明者國治而民安民安樂者天悅喜而增歷數故書曰王以小民受天永命蓋勤恤卽安民安民乃命永是說此經之義也

拜手稽首曰予小臣敢以王之讎民百

君子注鄭康成曰拜手稽首者召公旣拜興曰我小臣
以下言召公拜訖而復言也百君子王之諸臣與羣吏
越友民保受王威命明德王末有成命王亦顯疏䜌與
𦅸聲
相近文選補亡詩注引蒼頡云𦅸衆也廣雅釋詁云䜌
輩也鄭注禮記云君子謂大夫以上友同有白虎通三
綱篇云友有也保者釋詁云安也末者孔晁注周書云
終也召公拜手稽首謙稱予小臣敢以王之衆民及百
官之有民者安受王之威命明德則王終有成命王亦
光顯矣鄭注見書疏云百君子王之諸臣與羣吏者君
者釋詁云大也子者男子之美稱
統云百者故爲諸臣與羣吏也我非敢勤惟恭奉幣
用供王能祈天永命疏勤者說文云勞周書克殷解王
入卽位于社召公奭贊采供者
孔晁注周書謚法云奉也言我非有勤勞於國徒敬供
贊采之職而已用奉王能祈天永命重勉之以敬德也

召誥第十八終

洛誥第十九　周書十　尚書今古文注疏卷十九

賜進士及第授通奉大夫山東督糧道加三級孫星衍撰

疏 史公說作召誥洛誥在七年反政之後見召誥注案周本紀云營洛邑如武王之意者此經亦云伻來毖殷乃命寧是武王命周公作洛居九鼎也周書作雒解云我維顯服者有釋詁云顯代也是命周公代事也下云乃今我兄弟相後又云今用建庶建叔是武王欲周公作洛并命傳位也下云旦恐泣涕共手周公不敢承武王之命也武王既崩周公乃營洛邑如武王之志居攝反政不從武王兄弟相後之命仁之至義之盡也

周公拜手稽首疏 白虎通姓名篇云所以先拜手後稽首何名順其文質也尚書曰周公拜手稽首段氏玉裁云白虎通此條殘闕名當作各當云殷所以先稽首後拜手周所以先拜手後稽首何各順其文質也殷之禮拜先稽首後拜其喪拜則拜手而後稽首周之禮拜先拜手後稽首其喪拜則稽顙而後拜

手文質曰朕復子明辟疏復者釋言云返也辟者釋詁云君也漢書元后傳云書逸嘉禾篇曰周公奉鬯立于祚階延登贊曰假王莅政勤和天下此周公攝政贊者所稱成王加元服周公則致政書曰朕復子明辟周公常稱王命專行不報故言我復子明君也後漢書桓帝紀詔曰遠覽復子明辟之義注云復還也子謂成王也辟君也謂周公攝政已久故復還明君之政于成王也王如弗敢及天基命定命予乃允保大相東土其基作民明辟疏如者服虔注左傳云而也基者釋詁云始也允者馬注堯典云嗣也保者詩傳云安也允保卽保允也相者釋詁云視也江氏聲云詩大明云有命自天命此文王序云文王有明德故天復命武王也又下武序云武王有聖德復受天命是文王爲基命武王爲定命也言王而弗敢自比文王基命武王定命予乃保安允嗣大相視洛邑王其始作民明君矣予惟乙卯朝至于洛師我卜河朔黎水我乃

卜澗水東瀍水西惟洛食我又卜瀍水東亦惟洛食【注】
鄭康成曰我以乙卯日至于洛邑之衆觀召公所卜之
處皆可長久居民使服田相食瀍水東既成名曰成周
今洛陽縣是也召公所卜處名曰王城今河南縣是也
先卜河北黎水者近于紂都爲其懷土重遷故先卜近
以悅之【疏】師者釋詁云衆也河朔者河北也黎水未詳水經河水又東北過黎陽縣南注云黎侯國
也晉灼曰黎山在其南河水逕其東案黎陽故城在今
河南濬縣東北但有黎山無黎水也澗水者水經云出
新安縣南白石山東南入於洛注云東北流歷函谷東
阪東謂之八特阪今在河南西四十里周書所謂我卜
澗水東者是也又云又按河南有離山水謂之爲澗水
水西北出離山東南流歷郟山於穀城東而南流注於

穀舊與穀水亂流南入於洛或以是水爲周公之所相卜也瀍水者水經云出河南穀城縣北山東與千金渠合注云周書曰我卜瀍水西謂斯水也瀍水又東南流注於穀案穀城縣魏省入河南亦今河南縣地瀍俗字當爲廛見禹貢疏洛食据漢書元后傳云予乃卜波水之北郎池之南惟玉食予又卜金水之南明堂之西亦惟玉食仿此文洪範云惟辟玉食則知食爲主食此土也顏師古注玉爲玉兆非是鄭注見詩王風譜疏及書疏疏引顧氏云先卜河北黎水者近於紂都云云用鄭康成之說故定爲鄭注云觀召公所卜處者鄭召公先至洛既得卜經營乃後周公至洛具觀新邑之營域未嘗改卜則經雖云我乃卜實卽召公所卜處也云皆可長久居民使服田相食者解經惟洛食之義僞孔以爲龜兆食墨非也食墨不必盡吉且周禮占人云凡卜君占體大夫占色史占墨卜人占坼此卜作洛是王之事宜占體不宜占墨也云瀍水東既成名曰成周今洛陽縣是者地理志河南郡雒陽縣周公遷殷民是爲成周水經河水注云穀水又逕河南王城北所謂成周矣公

羊曰成周者何東周也何休曰名爲成周者周道始成王所都也案雒陽故城在今河南府城東北二十里云召公所卜處名曰王城今河南縣是者地里志河南郡河南縣故郟鄏地周武王遷九鼎周公致太平營以爲都是爲王城至平王居之馬氏注周禮大司徒云王國東都王城今河南縣與鄭同也案河南故城在今河南府城西北二十里漢雒陽縣在洛水之北河南縣在伊水之北洛水之南近洛水故經云洛食也云先卜河朔黎水近於紂都爲其懷土重遷者言遷殷民也江氏聲云河朔黎水及瀍水東乃周公所卜序云召公既相宅周公往營成周是成周非召公所營則召誥所云厥既得卜止卜王城未卜成周鄭注以瀍水東與召公所卜處分言之則亦以瀍水東爲召公所未卜故知瀍水東是周公所卜也河朔黎水與瀍水東皆爲遷殷民而卜以河朔黎水不吉故更卜瀍水東也

伻來以圖及獻卜

疏 伻俗字釋詁云抨使也釋文云抨字又作伻漢書劉向傳引此經注孟康曰伻使也使人以圖來示成王明口說不了指圖乃了案了卽瞭假

音字也 王拜手稽首曰公不敢不敬天之休來相宅其作
周匹休 疏 匹者詩傳云配也休者釋詁云美也王拜手稽首荅周公者聘禮曰君勞使者及介君皆
荅拜又曰大夫入門再拜君拜其辱曲禮大夫士見於
國君君若迎拜則還辟不敢荅拜是君於臣有拜手也
春秋左氏哀公十七年傳云非天子寡君無所稽首諸
侯尚不稽首王稽首者周公爲太師盡敬非常禮也云
作周匹休者詩文王有聲云築城伊淢作豐伊匹傳云
匹配也箋云築豐邑之城大小適與城偶則此云周匹
言作王城與鎬京之城匹偶于時爲美也或
作周爲作立周邦以配天休命故曰匹休 公旣定宅
伻來來 注 鄭康成曰伻來來者使二人也 視予卜休恒
吉我二人共貞 注 馬融曰貞當也 疏 鄭注見書疏云使二人者一人爲召
公至洛得卜所使一人則周公後至卜吉成周乃更遣
使史臣因以來來書之也視同示曲禮云幼子常視毋

詁注云視今之示字馬注見釋文云貞當者易師彖傳云貞正也説文云正是也是直者直是相當之義言公既定宅兩使來示予卜吉之美我二人共當之公其以予萬億年敬天之休拜手稽首誨言疏億同意説文云十萬曰意詩伐檀傳云萬萬曰億箋云十萬曰億王氏鳴盛云億知古億十萬者以田方百里于今數爲九百萬畝而王制云方百里爲田九十億畝是億爲十萬故彼注云億十萬也韋昭注楚語云十萬曰億古數也泰始以萬萬爲億誨者説文云曉教也言公以我萬億年敬天之美故拜手稽首受公教誨之言此自述前拜手稽首非有二拜也周公曰王肇稱殷禮注鄭康成曰王者未制禮樂恒用先王之禮樂伐紂已來皆用殷之禮樂非始成王用之也周公制禮樂既成不使成王即用周禮仍令用殷禮者欲待明年即政告神

受職然後班行周禮班訖始得用周禮故告神且用殷禮也**疏**肇者釋詁云始也稱者釋言云舉也白虎通禮樂篇云王者始起何用正民以爲且用先王之禮樂天下太平乃更制作焉書曰肇稱殷禮祀新邑此言太平去殷禮鄭注見書疏云王者未制禮樂恒用先王之禮樂者本白虎通蓋今文說云周公制禮既成者大傳云周公攝政六年制禮作樂七年致政成王若然則此時卽致政矣而鄭又云欲待明年卽政者此篇末云王在新邑烝漢書歷律志引其文以爲十二月戊辰晦周公反政是周公反政在是年年終則祀于新邑咸成王卽政在明年歲首故云明年卽政也秩無文**疏**咸猶偏釋詁云咸皆也皆亦偏也江氏聲云春秋左氏莊十年傳云小惠未偏魯語作小賜不咸風俗通山澤篇引傳曰五嶽視三公四瀆視諸侯其餘或伯或子男大小爲差尚書咸秩無文王者報功以次秩之無有文也則咸秩謂偏序其尊卑無文謂禮質無文何氏注公羊鄭注王制皆云春秋變周之文

從殷之質是周尚文殷尚質此言無文者用殷禮祀之漢書翟方進傳云定五畤廟祧咸秩亾文注孟康曰諸廢祀無文籍咸祭之與應氏不同者或古文說也　予齊百工伻從王于周予惟曰庶有事今王卽命曰記功宗以功作元祀 注 曰一作日 疏 工者詩傳云官也周者謂成周庶者庶幾釋言云尚也有事者春秋左氏僖九年傳曰天子有事于文武昭十五年傳曰有事于武宫皆謂祀事也記者王制云太史執簡記注云簡記册書也則記爲書也宗者白虎通宗族篇云尊也元者詩傳云大也言我整齊百官使從王於成周予徒以尚有祀事今王就大命書識其功尊異之令以功助大祀盤庚云茲予大享于先王爾祖其從與享之周禮司勳云凡有功者銘書于王之大常祭于大烝司勳詔之是功臣有配食之禮也曰記功宗者釋詁云爰曰也言爰記功宗釋文曰音越音入實反則古本作日記也　惟命曰汝受命篤弼丕視功載乃汝其悉

自教工【注】大傳教作學云悉盡也學效也傳曰當其效
功也于卜洛邑營成周改正朔立宗廟序祭祀易犧牲
制禮作樂一統天下合和四海而致諸侯皆莫不依紳
端冕以奉祭祀者其下莫不自悉以奉其上者莫不自
悉以奉其祭祀者此之謂也盡其天下諸侯之志而效
天下諸侯之功也【疏】篤者釋詁云厚也弼者說文云輔
也丕者漢書郊祀志集注云奉也
載者詩傳云識春秋左氏僖二十六年傳云載在盟府
注云載載書也教者一切經音義二引三蒼云效也言
王命汝諸臣曰汝受先王命厚輔國家既奉祀記功之
書乃汝其盡自效功也工與功通大傳悉爲盡者釋詁
云悉盡也教作學者廣雅釋詁云教學效也是學教同
義云序祭祀謂咸秩易犧牲謂下文騂牛也僞傳王肅

俱以汝爲告
成王失之 孺子其朋孺子其朋其往 注 鄭康成曰孺子幼少之稱謂成王也 疏 後漢書爰延傳延上封事云
臣聞之帝左右者所以咨德政也故周公戒成王曰孺子其朋孺子其朋愼其往言
愼所與也注云愼其往易損注云朋黨也朋謂朋從之臣鄭注見書疏以孺子爲幼少者說文孺
乳子也戒成王于朋從之人愼其往也 無若火始燄燄厥攸灼敘弗其絕 注 燄一作庸一作炎 疏 燄者說文
云火行微燄燄然也灼者廣雅釋詁云爇也敘者釋詁云緒也言
無使若火初然燄雖微其所爇端緒至不可絕漢書梅
福傳福上書云書曰毋若火始庸庸勢陵于君權隆于
主然後防之亦無及矣是說此經之義杜氏注左傳引
此文燄作炎釋文炎音豔謂所
與朋輩當愼其始防其微也 厥若彝及撫事如予惟以在周工往新邑伻嚮卽有僚明作有功惇大成裕汝

永有辭【疏】撫者王逸注楚詞云循也以者說文云用也通卽者詩傳云就也明與孟聲相近釋詁云勉也裕者方言云道也辭與詞通周禮大行人注鄭司農云辭當爲詞釋名云詞嗣也令撰善言相嗣續也此告成王欲其順常法及循故事如我所爲惟用在周之官往治新邑使之向就僚友勉爲有功厚大成道則汝長有嗣世之慶矣上文戒成王愼所與此欲成王不改其政與其臣也

公曰已汝惟沖子惟終汝其敬識百辟享亦識其有不享享多儀儀不及物惟曰不享惟不役志于享凡民惟曰不享惟事其爽侮【注】鄭康成曰朝聘之禮至大其禮之儀不及物謂所貢篚者多而威儀簡也威儀既簡亦是不享也【疏】已同咨見上疏識者鄭注周禮云記也釋詁云辟君也享獻也役者韋昭注鄭

語云營也爽者詩傳云差也侮者說文云𢿢侮也廣雅釋詁云傷也言汝今沖幼當思其終汝其敬識百國諸侯朝聘之享獻享以多儀文爲敬其儀文不及貢物者猶不享耳當思不營心于貢獻凡民徒以汝不重儀文則將任其過差侮易之矣孟子告子篇引享多儀四句云爲其不成享也注云享多儀言享見之禮多儀法也物事也儀不及事謂有闕也故曰不成享鄭注見書疏云朝聘之禮者周禮太宰以九貢致邦國之用一曰祀貢二曰嬪貢三曰器貢四曰幣貢五曰材貢六曰貨貢七曰服貢八曰斿貢九曰物貢大朝覲會同贊玉幣玉獻此所謂貢篚也與趙氏注孟子以物爲事異周公恐成王營心於貢篚不重禮法故戒之漢書郊祀志谷永引經曰享多儀儀不及物惟曰不享注師古曰言祭享之道惟以絜誠若多其容儀而不及禮物則不爲神所享也以享爲祭享或今文說也

乃惟孺子頒【注】頒一作攽**朕不暇聽**【注】

馬融曰頒猶也鄭康成曰成成王之才周公倍之猶未而

言分者誘掖之也**疏**頌者鄭注祭禮云頌之言分也說
文頌作攽云分也引周書曰乃惟
孺子攽亦讀與彬同攽蓋孔壁古文言聽政之事繁多
孺子分其任我有所不逞也馬注見釋文云猶者疑當
作猶分脫一字鄭注見書疏云誘掖者詩衡門序
云作是詩以誘掖其君也箋云誘進也掖扶持也朕教
汝于棐民彝汝乃是不蘉**注**鄭康成曰蘉勉也乃時惟
不永哉**疏**棐者釋詁云俌也蘉即寢字省文隸釋有漢
冀州從事張表碑云蘉疾而終即寢疾也是
蘉即寢也徐氏說文引唐韻寢七荏切釋文蘉引徐武
剛反不同者韻書陽蒸多有通字詩傳云寐寢也寐寢
聲之轉亦得爲蘉周禮薙氏春始生而萌之注云故書
萌作甍杜子春云甍當爲萌甍與萌聲相近則蘉亦或
爲甍聲近明明即勉也言我教汝于輔民之常法女不
勉于是是非久長之道鄭注見書疏釋文作馬注云鄭
亦訓勉勉與明孟通
字釋詁云孟勉也篤敘乃正父罔不若予不敢廢乃

命【疏】篤者釋詁云厚也敘者釋詁云順敘也敘亦爲順正者政人父者說文云家長率教者是父爲長也詩傳云天子謂同姓諸侯諸侯謂同姓大夫皆曰父僞孔以正父爲武王不通古義此戒成王以厚順乃正長無不如我正長之官則諸臣亦不敢廢棄汝教令

汝往敬哉兹予其明農哉【注】大傳說大夫士七十致仕退老歸其鄉里大夫爲父師士爲少師又說餘子出學傳農事上老平明坐于右塾庶老坐于左塾餘子畢出然後歸夕亦如之餘子畢入

彼裕我民無遠用戾【疏】明者勉也見下疏農者釋文云耕也籀文作農古文作辳一切經音義十引說文作耕人也裕者廣雅釋詁云容也戾者釋詁云來戾至也言汝往新邑敬之哉予其致仕歸勉耕人哉彼能容我民無遠勿至矣大傳說見畧說云大夫士七十致仕云云者以歲事既畢餘子皆入學

距冬至四十五日始出學傳農事俱由父師少師教勉之也鄭注云上老父師也庶老少師也此大學小學造士之法周公致仕則爲上老稱父師故欲明農明與孟聲相近釋詁云孟勉也

王若曰公明保予沖子公稱丕顯德以予小子揚文武烈奉荅天命和恆四方民

注 大傳烈作德烈荅作對四方作萬邦四方

疏 明者王氏念孫云釋訓云亹亹勉也鄭注禮器云亹亹猶勉勉也詩江漢云明明天子令聞不已猶言亹亹文王令聞不已也保者詩傳云安也稱者說文云揚也丕顯猶不顯丕不皆語詞也烈者釋詁云烈業也荅與對聲之緩急詩箋云對配也恆者詩傳云徧和恆猶恆和也此謂周公以文武配天于明堂也言公勉安于幼子公稱前人之顯德以予小子揚文武之業奉配天命徧和四方之民孝經云宗祀文王于明堂以配上帝鄭注祭法韋注魯語皆云祭五帝于明堂曰祖宗韋氏注又云周公初時祖后稷而宗文王至武王雖承文王

之業有伐紂定天下之功其廟不可以毀故先推后稷
以配天而後更祖文王而宗武王也大傳云天下諸侯
之悉來進受命周公而退見文武尸者千七百七十三
諸侯皆莫不磬折玉音金聲玉色然後周公與升歌而
弦文武諸侯在廟中者伋然淵其志和其情愀然若見
文武之身然後曰嗟子乎此蓋吾先君文武之風也夫
又云故周人追祖文王而宗武王也是故周書自大誓
就召誥而盛于洛誥故其書曰揚文武之德烈奉對天
命和恒萬邦四方民是以見之也烈作
烈德荅作對四方作萬邦邦四方皆今文居師惇宗將禮
稱秩元祀咸秩無文**疏**師者釋詁云衆也蓋謂洛師猶
京師也惇厚宗尊見前疏將者
釋詁云大也此謂公相宅令王稱殷禮秩祀無文也言
公之來洛師厚尊大禮教予舉敘大祀徧祀無文即述
上肇稱殷禮咸秩無文也惟公德明光于上下勤施于四方旁作穆
穆迓衡不迷**注**鄭康成讀迓爲御曰稱上曰衡文武勤

教予沖子夙夜毖祀**疏**旁者說文云溥也穆穆釋訓云美也四方詩傳云諸夏也衡者漢書律歷志云平也所以在權而均物平輕重也迓俗字左傳釋文迓本作訝鄭注士昏禮云御當爲訝是與御通也釋詁云迷惑也毖慎也言周公之德光于天地施于四方溥爲穆穆之美化操御平天下之衡不有迷錯以文武之光烈教予於沖幼之時早夜慎修祀典大傳孔子曰吾于洛誥也見周公之德光明于上下勤施四方旁作穆穆至于海表莫敢不來服莫敢不來享以勤文王之鮮光以揚武王之大訓而天下大治故曰聖之與聖也猶規之相周矩之相範也魏志文帝紀裴注引延康元年詔曰今王纘承前序至德光昭御衡不迷布德優遠以御衡不迷爲句僞傳以不迷屬下讀非也鄭注見文選六代論注及廣絕交論注以迓爲御者詩傳云御迎也公羊成二年傳使跛者訝跛者穀梁傳迓作御

王曰公功棐迪篤罔不若時**疏**棐俌迪道篤厚時是皆釋詁文言公之功輔道我甚厚無不如我之是言謂上所稱公德也

王曰公予小子其退卽辟于周命公後【疏】辟者釋詁云君也後謂立後于魯言我小子其退就上位于新邑爲公立後欲留公輔我王室也下云惟告周公其後又云王命周公後

四方迪亂未定于宗禮亦未克敉公功【注】鄭康成曰敉安也【疏】釋詁云迪進亂治也敉者說文云撫也周書曰亦未克敉公功讀若弭言四方雖進於治猶未定尊禮功臣之事亦未能撫循公之功績鄭注見周禮小祝疏云敉安者廣雅釋詁云侎安也侎見說文卽敉或字王氏引之云當以四方迪亂未定爲句于宗禮亦未克敉爲句公功迪將其後爲句方言云迪正也四方迪亂猶云亂正四方也于越也言四方正治未定越宗禮亦未克安也公功迪將其後者上文云公功棐迪篤下文云公功肅將祗歡與此並以公功發句畢氏以田云二迪字當爲乃說文有逌字讀如攸義與乃同上言四方乃治尚未定于宗禮亦未克敉安也公功乃助其後以監官而保民也案說文則引亦未克敉公功爲句

今從之迪將其後監我士師工誕保文武受民亂疏迪者道見上將者詩箋云猶扶進也監者釋文六引韓詩云領也士者說文云事也師者釋詁云衆也工者詩傳云官也言公功以道扶助其後監領我執事衆官大安文武所受之民治之後謂後日爲四輔疏四輔者文王世子云虞夏商周有師保有疑丞設四輔疏引尚書大傳云天子必有四鄰前曰疑後曰丞左曰輔右曰弼天子有問無以對責疑可志而不志責丞可正而不正責輔可揚而不揚責弼大戴保傅篇云明堂之位曰篤仁而好學多聞而道慎天子疑則問應而不窮者謂之道道者導天子以道者也常立于前是周公也誠立而敢斷輔善而相義者謂之充充者充天子之志也常立于左是太公也絜廉而切直匡過而諫邪者謂之弼弼者拂天子之過者也常立于右是召公也博聞彊記接給而善對者謂之承承者承天子之遺忘者也常立于後是史佚也成王中立聽四聖維之是以慮無失計而舉無過事漢書谷永傳永對曰四輔既備成王靡有過事

注師古曰輔弼疑丞引洛誥此文王曰公定予往已公功肅將祗歡公無困哉注哉一作我疏定者釋詁云止也往者論語云往者不可諫謂往日已同以用也肅者釋詁云進也將者詩箋云奉也祗者釋詁云敬也言公其留止我往日以公功進奉而敬說之公無困哉哉字誤漢書元后傳上報鳳曰書不云乎公無困我杜欽傳欽說王鳳曰周公雖老猶在京師明不離成周示不忘王室也書稱公無困我後漢書祭祀志劉昭注引東觀書曰章帝賜東平憲王蒼書曰宜勿隱思有所承公無困我皆作我字周書祭公解云公無困我哉哉與我形相近字之誤也我惟無斁其康事公勿替刑四方其世享疏斁者釋文云解也康者釋詁云安也替者釋言云廢也刑者釋詁云法也言我惟以無斁倦其安事公勿廢以公儀法于四方其世世享公之德詩箋云周公攝政七年致太平復成王之位遜遁避此成公之大美欲老成王又留之以爲太師周公拜手稽首

曰王命予來承保乃文祖受命民**注**鄭康成曰文祖者
周曰明堂以稱文王是文王德稱文祖也越乃光烈考
武王宏朕恭**注**鄭康成曰烈威**疏**此周公述祀文王於
明堂以配五天帝曰
祖後又祀武王配五人帝曰宗云王命予者歸美成王
也曲禮疏云明堂總享五帝以文王武王配之故孝經
說文后稷爲天地之主文王爲五帝之宗是也周人祭
明堂時又兼以武王配之故祭法云周人祖文王而宗
武王注云祭五帝于明堂曰祖宗也言王命我來承安
乃文祖受命之民于乃有光之烈考武王亦祀于明堂
宏我恭敬宏者釋詁云大也莊氏寶琛曰朕當作訓說
文佚古文以爲訓字蓋尚書本作佚後改爲朕案大傳
有云以揚武王之大訓莊氏說是也段氏玉裁云僞孔
釋恭爲奉則恭本作共字鄭注見詩維天之命疏又見
雖疏云文祖周曰明堂者史記堯本紀云舜受終於文
祖文祖者堯大祖也集解引鄭注曰文祖者五府之大

名猶周之明堂正義引尚書帝命驗云帝者承天立五府以尊天垂象也五府者黃曰神斗注云唐虞謂之天府夏謂之正室殷謂之重屋周謂之明堂皆祀五帝之所也文祖者赤帝赤熛怒之府名曰文祖火精光明文章之祖故曰文祖周曰明堂神斗者黃帝含樞紐之府名曰神斗斗主也土精澄靜四行之主故謂之神斗周曰大室顯紀者白帝招拒之府名顯紀紀法也金精斷割萬物故謂之顯紀周曰總章元矩者黑帝光紀之府名曰元矩矩法也水精元昧能權輕重故謂之元矩周曰元堂靈府者蒼帝靈威仰之府名曰靈府周曰青陽案司馬貞所引兼鄭注五德運代皆取相生周木殷水夏金虞土唐火故堯稱文祖其夏世室殷重屋周明堂名異而制同故云文祖周明堂也云文王德稱文祖者下文乃單文祖德直謂明堂爲文祖此言文祖又與武王並稱則以文王有文德合於火精故即以文祖稱之也云烈威者詩雝云既右烈考亦謂武王箋用釋詁訓烈爲光此云威者釋訓云烈烈威也

孺子來相宅其大惇典殷獻民亂爲

四方新辟作周恭先曰其自時中乂萬邦咸休惟王有成績【疏】作周者詩文王序云受命作周言孺子來洛邑相宅其大厚典法及殷之賢聖臣治事爲四方新君作立周邦以恭敬爲率先聿其用是宅中出治萬邦皆慶惟王有成功矣曰同欥說文云詮詞也予旦以多子越御事篤前人成烈荅其師作周孚先【疏】多衆子男子之美稱謂衆卿大夫釋詁云烈業也師衆也孚信也言我以衆君子于治事之臣厚先王之成業以荅衆庶作立周邦以信爲先也考朕昭子刑乃單文祖德【注】馬融曰單信也鄭康成曰成我所用明子之法度者乃盡明堂之德明堂者祀五帝大皞之屬爲用其法度也周公制禮六典就其法度而損益用之【疏】考者釋詁云成也昭者說文云日明也刑者釋

詁云法也單者詩箋云盡也言成明子之法度乃盡明
堂之盛德昭子謂成王詩維天之命云我其收之駿惠
我文王箋云我其聚斂之以制法度以大順我文王之
意謂爲周禮六官之職也引此文馬注見釋文以單爲
信者詩天保俾爾單厚釋詁某氏注作亶毛傳云單信
也鄭注見詩維天之命疏云成我所用明子之法度者
以考爲成昭爲明刑爲法也云乃盡明堂之德者以單
爲盡文祖爲明堂見上注大戴盛德篇云聖王之盛德
人民不疾六畜不疫五穀不災諸侯無兵而正小民無
刑而治蠻夷懷服人民疾六畜疫五穀災者生于天天
道不順生于明堂不飾故有天災則飾明堂月令春木
夏火中央土秋金冬水皆言盛德所在天子順四時五
行之德以出治是明堂之德也云祀五帝者月令春帝
大皞夏帝炎帝中央帝黃帝秋帝少昊冬帝顓頊是也
大皞之屬五人帝配明堂五色之帝卽黃神斗赤熛怒
白招拒叶光紀靈威仰之神鄭以此文云刑卽是法度
故但舉太皞等人帝不及天帝也郊特牲疏云五帝稱
上帝孝經曰嚴父莫大于配天下卽云宗祀文王於明

堂以配上帝帝若非天何得云嚴父配天也而賈逵馬融王肅等以五帝非天唯用家語之文謂大皡炎帝黄帝五人帝之屬其義非也據此是知賈馬唯言明堂有人帝鄭於此雖言人帝尙有天帝也云周公制六典云云者周禮太宰掌建邦之六典一曰治典二曰教典三曰禮典四曰政典五曰刑典六曰事典盛德篇云明堂天法也禮度德法也所以御民之嗜欲好惡以順天法也冢宰以成道司徒以成德宗伯以成仁司馬以成聖司寇以成義司空以成禮六官六政以御天地人事據大傳居攝六年制禮而小雅斯干疏引鄭志荅趙商張逸二條皆謂周公于洛邑建明堂是制禮用明堂法也云就其法度謂就大皡等五帝之法度損益之者馬氏注論語所損益云謂文質三統是也

伻來毖殷乃命寧【注】鄭康成曰周公謂文王爲寧王成王亦謂武王爲寧王此一名二人兼之【疏】伻當爲抨見上疏毖同祕廣雅釋詁云勞也又見大誥言使我來勞慰殷民乃以寧王之命書疏引

顧氏云文武使我來愼教殷民我今受文武之命以安民也鄭注兄詩何彼穠矣疏以寧爲寧王謂兼文武者周公謂文王爲寧王大誥君奭皆有其文云成王亦謂武王爲寧王于尚書無其文而鄭言此者周書度邑解云武王曰我南望過于三塗我北望過于有嶽丕顧瞻過于河宛瞻于伊洛無遠天室周本紀云王曰定天保依天室悉求夫惡貶從殷王受日夜勞來定我西土我維顯服及德方明自洛汭延于伊汭居易毋固其有夏之居我南望三塗北望嶽鄙顧詹有河粤詹雒伊無遠天室營周居于洛邑而後去則營洛乃武王之意此毖殷乃受命于武王也

予以秬鬯二卣曰明禋拜手稽首休享

注 鄭康成曰禋芬芳之祭曰明禋者六典成祭于明堂告五帝太皞之屬也

疏 秬說文作𪏰以秬爲或作字云黑黍一稃二米以釀也鬯說文云以秬釀鬱草芬芳攸服以降神也詩江漢云秬鬯一卣傳云鬯香草也築煑合而鬱之曰鬯箋云秬鬯黑黍酒也謂

之鬯者芬香條鬯也疏云禮緯有秬鬯之草中候有鬯草生郊皆謂鬱金之草也周禮鬱人凡祭祀賓客之祼事和鬱鬯以實彝而陳之注云鄭司農云鬱草名十葉爲貫百二十貫爲築以煮之鐎中停于祭前鬱爲草若蘭說文同又云一曰鬱鬯百草之華遠方鬱人所貢芳草合釀之以降神鬱今鬱林郡也卣者釋器云中尊也禋者周禮大宗伯以禋祀祀昊天上帝注云禋之言烟周人尚臭煙氣之臭聞也休者釋言云休慶也享者釋詁云獻也秬鬯二卣者明堂祭五天帝以文王配祭五人帝以武王配各一卣也鄭注見周禮太宗伯疏及書疏云禋芬芳之祭謂以秬黍釀鬱草有芬芳也云明禋者六典成祭于明堂是明禋以明堂得名周禮大宗伯以禋祀祀昊天上帝則禋是祀天地之名五人帝配五方天帝并昊天上帝爲六天故知禋是祭五帝也文武亦配食于明堂下文又祭其廟者洛邑新廟成復告祭之此鄭義也

予不敢宿則禋于文王武王注鄭康成曰既告明堂則復禋於文武之廟告

成洛邑疏宿者詩傳云一宿曰宿言不敢宿謂卽以文王配天帝武王配人帝而祭於明堂上文云秬鬯二卣一祭天帝文王一祭人帝武王也云禋者配天之名僞傳以上明禋與此禋文明爲一事或用古說也鄭注見書疏以上明禋爲既告明堂云復禋於文武之廟者周書作雒解有大廟宗宮考宮注云大廟后稷廟二宮祖考廟考廟也据此是洛有文王武王廟詩清廟序云清廟祀文王也周公既成洛邑朝諸侯率以祀文王焉是其事也不及后稷者大惠篤敘無有遘自疾事格于祖禰經義皆然示成先志

疏惠者廣雅釋詁云仁也遘者釋詁云遇也疾者詩思齊云肆戎疾不殄傳云故今大疾害人者自者詩傳云用也言以仁意厚敘其臣民萬年厭于乃德注馬融無或于所遇之人用疾害之政

曰厭飫也殷乃引考疏釋詁云引長也考成也言殷之士民萬年飽厭於汝德則殷其延長有成也馬注見釋文云厭飫者說文云厭飽也鄭注曾子問云厭厭飫神也義同王伻殷乃

承敘萬年其永觀朕子懷德**疏**王使殷民承順其敘將自是萬年其長觀法我周家子孫而懷其德矣戊辰王在新邑烝**注**馬融曰王在新邑絕句鄭康成讀王在新邑烝**疏**漢書律歷志三統云十二月戊辰晦周公以反政故洛誥篇曰戊辰王在新邑烝祭歲命作策江氏聲云戊辰爲十二月晦也十二月於周爲季冬於夏正爲首時此十二月正當烝以爲晦日則非也大傳云周公攝政五年營成周七年致政則召誥是攝政五年事洛誥乃七年時事劉歆以召誥與此篇爲一年內事而據其三月丙午朏以推此戊辰爲十二月晦以聲推之戊辰蓋十二月之十二日鄭以經文二月既望爲一月下文丙午朏是二月則七年十二月丁巳朔戊辰乃其十二日此鄭說也烝者周禮大宗伯云以烝祭冬享先王釋天云冬祭曰烝馬鄭讀見釋文釋文烝下無祭字書疏云鄭以烝祭上屬江氏聲云烝下不必言祭皋春秋文爲証云釋文是也今從之祭歲文王騂牛

一武王騂牛一王命作册逸祝册惟告周公其後【注】鄭康成曰歲成王元年正月朔日也以朝享之後用二特牛祫祭文王武王于文王廟使史逸讀所作册祝之書告神以周公其宜立爲後者謂將封伯禽也是非時而特格祖廟故文武各特牛也册一作策【疏】祭歲者謂歲朝朝享也詩烈文序云成王即政諸侯助祭也箋云新王即政必以朝享之禮祭於祖考告嗣位也騂即説文觲字周禮牧人云凡陽祀用騂牲毛之注云騂牲赤色檀弓云周人尚赤牲用騂即大傳所云易犧牲也前文不言牲色蓋稱殷禮則用白牡矣爲周公立後必於廟者祭統云古者明君爵有德而祿有功必賜爵祿于太廟示不敢專也下文云王入大室祼則此當在明堂明堂亦云文王廟即謂文祖也大戴明堂篇云或以爲明堂者文王之

廟也告嗣位畢卽可封周公後蓋一日之事俱卽在明堂詩維清疏引洛誥此文及鄭注而云彼言正月朔日與此祭祖告嗣位同日事也此言以朝享之禮彼言祫祭文武者此言卽政助祭是王自祭廟告已嗣位彼祭文武謂告封周公此二禮必不得同也何則身未受位不可先以封人明是二者各自設祭當是先以朝享之禮徧祭羣廟以告已嗣位於祭之末卽勑戒諸侯事訖乃更以禮祫祭文武於文王之廟以告封周公也案詩疏以徧祭羣廟告嗣位乃更祫祭文王廟失之鄭注見詩維清疏云歲成王元年正月朔日者上文烝是冬祭於烝下言祭歲明是冬後改歲有事而祭此時周公旣反政則成王卽政及封公後二事皆當于歲首行之故知是元年正月朔日也云朝享者鄭注周禮司尊彝云朝享謂朝受政于廟云祫祭文王武王於文王廟者此祫非謂三年一祫之祭止取義於祫之言合文武異廟而合祭自當遷卑就尊故知於文王廟也云使史逸讀所册祝之書者逸與佚通史其官偕周公太公召公俱爲成王四輔者也云告神以周公宜爲後者以言𦓤册

故知是告神謂文武之神也云謂封伯禽者伯禽周公子魯公也公羊文十三年傳云封魯公以爲周公主是周公其後謂封伯禽也僞傳以烝祭歲爲句合爲一事失之鄭云祫祭文王武王於文王廟似即明堂也册律歷志作策

王賓殺禋咸格王入大室祼**注**馬融曰大室廟中之夾室**疏**王賓謂助祭諸侯郊特牲云諸侯爲賓灌用鬱鬯烈文詩序云成王即政諸侯助祭也殺者謂殺牲禋者堯典禋于六宗大傳作煙注云煙祭也字當爲禋禋魏受禪表亦作煙山堂考索引三禮義宗云禋煙也潔也精也釋詁云咸皆也格至也大室者明堂中央室亦曰大廟詩斯干疏載鄭志荅張逸引洛誥王入大室一條言周公于洛邑建明堂宗廟王寢皆爲天子制祼者周禮大宗伯以肆獻祼享先王注云祼之言灌灌以鬱鬯謂始獻尸求神時也周禮小宰之職凡祭祀贊王幣爵之事祼將之事注云祼謂贊王酌鬱鬯以獻尸謂之祼祼之言灌也明不爲飲主以祭祀唯人道宗廟有祼天地大神至尊不祼莫稱焉禮器云祼用鬱

鬯明堂位云祼用玉瓚大圭案此云入大室祼大室明堂也上云王賓助祭諸侯也明堂之祭以祖宗配享天神而有祼禮則鄭云天地大神不祼未詳也馬注見釋文以大室爲廟中之夾室者大室在明堂中央左青陽右總章夾之也**王命周公後作册逸誥**疏祭統說爵賞之施云祭之日一獻君降立于阼階之南南鄉所命者北面史由君右執策命之注一獻一酳尸也此是諸侯命其臣之禮與此少異王命封伯禽爲周公後後作爲册書王南鄉周公北面伯禽後之亦北面史逸由王右執册誥之皆降拜册受册公年文十三年傳云封魯公以爲周公也周公拜乎前魯公拜乎後曰生以養周公死以爲周公主詩魯頌云王曰叔父建爾元子俾侯于魯大啟爾宇爲周室輔蓋其誥詞**在十有二月惟周公誕保文武受命惟七年**注馬融曰惟七年周公攝政天下太平鄭康成曰文王得赤雀武王俯取白魚受命皆七

年而崩及周公攝政不敢過其數也【疏】經言在十有二月則周公居攝

周七年也此上文言祭歲則是成王歲朝卽政而祭也故此于篇終記公居攝之年數必言十有二月者明終是歲乃币七年也誕者釋詁云大也保者詩傳云安也馬注見釋文鄭注見詩文王序疏周禮天官序官疏云文王得赤雀者尚書中候云周文王爲西伯季秋之月甲子赤雀銜丹書入豐止於昌戶王再拜稽首受最日姬昌蒼帝子亾殺者紂也注云稽首頭至地也最要者也已上中候見詩文王疏及周禮大祝疏文王世子疏等書云武王取白魚者見大誓文王九年崩見周本紀管子小問篇云武王伐殷克之七年而崩云周公攝政七年者周書明堂解韓非說難二篇淮南齊俗訓皆言周公居攝七年與鄭合也鄭氏用衞宏說武王崩成王年十歲武王喪畢時年十二周公辟居東都時年十三遭雷風之變時年十四明年迎周公年十五封康叔時年十八反政時年二十一明年卽政年二十二也若史公以武王崩時成王在襁緥則與鄭說又異賈誼新書

修政語下云周成王年二十歲卽位享國親以其身見於鬻子之家而問焉與卽政時年二十二之說又異蓋古文說無周公辟居二年也

洛誥第十九終

多士第廿　周書十一　尚書今古文注疏卷廿

賜進士及第授通奉大夫山東督糧道加三級孫星衍撰

【注】史遷說成王既遷殷頑民周公以王命告作多士【疏】史公說見周本紀史記魯周公世家云及七年後歸政成王北面就臣位匔匔如畏然初成王少時病周公乃自揃其蚤沈之河以祝於神曰王少未有識奸神命者乃旦也亦藏其策於府成王病有瘳及成王用事人或譖周公周公奔楚成王發府見周公禱書乃泣反周公周公歸恐成王壯治有所淫佚乃作多士是此篇作於周公被譖奔楚成王迎歸之後也蒙恬傳云及王能治國有賊臣言周公旦欲爲亂久矣王若不備必有大事王乃大怒周公旦走而奔於楚成王觀於記府得周公旦沈書乃流涕曰孰謂周公旦欲爲亂乎殺言之者而反周公旦亦與魯世家說同蒙恬見百篇之書未可以爲謬誤然則周公避管蔡居東之後又有被譖奔楚之

事在作此多士之前名誅之後矣所云賊臣即奄君也故經文有云昔朕來自奄琴操云周公因誅管蔡之後有誦公於王者言公專國大權詐策謀將危社稷不可置之成王聞之勃然大怒欲囚周公周公乃奔於魯而死云周公被譖在誅管蔡之後與史記說同云奔魯而死又異說也或誤傳耳若然則經云惟三月又非成王元年三月鄭說與古文異也

惟三月周公初于新邑洛用告商王士【注】鄭康成曰成王元年三月周公自王城初往成周之邑用成王命告商王之衆士以撫安之【疏】鄭注見書疏云成王元年三月者不從史公說爲周公被譖歸也云自王城初往成周之邑者地理志云河南郡雒陽周公遷殷民是爲成周河南周公致太平營以爲都是爲王城案雒陽故城在今河南洛陽縣東北二十里河南故城在今洛陽縣西北二十里漢河南縣在伊

水之北洛水之南雒陽縣在洛水之北也云用成王命而告商王士者以下王若曰知之**王若曰爾殷遺多士弗弔旻天大降喪于殷**注馬融曰秋曰旻天秋氣殺也方言降喪故稱旻天也疏弔者善也漢書五行志載哀十六年左傳旻天不弔注應劭曰旻天不善於魯王氏引之曰大誥曰弗弔天及此弗弔旻天俱當連讀言此不詳善之旻天也詩節南山云不弔昊天亂靡有定箋云弔至也至猶善也春秋左氏襄十三年傳云君子以吳爲不弔言伐人之喪不祥郎越語云助天爲虐者不祥是也僞傳以不弔絕句解爲不至固不安顏師古注翟義傳云不爲天所弔憫亦於文義不協馬注見釋文云秋曰旻天者釋天文云秋氣殺者月令孟秋云天地始肅仲冬云殺氣浸盛是秋氣殺也云方言降喪故稱旻天者馬意以上文言周之三月是建寅之月而舉秋時天號取義於肅殺也鄭駁異義云旻天不弔求天之生殺當得其宜猶人之說事各從其主爾**我有周佑**

命將天明威致王罰勑殷命終于帝【疏】佑者釋詁作右云勴也勴卽助也將者鄭注聘禮云猶奉也勑同飭詩傳云正也言我周佑助天命奉天明威致王者之罰以勑正殷命以終於上帝之事肆爾多士非我小國敢弋殷命【注】馬融弋作翼曰取也鄭康成曰翼猶驅也非我周敢驅取汝殷之王命【疏】肆者釋詁云今也弋一作翼翼猶掩也掩亦取也生民鳥覆翼之謂以翼覆之覆亦掩蓋之義詩韓奕云奄受北國傳云奄撫也鄭注文王世子以撫爲有則奄亦有也說文云掩自關而東謂取曰揜一曰覆也則翼掩覆取皆適義也馬注見釋文云翼取者以翼同弋易小過云公弋取彼在穴高誘注呂氏春秋云弋獵也其義俱爲取鄭注見書疏云翼猶驅者詩騶虞云壹發五豝傳云虞人翼五豝以待公之發此卽驅字義也弋鄭本亦作翼見釋文惟天不畀允罔固

亂弼我我其敢求位【疏】畀者釋詁云予也允者釋言云佞也罔者論語云罔之生也幸而免何氏注云罔誣罔也固者孔氏安國注論語云蔽也亂者高誘注呂氏春秋云惑也弼者說文云輔也言惟天所不與者佞罔蔽惑之人故輔佐我我其敢求天位乎惟帝不畀惟我下民秉爲惟天明畏【疏】帝亦天也秉者釋詁云執也畏同威廣雅釋言云畏威也言惟天不畀無形可見當驗之於我下民所執所爲即是天降明威矣皋陶謨云天明威自我民明威我聞曰上帝引逸【注】逸一作佚【疏】論衡語增篇云經曰上帝引逸謂虞舜也舜承安繼治任賢使能恭已無爲而天下治又自然篇云天無爲至德之人稟天氣多故能則天自然無爲周公曰上帝引佚謂舜禹也下同是以上帝爲古帝也引者釋詁云長也逸者高誘注呂氏春秋云不勞也有夏不適逸則惟帝降格嚮于時【疏】有夏謂桀也適者廣雅釋言云悟也則者釋詁云法也降者釋言云

下也格同假釋詁云升也鄉俗字當爲向時者釋詁云是也言夏桀不悟長保之道惟天以禍福升降善惡向於是也冀其省改漢書董仲舒傳對策云國家將有失道之敗而天迺先出災害以譴告之不知自省又出怪異以警懼之尙不知變而傷敗乃至以此見天心之仁愛人君而欲止其亂也自非大無道之世者天盡欲扶持而安全之

夏弗克庸帝大淫泆有辭【注】泆馬融作屑曰過也

惟時天罔念聞厥惟廢元命降致罰乃命爾先祖成湯革夏俊民甸四方【疏】庸者詩傳云用也淫者廣雅釋言云游也泆者一切經音義五引蒼頡云蕩也二十三云佚古文泆同辭者說文云訟也有辭言有罪狀呂刑鰥寡有辭於苗春秋左氏襄二十三年傳云臧孫曰無辭言已罪無可指斥也元者詩傳云大也革者說文云更也俊者馬鄭注皐陶謨云才德過千人爲俊甸者詩傳云治也言天心向夏夏弗能用桀大游蕩有罪狀聞於天惟時天亦不念聞而佑之其惟

廢大命降致誅罰乃命爾祖成湯改更夏命用賢才治四方也江氏聲以引逸爲不進遺佚之賢以不適爲大傳一不適謂之過言不貢士義亦可通或王氏充所說今文也馬注見釋文泆作屑者多方言紂大淫圖天之命屑有辭與此文相似則泆卽屑字聲相近之異文也說文云屑動作切切也方言云屑勞也又云迹迹屑屑不安也正與引逸之義相反云過者仍用逸義爲訓釋言云逸過也

自成湯至於帝乙罔不明德恤祀【注】史遷說爲無不率祀明德亦惟天丕建

保乂有殷殷王亦罔敢失帝罔不配天其澤【疏】帝乙湯後第六世孫祖乙見易乾鑿度先儒以爲武乙紂父據殷本紀武乙爲偶人射天震死不合謂之明德恤祀帝乙當爲祖乙也見酒誥疏明勉也恤者高誘注秦策云顧也丕者釋詁云大也建者說文云立保者詩傳云安也乂者釋詁云治也澤者趙岐注孟子云祿也詩文王云殷之未喪師克配上帝傳云帝乙以上也箋云紂父以前未

有喪天下皆能配天而行是鄭以此帝乙爲紂父疑非也經言自湯至於祖乙其有七世無不勉德顧祀者亦惟天大建立之以安治有殷殷王亦無敢失天意無不配天以終其祿史公說見曾世家言無不率祀明德者率者釋詁云循也明德如左傳云明德以薦其馨香

在今後嗣王誕罔顯于天矧曰其有聽念于先王勤家誕淫厥泆罔顧于天顯民祇

注史遷作不顧天及民之從也馬融曰紂大淫樂其逸無所能顧念于天施顯道于民而敬之也泆一作佚

疏言在今嗣王紂大無顯德于天況其有能從念先王勤家之訓大淫游佚豫無顧于天之顯道及民之敬順史記魯世家云多士稱曰自湯至于帝乙無不率祀明德帝無不配天者在今後嗣王紂誕淫厥佚不顧天及民之從也集解引徐廣曰一作敬之也下又云其民皆可誅是民之從言民之不順也徐廣從作敬者釋詁云祇

敬也別本史記詁祇爲敬又云民可誅者則謂其民化紂亦不敬順此古文說也馬注見史記集解以誕爲大釋詁文云淫樂者王逸注楚詞云淫游也言游樂云無所顧念於天施顯道于民而敬之則祇謂紂之不敬以民字上屬天顯爲義也洪史記魯世家作佚一切經音義二十三云佚古文泆同

惟時上帝不保降若茲大喪惟天不畀不明厥德凡四方小大邦喪罔非有辭于罰【疏】言惟時天不保佑下如此大喪亾之災惟天不與不勉其德者非惟紂也凡四方小大國喪亡無非有罪狀而天誅罰之周書世俘解云武王遂征四方凡憝國九十有九國孟子滕文公篇云周公相武王誅紂伐奄三年討其君滅國者五十

王若曰爾殷多士今惟我周王丕靈承帝事有命曰割殷告勑于帝【疏】丕者釋詁云大也靈者詩箋云善也割者高誘注齊策云取湯誓率割夏邑史記作奪勑同飭詩傳云正也此告多士言今惟我周

王大善承奉天事天有命奪取殷國告成勑正之事於天禮大傳云牧之野武王之大事也既事而退柴于上帝是也**惟我事不貳適惟爾王家我適**疏貳者釋詁云疑也適者鄭注雜記云讀為匹敵之敵論語里仁篇無適也釋文云鄭本作敵是適敵通也言我之事不欲疑殷與之為敵惟汝王武庚與我為敵而畔也**予其曰惟爾洪無度我不爾動自乃邑**疏洪者釋詁云大也我其言惟汝大大無法度我不汝先動動自汝邑言由武庚庚發難**予亦念天即于殷大戾肆不正**疏即者詩傳云就也釋詁云肆故也戾罪也正正者鄭注周禮大司馬云正之者執而治其罪言我亦念天之就殷降大罪戾非汝多士之由故不正其罪**王曰猷告爾多士予惟時其遷居西爾非我一人奉德不康寧時惟天命**疏猷同繇釋詁云繇於也道也遷徙也寧康安也時是也奉德多方云秉德奉猶秉也王曰於者

歎詞言予惟是其遷居汝於成周非我一人秉德不安靜是惟順天意也成周在紂城朝歌之西南故云西

無違【注】一作維天命元朕不敢有後無我怨【疏】違者詩傳云去也言汝無違去此遷所我不敢復有後命亦無我怨熹乎石經作維天命元朕不敢有未詳唐石經初刻後下有誅字

惟爾知惟殷先人有冊有典殷革夏命今爾又曰夏迪簡在王庭有服在百僚【疏】迪者釋詁云進也簡者詩箋云擇也釋詁云服事也寮官也僚與寮同言惟汝知殷先人有典冊記識革夏命之事今汝又曰夏進用在王庭者有殷之衆士治事在百官怨周之不用殷士

予一人惟聽用德肆予敢求爾于天邑商【注】鄭康成曰言天邑商者亦本天之所建【疏】聽者廣雅釋詁云從也孔晁注周書云順天邑者白虎通京師篇云天子所都夏商曰邑周曰京師言我不汝用我惟順用有

德之臣故予不敢求汝于商邑而用之也言其不肎順
周爲我用也敢猶言不敢也與多士言爲遜詞鄭注見
書疏云天邑商亦本天之所建者詩商頌云
天命元鳥降而生商又云帝立子生商是也 予惟率肆
矜爾注肆矜一作夷憐非予罪時惟天命注惟一作維
疏率者同欥說文云欥詮詞也詩曰欥求厥寧今詩作
遹蓋語詞肆者杜氏注左傳云緩也彼疏云緩縱罪
人謂放赦之也言我惟緩爾之罪而又矜之非予之罪
過是惟天命使然肆矜作夷憐者論衡雷虛篇云人君
于罪惡初聞之時怒以非之及其誅之哀以憐之故論
語曰如得其情則哀憐而勿喜尚書曰予惟率夷憐爾
案此今文書說也以夷爲誅者易雜卦傳云明夷誅也
憐爲矜者引論語哀憐亦哀矜異文憐矜聲相近惟一
作維見熹平石經 王曰多士注多士上一有告爾昔朕來自奄
予大降爾四國民命疏經言昔朕來自奄者書序云成王東伐淮夷遂踐奄作成王征

成王既踐奄遷其君于薄姑周公告召公作將薄姑成王歸自奄在宗周作多方書疏引鄭注云此伐淮夷與踐奄是攝政三年伐管蔡時事其編篇于此未聞謂編在多士無逸君奭之後也案周本紀召公爲保周公爲師東伐淮夷殘奄亦在多士無逸之後與上文周公奔成王命伐誅武庚管叔放蔡叔不同時誅管蔡在攝政時踐奄在七年歸政後蒞史公所用孔安國古文說管蔡流言周公不避居而以成王命伐誅武庚及三監及七年反政有譖公者成王疑之公乃奔楚成王開金縢悟迎周公歸乃作多士毋逸故此篇述朕昔來自奄也管蔡流言時奄君亦與知尚書大傳載其事其時未及誅奄君也及反政後又有譖公者當卽奄君故蒙恬云殺言之者而反周公旦當謂成王踐奄也其周公在豐病沒葬畢有暴風雷雨之事又在其後因命魯郊此史公說書之次與諸子所載雖有異詞然皆古說也若大傳則云二年克殷三年踐奄則踐奄者周公與書序所言成王征及成王歸自奄不合此今文異說不可附合古文且大傳有揜誥在君奭之後百篇之序所無疑揜

即奄也王氏應麟以爲即成王征案奄既滅於攝政三年此時又何誥俱不可解宜以史公所序爲是奄者說文作鄣云周公所誅鄣國在魯郡國志魯國奄國劉昭注引皇覽曰奄里伯公家在城內祥舍中民傳言魯五德奄里伯公葬其宅史記周本紀正義引括地志云兖州府曲阜縣奄里即奄國之地也案曲阜今山東兖州府屬縣史記集解引鄭注云奄國在淮夷之北又與說文皇覽不同實則淮夷北境即魯七百里之境也經言予大降爾四國民命疑即大傳拚誥云四國者詩破斧云周公東征四國是皇傳云四國管蔡商奄也是毛氏說伐管蔡時即踐奄亦同大傳與史記異也王曰多士熹平石經王曰告爾多闕

我乃明致天罰移爾遐逖比事臣我宗多遜疏移者同迻說文云迻遷徙也遐俗字釋詁云遐遠也詩傳云瑕遠也當借瑕爲之逖者說文云遠也古文作逷釋詁云逷遠也比者釋詁云俌也廣雅釋詁云近也遜同愻說文云順也言今遷汝於洛邑遠汝故土附近臣事我宗周庶其多遜順矣

王曰告

爾殷多士今予惟不爾殺予惟時命有申【疏】釋詁云時是也申重也言今我不忍誅汝惟是重申前命以告汝前命謂大降爾四國民之命也今朕作大邑于茲洛予惟四方罔攸賓【注】馬融云賓卻也洛一作雒惟一作維賓一作責【疏】賓釋文云徐音殯則與擯同馬注見釋文云賓卻者戰國趙策云六國從親以擯秦史記蘇秦傳作賓秦又六國表云秦小僻遠諸夏賓之比於戎翟是賓義爲擯卻也洛作雒惟作維賓作責皆熹平石經字漢石經洛俱作雒惟多作維段氏玉裁云漢人不以避諱改經字多士篇雒字兩見可以知伏生經文作雒非以火行忌水之故擅改經文也亦惟爾多士攸服奔走臣我多遜爾乃尚有爾土爾乃尚寧幹止爾克敬天惟畀矜爾爾不克敬爾不啻不有爾土【注】啻一作翅予亦

致天之罰于爾躬【疏】幹俗字當爲榦楚詞招魂云去君之恒幹注云體也則寧幹謂安其身體又廣雅釋詁云幹事也似卽此注則寧幹當爲安汝之事啻者但也無逸篇云不啻不敢含怒鄭注作不但不敢含怒此節義易明不復釋之啻作翅見釋文引徐本翅與啻聲相近假借字今爾惟時宅爾邑繼爾居爾厥有幹有年于茲洛【注】洛一作雒爾小子乃興從爾遷【疏】居者江氏聲云繼爾所居之業也宅爾邑既謂安其居處則繼爾居不得復謂居處易文言傳云修辭立其誠所以居業也詩蟋蟀云職思其居亦謂所爲之事爲居也興者詩箋云盛也言汝惟是宅於洛邑繼其所居之業汝其有事有年於此土汝子孫其興興盛從汝遷居基之矣洛一作雒見熹平石經王曰又曰時予乃或言爾攸居【疏】或者鄭注論語云有也江氏聲云王曰下有脫文段氏玉裁云唐石經或言之間多一字誨視是誨字與僞傳教誨之言合此言今時乃有言

告汝汝其
安所居哉

多士第廿終

書疏十

九

尚書今古文注疏卷廿一

無逸第廿一　周書十二

賜進士及第授通奉大夫山東督糧道加三級孫星衍撰

【注】史遷說周公恐成王壯治有所淫泆乃作多士作毋逸無一作亡逸一作佚一作劮

【疏】史公說見魯世家云周公奔楚成王發府見周公禱書乃泣反周公周公歸作此及多士無作毋者困學記聞引尚書大傳同熹平石經存乃劮及毋劮于遊田字亦作毋毋周本紀作無無疑後人改亂之今文尚書作毋也漢書梅福傳云留意亡逸之戒又作亡顏師古注漢書翼奉鄭崇杜欽谷永傳引書皆作亡逸士昏禮夙夜毋違命注云古文毋作無是毋可通無毋者說文云止之也从女有奸之者大禹謨疏引作毋止之也其字从女內有一畫象有姦之者禁止令勿姦也古人言毋今人言莫又見禮記釋文引說文略同則今本說文有脫文也逸大傳作佚周禮庾人注杜子春云佚當

爲逸是佚與逸通也熹平石經乃逸作乃劮則此毋逸亦作劮劮字說文所無逸者韋昭注吳語云樂也佚者廣雅釋詁云樂也是逸佚同義劮者廣雅釋詁云戲也釋言云劮豫也此正今文尚書舊說史記魯世家云恐成王治有所淫佚乃作多士則經文本作佚可知蓋孔氏古文作佚也

周公曰嗚呼君子所其無逸【注】鄭康成曰嗚呼者將戒成王欲求以深感動之君子止謂在官長者所猶處也君子處位爲政其無自逸豫也【疏】嗚呼者說文烏孔子曰烏盱呼也取其助气故以爲烏呼君子者白虎通號篇云君之爲言羣也子者丈夫之通稱也所者廣雅釋詁云處所居也鄭注見書疏云君子謂在官長者鄭注禮器云君子謂大夫以上與此同義

先知稼穡之艱難乃逸【注】穡一作嗇【疏】論衡儒增篇引此文說之云人之筋骨非木非石不能不解故張而

不弛文王不爲弛而不張文王不行一弛一張文王以爲常用雜記孔子論蜡之詞文王作文武穡熹平石經作嗇

則知小人之依【疏】依與同衣白虎通衣裳篇云衣者隱也說文云衣依也謂知小人之隱也周語云勤恤民隱注云隱痛也古音哀如依故依亦作哀康誥曰兄亦不念鞠子哀言不念稚子之隱也說文㥨痛聲也孝經曰哭不㥨今孝經作偯

相小人厥父母勤勞稼穡厥子乃不知稼穡之艱難乃逸乃諺【注】逸一作劮諺一作憲既誕【注】誕一作延否則侮厥父母【注】否一作不曰昔之人無聞知【疏】史記魯世家云毋逸稱爲人父母爲業至長久子孫驕奢忘之以亡其家爲人子可不愼乎釋此節之義也相者釋詁云視也諺者論語先進篇云由也喭集解引鄭注云子路之行失于吸喭也皇侃疏引王弼云喭剛强也案劉逵注魏都賦云叛換猶恣雎也則吸喭爲恣雎强悍之義喭即諺俗字誕者廣雅

釋言云訑也則者釋詁云法也言視小人其父母勤勞稼穡其子不知稼穡之艱難乃自逸豫又畔諺誕訑不循法則謂古昔之人無所聞知否則當爲不則句上屬熹平石經作乃劮乃憲旣延不則侮厥下闕諺作憲者詩板傳云憲憲猶欣欣也則憲亦自喜之意誕作延否作不省文　周公曰嗚呼我聞曰昔在殷王中宗【注】古文尚書說經稱中宗明其廟宗而不毀鄭康成曰中宗謂大戊也嚴恭寅畏【注】史遷寅作敬馬融嚴作儼鄭康成曰恭在貌敬在心天命自度【注】度一作亮治民祗懼【注】史遷祗作震治一作㠯不敢荒寧【注】馬融曰知民之勞苦不敢荒廢自安也肆中宗之享國【注】史遷肆作故享作饗七十有五年【疏】中宗者詩烈祖序云

祀中宗也箋云中宗殷王大戊湯之元孫也有桑穀之異懼而修德殷道復興故表顯之號爲中宗是也殷本紀云帝太庚崩子帝小甲立帝小甲崩弟雍已立帝雍已崩弟大戊立殷復興諸侯歸之故稱中宗爲湯元孫太庚之子也嚴同儼詩傳云矜莊貌恭同龔說文云戁也戁謹也寅者釋詁云敬也度者詩傳云法度也祗者釋詁云敬也荒者周書謚法云好樂怠政曰荒寧者釋詁云安也肆者釋詁云故也言中宗自持敬畏以天命爲法度治民敬懼不敢怠荒安寧故中宗享國久也古文尚書說見詩烈祖疏引五經異義云詩魯說丞相匡衡以爲殷中宗周成宣王皆以時毀謹案春秋公羊御史大夫貢禹說王者宗有德廟不毀宗而復毀非爲德之義鄭從而不駁史公寅作敬者釋詁文祗作震者鄭注內則云祗或作振皋陶謨祗敬六德夏本紀作振敬振與震同肆作故釋詁文享作饗者熹平石經亦俱作饗馬作儼見釋文知民之勞苦云云見史記集解鄭注見詩商頌譜疏及書疏云恭在貌敬在心者以恭寅並舉寅爲敬故以在心與貌別之熹平石經度作亮者釋

詁云亮信也言以天命自信亮郎說文兓字異文其在高宗時舊勞于外注時一作寔爰暨小人注史遷舊作久爰暨作爲與馬融曰武丁爲太子時其父小乙使行役有所勞苦於外與小人從事知小人艱難勞苦也鄭康成曰高宗謂武丁也舊猶久也爰于暨與也武丁爲太子時殷道衰爲其父小乙將師役于外與小人之故言知其憂勞也暨一作洎疏高宗者殷本紀云帝小乙崩子帝武丁立武丁修政行德天下咸驩殷道復興帝武丁崩子帝祖庚立祖已嘉武丁之以祥雉爲德立其廟爲高宗時舊勞于外中論夭壽篇引時作寔釋詁云時是也公羊桓六年傳云寔來者何猶曰是人來也則時寔是同義史公舊作久者說文云龜舊也白虎通蓍龜篇云龜之爲言

久也是舊久同義爰暨作爲與者爰與爲形相近古文
或作爲字暨爲與釋詁文馬鄭注俱見史記集解鄭注
又見詩商頌譜疏云爰於者釋詁文洎與者說文作臮
洎又假音字詩譜引此經亦作洎云武丁爲太子時殷
道衰者殷本紀云帝陽甲之時殷衰自中丁以來廢適
而更立諸弟子弟子或爭相代立比九世亂於是諸侯
莫朝是殷自中丁已下九世衰亂至盤庚遷居殷道復
興小辛小乙又以弟繼兄殷道或又衰故漢書五行志
劉向以爲殷道既衰高宗承敝而起盡涼陰之哀天下
應之也殷本紀亦云武丁即位思復興殷而未得其佐
也云爲其父小乙將師役于外者易既濟云高宗伐鬼
方三年克之詩殷武云撻彼殷武奮伐荆楚罙入其阻
是皆高宗師役以爲
太子時事則未聞
作其即位乃或亮陰注史遷或作
有亮一作諒一作涼陰一作闇三年不言注亮陰大傳
作梁闇說高宗居凶廬三年不言此之謂梁闇又說不

言國事馬融曰亮信也陰默也爲聽于冢宰信默而不

言鄭康成曰作起也諒闇轉作梁闇楣謂之梁闇謂廬

也小乙崩武丁立憂喪三年之禮居倚廬柱楣不言政

事【疏】作者詩傳云始也古文多以作爲作作亦始也史

公或作有者今文也下文亦罔或克壽論衡作亦

罔有大傳見殷傳云書曰高宗梁闇三年不言何謂梁

闇也注云闇讀如鶴鶴謂廬也傳曰高宗居凶廬云云

又大傳云高宗有親喪居廬三年然未嘗言國事而天

下無背叛之心者何也及其爲天子之時盡以知天下

人民之所好惡是以雖不言國事而知天下無背叛之

心是三年不言爲不言國事也檀弓云古者天子崩王

世子聽政于冢宰三年是有國事則冢宰代王出令也

馬注見春秋左氏隱元年疏云亮信陰默者何晏論語

集解引孔安國注同馬氏不以爲凶廬也晉書二十杜

預議皇太子喪服引書傳云亮信也陰默也爲聽于冢

宰信默而不言鄉論語孔注鄭注見詩商頌譜疏云作
起者以上文有舊勞于外故訓作爲起鄭注考工記云
作猶起也云諒闇轉作梁闇者用大傳義云楣謂之梁
者釋宮文喪服傳云居倚廬寢苫枕塊既虞翦屏柱楣
注云柱楣所謂梁闇禮記大傳云父母之喪居倚廬不
塗寢苫枕塊非喪事不言君爲廬宮之既葬柱楣塗廬
不於顯者君大夫士皆宮之既練居堊室白虎通喪服
篇云倚廬於中門外東牆下戶北面是倚廬爲始遭喪
時所居柱楣謂既葬後所居也云不言**其惟不言言乃**
政事者三年聽于冢宰王不自言也
雍 注 史遷雍作讙鄭康成曰其不言之時時有所言則
羣臣皆和諧 疏 史公雍作讙者與檀弓坊記同集解引
鄭元曰讙喜悅也言乃喜悅則民臣望
其言久矣與書疏所引鄭注不同者是檀弓注又鄭注
坊記云讙當爲歡聲之誤也其既言天下皆歡喜樂其
政教也或今文作歡古文作雍史記魯世家用今文集
解所引或檀弓注或爲大傳鄭注也鄭注見書疏云其

不言之時時有所言者謂冢宰攝政出號令代王言也
羣臣知君能盡孝故和悅從之詩傳云雍和也諒一作
涼見漢書
五行志
不敢荒寧嘉靖殷邦注史遷嘉作密邦作國
馬融曰寧安也疏嘉者釋詁云善也史公嘉作密者東
觀漢記序曰密靜天下容於小大高
宗之極至也亦以嘉爲密今文尚書也詩傳云密安也
說文云宓安也葢密與宓通靖者詩傳云和也馬注見
史記集解云寧
安者釋詁文至于小大無時或怨注鄭康成曰小大
謂萬人上及羣臣言人臣大小皆無怨王也肆高宗之
享國五十有九年注史遷享作饗九年作五年五十有
九年一作百年疏小大者詩泮水云無小無大箋云臣
無尊卑是小爲卑大爲尊也時者釋
詁云是也鄭注見書疏以小大爲萬人及羣臣者義同
詩箋僞傳以爲小大之政失之史公作五十五年者異

文五十九年一作百年者熹平石經所寫今文也漢書五行志云高宗致百年之壽劉向杜欽傳亦云百年論衡氣壽篇云高宗享國百年周穆王享國百年并未享國之時皆出百三十四歲矣又無形篇異虛篇皆云高宗享福百年皆用今文尚書也其在祖甲注鄭康成曰祖甲武丁子帝甲也不義惟王舊爲小人注史遷舊爲久小人下多于外馬融曰祖甲有兄祖庚而祖甲賢武丁欲立之祖甲以王廢長立少不義逃亡民間故曰不義惟王久爲小人也武丁死祖庚立祖庚死祖甲立鄭康成曰祖甲有兄祖庚賢武丁欲廢兄立弟祖甲以此爲不義逃於人間故云久爲小人疏祖甲者殷本紀云帝武丁崩子帝祖庚立帝祖庚崩弟祖甲立是爲

帝甲帝甲淫亂殷復衰周語衞彪傒曰元王勤商十四

世而興帝甲亂之七世而隕注云帝甲湯後五世也亂

湯之法至紂七世而亾也是帝甲非令主然或以能讓

且知小民之艱難故見稱於書古人不求備之道也史

公舊作久見上疏小人下有於外二字馬注見史記集

解云祖甲有兄祖庚而祖甲賢武丁欲立之祖甲以王

廢長立少不義逃亡民間不知出典惟吕氏春秋必巳

篇云孝已疑注云孝已殷王高宗子也後漢書郅惲傳

云高宗明君吉甫賢臣及有纖介放逐孝子是高宗所

廢爲孝已祖甲以爲不義而逃之書傳或誤作祖庚或

孝已祖庚俱廢未可

知也鄭注見書疏作其即位爰知小人之依能保惠

于庶民注史遷惠作施庶作小不敢侮鰥寡疏史公惠作施者

韋昭注晉語云施惠肆祖甲之享國卅有三年注史遷

也庶作小者異文

肆作故享作饗疏卅見開成石經說文云卅三十并也

今正義本作三十史記亦作三十疑

後人所改按秦刻石廿及卅載在史記皆爲二十三十則句增一字與文體不合是知後人改之自時

厥後【注】此句一在高宗之饗國百年下無其在祖甲巳

下一節【疏】熹平石經或怨肆高宗之享國百年自時厥後下闕洪氏隸釋載其文云此碑獨闕祖甲

計其字當在中宗之上以傳序爲次也案漢書韋元成傳王舜劉歆議曰於殷太甲曰大宗大戊曰中宗武丁曰高宗周公爲毋逸之戒舉殷三宗以勸成王書疏引王肅云祖甲湯孫太甲也殷本紀太甲稱大宗以爲祖者祖宗爲不毀廟之通稱孝經稱宗祀文王於明堂祭法云祖文王而宗武王則太甲雖大宗亦可稱祖甲熹平石經旣以高宗享國百年經文接連自時厥後則今文其在祖甲一節必在殷王中宗之前今文與古文簡冊之異但王肅旣見今文以祖甲爲太甲又從古文祖甲在高宗之後爲之說曰先中宗後祖甲先盛德後有過也史記索隱云按紀年太甲唯得十二年此云祖甲享國三十三年知祖甲是帝甲明也以駁王肅案太平

御覽八十三引帝王世紀云太甲一名祖甲享國三十三年二百歲皇甫謐說多同王肅肅亂經之人言誠不足取然與皇甫謐俱以祖甲爲太甲似見今文當不以人廢言故取其說于此他與僞傳說同多不用之

立王生則逸生則逸不知稼穡之艱難不聞小人之勞惟耽樂之從自時厥後亦罔或克壽注耽一作湛之從一作是從或一作有疏耽同妉釋詁云樂也詩傳云耽樂也說文作媅本字酖與樂同義並舉者詩常棣釋文引韓詩云湛樂之甚也中庸引詩湛作耽是耽湛通也論衡語增篇引此經說之云長夜之飲糟丘酒池不舍晝夜是必病病則不甘飲食因毒而死雖未死宜羸臞矣耽論衡引作湛之從漢書鄭崇傳及論衡中論皆作是從亦罔或克壽鄭崇傳論衡引作時亦罔有克壽

或十年或七八年或五六年或四三年注四三年一作三四年疏漢書杜欽傳欽

說王鳳引經曰或四三年言失欲之生害也中論引作三四年**周公曰嗚呼厥亦惟我周**【疏】段氏玉裁云尚書大傳云書曰厥兆天子爵系之無逸白虎通爵篇云書無逸篇曰厥兆天子爵蓋古文尚書厥亦惟我周五字今文尚書如此云兆天子爵者即兆基王迹之謂案兆亦字形相近惟我周不應是天子爵之課顧君廣圻以爲脫天子爵三字惟我周三字下屬大王王季爲句也**大王王季克自抑畏文王卑服即康功田功**【注】馬融卑作俾曰使也【疏】抑者詩傳云抑抑愼密也廣雅釋言云抑治也釋詁云服事也安康也言其惟我周先王能自愼畏文王就卑賤之事安居之功田作之功說文有㝩字云屋㝩宧也是康同㝩㝩爲居屋也馬注見釋文卑作俾云使者釋詁文言文王使就治康功田功蓋勤稼穡之事也**徽柔懿恭懷保小民惠鮮鰥寡**【注】民一作人鰥一作矜鮮一作于【疏】徽者釋詁云善也柔者韋昭注

晉語云仁也懿者釋詁云美也恭者釋詁云敬也詩傳云懷和也保安也釋詁云惠愛也鮮善也墨子兼愛篇云文王不爲衆庶侮鰥寡不爲暴勢奪穡人黍稷狗彘是以老而無子者有所得終其壽連獨無兄弟者有所雜于生人之間少失其父母者有所放依而長說此經之義也民作人鮮作于者漢書谷永傳所引亦見熹平石經是今文也

自朝至于日中昃注昃一作仄**不遑暇**石經鰥作矜

食用咸和萬民注遑一作皇**文王不敢盤于遊田以庶邦惟正之供**注正一作政供一作恭疏楚語左史倚相引周書曰文王至于日中昊不皇暇食惠于小民惟政之恭說之云文王不敢驕注云日昳曰昊易曰日中則昊昊案說文作厢云日在西方時側也易離九三日昊之離荀爽云初爲日出二爲日中三爲日昊經言日中及昊欲見其勤也釋文云本又作仄者省文遑者釋言云暇也盤者釋詁云樂也楚語無以庶邦三字謂文王敬恭於政事遑俗

字當從楚語爲皇正作政供作恭皆楚語所引也西京賦李善注引田作畋　文王受命惟中

身厥享國五十年【注】鄭康成曰受命受殷王嗣位之命

中身謂中年【疏】文王受命七年而崩故鄭以爲受嗣位之命是也鄭注見書疏云受殷王者周禮典瑞云凡諸侯之適子誓于天子注云誓猶命也言誓者明天子既命以爲嗣樹子不易也周語魯武公以括與戲見王王立戲注云以爲太子春秋文元年天王使毛伯來錫公命穀梁傳云禮有受命無來錫命來錫命非正也是諸侯世子嗣位爲君必受命天子殷制亦然考文王序云文王受命作國也箋云受天命而王天下又文王有聲詩云文王受命有此武功箋云武功謂伐四國及崇之功則又是受商王錫弓矢專征伐之命鄭恐人疑此受命如彼二文所言故特言受殷王嗣位之命也知者大傳云文王受命七年而崩此言中身則是中年其後享國五十年非彼二文之受命明矣呂氏春秋制樂篇云文王立國八年歲六月地動改行重善

無幾何疾乃止文王卽位八年而地動已動之後四十三年凡文王立國五十一年而終韓詩外傳說亦與此同經云五十年舉成數也周公曰嗚呼繼自今嗣王則其無淫于觀注鄭康成曰淫放恣也淫者浸淫不止嗚呼一作烏虖于逸于遊于田以萬民惟正之供無皇曰今日耽樂注無淫于觀至惟正之供一作毋淫于酒毋劮于游田維政之其皇一作兄疏鄭注見書疏云淫放恣者春秋左氏成二年傳云淫縱其欲縱欲故爲放恣也云侵淫不止者說文淫浸淫也無淫于觀至惟正之供漢書谷永傳引經曰繼自今嗣王其毋淫于酒毋逸于游田惟正之供說之曰未有身治正而臣下邪者也熹平石經有酒毋劮于遊田維七字亦同漢書葢今文也石經皇作兄秦誓我皇多有之公羊傳作而況乎我多有之是皇與況通詩常棣況也永歎釋文云

或作兄韋昭注國語曰況益也然則無兄曰爲毋益曰也經作皇者古文釋詁云暇也嗚呼顏師古注漢書翼奉傳引作烏虖乃非民攸訓非天攸若時人丕則有愆無若殷王受之迷亂酗于酒德哉注無一作毋酗一作配疏訓者說文云訓說教也釋言云若順也迷惑也酗當爲酌說文云醉醟也丕語詞愆者釋言作諐云過也言無自寬暇日今日湛樂乃非所以教民非所以順天是人則有愆尤毋若殷紂之以惑亂酗酒爲德也論衡譴告篇云周公勅成王曰毋若殷王紂毋者禁之也漢書翼奉傳注師古曰周書亡逸之篇曰周公曰烏虖毋若殷王紂之迷亂配于酒德哉酗作配者說文云配酒色也酒色謂顏色齊同曰湎見上疏周公曰嗚呼我聞曰古之人猶胥訓告胥保惠胥教誨民無或胥譸張爲幻注馬本譸作輈譸一作侜上無胥字疏胥者釋詁云相

也說文云譸詶也讀若醻周書曰無或譸張爲幻又云幻相詐惑也引周書同釋詁云侜張誑也郭氏注引書曰無或侜張爲幻俱無胥字言古人相訓告相安順相教誨民無有誑爲詐惑者馬本作輈見釋文後漢書皇后紀亦作輈張楊雄國三老箴又作侏張聲之假借

此厥不聽人乃訓之乃變亂先王之正刑至于小大民否則厥心違怨否則厥口詛祝

注 聽一作聖乃訓之一無之字變亂先王之正刑一無先王

疏 聽者鄭注祭義云謂順教令也廣雅釋詁云從也刑者釋詁云法也詛祝者詩蕩云侯作侯祝傳云作祝詛也箋云祝詛求其凶咎無極也言此其不從人之訓乃至變亂先王之法度至于小大臣民不則違戾怨恨其上不則詛祝其上也聽作聖者熹平石經文管子四時篇云聽信之謂聖秦泰山碑皇帝躬聽史記作躬聖是聖與聽義相通也訓下無之字變亂下無先王俱見石經今文也之字疑衍

周公曰

嗚呼自殷王中宗及高宗及祖甲及我周文王茲四人迪哲【疏】迪者釋詁云作也哲者方言云智也厥或告之曰小人怨汝詈汝則皇自敬德厥愆曰朕之愆【注】鄭康成曰皇謂暇言寬暇自敬皇自一作兄曰【疏】詈者說文云罵也鄭注見書疏以皇爲暇者釋詁云遑暇也皇自熹平石經作兄曰韋氏注國語云兄益也皇曰敬德即益曰敬德也允若時不啻不敢含怒【注】鄭康成曰不但不敢含怒乃欲屢用之以知已政得失之源也【疏】釋詁云允信也時是也說文云啻語時不啻也鄭注見書疏以啻爲但者聲之轉云知已政得失者周語曰口之宣言也善敗于是乎興春秋左氏襄卅傳鄭人游于鄉校以論執政然明謂子產曰毀鄉校如何子產曰何爲夫人朝夕退而游焉以議執政之善否其所善者吾則行之其所

惡者吾則改之是吾師也若之何毀之是亦欲聞小人之言以考已政得失也此厥不聽人乃或譸張爲幻曰小人怨汝詈汝則信之則若時不永念厥辟不寬綽厥心亂罰無罪殺無辜怨有同是叢于厥身【疏】辟者釋詁云法也綽者釋言云寬綽也綽亦爲寬叢者說文云聚也言人誑汝以民怨詈汝卽信之則如是不長念其法不寬裕其心妄行殺罰民心同怨實叢集于其身也周公曰嗚呼嗣王其監于茲【注】嗚呼一作於戲一無其字【疏】言當視此致怨之由以爲戒熹平石經嗚呼作於戲無其字今文也匡謬正俗云古文尚書皆作嗚呼今文尚書皆作於戲案古文尚書作烏虖見前

無逸第廿一終